중서교통사

中西交通史

3

이 책은 (재)한국연구재단의 지원으로 학고방출판사에서 출간, 유통합니다.

한국연구재단 학술명저번역총서  동양편 622

중서교통사

방호(方豪) 저

손준식·유진희 역주

3

學古房

제3편 몽蒙·원元과 명明

제1장 몽고(蒙古)의 서정(西征)

제2장 원대(元代)의 우역(郵驛)제도가 중서교통에 미친 공헌

제3장 원대의 남해(南海)와의 교통

6

제3편

몽蒙·원元과 명

제1장
몽고(蒙古)의 서정(西征)

제1절 몽고의 흥기와 내부 통일

몽고는 당나라 때의 실위 부락 중 하나로 《구당서》에서는 '몽올실위 (蒙兀室韋)'라 부르고 있다. 실위는 본래 20여 부락이 모두 거란의 북쪽 (지금의 외몽고 Chechen Khan 북부 지역 및 흑룡강성 서북 일대)에 살고 있었는데, 그 중 망건하(望建河: 즉 지금의 흑룡강) 이남에 거주하며 유목 생활을 하던 몽올 부족이 가장 강하였다. 오대시기 이후로는 대대로 요 나라와 금나라에 조공했다.

송나라 황진(黃震)[1]의 《고금기요일편(古今紀要逸編)》[2]에 따르면 칭기

....

1) 황진(黃震, 1212-1280): 남송 경원부(慶元府) 자계(慈溪) 사람으로 자는 동발 (東發), 호는 유월(兪越)이다. 도종 때 영종과 이종 양조의 《국사》와 《실록》 을 편찬했다. 주희의 삼전제자 왕문관(王文貫)에게 사사했고 하기(何基) 등 과 함께 주자학을 계승 발전시킨 주요 인물이다. 저서로 《고금기요일편》 외에 《황씨일초(黃氏日鈔)》·《무진수사전(戊辰修史傳)》 등이 있다.

2) 《고금기요일편(古今紀要逸編)》: 황진이 사관(史館)의 검열(檢閱)로 있을 때 편찬한 책으로 남송 이종과 도종 시기의 정치 평론 및 당시 대신이었던 가사

즈칸(Chingiz Khan, 成吉思汗)이 송 가정 4년(1211) 여진 동북의 몽고국 명호(名號)를 아울러서 대몽고국이라 칭했다고 한다. 원나라 소천작(蘇天爵)[3]의 《원문류(元文類)》[4]에도 "대개 세조 황제가 처음으로 대몽고란 명칭을 대원(大元)으로 바꾸었다고 한다"고 되어있다.

송 이종 소정 원년(1228) 이지상(李志常)[5]이 지은 《장춘진인서유기(長春眞人西遊記)》에서도 '몽고'라는 명칭을 사용하였는데, 이것이 명나라 이후 점차 통칭이 되었다. 당나라 때에는 '몽올' 외에 '몽와(蒙瓦)'(《신당서》)라고도 하였고, 그 후에는 '몽골(蒙骨)'(《契丹國志》), '몽골(朦骨)'(《契丹事蹟》), '맹고(萌古)'(《中興禦侮錄》), '맹골(盲骨)'(《松漠紀聞》), '몽고리

....

도(賈似道)·두범(杜范)·최여지(崔與之) 등의 전기가 실려 있다. 산일된 원서의 내용을 후대 사람이 모아서 1권으로 만들었던 까닭에 '일편'이란 제목을 붙였다.
3) 소천작(蘇天爵, 1294-1352): 원나라 진정(眞定) 사람으로 자는 백수(伯修), 호는 자계(滋溪)이다. 국자생으로 관계에 진출한 이후 승진을 거듭하여 이부상서를 지냈으며 지방관으로 선정을 베풀어 주민들의 칭송을 들었다. 홍건군(紅巾軍)을 진압하다가 죽었다. 《무종실록》과 《문종실록》 편찬에 참여하였고 저서로 《원문류》 외에 《자계문고(滋溪文稿)》와 《국조명신사략(國朝名臣事略)》이 있다.
4) 《원문류(元文類)》: 원대의 한시문(漢詩文) 선집(選集). 총 70권으로 1334년 간행되었다. 본래의 이름은 《국조문류(國朝文類)》이며 소천작이 《당문수(唐文粹)》·《송문감(宋文鑑)》 등의 전례에 따라 편집한 것이다. 원나라의 시문학, 특히 그 고문문학을 살피는 데 있어 중요한 자료이다.
5) 이지상(李志常, ?-1256): 도교 전진파(全眞派)의 제7대조로 자는 호연(浩然), 호는 진상자(眞常子)이다. 장춘진인(長春眞人) 구처기(丘處機)의 제자로 일찍이 구처기를 따라 서유(西遊)하고 《장춘진인서유기》를 지었는데, 당시의 지리를 연구하는 데 중요한 자료이다. 이지평(伊志平)의 후임 교조(敎祖)가 되어 6년 동안 전진교를 널리 퍼뜨려 불교와 도교 간의 격렬한 대립을 불러일으켰다.

(蒙古里)'(《거란국지》), '몽고(朦古)'(《遼史》), '몽고사(蒙古斯)'(《蒙韃備錄》), '몽고자(蒙古子)'·'맹골(萌骨)'(이상 《大金國志》), '망활륵(忙豁勒)'(《元朝秘史》), '몽곽륵(蒙郭勒)'(《蒙古原流》) 등으로도 불렸다.

이 부족은 후에 오논강(Onon River, 斡難河: 현재 이름은 敖嫩河로 鄂諾河라고도 하는데, 흑룡강의 북쪽 水源임)과 불아한산(不兒罕山: 지금의 肯特山으로 외몽고 三音諾顔部에 있으며 카라코룸에서 동북쪽으로 백여 리 떨어진 곳에 있음) 지역으로 근거지를 옮겼다. 금 희종 시기(1135-1148) 부족장 카불(Qabul, 合不勒)이 금나라 달라(撻懶)[6]의 잔여세력을 도와 올출(兀朮)[7]의 군대를 격파하고 수시로 금나라의 변방을 약탈했다. 송 소흥 17년(1147) 금나라는 몽고와 화약을 맺어 겁록연하(怯綠連河: 현재 외몽고 체첸칸部의 케룰렌강) 이북의 27개 촌락[團寨]을 몽고에 떼어 주고 해마다 소와 양·쌀·콩 등을 주기로 하였다. 카불은 이에 스스로를 '칸(汗)'이라 칭하였다. 당시 고비사막 남북에는 모두 10여 개의 부락이 살았는데, 몽고족은 카불의 손자 예수게이(Yesügei, 也速該) 때 이르러 인근 부락을 병탄하였다. 하지만 예수게이가 타타르족에게 피살당하면서 부락이 결국 흩어지고 만다.

....

6) 달라(撻懶, ?-1139): 중국식 이름은 완안창(完顔昌)으로 금 태조의 숙부 영가(盈哥)의 아들이다. 금 태조 때 요나라 정벌 작전에 참가하였고 남송 정벌의 지휘도 맡았다. 1129년 이후 남송의 전력 증강에 따른 위기감에 주화파의 대표가 되어 화약을 맺었으나 정쟁에 실패하여 남쪽으로 달아나다 완안종필이 파견한 사람에 의해 살해되었다.

7) 올출(兀朮, ?-1148): 중국식 이름은 완안종필(完顔宗弼)로 금 태조 아골타(阿骨打)의 넷째 아들이다. 남송에 대한 주전파의 대표로 1139년 금과 남송이 화약을 맺자 주화파 대신인 완안창 등을 죽이고 남송을 침공하였다. 1141년 진회(秦檜)를 이용하여 악비(岳飛)를 제거하고 송과 군신관계를 맺었으며 그 후 금의 군정대권을 독점하였다.

예수게이가 사망하자 그의 큰아들 테무진[帖木眞, 鐵木眞이라도 씀]은 겨우 열세 살의 나이로 부족장의 지위를 계승했다. 부족 사람들은 어린 테무진을 업신여겨 걸핏하면 모욕했지만 테무진의 모친 호엘룬(Hoelun, 月倫太后)은 그를 훌륭히 양육하였다. 테무진은 일찍이 타이치우드(Ta-yichiud, 泰赤烏) 부족에 의탁하였으나 부족장 타르구타이 키릴툭(Tar-gutai-Kiriltukh, 塔兒忽臺)이 여러 번 그를 모살하려 하였다. 한편 옹기라트(Onggirat, 弘吉剌) 부족의 보르테(Borte, 孛兒臺)를 아내로 맞이했는데, 보르테가 메르키트(Merkit, 蔑兒乞) 부족에게 납치되자 케레이트(Kereit, 克烈) 부족과 자다란(Jadaran, 札答剌) 부족의 도움을 받아 함께 그녀를 구해내었다. 당시 각 부족은 걸핏하면 서로를 공격하곤 했는데, 테무진은 용맹한데다 웅재(雄才)를 갖고 있었고 신의를 귀중히 여겼으며 호령이 엄숙해 능히 부족 사람들을 통솔할 수 있었으니, 흩어졌던 예수게이의 잔여 부대도 점차 돌아오게 되었다. 한편 테무진은 일세의 준걸이었던 보오르추(Bo`orchu, 孛斡兒出)[8] · 제베(Jebe, 哲別)[9] · 수부타이(Su-butai, 速不臺)[10] · 무카리(Muqali, 木華黎)[11] 등과 결교(結交)함으로써 그

....

8) 보오르추(Bo`orchu, 孛斡兒出, 생몰연도 미상): 보고르춰[博爾朮]라고도 한다. 아틀라트족 출신으로 칭기즈칸과 거의 동년배이나 일찍부터 그의 심복이 되어 메르키트 부족의 칭기즈칸 습격, 칭기즈칸의 타타르 부족·케레이트 부족과의 전쟁 때 생사고락을 같이 하여 칭기즈칸의 창업에 공헌하였다. 이 때문에 알타이산맥 방면의 몽고군을 관할하는 만호장(萬戶長)에 임명되었다

9) 제베(Jebe, 哲別, ?-1225): 베수트족 출신으로 본명은 지르고가타이이며 제베는 칭기즈칸에게 하사받은 이름이다. 처음에는 칭기즈칸에 대적하였으나 투항한 뒤 칭기즈칸의 정복 전쟁에서 많은 공을 세워 만호장이 되었다. 중앙아시아 원정 때 수부타이와 함께 남러시아의 킵차크인의 영지를 침공하고 러시아 제후 연합군을 격파하였다. 그 뒤 몽고로 귀환하던 중 죽었다

10) 수부타이(Subutai, 速不臺, 1176-1248): 우량카이족 출신으로 메르키트 부족의 잔병(殘兵)을 소탕하는데 큰 공을 세웠다. 칭기즈칸의 서정 때 제베와 함께

세력이 나날이 강성해졌다. 그리하여 타타르(Tatar, 塔塔兒)와 메르키트 등 인근 부족을 연이어 평정하였고, 일찍이 열 한 부족의 칸으로 추대되었던 자다란 부족의 자무카(Jamuqa, 札木合)도 테무진에게 귀순하게 되었다. 또 송 가태 4년(1204)에는 항가이(Khangai, 杭愛)산에서 나이만(Naiman, 乃蠻) 부족의 타양(Tayang, 太陽)칸과 싸워 이를 정복하였다. 이에 몽고의 본거지[本部]에서 서쪽으로 알타이산에 이르는 고비사막 남북이 마침내 통일되었다. 송 개희 2년(1206) 테무진은 오논강에서 제(諸) 부족과 회합하여 대칸[大汗]에 즉위하고 칭기즈칸이라 칭했다. '칭기즈'는 원래 '바다[海洋]'란 뜻으로 강대함을 나타내는 것이었으니, 이 사람이 바로 원의 태조황제이다.

제2절 몽고의 금나라 토멸과 칭기즈칸의 서정

몽고의 제1차 금 정벌은 송 가정 3년(1210)에 있었는데, 몽고군은 연경(燕京)까지 금을 압박했다가 회군하였다. 3년 후 다시 출병해 연경을 포

....

호라즘 국왕을 카스피해의 작은 섬으로 몰아넣어 죽게 했다. 뒤이어 이란과 캅카스의 여러 도시를 공략하고 킵차크인과 러시아 제후 연합군을 궤멸시켰다. 1233년 변경(汴京)을 함락시켜 금나라를 멸망 직전까지 몰아넣었으며, 바투의 동유럽 원정(1236-1243) 때는 부사령관이 되어 큰 공을 세웠다.

11) 무카리(Muqali, 木華黎, 1170-1223): 본래 칭기즈칸의 경쟁자였던 자무카의 수하였으나 그의 비정함에 실망하여 칭기즈칸에게 귀순하였다. 문무를 겸비하였고 금나라 공략의 총사령관으로 큰 활약을 하여 만호장에 임명되어 중국·만주·중앙아시아 지방을 다스렸다. 후에 금나라 정벌에 나섰으나 금을 멸망시키지 못하고 과로로 사망하였다.

위하는 한편 병력을 나누어 산동·하남·요서(遼西)의 수 천리를 약탈해 도시들을 폐허로 만들었다. 금이 강화를 청하여 몽고군이 철수하자 금 선종은 변량(汴梁: 북송의 수도였던 변경 즉 오늘날의 개봉 - 역자)으로 천도하 였고, 이에 칭기즈칸은 다시 군대를 진격시켜 연경을 함락시켰다. 다행 히 칭기즈칸이 가정 2년(1219) 몽고군을 이끌고 서정을 떠났기 때문에 금은 겨우 잔명을 이어갈 수 있었다. 그러나 당시 금은 재정이 곤궁했고 도적들은 벌떼처럼 일어나고 있었다. 또한 송과의 전쟁, 서하와의 전쟁 이 여러 해 계속됨으로써 국력은 나날이 쇠약해갔다. 한편 송 보경 3년 (1227) 칭기즈칸은 서하를 멸망시키지만, 사냥 중 낙마로 부상을 입어 다시는 일어나지 못하고 만다. 칭기즈칸은 임종 시 여러 장수들에게 금 은 동관(潼關)의 험준함을 차지하고 있고 황하는 건너기 어려우니 금을 공격하려면 반드시 송에게 길을 빌리라고 일렀다. 보경 5년 오고타이 (Ögedei, 窩闊臺)[12]가 추대되어 대칸의 지위를 계승하니, 그가 바로 원의 태종이다. 오고타이는 부친이 남긴 책략대로 송과 화해하여 송으로부터 길을 빌릴 수 있게 되자, 군대를 보내 한수(漢水)를 따라 동쪽으로 당주 (唐州: 현 하남성 唐河縣)와 등주(鄧州: 현 하남성 鄧縣) 땅으로 나아가게 하여 삼봉산(三峯山: 현 하남성 禹縣 黃榆店)에서 금군과 회전(會戰)해 대승을 거둔다. 오고타이 역시 직접 군대를 거느리고 황하를 건너 정주

....

12) 오고타이(Ögedei, 窩闊臺, 1185-1241): 몽고제국의 제2대 황제(재위: 1229-1241)로 칭기즈칸의 셋째 아들이며 오고타이한국의 시조다. 아버지를 따라 막북을 통일하고 금나라를 공격하면서 서정에 나섰다. 태조가 죽고 2년 뒤 대칸에 추대되었다. 야율초재(耶律楚材) 등을 등용하여 중앙정부의 기구를 정비하는 한편 속령(屬領)에는 다루가치를 파견하여 통치체제를 확립했다. 1234년 남송과 연합해 금을 멸망시키고 다음해 바투에게 명해 제2차 서정을 진행함과 동시에 남송을 공략하면서 고려와의 전쟁을 개시했다.

(鄭州: 현 하남성 鄭縣)에 군을 주둔시켰다. 몽고군 총사령관 수부타이가 이에 변량을 포위하자 금 애종은 성벽에 의지해 굳게 지켰다. 한편 교전 중 금나라가 처음으로 화약무기를 사용하니 쌍방 모두 많은 사상자가 생겼다. 포위 공격을 한 지 9개월 남짓 되자 성 안의 식량이 다하고 신무기 역시 몽고군 수중에 들어가게 되었을 뿐 아니라 포로 중에 화약 사용법을 전수한 자가 있어 금나라 군대는 더욱 버틸 수 없게 되었다. 이에 애종은 변량을 버리고 귀덕(歸德: 현 하남성 商邱縣)으로 달아났다. 금 천홍 2년 즉 송 소정 6년(1233) 1월 몽고군은 변량을 함락시켰다. 6월 애종은 다시 채주(蔡州: 현 하남성 汝南縣)로 도망하였고 송에 식량을 구하였으나 거절당했다. 9월에는 송의 장수 맹공(孟珙)과 몽고군이 연합해 채주를 공격하기 시작했다. 그리고 이듬해 1월 성이 함락되고 애종이 분신자살하면서 금은 멸망하였다.

몽고가 금에 대한 공격을 시작한 것은 제1차 서정 이전이었다. 금의 멸망은 제1차 서정과 제2차 서정 사이로 금을 멸망시킨 것은 중서교통사와 직접적인 관계는 없다. 다만 이에 대한 서술을 생략하면 칭기즈칸과 오고타이의 서정을 연관시킬 수 없기에 간단히 기술하겠다.

칭기즈칸의 제1차 서정의 목표는 호라즘(Khwarezm)이었다. 호라즘은 투르크인이 새로 세운 나라로 이들은 일찍이 셀주크 투르크를 멸하여 페르시아 땅 전역을 차지하였다. 또한 호라즘은 아프간을 병합한 채 중앙아시아를 엿보고 있던 강력한 대국으로 실로 몽고의 강적이었다. 따라서 몽고에게 있어 호라즘은 반드시 우선적으로 제거해야 할 대상이었다.

송 가태 4년(1204) 나이만 부족의 부족장 타양칸이 칭기즈칸에게 죽임을 당하자, 타양칸의 아들 쿠츨루크(Kuchulug, 曲出律)[13]칸은 서요(西遼)

----

13) 쿠츨루크(Kuchulug, 曲出律, ?-1218): 몽고고원 서쪽에서 유목하던 나이만 부

14)에 투항하였다. 당시 서요는 국력이 강성하지 못했다. 천희제(天禧帝) 야율직로고(耶律直魯古)15)는 쿠츨루크를 사위로 삼았으나 쿠츨루크는 야율직로고가 사냥을 나간 틈을 타 제위를 빼앗았다. 쿠츨루크는 새로 한 명의 왕비를 맞이했는데, 그녀는 그에게 불교를 믿도록 권했다. 쿠츨루크가 이슬람교도를 학대하는 한편 정치를 멋대로 하고 가혹하게 세금을 걷자 백성들이 탄식하고 원망하였다. 또 쿠츨루크는 송 가정 4년 (1211) 호라즘의 왕 알라 앗딘 무함마드(Alā ad-Dīn Muhammad)16)와 동맹을 맺고 서요의 땅을 나누어 지배했다. 이에 호라즘의 국경이 더욱 확장되어 동북으로 시르다리야, 동남으로 인더스강에 이르렀고 남쪽으로는 페르시아만에 닿았으며 북쪽으로는 아랄해와 카스피해에 이르렀다.

몽고가 금을 정벌할 당시, 쿠츨루크는 그들이 서쪽을 돌아볼 겨를이 없는 틈을 노려 부친의 복수를 위해 몽고를 공격했다. 그러나 칭기즈칸

....

족 타양칸의 아들이다. 아버지가 칭기즈칸에게 패하여 죽자, 1208년 서요에 망명하여 그 황녀를 아내로 맞았다. 천산산맥 북방의 나이만 부족을 규합하고 호라즘의 무함마드와 동맹을 맺어 야율직노고를 무찔러 사로잡고 스스로 황제가 되었다. 이어서 타림분지 서부를 정복하였으나 칭기즈칸의 부장(部將) 제베에게 패하여 죽었다.

14) 서요(西遼, Kara Khitai): 요나라의 일족인 야율대석(耶律大石: 서요의 德宗)이 요가 망한 후 중앙아시아에 세운 왕조이다. '서요'는 중국식 국호이고 '카라 키타이'는 대 거란이라는 의미이다. 1132년 건국되었고 수도는 발라사군(Balasaghun, 현 토크마크 부근)이다. 약 80년간 동서 투르키스탄을 지배하면서 이슬람세계와 중국과의 문화교류에도 큰 역할을 하였다.

15) 야율직로고(耶律直魯古, ?-1213): 서요의 3대 황제(재위: 1177-1211)로 천희는 그의 연호이다. 시호가 없기 때문에 서요의 말제(末帝)로 불린다.

16) 알라 앗딘 무함마드(Alā ad-Dīn Muhammad, 1169-1220): 원서에서는 穆罕黙德, 阿剌丁, 阿剌丁摩訶末 등으로 표기하고 있는데, 摩訶末은 摩訶莫 또는 摩訶墨으로도 음역된다. 재위기간은 1200-1220년이고 호라즘의 무함마드 2세로 불린다.

이 수부타이와 제베 등의 장수를 보내 그와 싸우게 하자, 쿠츨루크는 서요의 천산(天山) 서북 거점을 상실하고 천산남로로 물러나게 되었다. 한편 제베가 신앙의 자유를 허락한다는 영을 내리자, 이 소식을 들은 서요의 유민들이 크게 기뻐하며 도처에서 항복해왔다. 이후 제베가 쿠츨루크를 추격하여 붙잡아 죽이면서 몽고는 송 가정 11년(1218) 서요의 땅을 점령하게 된다.

서요가 몽고의 차지가 되면서 호라즘은 드디어 몽고와 영토를 마주하게 되었다. 두 나라는 민족과 종교가 서로 달라 수시로 부딪히고 있었는데, 마침 호라즘의 변경 장수가 몽고의 사신과 상인을 살해하면서 몽고는 비로소 공격의 구실을 얻게 되었다. 한편 호라즘의 왕 알라 앗딘은 당시 칼리프(Caliph)[17]이던 알 나시르(al-Nasir, 那昔爾)와 오랜 원수지간으로 군대를 일으켜 칼리프의 도성인 바그다드(페르시아만 서북으로 티그리스강을 끼고 있음)를 공격하였다. 이에 칼리프는 칭기즈칸에게 서정할 것을 권하였으니, 이 역시 칭기즈칸에게는 하나의 기회였다.

송 가정 12년(1219) 가을 칭기즈칸은 주치(Juchi, 尤赤)[18]·차가타이

....

17) 칼리프(Caliph): 아랍어 칼리파(후계자, 대리인)에서 유래하였고 마호메트 사망 직후 아부 바크르(Abū Bakr alŞiddīq)가 이슬람 공동체의 지도자로 선출되었을 때 이 칭호를 사용하였다. 이슬람에서는 마호메트를 최후의 예언자로 생각하기 때문에 후계자에게는 예언의 기능이 없으며 따라서 칼리프는 주로 정치적 지도자였다. 정통 칼리프 시대(632–661), 우마이야왕조(661–750), 압바스왕조(750–1258)의 칼리프제가 이어졌다. 칼리프는 이슬람 공동체 통일의 상징이지만 10세기 중반부터 12세기에 걸쳐 시아파의 파티마왕조, 이베리아반도의 후 우마이야왕조도 칼리프 지위를 주장하였다. 압바스왕조가 무너지고 술탄제로 이행하였다.
18) 주치(Juchi, 尤赤, ?-1227): 칭기즈칸의 맏아들로 아버지의 정복사업을 도와 북서 몽고의 오이라트족과 시베리아 남서부를 공략하였다. 1219년 시작된 중앙아시아 원정에서는 우익군단을 이끌고 우르겐치(Urgench)를 함락시켰

(Chaghatai, 察哈臺)[19] · 오고타이 · 툴루이(Tului, 拖雷)[20] 네 아들을 거느리고 친히 대군을 통솔하여 4로(四路)로 나눠 서정을 떠났다.

제1로는 전군(前軍)으로 차가타이와 오고타이가 지휘하였는데, 이들은 몽고 대상(隊商) 우쿠나(Uquna, 兀忽納)가 피살된 오트라르(Otrar)[21] 성을 포위하였다. 5월 성이 함락되어 가옥들이 파괴되고 우쿠나를 살해한 오트라르의 성주 가이르칸(Gairkhan, 哈亦兒汗) 역시 죽임을 당했다.

제2로는 칭기즈칸 휘하의 맹장들이 지휘하였는데 '좌수군(左手軍)'이라 불렸고, 주치가 사령관을 맡은 제3로는 '우수군(右手軍)'이 되었다. 이들은 시르다리야 연안의 여러 성들을 분담해 잇따라 함락시켰다. 이후 제1·2·3로군은 아무다리야 서안을 함께 공격했고, 호라즘의 옛 수도 우르겐치(Urgench, 玉龍傑赤: 烏爾韃赤으로도 번역하며 Keurcandje 또는 Orcandje로도 표기함)는 성이 함락되는 날 무자비한 살육을 당했다.

....

으며 킵차크 초원에 침입하여 러시아군을 격파, 킵차크한국의 기초를 닦았다.
19) 차가타이(Chaghatai, 察哈臺, ?-1242): 칭기즈칸의 둘째 아들로 차가타이한국의 초대 왕(재위: 1227-1242). 금나라 재공략 때 우익군을 지휘하였고 중앙아시아 원정 때 오트라르·우르겐치 침공에 참여하였다. 칭기즈칸 사후 대칸의 자리를 동생 오고타이에게 양보하여 존경을 받았다. 엄격하지만 소박한 군주로 전해진다.
20) 툴루이(Tului, 拖雷, 1192-121232): 칭기즈칸의 막내아들로 금나라 토벌에 참여하였고 1219년 중앙아시아 원정에서는 코란산 지방을 완전히 정복하였다. 칭기즈칸의 사후 몽고 본토와 대부분의 군대를 통솔하며 섭정으로서 국정을 도맡았고, 1229년의 쿠릴타이에서 오고타이를 제2대 황제에 오르게 하였다. 이어 금나라에 재침입하여 하남성 서부에서 큰 전과를 올렸으나, 1232년 귀국하던 중 병사하였다. 몽케·쿠빌라이·훌라구·아릭부케 네 아들이 있다.
21) 오트라르(Otrar): 현 카자흐스탄 남부 잠빌자치주의 행정 중심지. 시르다리야 중류 동안(東岸)에 있던 중세 실크로드의 무역거점도시로 13-15세기 호라즘왕국·몽고제국·티무르제국 시기에 번영하였으나 18, 19세기 이후 쇠락하였다.

송 가정 13년(1220) 칭기즈칸과 툴루이가 이끄는 제4로군은 부하라를 함락시키는 한편 동남쪽의 사마르칸트성을 공격해 5일간 성을 파괴하였다. 호라즘 국왕 알라 앗딘 무함마드는 먼저 달아났으나, 성을 지키던 병사 중 3만 명이 살해당했고 3만 명의 남자들이 포로가 되어 부역에 충당되었으며 장인[工匠]들은 각 군의 진영으로 분산 배치되었다. 칭기즈칸은 사마르칸트에 군대를 주둔시키고 수부타이와 제베를 보내 각각 남북 양측에서 호라즘 왕을 추격하게 하였다. 카스피해의 작은 섬으로 도망간 알라 앗 딘은 이듬해 1월 걱정과 두려움 속에서 사망했다.

알라 앗 딘의 큰아들 잘랄 앗딘(Jalāl ad-Dīn, 札蘭丁)은 왕위를 잇고 서둘러 가즈니(Gazni)[22]에 가서 6-7만의 병사를 모았다. 칭기즈칸은 툴루이를 보내 공격하게 하는 한편 친히 가서 전투를 감독하니, 잘랄 앗딘은 대적할 수 없음을 알고 인도 북부로 도망갔다. 인더스강 부근에서 벌어진 전투에서 잘랄 앗딘은 대패하였으나 높은 언덕에서 말을 타고 강으로 뛰어내려 헤엄쳐 달아나 델리(Delhi)에 이르렀다. 잘랄 앗딘이 강에 뛰어내렸을 때, 칭기즈칸은 그를 추격하려는 여러 장수들을 제지하며 "대장부라면 마땅히 저래야 한다!"고 말했다 한다.

송 가정 15년 북인도 가불의국(可弗義國)의 술탄[算端: 蘇丹으로도 번역하는데 나라의 군주를 가리킴]이 세미즈켄트(Semizkend: 즉 Tashkent) 성을 기습하여 함락시키고 서요의 옛 땅을 점령하자, 이 소식을 들은 칭기즈칸은 다시 군대를 서쪽으로 돌렸다. 술탄은 철문(鐵門: 사마르칸

....

22) 가즈니(Gazni): 아프가니스탄 가즈니주의 주도로 가즈나(Ghazna)라고도 한다. 수도 카불에서 남서쪽으로 130㎞ 지점, 해발 2,225m의 고원지대에 있다. 칸다하르를 지나 파키스탄에 이르는 도로변에 있는 교통의 요지이다. 11세기 초 아프가니스탄 최초의 이슬람왕조인 가즈나왕조의 수도였으나 이후 1221년 몽고, 14세기에는 오스만투르크의 점령지가 되었다.

트 남쪽)[23]으로 달아나 대설산(大雪山: 힌두쿠시산맥 - 역자)에 주둔하였다. 칭기즈칸이 장수들에게 추격하게 명하니 술탄은 인도로 도망하였고, 칭기즈칸이 아무다리야를 건너 대설산에 이르자 북인도 여러 부족의 족장들 중 항복하지 않는 자가 없었다. 칭기즈칸은 인도 중부로 진격하려 하였으나 제객납릉령(齊喀納陵嶺)에 이르러 더위를 견디지 못하고 군대를 철수시켰다.

칭기즈칸이 잘랄 앗딘을 추격하기 위해 보낸 제베와 수부타이는 카스피해 서안에 이르러 킵차크 부족(Kiptchacs: 투르크족으로 우랄산맥 서쪽의 흑해와 카스피해 북쪽에 위치해 있으며 비잔틴제국·헝가리·러시아·불가리아 및 Kangli 등과 접경하고 있었음)이 일찍이 메르키트 부족의 남은 무리를 거두어준 것을 구실로 송 가정 15년 태화령(太和嶺: 코카서스산맥 동부)을 넘어서 아조프해협을 건너 공격하였다. 이에 킵차크는 러시아에 구원을 요청하였다. 당시 러시아에는 소규모 공국(公國)이 매우 많았는데, 킵차크 족장 코우탄(Coutan)의 사위였던 갈리치(Galitch) 공국의 군주 메스티슬라브(Mestislav)는 여러 공국들과 합력하여 몽고군을 방어하기로 약속하고 키예프(Kiev) 공국의 군주를 맹주로 하는 연합군 82,000명을 남북으로 나눠 칼카(kalka)강에서 몽고군을 맞아 공격하기로 했다. 그러나 러시아 연합군은 몽고군에게 대패하여 열에 여덟아홉이 전사하게 된다. 송 가정 17년(1224) 겨울 몽고군은 카스피해 북부를 지나 귀환하였다.

....

23) 철문(鐵門): 현 우즈베키스탄 서남부에 있는 티무르의 고향 샤흐리삽스 (Shahrisabz)에서 남쪽으로 약 150km 지점에 있는 길이 3km의 협곡이다. 일명 부즈갈라(Buzgala)라고 하는 이곳은 소그디아나와 토하리스탄(아무다리야 유역) 사이의 분수령으로 7-8세기에는 쇠방울을 달아맨 철문이 있었다고 한다.(실크로드사전, 744쪽)

송 보경 원년(1225) 칭기즈칸은 카라코룸(Karakorum, 和林: 외몽고 三音諾顔部의 哈喇尾敦에 위치하며 칭기즈칸이 존호를 칭한 지 35년 되던 해에 처음 이곳을 수도로 정함)[24]의 행궁에서 네 아들을 분봉하였다. 큰아들 주치는 캉글리·킵차크·호라즘의 옛 땅을, 둘째 차가타이는 시르다리야 동쪽의 서요와 위구르의 옛 땅을, 셋째 오고타이는 일리강 유역과 알타이산맥에서 항가이산맥에 이르는 나이만의 옛 땅을, 넷째 툴루이는 카라코룸산맥과 오논강 사이의 몽고 본토를 얻게 되었다.

제3절 바투와 훌라구의 헝가리·폴란드 정벌

송 단평 2년 즉 몽고 태종(오고타이) 7년(1235) 태종은 유럽을 정복하기로 결심하고 바투(Batu, 拔都: 주치의 계승자)[25]를 총사령관, 수부타이를 대장으로 삼아 코레젠(Kuoliejian, 闊列堅: 태종의 이복동생)·오르타(Orta, 鄂爾達)·샤이반(Shayban, 昔班)·탕구트(Tangut, 唐古忒)·베르케

....

24) 카라코룸(Karakorum): 중국 문헌에는 '화림' 외에 '객라화림(喀喇和林)', '화녕(和寧)' 등으로 적혀있다. 1235년 태종 오고타이가 몽고고원 중앙부의 오르콘(Orkhon)강 상류 우안(右岸)에 건설한 도시로 이후 정종 구유크와 헌종 몽케까지 약 30년간 몽고제국의 수도였다. 저자가 설명한 "칭기즈칸이 존호를 칭한" 해를 대칸에 오른 1206년으로 본다면, "35년 되던 해"가 아니라 "30년 되던 해"로 고치는 것이 맞다.
25) 바투(Batu, 拔都, 1207-1255): 주치의 둘째 아들로 1227년 아버지의 영지를 계승했다. 1236년 몽고의 유럽 원정 총사령관이 되어 러시아의 여러 공국을 정복하고 동유럽으로 쳐들어가 유럽 연합군을 격파하였으나 오고타이칸의 사망으로 회군하였다. 사라이에 도읍을 정하고 킵차크한국을 세웠다.

(Berke, 伯勒克)(이상 4명은 모두 주치의 아들)·구유크(Güyük, 貴由)·카다안(Khadaan, 合丹)(이상 2명은 모두 오고타이의 아들)·카이두(Qaidu, 海都: 오고타이의 손자)·바이다르(Baidar, 貝達兒: 차가타이의 아들)·부리(Buri, 不里: 차가타이의 손자)·몽케(Mongke, 蒙哥)·부자극(不者克)(이상 2명은 모두 툴루이의 아들) 등을 이끌고 대거 서정에 나서게 했다. 송 가희 원년(1237) 몽케가 선두로 킵차크에 진입하여 카스피해 부근에서 강력한 부족장 파키만(Paciman, 八赤蠻)을 사로잡았고, 수부타이 역시 볼가강 일대를 점령하였다. 카스피해와 코카서스산맥 이북의 여러 부족을 모두 평정한 다음, 이어서 러시아 동북부로 쳐들어가 모스크바를 함락시켰다. 가희 2년(1238) 봄 바투의 부대는 북진하여 노보고로드 (Novgord)성에 이르렀으나, 진창길(러시아에서 봄에 얼음이 녹아 도로가 진흙 수렁으로 바뀌는 '라스푸티차'를 가리킴 – 역자)로 인해 기병이 움직이기 불리하자 진로를 틀어 러시아 서남부의 각 지역으로 쳐들어갔다. 페레슬라프 (Pereslav)성을 불태우고 체르니코프(Chernigov)를 함락시켰으며, 오랜 포위 끝에 함락시킨 키예프에서는 수많은 주민들을 도륙하였다. 키예프성을 지키던 장수 드미트리(Dmitry)는 사로잡혔지만, 바투는 그의 용맹을 아껴 사면하고 자신을 따르게 하였다. 이에 드미트리는 바투에게 헝가리를 공격할 것을 권하니, 이때가 몽고 태종 12년 즉 송 가희 4년(1240)이었다.

몽고군 서진의 목표는 폴란드(《원사》에는 '孛烈兒'로 적혀있음)와 헝가리(《원사》에는 '馬札兒'로 적혀있음)로 바이다르와 카이두는 폴란드를, 바투는 헝가리의 수도를 공격하였다.

카이두는 폴란드와 독일(《원사》에는 '捏迷斯'로 적혀있음)을 공격하고는 다시 체코(당시에는 보헤미아로 불림)까지 진출하였다. 송 순우 원년 (1241) 몽고군은 리그니츠(Liegnitz)에서 폴란드와 독일 연합군을 격파하고 전사한 폴란드 대공(大公) 하인리히(Heinrich) 2세의 시신을 각 성에 효수(梟首)하였다. 헝가리로 진출했던 바투도 헝가리의 수도 부다페스트를 함락시키고 마침내 카이두의 부대와 합류하였다. 바투는 부대를 이끌고 다뉴브강을 건넌 뒤 병력을 나누어 오스트리아에서 이탈리아의 베네치아(Venice)로 곧장 치고 들어가게 했다. 한편 몽고군은 세르비아(Serbia)와 불가리아(Bulgaria)를 대거 약탈했다. 그러나 마침 몽고 태종의 부고가 도착하여 바투가 다음해 부대를 돌려 동쪽으로 돌아가고, 바이다르 역시 철군하면서 중부유럽과 서부유럽은 전화를 면하게 되었다.

바투와 구유크(몽고 정종, 재위 1246-1250년)[26]는 평소 사이가 나빴기 때문에 바투의 서정 당시 구유크는 병을 핑계로 출전하지 않았다. 구유크가 사망한 뒤 바투는 몽케(몽고 헌종, 재위 1251-1259년)[27]를 대칸으로 추대하고 자신은 볼가강 하류의 사라이(Sarai)에 군대를 주둔시켰다. 아울러 그곳을 수도로 삼아 호르드(Horde: 장막 궁전)를 세우고 '금빛 꼭대기의 장막[金頂帳]'이란 뜻의 알타이 호르드라 불렀으니, 이 때문에 금장한국(金帳汗國)으로 불리게 되었다. 금장한국은 킵차크한국[28]이라

....

26) 구유크(Güyük, 貴由, 1206-1248): 재위기간은 1246-1248년이 맞다. 몽고제국의 제3대 대칸으로 칭기즈칸의 손자이자 오고타이칸의 장남이다. 겁이 많고 힘이 약했으나 머리가 좋아 정치면에서는 뛰어난 기량을 보였다. 사인칸(현명한 칸)이라 불렀다.

27) 몽케(Mongke, 蒙哥, 1208-1259): 툴루이의 장남으로 쿠빌라이와 훌라구의 맏형이다. 몽고군의 유럽 원정에 참가하여 공을 세웠다. 정종의 뒤를 이어 제위에 올라 카라코룸에서 번영을 누렸다. 쿠빌라이로 하여금 중국·티베트·대리(大理)·안남을, 훌라구로 하여금 서아시아 압바스왕조를 정복하게 하고 자신도 남송 친정에 나서 사천까지 진군하였으나 병사하였다.

28) 킵차크(Kipchak)한국: 금장한국(Golden Horde)이라고도 한다. 칭기즈칸의 장남 주치는 이르티시강 서쪽의 스텝을 영지로 받았으나, 주치 사후 그의 차남 바투가 몽고 서정군의 총수가 되어 러시아 및 동유럽 각지를 석권함과

고도 부르며 아랄해·카스피해·코카서스산맥 이북의 땅을 다스렸다. 한편 시르다리야 북안의 땅은 큰형인 오르타에게 분봉했는데, 오르타의 호르드는 흰색이어서 백장한국(白帳汗國)이라 하였다. 우랄강 서안의 땅은 다섯째 동생인 샤이반에게 분봉했는데, 샤이반의 호르드는 남색이었기 때문에 청장한국(靑帳汗國)이라 불렸다.

잘랄 앗딘 사후 이란고원은 꽤 평온하였으나, 무라히다(Mulahida)[29] 부(部)와 이슬람교 교주인 칼리프가 통치하는 바그다드는 줄곧 몽고 대칸의 통치를 받아들이지 않았다. 구유크 즉위 초 여러 나라에서 모두 사신을 보내 입조할 때, 로마교황청·칼리프·무라히다에서도 사신을 보내왔다. 구유크는 사신들 뿐 아니라 따라온 수행원들에게도 모두 상을 주었으나, 오직 무라히다의 사신만이 예물을 받지 못한 채 귀환하였다. 칼리프의 사신은 그의 군주에게 지난번에 몽고인을 만나 무례하게 굴었으니 만약 (관계를) 개선하지 않으면 정벌당할 것이라고 보고했다. 다만 구유크의 재위기간이 겨우 3년에 불과하였기에 출병은 이루어지지 않았다.

몽케(몽고 헌종) 3년 즉 송 보우 원년(1253) 툴루이의 여섯째 아들 훌

동시에 남러시아를 확실히 장악하여 킵차크한국의 기초를 구축하였다. 몽고 4한국의 하나로 13세기 중엽에서 14세기 말까지 번영을 누렸으나 14세기 말부터 티무르 군에게 유린되는 등 퇴색이 짙어지다가 멸망하였다.

29) 무라히다(Mulahida): 어쌔신(assassin)의 창시자인 하산 빈 알 사바흐(Hassan Ibn al-Sabbah)가 페르시아 알라무트(Alamut)를 중심으로 세운 이맘(Imām) 왕조(1090 - 1256)로 중국 사적에는 목랄이국(木剌夷國)으로 적혀있다. 한편 목랄이는 이슬람교 시아파 중 두 번째 큰 분파 이스마일파(Ismailism)의 이단인 어쌔신의 속칭(俗稱)으로 아랍어 알 무라이(al-Mura'i) 또는 무라히드(Mulahid)의 음역이다. 목나이(木羅夷), 목내해(木乃奚), 몰리해(沒里奚)로도 표기한다.

라구(Hulagu, 旭烈兀)30)는 명을 받고 대장(大將) 사마(沙馬)노얀(noyan, 那顔)31)과 곽간(郭侃)32) 등의 보좌를 받으며 무라히다를 치기 위해 서정을 떠났다. 무라히다는 카스피해 남쪽의 페르시아 땅 대부분을 통치했는데, 조직이 엄밀하고 가장 사납다고 알려져 있었다. 그들은 종종 죽음을 무릅쓰고 적을 저격하거나 성루를 굳게 지켰기에, 몽케는 훌라구에게 그들 모두를 절멸시키라는 명령을 내렸었다. 보우 4년(1256) 훌라구가 대거 공세에 나서 곽간이 적병 5만을 격파하고 128개 성을 함락시켰다. 수비하던 장수 복자납실아(卜者納失兒)는 항복했지만 그의 부친 아력(阿力)이 따로 서쪽 성에 의지하여 저항하였는데, 곽간이 공격하여 격파했다. 아력이 다시 달아나 동쪽 성을 지켰으나 곽간이 또 격파하니, 군주

....

30) 훌라구(Hulagu, 旭烈兀, 1218-1265): 형 몽케의 명령으로 1253년 서아시아 원정에 나서 공포의 암살단 조직인 어쌔신을 토멸(討滅)하고 1258년 압바스 왕조를 멸망시켰다. 다시 시리아를 정토(征討)하던 중 몽케칸의 부고를 받았으나 점령지 확보 및 쿠빌라이와 아릭부케 간의 칸위(位) 다툼 때문에 귀환을 단념하고 일한국을 세웠다. 그는 몽골제국의 칸 종주권을 존중하며 우호관계를 유지하였지만, 킵차크한국 및 다른 2개 한국과는 영토문제 등으로 사이가 나빠서 자주 싸웠다.

31) 노얀(noyan, 那顔): 원래는 몽고의 각 씨족장을 가리켰으나, 몽고제국 성립 이후 그 공적에 따라 집단의 장(長)에 임명된 군사적 봉건영주를 뜻하였다. 원나라 붕괴 후부터 17세기까지는 칭기즈칸의 후예 또는 그 형제의 후손이 집단의 장이 되었을 때 지칭하였고 일반 영주에게는 사용되지 않았다

32) 곽간(郭侃, ?-1277): 화주(華州) 정현(鄭縣) 사람으로 약관의 나이에 백호(百戶)가 되었고 태종 4년(1232) 변량 공략에 참여하여 천호(千戶)로 승진했다. 훌라구를 따라 서정에 나서 무라히다와 바그다드 등지를 함락시켰다. 세조가 즉위하자 나라 이름을 짓고 도성(都城)을 쌓으며 성대(省臺)를 세울 것과 학교 설립 등을 건의했다. 중통 2년(1261) 강회대도독(江淮大都督)으로 발탁되었고 지원연간 양양(襄陽)을 함락시켰다. 남송이 망한 뒤 영해지주(寧海知州)에 봉해졌지만 얼마 뒤 죽었다.

올로올(兀魯兀)이 마침내 항복하였다. 훌라구는 노소를 불문하고 모조리 도륙하도록 명하였다.

이로써 페르시아 전역이 모두 몽고로 편입되었으며 30여 소국들이 항복해왔다. 훌라구는 이에 서쪽으로 내려가 메소포타미아를 공략하고 보우 5년(1257) 바그다드로 쳐들어갔다. 이듬해 이슬람교 교주 칼리프가 항복하자 몽고군은 7일간 살육과 약탈을 저질러 80만 명을 죽였다.

바그다드가 함락되자 훌라구는 아라비아를 향해 진격하였다. 곽간이 아라비아 군대를 대파하고 모두 185개 성을 함락시키자 그 군주 역시 항복하였다. 서기 750년(당 천보 9년) 개창한 사라센제국의 압바스(Abbās)왕조는 이때에 이르러 멸망하니 37대 509년만이었다.

당시 시리아는 이집트에 복속되어있었는데, 훌라구는 그 군주가 입조하지 않은 것을 구실로 송 개경 원년(1259) 군대를 3로로 나눠 수도 다마스쿠스를 공격하였다. 하지만 전황이 불리하자 북쪽으로 방향을 돌려 소아시아를 공략하고 발칸반도 제국(諸國)의 연합군을 쳐부수었다. 비잔틴제국 정부와 서유럽의 기독교 국가들은 모두 화친을 요청하며 몽고군과 연합하여 이슬람 국가에 대항하고자 했다. 훌라구는 다시 곽간에게 지중해를 건너 부랑국(富浪國)을 접수하라고 명령했다. 부랑국은 당대의 불름(拂菻), 명대의 불랑기(佛郞機)와 사실 같은 어원에서 나왔는데, 당·송시기에는 비잔틴제국과 서양을, 명대에는 남서 유럽의 스페인과 포르투갈 등을 지칭했지만 원대에는 단지 지금의 키프로스(Cyprus)섬만을 가리켰던 듯하다.

이후 몽고군이 다시 동쪽으로 방향을 돌려 석라자국(石羅子國: 현재 이란의 Shiraz)에 이르자 그 군주가 항복하였다. 몽고군은 다시 올림(兀林)과 케르만(Kerman, 起爾曼)[33]을 정복하였고, 이로써 제3차 서정은 비로소 끝이 났다. 훌라구는 본래 이집트를 공략하려 했으나, 마침 몽케의 부음을 듣고는 키트부카(Kitbuqa, 怯的不花)에게 시리아를 수비하도록 명령하고 회군하였다.

쿠빌라이(Qubilai, 忽必烈)[34]는 훌라구가 얻은 땅에 그를 봉하고 일(II) 한국이라 칭하게 하여 페르시아와 소아시아 지역을 다스리게 하였다. 일한국의 남쪽 경계는 인도양, 북쪽 경계는 킵차크한국, 동쪽 경계는 아무다리야였으며 차가타이한국·킵차크한국과 더불어 몽고제국의 3대 번국(藩國)으로 불렸다.

---

33) 케르만(Kerman, 起爾曼): 이란 케르만주의 주도이며 큰 평원에 위치한다. 수도 테헤란에서 남쪽으로 1천km 정도 떨어진 곳에 위치하며 예로부터 동서교통의 요지였다.

34) 쿠빌라이(Qubilai, 忽必烈, 1215-1294): 몽고제국 제5대 대칸이자 원나라의 시조로 묘호는 세조이다. 몽케 재위기간 중국 방면 대총독으로 대리국을 멸망시키고 티베트와 베트남을 공격했다. 1259년 몽케가 죽자 카라코룸을 지키고 있던 막내아우 아릭부케를 의식해 이듬해 개평부에서 대칸의 자리에 올랐다. 아릭부케를 굴복시킨 다음 수도를 연경(燕京)으로 옮겨 '대도(大都)'라 일컫고 1271년 국호를 '원'이라 했다. 1279년 남송을 멸망시켰지만 하이두 등의 반란으로 제국이 다시 분열되었다. 35년의 치세동안 중앙집권제를 확립하고 관제와 세제(稅制)를 정비하였으며 밖으로 미얀마·참파·자바·일본 등을 공격해 일본을 제외한 동아시아 대부분을 원의 영역 안에 넣었다.

제2장
원대(元代)의 우역(郵驛)제도가 중서교통에 미친 공헌

제1절 원대 역참의 연혁과 제도

원대는 역사상 영토가 가장 넓었을 뿐 아니라 동서간의 교통도 가장 발달했던 시기이다. 그 원인을 규명하는 일은 정말 쉽지 않지만, 중국의 우역(郵驛)제도가 원대에 가장 발달했다는 사실이 그 가장 큰 원인 중 하나일 것이다. 그러나 완비된 우역제도가 교통의 활성화를 촉진하기도 하나, 교통의 활성화 역시 우역제도를 더 완전하게 만들기도 한다. 그러니 원대 중서교통사 연구자들이 어찌 당시의 우역제도에 대해 주의하지 않을 수 있겠는가?

원대의 역참 행정은 '몽고참적(蒙古站赤)'과 '한지역참(漢地驛站)'로 나뉜다. 이 점이 바로 원대의 특색으로 다른 왕조와 차이가 있다.

참적(站赤)은 몽고어 잠치(Jamchi)[1]의 음역으로, 《원사》〈병지(兵志)〉

---

1) 잠치(Jamchi): 몽고어로 '잠'은 '길' '역'이란 뜻이고, '잠치'는 '잠'과 관련된 사

'참적'조2)에는 "참적이란 역전(驛傳)의 번역명이다. 대개 이로써 변방의 사정을 막힘없이 통하게 하고 호령(號令)을 선포하였다"고 적혀있다. 《경세대전(經世大典)》3) 〈참적문(門)〉에는 "우리나라의 강역은 광대해 동서와 남북을 모두 아우르고 있다. 그 모든 속국에 하늘의 별이나 바둑판의 돌처럼 역전이 흩어져 설치되어있어 맥락이 관통하고 있다. 아침에 영을 내리면 저녁에 이르고 모든 소식이 도달하니, 이는 또한 정사(政事)의 대강을 총괄하고 묶는 천하의 기틀이다"고 되어있다.

참적은 통정원(通政院) 예하에 있었고 역참은 병부(兵部)에 속해 있었지만, 시기에 따라서 분리되기도 합쳐지기도 했다. 통정원과 병부는 참적과 역참을 관리하는 중앙의 최고기관이었다. 《원사》〈백관지〉에는 다음과 같이 기록되어있다.

"통정원의 품계는 종2품이다. 국초(國初)에 역(驛)을 설치해 사신(使臣)에게 거마(車馬)를 제공하게 하고 톡토화순(toqtahusun, 脫脫禾孫: 검사관 - 역자)을 두어 그 간위(奸僞)를 분별하게 하였다. 지원 7년(1270) 처음으로 제참도통령사사(諸站都統領使司)를 세워 이를 총괄케 하고 6명의 관원을 두었다. 13년(1276) 통정원으로 이름을 고치고 14년(1277) 대도

....

람이란 뜻이다.
2) 원서에는 〈병참지(兵站志)〉로 되어있으나 오류가 분명해서 바로 잡았다.
3) 《경세대전(經世大典)》: 원대의 전고(典故)·제도 등을 기록한 책으로 《황조(皇朝)경세대전》 또는 《원(元)경세대전》이라고도 한다. 본문이 880권, 목록 12권, 보편(補篇) 2권으로 총 894권이며 지순 2년(1331) 완성되었다. 그 편목은 대략 군사(君事)와 신사(臣事)의 2군(群) 10편으로 나뉘는데, 군사에는 제호(帝號)·제훈(帝訓)·제제(帝制)·제계(帝係)가 들어있고 신사에는 치전(治典)·부전(賦典)·예전(禮典)·정전(政典)·헌전(憲典)·공전(工典)이 들어있다. 명 중기 이후 거의 산일되어 현재는 그 각 편의 서록(序錄)이 《원문류》에 수록되어있고 그 원문 중 극히 일부를 《영락대전》에서 볼 수 있다.

(大都) 통정원과 상도(上都)⁴⁾ 통정원으로 나누었다. 29년(1292) 강남분원(江南分院)을 설치했다가 대덕 7년(1303)에 폐지했다. 지대 원년(1308) 정2품으로 승격시켰다. 4년(1311)에 폐지하고 그 업무를 병부에 귀속시켰다. 같은 해 대도와 상도의 통정원을 다시 설치하였으나 타타르[達達]참적만 관리토록 했다. 연우 7년(1320) 종2품으로 회복시키고 한인(漢人)참적을 겸하여 관리하게 했다."

마지막 구절을 읽어보면 한인역참 역시 '참적'라 부르고 있지만 몽·한의 구별이 있었음은 의심의 여지가 없다. 이른바 '타타르참적'은 바로 몽고참적이다. 통정원은 설치되었다가 폐지되기도 하고, 폐지되었다가 다시 설치되기도 했다. 몽고참적만을 관리하기도 했고 한인참적의 관리를 겸하기도 했는데, 이는 대개 순전히 이해관계 때문이었다. 《경세대전》〈참적5〉에는 당시 어사대(御史臺)에서 각 성(省) 도로변 참호(站戶)에 전달한 말이 기록되어 있는데, "병부에게만 감독 책임을 지웠으니 우리는 감사하게도 은혜를 입어 영구토록 편안함을 얻었다"고 되어있다. 이를 보면 통정원이 백성들에게 환영받지 못한 기구였음을 알 수 있다. 그러나 백성에게 환영받지 못하는 것이 관리에게는 가장 이익이 된다. 그러므로 필히 방법을 강구하여 그것을 존속시키거나 회복시키는 한편, 그 권한을 확대시켜 한·몽을 함께 관리하게 했던 것이다.

....

4) 상도(上都): 원대의 도성(都城). 현 내몽고자치구 도론 노르의 북서 36km에 있었다. 몽고어로는 챠오나이만 수메 호톤(Chao-naiman Süme khoton, 百八廟城이란 뜻)이라 불렸다. 헌종 6년(1256) 쿠빌라이가 유병충(劉秉忠)에게 명하여 축성하였으며 개평부(開平府)라 명명하고 헌종 사후 여기서 즉위했다. 지원 2년(1265) 대도(북경)가 완성된 이후, 황제의 피서를 위한 여름 수도가 되었다. 마르코 폴로가 찬두(Chandu)라 부르며 그 번창한 모습을 전했지만, 지정 18년(1358) 홍건적의 난에 의해 타버리고 원의 멸망과 함께 없어졌다.

원대 역참의 지방관은 다루가치[達魯花赤][5] 및 각 로(路)·부(府)·주(州)·현(縣)의 민정관(民政官)들이었다. 다루가치(darughachin:《원조비사》에는 '䘘魯合臣'로 적혀있음)는 장인관(掌印官)으로 각 로·부·주·현 민정관의 상급자였는데, 인장(印章)을 관장하고 사무를 처결하는 장관(長官)으로서 권력이 매우 컸다. 상·중·하의 만호부(萬戶府)와 상·중·하의 천호소(千戶所)에도 모두 다루가치가 있었다. 《원사》권169 〈하인걸전(賀仁傑傳)〉에는 상도유수(上都留守) 다루가치 홀자홀이(忽刺忽耳)가 "신은 장(長)으로서 인장을 손에 쥐고 있으니, (저에게) 의견을 사뢰지 아니하고 능히 일을 행할 수 있는 일은 없습니다"라고 한 말이 기록되어 있다. 그런 까닭에 한인으로 다루가치가 된 자들이 자주 파면되었던 것이다.

참적에 관한 《경세대전》의 각 조목을 읽어보면 원대 역참의 지방행정을 처음에는 각 로·부·주·현의 다루가치가 맡았으나, 지원 28년(1291) 이후 각 주·부·현의 관리가 맡는 것으로 바뀌었다가 얼마 후인 연우 7년(1320)에 다시 옛 제도를 회복시켜 주와 현이 참여할 수 없게 되었음을 알 수 있다.

원대에는 역참에 대한 감찰제도도 상당히 잘 갖추어져 있었다. 《원사》권101 〈병지〉 '참적'조에는 "그 관원으로 역령(驛令)과 제령(提領)이 있다. 또 요충지에 톡토하순을 두어 조사 심문의 임무를 맡겼다"고 되어있다. 샤반느(Chavannes)는 톡토하순의 원문이 todotkhaktchi로 '해석하는

....

5) 다루가치[達魯花赤]: 원나라에서 총독과 지사(知事) 등을 호칭한 것으로 《흑달사략》에 쓰여 있는 것처럼 태조와 태종 때에는 주로 민정을 관장하는 관청의 책임자에 붙인 관명이었다. 그러다가 세조에 의해 국명이 원으로 바뀌고 행정업무가 세분화되면서 지칭하는 직명도 복잡해졌다.

자'라는 뜻이라 하였고, 시라토리 쿠라키치(白鳥庫吉)는 톡토하순의 원문이 '정(定)'과 '지(止)'의 의미를 가진 toqtara에 sun이라는 어미가 붙은 것으로, 즉 관원이 왕래하는 사람 등을 큰소리로 불러 세워 검문한다는 뜻이라고 했다. 《영락대전》에는 《단지독대(丹墀獨對)》의 '불가노책(佛家奴策)'조를 인용하여 "15리마다 하나의 우정(郵亭)을 두고 60리마다 하나의 후관(候館)을 두어, 위로는 통정원이 그 대강을 잡고 아래로는 군현이 그 힘을 보태며, 다시 톡토하순이 있어 사명(使命)의 진위를 살피도록 합니다"고 적혀있다. 《경세대전》〈참적총서(站赤總序)〉에서는 "그 관직은 역령이 맡았고 작은 곳에는 모두 제령을 두었다. 또 도회(都會)나 요충지에 톡토하순을 두어 그 진위를 조사하게 했다"고 하였다. 톡토하순은 원 중통 원년(1260) 처음 설치되었는데, 원대 역참의 중앙과 지방 관직은 비록 여러 차례 변했지만 톡토하순은 계속 그대로 유지되었다. "사명의 진위를 살피는" 것은 톡토하순의 원래 책임이었고 소요를 막는 것도 실로 중요한 임무였다.

톡토하순은 요충지에만 설치되었기 때문에 설치되지 않은 곳에서는 각 로의 총관부(總管府)6)가 검사를 맡았다. 톡토하순은 역참 이용을 허가하는 권한을 지니고 있었으나 사신의 짐을 수색할 권한은 없었다. 사신을 때려 상처를 입히거나 멋대로 역마를 지급하는 행위, 혹은 사신과 사적으로 교제하여 그 짐의 무게를 규정대로 측정하지 않아서 역마(驛馬)에 해를 입힐 경우 모두 처벌을 받았다.

....

6) 총관부(總管府): 몽고가 외지를 통치하기 위해 설치한 관청이다. 총관부 내에는 몽고인 다루가치가 근무하고 있었으며 한인이 총관에, 회회인(回回人)이 동지(同知)에 임명되는 경우도 있었다. 대부분의 권력은 다루가치에게 집중되어있기 때문에 실질적으로 한인 총관이 가지는 권력은 적은 편이었다.

제2절 원대 역참의 조직과 패부(牌符)

원대의 역참은 참적과 급체포(急遞鋪)로 구분되는데, 참적은 역(驛)이고 급체포는 우(郵)이다.

《영락대전》에서는 《단지독대》를 인용하여 "북방의 여러 참(站)에는 역령을 두었고 남방의 여러 참에는 제령을 두었다"고 하여 전혀 대소의 구분을 하지 않고 있는데 반해, 《경세대전》〈참적총서〉에는 "그 관직은 역령이 맡았고 작은 곳에는 모두 제령을 두었다. 또 톡토하순을 두어 ……"고 적혀있다.

《경세대전》의 기록에 따르면 중국 국경 안에 설치된 육참(陸站)·수참(水站)·우참(牛站, 狗站을 포함)·마참(馬站)은 총 1,419개소였다고 한다 (당나귀·말·소·양은 마참 또는 우참이라 불렀고 遼東에는 구참이 있었는데, 이들 모두 짐승의 힘을 이용한 것이다. 인력을 이용한 것으로는 步站과 轎站이 있었으니 둘 다 육참에 속했다). 급체포는 세조 쿠빌라이 때 업무가 시작되었다. 10리나 15리 혹은 20리마다 각 주현에 1포(鋪)를 설치하였으니, 어림잡아 전국에 2만여 개의 역이 있었음이 분명하다. 마르코 폴로의 《동방견문록》7) 2권 제28장에 따르면 황제가 길가에 나무를 심도록 명령했다고 하며, 제25장에는 황제의 사신이 외지로 나갈 때 25

....

7) 원서에는 '馬可波羅遊記' 즉 《마르코 폴로 여행기》로 되어있지만, 실제 이 책의 원제목은 《세계의 서술》(*Divisament dou Monde*, 영어로는 *Description of the World*)이고 그 내용도 일반 '견문록'이나 '여행기'와 성격이 다르다. 특히 '동방견문록'이란 표현은 책 어디에도 보이지 않고 일본에서 널리 사용되는 제목을 우리나라에서 차용한 것일 뿐이지만 독자들에게 익숙한 제목이기에 그대로 사용했다.

리마다 반드시 역이 있었으니, 역에는 크고 화려한 숙소에 주단(綢緞)으로 만든 이불이 마련되어 있고 각 역에 준비된 말은 많을 경우 4백 필에 달하고 적을 경우에도 2백 필로 전국적으로 30만 필이나 되었다고 적혀 있다. 또 역참의 대형 숙소 1만 여개가 있었는데, 그 사치스러운 모습은 이루 다 글로 표현할 수 없다고 하였다.

원대 역참에는 정해진 인원이 있었다. 《경세대전》〈참적6〉의 연우 4년(1317)조에 "참호가 많으면 2~3천, 적어도 5~7백 명"이라고 되어있으니, 고용된 사람이 적었다고 말할 수 없다.

앞서 언급한 역령과 제령 외에 또 잠친(jamcin, 札木臣)과 울아라친(ularacin, ulacin, 兀剌阿臣) 등이 있었다. 하네다 도오루(羽田亨)의 《원조역전잡고(元朝驛伝雜考)》(東洋文庫, 1930 – 역자)에서는 잠친을 역무를 관장하는 사람으로, 울아라친은 역마를 관리하는 사람으로 간략히 설명하고 있다. 이들은 울아라치(ularaci, ulaci, 兀剌赤)와 마찬가지로 역참에 주재한 관원이 아니라 단지 왕래하는 사신을 위해 관물(官物)을 호송하거나 진공물품이 있으면 사신을 수행하여 인도하는 역할만을 했다. 《원조비사》와 《화이역어(華夷譯語)》[8]에서는 이들을 모두 마부(馬夫)라 호칭하였다. 《원전장(元典章)》〈역참문(驛站門)〉의 '참관목(站官目)'에 "참관과 울아라치 인(人) 등"이라고 분명하게 기록되어있는 것을 보면, 이들이 참관이 아님을 알 수 있다. 《원조비사》에는 "역참마다 울아라친 20명을 두었다"고 적혀있는데, 만약 참관이라면 그 정원이 이처럼 많지는 않았을 것이다.

....

8) 《화이역어(華夷譯語)》: 명 홍무제의 명에 따라 1382년 이후 순차적으로 만든 어학 서적으로 몽고와 한국·일본·여진·페르시아 등 13개 나라의 언어를 담고 있다.

다음으로는 말과 소를 관리하는 백호(百戶)와 음식 공급을 전담하는 수사관(首思官) 및 부설 창고와 요리사 등을 감시하는 고자(庫子)가 있었다.

원대의 참호는 부역의 성격을 띠고 있었고 대부분 남의 땅을 대신 경작해서 먹고 살았는데, 만약 양식과 사료가 부족하거나 말이 죽게 되면 참관은 곧잘 참호에게 강제로 이를 구입해서 보충하도록 시켰다. 《원전장》 '참호불편(站戶不便)'조에는 "이렇게 함으로써 참호를 핍박하여 아들과 딸을 저당 잡히거나 다른 이에게 팔아서 얻은 돈으로 마초(馬草)와 식량 등을 보충하는 용도로 사용하였다"고 적혀있다. 《경세대전》 〈참적 7〉에 따르면 참호는 모두 25,454명이었고, 제령 1명이 관할하는 참호가 많으면 2-3천, 적어도 5-7백 명이었다고 한다.

역참의 지급 규정은 관원의 품계와 직급이 높을수록 지급받는 포마(鋪馬: 역참에 구비된 말 - 역자)의 수가 많았다. 《원사》 〈병지〉 '참적'조에는 "역참에 보내어 전달하는 옥새가 찍힌 문서를 '포마성지(鋪馬聖旨)'라 불렀다. 긴급한 군사업무가 있으면 또 금자원부(金字圓符)를 신표로 삼았고 은자원부(銀字圓符)가 그 다음이었다. 안에서는 천부(天府)가 이를 관장하였고, 밖에서는 국인(國人: 몽고인을 지칭한 것 같음 - 역자)으로 장관(長官)이 된 자가 이를 주관하였다"고 되어있다. 《경세대전》에서는 포마성지를 포마차자(鋪馬劄子)로 표기하고 있다.

급체포는 참적보다 늦은 세조 때에 처음 설치되었다. 중통 원년(1260) 조서를 내려 각지의 관아에 전체포(傳遞鋪)를 설치토록 했다.

《경세대전》 〈급체포총서(總序)〉의 급체포에 대한 서술은 생동감이 넘치고 매우 상세한데, 그 내용을 인용하면 다음과 같다.

"급체포는 조정과 방면(方面: 비교적 큰 행정구역 - 역자) 및 군읍(郡邑)의 문서 왕래를 전송(轉送)하였다. 10리나 15리 혹은 25리마다 급체포 1곳

을 설치하고, 10곳의 급체포마다 우장(郵長) 1인과 포졸(鋪卒) 5인을 두
었다. 문서가 도착하면 일지에 기록하고 이른지 늦은지를 살펴 도착 시
각을 봉(封)에다 표시하고는 그대로 비단주머니에 넣어 나무판 사이에
끼웠다. 그리고는 다시 작은 검정 비단[漆絹]으로 싸서 포졸 허리의 혁대
에 묶고 혁대에 방울을 달았다. 손에 창을 들고 도롱이를 입은 채 문서를
가지고 출발하는데, 밤에는 횃불을 들었다. 좁은 길에서 수레나 말을 탄
자나 짐을 진 자들은 방울 소리를 듣게 되면 길가로 멀찌감치 피했다.
밤에도 방울소리로 호랑이나 승냥이들을 겁주었다. 不若又(이 세 글자
는 해석이 불가능함) 도착할 포(鋪)에서 방울소리를 들으면 포인(鋪人)
이 나와 그가 도착하길 기다렸다가 주머니와 나무판[囊板]으로 문서를
보호해 부서지거나 구겨지지 않도록 했다. 작은 검정 비단을 도롱이 안
에 접어 넣어서 비나 눈을 막아 젖지 않게 했다. 창은 예상치 못한 일에
대비하기 위해 도착한 포에서 얻어서 다음 포에 반납한 다음 다시 빌리
는 형식을 취하며 나아갔다. 하루 밤낮에 4백리를 달리도록 한 규정에
따라 우장이 늦게 도착한 자를 다스렸다. 군읍에서 다시 감독관이 상세
한 사정을 살펴 근면한 자에게는 상을, 태만한 자에게는 벌을 내렸다.
경사(京師)에는 총급체포제령(總急遞鋪提領)을 두었다."

원대의 역참제도에는 패부(牌符)라는 것이 있었으니, 이는 직급을 나
타냄과 동시에 역마·호위병·식량·꼴 및 기타 여행의 필수물자를 징발
할 권리를 부여함으로써 역참 이용의 자유를 보증한 것이었다. 원대의
패부 종류에는 금호부(金虎符)·금부(金符)·은부(銀符)(이상은 모두 長牌
임)·해청부(海靑符)·원부(圓符)(이상은 모두 圓牌임) 및 역권(驛券: 紙券
임)이 있었다.

역권은 역마권(驛馬券)이라고도 하는데, 승전(乘傳: 역참에서 비치하는
네 마리 말이 끄는 수레 – 역자)을 사용하는 하급관리에게 제공되었다. 역참
에 보내는 새서(璽書)에는 옥새가 찍혀있으니, 이를 선명(宣命), 선칙(宣

勅), 선차(宣劄), 고명(誥命)이라고 하였고 혹은 간단히 새서라 부르기도
했다. 포마성지 역시 바로 이런 것이었다.

　해청부 또는 청패(青牌)의 정식 명칭은 해동청패(海東青牌)로 군사 등
긴급한 국가 업무에 사용되었는데, 해동청이라는 매가 가장 빨리 난다하
여 붙여진 이름이다.

제3절 원대 역참과 유라시아의 교통

　《원사》〈주치전[朮赤傳]〉에는 "건국 초 친왕(親王)을 서북에 분봉(分
封)하였는데, 그 봉지가 경사(京師)에서 수만 리나 떨어진 아주 먼 곳에
있어서 역마로 2백여 일을 급히 달려야 비로소 경사에 도달할 수 있었다.
그런 까닭에 그 땅의 군읍과 풍속에 대해서 모두 상세히 알 수가 없었다"
고 기록되어있다. 주치가 분봉 받은 땅은 킵차크한국으로 볼가강 하류에
위치한 사라이가 수도였는데, 사라이에서 원의 대도 즉 현재의 북경까지
우역이 있었으니 그 규모의 광대함을 상상해 볼 수 있다.

　《원조비사》권15에는 다음과 같이 적혀있다.

　"오고타이 황제가 '우리 칭기즈 황제께서 고생하여 나라를 세우신 덕에
이제 백성들이 모두 평안하고 즐겁게 지내게 되었으니 그들을 힘들게
하는 일을 멈추도록 하라!'고 말하고, 마침내 장차 함께 행할 일을 차가타
이 형과 상의하였다. …… (1) 사신이 오고 갈 때 백성들의 거주지를 지나
면 일도 늦어지고 백성도 고통을 받는다. 지금처럼 각 천호(千戸)로 하여
금 인마(人馬)를 내놓게 하여 잠치[站赤]를 만들도록 하라. 긴급한 용무
로 필히 역참의 말을 타야 하는 것이 아니라면 백성의 거주지를 지나가

는 것을 허용하지 않는다. …… 이 몇 가지 안건에 대해 차나이(Čanai, 察乃)와 볼카다르(Bulqadar, 孛勒合答兒)가 나에게 '우리 생각에 시행할 수도 있다고 본다. 차가타이 형도 알고 있는가!'라고 말했다. 차카타이가 이 말을 듣고는 '그렇다!'고 회답하자 이에 따라 시행하도록 했다. 그리고 는 '나는 여기서부터 시작하여 잠치를 세워 너희 쪽 잠치와 연결되게 할 터이니, 바투[巴禿]로 하여금 그쪽에서부터 시작해 내가 만든 잠치와 연 결되도록 하라'고 말했는데 그렇게 이루어졌다."

이른바 "나는 여기서부터 시작하여"의 여기는 카라코룸을 지칭한 것으 로 카라코룸부터 알말리크(Almalik: 지금의 伊犁)까지 (페르시아에 있던) 차가타이와 함께 잠치를 세워 서로 잇겠다는 것이고, 바투(즉 拔都)로 하여금 유럽에서부터 잠치를 만들어 동쪽으로 알말리크에 이르게 해서 서로 연결시키겠다는 것이었다.

이를 보면 원대의 역로(驛路)가 실로 유라시아를 횡으로 관통했으며 서남쪽으로 페르시아에까지 이르렀음을 알 수 있다. 《원사》〈병지〉'잠 치'조에서 "이에 사방에서 왕래하는 사신이 멈출 때면 관사(館舍)가 있고, 쉴 때면 장막(帳幕)이 제공되고, 굶주리고 목마르면 음식이 주어지기를 제항(梯航: 使行을 의미함 - 역자)이 끝날 때까지 이어져 사해가 함께 만나 게 되었다. 이리하여 원의 천하가 전대(前代)에 비해 극성하게 되었다"고 하였으니, 사실 그대로를 기록한 것으로 보인다.

제3장
원대의 남해(南海)와의 교통

제1절 원대 초기 남해 경략(經略)

《원사》권94〈식화지2〉[1]의 '시박(市舶)'조에는 "지원 14년(1277) 천주
에 시박사(市舶司)를 세워 망고대(忙古鰥)로 하여금 관할하게 하고, 경원
·상해·감포 세 곳에 시박사를 세워 복건안무사(福建安撫使) 양발(楊發)
로 하여금 감독하게 하였다"고 기록되어있다. 쿠와바라 지츠조(桑原隲
藏)는 《포수경의 사적》에서 복건안무사를 양절안무사(兩浙安撫使)의 오
기(誤記)로 의심하고 있다. 망고대는 망올대(忙兀臺)로 적기도 한다. 또
같은 자료에 보면 "(지원 30년, 1293) 천주·상해·감포·온주·광동·항주
·경원 등 모두 일곱 곳에 시박사가 설치되어있는데, 천주의 시박사만이
추분(抽分)[2] 외에 30분의 1의 세금을 더 취하고 있다. 지금부터 각 시박
사들은 모두 천주의 사례에 따라 세금을 거두되, 온주시박사는 경원에

---

1) 원서에는 〈식화지(上)〉으로 되어있으나 오류가 분명하여 바로잡았다.
2) 추분(抽分): 추해(抽解)와 같은 뜻으로 북송대부터 연해 무역 항구를 출입하
   는 상품에 대해 징수하기 시작한 현물세.

편입시키고 항주시박사는 세무(稅務)에 편입시키도록 한다”고 되어있다. 상해는 바로 송대의 화정현을 분리해 설치한 현이고, 경원은 바로 명주(지금의 영파)이다.

지원 14년 천주에 시박사를 설치했다는 또 다른 방증이 있으니,《원사》 권129〈백가노전(百家奴傳)〉에 보면 “(지원 14년) 7월 마침내 상도(上都)에서 황제를 배알하고 진국상장군(鎭國上將軍) 해외제번선위사(海外諸蕃宣慰使) 겸 복건도시박제거(福建道市舶提擧)로 승진하였으나 여전히 본익군(本翼軍)을 거느리고 복건을 지켰다. 얼마 후 복건도장사선위사도원수(福建道長司宣慰使都元帥)도 겸하였다”고 되어있다. 백가노는 소가투(Sogatu, 唆都)[3]의 아들이다. 또《원사》〈백관지〉의 ‘복건등처도전운염사사(福建等處都轉運鹽使司)’조에도 “지원 14년 처음으로 시박사를 설치하고 염세(鹽稅) 징수의 일을 관리하게 하였다”고 적혀있는데, 복건의 소금세 징수가 지원 13년부터 시작되었다고 한《원사》〈식화지〉의 기록과도 부합한다.

감포의 시박사 설치에 대해《원사》〈식화지〉에서는 지원 30년(1293)이라 하였고, 원말 요동수(姚桐壽)가 지은《낙교사어(樂郊私語)》에도 지원 30년으로 되어있다. 후지타 토요하치(藤田豊八)는《중국남해고대교통총고》에 실린〈송·원시기 해항으로서의 항주(宋元時代海港之杭州)〉[4]에

....

3) 소가투(Sogatu, 唆都, ?-1285): 쿠빌라이의 측근으로 남송 공략과 항원투쟁 진압에 참여해 공을 세웠다. 지원 14년 복건도선위사로 승진하여 복주 등지를 함락시키고 남송의 잔여세력을 토벌하는 한편 남해제국을 초유(招諭)하는 책임을 맡았다. 지원 18년 점성행성(占城行省) 우승(右丞)이 되었으나 다음해 점성에서 반란이 일어나자 점성을 침공하였고 지원 21년에는 안남과의 전쟁에 참여했다가 다음해 포로가 되어 참수되었다.

4) 원제는〈宋元時代海港としての杭州 附上海·膠州〉로 藤田豊八著, 池內宏 編,《東西交涉史の硏究 南海篇》, 東京, 岡書院, 1932년에 수록되어있다.

서 "이시바시(石橋: 石橋五郞를 가리키는 것 같음 - 역자)씨가 '원이 감포에 시박사를 설치한 것은 지원 14년이 처음이었다'고 하였는데, …… 사실 보이지 않는다"고 하였다. 하지만 지원 14년 천주·경원·상해·감포에 시박사를 설치했다는 설에 대해서는 또 다른 증거가 있다.

후지타 토요하치는 《원사》〈지리지〉의 "(상해는) 본래 화정현 땅인데, 호구가 많아 지원 27년(1290) 상해현을 설치하고 송강부에 소속시켰다"는 구절을 인용하면서 지원 27년은 29년의 오기라 하였으나, 《원사》〈(세조)본기〉에 따르면 이는 28년 7월의 일이다. 아마도 후지타 토요하치가 말하고자 한 것은 지원 14년 아직 상해에 현이 설치되지 않아 시박사 설치가 불가능했다는 것이겠지만, 《원전장(元典章)》 권22 '시박'조 '천복화물단추분(泉福貨物單抽分)' 항목의 지원 17년(1280) 2월 20일자에 언급된 〈상해시박사초선제공왕남장(上海市舶司招船提控王楠狀)〉5)은 상해에 현이 설치되기 이전에 실제로 시박사가 있었음을 충분히 증명해준다.

천주·경원·상해·감포의 뒤를 이어 항주·광동·온주 세 곳에도 연달아 시박사가 설치되었다.

《원사》〈식화지〉에는 "21년(1284) 항주와 천주에 시박도전운사(市舶都轉運使)를 설치하여 관아에서 직접 선박을 마련하고 자본을 준 다음, 사람을 뽑아 번국(番)에 가서 여러 물품을 무역하게 하였다. (무역으로) 얻은 이익은 관(官)에서 그 10분의 7을 취하고 무역을 한 자에게 그 10분의 3을 주었다. 권세가들이 자기 돈으로 번국에 가서 물건을 구입할 수 없게 하여 어기는 자는 벌을 주고 그 가산의 반을 몰수하도록 하였다.

---

5) 提控은 송·원시기 관명 또는 하급관리에 붙이는 존칭이고 王楠은 《원사》〈식화지2〉에 上海市舶司提控으로 나오는데, 招船은 정확히 무슨 뜻인지 알 수 없으나 무역선을 초치하는 직책이 아닐까 추정된다.

관선(官船)에 와서 매매하는 각국의 상인들은 규정에 따라 추분하도록 했다"고 기록되어있다. 〈식화지〉의 이 구절은 〈(세조)본기〉에 나오는 아래 세 기록과 대체로 부합한다. "20년 6월 시박의 추분례(抽分例)를 정해 선박의 재화 중에서 사치품에 대해서는 10분의 1을, 평범한 물품에 대해서는 15분의 1을 취했다." "21년 9월 시박을 염운사(鹽運司)에 편입시키고 복건등처염과(福建等處鹽課)시박도전운사를 설치하였다." "22년 정월 시박도전운사를 설치하였다." 〈(세조)본기〉에는 또 26년(1289) 2월 천주와 항주 사이에 해참(海站) 15개소(所)와 선박 5척, 수군 200명을 배치해 번국의 공물 및 진귀한 교역물품을 운송하게 하고 아울러 해적을 방어하게 했다는 기록이 보인다. 그런데 22년에 시박도전운사를 설치했다면 21년에 복건시박사가 염운사에 편입되는 것은 불가능하다. 이 때문에 〈식화지〉에도 21년의 기록 다음에 "22년 복건시박사를 염운사에 편입시켜 도전운사라 고쳐 부르고 복건의 장주·천주의 염화(鹽貨)와 시박을 다스리게 했다"고 덧붙이고 있다.[6]

《원사》〈백관지〉의 '광동염과제거사(廣東鹽課提擧司)'조에는 23년 시박제거사를 설치하였다고 되어있고, '시박제거사'조에는 23년 염과시박제거사를 세워 광동선위사(廣東宣慰使)에 예속시켰다고 되어있다. 온주의 시박사 설치는 《원사》〈세조본기〉 '30년(1293) 4월'조에 "행대사농(行大司農) 연공남(燕公楠)과 한림승지(翰林承旨) 유몽염(留夢炎)이 말하길, 항주·상해·감포·경원·광동·천주에 설치된 시박사가 모두 7개소인데,

---

6) 이상의 설명을 정리하자면, 지원 22년에 설치된 것은 항주의 시박도전운사이며 천주의 시박도전운사는 천주에 이미 설치되어있던 복건시박사를 지원 21년 염운사에 편입시키고 22년 그 명칭을 시박도전운사로 바꾼 것으로 보인다.

…… 온주시박사를 경원에 편입시키고 항주시박사를 세무에 편입시켰다"고 나와 있다.

또 〈세조본기〉 '30년 8월'조에는 "해북해남박역제거사(海北海南博易提擧司)를 세우고 시박사의 예에 따라 세금을 거두게 했다"고 기술되어있다. 단 해북해남제거사는 다음해 곧 폐지되었다. 해북해남도선위사(道宣慰司)의 관청이 뇌주(雷州)에 설치되어있었던 점에 비추어 보건대, 박역제거사 역시 같은 지역에 소재했음이 분명하다.

《원사》 〈식화지〉에는 지원 14년 시박사를 설치했다는 기록 다음에 "매년 해운상인을 모집하였는데, 번국에서 진주와 비취 및 향료 등의 물품을 두루 무역하고 그 다음해 회항하면 규정에 따라 추해(抽解)하였다"고 되어있다.

〈세조본기〉에는 다음과 같은 구절도 있다. "15년 8월 행중서성(行中書省)의 소가투와 포수경 등에게 조서를 내려 '동남의 섬에 살고 있는 여러 번국은 모두 의(義)를 사모하는 마음을 가지고 있으니, 번국의 배를 타고 온 사람들을 통해 짐의 뜻을 선포하여 진실로 조회하러 온다면 짐은 장차 그들을 총애하고 예우할 것이며 그 무역의 왕래를 각기 바라는 바대로 해줄 것이다'고 말했다."

따라서 지원 14년과 15년은 실로 원나라가 남양무역의 부흥을 적극적으로 계획하던 시기였다. 〈소가투전[唆都傳]〉에 보이는 "황제는 강남이 이미 평정되었다 여기고 장차 해외로 진출하고자, (소가투를) 행성의 좌승(左丞)으로 승진시켜 천주에 주재하게 하고 남쪽의 여러 오랑캐 나라를 초유하게 했다"는 기록 역시 위에 인용한 〈세조본기〉 '15년 8월'조의 구절과 서로 부합된다. 또 앞서 인용한 소가투의 아들 〈백가노전〉에서 그가 14년 7월 해외제번선위사 겸 복건도시박제거에 임명되었다고 하였으니, 시박사의 설치와 해외 번국들을 선무하는 작업은 사실 같은 시기인 지원 14년의 조치였음을 알 수 있다.

한 가지 주의해야 할 것은 포수경이 투항한 시기가 14년 3월이었다는 점이다. 〈세조본기〉에는 "14년 3월 을미일 복건의 장주와 천주 두 군(郡)의 포수경·인덕전(印德傳)·이각(李珏)·이공도(李公度)가 모두 성(城)을 바치며 항복했다"고 기록되어있다. 그런 까닭에《원사》권156〈동문병전(董文炳傳)〉을 보면, 동문병이 지원 14년 4월 세조를 알현했을 때 "얼마 전에 천주의 포수경이 성을 바치며 항복해왔습니다. 포수경은 평소 시박을 주관하면서 마땅히 시박사의 권한을 강화하여 해적을 막고 여러 오랑캐를 구슬려 신복시켜야 한다고 말했습니다"고 진언하고 있다. 3월에 포수경이 항복했고 4월에 동문병이 이와 같이 언급하였으므로 앞뒤가 정확히 맞아떨어진다. 하지만 쿠와바라 지츠조는 3월이 6월의 오류라고 하였으니 선후가 맞지 않는다. 또 쿠와바라 지츠조가 경염 원년 즉 지원 13년 12월 포수경이 투항했다고 주장한 것은 아마도《원사》권162〈고흥전(高興傳)〉에 지원 13년 인덕전이 항복했다는 기록 때문으로 보이나, 〈고흥전〉의 내용 중에는 잘못된 곳이 많아서 증거로 삼기에 적합하지 않다. 한편 포수경은 먼저 강서행성(江西行省)의 참지정사(參知政事)를 맡았고 복건행성(福建行省)의 참지정사로 전임하였다가 좌승으로 승진하였는데, 복건행성이라는 명칭이 〈세조본기〉에 처음 나오는 것은 14년 9월이다. 그러므로 〈세조본기〉에 기록된 포수경이 강서행성의 참지정사를 맡은 14년 8월은 복건이 행성이 되기 한 달 전이다. 다만 〈세조본기〉 14년 9월에 나오는 복건행성이 강서행성의 오기인지는 알 수 없다. 포수경이 강서에서 복건으로 전임한 것은 15년 3월이었다. 〈세조본기〉에서 "15년 3월 을유일 몽고대(蒙古帶: 앞에 나온 망고대와 동일 인물 - 역자)·소가투·포수경에게 조서를 내려 복주에서 행중서성의 일을 맡고 연해의 여러 군을 통제하게 했다"라 하였으니, 세 사람이 함께 참지정사로 임명되었던 것이다. 8월에 소가투와 포수경이 좌승으로 승진하고 조서를 받들어 남쪽 오랑캐들을 초유했음은 위에 인용한 〈세조본기〉의 구절에 보인다.

제2절 천후(天后)와 화교의 남방 진출

과학이 제대로 발달하지 못했던 시대에는 미신이 자못 인간의 자신감을 증가시키기도 하고 모험과 사업의 성공에 도움을 주기도 했다. 오늘날 화남 연해의 각 성과 남양의 화교들이 숭배하는 천비(天妃), 천후(天后), 천모(天母), 천상성모(天上聖母)를 복건의 민속에서는 마조(媽祖), 해남도의 민속에서는 파조(婆祖)라 불렀다. 이들은 곧 고대 화교가 믿던 항해의 수호신으로 화교의 남방 진출과 깊은 관계를 가지고 있었다. 명대 장섭(張燮)이 지은 《동서양고(東西洋考)》 권9의 '제사(祭祀)' 항목에서는 천비를 뱃사람들이 제사지내는 신이라고 하였다.

송대 정백계(丁伯桂)[7]가 찬술한 〈간산순제성비묘기(艮山順濟聖妃廟記)〉(《浙江通志》 권271 '祠祀'1)에는 다음과 같은 기록이 있다.

> "신(神)은 보양(莆陽) 미주(眉洲) 임씨(林氏)의 딸로 어려서부터 인간의 화복(禍福)에 대해 말하는데 능했다. 죽은 후 사당을 지어 제사지냈다. 보통 통현신녀(通賢神女)라 불렸고 혹은 용녀(龍女)라고도 불렀다. ……

----

7) 정백계(丁伯桂, 1171-1237): 송나라 흥화군(興化軍) 사람으로 자는 원휘(元輝)이다. 영종 가태 2년(1202) 진사가 되었고 추밀원편수(樞密院編修)를 지냈으며 이종 때 감찰어사(監察御史)·중서사인권이부시랑급사중(中書舍人權吏部侍郎給事中) 등을 역임했다.

선화연간 임인년(1122) 급사중(給事中) 노윤적(路允迪)이 국서를 가지고 고려로 사행을 가는 도중에 폭풍을 만나 표류하여 여덟 척의 배가 가라앉았는데, 노윤적이 탄 배만은 신이 돛대에 강림하여 마침내 안전하게 (바다를) 건널 수 있었다. 다음해 조정에 상주하니 사당에 순제(順濟)라는 편액을 내렸다. 소흥연간 병자년(1156)에 교전(郊典)을 올리고 영혜부인(靈惠夫人)에 봉했다. 1년이 지나 강구(江口)에 또 사당을 지었는데, 사당을 지은 지 2년째 되는 해 해적들이 세력을 믿고 침범하자 신령이 공중에 나타나 세찬 바람으로 (그들을) 덮쳐 내쫓아버렸다. 주(州)에서 그 일을 보고하니 소응부인(昭應夫人)으로 가봉(加封)하였다. 그해 …… 백호(白湖)에 다시 사당을 지었는데, …… 숭복부인(崇福夫人)으로 가봉하였다. 19년이 지난 후 복흥도순검사(福興都巡檢使) 강특립(姜特立)이 해적을 사로잡았는데, 아득한 기도가 응함을 받았다 하여 그 일을 보고하니 선리부인(善利夫人)으로 가봉하였다. 순희연간 갑진년(1184) …… 정미년(1187) …… 경술년(1190) …… 누차 효종과 광종[兩朝]에게 상황을 보고하니, 작위를 (부인에서) 비(妃)로 고치고 봉호를 혜령(惠靈)이라 하였다. 경원 4년(1198) 조순(助順)이라는 봉호를 더했다. 가정 원년(1208) 현위(顯衛)라는 봉호를 더했다. 가정 10년(1217) 영렬(英烈)이라는 봉호를 더했다."

정백계는 보전(莆田) 사람으로 송 가태연간(1201-1204) 진사가 되었으며 가희 원년(1237) 급사중에 임명되었다.[8] 그의 기록은 《임씨종보(林氏宗譜)》(즉 《西河族譜》)의 '진봉(晉封)' 내용과 서로 거의 부합한다.

가정 10년 이후의 진봉에 대해서는 원대 왕원공(王元恭)이 찬술한 《지정사명속지(至正四明續志)》[9] 권9 '사사(祠祀)'편에서 인용한 정단학(程端

....

8) 원서에서는 '가희연간(1237-1240) 급사중에 임명되었다'고 하였으나, 정백계가 급사중에 임명된 가희 원년 사망했으므로 고쳐 번역했다.
9) 《지정사명속지(至正四明續志)》: 원서에는 그냥 《사명속지(四明續志)》로 되

學)[10]의 〈천비묘기(天妃廟記)〉에 다음 기록에 보인다. "가희 3년(1239)
영혜조순가응자제비(靈惠助順嘉應慈濟妃)에 봉하고, 4년(1240) 영혜협정
가혜자제비(靈惠協正嘉惠慈濟妃)에 봉했다. 경정 3년(1262) …… 영혜현
제가응선경비(靈惠顯濟嘉應善慶妃)에 봉했다"(《福建三神考》[11])에서 재인
용). 정단학은 원 지치연간의 진사로 관직은 태상박사(太常博士)까지 오
른 인물이다.

  송대 오자목(吳自牧)이 지은 《몽량록(夢梁錄)》[12] 권14의 '외군행사(外
郡行祠)'조에는 다음과 같은 기록이 보인다.

  "순제성비(順濟聖妃)의 사당은 간산문(艮山門) 밖에 있다. 또 제사는 성
  남쪽의 소공교(蕭公橋) 및 후조문(候潮門) 밖 병장하(瓶場河) 아래에 있

....

  어있는 것을 정식 명칭으로 바로잡았다. 전 12권. 진정(真定: 현 하북성 正
  定) 사람 왕원공이 순제 지원 6년(1340) 경원로(慶元路: 즉 四明, 치소는 현
  절강성 영파) 총관(總管)에 부임한 후 《연우사명지(延祐四明志)》를 수정 보
  완하기 위해 만든 책으로 지정 2년(1342)에 완성되었다.
10) 정단학(程端學, 1278-1334): 경원로 은현(鄞縣) 사람으로 자는 시숙(時叔), 호
  는 적재(積齋)이며 정단례(程端禮)의 동생이다. 영종 지치 원년(1321) 진사가
  되어 선거현승(仙居縣丞)을 거쳐 국자조교(國子助敎) 등을 지냈다. 저서에
  《춘추본의(春秋本義)》·《춘추혹문(春秋或問)》·《춘추변의(春秋辨疑)》·《삼전
  변의(三傳辨疑)》·《적재집(積齋集)》 등이 있다.
11) 《복건삼신고(福建三神考)》: 위응기(魏應麒)가 편저한 책으로 1929년 국립중
  산대학어언역사학연구소(國立中山大學語言歷史學研究所)에서 출판되었다.
12) 《몽량록(夢梁錄)》: 전 20권. 임안부(臨安府) 전당(錢塘) 사람 오자목(생몰연
  도 미상)이 지은 수필집으로 서문에 의하면 1274년 완성한 것으로 되어있다.
  북송의 수도 개봉에 관해 서술한 맹원로(孟元老)의 《동경몽화록(東京夢華錄)》
  체재를 모방하여 남송의 수도 임안의 연중행사·교묘(郊廟)·궁전·관청·지
  리·진영(鎭營)·사당(祠堂)·학교·사원(寺院) 및 상인·수공업자의 생활과
  풍속 등에 대해 상세하게 기술하고 있어 당시 도시의 모습을 전해주는 귀중
  한 사료이다.

는 시박사 옆에서 행하였다. 〈묘지기(廟地記)〉를 살펴보면 천비의 성은 임(林)으로 보전 사람이다. 평소 기이한 영험을 드러내 보전의 성스러운 언덕에 사당을 세웠다. 선화연간에 편액을 내렸고 누차 부인의 미호(美號)를 더해주었다. 이후 비에 봉하고 호를 더해 영혜협응가순선경비(靈惠協應嘉順善慶妃)라 불렀다. 천비의 영험함이 여러 번 바다에서 드러나 선박들을 수호하니 그 공이 매우 크다. 백성의 질고(疾苦)가 덕분에 모두 보호받았다."

이상의 기록을 통해 송대에 천비가 이미 항해의 신이 되었음을 알 수 있다. 신의 생년에 대해서는 책마다 많은 차이가 있지만《천후성모성적도설(天后聖母聖蹟圖說)》과《임씨종보》에 기록된 송 태조 건륭 원년(960)설이 비교적 신뢰할 만하다. 탄생 일자에 대해서는 모든 책들이 3월 23일로 기록하고 있고, 사망 일자는 모두 옹희 4년(987) 2월 19일로 되어있다.

내가 보기에 천후에 대한 역대의 봉호 수여는 사실 정부의 항해 장려정책 중 하나일 뿐이었다. 그러나 봉전(封典)이 확대된 것은 바로 원대였다. 《원사》권10 〈세조본기〉에는 "지원 15년(1278) 8월 임자일에 천주의 신녀를 호국명저영혜협정선경현제천비(護國明著靈惠協正善慶顯濟天妃)로 봉했다"고 되어있다. 또 25년(1288) 6월에는 다시 봉호를 더해 "남해명저천비(南海明著天妃)를 광우명저천비(廣祐明著天妃)로 삼았다"고 하였는데, 이번 봉호 변경은 당시 중국의 해외교통이 이미 크게 확대되어 남해에 한정되지 않았음을 설명해주고 있다.《원사》권20 〈성종본기〉에는 "대덕 3년(1299) 2월 계축일에 조서를 내려 천주의 해신을 호국비민명저천비(護國庇民明著天妃)로 봉했다"고 되어있으며, 지순연간(1330-1332)에 편찬된 《진강지(鎮江志)》권8의 '천비묘(天妃廟)'조에는 "연우 원년(1314) 광제복혜명저천비(廣濟福惠明著天妃)를 더하여 봉하고(《원사》에는 보이지 않음) 사당의 편액을 영자(靈慈)라 하였다"고 되어있다. 《원사》

권27 〈영종본기〉의 지치 원년(1321) 5월 신묘일과 3년(1323) 2월 신묘일, 권30 〈태정제본기〉의 태정 3년(1326) 7월 갑진일과 4년(1327) 7월 을축일 및 치화 원년(1328) 정월 갑신일에는 모두 사신을 보내 해신 천비에게 제사했다는 구절이 보인다. 또 권33 〈문종본기〉에는 "천력 2년(1329) 10월 기해일에 봉호를 더해 호국비민광제복혜명저천비(護國庇民廣濟福惠明著天妃)로 삼고 사당의 편액을 내려 영자라 하였으며 사신을 보내 제사하게 하였다"고 적혀있다. 또 권43 〈순제본기〉에는 "지정 14년(1354) 10월 갑진일에 조서를 내려 해신의 봉호를 더해 보국호성비민광제복혜명저천비(輔國護聖庇民廣濟福惠明著天妃)라 하였다"고 되어있다. 또 권76 〈제사지(祭祀志)〉의 '명산대천충신의사지사(名山大川忠臣義士之祠)'조에는 "남해 여신 영혜부인의 사당은 영자라 부른다. 직고(直沽)·평강(平江)·주경(周涇)·천주·복주·흥화 등지에 모두 사당이 있는데, 황경연간(1312-1313) 이래 해마다 사신을 보내 향을 바치고 두루 제사하였다"고 적혀있다. 원대 주덕윤(朱德潤)이 지은 《존복재문집(存復齋文集)》[13] 권1의 〈강절행성우승악석목공제조해조정속비명(江浙行省右丞岳石木公提調海漕政績碑銘)〉을 보면 매년 두 차례 (조세와 조량의) 해운(海運)이 있을 때마다 먼저 조묘(漕廟)에서 천비에게 반드시 제사를 지냈는데, 지방장관[岳公]의 주재 하에 관속(官屬)들을 모두 모아놓고 사당 아래서 재액을 떨쳐버리는 행사를 진행하였다. 오고악(五鼓樂)이 연주되는 가운데 경건하게 기도하니 아무도 감히 태만하거나 떠들지 못했다고 적혀있다.

《임씨종보》에는 또 지원 8년(1271) 천비로 봉하는 다음의 조서가 실려있다. "(사해를) 통일한 이래로 봉작(封爵)의 겨를이 없었는데, 유사(有司)

....

13) 《존복재문집(存復齋文集)》: 전 10권. 원대의 저명한 화가 겸 시인으로 국사원편수(國史院編修) 등을 지낸 주덕윤(1294-1365)이 지은 별집(別集)이다.

가 주청하니 예를 표하는 것이 또한 마땅하다. 지금 정봉대부(正奉大夫) 선위사(宣慰使) 좌부도원수(左副都元帥) 겸 복건도시박제거 포사문(蒲師文)을 보내 그대를 책봉하여 호국명저천비(護國明著天妃)로 삼는다." 시박사를 파견해 책봉관으로 삼았으니, 매년 제사나 해양선박을 위해 바람을 기원하는 일(제2편 4장 2절을 참고) 역시 당연히 시박사에 속한 일이었을 것이다. 따라서 천후에 대한 이러한 존숭이 송·원시기 이래 국민들의 해외개척을 장려한 국가정책이었음은 의심의 여지가 없다.

제3절 양정벽(楊庭璧)의 남해 출사

원 세조 지원연간 행중서성 좌승 소가투 등이 조서를 받들어 여러 번국을 초유하자, 이후 점성과 마팔아(馬八兒, Maábar)[14]국이 모두 표(表)를 올리고 번국이라 칭하였다. 지원 16년 12월(양력 1280년 1월 4일에서 2월 1일) 광동초토사(廣東招討司) 다루가치 양정벽을 파견해 구람(俱藍)[15]을 초유하게 하였다. 양정벽이 다음해 3월 그 나라에 이르니, 구람의 군주가 동생으로 하여금 아랍어로 된 항복 문서를 써서 양정벽의 귀국편에 올리고 다음해 사신을 보내 입공하기로 약조하였다. 10월에는 합철

....

14) 마팔아(馬八兒, Maábar): 말팔아(馬八亞) 또는 마팔(馬八)로도 표기한다. 즉 인도 동남부 코로만델(Coromandel) 해안에 위치한 도시 마하발리푸람(Mahãbalipuram)의 옛 이름. 마아바르는 아랍어로 '도강처(渡江處)'나 '도해처(渡海處)'라는 뜻임. 오도릭은 이곳을 '모바르(Mobar)'라고 불렀는데, 이는 마아바르의 음이 와전된 것이다.
15) 구람(俱藍): 현 인도 남서부 케랄라(Kerala) 주 남부의 항만도시 퀼론(Ouilon: Kollam이라고도 부름)에 있던 소국을 가리킨다.

아해아(哈撤兒海牙)에게 구람국 선위사(宣慰使)직을 제수하여 양정벽과 함께 다시 초유하러 가게 했다. 18년(1281) 정월 천주에서 바다로 나가 3월 승가나산(僧伽那山: 실론섬을 가리킴 - 역자)에 이르렀으나 바람에 막히고 양식이 부족하여 4월 마팔아국의 신촌(新村)16) 항구에 상륙했다. 이후 바로 돌아갔다가 11월에 북풍이 불기를 기다려 다시 항해하기로 했다. 11월 조정의 명령으로 양정벽 혼자 출발하여 19년(1282) 2월 구람국에 도착하니, 3월 구람국이 신하를 보내 입공하였다. 당시 야리가온(也里可溫: 기독교)17)의 올찰아별리마(兀咱兒撤里馬)와 목속만(木速蠻: 무슬림)의 교주 마합마(馬合廟: 즉 무함마드) 등도 그 나라에 있었는데, 모두 (원나라에) 세폐를 바치고 사신을 보내 입공하기를 원했다. 소목달(蘇木達)18) 역시 항복을 청했다. 4월 돌아오는 길에 나왕국(那旺國)19)에 이르러 그 군주를 설득해 항복하게 했고, 소목도랄(蘇木都剌: 즉 蘇木達로 지금은 蘇門答臘이라 씀)20)에 이르니 그 군주 역시 사신을 보내 입조하였다. 20년(1283)에는 마팔아국이 사신을 보내 입조하였다. 23년(1286) 해

....

16) 마팔아국의 신촌(新村): 인도 동남단의 푸네이 카얄(Punnei Kayal)로 추정된다.

17) 저자는 단순히 기독교라고 부연 설명하였지만, 야리가온은 에르케운(Er-kegün)의 음역으로 원나라 때 그리스도교 성직자 특히 네스토리우스파 즉 경교의 성직자를 일컫던 말이다.

18) 소목달(蘇木達): 진가영(陳佳榮)의 《중외교통사(中外交通史)》(香港, 學津書店, 1987) 제6편 2장 5절에서는 인도 서안의 솜나트(Somnath)라는 설과 차울(Chaul)이라는 설이 있다고 소개하고 있다.

19) 나왕국(那旺國): 지금의 뱅골만 동남부에 위치한 니코바르제도(Nicobar Islands)라는 설과 수마트라섬이라는 설 등이 있다.

20) 저자가 소목도랄과 소목달을 현재 수마트라섬에 있었던 같은 나라로 간주한 것은 사행의 경로나 시간의 선후를 고려했을 때 납득하기 어려운 해석인 것 같다. 소목도랄은 산스크리트어 사무드라(Samudra)의 음역으로 수마트라섬 북쪽 해안에 있었던 사무드라왕국을 지칭한 것으로 보인다.

외 여러 나라 중 항복해 온 나라가 모두 10개였는데, 마팔아·수문나(須門那, Sumanat)[21]·승급리(僧急里, Cranganore)[22]·남무력(南無力, Lamu-ri)[23]·마란단(馬蘭丹)[24]·나왕·정아아(丁啊兒, Trengganu)[25]·래래(來來, Lata or Lar)[26]·급란역대(急蘭亦觡)[27]·소목도랄 등이다. 나머지는 더 연구가 필요하다.

제4절 사필(史弼)[28] 등의 자바[爪哇] 원정

자바섬의 서부 지역은 원래 스리비자야(삼불제)에 속해 있었는데,

....

21) 진가영은 앞의 책에서 수문나를 솜나트(Somnath)로 비정하고 있다.
22) 진가영은 같은 책에서 승급리를 인도 서남 말라바르에 위치한 고대의 유명한 항구 크랑가노르(Cranganore)의 옛 이름인 싱지리(Singili)로 비정하고 있다.
23) 아래에 나오는 남무리(南巫里)에 대한 각주를 참조.
24) 마란단(馬蘭丹): 정확한 위치는 알 수 없다. 인도네시아 수마트라섬이라는 설과 보르네오섬 서북쪽의 섬, 그리고 아프리카 동부 해안의 말린디(Malindi)라는 세 가지 설이 있다.
25) 트렝가누(Trengganu): 현 말레이반도 동남부에 있는 말레이시아의 주 이름.
26) 진가영은 앞의 책에서 래래를 인도 서부에 있는 구자라트(Gujarat)의 별명인 Lala로 비정하고 있다.
27) 급란역대(急蘭亦觡): 지금의 말레이시아 북부 켈란탄(Kelantan)주 일대에 있었던 소국.
28) 사필(史弼, 1233-1318): 려주(鑫州) 박야현(博野縣) 사람으로 지원 10년(1273) 부만호(副萬戶), 지원 13년 양주로(揚州路) 다루가치에 임명되고 만호가 되었다. 지원 17년 두가용(杜可用)의 봉기를 평정하고 절서(浙西)·회동(淮東)·절동(浙東) 선위사(宣慰使)를 역임했다. 지원 29년 복건행성 평장정사로 고흥(高興) 등과 자바 원정에 나섰다. 지대 3년(1310) 동지추밀원사(同知樞密院事) 강서행성 우승(右丞), 연우 5년(1318) 평장정사가 되었다.

1222년 성립된 투마펠(Tumapel)왕국29)의 마지막 왕 케르타나가라(Ker-tanagara)30) 재위 때 스리비자야인들을 모두 쫓아내고 수마트라섬도 차지하였다.

　지원 29년(1292) 2월 세조는 황제의 사신 맹기(孟琪)의 얼굴에 자자(刺字)를 한 자바에 대한 정벌을 명하였다. 사필에게 군무(軍務)를, 이크미슈[亦黑迷失]31)에게 항해를 총괄하게 하여 병력 2만과 선박 1천척을 이끌게 하고 1년 치의 양식을 주었다. 12월 천주에서 출발하여 점성을 지나면서 먼저 사자를 보내 남무리(南巫里, Lamuri)32) · 속목도랄(速木都剌, Su-mutra: 즉 수마트라섬 - 역자) · 불노불도(不魯不都, Pulo Buton?: 인도네시아 술라웨시섬 남동쪽에 있는 섬 - 역자) · 팔랄랄(八剌剌, Perlak: 인도네시아 수마트

....

29) 정식 명칭은 싱가사리(Singhasari)왕국(1222-1292년)인데, 그 수도가 투마펠이어서 투마펠왕국이라고도 부른다.

30) 케르타나가라(Kertanagara, ?-1292): 인도네시아 자바섬 동부의 싱가사리왕국 최후의 왕(재위 1268~1292). 열렬한 불교신자였으며 수마트라섬에 원정하는 등 위세를 해외에 떨쳤으나 내치가 따르지 않아 반란군에게 피살되었다.

31) 이크미슈[亦黑迷失, 생몰연도 미상]: 也黑迷失이라고도 한다. 위구르족 출신의 항해가. 지원 9년(1272) 스리랑카와 마아바르 등지에 출사하여 각국 사신을 데리고 원나라로 귀국하였다. 그 후 점성 · 라무리 · 수마트라 등지에 출사했으며 자바 원정에도 참가하였다. 관직은 평장정사 · 집현원사(集賢院使) · 영회동관사(領會同館事)에 이르렀다.

32) 남무리(南巫里): 송대에는 남리(藍里), 원대에는 남리(喃哩), 명대에는 남발리(南淳里), 청대에는 남발리(南渤利)와 남무리(南巫里)로 불렸다. 일찍이 스리비자야의 속국이었으나 후에 독립하였다. 동서 해상교역의 요지로 15세기 전반 중국과 우호관계를 수립하였고 정화도 여러 차례 방문하였다. 《도이지략(島夷志略)》에는 남무리(喃哩巫哩), 《제번지(諸蕃志)》에는 남무리(藍無里)로 표기되어있다. 말레이시아어 Lambri, 혹은 아랍어 Lamuri의 음역이다(《명사 외국전 역주》, 2책, 586쪽). 현재 인도네시아 수마트라섬 서북쪽에 있는 아체주의 주도인 반다아체(Banda Aceh)를 가리킨다.

라섬 아체주에 있는 도시 - 역자)33) 등의 나라를 항복시켰고, 이듬해 정월 자바 인근의 섬에서 작은 목선들을 만들어 사용에 대비했다. 이때 국왕 케르타나가라는 이미 자야카트완(Jayakatwan)에게 피살당한 상황이었다. 사필은 수군을 이끌었고 고흥(高興)34)과 이크미슈 등은 기병과 보병을 이끌며 바다와 육지에서 함께 진군했는데, 마침 자야카트완 때문에 곤경에 처해있던 국왕의 사위 라덴 비자야(Raden Vijaya)가 원군(元軍)에 구원을 요청했다. 3월 8일부터 19일까지 격렬한 전투가 벌어졌고 자바의 군주는 다하(Daha)성을 굳게 지키다 19일 저녁 항복했다. 4월 2일 국왕의 사위를 보내면서 그 땅을 돌려주었다. 그가 입공의 예를 갖추고자 해서 만호(萬戶) 2명에게 병사 2백을 이끌고 호송케 했다. (그러나) 19일 국왕의 사위가 배반하여 달아나면서 군사들을 남겨 (원군을) 막고 저항하였다. 원군이 귀환하는 틈을 타 좁은 길에서 공격을 하자, 사필은 스스로 후미를 끊어버리고 24일에야 비로소 배에 오를 수 있었다. 68일을 항해하여 천주로 돌아오니 사망한 사졸이 3천여 명이었다. 하지만 자야카트완의 처자와 관속 백여 명 및 지도와 호적을 얻었고, 50여만 냥 상당의 금과 보물, 번포(番布)를 노획하였다. 아울러 남몰리(南沒里: 즉 南巫里)가 올린 금가루로 쓴 표문[金字表]과 금·은·무소 뿔·상아 등의 물품도 진헌(進獻)하였다.

....

33) 쁘를락(Perlak): 인도네시아 수마트라섬 아체주에 있는 도시 이름.
34) 고흥(高興, 1245-1313): 채주(蔡州) 사람으로 남송 제치사(制置使) 진혁(陳奕)에게 투항해 장군이 되었고 다음해 진혁이 원에 항복하자 천호(千戶)에 올랐다. 남송이 망하자 군만호(軍萬戶)로 승진했고 이후 한인들의 반원(反元) 투쟁을 진압했다. 지원 29년(1292) 복건행성 좌승(左丞)이 되고 평장정사로 옮겼다. 사필을 따라 자바를 침공했으나 다음해 패하고 천주로 돌아왔다. 무종 때 좌승상까지 올랐다.

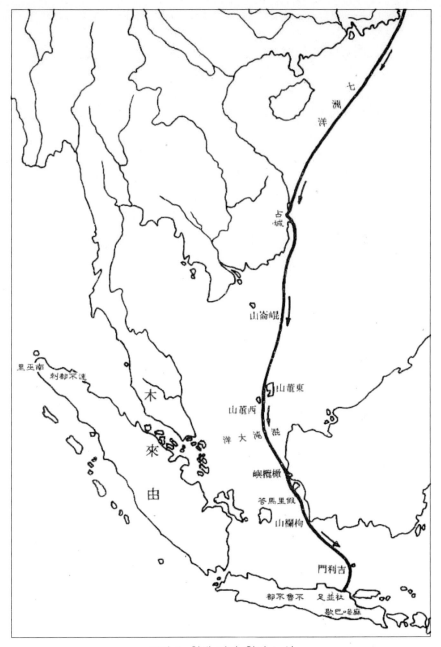

七洲洋

占城

崑崙山

東董山

西董山

混淹大洋

橄欖嶼

假里馬答

枸欄山

吉利門

牛崎嶼

不魯茶都

麻葉�巴歇

南巫里

速來都郡刺

木來由

그림 1. 원대 자바 원정 노선

제5절 주달관(周達觀)의 캄보디아[眞臘] 방문

진랍은 《원사》에 그 전(傳)이 없다. 그 땅은 바로 옛날의 부남으로 현재의 명칭은 캄보디아이다. 《원사》권16에 지원 18년(1281) 10월 간불석국(干不昔國)의 귀부(歸附)를 명하는 조서를 내렸다는 기록이 있는데, 간불석국이 바로 진랍이다. 《원사》권17에는 지원 29년(1292) 7월 아리원(阿里願)이 스스로 선박을 마련해 장존(張存)과 함께 자바 원정군을 따라 점성과 간불찰(干不察)에 가서 초유했다고 적혀있는데, 간불찰 역시 간불석과 마찬가지로 모두 캄보디아에 대한 이역(異譯)이다. 《원사》권210에는 지원 19년(1282) 12월 초 진랍국을 초유하고 나서, 사신 속로만(速魯蠻)이 점성으로 가서 초유할 것을 요청했다는 기록이 보인다. 풍승균(馮承鈞)은 《중국남양교통사》에서 지원 18년의 사신이 바로 속로만이라고 의심했지만, 다른 한편 "원대에는 중국에 입공하지 않은 것 같다"고 함으로써 스스로 모순되는 주장을 하고 있다. 왜냐하면 당시 남해의 각국은 원의 사신이 오면 반드시 진공을 했기 때문이다. 풍승균이 이렇게 말한 것은 아마도 원대에 캄보디아가 일찍이 입공한 적이 없다고 한 황성증(黃省曾)[35]의 《서양조공전록(西洋朝貢典錄)》서문의 오류를 받아들인 때문으로 보인다. 원정 원년(1295) 6월 성종이 다시 사신을 보내 진랍

....

35) 황성증(黃省曾, 1490-1540): 소주부(蘇州府) 오현(吳縣) 사람으로 자는 면지(勉之), 호는 오악(五岳)이며 황로증(黃魯曾)의 동생이다. 가정 10년(1531) 향시에서 합격했지만 회시에서 연달아 불합격해 벼슬에 나가지 못했다. 왕수인(王守仁)과 담약수(湛若水)에게 사사했고, 이몽양(李夢陽)에게는 시를 배웠다. 저서로 《서양조공전록》 외에 《의시외전(擬詩外傳)》·《객문(客問)》·《소원(騷苑)》·《회계문도록(會稽問道錄)》·《오악산인전(五岳山人傳)》 등이 있다.

을 초유하게 하니, 사신의 수행원 중에 주달관이라는 인물이 있었다. 다음해 명주에서 출발하여 대덕 원년(1297)에 돌아왔는데, 그 경험을 바탕으로 주달관은 《진랍풍토기》를 완성하였다. 이번 사신 파견에 대한 일은 《원사》에 보이지 않는다.

주달관의 자는 초정(草庭)으로 영가(永嘉) 사람이다. 《진랍풍토기》는 다섯 가지 판본36)이 있으니 《고금일사(古今逸史)》37)본, 명대 이식(李栻)의 《역대소사(歷代小史)》38)본, 명대의 《고금설해(古今說海)》본, 도종의(陶宗儀)39)의 《설부(說郛)》본, 《고금도서집성》본이 그것이다. 주달관은 그 외 《성재잡기(誠齋雜記)》도 저술하였는데, 《설부》에 수록되어있다. 그 안의 두 개의 항목은 《진랍풍토기》와 완전히 같다. 유럽인 가운데 《진랍풍토기》를 처음 번역한 인물은 레뮈자(Rémusat)로 그의 번역본40)

....

36) 전자불전·문화재콘텐츠연구소 편, 《진랍풍토기》의 〈진랍풍토기 해설〉에 따르면 현재 남아있는 판본은 10종 이상이 있다고 한다. 원서에서 언급한 5종 외에 《중편백천학해(重編百川學海)》본, 《중교설부(重校說郛)》본, 《사고전서》본, 《설고(說庫)》본, 《사료삼편(史料三篇)》본, 온주시립도서관 소장 1829년본(瑞安許氏 巾箱本)과 북경대학도서관 소장 초본(吳翌鳳手抄本)을 들고 있는데, 그 중 《중편백천학해》본 이하 5종은 모두 《고금설해》본을 근거하거나 의거한 흔적이 있다고 하였다.
37) 《고금일사(古今逸史)》: 명 만력연간 신안(新安) 사람 오관(吳琯, 1546-?)이 편집한 종합성 총서로 55종의 책 244권을 수록하고 있는데, 정사에 기재되지 않은 보기 드문 민간자료가 많이 실려 있다.
38) 《역대소사(歷代小史)》: 명말 복건성 안계(安溪) 사람 이식(생몰연도 미상)이 편집한 총서로 105종의 책을 수록하고 있다. 1940년 상해 상무인서관에서 명각본(明刻本)을 32책으로 영인한 것이 있다.
39) 도종의(陶宗儀, ?-1369): 원말명초 절강성 황암(黃巖) 사람으로 자는 구성(九成)이고 호는 남촌(南村)이다. 저서로 《철경록》 외에 《서사회요(書史會要)》와 《남촌시집(南村詩集)》 등을 남겼고 《설부》120권의 편찬자로도 알려져 있다.
40) 레뮈자가 사용한 것은 오탈자가 많은 《고금도서집성》본이었다.

은 1819년 초판이 나온 이래 1829년과 1833년에 재판과 3판이 나왔다. 1902년에는 펠리오(Pelliot)의 새로운 번역본[41]이 나와 《극동 프랑스학교 교간》 1902년 제2책에 실렸다. 펠리오가 주석을 단 번역본의 중문번역은 《사지총고속편(史地叢考續編)》[42]에 보이고, 조르주 세데스(George Coedès)가 보주(補註)한 번역본의 중문번역은 《서역남해사지고증역총속편(西域南海史地考證譯叢續編)》[43]에 수록되어있다. 이 책의 전체 내용은 '총서(總敍)'와 '성곽(城郭)', '궁실(宮室)', '복식(服飾)', '관속(官屬)', '삼교(三敎)', '인물(人物)', '임산부[産婦]', '소녀[室女]', '노비(奴婢)', '언어[語言]', '야인(野人)', '문자(文字)', '정삭시서(正朔時序)', '분쟁과 소송[爭訟]', '문둥병[病癩]', '사망(死亡)', '경작[耕種]', '산천(山川)', '생산물[出産]', '무역(貿易)', '얻고자 하는 중국 재화[欲得唐貨]', '초목(草木)', '조류[飛鳥]', '짐승[走獸]', '채소[蔬菜]', '어류[魚龍]', '술 빗기[醞釀]', '소금·식초·간장·누룩[鹽醋醬麯]', '누에치기[蠶桑]', '용기[器用]', '수레와 가마[車轎]', '배와 노[舟楫]', '지방행정구역[屬郡]', '촌락(村落)', '쓸개채취[取膽]', '기이한 일[異事]', '목욕[澡浴]', '인구 이동[流寓]', '군마(軍馬)', '국왕의 출입[國主出入]' 등 40개의 조목으로 나뉘어져 있다.

주달관의 노정은 해로를 택한 것이었는데, 그 기록이 매우 상세하여 침위(針位: 나침반의 방향 - 역자) 역시 빠뜨리지 않고 있다. 예컨대 "온주에서 출항하여 정미침(丁未針: 즉 남남서) 방향으로 나아갔다. …… 다시

41) 펠리오는 《고금설해》본에 의거하여 《중교설부》본과 《고금도서집성》본을 참조하였다.
42) 《사지총고속편(史地叢考續編)》: 풍승균이 편역하여 1933년 상무인서관에서 출판한 서역(西域) 역사지리 논문집이다.
43) 《서역남해사지고증역총속편(西域南海史地考證譯叢續編)》: 풍승균이 편역하여 1934년 상무인서관에서 출판한 서역과 남해 역사지리 논문집이다.

진포(眞浦)에서부터 곤신침(坤申針: 즉 남서서) 방향으로 나아가다 곤륜양(崑崙洋)을 지나 입항하였다. 항구는 모두 수십 개였지만 …… 창졸간에 식별이 쉽지 않아서 선원들이 항구를 찾는데 어려움을 겪었다. 항구에서 북쪽으로 물결을 따라[順水]44) 보름을 나아가서 사남(查南)45)이라는 곳에 도착하니 바로 번국에 속해 있는 군(郡)이었다. 사남에서 다시 작은 배로 갈아타고 물결을 따라 10여 일을 가면서 반로촌(半路村: 현 캄보디아 Ponley 지역 - 역자)46)과 불촌(佛村: 현 캄보디아 Pursat 지역 - 역자)을 지나고 담양(淡洋)47)을 건너면 간방(干傍)48)이라 불리는 땅에 도착할 수 있었다. 간방에서 도성까지의 거리는 50리였다"고 적었다.

....

44) 순수(順水): 원래 강물을 따라 아래로 내려간다는 말인데, 여기서는 강물을 따라 북쪽으로 역류하고 있다. 메콩강은 7월에서 11월까지의 우기에 수량이 증가하면 물이 역류하여 동양 최대의 호수인 톤레샵(Ton Le Sap) 호수로 흘러들면서 하류의 수위가 자동적으로 조절되어 범람을 막아준다. 여기서는 이 상태를 묘사한 것이다.(《진랍풍토기》, 28쪽)
45) 사남(查南, Tsa Nam): 톤레삽 호수 입구에 있는 요지인 꼼뽕 츠낭을 가리킨다는 것이 통설이다. 꼼뽕(kompong)은 캄보디아어로 선착장을 의미하는데, 이처럼 꼼뽕을 붙인 지명이 꽤 많다.(《진랍풍토기》, 28쪽)
46) 《진랍풍토기》 28쪽에서는 '반로촌(半路村)'을 "길을 가는 도중에 있는 마을"로 번역하고 있는데, 여기서는 원서에 표시되어있는 대로 별도의 지명으로 보았다.
47) 담양(淡洋): 톤레삽 호수를 가리키는 중국명으로 담수양(淡水洋)이라고도 한다.(《진랍풍토기》, 28쪽)
48) 간방(干傍, kan p'uan): 항구 또는 선착장을 뜻하는 캄보디아어 꼼뽕을 가리킨다. 톤레삽 호수 근처에 꼼뽕이 붙은 지명이 많은데, 이렇게 '간방'이라고만 적은 것은 기록한 사람이 꼼뽕 아래 부분을 빼고 적었거나, 아니면 널리 알려진 선착장이어서 현지 주민들이 그냥 꼼뽕이라 부르는 것을 그대로 적었기 때문일 것이다. 문맥상 꼼뽕 츠낭에서 작은 배로 갈아타고 톤레삽 호수를 건너 앙코르 지역에 도착하여 상륙하였기 때문에 시엠립(Siem Reap)일 것으로 보인다.(《진랍풍토기》, 28쪽)

또 다음과 같은 언급도 있다. "다음해인 병신년(1296) 2월 명주를 떠났는데, 20일 온주 항구에서 출항하여 …… 도중에 역풍을 만나 항해가 어려워져서 가을 7월에야 비로소 도착하였다. …… 대덕연간 정유년(1297) 6월에 배를 돌려 귀환하였고 8월 12일 사명(四明)에 도착해 정박하였다. …… 그 상세한 풍토와 나랏일은 비록 다 알 수는 없었지만 그 대략은 살펴 볼 수 있었다."

이 책에서는 '당인(唐人)'이라는 단어가 여러 차례 언급되고 있다. 예컨대 '인물'조에는 "나라 안에 이형인(二形人: 남녀 성기를 다 가진 자 - 역자)가 많아서 매일 십 수 명씩 모여 시장 거리에 나다니며 항상 당인을 끌어들이려는 뜻을 갖고 있었다"고 하였으며, '소녀'조에는 "그러나 당인이 그것을 보지 못하게 하였다"고 적고 있다. 이밖에 '노비', '경작', '무역', '용기', '쓸개채취', '목욕'조 등에서도 모두 '당인'을 언급하고 있다. '인구 이동'조에서는 화교에 대해 특별히 언급하고 있는데, "당인으로 선원이 된 사람 중에 이 나라에서는 옷을 입지 않아도 되고, 식량도 쉽게 구할 수 있고, 부녀자도 쉽게 얻을 수 있으며, 집을 장만하기도 쉽고, 기구나 용구를 갖추기도 쉬우며, 장사하기도 쉽기 때문에 왕왕 이곳에 도망 와서 편히 사는 사람도 있었다"고 하였다.

'무역'조에는 "당인들이 그 곳에 도착하면 반드시 먼저 부인 한 명을 얻는데, 그들이 장사에 능숙하기 때문이다. …… 당인을 보면 대단히 공경하고 두려워하면서 부처라 부르기도 하였으며, (당인을) 만나면 땅에 엎드려 이마가 땅에 닿도록 절하였다. 근래에는 당인을 가볍게 보아 속이고 괴롭히는 자도 있으니, 그 곳에 가는 사람이 많아졌기 때문이다"라고 적혀있다. 이는 원대에 화교들이 그곳에서 이미 현지인과 혼인하는 일이 많았을 뿐 아니라 원주민들로부터 존경을 받았으며, 그곳으로 가는 사람들도 신속하게 증가하고 있었음을 보여준다. '짐승'조에서는 중국산

거위의 이식(移殖)에 대해 "이전에는 거위가 없었는데, 근래에 선원들이 중국에서 거위를 가져왔다"고 기록하고 있다.

주달관의 기록에는 비록 경솔하거나 과장된 말도 있지만, 세밀한 관찰자로서 기이한 풍속과 크고 작은 일들을 그의 혜안을 통해 모두 기록으로 남겼다. 지금 서양의 동남아시아사 연구자 중에 그가 거둔 풍성한 수확을 중시하지 않는 사람은 아무도 없다.

제6절 왕대연(汪大淵)[49]의 남해 여행

왕대연의 자는 환장(煥章)이고 남창(南昌) 사람으로《도이지략(島夷志略)》이란 저서가 있다. 이 책 권수(卷首)에 수록된 삼산(三山: 지금의 福州 - 역자) 출신 오감(吳鑒)이 지정연간 기축년(1349)에 쓴 서문에 따르면, 왕대연이 자주 해양선박(海舶)을 타고 바다에 나가 수십 개 나라를 여행했음을 알 수 있다. 이 책은 세 가지 판본, 즉《사고전서》에 수록된 천일각(天一閣)본[50]과 정씨선본서실(丁氏善本書室)본[51],《지복재총서(知服

....

49) 왕대연(汪大淵, 1311-?): 원대의 여행가. 중국 사서(史書)들이 해외사정을 너무 소략하게 다룬데 대해 늘 개탄하며 직접 현지를 탐방하여 기술의 지평을 넓히기로 결심하고 전후 2차에 걸쳐 약 7년간 해외탐방에 나섰다. 제1차는 1330년 천주를 출항해 1334년 하추계(夏秋季)에 귀향하였고, 제2차는 1337년 겨울 천주를 떠나 1339년 하추계에 돌아왔다. 그는 방문지에서 메모한 자료에 근거하여 1349년《도이지략》을 찬술하였다.(실크로드사전, 587쪽)

50) 천일각은 명 가정제 때인 1561년 병부우시랑(兵部右侍郞)을 지낸 범흠(范欽)이 자신이 소장한 책들을 보관하기 위하여 지은 장서각으로 절강성 영파시 월호(月湖) 북쪽에 있다. 천일각 소장《도이지략》은 명대의 초본이다.

齋叢書)》[52]본이 있다.[53] 현대의 주석자로는 심증식의 《도이지략광증(島夷志略廣證)》과[54] 후지타 토요하치의 《도이지략교주(島夷志略校注)》[55] 그리고 1914년 *T'oung Pao*에 실린 록힐(Rockhill)의 역주가 있다. 여기서 그 내용을 대략 발췌하면 다음과 같다(본서 앞부분에서 이미 주석을 단 것은 기재하지 않았다).

- **삼도(三島)**: 《제번지(諸蕃志)》에 나오는 삼서(三嶼)로 지금의 필리핀 군도 안에 있었다.
- **마일(麻逸)**: 《제번지》에도 보인다. 《문헌통고》 〈사예고(四裔考)〉의 '사파(闍婆)'조에서는 마일(摩逸)로 표기하고 있다. Mait의 음역으로 지금의 민도로(Mindoro)섬(필리핀군도 중부에 있는 섬 - 역자)의 옛 지명이다.
- **용정서(龍涎嶼)**: 지금의 브라스(Bras)섬(인도네시아 파푸아주에 속한 섬 - 역자)을 가리키는 것으로 보인다.

....

51) 장수평(張秀平)의 《중국에 영향을 미친 100권의 책(影響中國的100本書)》(廣西人民出版社, 1993)에 따르면, 선본서실이 아니라 죽서당(竹書堂) 소장 초본으로 현재 남경도서관에 소장되어있다고 한다.
52) 《지복재총서(知服齋叢書)》: 청 광서연간 광동성 순덕(順德) 출신의 장서가 용봉표(龍鳳鑣, 1867-1909)가 편집 간행한 총서.
53) 장수평의 앞의 책에 의하면, 이들 외에도 현재 북경도서관에 소장되어있는 팽원서(彭元瑞)의 지성도재(知聖道齋) 소장 초본이 있다고 한다.
54) 원서에는 《도이지략광주(島夷志略廣註)》로 되어있으나 오류가 분명하여 바로잡았다.
55) 이 책은 후지타 토요하치가 중국 체재 중 북경에서 출간한 책이라 일본 측 자료에는 출판년도 및 출판사가 혼재되어 초판본의 특정이 어렵다. 《브리태니커사전》에는 1911년, 다른 자료에는 1915년 문전각서장(文殿閣書莊)에서 출판한 것으로 되어있다.

- 민다랑(民多朗): 《영외대답(嶺外代答)》에 나오는 빈타릉(賓陁陵)이 틀림없다. 빈동룡(賓童龍) 부근에 있었다.[56]
- 단마령(丹馬令): 《제번지》에 나오는 단마령(單馬令)으로 탐브라링가(Tambralinga)의 음역이다. 말레이반도 남부에 있었다.
- 마리로(麻里嚕): 《제번지》에 나오는 포리로(蒲里嚕)가 아닌가 싶다. 혹은 루손섬 동안의 폴리로(Polilo)를 가리키는 것으로 보인다.
- 팽갱(彭坑): 《제번지》에 나오는 봉풍(蓬豊)으로 지금의 말레이반도 파항(Pahang)이다.
- 길란단(吉蘭丹): 《제번지》에 보인다. 지금의 말레이반도 켈란탄(Kelantan)이다.
- 정가려(丁家廬): 《제번지》에서는 등아농(登牙儂)으로 표기하고 있다. 지금의 말레이반도 트렝가누(Trengganu)이다.
- 팔절나간(八節那間): 《원사》〈조와전(爪哇傳)〉에 나오는 팔절간(八節澗)이 분명하다. 나(那)는 연자(衍字)인 듯하다.
- 문차파일(門遮把逸): 마야파헐(麻喏巴歇), 마야팔헐(麻喏八歇), 만자백이(滿者伯夷)라고도 쓴다. 모두 마자파히트(Majapahit: 자바섬 동부 브란타스강 동쪽에 있던 도시로 마자파히트왕국의 수도임 – 역자)의 이역(異譯)이다.
- 중가라(重迦羅): 《제번지》에서는 융아로(戎牙路, Jangala)로 표기하고 있다.
- 두병(杜瓶): 《제번지》에서는 타판(打板)으로 표기하고 있고, 《영애승람(瀛涯勝覽)》에서는 두판(杜板), 도반(賭班)으로 적고 있다. 《원사》

....

56) 빈타릉과 빈동룡은 모두 판두랑가(Panduranga)의 음역으로 고대 베트남(점성국) 남부의 항구이다.

에서는 두병족(杜並足)이라 표기했는데, 족(足)은 연자인 듯하다. 지금의 투반(Tuban: 인도네시아 동자바주 북부의 항구도시 - 역자)이다.

- **문정(文誑)**: 반단(Bandan)의 음역인 듯하다. 지금의 반다(Banda)를 가리킨다.

- **소록(蘇祿)**: 지금의 술루(Sulu: 필리핀 남서부에 있는 술루제도 - 역자)를 가리킨다. 소록이란 번역명은 이 책에서 처음 나온다.

- **반졸(班卒)**: 《제번지》에서는 빈졸(賓窣)로 표기하고 있는데, 모두 Pansur 혹은 Fansur의 음역이다. 지금의 수마트라섬 바루스(Barus) 에 위치해 있었다.

- **가리마타(假里馬打)**: 《원사》〈사필전〉에서는 가리마답(加里馬答)이 라 표기했다. 지금의 칼리마타(Karimata: 인도네시아 서칼리만탄 주 서쪽 의 제도 - 역자)이다.

- **문로고(文老古)**: 명대에는 미락거(美洛居)라 번역했다. 지금의 몰루 카(Moluccas: 인도네시아 술라웨시섬과 뉴기니섬 서부 사이에 있는 제도로 Maluku제도라고도 함 - 역자)로 이 섬의 이름은 이 책에서 처음 나온다.

- **고리지민(古里地悶)**: 길리지민(吉里地悶)의 오기인 듯하다. 길리 티 모르(Gili Timor)의 음역으로 Gili섬(인도네시아 발리섬과 숨바섬 사이에 있는 롬복섬 동북쪽에 있는 섬 - 역자)을 가리킨다.

- **단마석(單馬錫, Tumasik)**: 싱가포르의 옛 이름이다.

- **급수만(急水灣)**: 아제(啞齊, Achen 또는 Achin: 수마트라섬 북부에 있는 아체를 가리킴 - 역자) 부근에 있었다.

- **담양(淡洋)**: 지금의 타미앙(Tamiang)[57]으로 《원사》〈세조본기〉지

....

57) 원서에는 Tamyang로 되어있으나 오류가 분명하여 바로잡았다. 타미앙은 수 마트라섬 북부의 아체주에 속한 지역이다.

원 31년에서는 담양(澹洋)으로 표기했다.

- **수문답랄(須文答刺)**: 《원사》에서는 속목도랄(速木都刺, Sumutra)로 표기했다. 지금의 파세(Pase)강 상류의 사무드라(Samudra) 마을이다.
- **구란산(勾欄山)**: 《원사》에서는 구란(勾闌)으로 표기했는데, 지금의 겔람(Gelam)이다.[58]
- **반달리(班達里)**: 《원사》 권94의 '시박'조에서는 범답랄역납(梵答刺亦納, Fandarāina)[59]으로 표기했다. 인도 서해안에 있었다.
- **북류(北溜)**: 즉 몰디브(Maldives)군도로 《영애승람》에서는 류산국(溜山國)이라 하였다.
- **하리(下里)**: 즉 힐리(Hili)로 지금의 인도 서해안 칸나노르(Cannanore)에 있었다. 그 성은 지금 남아 있지 않다.
- **고랑보(高郎步)**: 이 책에서는 고랑부(高浪阜)라고도 표기했다. 콜롬보(Colombo)[60]의 음역이다.
- **대불산(大佛山)**: 아리(逤里, Galle)와 고랑보 사이에 있었다. 지금의 돈데라 헤드(Dondera Head: Dondra로도 표기하는데, 스리랑카의 최남단이다 - 역자)임이 분명하다.
- **수문나(須文那)**: 《원사》 '마팔아등국(馬八兒等國)'[61]조에서는 수문

....

58) Gelam이 어디인지 알 수 없으나 원서에 첨부된 〈그림1〉을 보면 보르네오섬 서남쪽에 구란산이 표시되어있다.
59) Fandarāina는 아랍어이고 산스크리트어로는 Pandaraina이며 현재 캘리컷 북쪽에 있는 Pandalayini를 말한다.
60) 콜롬보(Colombo): 스리랑카의 행정수도. 인도양의 중요 항구로 포르투갈인들이 콜럼버스를 기리기 위해 붙인 이름이라고 한다. 7-8세기 무슬림들이 향료와 보석 때문에 무역항으로 개척할 때는 '카란바'라고 불렀고 14세기 이곳을 들른 이븐 바투타는 칼란푸(Kalanpu)라고 표기하였다.(해상실크로드사전, 319쪽)

나(須門那)라 표기했다. 즉 수마나트(Sumanat)[62]로 지금의 솜나트(Somnath)이다.

- **소패남(小唄喃)**: 고림(故臨)[63]이다.
- **고리불(古里佛)**: 《명사》에는 고리(古里)로 되어있다. 지금의 캘리컷(Calicut)[64]이다.
- **명가랄(明加剌)**: 《명사》에는 방갈랄(榜葛剌: 현 인도 Bengal 지역 - 역자)로 표기되어있다.
- **만년항(萬年港)**: 보르네오섬의 브루네이(Brunei)인 듯하다. 《명사》에는 문래(文萊)로 표기되어있다.
- **천당(天堂)**: 《서사기(西使記)》에서는 천방국(天房國)으로 표기했다. 즉 메카(Mecca)이다.
- **층요라(層搖羅)**: 심증식이 쓴 《도이지략광증》의 설에 따라 층발라(層拔羅)로 고쳐야 맞다. 《제번지》에 나오는 층발국(層拔國)으로 지금의 아프리카 연안의 잔지바르(Zangibar)[65]이다.
- **감매리(甘埋里)**: 인도 남단의 코마리(Comari)를 가리킨 듯하다.

....

61) 원서에는 〈마팔아전〉으로 되어있으나 해당 내용은 권210 〈외이전(外夷傳)3〉의 '마팔아등국'조에 나온다.
62) 수마나트(Sumanat): 인도 구자라트주 남서부의 카티아와르반도 남부 해안에 있었던 고대도시.
63) 고림(故臨): 지금의 인도 케랄라주 남부의 콜람(kollam)에 있었던 고림국을 가리킨다.
64) 캘리컷(Calicut): 인도 서남부 케랄라주 말라바르 해안의 오래된 항구로 지금은 코지코드(Kozhikode)로 불린다. 7세기 아라비아 상인들이 처음으로 정착했으며 1498년 바스코 다가마가 이곳에 기항함으로써 '인도항로'가 개척되었다. 13-14세기경 중국의 정크선과 이를 서양에 중계하는 이슬람 선박이 넘쳐나는 국제 중개무역항으로 크게 번성하였다.(해상실크로드사전, 311쪽)
65) 원서에는 Zingibar로 되어있으나 오류가 분명하여 바로잡았다.

- 라파사(羅婆斯): 지금의 취람서(翠藍嶼, Nicobar)를 가리킨 듯하다. 사라센 사람들은 랑가바루스(Langabalus)라 불렀다. 후지타 토요하치는 라파사가 파라사(婆羅斯, Balus: 수마트라섬 북서해안에 있는 항구 - 역자)의 오기로 의심된다고 말했는데, 이 또한 충분히 하나의 설이 될 수 있다.

- 오다(烏爹): 《대당서역기》에 나오는 오다(烏茶, Udra)를 지칭한 듯하다. 지금의 오리사(Orissa: 인도 동부에 있는 주 - 역자)이다.

이상에 따르면 왕대연의 족적이 서쪽으로 동아프리카에 미쳤음을 알수 있다. 그는 인도 연해 지역과 페르시아만 연안 및 아라비아 등의 땅을거쳐 갔는데, 일기 형식으로 기록한 것이 아니기 때문에 꽤 번잡하고이동 방향 역시 분별할 수 없는 부분이 많다. 지명의 한자음 번역도 대부분 복건성과 강서성의 방언을 따르고 있다.

《도이지략》을 읽어보면 중국인의 족적이 이미 남양에 두루 미쳤음을알 수 있다. 《도이지략》의 '문로고(몰루카제도)'조에는 "이 곳에서는 정향이 생산된다. …… 해마다 중국 배가 와서 교역하길 기대했는데, 종종병아리 5마리가 나오면 반드시 중국 배 1척이 왔고 병아리 2마리가 나오면 반드시 배 2척이 왔다. 이렇게 점을 치면 보란 듯이 이루어졌다"고적혀있다. 또 '고리지민(티모르)'조에는 "예전에 천주(泉州)의 오씨 댁[吳宅]에서 선박을 마련하여 백여 명을 모아 그곳으로 가 무역을 했다. 무역이 끝나면 열 명 중 여덟아홉이 사망하고 한 두 명만 남는데, 다들 피로하고 허약해진 채로 바람에 배를 맡기고 귀환하고는 했다"고 되어있다. 이상 두 지역의 기후는 중국인에게 매우 적합하지 않았으니, 거기서 더멀리 간 다른 곳의 형편은 말할 필요도 없었을 것이다.

여기서 《도이지략》의 일부 조목을 다시 옮기면 다음과 같다.

'발니(淳泥)'조에서는 "당인(唐人)을 특히 경애하여 (술에) 취하면 숙소까지 부축하여 바래다주었다"고 하였다.

'구란산'조에서는 "국초(國初)에 자바[闍婆]를 정벌하러 간 군사들이 산 아래에서 풍랑을 만나 갑자기 배가 난파하였다. 다행히 한 척이 풍랑을 면했으나 못과 석회[釘灰]만 남았을 뿐이었다. 산에 나무가 많은 것을 보고 그곳에서 십여 척의 배를 만들었는데, 돛대와 돛, 상앗대(물가에서 배를 떼거나 언덕에 댈 때 배를 미는 장대 - 역자) 등도 모두 갖추었다. 이후 바람에 배를 맡기고 돌아왔다. 그러나 병들어 떠날 수 없었던 병사 백여 명은 결국 산 중에 머물게 되었으니, 지금은 당인과 번인(番人)이 모여 섞여 살고 있다"고 하였다.

'용아문(龍牙門: 현 싱가포르 Keppel항구 - 역자)'조에는 "남녀가 중국인과 함께 살고 있다"고 되어있다.

제4장
원대의 대외무역

제1절 원대의 대외무역 조례(條例)

《원사》권94 〈식화지〉'시박'조에 따르면 "원나라는 세조가 강남을 평정한 이래 연해의 여러 군(郡)이 번국과 왕래하였는데, 선박으로 무역하는 자들에 대해 번국 화물은 10분의 1, 평범한 물품은 15분의 1을 취하게 하고 시박관(市舶官)으로 하여금 이를 담당하도록 하였다. 회항할 때는 반드시 배가 향하는 곳을 기록하고 싣고 있는 물품을 검사하였다. 공문을 발급하여 (항해) 날짜를 지정하였다. 대체로 송나라의 옛 제도에 따라 모두 법으로 규정하였다"고 되어있다.

이어서 지원 14년(1277) 천주·경원·상해·감포에 시박사를 설치한 경과가 기술되어있는데, 이에 대해서는 앞에서 별도로 상세히 다룬바 있다. 아래에 인용한 각종 관련 기록들은 《속문헌통고》를 참고한 것이다.

"당시 천주와 복주의 토산물을 판매하는 객선(客船)에 대해 번국 화물과 동일하게 징세하였다. (이후) 상해시박사의 초선제공(招船提控) 왕남(王楠)의 건의에 따라 쌍추(雙抽)와 단추(單抽)의 규정을 제정하였는데,

쌍추란 번국 화물에 대한 징세이고 단추란 토산물에 대한 징세이다."

이를 보면 원나라 초 국내 화물의 수출을 장려하였음을 알 수 있으니, 비록 보호정책이란 명목은 없지만 보호세의 성격을 띠고 있었다.

지원 18년(1281) 상인들에 대한 시박을 규정하였는데, 천주에서 이미 추분(抽分)한 화물은 다른 여러 지역에서 무역하더라도 세금만 거두고 다시 추분하지 않도록 하였다.

19년(1282) 다시 경(耿) 좌승(左丞)의 진언에 따라 지폐[鈔]로 동전을 바꾸어 시박사로 하여금 동전으로 해외의 금은보화 및 화물을 구입하게 하고, 예전대로 박호(舶戶)의 판매 화물에 대해 한꺼번에 추분하는 것을 허용하였다.

20년(1283) 시박의 추분례(抽分例)를 정해 사치품에 대해서는 10분의 1, 평범한 물품에 대해서는 15분의 1을 취하도록 했다(《속문헌통고》 원문에는 "평범한 물건에 대해서는 10분의 5를 취한다"고 잘못 적혀있다). 이해 10월 망고대(忙古鰷)가 해운상인들이 모두 금은으로 향목(香木)을 교역하고 있다고 진언하자, 영을 내려 금지하였으나 철(鐵)로 교역하는 것은 금하지 않았다.

21년(1284) 항주와 천주에 시박도전운사(市舶都轉運司)를 설치하고 정부에서 선박과 자본을 구비한 다음, 사람을 뽑아 번국에 보내서 여러 물품을 사오게 하였다. (무역으로) 얻은 이익은 정부에서 그 10분의 7을 취하고 무역을 한 자가 그 10분의 3을 얻도록 했다. 권세가들이 자기 돈으로 번국 물건을 구입할 수 없게 하여 어기는 자는 벌을 주고 그 가산의 반을 몰수하도록 하였다. 관선(官船)에 와서 매매하는 각국의 상인들은 규정에 따라 추분하도록 했다.

이상의 기록을 통해 원대 관영 국제무역의 일반적인 상황을 알 수가 있다.

23년(1286) 해외 무역하는 자들의 동전 사용을 금지시켰다.

25년(1288) 광주의 관민(官民)이 점성 등의 번국으로 쌀을 가져가 판매하지 못하도록 다시 금지시켰다.

29년(1292) 시박사로 하여금 화물을 검사하여 추분하게 하였다. 이해 11월 중서성에서 추분의 액수 및 탈세에 관한 법을 제정하였다. 상인이 천주와 복주 등지에서 이미 추분한 화물을 본성(本省)의 시박사가 있는 곳에서 판매할 경우 사치품은 25분의 1, 평범한 물품은 30분의 1을 취하고 세금은 면제해주도록 하였다. 시박사에서 물품을 구입한 경우에는 그것을 판매한 곳에서 세금만 거두고 더 이상 추분하지 않도록 했다. 탈세한 선박의 화물에 대해서는 규정에 따라 화물을 몰수하도록 하였다.

30년(1293) 다시 각 처의 행성(行省) 관원과 행천부사(行泉府司)의 관원을 소집해서 유장원(留壯元) 및 이희안(李晞顔) 등과 함께 시박칙례(市舶則例) 22조(《원전장》〈호부8〉에 나옴)에 대해 의논하여 추분례를 규정하니, 평범한 물품에 대해서는 15분의 1, 사치품에 대해서는 10분의 1을 취하기로 했다. 이와 함께 천주의 현행 규정에 의거해 시박사가 추분을 마친 화물에 대해 다시 30분의 1의 선박세를 거둔 다음, 해운상인들이 임의로 무역할 수 있도록 허용하였다.

모든 금은(金銀)과 동철(銅鐵) 및 남녀(男女)를 사사로이 번국에 판매하는 것은 결코 허용되지 않았다. 행성과 행천부사 및 시박사의 관원은 매년 회항 시기에 모두 지난번 추해(抽解)를 납부했던 곳에서 선박이 도착하기를 기다렸다. 먼저 주위를 봉쇄하고 차례대로 추분을 시행하였으며 기한을 어기거나 부정한 짓을 한 자들은 처벌하였다.

31년(1294) 성종이 담당 관원에게 조서를 내려 해운선박을 구속하지 말고 그들의 편의를 들어주도록 시켰다.

원정 원년(1295) 선박이 해안에 도착한 후 화물을 은닉하여 세금을 탈루하는 일이 많다고 여겨 거꾸로 해상으로 나가서 검열하도록 명하였다.

원정 2년(1296) 해운상인들이 마팔아(馬八兒)·구남(唄喃:《원사》〈식화지〉에는 唄로 잘못 기록되어있음. 앞에 나온 俱藍의 이역인 듯함 - 역자)·범답랄역납(梵答剌亦納) 세 번국에서 사치품 교역을 하지 못하게 하였다. 별도로 초(鈔) 5만 정(錠)을 발행하여 사부정(沙不丁) 등으로 하여금 운송규정에 관한 법을 논의하게 하였다.

대덕 원년(1297) 행천부사를 폐지하였다. 2년 …… 다시 제용원(制用院)을 설치하였다. 7년(1303) 상인들의 항해를 금지하였다가 이를 폐지하였다.

지대 원년(1308) 다시 천부원(泉府院)을 세우고 시박사의 업무를 정돈토록 하였다. 2년 행천부원(行泉府院)을 폐지하고 시박제거사를 행성에 예속시켰다. 4년 다시 폐지하였다.

연우 원년(1314) 다시 세 곳에 시박제거사를 세웠으나, 민간인들이 번국으로 가는 것은 계속 금지하고 정부가 직접 선박을 보내 무역하도록 하였다. 회항하는 날 사치품에 대해서는 10분의 2, 평범한 물품에 대해서는 15분의 2를 추분토록 했다. 7년(1320) 번국으로 가는 이들에게 비단과 은 같은 사치품을 가져가 교역하게 하는 한편 다시 제거사를 폐지하였다.

지치 2년(1322) 천주·경원·광동 세 곳에 다시 제거사를 세우고 시박의 금령을 엄히 시행하였다. 3년 해상무역 상인들의 활동을 허용하고 돌아올 때 세금을 걷도록 하였다.

태정 원년(1324) 도착한 모든 해양선박에 대해 행성에서만 추분하게 하였으니, 그 개략적인 상황은 다음과 같다.

예컨대 보화(寶貨)를 중매(中買)[1]하는 규정의 경우, 태정 3년(1326) 행성의 신료들에게 역대 조정의 정헌례(呈獻例)에 따라 값을 매기게 명하였다. 천력 원년(1328) 국가의 재부(財富)를 좀먹는다 하여 조서를 내려 금지하고 중헌(中獻)하는 자들을 규정 위반으로 논죄토록 하였다.

원 순제 때 쓰여 진 《이븐 바투타 여행기》에도 중국의 시박사에 대해 다음과 같이 언급하고 있다.

"중국에서는 선박2)이 출항하려고 하면 항구의 감독관 및 그 비서3)들이 배에 올라 배의 병사4)와 심부름꾼 그리고 선원을 등록한다. 만약 이러한 절차를 거치지 않으면 돛을 올리는 것을 허락하지 않는다. 선박이 중국으로 회항하면 앞서 말한 관원들이 반드시 다시 시찰하여 배의 승선 인원이 먼저 등록한 인원과 맞는지 조사한다. 만약 빠진 자가 있으면 선주는 그 자가 이미 사망했거나 도망했는지 혹 다른 이유로 부재한 것인지 증명해야 한다. 만약 증명하지 못한다면 선주는 구속되어 감옥에 들어간다. 선주는 또한 배에 실린 물품의 가치에 대해 상세히 보고해야한다. 그리고 나서 승객들이 육지에 오르면 항구의 관리가 다시 각 사람의 휴대품을 검사한다. 만약 신고하지 않은 사적인 화물이 발견되면 배와 재물은 모두 국고에 귀속된다. 나는 이러한 부당한 경우5)를 기타 이교도의 나라6)나 이슬람교의 나라에서 볼 수 없었고 중국에서만 목격했다. 인도에도 대략 이와 비슷한 일이 있지만 설사 누군가 화물을 숨기고 신고하지 않은 경우7)에도 단지 11배의 벌금을 부과할8) 뿐이었다. 하지만 무함

....

1) 중매(中買): 소금이나 기타 물화를 관에서 사서 민간에 파는 일. 곧 도매상과 소매상의 중간이나 생산자 혹은 하주(荷主)와 도매상의 중간에서 물품이나 권리의 매매를 매개하는 장사를 하는 일 또는 그러한 일을 하는 사람을 말한다.
2) 정수일이 번역한 《이븐 바투다 여행기》에서는 '준크' 즉 정크선으로 번역되어 있다.(2책 326쪽, 이하 같음)
3) 정수일은 '해사관과 서기'로 번역하고 있다.
4) 정수일은 '궁수'로 번역하고 있다.
5) 정수일은 '폭거'로 번역하고 있다.
6) 정수일은 '지방'으로 번역하고 있다.
7) 정수일은 "화물에 대한 손해보상을 제때에 이행하지 않는 경우"로 번역하고

마드 황제 재위 당시 일체의 가혹한 세금을 없앴고 이러한 학정 역시 폐지되었다.9)"(*Cathay and the Way Thither* IV., pp.115-116을 참조)

제2절 포씨(蒲氏) 해외무역의 단절

포수경의 선조에 대해서는 이 책 제2편에서 이미 기술했으므로 여기서는 원대 이후 포수경이 밟아온 행적을 설명하도록 하겠다.

남송 말 복건 앞 바다에는 수시로 해적들이 나타났다. 쿠와바라 지츠조(桑原隲藏)의 《포수경의 사적》에서는 《중찬복건통지(重纂福建通志)》권266에 의거하여 소흥 5년(1135)부터 함순 10년(1274)까지 140년간의 해적을 열거하면서, 그 마지막 해인 함순 10년 "해적이 천주 경내를 노략질하니 서역인으로 시박제거를 맡고 있던 포수성(蒲壽峸)과 포수경이 그들을 격퇴하였다"고 적고 있다. 이때는 이미 원 지원 11년으로, 그 3년 후 원 조정이 천주에 시박사를 세웠음은 앞서 확인한 바 있다. 포수성의 '성(峸)'은 '성(晟)'이나 '성(宬)'으로도 표기한다.

그렇다면 포씨 형제는 언제 원에 투항했을까? 《원사》〈세조본기〉'지원 13년(1276) 2월'조에는 "백안(伯顔)10)이 불백(不伯)과 주경(周慶)을 보

....

있다.

8) 정수일은 "배상금을 물게 하였다"로 번역하고 있다.

9) 정수일은 "그러나 후일 쑬탄이 배상제를 폐지할 때 이러한 제도도 함께 폐지해버렸다"로 번역하고 있다.

10) 백안(伯顔, Bayan, 1236-1295): 원나라 초기의 공신. 훌라구를 따라 페르시아 원정에 참가하여 공을 세우고 뒤에 쿠빌라이의 눈에 들어 그의 밑에서 요직을 맡았다. 남송 정벌에 큰 공을 세웠고 반(反)쿠빌라이 세력 진압 당시에도

내 천주의 포수경·포수성 형제를 불렀다"고 되어있다.

　포수경이 송을 미워하게 된 이유 중 하나는 남송 말 천주에 거주하던 송 황실의 종친들 때문이었다. 많게는 3천여 명에 달했던(明 楊思謙의 《泉州府志》에 나옴) 이들 무리는 외국상인과 그 선박의 재물을 시도 때도 없이 강탈하였고 병사들까지 거느리고 있었다. 시박사로서 외국상인을 보호할 수 없었던 포수경이 어찌 분노하지 않을 수 있었겠는가? 포수경이 원에 투항한 이후 천주의 송 종실(宗室)들을 모조리 살육하였던 일은 그가 평소 이들에 대해 품고 있던 증오가 얼마나 깊었는지를 잘 보여준다. 《주문공집(朱文公集)》[11] 권89〈직비각증조의대부범공신도비(直秘閣贈朝議大夫范公[如圭]神道碑)〉에는 다음과 같은 구절이 보인다. "남외종(南外宗)[12] 관리들이 군(郡: 천주를 가리킴)에 기치(寄治: 지방관서가 임시로 다른 지역에 거처하는 것을 말함 - 역자)하며 권세를 믿고 횡포를 부렸다. 이전의 군수가 감히 그들을 단속하지 못하니, 그 횡포가 바다에 떠 있는 외국상인[賈胡]들의 거함을 약탈하는데 이르렀다. 그들이 주(州)와 시박사에 3년간 호소하였으나 해결되지 못했다. 금병(禁兵)을 점유하여 사역시키는 숫자가 수백을 헤아릴 정도였고 제염(製鹽)의 이익을 도적질하고 염법(鹽法)을 어지럽히니 백성들이 괴로워하였다."

······························
　　중요한 역할을 맡았다.
11)《주문공집(朱文公集)》: 전 100권. 남송 주희(朱熹, 1130-1200)의 저작으로 정식 명칭은《회암선생주문공문집(晦庵先生朱文公文集)》이며《주자대전(朱子大全)》이라고도 부른다.
12) 남외종(南外宗): 송대 종실 사무를 관장하던 관서 이름으로 정식 명칭은 남외종정사(南外宗正司)로 북송 숭녕 원년(1102) 처음 설치되었다. 남송 초에 먼저 진강(鎭江)으로 옮겼고 그 후 소흥을 거쳐 건염 3년(1129) 종실들이 천주로 이주하자 따라서 이전하였다. 그 관리들도 모두 종실 출신이었다.

여기서 말하는 시박사란 바로 포수경을 가리킨다. 외국상인들을 위해 정의를 지켜줄 수 없어 우울해 하던 포수경은 원에 투항한 후 종실들을 도살해 버렸으니, 잔혹한 일이기는 하지만 우연히 일어난 사건은 아니었다.

남송 말 대외무역의 거대 항구였던 천주는 포수경의 사건으로 성이 모조리 불타버리면서 단번에 커다란 타격을 입었고, 그 밖의 작은 항구들 역시 무역을 촉진하고 발전시킬 힘이 없었다.

《민서(閩書)》 권152에 보면 "포수경은 그 선조가 서역인이다. …… 수경은 젊었을 때 호협(豪俠)과 무뢰(無賴)의 무리들과 어울렸다. 함순연간 말에 그의 형 수성과 함께 해적을 소탕하는 공을 세움으로써 관직에 올라 복건안무연해도제치사(福建按撫沿海都制置使)가 되었다. 경염연간에는 복건과 광동의 초무사(招撫使)로 임명되어 해상의 선박을 총괄하게 되었다"고 적혀있다. 그런데 경염연간은 2년뿐이고 경염 원년은 즉 지원 13년(1276)으로 천주에 이미 원 조정이 설치한 시박사가 있었다.

《송사》에 따르면 포수경이 송의 시박사로 재임한 것은 순우 5, 6년(1245, 1246)경부터 덕우 원년(1275)까지로 총 30년간이다. 즉 원 지원 12년에 그만두고 그 다음해에 원의 부름을 받아들였던 것이다.

포수경이 송을 배신한 일에 대해서는 《송사》〈영국공본기(瀛國公本紀)〉 '경염 원년 11월'조에 다음과 같은 구절이 보인다. "조하(趙昰: 景炎帝를 가리킴)가 천주로 들어가고자 하였는데, 초무사 포수경이 딴 마음을 품고 있었다." "조하의 배가 천주에 이르자 포수경이 와서 주필(駐蹕: 황제가 궁 밖으로 외출할 경우 도중에 잠시 체류하는 것 – 역자)하기를 청하였지만, 장세걸(張世傑)[13]이 안된다고 하였다. 누군가 장세걸에게 포수경을

---

13) 장세걸(張世傑, ?-1279): 남송 말 탁주(涿州) 범양(范陽) 사람. 원군이 쳐들어오자 병사를 이끌고 임안(臨安)에 들어가 지켰고 유수용(劉帥勇) 등과 함께

잡아둔다면 선박들을 천주에 묶어둘 수 있을 것이라 권하였으나, 장세걸이 듣지 않고 마음대로 돌아가게 하였다. 얼마 후 배가 부족하여 외국 선박들을 노략하고 그 재물을 몰수하자 포수경이 분노하였다."

당시 절강의 영가(永嘉)에 채기신(蔡起莘)이라는 자가 있었으니, 그 역시 일찍이 해상무역에 종사한 인물이었다. 덕우 원년(1275) 남송 조정이 채기신의 선박을 징발하였는데, 그의 부하 장중이(張曾二)의 선박에 결함이 있자 조정이 장중이를 사형에 처하려 했다. 이 때문에 채기신은 감형을 얻어내기 위해 노력하였다. 다음해 장선사(張宣使: 즉 張瑄)가 휘하의 선박을 광주에 입항시키려 하였으나, 장중이가 이에 응하지 않았다는 이유로 그를 군법으로 다스리려 했다. 채기신은 다시 사면을 청하고 휘하의 배를 광주로 입항시켜 속죄하였다. 이 사건의 상세한 전말은 주밀(周密)의 《계신잡식속집(癸辛雜識續集)》 권하에 보인다. 채기신의 뒤를 이어 해상무역을 한 사람으로 진벽(陳璧)이 있었다. 진벽은 천대(天臺) 출신으로 《계신잡식》에서는 그의 일가가 방원(方元)에게 살해당한 일을 기록하면서 '상해진시박(上海陳市舶)'이라고 부르고 있다. 채기신과 진벽 두 사람 모두 원나라에 등용되지 않았다.

포수경은 송이 그의 배를 노략질하고 재물을 몰수한 것에 불만을 품고 있었기 때문에 익(益)과 광(廣) 두 황제(경염제와 祥興帝를 가리킴)가 천주를 지날 때 거부하고 받아들이지 않았다. 이 사건은 《팔민통지(八閩通志)》[14] 권86과 《민서》 권152에 보인다. 다만 포수경이 원에 투항한 해에

....

초산(焦山)에서 항전했지만 패했다. 임안 함락 후 육수부(陸秀夫) 등과 함께 조하(趙昰)를 황제로 옹립하였다. 원군이 애산(崖山)을 공격하자 상흥 2년(1279) 해상에서 전투를 벌이다가 배가 뒤집혀 익사했다.

14) 《팔민통지(八閩通志)》: 진수태감(鎭守太監) 진도(陳道)가 감수하고 황중소(黃仲昭)가 편찬하여 명 홍치 3년(1490)에 간행한 책으로 현존하는 최초의

대해서는 책마다 설이 일치하지 않는다. 《원사》〈세조본기〉에는 지원 14년 6월, 《송사》〈영국공본기〉에는 경염 원년(지원 13년) 12월로 적혀 있다. 송나라 진중미(陳仲微)[15]는 《송계삼조정요(宋季三朝政要)》[16]의 부록에서 경염제가 11월 천주에 이르러 포수경에게 군량을 요구했다고 적었으니, 투항한 시기는 경염 원년 즉 지원 13년 12월이 분명하다. 쿠와바라 지츠조의 고증도 이를 벗어나지 않는다. 혹자는 명 가정연간에 나온 《고성현지(藁城縣志)》권9에 수록된 왕반(王磐)이 지은 〈조국충헌공신도비(趙國忠獻公神道碑)〉 중의 "병자년 가을 공(公: 董文炳을 가리킴)이 복건 지역의 남은 도적들이 소탕되지 않아서 제익(諸翼)의 만호(萬戶)들을 이끌고 가서 평정하였다. …… 처음 공이 천주에 이르자 태수(太守) 포수경이라는 자가 와서 항복하였다"라는 구절을 근거로 포수경이 항복한 것은 가을이었다고 말하기도 한다. 하지만 실제 《송사》권47에 부기된 〈이왕본기(二王本紀)〉를 보면 "경염 원년(지원 13년) 11월 계축일 조하가 천주로 들어가고자 하였는데, 초무사 포수경이 딴 마음을 품고 있었다. …… 12월 무진일(초 8일: 즉 양력 1277년 1월 13일) 포수경과 천주지주(知州) 전진(田眞)의 아들이 성을 바치며 항복했다"고 적혀있어 그 항복한 연월일을 모두 확인할 수가 있다. 《원사》〈세조본기〉 '지원 14년 3월'[17]조에서 "복건의 장주와 천주 두 군의 포수경·인덕전(印德傳)·이각

....
　　복건성 통지(通志)이다.
15) 진중미(陳仲微, 1212-1283): 강서성 서주(瑞州) 고안(高安) 사람으로 함순연간 병부시랑을 지냈으며, 남송이 망한 후 이왕(二王: 趙昰와 趙昺)을 따라 광주로 들어갔고 애산(厓山)에서 패하자 안남으로 달아나 죽었다.
16) 《송계삼조정요(宋季三朝政要)》: 원대에 만들어진 책으로 저자는 알 수 없고 전 6권으로 되어있다. 남송 말 이종·도종·공종 세 황제와 망명 정권인 단종 조하와 위왕 조병 때의 일을 편년체로 기록한 소수의 현존하는 남송 사료 중 하나이다.

(李珏)·이공도(李公度)가 모두 성을 바치며 항복했다"고 한 것은 마지막으로 항복한 인물의 투항 시기에 근거해 기록했기 때문이다.

포수경이 원나라에서 맡았던 관직에 대해서는 《원사》〈세조본기〉'지원 14년(1277) 7월'조에 그가 철리첩목아(徹里帖木兒)와 함께 강서행성(江西行省)의 참지정사(參知政事)를 맡았다는 기록이 있다. 그 전에 그가 맡았던 관직은 '민광대도독병마초토사(閩廣大都督兵馬招討使)'인데, 이 직책은 아마 투항한 후에 받은 관직이었을 것이다. 그리고 같은 책의 '15년 8월'조에는 그가 소가투와 함께 중서좌승(中書左丞)이 되었다고 기록하고 있다. 성종 대덕 원년(1297) 복건성을 복건평해등처행중서성(福建平海等處行中書省)으로 고치고 성의 치소를 천주로 옮겼는데, 포수경이 그 평장정사(平章政事)가 된 정확한 연도는 알 수가 없다. 다만 《팔민통지》 권86에 "원은 포수경이 귀부한 공을 들어 평장(정사)를 제수하였다. 천주에 새로 평해성(平海省)을 설치하니 포수경의 부귀(富貴)가 당대 최고였다"라는 구절이 있는 것을 보면, 아마도 행정제도 개편 후 행성의 초대 평장정사를 맡았던 듯하다.

포수경이 비록 "부귀가 당대 최고였다"고는 하지만 해외무역의 대사업은 원 세조에게 남김없이 빼앗기고 말았다. 《원사》 권10 〈세조본기〉'지원 16년(1279) 5월'조에는 "조서를 내려 해외의 여러 번국을 초치하게 해달라고 포수경이 청하였으나 윤허하지 않았다"고 되어있다. 하지만 15년 8월에는 오히려 포수경과 소가투에게 조서를 내려 "동남의 섬에 살고 있는 여러 번국은 모두 의(義)를 사모하는 마음을 가지고 있으니, 번국의 배들과 여러 사람들에게 짐의 뜻을 선포하여 진실로 조회하러 온다면 짐은 장차 그들을 총애하고 예우할 것이며 그 무역의 왕래를 각기 바라

....
17) 원서에는 6월로 되어있으나 오류가 분명해서 바로잡았다.

는 바대로 해줄 것이다"고 말한 적이 있다. 그렇다면 겨우 9개월 만에 포수경의 해외 번국 초치를 윤허하지 않는다는 성유(聖諭)를 내린 셈이다. 아마도 그 9개월 간 포수경이 여러 번국을 초치한 실적이 매우 뛰어나서 세조가 그와 소가투 등이 해외무역[蕃舶]의 이익을 농단할까 두려워 이를 금지한 것으로 보인다.

이 일은《원사》권210 '마팔아등국(馬八兒等國)'조에 보인다. "세조 지원연간 행중서성 좌승 소가투 등이 조서 10통을 받들어 여러 번국을 초유하니, 얼마 후 점성과 마팔아 등이 모두 표문을 바치고 번속임을 자칭하였다. 나머지 구람 등 여러 나라가 항복해오지 않자 행성에서는 사신 15인을 보내 그들을 타이르는 일에 대해 의논하였다. 그러자 황제가 말하기를 '소가투 등이 전담할 수 있는 바가 아니니 만약 짐의 명이 없으면 마음대로 사신을 파견하지 말라'고 하였다."

포수경이 (명령을 기다리지 않고) 멋대로 행동한 일은《원사》권156[18] 〈동문병전(董文炳傳)〉에도 보인다. 동문병은 일찍이(지원 14년 4월 - 역자) 세조에게 상주하여 "얼마 전에 천주의 포수경이 성을 바치며 항복해왔습니다. 포수경은 평소 시박을 주관하면서 마땅히 시박사의 권한을 강화하여 우리를 위해 해적을 막고 여러 오랑캐를 구슬려 신복시켜야 한다고 말했습니다. 그래서 제가 차고 있던 금호부(金虎符)[19]를 풀어 포수경에게 달도록 했으니, 오직 폐하께서 그의 멋대로 행동한 죄를 용서해주시길 바랍니다"라고 말했지만, 그의 이 상주는 전혀 효과가 없었던 듯하

....

18) 원서에는 권43으로 되어있으나 이는 열전의 권수이고《원사》전체 권수로는 권156이다. 앞과 뒤에서 〈동문병전〉을 인용할 때 모두 권156으로 표시하고 있으므로 여기서도 이에 맞춰 통일하였다.

19) 금호부(金虎符): 금으로 만든 호랑이 모양의 부절(符節)로 보통 무장들에게 위상 증명서의 하나로 제공되었다.

다.[20]

그럼에도 앞서 본대로 지원 16년 양정벽(楊庭璧)을 파견해 구람을 초유하였고, 〈세조본기〉 지원 16년 12월에 또 "추밀원과 한림원의 관리로 하여금 중서성에 가서 소가투와 함께 해외의 여러 번국을 모집하는 일을 의논하게 하였다"고 적혀있다. 같은 해 5월 조서를 내려 번국들을 초치하게 해달라고 했던 포수경의 제안을 거절한지 7개월 뒤에 다시 같은 사안을 소가투와 함께 의논하게 한 것을 보면, 세조가 포수경에 대해 특별히 경계심을 가지고 있었던 듯하다. 그런 이유로 《원사》 권94 〈식화지〉 '시박조에서 지원 21년(1284) 항주와 천주의 시박사 설치를 기록하면서 "권세가들이 자기 돈으로 번국에 가서 물건을 구입할 수 없게 하여 어기는 자는 벌을 주고 그 가산의 반을 몰수하도록 하였다"고 말했던 것이다.

이 같은 엄령이 있었으므로 포수경은 감히 해외무역을 넘볼 수 없게 되었다. 포수경이 원나라에서 맡은 관직도 해외무역과는 무관한 직책이었다. 그가 맡은 마지막 관직은 《원사》 권13 〈세조본기〉 '지원 21년 9월' 조에 보인다. "중서성에서 복건행성은 군향(軍餉)이 매우 부족해 반드시 양주(揚州)에서 운송해 와야 하지만 지연되거나 잘못되는 경우가 많으니, 만약 두 성(省: 복건행성과 江淮行省을 가리킴 - 역자)을 하나로 합쳐 해당 지방관들에게 함께 천주를 다스리게 하면 편해질 것이라고 진언하였다.

....

20) 동문병의 상주에 대해 《원사》에 "세조가 크게 가상히 여기고 금호부를 다시 하사하였다(帝大嘉之, 更賜金虎符)"고 적혀있는 것을 보면, 이 부분의 저자의 해석은 문제가 있어 보인다. 관련 기록을 종합하여 전후 맥락을 살펴보면, 지원 15년 8월까지 세조는 포수경을 활용해 동남 번국과의 무역을 장려하였으나 16년 5월 이후 번국 초치에 대한 지방정부의 독자적인 활동을 금지함으로써 포수경의 힘을 약화시킨 다음, 같은 해 12월부터는 포수경을 배제한 채 중앙정부 차원의 해외무역 확대를 시도한 것으로 추정된다.

조서를 내려 중서우승행성사(中書右丞行省事) 망올대(忙兀臺)를 강회등처행중서성(江淮等處行中書省)의 평장정사로 삼고 그 행성의 좌승 홀랄출(忽剌出)과 포수경, 참지정사 관여덕(管如德)이 천주를 나누어 다스리도록 했다."

　　그러나 9년 후 포수경의 친족 중에 여전히 선박 80척을 보유한 자가 있었는데 결국 관에 몰수당하고 만다. 그 이후로 문헌에서 더 이상 포씨와 해양선박의 자취를 볼 수가 없다.《계신잡식속집》권하에는 다음과 같이 기록되어있다. "천남(泉南: 천주의 별칭 - 역자)에 불련(佛蓮)이라는 남쪽 외국 출신의 무슬림 거상이 있었으니 포씨의 사위였다. 심히 부유하여 출항시키는 선박이 모두 80척이었다. 계사년(지원 30년, 1293)에 사망했는데, 딸이 어리고 아들이 없어서 관에서 그 가산을 몰수하니 진주 130석(石)과 이에 버금가는 다른 물건들이 남아있었다. 성(省) 내에 방(榜)을 붙여 (불련이) 몰래 남에게 빌린 돈이나 빌려준 돈 등을 사람들이 고발하거나 자수하길 기대했다."

제3절 원나라의 거대 해운업자에 대한 억압

　　원대에 대외무역이 활발하지 못했던 것은 정부가 그 사업을 독점하고자 했기 때문이다. 포수경이 정부로부터 배제된 정황은 이미 앞에서 기술하였으므로 여기서는 주청(朱淸)과 장선(張瑄)의 이야기를 하고자 한다.

　　요동수(姚桐壽)의《낙교사어(樂郊私語)》에서는 감포의 시박사(市舶司)에 대해 다음과 같이 기록하고 있다.

"근년 들어 지방의 수령들이 순시하면서 위아래를 불문하고 재물을 요구하니 사방에 빈 구멍이 뚫렸다. 이 무리들은 매번 번국의 배가 도착하면 모두 환호하며 '어서 곳간을 손보자. 재물이 오는구나!'라고 하였다. …… 작년에는 화가 난 번인들이 칼을 빼들고 서로 죽이는 일까지 벌어졌다. 시박사 관리가 세 명이나 죽었으나 주동자는 숨겨둔 채 감히 보고하지 못했다. 끊임없이 이익을 탐하여 외국인들과 분쟁의 실마리를 야기했으니, 이는 훗날 본주(本州)의 가장 큰 근심거리가 될 것이다."

이 무리들의 부패한 행위는 실로 원 정부가 해외무역에 공헌한 다른 사람들을 억압하는 하나의 구실을 제공하였다.

《원사》권156 〈동문병전〉에는 다음과 같은 내용이 보인다.

"재물을 착취하던 신하가 간특한 이익을 노린 일이 발각되어 그 죄로 장차 사형에 처해지게 되자, 해외로 파견한 상선이 돌아오지 않았다고 거짓말을 하며 기다려주기를 청하였다. 사선(土選: 동문병의 자)이 '해외에 나간 상인이 돌아오면 잡아다 기록하면 되지만 오지 않으면 어찌할 도리가 없으니, 이 사람들의 존망(存亡)과는 관계가 없습니다'라고 말했다."

여기서 말하는 "재물을 착취하던 신하"는 바로 주청과 장선을 가리킨다. 《원사》권21 〈성종본기〉 '대덕 7년(1303) 정월'조에는 "어사대와 종정부(宗正府)에 명하여 주청과 장선의 처자를 경사로 데려오고 그들의 가산을 봉적(封籍: 몰수한 재물을 등기하는 것 – 역자)하며 그 무기와 선박 등을 압류할 관리를 지명하도록 하였다"고 되어 있다. 여름 4월 신미일에는 주청과 장선의 자손을 먼 지방에 유배 보내면서 그 여비를 지급하였고, 5월 계미일에는 "강절행성 우승 동사선(董土選)에게 명하여 봉적한 주청과 장선의 재물을 경사로 보내게 하고 해외에서 귀환하지 않은 상선이 도착하면 규정에 따라 몰수하게 하였"으며, 또 "그 가산을 봉적하고 그 무기와 선박 등을 압류하였다"고 적고 있다.

도종의(陶宗儀)의 《철경록(輟耕錄)》21) 권5에서도 이 일을 기록하면서 "(주청과 장선) 두 사람은 부자(父子)가 재상의 지위에 올랐고 아우와 조카, 생질과 사위가 모두 고관으로 전원(田園)과 택관(宅館)이 천하에 퍼져 있었다. 재물과 양식을 보관하는 곳간들이 무수히 많았고 거대한 선박들이 돛을 마주하며 번국 오랑캐 땅으로 교역을 갔다"고 하였다.

처벌의 근거는 《원사》 권94 〈식화지〉 '시박'조에 나오는 "(지원) 21년 (1284) …… 권세가들이 자기 돈으로 번국에 가서 물건을 구입할 수 없게 하여 어기는 자는 벌을 주고 그 가산의 반을 몰수하도록 하였다"고 한 조항이었다.

권세가들이 개인 자금으로 번국에 가서 교역해 사사로이 이익을 챙긴다면 정부의 수입이 줄어들 것이니, 국가재정의 관점에서 보면 두 사람의 처벌은 당연한 결과였다고 할 수 있다. 그러나 중국의 물품을 외국에 판매한다는 점에서, 그리고 중국인의 해외 이주와 항해 사업의 발전이라는 점에서 보면 두 사람에게 칭찬할 만한 부분도 없지 않다. "거함들은 돛을 마주하며 번국 오랑캐 땅으로 교역을 갔다"는 《철경록》의 언급은 두 사람이 해상에서 펼친 위세가 얼마나 대단했는지를 상상하게 해준다. 여기서 다시 《철경록》을 통해 두 사람의 행적을 대략 살펴보면 다음과 같다.

"남송 말 일정한 직업이 없는 무리들이 모여 배를 타고 바다에서 노략질

....

21) 《철경록(輟耕錄)》: 원말 도종의가 편찬한 수필집으로 전 30권이며 1366년 완성되었다. 원나라의 법률제도와 지정 말년 동남 여러 성의 반란에 관해 자세히 기술하고 있으며 서화와 문예의 고정(考訂) 등에도 주목할 만한 것이 많아서 원대 사회·법제·경제·문학·예술 등을 연구하는데 높은 사료적 가치가 있다.

을 하였는데, 그 중 주청과 장선이 몰래 이들을 휘하에 거느리고 군대를 조직하여 가장 위세를 떨쳤다. …… 조정에서 이들을 토벌하려 논의하던 중 그들을 불러 회유하길 청하여 윤허를 받았다. 이에 주청과 장선이 곧바로 귀순하니 이부시랑에서 일곱 등급 강등한[左遷七資] 가장 낮은 [最下一等] 벼슬을 제수하였다. 부하를 거느리고 해안의 백성들을 보호하게 하고 그 직분은 제형(提刑: 송대 지방에 설치되어 형벌과 獄訟을 관장하던 관직 - 역자)에 속하게 하여 수군을 관할토록 하였다. 강남이 (원나라에) 귀부한 다음, 두 사람이 재상을 따라 입근(入覲)하니 금부(金符)를 내리고 천호(千戶)직을 제수하였다. …… 두 사람이 건의한 해상 조운을 시험해보니 매우 편리하였대원문에는 지원 19년(1282)이란 주가 달려있음]. 황제가 바야흐로 관심을 가지고 호응하니, 처음에는 (운반량이) 100만석을 넘지 않았으나 이후 곧 300만석에 이르렀다.”

그 다음에는 두 사람이 몰락하는 이야기가 이어진다. 하지만 윗글을 통해 두 사람이 원나라의 해상 운송에 분명히 공헌하였음을 알 수가 있다.

제4절 원대 중국과 인도 간의 무역 개황

《도이지략(島夷志略)》 하권에는 다음과 같은 내용이 보인다.

“감매리국(甘埋里國: 즉《제번지(諸蕃志)》의 ‘甘琶逸’로 현대 서양식으로 표기하면 Cambay[22])나 Cambaia가 됨)은 남풍(南馮)의 땅에서 가깝고[23] 불랑(佛朗: 당대의 拂菻, 명·청대의 佛郎機와 동일한 음역이지만

....

22) 아라비아해에 접한 인도 서북부 구자라트주 일대에 있었던 나라이다.

가리키는 곳은 다르다. 여기서 불랑은 서양을 泛稱한 듯함)과 서로 멀지
않다. 바람을 타고 돛을 편 채 두 달이면 소패남(小唄喃: 즉 《원사》에
나오는 俱藍)에 다다를 수 있다. 그곳에서 만든 배는 마선(馬船)이라 하는
데 상선보다 크다. 못과 석회를 사용하지 않고 야자나무 새끼줄[椰索]24)
로 널빤지를 묶어서 배를 완성하였다. 배마다 2, 3층으로 되어 있고 널빤
지로 만든 사다리를 이용하였다. 물이 새는 것을 감당하지 못해 노잡이
들이 밤낮으로 돌아가며 물을 퍼냈지만 말리지를 못했다. 배 아래에는
유향(乳香)으로 무게를 눌렀고 위에는 수백 필의 말을 실었다. 이물은
작고 고물은 가벼웠으며, 배가 아래로 처진 사슴 몸뚱이 모양[鹿身吊
肚]25)을 하고 있고 바닥의 네 귀퉁이는 쇠를 깎아 덧대었다. 배의 높이는
7척26) 정도이고 하루 밤낮이면 천 리를 갈 수 있었다. 목향(木香)과 호박
(琥珀) 같은 것들은 전부 불랑국에서 생산된 것으로 서양(지금의 남중국
해)에 싣고 와 교역하였다. 수출하는 품목은 정향·육두구·청단(靑緞)
·사향·홍색소주(紅色燒珠)·소항색단(蘇杭色緞)·소목·청백화기(靑
白花器)·자병(甆瓶)·철조(鐵條)이며 이를 팔아 후추를 싣고 돌아갔다.
후추가 귀한 까닭은 이 배들이 싣고 가는 것이 매우 많지만, (서양) 상선
이 가져가는 것에 비해 10분의 1에도 미치지 못했기 때문이다."

같은 책 같은 권의 '고리불(古里佛: 즉 Calicut - 역자)'조에는 다음과 같이
적혀있다.

"거대한 바다의 중요한 길목에 해당하는데, 승가랄(僧加剌: 즉 실론섬)과

....

23) 원서에는 "서남양에 위치해 있는 땅(居西南洋之地)"으로 되어있으나 원전에
"邇南馮之地"로 되어있어 바로잡았다.
24) 원서에는 낭색(榔索)으로 되어있으나 원전을 확인하여 바로잡았다.
25) 원서에는 우두(牛肚)로 되어있으나 원전을 확인하여 바로잡았다.
26) 수백 필의 말을 싣는 2, 3층으로 된 배의 높이가 7척(약 2m10㎝)에 불과하다
는 것은 잘 이해가 되지 않는다. 7장(丈)의 오기가 아닌가 한다.

거리가 매우 가까우며 서양 여러 번국들이 이용하는 부두이기도 하였다. …… 산호·진주·유향 등의 물품은 모두 감매리와 불랑에서 왔다. 수출하는 품목은 소패남국과 같았다. 준마를 기르니 서쪽 끝에서부터 말을 사러 왔다. 그런 까닭에 상선에 화물을 싣고 이 나라에 와서 말 한필 한필과 서로 바꾸었는데, 거래 금액이 금전(金錢)으로 천백(千百)에 달했으며 심지어 사천(四千)에 달하기도 하였다. 그렇지 않으면 번인(番人)들이 그 나라에 돈이 없다고 의심하였다."

마르코 폴로의 《동방견문록》 하책 제174장[27]에는 구람국(원문에는 Coilum이나 Coilun으로 표기하고 있는데 지금의 Quilon임)[28]에 대해 "만지[蠻子: 중국 남부를 가리킴]와 레반트(Levant: 소아시아와 시리아, 유태 등이 위치한 지역을 가리킴), 아라비아 등지의 상인들이 모두 배에 물건을 싣고 이곳에 와서 매우 많은 이익을 얻었다"[29]고 적혀있다.

또 제177장[30]의 마라발국(麻囉拔國: Malibar 또는 Manibar로 현재는

....

27) 김호동 역주, 《마르코 폴로의 동방견문록》(사계절, 2000)에는 제180장으로 나온다.
28) 김호동은 각주에서 "F(coilon, coilum), R(coulam), Z(coilon). 인도 남단의 서해안에 있는 오늘날의 퀼론(Quilon)을 가리킨다. 이 도시는 아랍이나 서구의 글에 Kaulam, Columbum, Columbo 등으로 등장하며, 중국에서도 《제번지》(1225)와 《영외대답》(1778)에는 고림으로 표기되었고, 원대의 자료에는 구람, 각람으로 자주 표기되었다. Kaulam이라는 말은 페르시아어로 '검은 후추'를 뜻하며, 이 도시에서 그것이 많이 생산되기 때문에 명명된 것이라는 설명이 있다"고 하였다. F는 프랑스 지리학회(Société de Géographie)본을, R은 라무지오(G. Ramusio)의 인쇄본, Z는 젤라다(Zelada)본을 가리킨다(478쪽).
29) 김호동은 이 부분을 "만지나 아라비아나 레반트의 상인들은 자기 나라에서 배에다 많은 물건들을 싣고 이 왕국에 왔다가 이 왕국에서 생산되는 물품들을 배에다 싣고 돌아간다"고 번역하고 있다(479쪽).
30) 김호동의 책에는 183장에 이 내용이 나온다.

馬剌八兒로 표기함)31)에 대해 기록한 부분에서는 이렇게 말하고 있다. "극동에서 온 선박은 모래와 자갈 대신 동(銅)을 싣고 온다. 가져와 판매하는 물품에는 금실로 짠 비단, 주단, 금은, 정향 및 기타 고급 향료가 있다. 판매 후에는 원하는 물품을 구매하여 귀환한다. 이 나라에서 수출하는 저급한 향료는 태반이 만지의 대성(大省)으로 가고, 일부분은 상선에 의해 아덴(Aden, 阿丹: 현재는 亞丁으로 표기함)32)으로 운반되는데, 아덴으로 가는 물품은 다시 이집트의 알렉산드리아로 운반된다. 그러나 그 액수는 극동으로 운반되는 물품의 10분의 1에도 미치지 못한다. 이 일은 상당히 주의할 만하다."33)

1349년(원 순제 지정 9년) 마리뇰리(Marignoli)는 구람을 여행했는데, 그 역시 이곳의 후추가 전 세계에 식용으로 공급되고 있음을 말한 바

....

31) 김호동의 역주본에는 멜리바르(Melibar)로 되어있고 "인도 서해안, 즉 말라바르(Malabar)를 가리키며 앞에서 나온 '마아바르'와는 구별되어야 한다. 무슬림은 이곳을 말리바르(Malibar)라고 불렀고, 《영외대답》에서는 마리발(麻離拔) 또는 마나발(麻囉拔)로, 《제번지》에서는 마리말(麻哩抹)로 표기되어있다"고 주석을 달고 있다(482~483쪽). 《오도릭의 동방기행》에서는 '미니바르(Minibar)', 《이븐 바투타 여행기》에서는 '물라이바르(Mulaibar)'라 부르고 있다.

32) 아덴(Aden): 아라비아반도의 서남단, 아라비아해와 홍해의 접점인 아덴만에 위치한 국제무역항이다. 예로부터 유럽과 아시아를 잇는 교통의 요충지로 유향·몰약·계피 등 향신료의 집산지이자 중계무역지였다.

33) 김호동은 이 부분을 "외국상인들이 배를 타고 물건을 사기 위해 이 나라로 올 때 갖고 오는 물품이 어떤 것인지에 대해서도 여러분에게 말해주겠다. 상인들은 구리를 싣고 오는데, 이 구리는 배를 안정시키는 역할도 한다. 그들은 또 금실로 짠 옷감, 비단으로 짠 옷감, 센달, 금은, 정향과 감송향을 비롯하여 그곳에 없는 향료들을 싣고 온다. 그들은 이 고장의 물품과 갖고 온 것을 교환한다. 배들은 여러 곳에서 오는데, 특히 만지라는 큰 지방에서 온 상인들은 물품을 여러 지역으로 운반해간다. 그런데 아덴으로 운송되는 것들은 다시 알렉산드리아로 운반된다"고 번역하고 있다(484쪽).

있다. 그리고 《이븐 바투타 여행기》에서도 구람은 "말리바르에서 가장 아름다운 도시 중 하나이다. 시장은 매우 크고 상인들은 대단히 부유하다. 일전에 한 거상이 배 한척의 화물을 통째로 구매한 다음 자신의 화물을 다른 배에 옮겨 실은 적도 있었다. …… 구람은 말리바르에서 중국과 가장 가까운 도시로 중국인이 많이 왕래한다"[34]고 기술하고 있다. 또 말하길 "내가 구람에 머무를 때 우리와 동행했던 중국 황제의 사신이 이 도시에 들어왔는데, 도시에 살고 있던 중국 상인들이 사신에게 의복을 제공하였다. 사신은 곧 귀국하였지만 후에 나는 그들을 다시 만났다"[35]고 하였다. 중국이 구람에 사신을 파견한 일은 본편의 3장 3절에 나온다. 구람이 사신을 보내 입공한 것은 원 세조 지원 12년(1282)이었다.

《원사》와 《도이지략》의 기록을 종합해보면 원대에 중국은 남양 일대에서 본국의 물품을 수출한 외에 국제무역도 함께 진행했음을 알 수 있다. 민다랑(民多朗)과의 무역에는 사파(闍婆)의 홍견(紅絹)과 청포(靑布), 소록(蘇祿)과의 무역에는 팔도랄(八都剌)의 포(布), 포분(蒲奔)과의 무역에는 해남(海南)의 포, 가리마타(假里馬打)와의 무역에는 사파의 포, 구항(舊港)과의 무역에는 문방(門邦)의 환주(丸珠), 수문답랄(須文答剌)과의

----

34) 정수일은 이 부분을 "열흘 만에 우리는 카울람 시에 도착했다. 물라이바르 지방에서는 가장 훌륭한 도시로서 시장도 화려하다. '쇠울라이'(sauliy)라고 부르는 이곳 상인들은 많은 재산을 소유하고 있다. 어떤 상인은 선적된 화물 채로 배를 구입하기도 하고, 또 자기 집에서 화물을 직접 선적하기도 한다. …… 이 도시는 물라이바르 지방에서는 중국과 가장 가까운 곳으로서 많은 사람들이 중국에 다녀온다"고 번역하고 있다(2책, 244~245쪽).
35) 정수일은 이 부분을 "내가 그곳에 체류하는 동안 우리와 동행했던 중국왕의 사절들이 이곳에 왔다가 한 준크를 타고 떠났는데, 배가 그만 난파되고 말았다. 조난당한 그들은 중국 상인들로부터 옷가지 등을 제공받아 간신히 환국하였다. 후에 나는 중국에서 그들을 만났다"로 번역하고 있다(2책, 246쪽).

무역에는 서양의 사포(絲布)와 장미수(薔薇水: 아랍지역에서 생산됨), 남무리(喃巫哩)와의 무역에는 장미수와 붉은 사포, 팽갱(彭坑)과의 무역에는 사파포, 길란단(吉蘭丹)과의 무역에는 당두시포(塘頭市布)와 점성포(占城布), 정가려(丁家廬)와의 무역에는 점성포, 소락격(蘇洛鬲)36)과의 무역에는 해무륜(海巫崙)포, 문로고(文老古)와의 무역에는 무륜(巫崙)37) 포·팔절나간(八節那澗)포·토인(土印)포, 단마령(丹馬令)과의 무역에는 감매리포를 이용하였는데, 중국 상인은 모두 이를 위해 있는 물건을 팔고 없는 물건을 샀다.

....

36) 소락격(蘇洛鬲, Srokam): 현 말레이시아 서북부 케다(Kedah)주 머복(Mer-bok)강 하류 북안에 있었던 옛 나라 이름이다.
37) 무륜(巫崙): 인도네시아 동자바주의 주도인 수라바야(Surabaya) 남쪽 30㎞에 있는 뽀롱(Porong)지역을 가리킨다.

제5장
원대의 무역항

제1절 천주와 광주1)의 대외무역 성쇠

원나라 초의 시박사에 대한 전반적인 상황과 천주·경원·감포·상해에 시박사를 설치했음은 본편 3장 1절에서 이미 서술한 바 있다.《대원성정국조전장(大元聖政國朝典章)》(《원전장》의 정식 명칭 - 역자) 권22 〈호부8〉의 '시박'부(部)에는 시박사에 대한 22개 조의 규정이 기재되어있다. 이 규정들은 원 세조 지원 30년(1293)에 반포된 것인데, 대체로 남송시기의 시박사에 관한 조례를 이어받았다. 원대에 시박사가 설치된 지역 중 가장 융성한 도시는 천주였다.

《원사》 권210 〈외이전(外夷傳)〉 '조와(爪哇)'조에는 "천주[泉南]에서 배를 타고 바다로 나가는 사람은 먼저 점성에 이른 다음 그 나라에 도착하게 된다"고 적혀있다.

그리고 '마팔아등국'조에서는 "해외의 여러 번국 중 마팔아와 구람만이

---

1) 원서에 천광(泉廣)으로 되어있어 천주와 광주로 번역하였으나 실제 이 절의 내용은 거의 모두 천주에 관한 것뿐이다.

여러 나라를 지도한다고 할 수 있다. 그리고 구람은 또 마팔아의 뒷 보루 [後障]이다. 천주로부터 그 나라까지는 약 10만 리이다"고 하였다.

위에 인용한 두 구절은 천주가 원대에 남해 각국과 통상하는 문호였음을 알려준다. 원대 외국인의 기록물에서 천주에 대해 기술한 부분을 읽어보자.

마르코 폴로의 《동방견문록》(풍승균의 번역본 中冊 제156장)[2]에는 다음과 같이 적혀있다.

> "복주(福州)를 떠난 이후 강 하나를 건너 어떤 아름답기 그지없는 지역을 닷새 동안 말을 타고 가면 자이톤(Caiton 또는 Zayton, 刺桐)[3]시에 도착하게 된다. 자이톤은 매우 큰 도시로 복주에 속해있다. …… 알아두어야 할 것은 자이톤 항이 바로 이 도시에 있는데, 인도의 향료와 기타 일체의 귀중한 물품을 싣고 오는 모든 배들이 이 항구에 들어온다는 점이다. 동시에 모든 만지의 상인들이 항상 오는 항구인데, 이 항구로 들어오는 수많은 상품과 보석·진주 등의 수량은 불가사의 할 정도이다. 이후 이 물품들은 이 항구를 통해 만지 전역으로 판매된다. 내가 감히 말하건대 알렉산드리아나 다른 항구로 기독교 국가에 판매할 후추를 실은 배가 한 척이 들어올 때, 자이톤 항에는 그런 배가 백여 척은 들어온다. 이 때문에 대칸이 이 항구에서 거둬들이는 세금은 어마어마하다. 보석과 진주 그리고 사치품 등을 포함해 수입되는 모든 상품에 대해 대칸은 그 금액의 10분의 1에 해당하는 세금을 부과하고, 후추에는 그 금액의 100분의 44, 침향·단향과 그 밖의 평범한 상품에는 그 금액의 100분의 50을

····························

2) 김호동의 역주본에는 157장(405~408쪽)에 해당하는데, 내용상의 차이는 직접 비교하길 바란다.
3) 자이톤(Caiton 또는 Zayton, 刺桐): 관련 연구에 따르면 자동은 천주를 가리키는 것으로 추정된다. 자동은 가시[刺]가 많은 오동나무[桐]라는 의미인데, 당시 천주에는 성벽을 따라 이 나무가 심겨져 있었다고 한다.

세금으로 거둔다. 이곳에는 생활에 필요한 식량이 모두 매우 풍부하다. 더불어 알아두어야 할 것은 자이톤 근처 튄주(Tiunguy, 迪雲州)⁴⁾라 불리는 도시에서 제조되는 주발과 자기는 그 생산량이 많을 뿐 아니라 아름답다는 점이다. 이 항구를 제외한 다른 어떤 항구에서도 이렇게 만들지 못한다."

풍승균(馮承鈞)이 번역한 것은 샤리뇽(Charignon)의 교정본인데, 풍승균은 이 장의 경우 라무지오(Ramusio)⁵⁾의 판본이 더 상세하다면서 해당 장 뒤에 라무지오 판본에 의거한 번역을 첨부하고 있다. 샤리뇽의 교정본에서 빠진 것은 마르코 폴로가 장주(漳州)에서 자이톤으로 오는 부분으로, 라무지오의 판본에는 마르코 폴로가 복주에서부터 곧바로 온 것이 아니라 장주를 거쳐 오는 것으로 되어있다. 또 대칸이 세금을 거두는 설명 앞에 "이 도시는 세계 최대의 훌륭한 항구 중 하나이다. 수없이 모여드는 상인과 상품은 거의 믿을 수 없을 정도로 많다"는 구절이 추가되어있다.

....

4) 김호동은 각주에서 "F(tinugiu), R(tingui), Z(tincu). 이곳이 어디를 지칭하는지에 대해서는 일치된 견해가 없다. 천주 동북쪽에 위치한 덕화현(德化縣)이라는 지적이 있는가 하면, 도자기의 생산지로 유명한 경덕진(景德鎭)으로 보는 견해도 있고, 처주(處州: *Ciugiu 〉 Tingiu)를 꼽는 사람도 있다. 오타기 마쓰오(愛宕松男)는 이를 Tyunju로 읽고 '천주'의 독음(讀音)이라고 추정했다"고 하였다.
5) 죠반니 바티스타 라무지오(Giovanni Battista Ramusio, 1485 - 1557): 16세기 베네치아의 관리이자 지리학자로 수집한 여행기 중 9부를 이탈리아어로 번역하여 《항해와 여행》(Delle navigationi et viaggi)이란 제목으로 일련의 서적을 출판하였다. 1550년 제1권, 1556년 제3권이 간행되었고 마르코 폴로의 글은 제2권으로 출판될 예정이었으나 그의 사망으로 실현되지 못하다 1558-59년에 인쇄·출판되었다.

여기서 약간의 보충 설명을 덧붙이자면 다음과 같다.

(1) 천주의 이름이 어째서 자이톤이 되었을까? 바꿔 말해 자이톤이 천주라는 것을 어떻게 증명할 것인가?

마르티니(Martini)는 자이톤을 장주라 생각했고, 필립스(Philips) 역시 동치 13년(1874) 같은 견해를 발표한 바 있다.

더글라스(Douglas)는 필립스와 같은 해에 자이톤을 장강(漳江) 어귀 부근의 해징(海澄)으로 비정한 견해를 발표한 바 있다.

필립스는 또 자이톤을 '카이콩(Caykong)' 또는 '카르찬(Carchan)'의 와전으로 여기기도 했으니, 송·원시기 장주의 부속 항구인 월항(月港)을 '게콩(Geh-kong)'으로 읽었기 때문이다.

헨리 율(Henry Yule)·코르디에(Cordier)·브레트슈나이더(Bretschneider) 등은 모두 자이톤을 천주라 주장했다. 도광 4년(1824) 클라프로트(Klaproth)는 《일통지(一統志)》에 나오는 천주의 옛 이름이 '자동(刺桐)'이란 말을 인용하여 자이톤이 '자동' 두 글자의 음역이라고 고증하였다. 히르트(Hirth)의 경우에는 자동이 '서동(瑞桐)'으로 불리기도 했다면서 자이톤이 '서동'의 음역이라고 주장하였다.

송대 왕상지(王象之)[6]의 《여지기승(輿地紀勝)》 권130에는 송나라 사람 조령금(趙令衿)이 지은 "우연히 자동성에서 벼슬살이 하게 되었네[7]"라는 시구와 역시 송나라 사람인 왕십붕(王十朋)의 "자동 심어 성(城)이 되고 돌기둥 우뚝 서 있네[8]"라는 시구가 인용되어있다. 천주성 서문 밖

....

6) 왕상지(王像之, 생몰연도 미상): 자는 의보(儀父)이고 무주(婺州) 금화(金華) 사람이다. 경원 2년(1196) 진사가 되어 지방관을 역임했으며 가정 14년(1221)부터 《여지기승》 편찬을 시작하였다고 한다. 원서에는 왕상(王象)으로 되어있으나 오류가 분명하여 바로잡았다.

7) "偶然游宦刺桐城"

에 순산(筍山)라는 산이 있었기 때문에 "돌기둥 우뚝 서 있네"라고 한 것이다. 이밖에도 적지 않은 시문 중에 '자동'이라는 지명이 보인다.

명대 황중소(黃仲昭)[9]의 《팔민통지(八閩通志)》 권80에는 "오대(五代) 때 유종효(留從效)가 다시 성벽을 다지고 성벽 주위에 자동나무를 심어 둘렀다. 송나라 사람 여조(呂造)는 시를 지어 '복건 바다의 물안개 자동을 두르는데, 옛 성곽 누굴 위해 쌓았던고. 자고새 우는 까닭은 옛 일을 애달파 함이니, 육두구 향기 사라지며 옛 모습을 잃었구나[10]'고 읊었다. 자동 나무는 키가 크고 울창하며 초여름에는 매우 붉고 아름다운 꽃을 피운다. 나무 잎이 먼저 싹을 틔우고 난 다음 꽃이 피게 되면 오곡이 무르익으므로 서동(瑞桐)이라 부른다"고 적혀있다.

(2) 튄주(Tiunguý)에 대해서 예전에 정주(汀州) 혹은 덕화(德化)라고 주장한 사람이 있었는데, 샤리농은 홍주(洪州)라고 잘못 생각했었다. 복건의 덕화현에는 건요(建窯)라는 도요(陶窯)가 있어 유명한 도자기들을 생산했고 덕화가 예전에 천주부에 속해 있었으므로 튄주가 천주의 대음(對音)일 수도 있다. 마르코 폴로가 진강항(晉江港)을 자이톤이라 불렀다면 덕화를 천주라 부르는 것도 이치상 있을 법한 일이다. 나는 풍승균과 마찬가지로 이 견해에 동의한다.

《이븐 바투타 여행기》 제4책[11]에서는 천주에 대해 이렇게 묘사하고

....

8) "刺桐爲城石爲筍"
9) 황중소(黃仲昭, 1435 - 1508): 이름은 잠(潜)이고 호는 미헌(未軒)이며 복건 보전(莆田) 사람으로 명조의 관원이다. 저서로 《팔민통지》 외에 주영(周瑛) 과 함께 편찬한 《흥화부지(興化府志)》 54권 및 《미헌집(未軒集)》 등이 있다.
10) "閩海雲霞繞刺桐, 往年城郭爲誰封? 鷓鴣啼困悲前事, 荳蔲香消滅舊容."
11) 정수일의 번역본 제2책 328쪽에 나오는데, 내용상의 차이는 직접 비교하길 바란다.

있다.

　"이제 우리 여행의 자세한 여정으로 돌아가기로 하자. 우리가 항해 후 제일 먼저 상륙한 곳은 자동(刺桐)시이다. 아라비아어로 자동은 올리브라는 뜻이지만 이 도시에는 올리브나무가 없다. 중국의 다른 지역이나 인도에도 올리브나무는 찾아볼 수 없다. 자동은 대단히 크고 화려한 도시로 융단(絨)과 자이토니야(Zeitounyyah, 刺桐緞)라는 이름의 비단을 생산하는데, 이 비단은 칸발리크(Khanbaliq, 汗八里: '칸의 궁궐'이라는 의미로 大都 즉 지금의 북경을 가리킴 − 역자)에서 생산되는 것보다 더 질이 좋다. 자동 항은 세계 최대의 항구 중 하나로 어쩌면 세계에서 가장 큰 항구라고도 할 수 있다. 나는 이곳에서 대략 1백 척의 대형 선박과 헤아릴 수 없이 많은 소형 선박을 보았다. 이곳의 지형은 육지가 쑥 파인 큰 만(灣) 형태로 큰 강과 이어져 있다. 이 도시는 중국의 다른 지역과 마찬가지로 모든 거주민이 밭과 논을 하나씩 갖고 있으며 집은 그 한가운데 지어져 있다. …… 이 까닭에 중국인의 도시는 매우 거대하다."

　천주의 비단은 예전부터 무척 유명했으니, 페르시아인은 이를 자이투니(zeituni)라 불렀고 카스티야(Castilla)[12]에서는 세투니(setuní)라 불렀다. 이탈리아인이 말하는 제타니(zetani)나 프랑스어 사틴(satin) 역시 아마 여기에서 비롯되었을 것이다.
　원 영종 지치 2년(1322) 천주·경원·광동 세 곳에 시박제거사가 재차 설치되었는데, 이는 원나라가 시박의 설치와 관련해 취한 마지막 조치였다.

....

12) 카스티야(Castilla): 스페인 중부의 역사적 지명으로 그 유래에는 성(城, ca-stillo)의 지방이라는 뜻이 담겨있으며 중세 카스티야왕국에 속한 지역의 중심부를 가리킨다. 지방행정구역으로서의 '카스티야'는 존재하지 않지만, 카스티야이레온, 카스티야라만차 2곳의 자치 지방에 '카스티야'의 명칭이 사용되고 있다.

사실 천주의 쇠락은 남송 말 송나라 종실들의 불법적인 작태에서 시작된 것이었다. 《주문공집》 권89 〈직비각증조의대부범공신도비〉에는 "권세를 믿고 횡포를 부렸다. …… 그 횡포가 바다에 떠 있는 외국상인들의 거함을 약탈하는데 이르렀다. 그들이 주(州)와 시박사에 3년간 호소하였으나 해결되지 못했다"는 내용이 나온다. 이런 상황이었으니 외국상인들이 어찌 계속 천주로 올 리가 있었겠는가? 포수경이 원나라에 투항한 것이나 그가 천주에 거주하는 3천여 명의 종실을 도륙한 사건 역시 같은 이유의 연속선상에서 벌어진 일이었다. 정소남(鄭所南)은 《심사(心史)》에서 경염 2년(1277) "반신(叛臣) 포수경(蒲受畊)이 사흘 간 성문을 걸어 잠그고 남외종(南外宗: 외거하는 송 황실의 종친 – 역자)의 자제를 모조리 도륙하였다"고 적고 있다. 이 밖에 명대 진무인(陳懋仁)이 지은 《천남잡지(泉南雜誌)》 하권에는 "천남은 문인(文人)이 많이 모이는 곳이라 불려왔거늘 호적에 등록된 자가 심히 적음은 무슨 까닭인가? 하작암(何作菴: 복건의 理學者 何炯. 작암은 그의 호 – 역자) 선생은 '포수경의 변(變)으로 천군(泉郡)의 대부분이 병화(兵火)를 입으니 더 이상 남은 자가 없구나'라고 하였다"고 되어있다. 호적에 등록된 자도 남지 않았으니 하물며 나머지야 말해 무엇 하겠는가?

원말 순제 지정 22년(1362)에 이르러 마지막 가톨릭 주교였던 피렌체의 야코부스(Jacobus de Florentiis)가 살해된 후, 천주의 아랍인들이 반란을 일으켜 화재와 살육이 수개월이나 이어졌다. 반란이 평정된 이후 무슬림이 벼슬에 오르는 것을 엄히 금지하였고 이로부터 대외무역은 거의 종식을 고하게 된다.

제2절 절강(浙江)의 주요 대외무역 항구

《원사》〈식화지〉에 "지원 14년 천주에 시박사를 세워 망고대(忙古解)로 하여금 관할하게 하고, 경원·상해·감포에 세 개의 시박사를 세워 복건안무사 양발(楊發)로 하여금 감독하게 하였다"고 되어있는 것을 보면, 당시 절강 지역에는 경원(즉 영파)와 감포에만 시박사가 있었고 항주에는 없었음을 알 수 있다. 감포는 원래 시박장(市舶場)이 있던 곳으로 송대 상당(常棠)이 편찬한 《감수지(澉水志)》에 따르면 송 순우 6년(1246)에 창립되었다고 한다. 명대 왕초(王樵)가 지은 《취리기(樵李記)》에는 "감포는 해염(海鹽)의 서쪽으로 송·원시기 외국 배가 왕래하던 곳이다." "사포(乍浦)는 평호(平湖)에 속해 있는데, 원나라 때 외국 배들이 이 항구에 모여들었다"고 적혀있다. 사포는 감포와 이웃하고 있었기 때문에 함께 대외무역 항구가 되었다. 하지만 사포에 시박사나 시박장이 설립된 적은 없었다. 《사포비지(乍浦備志)》[13]에는 "사포 해구의 갑문(閘門)은 천비궁(天妃宮)의 뒤에 위치해있다. 원나라 때 외국 선박에 개방하였는데, 선박들은 조수의 흐름을 타고 갑문을 통해 항구로 진입하였다"고 기록되어있다.

한편 항주에는 지원 21년(1284)에 시박사가 설치되었다. 《원사》〈식화지〉에는 "(지원) 21년 항주와 천주에 시박도전운사를 설치하고 선박의 마련과 자본의 공급부터 외국에 갈 인원의 선발, 무역할 각종 물품을 관리하게 했다"는 기록이 보인다.

....

13) 《사포비지(乍浦備志)》: 전 36권, 수(首) 1권. 사포 사람 추경(鄒璟)이 편찬한 책으로 도광 8년(1828) 출판되었다. 추경에게는 《남원잡식(南園雜識)》이란 저작도 있다.

지원 30년(1293) 전국에 설치하였던 총 일곱 곳의 시박사 중 절강은 경원과 감포 두 곳만 남게 되는데, 성종 대덕 2년(1298)에 오면 그나마 감포시박사도 폐쇄되고 만다. 《원사》〈식화지〉를 보면 "(지원 30년) 천주·상해·감포·온주·광동·항주·경원 등 모두 일곱 곳에 시박사가 설치되어있었는데, 천주시박사만 추분 외에 30분의 1의 세금을 더 취하고 있었다. 지금부터 각 시박사들은 모두 천주의 사례에 따라 세금을 거두되, 온주시박사는 경원에 편입시키고, 항주시박사는 세무에 편입시키도록 하였다." "성종 대덕 2년 감포와 상해 시박사를 합병해 경원시박제거사에 편입시키고 중서성이 직할하게 하였다"고 되어있다.

이후 시박사는 누차 소속 기관이 바뀌었을 뿐 아니라 폐지와 설치를 반복하는 등 여러 차례 변혁을 거쳤다. 그러다 영종 지치 2년(1323)에 이르러 천주·경원·광동 세 곳에 다시 시박제거사가 설치되었다.

당시 감포 출신이었던 요동수(姚桐壽)는 그의 저서 《낙교사어(樂郊私語)》에서 다음과 같이 말하고 있다.

> "이전에는 감포에 시박사가 설치된 적이 없었다. 다만 송 가정연간에 유기도위(有騎都尉)를 설치해 감포와 포랑(鮑郎)의 염세(鹽稅)를 감독하게 했을 뿐이었다. 본조(本朝) 지원 30년 유몽염(留夢炎)의 건의에 따라 시박사를 설치하였다. 처음에는 번국 선박 화물의 경우 15분의 1을 추분하고 천주에서만 30분의 1을 (더) 거두기로 논의한 끝에 제도로 정하였다. 그러나 근년 들어 지방의 수령들이 순시하면서 위아래를 불문하고 재물을 요구하니 사방에 빈 구멍이 뚫렸다. 이 무리들은 매번 번국 배가 도착하면 모두 환호하며 '어서 곳간을 손보자. 재물이 오는구나!'라고 하였다. 화물의 10분의 1을 취하고도 오히려 부족하다고 여겼다. 작년에는 화가 난 번인들이 칼을 빼들고 서로 죽이는 일까지 벌어졌다. 시박사 관리 세 명이나 죽었으나, 주동자는 숨겨둔 채 감히 보고하지 못했다. 끊임없이 이익을 탐하여 해외에 분쟁의 실마리를 야기했으니, 이는 훗날

본주(本州)의 가장 큰 근심거리가 될 것이다."

《원사》〈식화지〉'지원 30년'조에서 분명 천주와 감포 등 일곱 곳의
시박사를 거론하면서 각 시박사가 천주의 사례에 따라 추분 외에 다시
30분의 1을 세금으로 더 거두도록 하라고 언급되어있지만, 사실 감포에
시박사가 설치된 것은 지원 14년의 일로 요동수가 지원 30년으로 잘못
알았던 것이다. 한편 요동수가 《낙교사어》의 서문을 쓴 것은 지정 23년
(1363)인데, 위 인용문에서 언급된 '작년'이 지정 22년을 가리키는 것인지
단정할 순 없지만 지정 23년으로부터 그리 오래 전은 아니었음이 분명하다.

일본학자 이시바시 고로(石橋五郞)[14]는 지원 14년 감포에 시박사를 설
치했다는 기록이 《원사》와 《속문헌통고》에 보이지만, 《원사》에 오류가
많기 때문에 요동수를 따르겠다고 하였다. 하지만 요동수의 오류인지
《원사》의 오류가 아닌지는 알 수가 없다. 또 앞서 인용한 후지타 토요하
치(藤田豊八)의 글에서 이시바시 고로가 요동수의 지원 30년 설을 31년
설로 잘못 이해한 것을 바로잡고 있는데, 이는 정확한 지적이다. 하지만
그가 "지원 14년 감포에 시박사를 설치했다는 기록이 《원사》에 있다고들
하지만 사실 이 구절은 《원사》에 보이지 않"으며 《원사》〈식화지〉에는
지원 30년으로 명백히 기록되어있다고 말한 것은 오류이다. 왜냐하면
《원사》〈식화지〉에 두 가지 설이 모두 기재되어있기 때문이다. 지원 14
년에는 천주와 경원·상해·감포에 시박사를 설치했다는 구절이 보이고,

....

14) 이시바시 고로(石橋五郞, 1877-1946): 치바(千葉)현 출신의 지리학자. 1901년
   도쿄제국대학을 졸업한 후 1904년 고베(神戶)고등상업학교의 교수로 취임하
   고 1907년부터는 교토제국대학 조교수를 겸임하였다. 오가와 타쿠지(小川琢
   治)와 함께 일본의 인문지리학을 체계화하고 역사지리를 특색으로 하는 교
   토학파의 학풍을 일으켰다.

30년에는 감포를 포함한 시박사가 설치된 일곱 곳의 지명이 언급되어있다. 다만 이 일곱 곳의 시박사가 지원 30년에 설립되었다고 말한 것은 아니었다.

온주시박사도 지원 30년에 경원시박사로 편입되었음은 앞에서 기술하였다.

경원은 일본과의 무역이 가장 활발한 곳이었다. 이 때문에 인종 연우 4년(1317) 왕극경(王克敬)을 사명(四明)에 보내 왜인과의 무역을 감독하게 하였던 것이다.

서조병(徐兆昺)의 《사명담조(四明談助)》[15] 권28에는 도광 7년(1827) 가을 〈시박사기(市舶司記)〉와 〈내안정기(來安亭記)〉가 새겨진 비석 조각을 각각 발견했다고 적혀있다. 내안정은 송나라 때 상선들을 검문하던 곳이었다. 〈시박사기〉의 잔문(殘文)에 "용동(甬東: 현 절강성 舟山市 定海區 – 역자)의 시박사는 순화 3년(992) 설립되어 오늘날까지 230여 년 동안 이어져오고 있다"는 구절이 있는 것으로 보아, 이 비문이 원나라 영종 지치연간(1321-1323)이나 진종 태정연간(1324-1327)에 세워진 것이 분명하다.[16]

....

15) 《사명담조(四明談助)》: 영파 사람 서조병(생몰연도 미상)이 10년에 걸쳐 쓴 지방지이다. 도광 3년(1823)에 완성되었으나 인쇄할 돈이 없어 동호인 사이에서 전초(傳抄)되다가 자신의 봉급을 모아서 도광 8년 출판하였다. 그 체례는 《수경주》를 모방하여 영파 지역의 산천(山川)을 소개하면서 그와 관련된 역사 사건과 인물을 연계시켜 서술함으로써 생동감이 살아있다고 평가된다.
16) 순화 3년(992)에서 230여 년 후면 1220년대가 되어야 맞는데, 그보다 100년이나 뒤로 상정한 것이 저자의 계산 착오인지, 조판 과정에서 330년을 230년으로 오식한 것인지 〈시박사기〉 원문을 찾지 못해 확인하지 못했다.

제3절 상해시박사의 설치 과정

지원 14년(1277) 상해에 시박사를 설치한 것에 대해서는 이미 앞 절에서 언급하였다. 《원사》〈지리지〉에서 "본래 화정현(華亭縣)의 땅으로 지원 27년(1290) 호구가 많아서 상해현을 설치하고 송강부에 소속시켰다"고 한 것을 보면 상해가 화정현을 분리해 새로 설치한 현임을 알 수 있다. 다만 상해시박사의 설치는 상해가 현이 되기 이전의 일이며, "호구가 많은" 것이 현 설치의 이유가 된 것으로 보아 상해의 번영은 그보다 수십 년 전부터 시작된 게 확실하다. 후지타 토요하치는 〈송·원시기 해항으로서의 항주〉(《중국남해고대교통총고》에 수록되어있음)에서 상해현 설치 연도를 지원 27년에서 29년으로 바로잡았다.

상해시박사는 성종 대덕 2년(1298)에 경원시박사로 편입되었고(앞서 언급하였음), 그 후로는 다시 설치되지 않았다.

송 효종연간(1163-1189) 선박들은 오송강(吳淞江)을 거슬러 올라가 청룡강(靑龍江)을 거쳐 화정현 현성에 도달하였는데, 화정현 현성은 바로 원대 이후 송강부(松江府)의 부성(府城)이었다. 송대에 화정현은 매우 번성하였으니, 남송 사람 손적(孫覿)의 《홍경거사집(鴻慶居士集)》권34에 수록된 〈주공묘지명(朱公墓誌銘)〉에는 "화정은 강을 끼고 바다를 내려다보는데, 부잣집과 외국상인의 상선들이 육지와 바다의 길에서 서로 뒤섞이어 엇갈리는 동남지역의 큰 현이다"고 적혀있다. 단 송대 때 선박들은 청룡강진(鎭), 즉 명대 이후의 청포현(靑浦縣) 치소(治所) 자리에 정박하였다. 하지만 송대 이후로 청룡강의 물 흐름이 점차 토사로 막히게 되었기 때문에 원대에는 상해현의 치소 즉 지금의 상해시로 정박지가 바뀌었다.

상해는 이미 해상 교통의 주요 항구였기에 송대 때 복건과 광동에 이어 외국에서 수입한 목면을 심었으니, 당시에는 길패(吉貝)라 불렀다. 하지만 방직업이 발달한 것은 원대에 이르러서였다.

중국인은 이미 후한 명제 때 면화와 면포 즉 백첩(帛疊)에 대해 알고 있었다. 백첩은 백첩(白疊)이라고도 쓰며 중앙아시아 지역에서 수입되었고 그 어원은 투르크어 pakhta이다. 얼마 후 중국인은 또 남쪽 지방에 고패(古貝)와 길패란 이름이 있음 알게 된다. 길패라는 명칭이 정사(正史) 중에 처음 등장한 것은《양서》권54〈해남제국전〉중의 '임읍국'조인데, "길패란 나무 이름이다. 그 꽃이 만개했을 때 마치 거위의 배털처럼 생긴 것을 따서 그것에서 실을 뽑아 길쌈해 베를 만든다. 깨끗하고 하얀 것이 모시와 다르지 않으니, 오색으로 물들여 얼룩무늬의 베를 짜기도 한다"고 설명되어있다. 그 밖의 다른 번역으로는 겁패(劫貝), 겁파육(劫波育), 겁파사(劫波娑: '娑'는 '婆'의 오기임), 가라파(迦羅波: '迦波羅'의 오기임), 섬파(睒婆), 가라파겁(迦羅婆劫) 등이 있는데, 모두 산스크리트어 Karpāsa와 말레이어 Kapas의 음역이다. 자세한 내용은《중국남해고대교통총고》에 실린 후지타 토요하치의〈면화와 면포에 관한 고대 중국인의 지식(古代華人關於棉花棉布之知識)〉[17]에 나온다.

《철경록(輟耕錄)》권24를 보면 상해에서 면화가 번식된 과정에 대해 "복건과 광동에서는 목면을 많이 심고 이를 짜 베를 만들었으니 길패라 불렀다. 송강부에서 동쪽으로 50리 쯤 떨어진 곳에 있는 오니경(烏泥涇: 현 상해시 華涇鎭 – 역자)이라는 마을은 토지가 척박해 백성들이 먹을 것이 없었다. 그래서 나무를 심어 생업으로 삼자고 의논하고는 마침내 목면을

....

17) 원제는〈棉花棉布に関する古代支那人の知識〉이고《동양학보(東洋學報)》제15권 제2기(1925년)에 수록되어있다.

구해 그곳에 심었다"고 되어있다. 방직기술을 전수한 사람은 황도파(黃道婆)라고 하는데, 원대 왕봉(王逢)[18]의 《오계집(梧溪集)》 권3에 수록된 〈황도파사(黃道婆祠)〉라는 시의 서문에는 다음과 같이 적혀있다. "황도파는 송강부 오니경 사람이다. 어려서 영락(零落)하여 애주(崖州)에까지 흘러들어갔는데, 원정연간(1295-1296) 비로소 귀향하는 선박을 만나 돌아와 직접 목면화에서 실을 뽑았다. 그런 다음 애주에서 본대로 옷을 만들어 입고 부지런히 부녀자들을 가르치니, 얼마 되지 않아 오니경의 목면이 천하에 유명해졌고 그것으로 먹고 사는 집이 천여 호나 되었다."

상해는 신설된 현으로 당시에는 송강부 만큼 유명하지 못했다. 위에서 인용한 두 글에 비록 상해라는 이름이 나오지 않지만 대외관계 상에 있어 상해의 중요성을 고려했을 때, 그 목면 재배는 송강부 인근의 어떤 지역보다 먼저 이루어졌음이 분명하다. 게다가 연해의 모래땅이 목면 생산에 적합하다는 점에서 상해의 지리적 조건은 더욱 우위에 있었다고 하겠다.

---

18) 왕봉(王逢, 1319-1388): 원·명 교체기 상주부(常州府) 강음(江陰) 사람으로 자는 원길(原吉), 호는 오계자(梧溪子) 등이 있다. 원 지정연간 대신의 추천을 받았지만 병으로 사양했다. 전란을 피해 청룡강진으로 피란을 갔다가 다시 상해 오니경으로 옮겨 초당을 짓고 살았다. 장사성(張士誠)의 부름을 거절하였고 홍무연간 문학으로 녹용(錄用)되었으나 입사(入仕)하지 않았다. 저서로 송·원 교체기의 인재와 국사(國事)를 기록한 《오계집》 7권이 있는데, 다른 사서에 없는 내용이 많이 있다.

제6장
원대 서역을 여행한 중국인

제1절 야율초재(耶律楚材)와 《서유록(西遊錄)》

야율초재는 자가 진경(晉卿)이고 호는 옥천(玉泉)이며 법호(法號)는 담연거사(湛然居士)이다. '종원야율(從源耶律)'은 요나라의 국성(國姓)으로 금나라에서는 '이랄(移剌)'이라 불렀고, 야율초재 본인이 쓴 글에도 '이랄초재'로 적혀있다. 다만 《원사》와 야율초재의 5대손이 쓴 신도비에는 모두 '야율'로 쓰고 있다.

야율초재는 요나라 태조 야율아보기(耶律阿保機)의 큰아들인 요동란왕(遼東丹王) 야율돌욕(耶律突欲)의 후손으로 그의 부친 야율리(耶律履)는 금나라의 재상을 지냈다. 야율초재는 대정 29년(1189)에 태어나 내마진(乃馬眞)황후(즉 Töregene - 역자)가 섭정을 맡은 세 번째 해(1244)에 사망했다. 금과 원 두 왕조에서 벼슬하였는데, 원 태조 10년(1215) 부름을 받은 이래 태조를 수족처럼 모셨다. 13년(1218) 태조의 서정을 수행했고, 태종 3년(1231)에는 중서령(中書令)에 제수되어 12년 간 국정을 담당하였다. 천문·지리·음악·생물 등 뭇 학문에 통달하였고 시문에 능하였으며 불교에 대한 깨달음은 특히 깊었다. 여기에 더해 거란어와 몽고어에도 능통하였다. 그가 생전에 남긴 발자취는 멀리 러시아령 아시아의 최남단 지역까지 이르고 있다. 그의 행적은 《원사》 권146과 《신원사》 권127의 열전, 소천작(蘇天爵)이 편찬한 《원조명신사략(元朝名臣事略)》[1] 권5와 《원문류(元文類)》 권57에 수록된 송자정(宋子貞)이 쓴 〈중서령야율공신도비(中書令耶律公神道碑)〉 등에 기재되어 있으며, 그 외 《원사》의 여타 부분 및 동시대인들의 저술 이곳저곳에서도 그에 대한 기록을 발견할 수 있다. 야율초재 본인이 남긴 저술로는 《담연거사문집(湛然居士文集)》 14권과 원본이 오래전 실전된 《서유록》 1권이 있다. 《서유록》의 내용은 지원 29년(1292) 승려 상매(祥邁)[2]가 지은 《지원변위록(至元辯僞錄)》에 1천여 자(字)가 인용되어 있으며, 원정 원년(1295) 성여재(盛如梓)가 쓴 《서재노학총담(庶齋老學叢談)》[3] 권1에 발췌 형식으로 830여 자만이 실려 있다. 명 만력 29년(1601) 포형(包衡)이 지은 《청상록(淸賞錄)》에도 50여 자가 인용되어있으나, 성여재의 인용과는 자구가 조금 다른 부분이 있다. 동치 9년(1870) 출판된 이광정(李光廷)의 《한서역도고

---

1) 《원조명신사략(元朝名臣事略)》: 전 15권. 원대의 개국공신·문신·무장·학자 47명(몽고인과 색목인 12명, 한인 35명)의 전기 자료선집으로 천력 2년(1329)에 쓴 서문이 붙어있다.

2) 상매(祥邁, 생몰연도 미상): 원대의 선승(禪僧). 산서성 대군(代郡) 사람으로 세칭(世稱) 여의선사(如意禪師)로 불린다. 남송 이종 보우 3년(1255) 도사 구처기(丘處機)와 이지상(李志常) 등이 공묘와 불상을 훼손하고 범찰(梵刹) 482좌(座)를 점령하자, 지원 28년(1291) 황명을 받들어 《지원변위록》을 편찬하여 선종의 입장을 밝히면서 도교 논리의 허망함을 비판했다

3) 《서재노학총담(庶齋老學叢談)》: 원대 구주(衢州) 사람인 성여재(생몰연도 미상)가 쓴 책으로 서재(庶齋)는 그의 자호이다. 주로 경사(經史)에 대한 변론과 시문에 대한 평론 외에 조야(朝野)의 일사(逸事)를 간간이 언급하고 있다. 전 3권이나 제2권을 쪼개어 자권(子卷)을 하나 만들었기에 사실상 4권으로 되어있다.

《漢西域圖考》)》에 보이는 인용문 역시 지금의 판본과는 다르니, 아마도 청말까지는 아직 원본이나 초기 판각본이 남아있었던 것 같다. 민국 15(1926)년 봄, 일본의 간다 키이치로(神田喜一郎)[4]가 궁내성(宮內省) 도서료(圖書寮)에서 《서유록》 완본[足本]의 필사본 1권을 발견하였는데, 코가 도안(古賀侗庵)[5]이 기증한 책 중의 하나였다. 간다 키이치로는 이 책이 코가 도안이 자필로 옮겨 적은 것이며 코가 도안은 분세이(文政)[6] 7년 즉 도광 4년(1824) 이 책의 발문을 쓴 토린(鄧林)으로부터 이 책을 얻었다고 단정하였다. (발문에 따르면) 토린은 에니치소토(慧日祖塔)에서 이 책을 얻었다고 되어있는데, 에니치소토는 바로 라쿠토(洛東)[7] 지역의 도후쿠지(東福寺) 후몬인(普門院)이다. 이 절의 개산조사가 쇼이치(聖一) 화상[8](일본에서는 國師라고 높여 부름)이다. 쇼이치 화상은 시죠

....

4) 간다 키이치로(神田喜一郎, 1897-1984): 교토 출신의 동양학자이자 서지학자. 1921년 교토제국대학 사학과를 졸업하고 1923년부터 1926년까지 오오타니(大谷)대학 교수로 재직하였다. 이후 궁내성 도서료(圖書寮)의 촉탁으로 임명되어 《한서목록해제(漢書目錄解題)》의 편집을 담당하였으며, 1929년부터는 교직으로 복귀하여 대북제국대학, 오오타니대학과 오사카상과대학의 교수를 역임하였다. 1952년에는 교토국립박물관 관장에 임명되어 8년간 재직하였다.

5) 코가 도안(古賀侗庵, 1788-1847): 에도시대 말기의 유학자. 저명한 유학자였던 부친에게 유학을 공부하고 1809년 막부유자견습(幕府儒者見習)으로 발탁되었다. 부친과 마찬가지로 주자학을 신봉했으며 서양사정, 해안방비 문제에 깊은 관심을 갖고 이를 막부에 진언하였다. 저서로 《유자론어관규기(劉子論語管窺記)》·《해방억측(海防臆測)》 등이 있다.

6) 에도시대 닌코(仁孝) 천황대의 연호로 1818년부터 1830년까지이다.

7) 교토의 동쪽을 지칭하는 말로 카모가와(鴨川)로부터 동쪽 지역.

8) 쇼이치 화상(聖一和尙, 1202-1280): 가마쿠라(鎌倉)시대 스루가(駿河), 지금의 시즈오카(靜岡)현 출신의 승려로 일반적으로 엔니(円爾)라 불린다. 임제종(臨濟宗) 쇼이치(聖一)파의 시조로 1235년 송나라로 건너가 무준사범(無準

(四條)천황[9] 카테이(嘉禎)[10] 2년 송나라에 들어갔는데, 카테이 2년은 몽고 태종 8년(1236)(간다 키이치로의 발문에는 태종 7년으로 잘못 기록하고 있음)이므로 쇼이치와 야율초재는 같은 시대를 살았음을 알 수 있다. 《서유록》은 또한 후몬인의 승려 다이도(大道)[11]가 분나(文和)[12] 2년 즉 원 순제 지정 13년(1353) 펴낸 장서 목록에도 보인다. 간다 키이치로는 발문의 주석에서 "카미무라 칸도(上村閑堂)[13]에 따르면 후몬인의 장서 대부분 쇼이치 국사가 가져온 것이라고 하였으니, 《서유록》 역시 그가 갖고 돌아온 것이 확실하다고 믿을 수 있다"고 적었다. 간다 키이치로는 토린이 본 것이 바로 이 책이라 믿었으며, 후몬인의 장서가 메이지 이후 거의 산일됨에 따라 《서유록》 원본도 그 종적을 알 수 없게 되었다고

....

師范)의 법통을 이어받고 1241년 귀국하였다. 이후 토후쿠지를 개산(開山)하였으며 궁중에서 선(禪)을 강의하고 임제종 포교에 힘썼다.

9) 시죠천황(四條天皇): 제87대 천황으로 재위기간은 1231-1242년이다. 부친인 고보리카와(後堀河) 천황의 양위로 2살에 즉위하였다. 재위기간 중 로쿠하라탄다이(六波羅探題)가 정비되고 고세이바이시키모쿠(御成敗式目)가 제정되는 등 막부체제가 안정되고 조정에 대한 감시도 강화되었다. 불의의 사고로 인해 12살의 나이로 세상을 떠났다.

10) 가마쿠라시대 시죠 천황대의 연호로 1235년부터 1237년까지이다.

11) 다이도 이치이(大道一以, 1292~1370): 14세기에 활동한 문학자이다. 이즈모(出雲: 지금의 시마네현) 출신으로 임제종의 승려가 되어 1342년 아와지(淡路)에 안코쿠지(安國寺)를 개산하였다. 1353년 교토의 토후쿠지 후몬인에 들어가 1356년 토후쿠지 주지(住持), 이어 난젠지(南禪寺) 주지를 역임하였다.

12) 일본 남북조시대 북조 측 고코곤(後光嚴) 천황대의 연호로 1352년부터 1355년까지이다.

13) 카미무라 칸도(上村閑堂) = 카미무라 칸코(上村觀光, 1873-1926): 메이지와 다이쇼 시기 임제종 승려로 고잔(五山)문학 연구의 제일인자였다. 코야산(高野山)대학 및 린자이슈(臨濟宗)대학 교수를 역임했으나 과중한 연구로 인한 정신병으로 사망하였다. 저서로 《오산시승전(五山詩僧傳)》·《선림문예사담(禪林文藝史譚)》 등이 있다.

하였다. 같은 해 간다 키이치로는 다시 내각문고(內閣文庫)[14]에서 두 번째 완본을 발견하고 6월 《사학잡지(史學雜誌)》 제37편 제6호에 〈야율초재 《서유록》 완본 발견 약술(耶律楚材西遊錄完本發現述略)〉[15]을 발표하였다.

야율초재가 《서유록》을 지은 것은 몽고 태종 원년(1229)으로 페르시아인 역시 이 일을 기록하고 있다. 1824년(도광 4년) 출판된 도손(C. D'Ohsson)[16]의 《몽고사》에는 페르시아 역사가가 오고타이 시기 중원(中原)의 행정업무를 맡았다고 기록한 Mahmoud Yelouadj를 중국 역사가는 야율초재로 생각한다고 적혀있다. 이어 도손은 중국과 페르시아의 사서에 기록된 야율초재 관련 기사 일부를 비교하고 나서, 중국과 페르시아의 기록이 서로 상충되는 점을 보면 어느 것을 믿어야할지 모르겠지만, 그 사서들에서 가리키는 인물이 동일인임은 의심의 여지가 없다고 하였다.

페르시아 역사가가 기록한 Yelouadj와 야율초재는 그 대음(對音)이 매우 비슷하다. 다만 이 페르시아 역사가가 누구인지는 확실하지 않다. 페

....

14) 내각문고(內閣文庫): 국립공문서관 내에 설치되어 에도막부 이래의 귀중한 고서·고문서·기타 도서 총 49만 책을 관리하고 열람 이용을 제공하는 기관이다. 1873년 태정관(太政官)에 문서괘(文庫掛)를 두고 태정관 소관의 도서를 관리시킨 것을 시초로 한다. 도쿄도(都) 치요다(千代田)구 키타노마루(北の丸) 공원 내에 위치하고 있다.

15) 《사학잡지》 총목록을 확인한 바 37편 제6호에는 해당 글이 없고, 38편 제8호의 〈批評及紹介〉에 연관되는 다음의 글이 보인다. 三島一, 〈神田喜一郎印行『西遊錄』〉, 《사학잡지》38-8, 1927.

16) 콘스탄틴 도손(Constantin D'Ohsson, 1779-1851): 스웨덴의 외교관 및 역사학자로 투르크계 아르메니아인의 후손이다. 그가 쓴 《몽고사》의 불어 원본 제목은 《칭기즈칸으로부터 티무르 베이 일명 타머레인까지의 몽골의 역사》(*Histoire des Mongols depuis Tchinguiz-Khan jusqu'à Timour Bey ou Tamerlan*)로 전 4권으로 되어있으며 출판연도는 1834-35년이 맞다.

르시아 출신의 저명한 몽고사가로는 두 사람이 있다. 한 명은 《집사(集史)》를 지은 라시드 앗딘 파들알라 하마다니(Rashid-al-Din Fadhl-allāh Hamadani)[17])이고, 다른 한 명은 《세계 정복자의 역사》[18])를 지은 알라 앗딘 아타 말릭 주바이니(Ala ad-Din 'Ata-Malik Juvaini)[19])이다. 《집사》는 대덕 11년(1307) 완성되었는데[20]), 라시드는 페르시아어·아랍어·몽고어·투르크어·히브리어에 능통했을 뿐 아니라 박학하기 이를 데 없는 인물이었다. 주바이니의 책은 칭기즈칸의 마지막 10년에 대한 전기로 헌종 7년(1257)에 완성되었으니, 당시는 바로 야율초재가 서역에 있을 때였다. 주바이니는 일찍이 그 부친 법합노정(法合魯丁)을 따라 헌종의 즉위를 축하하기 위해 카라코룸에 가본 적이 있었다. 이후 그의 부친은 명령을 받아 아아혼(阿兒渾)[21])을 보좌하여 아무다리야 유역 등지의 행상서성사(行尙書省事)를 역임했다(《원사》 권3 〈헌종본기〉 참고). Yelouadj를 기록한 자는 필시 이 두 사람이었을 것이다.

유럽인의 저술에서 야율초재를 최초로 언급한 사람은 아마도 마이야

....

17) 원서에는 《사집(史集)》으로 되어있고, 그 저자가 Fazel-oullah Raschid라고 되어있지만 일반적으로 알려져 있는 바에 근거하여 바로잡았다.
18) 원서에는 《世界侵略者傳》이라 되어있지만 영역본 제목 *The History of the World-Conqueror*을 따랐다.
19) 원서에는 Djouvein으로 되어있는 것을 조사하여 바로잡았다.
20) 《집사》는 모두 세 부분으로 구성되어 있다. 제1부는 몽고사, 제2부는 세계사, 제3부는 지리지인데, 현재 제3부는 전해지지 않고 있다. 제1부와 제2부는 기본적으로 1307년 이전에 완성되었고 1310년 증보하면서 아랍·유태·몽고·불랑(拂郞)·중국 등 다섯 민족의 세계보(世系譜)가 첨가되었다고 한다.
21) 아아혼(阿兒渾, Arghun, 1258-1291): 보통 아로혼(阿魯渾)으로 불린다. 아바카(Abaqa, 阿八哈)의 아들로 1284년 숙부인 테쿠데르(Tekuder, 貼古迭兒)를 축출하고 일한국의 제4대 칸으로 즉위하였다. 불교도였지만 기독교에도 우호적이었으며 재위기간 일한국의 이슬람화를 저지하고자 시도하였다.

(Joseph A. M. de Mailla)인 것 같다. 마이야는 예수회 선교사로 강희 42년(1703) 중국에 와서 건륭 13년(1748) 북경에서 사망했다. 저서로는 《중국통사》(*Histoire Générale de la Chine*) 12권이 있는데, 1777년에서 1783년 사이에 파리에서 간행되었고 같은 시기 이탈리아어로 번역되기도 했다. 도손의 책은 마이야의 책보다 39년[22] 늦게 출판되었기에 마이야의 책에서 채택한 부분이 매우 많다. 야율초재의 사적과 관련된 기록도 거의 모두를 마이야의 책에서 인용하고 있다. 한편 마이야의 책은 대부분 《통감강목(通監綱目)》의 내용을 번역한 것이지만, 간간이 중국 사서에 기재되지 않은 것도 있어서 상호 참조하여 고증할 수 있다. 여기서 야율초재의 행적과 관련해 가장 중요한 한 가지 자료를 서술하면 다음과 같다.

원 태종의 즉위에 대해 《원사》 권2 〈태종본기〉에서는 "(태종) 원년 …… 가을 8월 기미일, 제왕(諸王)과 백관이 길로이하(吉魯爾河) 제달륵오랍(齊達勒敖拉) 땅에서 대회(쿠릴타이를 가리킴 – 역자)를 열었다. 태조의 유조에 따라 규등아라륵(奎騰阿喇勒)에서 황제의 자리에 오르고 처음으로 조회의 의례를 정하였다"고 적혀있다. 이 구절에는 야율초재가 조금도 언급되어있지 않다. 《원사》 〈야율초재전〉에도 태종이 즉위하려 할 때 예종(즉 툴루이 – 역자)이 이를 연기시키고자 하였으나, 야율초재가 반대하고 의식과 제도를 세웠다는 기록만 있을 뿐이다. 그밖에 야율초재의 묘비와 이미(李微)가 쓴 묘지명도 모두 간략하기는 마찬가지이다. 그런데 마이야의 책에서는 "마침내 의논을 취합해 새로운 군주를 선출하기로

----

22) 저자는 앞에서 도손의 책이 1824년에 출판되었다고 하였는데, 그렇다면 1777년에서 1783년 사이 간행된 마이야의 책과는 47년 내지 41년 차이가 난다.

했다. 당시 쿠릴타이에 참석한 자들은 대부분 툴루이에게 마음이 있었다. 야율초재는 이에 툴루이에게 칭기즈칸의 유명(遺命)을 집행하기를 요청하면서, 툴루이 스스로 오고타이를 추대해 황위를 계승하게 하여 분란이 일어나는 것을 막자고하니 툴루이가 이를 따랐다"(마이야의 책, 제9책, 131쪽)고 기술하고 있다. 만약 이 이야기가 사실이라면 태조 이후 백여 년간 이어진 원 황실의 국운은 실로 야율초재의 말 한마디에 달려 있었던 셈이다. 마이야는 분명 다른 책을 참고했겠지만 그 출처에 대해서는 밝히고 있지 않다.

중국인으로서 야율초재를 연구한 자들은 대부분《서유록》의 고증에 치중하고 있는데, 이는 아마도 러시아 연구자 브레트슈나이더(Bret-schneider)의 영향을 받은 것 같다. 브레트슈나이더는 1874년(동치 13년) 출간된 그의 저서《중세 중국의 여행가》(Chinese Mediaeval Travellers)에 《서유록》의 발췌본을 영어로 번역해 수록했다. 이 번역문은 또 반월간 잡지《우공(禹貢)》제7권 제1·2·3합집에도 실렸다. 광서 21년(1895) 이문전(李文田)이《서유록주(西遊錄注)》를 저술하였고, 범금수(范金壽)가 다시《서유록보주(西遊錄補注)》를 지었다. 민국 4년(1915)에는 정겸(丁謙)이《서유록지리고증(西遊錄地理考證)》을 저술했고, 민국 8년에는 장상문(張相文)이 이문전과 범금수의 오류를 적지 않게 수정한〈서유록금주(西遊錄今注)〉를《지학잡지(地學雜誌)》에 발표했다. 장상문은 또 이전의 연구자들이 야율초재의 서역 기행에만 관심을 기울였던 것과는 달리 《담연거사연보(湛然居士年譜)》를 지어 야율초재의 전 생애를 연구하였다. 이후에 왕국유(王國維) 역시《야율문정공연보(耶律文正公年譜)》1권과《여기(餘記)》1권을 남겼는데, 왕국유의 연보가 장상문의 것보다 더욱 상세하다.

야율초재는 몽고 태조 13년 즉 송 영종 가정 11년(1218) 3월 16일, 조서를 받들어 칭기즈칸의 서정을 수행하게 되었다. 그의 여정을 살펴보면 영안(永安)23)을 출발해 거용관(居庸關: 북경 서북쪽 60㎞에 위치한 만리장성의 주요 관문 - 역자)과 무천(武川: 현 내몽고자치구 烏蘭察布盟 서부의 大青山區 - 역자)을 지났고, 운중(雲中: 지금의 大同)의 오른편으로 나가 천산북로에 이르렀으며, 이후 대적(大磧: 고비사막 - 역자)을 건너고 사막을 넘어 칭기즈 칸의 행재소에 도착하였다. 다음해에는 몽고군의 서행을 따라 여름에 금산(金山: 알타이산)과 한해(瀚海: 하미 동쪽의 사막)를 넘었으며, 윤대현 (輪臺縣)과 화주(和州: 당대의 高昌으로《서유록》에서는 "伊州라고도 부른 다"고 잘못 적고 있다. 이주는 지금의 하미이다)24)·오단(五端: 당대의 于闐이니, Khotan의 음역인 듯하다. 《원사》에는 忽炭 또는 斡端으로 표기 했고,《대당서역기》에는 齡旦으로 적고 있다)·불랄(不剌:《원사》〈지리 지〉西北地 부록 및 《經世大典圖》에는 普剌 즉 Pulad로 적고 있다)·아리마 (阿里馬:《원사》〈지리지〉에는 阿力馬里로 적혀있는데, 페르시아 작가들 은 Almalik라 불렀다)25)·호사와로타(虎司窩魯朶: 虎司의 뜻은 분명하지 않다. 窩魯朶는 窩兒朶로도 표기하는데, 즉 ordo의 음역으로 '칸이 머무는

....

23) 영안(永安): 중국 역대 지명과 행정단위 중 영안이란 이름을 가진 곳이 매우 많은데, 여기서 야율초재의 이후 여정을 고려하면 현 하북성 평천현(平泉縣) 과 요녕성 능원현(凌源縣)·건평현(建平縣) 사이에 있는 영안산(永安山)을 가 리키는 것 같다.
24) 만약 화주가 현재의 투루판 지역이고 윤대현이 현 신강위구르자치구 파인곽 룽몽고자치주(巴音郭楞蒙古自治州) 서부라고 한다면 두 지명의 순서가 바뀌 어야 맞다.
25) 불랄의 정확한 위치를 비정할 수 없으나 만약 Almalik를 현 신강위구르자치 구 서북부에 위치한 이녕시(伊寧市)로 본다면, 야율초재가 윤대현에서 가까 운 알말리크로 바로 가지 않고 왜 힘들게 타클라마칸사막을 넘어 남쪽에 있는 호탄까지 내려갔다 다시 올라와야 했는지 이해하기 힘들다.

곳'이란 뜻이다)·탑랄사(塔剌思:《(신·구)당서》에는 怛邏斯로,《대당서역기》에는 怛邏私로 표기하고 있다)[26]·와타랄(訛打剌, Otrar:《원사》〈지리지〉에는 兀提剌耳로 표기되어있다. 야율초재는 "이 성의 지배자가 일찍이 원나라[大朝]의 사신 수 명과 상인 백여 명을 살해하고 그들의 재물을 모두 빼앗았다. 서정하게 된 까닭은 바로 여기에서 비롯되었다"고 기록하였다)·심사간(尋思干, Semizkend: 즉 사마르칸트로《원사》〈태조본기〉16년에는 薛迷思干으로 표기되어있음. 현 우즈베키스탄 중동부에 있는 도시 - 역자)·포화(蒲華:《원사》〈지리지〉서북지 부록에는 不花剌[Bokhara]로 표기했다. 당대에는 安國이라 칭했으며 지금은 布哈拉라고 쓴다. 현 우즈베키스탄 중남부에 있는 도시 - 역자) 등의 성을 지났다.

[부록] 야율희량(耶律希亮)의 서역 피난

《원사》권180에는 야율희량의 전기가 있는데, 그 내용을 간추리면 다음과 같다. 야율희량은 자가 명보(明甫)로 야율초재의 손자이며 야율주(耶律鑄)의 아들이다. 카라코룸[和林] 남쪽에서 태어났다. 야율주가 헌종의 재가를 받아 희량을 연경으로 데려가 유가의 책을 읽게 하니 아홉살에 능히 시부(詩賦)를 짓게 되었다. 헌종 6년(1256) 야율주가 부름을 받고 카라코룸으로 귀환하자, 희량은 홀로 연경에 남았다. 8년(1258) 희량은 육반산(六盤山: 현 영하회족자치구 固原市에 위치한 산 - 역자)에서 헌종을 수행했고, 이어 부친과 함께 남쪽 정벌을 호종(扈從)했다. 9년(1259) 헌종이 합천(合川: 사천성 동부 嘉陵江과 涪江의 합류지점에 위치한 수운의 요충지

....

26) 탑랄사(塔剌思): 즉 탈라스(Talas)란 지명을 가진 곳은 여러 곳이 있는데, 여기서는 현 키르기스스탄 북서쪽 탈라스주의 행정중심을 가리키는 것 같다.

- 역자)에서 사망하자, 희량은 치중(輜重) 물자를 북쪽의 섬서 지역으로 가지고 왔다. 중통 원년(1260) 세조가 즉위하자, 대칸의 자리를 놓고 경쟁하던 아리불가(阿里不哥: 헌종과 세조의 어린 동생)가 반란을 일으켜 사자를 보내 주장(主將) 혼도해(渾都海)를 불렀다. 야율주는 혼도해 등에게 세조에게 입조하라고 권하였는데, 그들이 모두 따르지 않자 처자를 버려두고 홀로 빠져나와 세조에게로 갔다. 혼도해 등은 그를 추격하였으나 붙잡지 못하자, 100명으로 하여금 희량 모자를 감시하게 하고 야율주를 위협해 자신에게 오게 하였다. 영무(靈武: 현 영하회족자치구 중부의 황하 동안 - 역자)로부터 응길리성(應吉里城: 지금의 中衛縣, 현 영하회족자치구 중서부 - 역자)를 지나 서량(西涼: 涼州, 현 감숙성 중부 武威市 경내 - 역자)과 감주(甘州: 현 감숙성 중서부 張掖市 경내 - 역자)에 이르러 혼도해가 원의 군대에 의해 살해되자, 무리들이 합랄불화(哈剌不花, Qara Buqa - 역자)를 추대해 장수로 삼았다. 희량은 숙주(肅州: 현 감숙성 서북부 酒泉市 일대 - 역자)까지 끌려갔는데, 합랄불화는 야율주 가문과 혼인을 맺은 사이이고 야율주도 일찍이 의원을 초빙하여 합랄불화의 병을 치료하게 하고 또 술과 음식을 보낸 바 있었다. 이로 인해 합랄불화는 야율희량을 풀어주었다. 이후 사주(沙州: 지금의 돈황현)를 지나고 천산을 넘어 북정도호부(北庭都護府: 지금의 우루무치)에 도달하였으며 창불리(昌不里: 別失八里[27])의 서쪽)를 지났다. 이후 희량은 다시 종왕(宗王)[28]인 대명왕(大名王: 구유크

....

27) 별실팔리(別失八里, Bishbalik): 동부 천산산맥 북쪽 기슭에 있는 고성(古城) 으로 북정고성(北庭古城)이라고도 한다. 투르크어로 '5성(城)'이란 뜻으로 한대에는 거사후국(車師後國)에 속해 있다가 당대에는 북정도호부의 소재지가 되었다. 원대에는 별실팔리, 청대 이후에는 적화(迪化), 현재는 우루무치로 불린다.
28) 종왕(宗王): 원나라와 이후 몽고 각 부족 수령의 봉호(封號) 중 하나로 친왕

의 3남 禾忽 - 역자)과 아노홀(阿魯忽: 바이다르의 아들이자 차기타이의 손자로 차가타이한국의 다섯 번째 칸 - 역자)왕을 따랐고 불랄성(城)에서 합랄불화와 싸워 그를 패배시켰다. 앞서 야율주는 처자가 서역에 있음을 세조에게 말한 바 있었는데, 세조는 불화출(不華出)을 두 왕에게 보내 새서(璽書)로 희량을 부르고 역참을 통해 대궐로 오게 했다. 이로써 희량은 중통 4년(1263) 6월 고선(苦先: 즉 지금의 쿠차)에서부터 합랄화주(哈剌火州, Qara-hoja 즉 高昌 - 역자)에 이르러 이주(伊州)로 나아갔고 고비사막(大漠)을 건너 귀환하였다. 그리고 그해 8월 상도(上都)에서 세조를 알현하고 변방의 일과 인질로 끌려 다닐 때의 힘들었던 상황을 진언하였다.

제2절 장춘진인(長春眞人)과 《서유기(西遊記)》

　장춘진인 구처기(丘處機)는 자가 통밀(通密)이고 자호(自號)는 장춘자(長春子)이다. 산동 등주(登州) 서하(棲霞: 지금은 縣이다) 사람으로《원사》권202에 그의 전기가 있다. 그의《서유기》2권은 제자인 이지상(李志常: 자는 浩然이고 호는 眞常子이며 道號는 通元大師이다)이 편찬한 것이다. 구처기가 몽고 태조 22년(1227)에 죽었고《서유기》에 있는 손석(孫錫)의 서문이 그 다음해에 쓰여 진 것으로 보아,《서유기》는 태조 22년과 23년 사이에 완성된 것이 분명하다. 《서유기》는 그 기록이 정확하고 상세하며 문장은 우아하고 아름다워 서역의 역사와 지리를 고찰하는데 커다란 도움을 제공하고 있다.

....
　(親王)의 작위와 비슷하다.

구처기는 금나라 황통 8년 즉 송 소흥 18년(1148)에 태어났다. 열아홉 살 때 영해(寧海: 지금의 牟平)의 곤륜산에서 출가해 전진교(全眞敎)의 왕중양(王重陽)[29]을 스승으로 섬겼는데, 함께 수도한 일곱 명의 동문을 세상에서는 칠진(七眞)이라 불렀다. 금나라와 송나라가 모두 그를 불렀으나 응하지 않았고, 원 태조가 불렀을 때에도 처음에는 응하지 않았지만 어느 날 갑자기 태조를 만나보고자 길을 나섰다. 그 때가 몽고 태조 15년(1220) 정월로 18명의 제자와 동행했는데, 이지상이 그 중 하나였다. 태조도 4명을 파견해 그를 호송케 하였으니, 구처기의 나이 이미 73세였다.

당시 태조는 구처기가 서역으로 와주기를 바랐기 때문에 그해 10월 내린 성지에서 이렇게 말했다. "운헌(雲軒: 신선이 타고 다닌다는 수레 – 역자)이 이미 봉래산을 출발했다 하니, 학어(鶴馭: 신선이 학을 타고 다닌다는 전설에서 비롯된 말로 이 역시 신선을 가리킴 – 역자)가 천축 땅에서 노니는 것도 괜찮을 듯합니다. 달마가 동쪽으로 떠난 이후, 처음으로 인도의 불법이 마음에서 마음으로 전해졌습니다. 노인장께서 서쪽으로 오시면, 혹 호인(胡人)이 교화되어 도가 이루어질지도 모르겠습니다."

구처기는 태조 16년(1222) 11월 사마르칸트성에 이르렀고 다음해 4월 칭기즈칸의 행재소에 도착하였다. 태조 18년 동쪽으로 돌아가기를 청하니, 태조는 그에게 신선이라는 칭호와 대종사(大宗師)의 신분을 내리고 천하의 도교를 관장하게 하였다. 19년 2월 연경으로 돌아온 구처기는 천장관(天長觀) 즉 태극궁(太極宮)에 들어가 기거했다. 22년 가뭄 해갈을

....

29) 왕중양(王重陽, 1113-1170): 섬서성 함양(咸陽) 사람으로 무과에 합격했으나 중용되지 못했다. 1159년 여동빈(呂洞賓)이라는 이방인을 만나서 구전의 비결을 전수받은 후, 처자를 버리고 수련·득도해서 전진교를 개창했다. 유·불·도 삼교일치를 주장했는데, 그중에서도 선종의 영향이 크다. 제자에 마단양(馬丹陽) 이하 칠진이 있으며 저서로 《중양전진집(重陽全眞集)》 등이 있다.

위한 그의 기도가 징험을 보이자, 태조는 명령을 내려 북궁선도(北宮仙島)를 만안궁(萬安宮)으로, 천장관을 장춘궁(長春宮)으로 이름을 고치게 하였다. 구처기는 그해 7월 9일 여든의 나이로 사망해 백운관(白雲觀)에 묻혔다.

동쪽으로 돌아온 후 구처기를 따르는 무리들은 권세를 믿고 다른 종교들을 업신여기게 된다. 이들은 공자묘를 훼손하고 불상과 사리탑을 부수는 한편 강제로 절터를 빼앗아 훌륭했던 명성에 오점을 남겼다.

《서유기》는 완성된 후 《도장경(道藏經)》의 〈정을부(正乙部)〉에 수록되었으나, 그 이후로 관심을 갖는 사람이 없다가 건륭 60년(1795) 전대흔(錢大昕)과 단옥재(段玉裁)가 소주(蘇州)의 현묘관(玄妙觀)에서 발견하였다. 전대흔이 《서유기》를 빌려 초록하여 세상에 알렸는데, 그 발문(跋文)에서 "장춘진인의 《서유기》 2권은 그의 제자 이지상이 편찬한 것으로 서역의 교통과 풍속을 고증하는데 많은 보탬이 된다. 하지만 세상에 이책의 완본이 드물었으니 내가 비로소 《도장(경)》에서 필사본을 얻었다"고 적었다. 가경 9년(1804)에는 단옥재가 간단히 이 책을 소개하였다. 이밖에 《서유기》의 판본으로는 《연균이총서(連筠簃叢書)》본[30] · 《용원총서(榕園叢書)》[31] 보각본(補刻本) · 《지해(指海)》속간본(續刊本)[32] · 《황조

....

30) 《연균이총서(連筠簃叢書)》: 산서성 평정(平定) 사람 장목(張穆, 1805-1849)이 편집한 책으로 역산(曆算) · 광학(光學) · 역사 · 지리 · 금석 · 소학 방면의 저작 총 16종 227권을 수록하고 있으며 1847-1852년 사이에 간행되었다.

31) 《용원총서(榕園叢書)》: 광동성 번우(番禺) 사람 이광건(李光建, 생몰연도 미상)이 편집하여 동치연간 간행한 총서로 63종의 저작을 수록하고 있다.

32) 《지해(指海)》: 강소성 금산(金山) 사람 전희조(錢熙祚, 1800-1844)와 그의 두 아들 전배양(錢培讓)과 전배걸(錢培杰)이 편집하여 광서연간 간행한 총서로 총 20집 137권으로 되어있다. 전 12집은 전희조가, 후 8집은 두 아들이 편집 하였는데, 《장춘진인서유기(長春眞人西遊記)》 2권과 심요의 《서유기금산이

번속여지총서(皇朝藩屬興地叢書)》33)본 등이 있다. 도광 2년(1822)에는 서송(徐松)이 공자진(龔自珍)34)에게 이 책을 빌려 알타이산부터 알말리크까지의 노정을 고증하고 발문을 썼다. 그리고 같은 해 서송의 친구인 정동문(程同文)35)과 동우성(董祐誠)36)이 모두 고증을 하고 발문을 썼다. 서송과 정동문은《서유기》안의 지명을 현재 지명으로 풀이하였고, 동우성은 서역의 천문역법을 고증하는데 치중하여《서유기일식고(西遊記日食考)》를 지었다. 심요(沈垚)는《서유기금산이동석(西遊記金山以東釋)》을 남겼다. 민국 4년(1915)에는 정겸이《장춘진인서유기지리고증(長春眞人西遊記地理考證)》을 저술하였고, 15년에는 왕국유의《몽고사료교주사

....

동석》1권이 제13집에 수록되어있어서 저자가《지해》속간본이라 부른 것 같다.

33)《황조번속여지총서(皇朝藩屬興地叢書)》: 청대 황패교(黃沛翹, 생몰연도 미상)가 편집한 책으로 28종 140여 권이 수록되어있으며 광서 29년(1903)에 쓴 서문이 있다.

34) 공자진(龔自珍, 1792-1841): 절강성 인화(仁和) 사람. 단옥재의 외손자로 어릴 때 직접 가르침을 받았고 유봉록(劉逢祿)에게 공양학을 배웠다. 내각중서(內閣中書)·종인부주사(宗人府主事) 등을 역임하였다. 호탕한 성격에 학식도 넓어 위원과 더불어 재주를 칭송받았다. 청말의 다난한 시대상과 자신의 울분을 정감 넘치는 시문(詩文)으로 표현하였는데, 그 속에서 엿보이는 개혁의지는 그 후의 개혁가에게 큰 영향을 끼쳤다. 저서로《정암문집(定庵文集)》등이 있다.

35) 정동문(程同文, 생몰연도 미상): 원래 이름은 공우(拱宇)이며 절강성 동향(桐鄕) 사람으로 시인이다. 가경 4년(1799) 진사에 합격하여 병부주사 등을 역임하였으며 일찍이《대청회전(大淸會典)》편찬에 참여하였다. 저서로《밀재시집(密齋詩集)》등이 있다.

36) 동우성(董祐誠, 1791-1823): 청대의 수학자로 강소성 양호(陽湖) 사람이다. 저서로《타원구일술(橢圓求一術)》1권,《할원연비례도해(割圓連比例圖解)》3권,《타원구주술(橢圓求周術)》1권 등이 있다.

종(蒙古史料校注四種)》37) 중 하나로 《장춘진인서유기주(長春眞人西遊記注)》 2권이 출간되었는데, 이것은 《왕충각공유서(王忠慤公遺書)》에도 수록되어있다. 왕국유는 잡다한 서적을 광범위하게 수집하였고 특히 지리와 인물에 관해서는 처음으로 발굴한 것이 많았다. 왕국유의 서문에 따르면 광서 중엽에 홍균(洪鈞)이 이 책에 주를 달았고, 심자배(沈子培)도 전기(箋記)를 남겼음을 알 수 있으나 모두 간행되지는 않았다. 그 외 가소민(柯劭忞)이 편찬한 《신원사》나 유사배(劉師培)가 쓴 〈원태조정서역연월고(元太祖征西域年月考)〉 같은 것들도 대부분 《서유기》를 근거로 삼았다. 소설 《서유기》는 명 가정연간 오승은(吳承恩)이 쓴 작품인데, 대략 남송 사람이 편찬한 《대당삼장취경시화(大唐三藏取經詩話)》와 원나라 오창령(吳昌齡)의 《서유기》 등의 책을 각색하고 덧붙여 완성한 것으로 이 지상이 편찬한 《서유기》와는 다른 책이다.

외국인 중 《서유기》에 관심을 가진 인물로는 다음 몇 사람이 있다. 동방정교회의 북경 대주교였던 팔라디우스(Palladius)는 동치 5년(1866) 이 책을 러시아어로 번역하였다. 다음해 코르디에(Cordier)가 프랑스어로 번역하였지만 《해국도지(海國圖志)》에 수록된 발췌본을 저본으로 썼기 때문에 오류가 많다. 광서 13년(1887)에는 브레트슈나이더가 영어로 번역했다.38)

손석은 이 책 서문에서 "산천과 교통의 험이(驗易), 풍토의 차이, 뭇 의복·음식·과일·초목·짐승·벌레의 구별이 찬연하게 모두 실리지 않

----

37) 원서에는 《몽고사료교주본(蒙古史料校注本)》으로 되어있으나 정식 명칭으로 바로잡았다.
38) Bretschneider, *Medieval Researches from Eastern Asiatic Sources*, Vol.1, London, 1888에 그 영어 역주본이 수록되어있는데, 원서의 출판연도와 1년의 차이가 난다.

은 것이 없다"고 하였다.

구처기가 서역으로 간 여정은 다음과 같다. 산동의 내주(萊州: 산동반도 동북부 발해 내주만에 면해있는 지방 - 역자)에서 출발, 익도(益都: 산동성 중부에 있는 지방으로 青州로도 불림 - 역자)에 이르러 지금의 교제(膠濟)철도(청도와 제남을 잇는 철도 - 역자)와 진포(津浦)철도(천진과 浦口를 잇는 철도 - 역자) 노선을 따라 북으로 곧장 연경에 도착했고, 북쪽으로 나아가 장북(張北: 현 하북성 張家口에 있는 현 - 역자)과 다륜(多倫: 현 내몽고자치구 錫林郭勒盟 동남부에 있는 현 - 역자)을 거치고 열하(熱河)와 차하르[察哈爾]의 경계 사이를 따라 극십극등기(克什克騰旗)의 달라이노르[達里泊: 《서유기》에는 魚兒 濼으로 되어있음]를 지나갔다. 이후 서북으로 외몽고의 체첸칸[車臣汗]부로 들어가 케룰렌강[克魯倫河: 《서유기》에 나오는 臚朐河로 臚駒河나 陸局河로도 썼음]의 남안을 따라 서쪽으로 오논강[鄂爾渾河: 《서유기》에 따르면, 구처기는 신사년 2월 11일 장북을 지나 3월 초하루 達泊에 이르렀고 4월 초하루 斡辰大王(칭기즈칸의 넷째 동생 Temüge odchigin - 역자)의 장막에 도착했으며 5월 16일 케룰렌강의 남안을 거슬러 올라가 서쪽으로 나아갔다고 되어있다. 이곳에서부터 窩里朶까지 수천 리의 지명은 수록하지 않고 있다]을 건너고 카라코룸을 거쳤으며, 항가이산[杭愛山]을 따라 호브드[科布多]를 경유하여 알타이산(즉 金山)에 이르렀다. 이후 동남으로 신강지역으로 접어들었고, 천산북로의 고성(古城: 즉 白骨甸으로 이 성은 멀리 천산 남쪽의 투루판 분지를 마주하고 있다. 투루판은 한대의 車師前國 땅으로 高昌이라고도 하며 원대의 명칭은 火州 또는 和州였다. 이곳은 천산산맥의 동남쪽 산록 면에 해당한다)을 지난 다음 서쪽으로 우루무치[迪化: 당대의 北庭으로 원대에는 別失八里로 불렸음]를 거쳐 일리[伊犁: 즉 알말리크 성]에 이르렀다. 이후 일리강을 건너 서남으로 현재 러시아에 속한 이식쿨호[特默爾圖泊] 남쪽 기슭과 나린강[納林河] 북쪽 기슭을 따라 서남으로 나아가 중앙아시아의 타슈켄트[塔什干:《서유기》에는 11월 5일 塞藍城에서 趙九古가 사망했다고 적혀있는데, 이 성은 타슈켄트 동쪽에 있음]에 이르렀다. 그리고 다시 시르다리야[錫爾河: 忽氈河 또는 忽章河로 쓰기도 했으니 곧 霍闡沒輦임]를 건너 사마르칸트[撒馬爾干: 邪米思干 또는 尋思干으로 쓰기도 하는데,《대당서역기》의 颯秣健 땅이고 옛 康國임]에 도착했고 남쪽으로 아무다리야[阿母河: 莫蘭河 또는 阿木河라고도 씀]를 건너 대설산 지역에 이르렀다.

구처기의 귀환 여정은 다음과 같다. 먼저 나린강을 건너 곧장 북쪽으로 나아가 이식쿨호의 서쪽을 거쳐 취하(吹河)[39]의 남쪽에 도달한 다음, 동북으로 방향을 돌려 일리강을 건너 일리에 이르렀다. 이후 탑륵기산(塔勒奇山) 어귀를 나와 사이람[賽里木]호수를 거쳐 타르바가타이[塔爾巴哈台] 경계로 들어가 이전에 지나왔던 알타이산의 대하(大河)에 도착하였다. 그리고 다시 호브드를 지나 동남으로 곧장 풍진(豐鎭: 현 大同市 맞은편 내몽고자치구 중남부에 위치한 도시 - 역자)까지 가서 지금의 평수(平綏)철도(북경과 綏遠省 歸綏 즉 현재의 呼和浩特을 잇는 철도 - 역자) 노선을 따라 연경에 도착하였다. 왕복 4년 동안 수십 개의 나라를 거쳤고 그 거리는 1만여 리에 달했다. 구처기가 여행에 소요한 시간은 채음(蔡愔)이나 송운(宋雲)과 서로 엇비슷하고, 거쳐 간 여정의 길이는 장건[博望]이나 반초[定遠]와 서로 겨룰만하였다. 그러나 서쪽으로 간 노정은 그들보다 훨씬 길며, 법현의 귀로와는 서로 아득히 멀리 떨어져있지만 대등하다고 하겠다. 법현의 귀환을 살펴보면 배를 타고 오다 바람을 만나 동남 해상에서 표류했고, 이후 북으로 산동[靑州]에 이르러 비로소 상륙할 수 있었다. 구처기는

....

39) 취하(吹河, Chu River): 초하(楚河)로도 쓰며 현재 키르기스스탄과 카자흐스탄 경내를 흐르는 강으로 고대에는 쇄엽수(碎葉水)라 불렸다.

산동에서 출발해 서북으로 외몽고를 거치고 남쪽으로 힌두쿠시산맥[雪山]에 이르렀으니, 그 출발과 도착에 있어 동서남북이 서로 연결된다. 하지만 서행의 목적이 서로 달랐고 거쳐 간 지역도 각기 차이가 있었다. 천축 깊숙이 들어가 서역의 깊은 견식의 진수를 다 가져온 현장법사와 같은 경지는 실로 구처기가 미칠 수 있는 바가 아니었다.

구처기의 행적은 대략 위에서 기술한 대로이다. 도종의(陶宗儀) 역시 《철경록(輟耕錄)》에서 《서유기》를 인용하였고, 《반계집(磻溪集)》[40]·《풍운경회록(風雲慶會錄)》·《칠진연보(七眞年譜)》[41] 등을 참고하여 구처기의 전기를 쓰기도 했다. 단 도종의는 구처기가 종남산에 있을 때 칭기즈칸의 부름에 응했다고 했으나, 《서유기》에 따르면 당시 구처기는 산동 내주에 있었다. 《원사》〈구처기전〉에는 곤륜산에서부터 4년이 지나 비로소 대설산에 도착했다고 되어있지만, 《서유기》에 따르면 왕복하는데 4년이 걸렸을 뿐이다.

구처기는 임종 시에 문인 송도안(宋道安)에게 명해 전진교의 업무를 맡게 하고 윤지평(尹志平)으로 하여금 돕게 하였다. 얼마 후 송도안은 교문(敎門)의 업무를 윤지평에게 부탁하였는데, 태종 10년(1238) 70세가 된 윤지평은 이지상으로 하여금 자신을 대신하게 하였다. 헌종은 즉위

....

40) 《반계집(磻溪集)》: 전 6권으로 원명은 《장춘자반계집(長春子磻溪集)》이다. 금 세종 대정 26년(1186) 호광겸(胡光謙)이 쓴 서문, 대정 27년 모휘(毛麾)가 쓴 서문, 금 장종 태화 6년(1206) 이랄림(移剌霖)이 쓴 서문, 태화 8년 진대임(陳大任)이 쓴 서문이 붙어있다. 구처기가 대정 14년 반계에 들어가 6년간 혈거(穴居)하면서 쓴 작품으로 추정된다. 구기처의 일생과 그 사상을 연구하기 위한 1차 사료로 《정통도장(正統道藏)》〈태평부(太平部)〉에 수록되어있다.
41) 《칠진연보(七眞年譜)》: 금말원초 개봉 출신 전진교 도사였던 이도겸(李道謙, 1219-1296)이 지은 책으로 구처기의 일곱 제자[七眞]의 연보이다.

(1251)하면서 이지상에게 도교의 교무를 책임지게 하였고, 이후 이지상은 전진교의 교무를 주관한 지 21년 만인 헌종 8년(1258)에 사망하였다. 불교계가 전진교의 사찰 점거에 대해 공격한 일 등은 본서의 범위를 벗어나는 내용이다.

제3절 유욱(劉郁)과 상덕(常德)의 《서사기(西使記)》

상덕의 《서사기》 전문(全文)은 유욱이 필록(筆錄)한 것이다. 상덕은 몽고 헌종 9년(1259) 명을 받들어 페르시아에 있던 훌라구를 알현하고 세조 중통 4년(1263) 귀국하였다. 그리고 같은 해 3월 유욱이 상덕의 사행을 기록하였으니, 저간의 사정이 책의 말미에 나온다. 상덕의 사적(事蹟)은 알 수가 없고 그의 자가 인경(仁卿)이라는 것만 알려져 있다. 유욱은 혼원(渾源: 산서성 大同市 동남에 있는 현 - 역자) 출신으로 그의 형 유기(劉祁)는 바로 오고손중단(烏古孫仲端)의 《북사기(北使記)》[42]를 필록한 인물이다. 유욱의 자는 문계(文季)이고 별호는 귀우(歸愚)이다. (세조) 중통 원년(1260) 중서성을 처음 세울 때 좌우사도사(左右司都事)로 초치되었고, 윤신하(尹新河)로 나갔다가 부름을 받고 감찰어사에 제수되었다. 문장에 능했고 서한을 잘 썼으며 61세에 사망했다. 왕운(王惲)[43]의 《추간선생전

....

42) 《북사기(北使記)》: 1220년과 1222년 금나라 예부시랑 오고손중단(본명은 卜吉)이 몽고와의 강화를 위해 사신으로 중앙아시아에서 서정 중이던 칭기즈칸을 만나고 돌아와서 기록한 사행기(使行記)이다. 노정이나 견문이 비교적 간략한 반면 서요(西遼)의 복식이나 세가(世家), 회골(回鶻)에 관한 여러 기록 등은 사료적 가치가 높다.(실크로드사전, 316-317쪽)

집(秋澗先生全集)》44) 권58에는 〈혼원유씨세덕비명병서(渾源劉氏世德碑銘並序)〉가 실려 있고, 원호문(元好問)45)의 〈야율 중서께 올리는 편지(上耶律中書書)〉에서는 당대의 명사를 추천하면서 유욱 형제를 함께 거론하고 있으니, 《원문류》 권37에 보인다.

《서사기》의 판본은 매우 많은데, 왕운의 《추간선생전집》 및 《옥당가화(玉堂嘉話)》46), 도종의의 《설부(說郛)》, 《원사류편(元史類編)》·《고금설해(古今說海)》·《해국도지》 등에서 모두 이를 수록하고 있으며 책에 따라 내용이 조금씩 차이가 있다. 정겸은 《원유욱서사기지리고증(元劉郁西使記地理考證)》에서 유욱이 진정(眞定) 출신이며 상덕은 바로 유욱의 본명이라고 하였으나, 이는 정겸이 잘못 안 것이다. 실제로 원나라 초에 진정

....

43) 왕운(王惲, 1227-1304): 위주(衛州) 급현(汲縣) 사람으로 자는 중모(仲謀)이고 호는 추간(秋澗)이다. 중통 원년(1260) 상의관(詳議官)에 임명된 이래 중서성 평정관(評定官)·감찰어사·소중대부(少中大夫) 겸 복건민해도제형안찰사(福建閩海道提形按察使) 등을 역임했다. 저서로 《추간선생전집》 100권 외에 《추간악부(秋澗樂府)》 4권 등이 있다. 원호문의 제자로 시와 사곡(詞曲)에 뛰어났고 산문을 잘 지었다.
44) 원서에는 《秋澗大全集》으로 되어있으나 정식 명칭으로 바로잡았다.
45) 원호문(元好問, 1190-1257): 태원(太原) 수용(秀容) 사람으로 자는 유지(裕之)이고 호는 유산(遺山)이다. 금·원시기 관리이자 문학가·시인·역사학자이다. 흥정 5년(1221) 진사 출신으로 유림랑(儒林郎)·국사원편수(國史院編修)·상서성연(尚書省掾)·좌사도사(左司都事)·원외랑(員外郎) 등을 지냈다. 금나라가 망하자 벼슬을 그만두고 20여 년 동안 저술활동에 전념했다. 저서로 《유산집(遺山集)》이 있고 《중주집(中州集)》을 편찬했다.
46) 《옥당가화(玉堂嘉話)》: 전 8권. 왕운이 중통 2년(1262)과 지원 14년(1277) 두 차례 한림원에 재직할 때 보고 들은 바를 기억하여 기록한 책으로 옥당은 한림원의 별칭이다. 왕운이 직접 경험한 일과 견문 뿐 아니라 현재 남아있지 않은 일부 전대 인물의 사적과 문물제도 등에 관한 당시의 많은 기록들을 보존하고 있어 사료가치가 매우 높다.

출신의 유욱이라는 인물이 따로 있었다. 왕국유가 쓴 〈서사기교록(西使記校錄)〉은《왕충각공유서》3집의《고행기(古行記)》에 수록되어있다.

　도광 5년(1825) 레뮈자(Rémusat)가《원사류편》본을 가지고《서사기》를 프랑스어로 번역했고, 동치 4년(1865)에는 코르디에가 다시《해국도지》본으로 번역해 그의《동방견문록》프랑스어 번역본 서문에 수록했다. 또 광서 원년(1875)에는 브레트슈나이더가《옥당가화》등의 책을 참고해 영어 번역을 완성하였다. 브레트슈나이더는 이 번역본을 광서 13년(1887) 출간된 그의 저서《중세 중앙아시아 연구》[47]에 수록하였는데, 그 전에 나온 각종 번역본보다 나은 것으로 평가된다.

　《서사기》에서 흘입아성(訖立兒城: 카스피해 남쪽의 Mulahida국 경내에 있었던 것으로 추정함 - 역자) 이후로 더 이상 날짜를 기록하지 않은 것을 보면, 그 뒤에 나오는 나라들은 모두 상덕이 가보지 못했던 곳 같다. 상덕이 카라코룸을 출발한 것은 몽고 헌종 9년(1259) 1월 12일(양력 2월 13일)이고, 흘입아성에 도착한 것은 4월 6일 즉 양력 4월 29일(《회편》에서는 양력 4월 28일로 잘못 적고 있다)이었다. 이때 훌라구는 타브리즈(Tabriz)[48] 성에 주둔하고 있었고, 양력 9월 시리아 정벌을 시작하게 된다. 상덕이

．．．．．．．．．．．．．．．．．．．．．．．．．．．

47) 원제는 *Medieval Researches from Eastern Asiatic Sources*로 직역하면《동아시아 자료로 본 중세 연구》가 적절한 것 같다. 앞서 언급하였듯이 출판연도 역시 1년의 차이가 있다.

48) 타브리즈(Tabriz): 현 이란 북서부 동아제르바이잔주의 주도. 우르미아호로 흐르는 탈케강을 끼고 있으며 해발 1,300m의 고지대에 위치한다. 이란·터키·코카서스 일대를 연결하는 교통 중심지로 동서교류에 상당한 기여를 하였다. 3세기에 아르메니아왕국의 도읍이 된 후, 수세기 동안 번영을 누리다가 13세기 일한국의 수도가 되면서 전성기를 맞았다. 1392년 티무르에 일시 점령된 후 투르크멘 부족의 연합세력인 카라 쿠윤루(Qara Qoyunlu)왕조의 수도가 되었다. 이란 영토로 귀속된 것은 16세기의 사파비왕조 때부터이다

기술한 정벌 이야기는 모두 그가 페르시아에 도착하기 전의 일이므로 전해들은 이야기를 기록한 것이다.

《서사기》의 말미에는 왕복 여정이 총 14개월(《사고전서》본 《옥당가화》에는 11개월로 되어있음)이었다고 되어있지만, 그 여정을 확인할 수 있는 기간은 겨우 2개월 반뿐이기 때문에 나머지 10여 개월 혹은 10개월 가까이 상덕의 행적은 알 수가 없다.

원나라 사람들이 쓴 서역 기행문은 대부분 서역 각지에 거주하는 한인(漢人)에 대해 언급하지 않았지만, 《서사기》만은 이 문제에 대해 관심을 갖고 있었다. 《서사기》 중에 보이는 일부 해당 내용을 발췌하면 아래와 같다.

"임자년(몽고 헌종 2년, 1252) 황제의 동생[49] 훌라구가 조서를 받들어 제군(諸軍)을 이끌고 서정을 하였다. 총 6년이 걸렸고 개척한 영토는 수만 리였다. 기미년(헌종 9년, 1259) 정월 갑자일(앞에 관련 내용이 있음)에 상덕(자는 인경)이 역참을 이용해 서쪽으로 급히 훌라구를 알현하러 갔다. 카라코룸으로부터 올손(兀孫: 《사고전서》본 《옥당가화》에는 兀 대신 烏로 되어있음)[50] 가운데로 나가서 서북으로 갔다. ……"

"용골하(龍骨河)를 건너 다시 서북으로 나아갔는데, 비슈발리크(Besh-balik, 別失八里)와 남북으로 근 500리 떨어져 서로 마주하고 있는 곳에 중국인[漢民]들이 많았다."

"철목아(鐵木兒: 《사고전서》본에는 特穆爾로 되어있음)참찰(懺察: Ti-

....

49) 원서에는 '황제(皇帝)'로 적혀있으나, 《서사기》 원문('皇弟')에 의거하여 바로 잡았다.
50) 진가영의 앞의 책 제6편 4장 1절에서는 항가이산으로 비정하고 있다.

mur Qahalqa - 역자)이라 불리는 관문(關門)51)이 있는데, 이곳을 지키는 자는 모두 중국인이었다."

"알말리크(Almarik, 阿里麻里:《사고전서》본에는 瑪圖로 되어있음)성에 이르렀는데, 시가[市井] 전체를 흐르는 물이 교차해 관통하고 있었다. …… 회흘인이 중국인과 섞어 살아서 그 풍속이 점차 물들어 자못 중국과 비슷했다. 또 남쪽에는 티무르(Timur, 赤木兒:《사고전서》본에는 齊黙克52)로 되어있음)성53)이 있는데, 그 주민은 대부분 병주(幷州)와 분주(汾州)54) 출신이었다."

이들 중국인에 대해 《회편》 제5책 460쪽에서는 모두 야율대석(耶律大石)이 거느리던 한군(漢軍)의 후손이라 여겼는데, 어쩌면 그럴 수도 있겠다.

"정사년(헌종 7년, 1257) 바그다드를 취했는데, …… 그 후비(后妃)들은 모두 중국인이었다."

《회편》 제5책 459쪽에서는 오륜고하(烏倫古河, Ulungur: 즉 앞에 나온 龍骨河)가 오륜고호수로 들어가는 곳에 포륜탁해(布倫托海, Buluntok-hoi)라는 중국인 도시[漢城]가 있는데, 동치 11년(1872)에 세워졌고 중국

----

51) 진가영의 앞의 책 제6편 4장 1절에서는 사이람 호수 남면에 위치한다고 비정하였다.
52) 원서에는 特穆爾로 되어있으나 오류가 분명하여 바로잡았다.
53) 진가영의 앞의 책 제6편 4장 1절에서는 곽성(霍城)으로 비정하고 있는데, 위치로 보면 알말리크의 남쪽이 아니라 서쪽이다.
54) 병주(幷州)는 서한 때 설치한 주로 현 산서성 대부분과 하북성·내몽고자치구의 일부분이 이에 해당하고, 분주(汾州)는 북위 때 설치한 주로 현 산서성 중부 습현(隰縣) 일대를 가리키므로 병주에 포함되지만, 분주 출신이 특히 많았기에 '병분인(幷汾人)'이라 부른 것 같다.

인이 매우 많았다고 하였다. 또 인근의 주민 역시 모두 중국인과 토이호특(土爾扈特, Turgūt)족55)으로 농업에 종사했는데, 러시아 사람 프제발스키(Pzewalsky)는 이곳에 이전부터 중국인 거류지가 있었다고 하였다.

<hr />

55) 토이호특(土爾扈特, Turgūt)족: 오이라트 몽고 4부(部) 중 하나로 Turgūt는
만주어 표기이다. 영어로는 Torghut, 오이라트어로는 Torγoud, 몽고어로는
Turγaγud/Toroγoud/Torγuud 등으로 표기된다.

제7장
원대 중국을 기록한 유럽인과
아랍인 그리고 아프리카인

제1절 카르피니(Carpini) 일행의 몽고 출사

몽고 태종 17년(1245) 교황 인노첸시오(Innocentius) 4세는 프랑스 리옹(Lyon)에서 유럽의 가톨릭교회 대표를 소집해 공의회를 열고, 각국이 몽고의 대군에 맞설 대비를 하라고 권고했다. 그러나 이 연합군 계획은 결국 실현되지 못했다. 교황은 당시 카라코룸 조정 내에 교인이 적지 않는다는 소식을 듣고 종교의 힘으로 몽고의 침략을 막고자 했다. 이에 교황은 프란시스코 수도회에서 3명의 수사(修士)를 선발하여 카르피니(Plano Carpini)를 대표로 삼아 중국에 사신으로 가서 대칸을 알현하게 하였다. 또 페르시아의 가톨릭교도들이 교황에게 도움을 요청한 상태였기 때문에, 도미니크 수도회에서 4명의 수사를 선발하여 아셀린(Ascelin of Lombardia)을 대표로 삼아 페르시아에 사신으로 가서 일한국의 칸을 알현하게 하였다.

이탈리아 페루자(Perugia) 출신인 카르피니는 몽고 태종 17년 양력(이하 동일) 4월 16일, 몽고의 칸과 그의 신민에게 보내는 교황의 서한을 가지고 리옹에서 길을 나섰다. 서한은 3월 5일 혹은 13일에 작성되었다고 하는데, 주된 내용은 칸이 흉포한 행위를 멈춰 천벌을 면하길 바란다는 것이었다.

카르피니와 동행한 사람 중 한 명은 오래지 않아 병이 나서 되돌아갔으므로 폴란드인 본독(本篤, Benedictus: 본독은 중국 천주교도들이 포르투갈어 등에 의거하여 음역한 것이다. 프랑스어도 발음이 특수하고 영어는 라틴어와 비슷한데, 이것은 라틴어로 베네딕투스라고 읽을 수 있다)만 카르피니와 동행하게 되었다. 카르피니는 10개월 만에 겨우 키예프(Kiev)에 도착했고, 정종 원년(1246) 2월 3일 키예프를 떠나 다시 20여일을 가서 (몽고) 주둔군의 장군을 찾아뵈었다. 장군은 병사를 시켜 이들을 호위하게 하고 역마를 갈아타도록 했다. 하루에 4, 5차례씩 역마를 바꿔타고 4월 5일 바투가 머물고 있는 성에 이르렀다. 카르피니는 몽고의 풍속에 따라 목욕을 한 다음 시위(侍衛)들의 인도 하에 바투의 장막에 가서 무릎 꿇은 채 교황의 친서를 올렸다. 바투는 통역에게 서신을 러시아어와 사라센어(Sarrasin) 및 몽고어로 번역하게 하였다. 바투는 몽고어 번역문을 읽어 보고나서 두 수사에게 카라코룸으로 가서 대칸을 알현하도록 명하고 2명의 기병으로 하여금 길을 안내토록 했다. 카르피니는 7월 22일 카라코룸에 도착하였고, 8월 24일에 구유크 대칸이 즉위식을 거행하니 그가 바로 정종이다. 이미 바투의 보고를 받은 구유크는 두 수사에게 먹을 것을 주도록 명하였다. 8월 말 두 수사는 구유크를 알현하고 교황의 친서를 올렸으며, 다시 황태후 투레게네(Töregene, 都剌吉納: 《원사》에는 脫列哥那로 되어있음)를 알현하였다. 태후는 기독교도(아마도 네스토리우스파 기독교도였던 것 같음)로 평소 신앙심이 깊었기 때문에 따뜻한 말로 이들을 위로하였다. 정종을 알현했을 때 정종 곁에는

Qadaq, Balo, Cinqai라고 불리는 3명의 재상이 있었는데, Balo를 제외한 나머지 2명은 모두 네스토리우스파 기독교도였다.

교황의 서한에 대한 정종의 답장은 세 가지 언어로 작성된 듯하다. 첫 번째 원고는 몽고어본으로 카르피니가 이를 라틴어본으로 번역하였다. 11월 11일 3명의 재상은 카르피니를 위해 한 차례 해석을 해줌과 동시에 카르피니에게 자신들이 알려준 해석을 다시 말해보게 함으로써, 그가 완전히 이해했는지 여부를 시험해보았다. 답장의 마지막 원고는 사라센어본이었다. 11월 13일에는 서신에 옥새를 찍었다. 서신의 골자는 사신을 보내 우호를 맺고자 함은 참으로 좋은 일이나 일개(一介) 사신만 보낸 것은 지나치게 가벼운 처사라 아니할 수 없으니, 반드시 교황과 그 밑의 왕공(王公)들이 직접 와서 의논하도록 하고, 세례를 받고 입교하라고 권한 것은 언급할 가치도 없으며, 또 몽고군이 사람을 죽였다고 말하지만 이는 저들이 몽고의 사신을 살해했기 때문이라는 것이었다. 서신 말미에는 다음과 같은 글귀가 적혀 있었다. "너희 서방인은 스스로 홀로 기독교를 받든다고 생각하여 다른 이들을 얕잡아 보고 있다. 그러나 너희들은 상주(上主)께서 결국 누구에게 은혜를 베푸실지 알고 있는가? 짐(朕) 등도 진주(眞主)를 공경하며 진주의 힘에 의지하여 장차 서쪽부터 동쪽에 이르는 전 세계를 정복할 것이다." 옥새에는 "진주께서는 하늘에 계시며 구유크께서는 땅에 계시다. 진주의 위엄과 권위를 부여받은 중생의 지배자이시다. 인(印)"라는 문구가 새겨져 있었다.

카르피니 등 두 사람이 귀국할 때, 태후는 담비 가죽옷과 비단옷 2벌을 각각 하사하였다. 이들이 리옹에 돌아온 것은 정종 2년(1247) 말이었고, 다음해 카르피니는 세상을 떠났다.

프란시스코 수도회의 수사로서 두 번째로 출사(出使)한 인물은 포르투갈의 로랑(Laurent de Portugal)이었는데, 그는 아무런 성과도 얻지 못했다. 도미니크 수도회 수사로 출사한 아셀린을 비롯한 일행 5명은 일찍이 대칸의 조정에 도착했으나, 그 역시 거둔 성과는 미미했다. 아셀린은 정종 2년 8월 몽고의 고위 장수 바이주(Baiju, 巴一朱)가 주둔한 가리진(加利津: 호라즘 지역에 있음)성에 도착해 교황의 친서를 올리고 구두로 교황의 뜻을 전하며 무고한 백성들을 살육하지 말 것을 권하였다. 바이주는 이야기를 듣자마자 그를 사형에 처하려 했으나, 다행히 그의 아내가 기독교를 믿었고 측근들 중에도 기독교도가 많아 이들이 힘써 권했기 때문에 죽음을 면했다. 그러나 수사들은 구류되어 포로처럼 지내다 2개월 후 귀국하게 되었다. 교황에게 보낸 답장에서도 자못 오만한 투로 교황이 유럽 각국을 이끌고 투항하여 공물을 바칠 것을 권하고 있다.

카르피니가 지은 여행기[1] 제9장에서는 키타이(Kitai: 중국을 가리킴)[2]에 대해 다음과 같이 기록하고 있다.

"몽고인이 키타이인을 정복하려 한다는 소식을 들은 키타이 황제가 먼저 군대를 이끌고 몽고를 정벌하여 격전 끝에 몽고가 크게 패하였다. 진중에 있던 귀족들은 모두 죽고 겨우 7명만 요행히 살아남았다. …… 칭기즈칸과 나머지 무리들은 도망한 후 잠시 휴식을 취하고 나서 위구르를 정벌하였다. 위구르인은 네스토리우스파 기독교를 신봉하고 있었는데, 몽

....

1) 카르피니가 귀국 후 교황에게 제출한 라틴어로 된 복명서를 가리킨다. 1838년 그 보고서가 《몽골사》(*Ystoria Mongalorum quos nos Tartaros appellamus*) 혹은 《소사(小史)》라는 제목으로 출간되었는데, 서문과 본문 9장으로 구성된 이 보고서는 몽고의 국토·인종·종교·풍습·정치체제·전쟁·정복국·궁전 그리고 여행노정 등을 기술하고 있다. 몽고의 실상을 유럽에 비교적 상세히 알린 첫 견문록이다.(정수일 역주, 《오도릭의 동방기행》, 33쪽)
2) 키타이(Kitai): 본래는 거란을 가리키는 이름이지만 카르피니의 여행기는 이를 중국, 즉 금과 남송을 가리키는 용어로 사용하고 있다.

고인은 이들을 정복한 후 그들의 문자를 배웠다. 이전에 문자가 없었던 몽고인은 문자를 가지게 되자 이를 몽고문자라 불렀다. …… 이어서 귀국해 휴식을 갖다가 군대를 모아 키타이를 정벌하였다. 군대가 한 마음으로 오랫동안 고된 싸움을 한 끝에 그 나라의 대부분을 정복하였다. 그리고 키타이 황제를 수도에서 포위(수부타이의 개봉 포위를 가리킴)했는데, 포위한 지 오래되자 군량이 떨어지게 되었다. 칭기즈칸은 10명 중 1명을 죽여 그것을 먹도록 명령하였다. 성을 방어하는 자들은 매우 용감하여 화포와 투석기, 강한 활과 날카로운 화살을 모두 이용해 저항하였다. 화살(촉)이 모두 떨어지자 은을 녹여 몽고군에게 날렸으니, 이는 성 안이 매우 부유했기 때문이다. 몽고인은 오랫동안 포위해도 함락시키지 못하자 땅을 파서 성 안에 이르렀다. 땅 속으로부터 올라온 몽고군이 성 안 사람들과 싸움을 벌이고 포위군이 다시 성 밖에서 공격해 한참 만에 비로소 성문을 돌파하였다. 키타이 황제를 잡아 죽이고 다시 군대를 풀어 성을 도륙하니 죽은 자가 매우 많았다. 몽고인은 성의 금은보화를 약탈하고 그곳을 다스릴 관리를 둔 다음 군대를 돌려 귀환하였다. …… 키타이국의 일부는 바다 가운데 있는데, 험한 지형에 의지해 방어하여 여태껏 정복당하지 않았다(남송을 가리킴). 그 나라의 역사서에는 그들 조상의 일을 기록하고 있다. 나라 안에는 산 속으로 자취를 감춘 은사(隱士)가 있다. 우리나라의 성당과 유사한 특이한 가옥들이 있어 기도(祈禱)의 용도로만 사용된다. 성인(聖人)들이 매우 많으나 세상에 오직 한 분의 진주만이 있음을 깊이 믿고 있다. 또 우리 예수그리스도를 예배하고 공경하며 영혼불멸의 설을 믿고 있으니, 모든 것이 우리와 다를 바가 없고 다만 세례가 없을 뿐이다. 그 사람들 역시 우리의 《성경》을 믿으며 기독교도를 존중하고 아끼며 자선과 구빈활동을 좋아한다. 그 풍속은 겸손하고 온화하다. 수염이 없고 외모는 몽고인과 같으나 그 관대함은 미치지 못한다. 스스로의 언어를 가지고 있다. 공예의 정밀함은 세상에 짝이 없을 정도이다. 땅이 지극히 풍요로워 오곡과 술·금·은·비단 및 각종 생필품들이 많이 생산된다."

제2절 정종(定宗)과 루이(Louis) 9세의 사절

정종 3년(1248) 양력 9월 21일 프랑스 왕 루이 9세(즉 聖 루이)는 십자 군을 이끌고 동방 원정을 가다가 키프로스섬에 주둔하게 되었다. 12월 14일 바이주의 후임인 몽고군 대장 엘지기데이(Eljigidei, 伊治加臺)3)는 2명의 사자를 파견해 루이 9세에게 접견을 요청했다. 서방의 역사서에는 두 사람의 이름을 모리팻 다비드(Moriffat David)와 마르쿠스(Marcus)로 기록하고 있는데, 아마도 네스토리우스파 교도였던 듯하다. 마침 아셀린 을 따라 대칸을 알현하고 돌아온 안드레아 드 롱쥐모(André de Lon-jumeau)가 루이 9세 곁에 있어서 번역을 맡게 되었다. 사신들이 가져온 서한은 페르시아어와 아라비아어로 작성된 것으로, 그 대략의 내용은 만 약 예루살렘 성지를 수복하고자 한다면 몽고군을 이끌고 도움을 주고 싶다는 것이었다. 이와 함께 사자들은 엘기지데이 역시 기독교도(네스토 리우스파 교도가 분명함)이며, 올 여름 바그다드의 이슬람 칼리프를 정 벌하고자 하니 프랑스 왕 역시 이집트로 출병해 호응해주기를 바란다고 하였다.

또 이 때 몽고에서 온 사람이 있었는데, 그는 몽고의 대칸이 기독교 교우를 얼마나 신임하는지와 카라코룸의 기독교 교우는 매우 많지만 모 두 평신도로 안타깝게도 선교사가 없다고 말했다. 이에 프랑스 왕은 선

....

3) 엘지기데이(Eljigidei, 伊治加臺, 1206-1251/2): 이란 지역에 주둔하였던 몽고 장군. 처음 참가한 전투는 호라즘 전투이고 원 태종과 매우 가까웠다. 1246 년 구유크가 그를 파견하여 바이주를 대신하게 했는데, 독실한 기독교 신자 로 시리아에 있던 수사를 바그다드로 불러들이기도 하였다. 몽케 즉위 후 면직되었고 바이주가 다시 장군으로 부임하였다.

교사를 동쪽으로 파견할 것을 결심하였다.

정종 4년(1249) 1월 25일 엘지기데이의 사신들이 돌아갈 때 프랑스 왕이 파견한 도미니크 수도회 수사 3명이 동행했다. 수사들의 대표는 바로 롱쥐모로 국서와 값진 예물들을 가지고 갔다. 롱쥐모는 페르시아를 거쳐 엘지기데이의 군영에 이르렀고 이어서 카라코룸에 도착했는데, 정종이 이미 세상을 떠나 황후 오굴 카이미쉬(Oghul Qaimish)[4]가 섭정을 맡고 있음을 알고 황후에게 국서와 예물을 바쳤다. 황후는 예물을 공물로 취급했고 답신 역시 매우 오만했다. 헌종 원년(1251) 프랑스 왕의 사절은 마침내 서쪽으로 돌아가 복명하였다.

헌종 3년(1253) 프랑스 왕은 다시 프란시스코 수도회의 수사 뤼브룩 (Guillaume de Rubrouck)을 선발해 출사시켰다.[5]

뤼브룩은 프랑스인으로 이 해 5월 7일 콘스탄티노플에서 여정에 올라 7월 31일 사르타크(Sartaq: 바투의 아들)[6]의 장막에 도착했고 이어서 볼

....

4) 오굴 카이미쉬(Oghul Qaimish, 烏拉海額, ?-1251): 정종 구유크의 세 번째 황후로 알올립해미실(斡兀立海迷失)의 옛 이름이라고 한다. 1248년 구유크가 사망하자 오고타이의 손자 시레문(Shīrāmūn, 失烈門)을 안고 수렴청정을 하였다. 1251년 쿠릴타이에서 몽케가 대칸으로 옹립되자 몰래 오고타이계의 종왕(宗王)들을 책동하고 무술(巫術)로 몽케를 해하려 하다 1252년 여름 발각되어 강물에 던져져 익사하였다.

5) 정수일은 뤼브룩의 출사 목적이 제7차 십자군원정에 실패한 루이 9세가 몽고와 협력해 이슬람제국을 동서에서 협공하자는 제안을 전달하는데 있었다고 하였다.(정수일 역주, 《오도릭의 동방기행》, 33쪽)

6) 사르타크(Sartaq, 撒里答, ?-1256): 킵차크한국의 2대 칸. 흑해 북쪽에 주둔하던 1252년 알렉산더 네브스키(Alexander Nevsky)를 블라디미르 대공작으로 봉하고 킵차크한국에 복속케 하였다. 1255년 바투가 사망했을 때 카라코룸에서 몽케를 알현하고 있던 사르타크는 몽케의 명을 받고 귀국하여 즉위하였으나 얼마 후 사망하고 만다. 무슬림이었던 삼촌 베르케(Berke)가 기독교로 개종한 그를 독살한 것으로 추정되고 있다.

가강 강변에서 바투를 알현했다. 9월 16일 계속 동쪽으로 가서 12월 27일 카라코룸에 도착하니[7], 이듬해 1월 4일 헌종이 프랑스 왕의 사절을 접견했다. 5월 24일 헌종은 다시 뤼브룩을 불러 몽고어로 된 답신을 주었고, 8월 18일 뤼브룩은 카라코룸을 떠나 이듬해 6월 16일 키프로스섬에 도착했다. 이 당시 프랑스 왕은 이미 귀국한 상태였으므로 뤼브룩은 사행(使行)의 전말을 기록해 보냈다.[8]

뤼브룩의 사행 전말은 흑해로 들어가는 것으로부터 시작하는데, 그중에는 중국에 관한 일을 특별히 기록한 장(章)이 하나 있다.

"여기를 지나면 카타이아(Cataia, 大契丹)가 있으니, 짐작컨대 옛날의 세레스(Seres: 비단나라)인 것 같다. 이 땅에서는 여전히 비단이 생산되며 그 품질의 우수함은 세계에서 으뜸이다. 그곳 사람은 비단을 실크(몽고어로 비단을 Sirkek라 함)라고 부르는데, 세레스라는 도시가 있었기 때문에 나라 이름도 세레스라고 한 것이었다. …… 나라는 몇 개의 성(省)으로 나누어져 있으며 몇몇 성은 아직 몽고인에게 정복당하지 않았다. 카타이아와 인도 사이는 바다로 가로막혀 있다. 카타이아인은 신체가 왜소하고 말에는 비음이 끼어있다. 두 눈은 아래위가 매우 좁은데, 동방인은

....

7) 정수일에 따르면 뤼브룩은 1253년 지중해 동안의 아크레(Acre)를 출발해 1254년 3월 카라코룸에 도착했다고 한다.(정수일 역주, 《오도릭의 동방기행》, 33쪽)
8) 뤼브룩은 키프로스에 도착한 다음해인 1256년 라틴어로 《동유기(東遊記)》를 저술하였는데, 그 후 해클루트(Richard Hakluyt)가 1600년 그 일부를 자신의 여행기 모음집에 수록한 것을 1890년 영국의 해클루트 협회에서 다시 출간하였다(Collection of the Early Voyages, Travels and Discoveries of the English Nation, 5Vols, London, 1890). 본문 총 38장으로 되어있고 각 경유지의 지리환경과 주민생활, 몽고인의 의식주, 풍습, 사법심판, 종교와 신앙, 궁정행사, 카라코룸의 풍경 등을 세련된 언어로 상세하고도 생동감 넘치게 묘사하고 있다.(정수일 역주, 《오도릭의 동방기행》, 34~35쪽)

모두 이들과 유사하다. 각종 공예품들은 정교하다. 의사들은 약초의 효능에 대해 매우 잘 알고 있다. 나는 이들에게서 직접 병을 치료받았는데, 맥을 짚어 진단하는 것이 신기하기 이를 데 없었다. 대소변도 검사하지 않았는데, 어떻게 이런 일이 있을 수 있는지 알 수 없는 노릇이다. 카타이아에는 포도주가 없으며 마시는 것은 모두 쌀로 만든 술이다. 그 사람들은 이제 포도를 심고 있기는 하지만 아직 포도로 술을 만들지는 않는다. …… 카타이아에서 사용되는 지폐는 모두 면지(棉紙)로 만든 것으로 넓이는 균일하게 약 한 뼘 정도이고 위에는 인장이 찍혀 있다. 인장의 무늬는 대칸의 옥새와 비슷하다. 그들은 가느다란 털로 글씨를 쓰는데, 우리나라 화가들이 사용하는 붓처럼 생겼다. 모든 단어는 몇 개의 글자가 합쳐져 만들어진다."

뤼브룩은 카라코룸에 머물 당시 적지 않은 유럽인 남녀 기독교도 포로들을 볼 수 있었다. 그의 기록에 의하면 그 중에 프랑스 메스(Metz)[9] 출신으로 파스카(Pasca: Paquette라고도 표기함)라는 이름의 여자가 있었는데, 그녀는 헝가리에서 포로로 잡혀 어떤 러시아인 건축 기술자에게 시집을 가 3명의 자녀를 낳았으며 어떤 후비의 시녀가 되었다고 한다. 그녀의 동생은 파리의 큰 다리 옆에서 대장간을 운영했다고 하며, 또 그 중에는 파리 출신으로 이름이 부셰(G. Boucher)인 금은 세공사가 있었다고 한다. 독일·헝가리·러시아 등 프랑스 동쪽의 여러 나라 출신은 그 수가 더 많았다고 하였다.

부셰는 일찍이 대칸을 위해 은으로 된 거대한 나무를 하나 만들었는데, 뿌리 부분에 있는 4마리 은사자(銀獅)에 마유(馬乳)를 뿜어내는 관이 하나씩 있어 받아 마실 수 있었다고 한다.

....

9) 메스(Metz): 프랑스 동북부 로렌(Lorraine)주 모젤 데파르트망(Département)의 수도로 파리 동쪽 약 312km, 모젤강과 세유강의 합류점에 위치한다.

또 영국인의 아들로 이름이 바실레(Basille)라고 하는 이가 있었으니, 헝가리에서 태어났으며 여러 나라의 방언을 구사할 수 있어 몽고군의 통역을 맡았다고 한다.

바투가 서정할 당시 첫 번째로 헝가리에 파견한 사자(使者)가 영국인이었는데, 그는 예전에 죄를 지어 모국 정부에 의해 아시아로 유배당하자 몽고군에 투항하여 부역한 자였다.

로베르(Robert)라는 이름을 가진 프랑스 출신의 가수는 각지를 유랑하며 노래 부르는 것으로 생계를 유지하였으니, 일찍이 중국과 동아시아 각 지역에 이르렀고 나중에 다시 유럽으로 돌아와 샤르트르(Chartres) 성당에서 죽었다고 한다.

또 뤼브룩이 몽고에서 만났던 프랑스 루앙(Rouen)[10] 출신의 한 소년은 베오그라드(Belgrade)에서 몽고의 포로가 되었다고 한다.

플라노 카르피니는 그가 중국으로 갈 때 동행했던 인물 중에 브레슬라프(Breslaf)[11]·폴란드·오스트리아의 상인들이 있었고, 몽고에서 유럽으로 돌아오면서 러시아를 경유할 때에도 제노바와 베네치아의 상인들이 동행했다고 기록하였다.

....

10) 루앙(Rouen): 프랑스 오트노르망디주 센마리팀 데파르트망의 수도로 파리 북서쪽 123㎞ 지점에 위치한다.
11) 브레슬라프(Breslaf): 1945년까지 독일의 영토였던 브레슬라우(Breslau)를 말하는 것 같다. 브레슬라우는 베를린과 쾰른에 이어 프로이센 제3의 도시였는데, 현재는 폴란드 남서부 실레시아(Silesia) 지방에 있는 돌니실롱스크(Województwo dolnośląskie)주의 주도인 브로츠와프(Wrocɬaw)이다.

제3절 니콜로 폴로(Nicolo Polo) 부자의 동방 여행

마르코 폴로 집안은 이탈리아 베네치아 출신이다. 베네치아는 중세 유럽의 대도시로 피사(Pisa)나 제노바와 열띤 경쟁을 벌인 바 있다. 훗날 피사가 제노바에 패하면서 제노바만이 베네치아의 맞수가 될 수 있었다. 14세기에 이르러 베네치아는 이미 전 유럽에서 가장 부유해졌는데, 마르코 폴로 집안은 바로 베네치아의 거상이었다. 몽고군의 서방 침략 이후 베네치아는 더욱 번영했다.

마르코 폴로의 할아버지 안드레아 폴로(Andrea Polo)에게는 세 아들이 있었으니, 장남은 마르코(Marco), 차남은 마페오(Maffeo)[12], 막내는 니콜로(Nicolo)였다.[13]

안드레아의 장남 마르코 폴로는 1260년(원 세조 중통 원년) 사망했는데, 그는 흑해 북안의 크리미아(Crimea)에 상점을 갖고 있었다. 그의 둘째 동생 니콜로 폴로와 마페오 폴로는 바로 그해 크리미아를 향해 떠났고, 3년 후 부하라(Bukhara)에 이르렀을 때 원나라 황제가 파견한 사신과 마주치게 된다. 사신은 이때 막 쿠빌라이의 즉위 소식을 알게 되어 북경으로 돌아가려던 참이었는데, 폴로 형제에게 동행해주길 간곡히 요청하였다.

니콜로 폴로 형제 두 사람은 마침내 사신과 함께 동쪽으로 여행하게

....

12) 원서에는 마피오(Mafio)로 되어있으나 마르코 폴로 관련 서적에 의거해 바로잡았다. Mafeu라고 표기하기도 한다.
13) 관련 서적과 이어지는 문장 내용으로 보아 니콜로가 차남, 마페오가 막내임이 분명하다. 니콜로는 Nicolau로 표기하기도 한다.

되었으니, 그들의 목적은 돈을 벌고 기이한 탐험을 하는 것이었다. 쿠빌라이는 이들을 후대하고 두 사람에게 몽고어를 익히게 하였다. 또 유럽의 교회와 교황청의 사정을 즐겨 듣는 한편, 두 사람에게 자신의 사신이 되어 친서를 가지고 가서 교황에게 칠예(七藝)[14]에 통달한 기독교 학자 100인을 동쪽으로 보내주도록 요청해달라고 부탁하였다.

지원 6년(1269) 4월 유럽으로 돌아오자, 마침 교황 클레멘스(Clemens) 4세가 서거하고 새로운 교황은 아직 선출되지 않았으므로 두 사람은 바로 고향으로 돌아갔다. 집에 돌아와 보니 니콜로 폴로의 아내는 일찌감치 세상을 떠났고 아들 마르코 폴로는 벌써 열다섯 살이 되어있었다.[15]

새로운 교황 그레고리우스(Gregorius) 10세가 선출되었을 때, 두 사람은 또 이미 소(小) 아르메니아[16]의 로야조(Lojazzo)[17]에 가 있었다. 교황은 이들을 급히 소환해 서신을 가지고 도미니크 수도회의 수사 2명[18]과 동행하도록 명령하였다. 예상치 못하게 두 수사는 가는 도중에 그만두었지만[19] 두 사람은 지원 8년(1271) 11월 결국 여정을 계속하게 되었고

....

14) 칠예(七藝): 수사 · 논리 · 문법 · 산술 · 천문 · 음악 · 기하.
15) 마르코 폴로의 생애에 대해서는 김호동 역주본 15-24쪽에 자세히 나온다.
16) 소(小) 아르메니아(Little Armenia): 중세 중기 셀주크의 침공을 피해 달아난 아르메니아계 유민들이 세운 독립 공국이다. 이 나라는 아르메니아고원 밖에 위치했고 고전기 아르메니아왕국과도 구분되는데, 오늘날 터키 남부인 알렉산드레타만 북서쪽의 킬리키아(Cilicia)가 중심지였다
17) 김호동 역주본의 해당 부분(12장)에 보면 소아시아반도 동남해안에 위치한 라이아스(Laias)로 나온다.
18) 한 사람은 니콜로 드 비첸세(Nicolau de Vicense)이고 다른 한 사람은 기욤 드 트리풀(Guilielme de Tripule)이다.(김호동 역주본, 85쪽)
19) 김호동 역주본 13장에 따르면, 바빌로니아의 술탄 본독다이르(Bondocdaire)가 대군을 이끌고 아르메니아로 쳐들어와 사방을 파괴하는 것을 본 수사들이 죽음이 두려워 갖고 있던 서임장과 서한을 모두 니콜로 형제에게 건네주

니콜로의 아들 마르코 폴로도 동행하였다. 지원 12년(1275) 상도(上都)에 이르러 세조를 알현하였다. 마르코 폴로는 중국어를 비롯해 몽고·위구르·서하·티베트 등의 문자를 익혔으므로 세조는 그를 몹시 총애하여 17년간 관직을 맡겼다. 마르코 폴로는 여러 차례 귀국을 청하였으나 허락받지 못했다. 지원 27년 말 혹은 28년 초(즉 1291년 초) 폴로 일가 세 사람은 페르시아 왕(일한국의 칸을 가리킴 - 역자) 아르군(Arghun, 阿魯渾)에게 시집가는 공주 코카친(Kokachin, 科克淸)을 호송한다는 명분으로 마침내 귀국할 수 있게 되었다. 천주를 출발한 총 14척의 배는 여정이 순탄치 못해 수마트라 해안과 인도 남부에서 꽤 오랫동안 머물렀다. 2년이 걸린 후에야 비로소 페르시아의 호르무즈(Hormuz)항에 도착하였지만, 아르군이 이미 사망하였기에 공주는 그의 아들 가잔(Ghazan, 合贊) 칸에게 시집가게 되었다.

마르코 폴로 일가가 중국을 떠난 이야기는 마르코 폴로 본인이 쓴 《동방견문록》 외에 한문 사료에도 보이니, 《영락대전》 권19418 '감자운(勘字韻)'[20]에 인용된 《경세대전(經世大典)》〈참적문〉 조에는 지원 27년 8월 17일자 공문(公文) 하나가 실려 있다.

> "상서(尙書) 아난답(阿難答)과 도사(都事) 별불화(別不花) 등이 상주하기를, 평장사(平章事) 사부정(沙不丁)이 '올해 3월 황명을 받들어 올노대(兀魯䚟)와 아필실가(阿必失呵) 및 화자(火者)를 보내 마아바르(Maábar, 馬八兒)를 경유하여 아르군 대왕 위하(位下: 원대에 황실의 후비·諸王·공주 등을 부르던 호칭 - 역자)께 가도록 했습니다. 일행 160명 중 90명

<hr />

고 떠나버렸다고 한다.
20) 원서에는 《영락대전》 권1948 '참자운(站字韻)'으로 되어있으나 오류가 분명하여 바로잡았다.

에게는 이미 규정에 따라 사람 수대로 지급하였으나, 나머지 70명은 여러 관리들이 선물로 보내거나 돈을 주고 사들인 자들이라고 하니 규정에 따른 양식을 지급하지 마시옵소서'라고 아뢰자, '주지 말라'는 황명을 내리셨습니다.”

마르코 폴로의 기록에 따르면 일찍이 아르군이 파견한 사신 3명이 중국에 와서 구혼을 하였는데, 그 이름이 울라타이(Oulatai) 즉 올노대, 아푸스카(Apousca) 즉 아필실가, 코자(Coja) 즉 화자였다고 한다.

《원사》 권15, 16을 보면 사부정은 지원 26, 27년에 강회성(江淮省) 평장사를 맡고 있었다. 《원사》 권15에는 지원 25년 천주에 진무사(鎭撫司)와 해선천호소(海船千戶所) 및 시박제거사를 설치할 것을 청해 이를 허락받았다는 기사가 보이고, 《원사》 권14에는 “24년 5월 상가(桑哥)의 진언에 따라 상해와 복주에 만호부(萬戶府)를 설치하여 사부정과 오마아(烏馬兒) 등의 해운선을 단속하였다”고 되어있다.

제4절 마르코 폴로(Marco Polo)의 여행기 및 그 유전(流傳)

마르코 폴로 일가는 페르시아 왕궁에서 9개월 간 체류하고 나서 마침내 서쪽으로 귀환하였다. 콘스탄티노플에 이르러 다시 잠시 머물다 1295년(원정 원년) 고향으로 돌아오니 집을 떠난 지 23년 만이었다. 마침 베네치아가 제노바와 전쟁 중이어서 마르코 폴로는 해군 사령관이 되었다가 포로로 잡혀 3년 간 옥살이를 하고[21] 1299년(대덕 3년) 석방되었다. 이후의 행적은 상세하지 않고 단지 1324년(태정 원년) 사망했다는 것만 알려져 있다.

마르코 폴로는 감옥에 있을 때 이름난 소설가인 피사 사람 루스티카노(Rusticano: Rustichello로 더 잘 알려져 있음 - 역자)를 알게 된다. 루스티카노는 마르코 폴로의 이국 경험담을 듣고는 그에게 책으로 펴낼 것을 권유했다. 이에 마르코 폴로는 이야기를 구술했고 루스티카노가 이를 기록하게 된다. 초고는 아마 고대 프랑스어로 작성된 듯하다. 마르코 폴로는 피사의 방언에 익숙하지 못했고 루스티카노는 베네치아 방언을 몰랐지만, 당시 고대 프랑스어는 여러 지역에서 널리 사용되었기 때문이다. 게다가 마르코 폴로는 자신의 책이 프랑스에서 유행되기를 바라고 있었다. 이 때문에 여행기의 최초 필사본은 티보 드 세푸아(Thibault de Cépoy)라는 프랑스인에게 건네졌다. 당시 티보는 프랑스 발루아왕조(Valois) 태자[22]의 명령으로 콘스탄티노플로 가서 동로마제국의 총리를 맡게 되었는데, 가는 도중에 베네치아를 경유하게 된 것이다. 티보의 아들이 다시 이 책을 발루아왕조의 태자에게 바쳤다. 이 필사본이 프랑스에서 유전된 지는 꽤 오래되었고 그 원본은 현재 파리 국립도서관에 소장되어있다.[23]

....

21) 마르코 폴로의 투옥기간에 대해서는 1296년 라이아스 해안에서 벌어진 베네치아와 제노바 선박들 간의 싸움에서 포로가 되었다는 설(도미니크 수도회 수사 Acqui의 *Imago Mundi*)과 1298년 9월 베네치아와 제노바 사이에 벌어진 아드리아 해상의 쿠르졸라(Curzola) 해전에서 포로가 되었다는 설(라무지오)이 있다. 만약 후자의 경우라면 투옥기간(1298년 10월-1299년 여름)이 1년이 채 안 된다.(김호동 역주본, 22-23쪽)

22) 원서에는 '太子伐洛亞(Valois)'로 되어있으나 Valois가 특정인의 이름이 아니라 발루아왕조라는 뜻이어서 그에 맞게 번역하였다. 김호동에 따르면 프랑스의 '미남왕' 필립(Phillip Le Belle)이라고 한다.(김호동 역주본, 48쪽).

23) 이하《동방견문록》의 필사본과 역주에 관한 내용은 김호동 역주본 46-51쪽과 서로 비교하면서 읽으면 도움이 될 듯하다.

1824년(도광 4년) 프랑스 지리학회가 분권(分卷)하지 않은 채 이 책을 간행하였는데, 이것이 바로 각종 판본과 필사본의 초판본이다. 1865년(동치 4년) 포티에(Pauthier)가 이를 다시 근대 프랑스어 문체로 개정하였다. 최근 풍승균(馮承鈞)이 번역한 것은 샤리뇽(Charignon)이 포티에본에 의거해 교정한 판본이다. 샤리뇽 본인의 말에 따르면 비시에르(Vissiere)와 코르디에(Cordier) 두 선생에게서 도움을 받았다고 한다. 샤리뇽은 원래 프랑스 국적이었지만 청말에 국적법이 시행되자(1909년 공표된 〈大淸國籍條例〉를 가리킴 - 역자) 가장 먼저 중국 국적 취득 신청을 한 사람으로 민국 이후에는 다년 간 교통부 지정(技正)24)직을 역임한 바 있다.

고대 프랑스어본은 또 다음 네 가지 다른 판본을 만들어냈다.

(1) 이탈리아 크르스카(Crùsca: 1583년 피렌체에서 이탈리아어의 바른 사용을 위해 설립된 학회 - 역자)본으로 고대 프랑스어본을 번역한 것이다.

(2) 5종의 프랑스어 필사본으로 포티에의 연구에 의하면, 이 다섯 필사본은 마르코 폴로의 동의를 얻어 수정한 것으로 이 중 셋은 파리 국립도서관, 하나는 제노바, 하나는 옥스퍼드대학 보들리도서관(Bodleian)에 보존되어있는데, 제노바와 옥스퍼드의 판본이 바로 마르코 폴로가 티보에게 증정한 판본이라고 한다.

(3) 피피노(Pipino)가 라틴어로 번역한 판본으로 3권으로 나누어져있다. 혹자는 마르코 폴로가 이 번역본의 존재를 알았다고 한다.

(4) 라무지오(Ramusio)의 이탈리아어본으로 앞의 세 판본과는 완전히 다르며 매우 많은 부분이 삭제되거나 수정되어있다. 다만 예를 들어 원 세조가 간신(姦臣) 아흐마드 파나카티(Ahmad Fanakati, 阿合馬)를 주살

....

24) 지정(技正): 중화민국 시기 교통·철도·실업·기술·내정 각 부서에 설치된 고위직책으로 기술직 관료들이 임명되었다.

(誅殺)한 부분은 다른 판본에 없는 것인데, 이 사건은 마르코 폴로 본인이 아니면 아무도 대신 보태 넣을 수 없는 내용이다. 이 판본의 문장이 가장 매끄럽다. 근래의 여러 판본은 대부분 두 번째와 네 번째 판본을 섞어 편집한 것들이다. 두 번째 판본은 본래의 모습을 가장 많이 보존하고 있고, 네 번째 판본은 자료가 가장 많다.

라무지오는 마르코 폴로를 예찬한 최초의 인물로 마르코 폴로의 지리 관련 서술에 오류가 없음을 증명하였고, 그를 콜럼버스와 서로 비교하면서 육상 탐험이 항해보다 어려움이 더 많다고 여겼다. 콜럼버스는 스페인 왕실로부터 지원을 받았고 그가 신대륙을 발견한 후에는 그곳에 도착한 사람이 계속 이어졌지만, 마르코 폴로 이후에는 동쪽으로 여행한 사람이 없었으니 그 어려움을 알 수 있다는 것이다. 하지만 라무지오의 예찬은 1553년(가정 32년)의 일로 마르코 폴로가 사망한 지 230년이 지난 후였다.

《동방견문록》이 처음 출간되었을 때에는 모두들 얼토당토않은 이야기라 여겼지만, 이후 점차 그 책이 믿을 만 하다는 것을 알게 되었다. 콜럼버스도 이 책을 읽고 동방으로 가야겠다는 뜻을 품었다고 한다.

근래 각국에서는 이 책에 대한 연구가 더욱 활발하여 양질의 판본이 계속 나오고 있다. 영역본으로는 먼저 마르스덴(Marsden)본[25]이 나왔고 뒤이어 헨리 율(Henry Yule)본이 나왔는데, 두 판본 모두 교감과 역주가 꽤 상세하다. 1903년 코르디에가 이를 수정 보완하고 1920년에 다시 한

....

25) 마르스덴(W. Marsden)본: 라무지오의 인쇄본에 근거하여 영역한 것으로 1818년 출간되었다. 1854년 라이트(T. Wright)에 의해 수정·출판되고, 후일 메이스필드(J. Masefield)가 서문을 쓰고 더 보충하여 'Everyman's Library' 시리즈에 포함되었다.

권의 책으로 완성하니, 이것이 바로 오늘날의 소위 '표준본'이 되었다. 코르디에의 추정에 따르면 당시 이미 88종의 판본이 존재했고 여기에 동양의 각종 번역본을 더하면 거의 100종에 이를 것이라고 하였다.

새로 출판된 2종은 특별히 거론해야 할 듯하다. 하나는 1928년에 나온 베네데토(Benedetto)본으로 기존 판본에 누락되었던 내용이 상당부분 추가되어있다. 다른 하나는 모울(Moule)과 펠리오(Pelliot)의 공동 교정본으로 143종의 판본에 대한 대조표가 수록되어있으며 1938년 런던에서 출판되었다. 모울과 펠리오의 교정본 제2책은 스페인 톨레도(Toledo) 도서관26) 소장의 라틴어본27)으로 제1책보다 이른 1938년 1월 출판되었고, 제1책의 서문은 같은 해 5월에 모울이 쓴 것으로 되어있다. 제2책의 라틴어 문헌은 이미 전부 제1책 도언(導言)에서 인용하고 있으니, (그 내용은) ①마르코 폴로의 가계, ②마르코 폴로의 행적과 여행, ③마르코 폴로가 살던 집의 유적, ④여행기의 필사본과 각종 판본의 현황, ⑤신 번역본에 대한 설명으로 나누어져있다. 라무지오는 《동방견문록》이 완성된 지 수개월 만에 바로 이탈리아 전역에 퍼졌다고 말했는데, 이는 혹 과장일지는 모르나 책이 세상에 나오고 나서 유명세를 탄 것은 확실하다. 이런 이유로 필사본이 매우 많아지게 되었고 그 결과 오류나 누락을 피할 수 없게 된 것이다. 모울과 펠리오의 연구에 의하면 현존하는 필사본이 결국에는 모종의 필사본에서 나온 것이겠지만, 그것이 결코 원래의 초고가 아닐뿐더러 이미 원형이 훼손된 필사본 중 하나였을 것이라고 한다. 이

....

26) 정확히 말하면 톨레도 대성당에 있는 'Chapter' 도서관이다.
27) 이 라틴어본은 로마의 추기경 프란시스코 하비에르 데 젤라다(Francisco Xavier de Zelada)가 소장했던 것이어서 '젤라다'본이라고도 부르는데, 1932년 퍼시벌 데이비드(Percival David)에 의해 발견되었다.

상의 설명을 간단명료하게 정리하면 다음과 같다.

1. 진정한 원래의 초고(이미 산일됨).
2. 이미 산일된 원래의 초고에서 나온 원본.
  2-1-1. 파리 국립도서관 소장 필사본으로 현존 필사본 중 상태가 가장 좋음.
  2-1-2. 3종의 고대 프랑스어본.
  2-1-3. 토스카나(Tuscan) 방언본.
  2-1-4. 베네치아 방언본.
  2-1-5. 라틴어 번역본.
  2-2-1. 이미 산일된 어떤 필사본 혹은 라무지오만이 보았다는 일부 필사본으로 라무지오가 간행한 것.
  2-2-2. 라틴어본 즉 모울과 펠리오의 교정본에 부록으로 첨부된 것.

모울과 펠리오의 공동 번역본은 파리 국가도서관이 소장하고 있는 필사본의 완역본일 뿐 아니라 한마디도 바꾸지 않고 그대로 번역한 것이다. 그렇지만 여타 17종의 필사본에서 한 글자나 한 문장, 혹은 한 절이나 한 장을 발췌하여 첨가하기도 했으니, 모두 각종 필사본이나 원각본(原刻本)의 사진을 이용한 것이었다. 단 추가된 내용은 모두 이탤릭체로 인쇄하였다.

《동방견문록》에는 《원사》의 내용을 보완해주는 부분이 매우 많다. 예를 들면 종실(宗室) 나얀(Nayan)의 반란 평정, 이단(李璮)의 난, 간신 아흐마드의 제거, 영창(永昌) 전투, 양양(襄陽) 포위, 상주(常州) 도륙, 남송의 멸망, 진강(鎭江) 등지의 기독교 교회당, 일본 정벌 등이 그것이다.

한편 포티에는 가장 먼저 《원사》에 나오는 패라(孛羅: 청나라 때 博羅로 바뀜)라는 인물이 마르코 폴로라고 생각하여 그의 책에서 "쿠빌라이의 추밀부사(樞密副使) 박라가 운운(云云)했다"고 적었는데, 헨리 율과 샤리농도 그렇다고 여겼으며 중국학자 중에도 이를 따르는 자들이 있었다. 《원사》를 살펴보면 패라란 이름을 가진 이가 모두 8명 나온다. 그 중 추밀부사로 임명된 패라는 지원 7년(1270)에 이미 어사중승(御史中丞) 겸 대사농경(大司農卿)에 임명되었음이 《원사》권7〈세조본기〉에 보인다. 하지만 마르코 폴로가 상도에 도착한 것은 지원 9년(1272)이므로 동일인이 아님이 확실하다. 이에 대해서는 펠리오가 1927년 *T'oung Pao* (156-164쪽)에 글을 실어 이미 바로 잡은 바 있다. 게다가 마르코 폴로는 지원 27년 말 혹은 28년 초(1291)에 귀국했는데, 지대 4년(1311) 택국공(澤國公)에 봉해진 추밀사 패라는 황경 원년(1312) 영풍군왕(永豊郡王)에 봉해졌고, 황경 2년(1313)에는 동지추밀참사(同知樞密參事) 패라가 선휘원사(宣徽院使)가 된 바 있다. 이처럼 《원사》중에는 패라란 이름을 가진 자가 매우 많기 때문에 한 사람으로 동일시 할 수 없음을 알 수 있다.

제5절 몬테코르비노(Montecorvino)와 천주의 세 주교

조반니 디 몬테코르비노(Giovanni da Montecorvino)[28]는 가톨릭 프란시스코 수도회 수사로 이탈리아 할리(Haly) 사람이며 몽고 정종 2년(1247) 생이다. 프란시스코 수도회 회장 보나그라지아 데 페르시체토(Bonagrazia de Persiceto)는 몬테코르비노 이전에 이미 오랫동안 선교

----

28) 원서에는 J. de Monte Corvino로 되어있는데, 프랑스어 표기 Jean de Montecorvino인 것 같다.

사업을 준비해왔다. 당시 몬테코르비노는 이미 근동지역에서 선교를 하고 있었는데, 지원 9년(1272) 동로마제국 황제가 몬테코르비노를 교황청에 사신으로 보내 로마 가톨릭과 그리스 정교회 양파의 통합을 도모했으나 성사되지 못했다. 지원 12년(1275) 리옹 공의회(Councils of Lyons)[29] 때 보나그라지아는 몽고 사신을 데리고 출석하였다. 지원 16년 그가 동방에 보낸 선교사 중 한 명이 몬테코르비노였다. 페르시아 지역의 프란시스코 수도회 사업은 바로 몬테코르비노에 의해 조직된 것이었다.

지원 26년(1289) 몬테코르비노는 페르시아 왕(일한국의 칸 아르군을 가리킴 - 역자)의 사신 신분으로 로마에 돌아왔는데, 그 때 원 세조도 합반(哈班)을 로마에 파견하였다. 합반은 네스토리우스파 선교사였다. 그는 유럽에 도착한 후 매우 중시를 받았으니, 영국 왕은 보르도(Bordeaux)[30]에서 그를 접견했고 파리대학에서도 환영의식을 거행하였다.

몬테코르비노는 지원 26년(1289) 교황 니콜라오(Nicolaus) 4세가 (원)세조에게 보내는 서한을 지닌 채 동쪽으로 여정에 올랐다. 행로는 남쪽

··············

29) 리옹 공의회(Councils of Lyons): 프랑스 리옹에서 2회에 걸쳐 개최된 가톨릭 교회회의. 첫 번째 회의는 1245년 교황 인노첸시오 4세가 소집하였고, 두 번째 회의는 1274년 교황 그레고리우스 10세가 소집한 것으로 성지 예루살렘의 회복, 동방 교회와의 합동, 교황선거법의 개정 등을 의결하였으며 십자군을 위한 조세와 군소 탁발수도회의 금지 등도 결의하였다. 여기서는 두 번째 회의를 가리키는데, 연도가 잘못된 것 같다.
30) 보르도(Bordeaux): 현 프랑스 아키텐(Aquitaine)주 지롱드(Gironde)데파르트망의 수도. 파리 남서쪽 562km 지점에 가론(Garonne)강을 끼고 있으며 대서양까지 98km 떨어져 있는 하항(河港)이다. 로마시대에는 부르디갈라(Burdigala)라고 불렸던 아퀴타니아(Aquitania)지방의 중심지로 11세기에는 아키텐 공작령(公爵領)이 되어 독립된 공화국으로 성장했다. 1154-1453년 영국의 지배 아래 놓이게 되었기에 영국 왕이 합반을 이곳에서 접견하였던 것이다.

길을 택했으니, 이는 페르시아를 경유할 때 그의 페르시아 수도회 사업을 마무리 짓기 위해서였다. 지원 28년(1291) 타우리스(Tauris: 현 이란의 Tabriz - 역자)를 떠날 때, 도미니크 수도회 수사 니콜라스(Nicholas de Pistorio)와 이탈리아 상인 비에토르(Petrus de Lucalongo)가 동행하였다. 바다를 건너 인도로 갔는데, 도미니크 수도회의 니콜라스는 인도에서 사망했다.

니콜라오 4세 서거 후 교황이 3번이나 바뀌고 클레멘스(Clemens)[31] 5세에 이르러 교황청은 프랑스의 아비뇽(Avignon)으로 이전되었다. 교황청은 몽고제국 경내의 다른 도미니크 수도회 수사들의 보고를 항상 받아왔으나, 유독 몬테코르비노로부터는 일언반구의 연락도 없었기 때문에 그가 죽은 지 오래라 여겼다. 대덕 11년(1307) 교황청은 뜻밖에 그의 두 번째 편지(몬테코르비노의 첫 번째 편지는 다른 사람이 입수했다)를 받고 나서 비로소 아직 그가 살아있음을 알았다.

현존하는 몬테코르비노의 편지는 모두 3통이다. 첫 번째는 1292년에서 1293년(지원 29-30년인데, 마지막 두 글자가 해독 불가해서 정확한 시기는 알 수 없다) 사이에 인도의 마아바르에서 발송한 것이다. 이 편지의 라틴어 원본은 이미 산일되었고, 14세기에 메넨티요(Menentillo)가 일찍이 이탈리아어로 번역한 것이 피렌체의 라우렌시오(Laurentiana)도서관에 소장되어있다. 1855년 쿤스트만(Kunstmann)이 처음으로 뮌헨 과학잡지에 공개하였고, 마르첼리노 디 키베자(Marcellino da Civezza)[32]의 《프란시스코 수도회 선교역사》(*Storia universale delle Missioni France-scane*)와 골루보비치(G. Golubovich)의 《프란시스코 수도회 문헌휘편》

....

31) 원서에는 Clementus로 표기되어있다.
32) 원서에는 Marcell. da Civezza로 표기되어있다.

(*Biblioteca Bio-Bibliografica della Terra Santa et dell'Oriente Francescano*) 에도 수록되어있다.

두 번째 편지는 1305년 1월 8일(대덕 8년 음력 12월 13일)에 칸발리크(大都 즉 북경)에서 발송되었는데, 그 내용을 보면 내(몬테코르비노)가 그(대칸: 원 成宗을 가리킴 - 역자)와 함께 지낸지 이미 12년이라고 되어있다(《회편》에는 2년으로 적혀있는데 잘못된 것이다). 또 "내가 홀몸으로 이곳에 와서 고해를 못한 지 이미 11년이나 되었다. 2년 전에 비로소 독일 쿨른(Cologne) 교구의 선교사 아놀드(Arnold)가 이곳에 와서 서로 도울 수가 있었다." "내가 이곳에 온 이후 교황과 프란시스코 수도회 그리고 서방의 소식을 듣지 못한 것이 이미 12년이다"고 하였으니, 12년이란 이미 11년이 지났다는 말과 같다. 그렇다면 몬테코르비노가 중국에 도착한 것은 마땅히 지원 30년(1293)이 된다. 이는 편지 중의 1291년 타우리스를 떠나 인도로 갔고 인도에서 13개월 동안 체류했다는 내용과도 부합한다.

남아있는 세 번째 편지는 1306년 2월 부활절 전 오순주일(五旬主日: 부활절 기준으로 7주전 일요일 - 역자)에 쓴 것이다. 첫 번째 편지에는 중국에 관한 일이 언급되어있지 않은데다 다른 사람의 편지 중에서 옮겨 적은 것이었기에 헨리 율은 《중국으로 가는 길》을 쓸 때 이를 두 번째 편지로 간주하였다.[33]

로마 교황은 몬테코르비노가 중국에서 훌륭한 선교 성과를 거두었다는 소식을 듣자, 1307년(대덕 11년) 봄 칸발리크 대주교구를 설치하고 몬테코르비노를 총대주교[34]에 임명하여 카타이아(북중국 지역을 가리

----

33) 원서에는 세 번째 편지로 되어있으나 오류가 분명해서 바로잡았다. 헨리 율은 몬테코르비노가 중국에서 쓴 2통의 편지가 남아있다고 했을 뿐이다.

킴)와 만지(남중국 지역을 가리킴) 각 지역의 주교들을 관할하게 하였다. 중대한 사건이 아니면 교황의 교시를 요청하지 않아도 되었고, 단지 교황이 교회의 우두머리라는 것과 교황으로부터 총대주교 지위를 수여받았다는 것 그리고 지위의 승계 역시 교황의 허가를 따라야 한다는 것을 인정만 하면 되었다. 1307년(대덕 11년) 7월 22일 교황 클레멘스 5세는 7명의 프란시스코 수도회의 주교를 축성(祝聖)하고 바닷길을 통해 중국으로 가 몬테코르비노를 도우라 명령하였다. 그러나 3명만이 중국에 도착했으니, 게라르두스 알부이니(Gerardus Albuini)·페레그리누스 데 카스텔로(Peregrinus de Castello)·안드레아스 데 페루자(Andreas de Perugia)이다. 안드레아스가 남긴 편지에는 세 사람이 지대 원년(1308) 목적지에 도착해 교황의 임명장을 전하면서 몬테코르비노를 총대주교로 축성하였다고 언급되어있다.

천력 원년(1328) 몬테코르비노가 세상을 떠나니 향년 81세였다. 게라르두스 등 세 사람은 잇달아 천주(泉州)의 주교가 되었다. 안드레아스는 이탈리아 페루자 사람으로 태정 3년(1326) 1월 천주에서 1통의 편지를 발송하였다. 안드레아스의 육필과 몬테코르비노의 처음 2통의 편지 전초본(傳抄本) 원본은 현재 모두 파리 국립도서관(문서번호 5006)에 소장되어있다. 안드레아스의 편지를 읽어보면 그가 총대주교인 몬테코르비노와 잘 지내지 못했던 듯하다. 또 중국 생활에 익숙해지지 못해 나이를 먹을수록 향수가 깊어져서 후지원(後至元)35) 2년(1336)에 원의 사신을 따라 육

....

34) 원서에는 칸발리크 총주교구의 총주교로 임명했다고 되어있는데, 몬테코르비노의 직위가 archbishop of Peking and Latin Patriarch of the Orient이었다고 하므로 그는 동양 총대주교(Patriarch) 겸 북경 대주교(archbishop)라고 할 수 있다. 따라서 전후 문맥상 총주교구보다는 대주교구로, 총주교보다는 총대주교로 옮기는 것이 보다 적합해 보인다.

로를 통해 유럽으로 돌아갔다. 그의 편지에는 게라르두스가 천주의 주교가 되었다는 것과 게라르두스 사후 페레그리누스가 주교직을 승계했다는 것, 지치 2년(1322) 7월 7일 페레그리누스 사후 자신이 주교직을 승계했다는 내용이 있다. 또 당시 선교사들이 모두 황제로부터 아랍어로 알라파(Alafa)라 부르는 급료를 받았으며, 안드레아스가 북경에서 천주로 갈 때 황제가 기병 8명을 보내 호위하게 했다는 이야기 등도 있다.

몬테코르비노의 편지 3통이 유럽에 도착하자 교황청은 크게 놀람과 동시에 기쁨과 위안을 느꼈으며 향후 선교에 대한 희망도 크게 증가하였다. 아비뇽에 있던 교황 요한(Johannes) 22세는 원 제국 경내의 선교 사업에 더욱 관심을 갖게 되었으니, 1316년(연우 3년)부터 1334년(원통 2년) 사이(즉 요한 22세의 재위기간 – 역자)에 선교사들을 특별히 우대했다. 1345년(지정 5년)에도 도미니크 수도회 주교 1명을 축성해 일본으로 파견하였다.

몬테코르비노의 두 번째와 세 번째 편지는 중서교통사의 중요한 문헌이기 때문에 유럽 학자들이 매우 중시하였다. 로마의 바티칸도서관과 코르시니(Corsini)도서관 모두 파리 국립도서관본을 빼긴 필사본을 소장하고 있다. 1731년 워딩(L. Wadding)[36]이 펴낸 《프란시스코 수도회 연감》(*Annales Minorum Seu Trium Ordinum A S. Francisco Institutorum*)은 몬테

....

35) 후지원(後至元): 원 순제 당시의 연호, 세조 쿠빌라이를 조술(祖述)한다는 이유로 쿠빌라이 당시의 연호인 지원을 사용하였는데, 이를 통상 후지원이라 한다.
36) 루크 워딩(Luke Wadding, 1588-1657): 프란시스코회 역사가로 아일랜드 Waterford 출신이다. 1625년부터 1654년 사이에 총 8권으로 출판된 그의 주저서 *Annales Ordinis Minorum*은 1540년까지 프란시스코회 역사에 관한 사료를 수집한 기념비적인 책이다. 원서에 적혀있는 1731년은 아마도 제2판의 출판연도인 것 같다.

코르비노의 편지를 처음으로 간행한 책으로 파리 국립도서관본을 주로 이용하였으나 그것과 조금 다른 점도 있다. 1914년 모울이 《왕립아시아 학회 학회지》(*Journal of Royal Asiatic Society*) 551-557호에 발표한 것 역시 파리 국립도서관본이었다. 그렇지만 이 학회지는 1921년 84-94호에 다시 바티칸본을 발표하면서 파리본과 워딩본으로 그 다른 점과 같은 점을 교감하였다. 반 덴 빈가트(Anastasius Van den Wyngaert)가 펴낸 《중국 프란시스코 수도회지》(*Sinica Franciscana*)에 수록된 것은 파리본을 바탕으로 삼고 바티칸본과 워딩본으로 그 다른 점과 같은 점을 교감한 것이다.

제6절 오도릭(Odoric)의 동방 여행과 그 공헌

오도릭 디 포르데노(Odoric da Pordenone)는 이탈리아 프리울리(Friuli)성 우디네(Udine) 사람[37]으로 1265년(세조 지원 2년) 생[38]이다. 프란시스코 수도회의 수사로 인종 연우 3년(1316) 중국으로 출발[39], 페

---

37) 정수일에 따르면 오도릭은 이탈리아 북부 성 안토니오 주(the province of Saint Anthony) 포르데노네(Pordenone)군 프리울리촌에서 출생하였으며, 우디네는 고향 근처의 작은 도시로 오도릭이 이곳 프란시스코 수도원에서 선종하였고 그의 묘비석이 '우리의 성모(Our of Lady)성당'에 세워져 있다고 한다.(정수일 역주, 《오도릭의 동방기행》, 45-46, 309쪽)
38) 출생연도에 관해서는 1265-1285년 사이(Paolo Chiesa, 《14세기 소형제회 연대기》)와 1286년(何高濟譯, 《鄂多立克東游錄》) 등 엇갈린 주장이 있다고 한다.(정수일 역주, 《오도릭의 동방기행》, 45쪽)
39) 정수일에 따르면 오도릭이 베네치아를 떠난 해는 1318년이고 고향으로 돌아

르시아를 경유해 영종 지치 원년(1321) 인도 서부에 머무른 다음 실론·수마트라·자바·보르네오·참파를 거쳐 광주에 상륙하였다. 이후 천주와 복주에 이르렀고 선하령(仙霞嶺)[40]을 넘어 절강의 금화(金華)에 이르렀으며 전당강(錢塘江)을 따라 항주에 도착하였다. 다시 남경과 양주에 이르러 운하를 따라 임진(臨津)과 제녕(濟寧)을 거쳐 북경에 도착하니, 당시 몬테코르비노 총대주교는 이미 나이 팔십이었다. 북경에 머무는 3년 동안 오도릭의 선교 성과는 매우 뛰어났는데, 그 때는 대략 지치 2년(1322)부터 천력 원년(1328) 사이였다. 그는 선교사가 부족하다고 여겨 유럽으로 돌아가서 동지들이 계속 중국에 오길 호소하고자 했다. 아울러 새로운 길을 찾기 위해 섬서와 사천을 거쳐 중앙아시아로 들어갔다. 지금까지 그의 여행기를 연구한 이들은 모두 그가 티베트를 경유했으며 유럽인으로서 티베트에 이른 최초의 인물이라고 말한다. 단 라우퍼(Laufer)만이 확실하지 않다고 여겼다.

오도릭은 페르시아와 아르메니아를 거쳐 이탈리아로 돌아왔고 1331년 1월 13일(지순 원년 음력 12월 5일) 고향에서 사망했다.

오도릭은 죽기 전에 귀엘모 데 솔라냐(Gulielmus de Solagna)에게 그의 여행 경로와 일정에 대해 구술하였고 헨리쿠스 데 글랏츠(Henricus de Glatz)가 이를 기록하였으며 다시 다른 사람이 그것을 보충하였다.[41] 헨리 율의 《중국으로 가는 길》 제2책은 전적으로 오도릭과 그의 여행기

....

온 해는 1330년으로 되어있다.(정수일 역주, 《오도릭의 동방기행》, 48쪽)
40) 선하령(仙霞嶺): 절강성·강서성·복건성 등의 경계에 있는 산으로 전당강과 신강(信江)·민강(閩江)의 상원(上源)이며 남포계(南浦溪)의 분수령을 이룬다.
41) 정수일에 따르면 솔라냐(Solagna)의 수사 윌리엄(William)이 그의 구술 내용을 기록해 후일 편집·출판했다고 한다(정수일 역주, 《오도릭의 동방기행》, 53쪽). Gulielmus는 라틴어 남성 이름으로 영어 William과 같은 뜻이다.

를 연구한 것으로, 율이 파악하고 있는 여행기의 필사본만 모두 76종에
달한다.

- 영국 소장 라틴어본 12종, 이탈리아어본 1종, 프랑스어본 2종
- 독일 소장 라틴어본 10종, 독일어본 1종(바바리아 포함)
- 오스트리아 소장 라틴어본 9종, 독일어본 1종
- 프랑스 소장 라틴어본 8종, 이탈리아어본 1종, 프랑스어본 3종
- 이탈리아 소장 라틴어본 9종, 이탈리아어본 16종
- 스위스 소장 라틴어본 2종, 프랑스어본 1종

이를 모두 합하면 라틴어본이 50종, 이탈리아어본이 18종, 프랑스어본
이 6종, 독일어본이 2종이다.

1755년(건륭 20년) 7월 2일 로마 교황 베네딕토(Benedikt) 14세는 오
도릭을 복자품(福者品)[42]으로 시복(諡福)하였다. 중국 천주교에서도 매
년 1월 14일을 그의 축일로 삼아 의식을 치루고 있다. 항주와 북경 등지
의 천주당에는 또 그의 제단이 있다.

광서 15년(1889) 이탈리아 나폴리에서 유학하던 곽동신(郭棟臣)이 오
도릭의 여행기를 한문으로 번역해 《복자품 오도릭전(眞福和德理傳)》이
라는 제목으로 무창(武昌)의 숭정서원(崇正書院)에서 간행하였다. 민국
20년(1931) 홍콩의 《공교보(公敎報)》에서 단행본으로 다시 간행하였는
데, 본문만 수록하고 곽동신의 주석은 삭제하였다.

오도릭의 여행기는 병상에서 구술되었고 기억 역시 이미 또렷하지 못
했기 때문에 그가 가봤던 지역의 순서가 혼란스럽게 되어있다. 오도릭은
중국의 큰 도시를 기억하면서 그 장엄 화려하고 거대함은 유럽의 가장

....

42) 복자품(福者品): 신앙 때문에 순교하였거나, 성인으로 인정하기 전에 공식적
   으로 공경할 수 있다고 교회가 인정하는 지위를 말한다.

큰 도시와 비교해 그 이상이지 이하는 아니며 심지어 이 둘은 서로 비교할 수 없을뿐더러 비교해서도 안 된다고 말했다. 예컨대 광주에 대해 "이 도시의 거대함은 사람들이 감히 믿을 수 없을 정도이다"라고 기술하고 있다. 오도릭의 관찰은 상당히 세심하였으니, 광주에서는 오리를 삶는 방법에 대해 주목하였고 전당강에서는 가마우지로 물고기를 잡는 방법을 설명하고 있다.

오도릭과 동행한 자메스(James of Iberia, 雅各伯)라는 아일랜드인 수사가 있었는데, 이 두 사람이 어느 노정에서 일행이 되었는지 고증할 수가 없을 뿐더러 여행기 중에는 그의 이름도 언급되어있지 않다. 오도릭은 천주에서 안드레아스 주교를 만났다. 항주에서는 프란시스코 수도회의 회소(會所)에 머물렀는데, 수사 몇 명과 함께 있었다고 한다. 항주의 정경을 기록한 것은 마르코 폴로 등이 기록한 것과 서로 증빙이 된다. 또 서호(西湖)의 어떤 절(靈隱寺로 추정됨)의 승려와 윤회설에 대해 논쟁한 것을 기록하고 있다. 여행기에 나오는 원숭이를 기르는 곳이 비래봉(飛來峯)을 가리킨다는 것은 내가 별도의 글에서 논증한 바 있다. 양주에서도 프란시스코 수도원과 성당 및 네스토리우스파 성당과 수도사들을 보았다고 한다. 오도릭은 태정제를 알현해 매우 후한 대우를 받았으며 대칸을 위해 축복을 한 바 있었다. 더불어 일찍이 대칸이 순행을 떠날 때, 은쟁반을 예물로 올리기도 하였다. 그의 여행기를 통해 몬테코르비노의 명망이 무척 높았으며 대칸의 신임을 받았음을 알 수 있다. 아울러 궁중에서 요직을 맡고 있던 다수의 사라센인과 타타르인, 불교도가 신앙을 모두 이미 (기독교로) 바꾸었다고 말했다.

오도릭이 자바와 보르네오 일대를 경유한 것과 그가 육로로 귀국한 것은 모두 유럽과 아시아의 교통 상에 있어 중요한 공헌이었다. 1881년(광서 7년) 국제지리학회는 베니스에 오도릭의 동상을 세워 존경을 표시했다. 그러나 오도릭의 사후 '턱수염 존(John the beard)'이라는 영국인이 일찍이 오도릭의 여행을 수행하였다고 사칭하며 맨더빌(Mandeville)이 라는 이름으로 《맨더빌 여행기》를 저술하였는데, 분량은 무척 많지만 실 상 죄다 오도릭의 여행기와 고대 그리스의 지리학자인 프톨레마이오스 의 여러 설(說)을 표절해 만든 것이었다.

제7절 마리뇰리(Marignolli)의 사행(使行) 회고록

조반니 데 마리뇰리(Giovanni de' Marignolli)는 원말 지정연간(1341-1367) 중국으로 와 북경에 거주하였다. 그의 행적에 대해서는 그가 남긴 저술에 의지하여 극히 일부만 알 수 있을 뿐이다. 마리뇰리는 피렌체 출신으로 1290년(세조 지원 27년) 이전에 태어났는데, 그 확실한 연대는 고증할 수가 없다. 마리뇰리 역시 프란시스코 수도회의 수사였다. 후지 원 4년(1338) 교황의 명을 받들어[43] 동방으로 왔다. 동행인의 수는 확실 치 않지만 그가 대표였다. 혹자는 모두 50명이었다고 하는데, 마리뇰리 의 기술에 의하면 북경에 있을 당시 동료가 32명이었다고 한다. 지정 2년(1342) 칸발리크에 도착하였다. 《원사》권4〈순제본기〉에는 이 해 음 력 7월 18일 즉 양력 8월 19일 불랑국(佛郞國)[44]이 이마(異馬)를 바쳤다

---

43) 1336년 6월 원나라 순제가 교황에게 친선사절을 파견한 데 대한 회례(回禮) 로 베네딕토 12세가 파견한 사절단의 일원이었다고 한다.(정수일 역주, 《오 도릭의 동방기행》, 35쪽)
44) 불랑국(佛郞國): 통상 포르투갈을 가리키나 원말 당시 어느 국가를 가리키는 용어였는지 정확치 않다.

고 기록되어있다. 각종 기록에 따르면 말의 몸길이는 1장 1척 3촌 남짓, 키는 6척 4촌 남짓, 고개를 치켜들었을 때의 키는 8척 2촌(혹은 8척 3촌 이라고도 함)으로 순흑색이었으며 뒷발굽은 모두 흰색이었다고 한다. 마리뇰리가 교황을 대신해 바쳤던 것으로 말을 바친 곳은 자인전(慈仁殿)이었다. 21일 주랑(周朗)[45)]에게 말을 그리게 명하니 23일 그림을 진상하였다. 앙투안 고빌(Antoine Gaubil)은 강희제 때 궁중에 남아있던 이 그림을 보았다고 하며, 가경 20년까지도 여전히 남아 있었다. 여행기에는 그가 북경에 들어갈 때의 화려하고 장엄한 의식에 대해 기록하고 있는데, 32명의 수행원과 함께 성례복을 입은 마리뇰리가 십자가를 들고 인도하니 향로를 든 사람과 성가대가 뒤따르며 순제를 위해 축복하였다고 한다. 또 북경에 머무는 4년간의 모든 경비는 원 조정으로부터 공급받았고 시중드는 인원 또한 칸이 보내주었다고 한다. 마리뇰리 외의 다른 선교사들도 마찬가지 대우를 받았으며, 또 일찍이 유태인과 논쟁을 벌이기도 했다고 한다. 이후 순제는 그가 심히 고향을 그리워하는 것을 보고 귀국을 허가하였다. 또한 여행 중에 필요한 용품을 주었는데, 3년은 쓸 수 있을 만큼의 양이었고 아울러 말 200필을 하사해 주었다고 한다. 그런데 고향을 그리워했다는 것은 핑계였다. 사실 마리뇰리는 원 황실의 부패를 목도하고 곧 커다란 난리가 닥칠 것을 예상했기 때문에 오래 머무르고 싶지 않았던 것이었다.

당시 사람들은 마리뇰리의 헌마(獻馬)를 대단한 일로 감탄하였으니, 게혜사(揭傒斯)[46)]는 〈천마찬(天馬贊)〉(《文安公文集》 권14)을 지었고, 구

....

45) 주랑(周朗): 당시의 저명한 화가, 인물화와 말을 소재로 한 그림을 잘 그렸다. 본문에서 언급하고 있는 그림은 〈불랑국헌마도(佛郎國獻馬圖)〉를 가리킨다.

양현(歐陽玄)⁴⁷⁾은 〈천마송(天馬頌)〉과 〈천마부(天馬賦)〉(《圭齋文集》 권1), 주백기(周伯琦)⁴⁸⁾는 〈천마행(天馬行)〉(《近光集》), 육인(陸仁)은 〈천마가(天馬歌)〉(《元詩選》에 수록된 《乾乾居士集》), 진약(秦約)은 〈천마가(天馬歌)〉(《草堂雅集》 권12)를 남겼다. 《원시선(元詩選)》⁴⁹⁾에는 그 외 5편의 천마가 혹은 천마부가 더 있지만, 불랑국이라는 글자가 없어 여기서 언급하지 않았다. 권형(權衡)의 《경신외사(庚申外史)》⁵⁰⁾에는 기후(祁后: 奇皇后를 가리키는 것으로 보임 - 역자)가 황제에게 "'탈탈(脫脫)은 좋은 사람이니 오랫동안 밖에 두는 것은 옳지 않습니다'라 하니 황제가 고개를 끄덕였다. 마침 불랑국이 천마를 바치니 검은 색에 옥처럼 투명하였고 그 머리는 높으나 아래로 구부러져 있었다.⁵¹⁾ 여러 말 가운데 있으면 마치 낙타가

····················

46) 게혜사(揭傒斯, 1274-1344): 원대의 명 문장가로 서예가와 사학자로도 유명하다. 《요사》·《금사》·《송사》 편찬 때 총재관을 지냈다. 용흥(龍興) 부주(富州) 사람으로 문안(文安)은 그의 시호이다.

47) 구양현(歐陽玄, 1274-1358): 원대의 사학자 겸 문학가로 자는 원공(元功)이고 호는 규재(圭齋)이다. 구양수의 후예로 유양(瀏陽)에서 태어났다. 《요사》·《금사》·《송사》 편찬에 참여하였고 저서로 《규재문집》 15권이 남아있다.

48) 주백기(周伯琦, 1298-1369): 원대의 서예가 겸 문학가로 자는 백온(伯溫)이고 요주(饒州) 파양(鄱陽) 사람이다. 저서로 《육서정위(六書正僞)》와 《설문자원(說文字原)》이 있다.

49) 《원시선(元詩選)》: 청대 고사립(顧嗣立, 1669-1722)이 원대의 시를 망라하여 편찬한 선집으로 강희연간 초집(初集), 2집, 3집을 간행하였고 전집에 없는 시인의 시를 광범위한 자료에서 찾아내어 《계집(癸集)》으로 엮었는데, 이것은 그가 죽은 뒤 간행되었다. 이 책에는 시인의 상세한 전기가 실려 있어 전기 자료로도 귀중하다.

50) 《경신외사(庚申外史)》: 원 순제 시기의 역사를 기록한 편년체 사서로 《경신제사외문견록(庚申帝史外聞見錄)》 또는 《경신대사기(庚申大事記)》라고도 부른다. 원말 명초 강서 길안(吉安) 사람 권형이 홍무 초년에 지은 책으로 상하 2권으로 되어있다.

양떼 가운데 있는 것 같았다. 황제가 감탄하며 '사람 중에는 탈탈이 있고 말 중에는 불랑국의 말이 있으니 모두 세상의 걸물이로다'고 말했다. 기황후가 은밀히 사람을 감주(甘州)로 보내 탈탈을 경사로 불러들이니 (그가) 황제를 알현하고 마침내 다시 재상이 되었다"[52]고 적혀있다.

지정 6년(1346) 마리뇰리는 서쪽으로 돌아가기 위해 항주와 영파를 거쳐 천주에 이르러 배에 올랐다. 1353년(지정 13년) 아비뇽에 도착해 교황 인노첸시오 6세에게 대칸의 국서를 전달하였는데, 그 주된 내용은 칸이 기독교를 존중하고 있고 교도들은 교황에게 확실히 복종하고 있으니 선교사를 중국으로 더 보내달라는 요청이었다.

1354년[53](지정 14년) 독일의 대제(大帝: 신성로마제국 황제를 가리킴 - 역자) 카를(Karl) 4세가 대관식을 치르기 위해 로마에 갔을 때, 마리뇰리가 일찍이 원동(遠東)에 사신으로 다녀왔다는 것을 듣고 그를 독일로 불러 보헤미아의 역사를 편찬하게 하였다.[54] 책은 완성되었으나 이를 아는 사람이 매우 적어 400여 년간 프라하(Prague) 성당에 보관되어있었다. 1768년(건륭 33년) 선교사 도브너(Gelasius Dobner)가 보헤미아 역사를

....

51) 원서에 이 부분은 "黑色玉明, 其頂高如下鉤"로 되어있으나 《경신외사》 원전에는 "黑色五明, 其頂高而下鉤"로 나오는데, 문맥 상 '五明'보다는 '玉明'이 더 잘 어울리고 '如下鉤'는 '而下鉤'로 해야 해석이 되는 것 같아서 이에 맞춰 번역하였다.

52) 원서의 인용 구절 중 마지막 문장은 《경신외사》의 해당 부분과 차이가 있으니, 저자가 그 내용을 요약해서 기술한 것으로 보인다.

53) 저자의 착오인 듯하다. 카를 4세의 신성로마제국 황제 대관식은 1355년 부활절에 거행되었다.

54) 정수일의 번역본에는 "교황의 부름을 받고 《보헤미아 연대기》 교정 사업에 참여하였는데, 그 책 속에 자신의 동방여행기인 《마리뇰리 여행기》를 첨부하였다"고 되어있다.(정수일 역주, 《오도릭의 동방기행》, 36쪽)

저술하면서 처음으로 이 책을 찾아내 자신의 편저에 수록함으로써 세계 학자들이 비로소 그 존재를 알게 되었다.[55] 또 1820년(가경 25년) 독일인 마이네르트(J. G. Meinert)가 《마리뇰리 여행기》를 도브너의 책에서 적출하여 원문에 의거해 다시 정리하였고, 이로부터 마리뇰리의 중국 사행이 비로소 세상에 알려지게 되었다. 1856년(함풍 6년) 독일인 쿤스트만(F. Kunstmann)은 《10세기 기독교의 인도와 중국 전파사》를 저술하였는데, 그 제5권이 《마리뇰리 여행기》에 주석을 단 것이다. 헨리 율은 이를 영어로 번역하였다. 마리뇰리의 책은 순서가 뒤죽박죽인데다 스스로 모순되기 일쑤이다. 예컨대 그가 북경에 있던 기간에 대해 어디서는 거의 4년이라고 했다가 다른 곳에서는 약 6년이라고 말하고 있다. 책은 3권으로 나누어져 있다. 제1권은 세계사로 《구약》의 〈창세기〉 등에서 자료를 가져왔는데, 바벨탑 건설까지 다루고 있다. 제2권은 국왕의 역사로 유태 왕, 프랑크 왕, 독일 왕, 보헤미아 왕 등이 포함되어있다. 제3권은 종교사로 기독교 창시까지의 일부분은 역시 《구약》으로부터 자료를 취하였고, 로마 역대 교황 및 보헤미아의 역대 주교를 다루고 있다.

마리뇰리가 프라하에 거주하던 시기의 행적은 상세하지 않고 1356년(지정 16년) 피렌체공화국의 교황청 대사를 맡아 아비뇽에 가서 교황을 알현했다는 정도만 알려져 있다. 사망 연대 역시 알 수 없다.

....

55) 정수일은 프라하대학교 도서관에 소장된 이 여행기 원본을 도브너가 《보헤미아 역사문헌》(*Monumenta Historica Bohemiae*) 제2권에 수록해 출간하였고, 그 후 유럽 각국 언어로 번역되어 세상에 알려지게 되었다고 하였다.(정수일 역주, 《오도릭의 동방기행》, 36쪽)

제8절 아불피다(Abulfeda)의 중국 기록

원대의 아랍인 저작 가운데 중국을 기록했거나 이야기했다고 할 만한
것은 아불피다의 지리서뿐이다. 아불피다는 1273년(원 세조 지원 10년)
에 출생해 1331년(지순 2년) 사망했다. 그의 책은 1321년(지치 원년)에
완성되었다. 1848년(도광 28년)부터 1883년(광서 9년) 사이에 프랑스의
레이노(M. Reinaud)와 귀아르(S. Guyard)가 프랑스어로 번역했다. 아불
피다는 원이 유라시아를 제패할 당시 출생했으나, 중국에 관해 얻은 새
로운 지식이 매우 적었으며 스스로 자신의 동방에 대한 얇은 지식을 일
찍이 한탄하기도 했다.

아불피다가 기록한 중국은, 예컨대 서쪽 경계는 사막이고 남쪽 경계는
바다, 동쪽 경계는 동해(동중국해를 가리킴 - 역자)라고 하였으나 중국의
북쪽 경계에 대해서는 매우 불명확하였다. 또 광주와 광부(廣府, Khanfu),
항주(Khansâ), 감포(澉浦)를 같은 곳으로 혼동하고 있다. 항주 서호(西湖,
Sikhu)에 대한 기록에서 둘레가 반나절 거리라고 한 것은 이전의 아랍
여행가들이 언급하지 않았던 바이기는 하나 서호가 항주성 북쪽에 있다
고 한 것은 오류이다. 천주(Shanju 또는 Shinju)는 지금 자동(刺桐, Zaitun)
이라고도 부르며 광부는 중국 최대의 상업 항구라고 하였다. 신라(新羅,
Sila)의 존재도 알고 있었던 것 같지만 동해의 한 섬으로 잘못 기술하고
있다.

제9절 이븐 바투타(Ibn Battuta)의 중국 여행기

이븐 바투타의 정식 이름은 아부 압둘라 무함마드 빈 바투타(Abu Ab-dullah Muhammad Ibn Battuta)로 이슬람력 703년 7월 17일(서기 1304년 2월 24일, 원 성종 대덕 8년 정월 19일) 모로코 탕헤르(Tangier)[56]에서 태어났다.

중세 시기 무슬림 중에는 여행가들이 유달리 많았다. 그 이유는 첫째 무슬림은 일생에 한 번은 메카(Mecca)의 성지를 참배해야 했고, 둘째 종교적인 금욕생활에 익숙해 금식할 수 있는 능력이 뛰어났으며, 셋째 무슬림들은 성지 참배자에게 반드시 양식을 제공해야 했고, 넷째 아랍어가 이슬람 국가에서 통용되었기 때문이다.

이븐 바투타는 22살에 여행을 시작했다. 처음에는 아프리카 대륙 북부를 가로질러 알렉산드리아 항구에 이르렀고 카이로에서 상당 기간을 머물렀다. 이후 팔레스타인과 시리아를 거쳐 다마스쿠스·메카·메디나(Medina)[57] 등의 도시를 여행하였다. 다시 쿠파(Kufa)[58]와 바그다드 등지로 갔다가 다시 메카로 돌아가 두 번째로 성지 참배를 하고 3년 간 머물렀다. 홍해를 끼고 아덴으로 갔고 다시 아라비아반도의 동북 지역에

....

56) 탕헤르(Tangier): 모로코 북서부에 있는 탕헤르주의 주도. 지중해와 대서양에 면해있으며 지브롤터 해협을 사이에 두고 유럽과 만나는 지정학적 위치 때문에 끊임없는 외세 침입의 역사로 점철되어있다.
57) 메디나(Medina): 이슬람 제2의 성지로 현 사우디아라비아 히자즈(Hijaz) 지방의 대표적인 오아시스 지대이다. 이슬람교의 창시자 무함마드가 622년 메카에서의 박해를 피해 성천(聖遷, Hijrah)한 곳으로 유명하다.
58) 쿠파(Kufa): 유프라테스강 오른쪽 기슭에 위치한 도시로 바그다드 건설 이전 사라센제국의 주요한 정치적 중심지였다.

이르렀다. 이때부터 아프리카와 서아시아 일대를 여러 차례 왕복하다가 마침내 인도에 이르러 처음으로 중국 선박을 보았다. 그는 중국 선박을 세 종류로 나누어 큰 것은 정크(Junk), 중간 크기는 자오(Zao)[59], 세 번째는 카캄(Kakam)이라 부른다고 기록하였다. 정크는 아마 '추안[舶]'의 음역인 듯하고, 자오는 '저우[舟]' 혹은 '제[舮]'의 음역인 듯하며, 카캄은 '훠추안[貨舶]'의 음역인 듯하다. 이 세 단어를 고증한 유럽 학자들의 해설은 너무 많아서 다 열거할 수 없다. 이븐 바투타에 따르면 중국의 대형 선박은 3개에서 12개까지의 돛이 달려있고 선원 600명과 병사 400명 등 1,000명을 태울 수 있었으며 '절반', '3분의 1', '4분의 1'이라 부르는 소형 선박 3척이 뒤따랐다고 한다. 이 선박들은 모두 천주와 광주에서 만들어진 것으로 전부 4층으로 이루어졌고 선실이 매우 많았다. 선원들은 배 위에서 나무통에다 꽃을 심었다.[60] 선장의 지위는 아주 높았고 직권도 매우 컸으며 상륙할 때 병사들은 창을 메고 칼을 찬 채 북소리에 맞춰 행진하였다. 큰 선박의 노는 그 길이가 거의 돛대만 하여 10명에서 30명이 달라붙어야 겨우 움직일 수 있었다고 한다.[61]

이븐 바투타의 인도 연해지역 여행기 역시 매우 상세한데, 벵골에서 자바로 갔고 그 후 중국으로 왔다. 중국에 관한 기록은 사실과 다른 것이 많으니, 예컨대 황하와 장강(長江), 서강(西江: 광동성 남부를 흐르는 珠江의 본류 - 역자)을 같은 강으로 혼동하고 있고 도자기가 천주와 광주에서만

....

59) 정수일의 번역본에는 'Zau'로 되어있다.(정수일 역주, 《이븐 바투타 여행기》, 2책, 241쪽)

60) 정수일의 번역본에는 "채소나 생강 같은 것을 심어 기르기도 한다"고 되어있다.(정수일 역주, 《이븐 바투타 여행기》, 2책, 241쪽)

61) 정수일의 번역본에는 "배의 노는 돛대처럼 굵다. 노 하나에 10~15명씩 모여서서 젓는다"고 되어있다.(정수일 역주, 《이븐 바투타 여행기》, 2책, 241쪽)

만들어진다고 하였다. 그밖에 비단, 무슬림, 시박법(市舶法), 그림, 지폐, 역참, 광주의 이슬람 사원, 천주 및 항주의 시가지 모습과 두 도시에 거주하는 외국인, 북경의 사정 등에 대한 기록은 사실 그가 어림짐작했거나 전해들은 이야기들로 실제 그곳에 가보지는 못했던 것 같다. 마지막에 그는 천주에서 배를 타고 서쪽으로 되돌아가 1349년(지정 9년) 조국에 도착하니 고향을 떠난 지 이미 24년이 지난 후였다. 이후 다시 스페인 등지에 이르렀으며 1352년(지정 12년) 초 아프리카 중부를 둘러보고 다시 이집트에 도착하였으니, 그의 여정은 1354년(지정 14년)에야 끝이 났다. 혹자의 계산에 따르면 그가 여행했던 거리가 적어도 24만 화리(華里: 1화리는 0.5㎞임 – 역자) 이상에 달하는데, 그의 책에 나오지 않는 인도에서의 8년간 여행 종적은 계산에 포함시키지 않은 것이다.

모로코의 술탄(국왕을 가리키는 칭호)은 이븐 바투타에게 구술을 명했고, 이를 술탄의 비서인 무함마드 빈 주자이(Muhammad Ibn Juzayy)[62]가 기록했다.[63] 여행기 내용 중에 일찍이 초고를 약탈당했던 일이 언급되어있는 것으로 보아 평소에도 그가 일기를 적었던 것 같다. 주자이는 일찍이 스페인 그라나다(Granada)에서 공부했으며 세계에서 벌어진 큰 일을 두루 알고 있어 여행기를 기록하여 완성한 공이 자못 컸다. 주자이의 육필은 현재 파리 국립도서관에 소장되어있다.

....

62) 원서에는 Mahomed Ibn Yuzai로 되어있다.
63) 정수일은 이븐 바투타가 마리니야조(al-Mariniyah) 술탄 아부 아난(Abû 'Anân)의 유시에 따라 직접 집필하여 1355년에 마쳤으며, 술탄의 교지를 받은 이븐 주자이 알 칼비(Ibn Juzayî al-Kalbî)가 이븐 바투타의 여행기 원본을 약 3개월간 요약 필사하였으니, 오늘날 알려진 《이븐 바투타 여행기》는 이븐 주자이가 필사한 요약본이라고 하였다.(정수일 역주, 《이븐 바투타 여행기》, 1책, 4쪽)

이 책은 단 3개월 만에 완성되었으니, 이슬람력 757년 2월(서기 1356년 2월 4일부터 3월 3일까지, 즉 지정 16년 음력 정월 3일부터 2월 2일까지) 탈고되었고 같은 해 주자이가 사망했다. 이븐 바투타는 이슬람력 779년(서기 1377년 5월 10일부터 다음해 4월 30일까지, 홍무 10년 음력 4월 3일부터 이듬해 4월 2일까지)에 죽었다.

서양인 가운데 처음으로 《이븐 바투타 여행기》를 알게 된 사람은 독일인 씨첸(Seetzen)[64]이다. 그는 1808년(가경 13년) 고타(Gotha: 독일 중부 튀링겐주 서부에 있는 도시 - 역자)도서관에 소장된 《이븐 바투타 여행기》와 기타 필사본 몇 종을 절록(節錄)하여 월간 《월간 통신》(*Monatliche Correspondenz*)[65] 제17호에 이 소식을 발표하였다. 10년 후에는 독일인 코제가르텐(Kosegarten)[66]이 여행기를 예나(Jena: 독일 중부 튀링겐주 중부에 있는 도시 - 역자)에서 발간하였고, 다음해에는 아페츠(Apetz)가 또 그 제4절인 《마할라툴 카비라(al-Mahalltu'l Kabirah)[67] 여행기》를 발간하였다.[68] 같은 해 스위스인 부르크하르트(Burckhardt)[69]의 《누비아(Nubia) 여행

....

64) 울리히 야스퍼 세첸(Ulrich Jasper Seetzen, 1767-1811): 독일 프리슬란트 (Friesland) 출신의 아랍 탐험가이다.
65) 원서에는 '《자흐》(*Zach*) 월간'이라고 되어있으나, 자흐는 책명이 아니라 그 발행자 이름(Franz von Zach)이다.
66) 요한 고트프리트 루드비히 코제가르텐(Johann Gottfried Ludwig Kosegarten, 1792-1860): 독일 알텐키르센(Altenkirchen) 태생의 동양학자이다.
67) 마할라툴 카비라(al-Mahalltu'l Kabirah): 다끌라(Daqla)·아불 하이삼(Abu'l Haitham)·마누프(Manuf)·샤르끼운(Sharqiyun) 등 여러 읍이 모여 있는 집성도시이다.
68) 원제는 Heinrich Apetz, *Descriptio terrae Malabar ex Arabico Ebn Batutae Itinerario Edita*, 1819이다.
69) 요한 루드비히 부르크하르트(Johann Ludwig Burckhardt, 1784-1817): Jean Louis 또는 John Lewis로도 알려져 있다. 스위스 출신의 여행가·지리학자

기》[70]가 런던에서 발간되었는데, 여기에 《이븐 바투타 여행기》와 관련된 글 1편이 첨부되어있다. 부르크하르트가 구득한 절초(節抄)본 3종은 모두 고타도서관에 소장된 것에 비해 상세하지만 오류 또한 매우 많았다. 이 절초본은 그의 사후 캠브리지대학에 귀속되었다. 1829년(도광 9년)에는 영국인 사무엘 리(Samuel Lee)[71]의 영역본이 출간되었는데, 이는 캠브리지대학의 3종 절초본에 의거하여 번역한 것이다.

포르투갈 사람 안토니오 모우라(Antonio Moura)는 18세기 말 모로코의 수도에서 《이븐 바투타 여행기》 필사본 1종을 얻었는데, 이는 독일의 씨첸보다 이른 것이었다. 그러나 그 포르투갈어 번역본은 1840년(도광 20년)에야 제1책만 간행되었고 제2책은 끝내 간행되지 못한 것 같다.

같은 시기 프랑스가 아프리카 북부의 알제리(Algeria)와 콘스탄티나(Constantina)를 정복하면서 5종의 필사본을 얻었는데, 그 중에는 주자이의 육필본도 있었다. 이때부터 프랑스 학자들은 너도나도 연구를 시작했지만 모두 일부분에 대한 주석을 달았을 뿐이고, 1858-1859년(함풍 8-9년)에 이르러 비로소 드프레머리(C. Defrémery)[72]와 상기네티(B. R. Sanguinetti)[73] 두 사람이 프랑스어로 완역하고 더불어 아랍어본으로 상

....

· 동양학자로 요르단의 페트라에 있는 고대 나바테아(Nabatea)왕국의 유적지를 재발견한 것으로 유명하다.
70) 원제는 *Travels in Nubia*, 1819이다.
71) 사무엘 리(Samuel Lee, 1783-1852): 영국의 동양학자로 캠브리지 대학의 히브리어와 아랍어 교수를 지냈다.
72) 샤를르 드프레머리(Charles Defrémery, 1822-1883): 프랑스 북부 캉브레 출신의 동양학자로서 특히 아랍과 페르시아의 문학과 역사를 전공하였다. 파리 동양어학교에서 아랍어문학을 강의했으며, 1871년 콜레쥬 드 프랑스의 아랍어문학 석좌교수로 임명되었다. 《이븐 바투타 여행기》의 프랑스어 번역으로 널리 알려져 있다.

세히 교감했다.[74] 헨리 율의 영역본과 한스 폰 머직(Hans von Mzik)의 독역본은 모두 불역본을 중역(重譯)한 것이다. 그 후 몇몇 사람들이 부분적으로 번역하거나 발간한 것을 제외하고도 기타 각국에서 번역된 여러 종의 판본이 있다.

《이븐 바투타 여행기》는 이슬람교의 사적에 대해 상세하다. 그가 기록한 것을 보면 아마도 베트남과 중국의 북부지역에는 이르지 못했던 듯하다. 중국 부분의 기록이 가장 난잡한데, 심지어 대하(大河)가 북경 근처에서 발원해 항주와 천주를 거쳐 광주에서 바다로 들어간다고 적혀있다. 하지만 이 책은 실로 단점과 장점이 뒤섞여있기 때문에 반드시 상세히 고증을 한 후에야 인용할 수 있다.

....

73) 베냐미노 라파엘로 상기네티(Beniamino Raffaelo Sanguinetti, 1811-1883): 국적은 이탈리아이며 1831년부터 프랑스에서 의학과 동양학을 배우면서 아랍어를 프랑스어로 번역하는데 많은 기여를 했다. 드프레머리 등과 함께 《이븐 바투타 여행기》를 번역했다.

74) 이 책은 *Voyages d'Ibn Batoutah*라는 제하에 전4권(아랍어 원문 첨부)으로 1853-58년 파리에서 출간되었다.(정수일 역주,《이븐 바투타 여행기》, 1책, 11쪽)

제8장
원대의 기독교

제1절 송대 경교의 쇠락과 송·원시기의 유적

본장에서 말하는 기독교란 영문 그리스도교(Christianism)의 번역명이지 '개신교(Protestantism)'가 중국에서 스스로를 지칭하는 기독교가 아니다.

서기 987년(송 태종 옹희 4년) 중국에 거주한 마지막 경교(즉 네스토리우스교 - 역자) 선교사 나자란(Najaran)이 바그다드로 돌아갔다. 그는 7년 전(송 태종 태평흥국 5년) 다른 5명의 선교사와 함께 바그다드로부터 중국에 선교하러 온 사람이었다. 이때 온 선교사 중 함께 귀환한 자는 1명 뿐이며 나머지는 모두 중국에서 사망했다. 이들의 말에 따르면, 당시 중국에는 이미 단 1명의 경교 신자도 없었다고 한다. 다만 이 말은 어쩌면 부정확할지도 모르니, 중국의 넓은 영토와 당나라 때 경교가 널리 퍼져 있었던 점을 감안한다면 필시 이들 다섯 선교사가 (모든 신자의 소재를) 알 수는 없었을 것이다. 그러나 70년의 시간이 더 흐른 송 인종 가우 7년(1062) 2월 17일 소식(蘇軾) 등이 종남산(終南山)의 대진사를 유람할 때 이미 그 절이 과거 경교 사원이었음을 모르고 있었다. 그리고 소철(蘇轍)의 제시(題詩: 사물에 감흥이 있어 지은 시 - 역자)에 "대진은 아득하지만 말할 수 있고" "노둔한 승려는 선에 관심도 없지"[1] 등의 구절이 있는데, 그 첫 번째 구절에서 '대진'에 대한 그의 관념이 이미 매우 모호함을 나타내고 있고, 두 번째 구절에서는 대진사를 불교가 이미 차지하고 있음을 증명하고 있다. 철종(1086-1100) 때 이르면 가선상(賈善翔)[2]이 이미 경교를 '메시아 외도[彌師訶外道]'라 부르고 있다.

금나라 사람 양운익(楊雲翼)은 승안 4년(송 영종 경원 5년, 1199)부터 진화 원년(송 영종 가태 원년, 1201)까지 섬서동로병마도총관판(陝西東路兵馬都總管判)을 맡아 장안과 주질(盩厔) 등지에 머물면서 역시 대진사를 참배한 적이 있었다. 이때는 경교비가 세워진 지 400여 년이 지났고, 소식이 유람한 지 140년이 지나 대진사는 이미 폐허로 변해 있었다. 그의 시 첫 두 구절에 "사원은 망가지고 빈터만 남았는데, 사람들은 떠나고 절터만 한가롭구나"[3]라고 하였으니, 《중주집(中州集)》 권4 〈정자집(丁字集)〉에 보인다.

하지만 이것만을 가지고 사에키 요시로(佐伯好郎)가 《지나 기독교의 연구》에서 주장한 것처럼 그 당시 이미 중국 본부(本部, 중국 내지라고 해야 마땅함)에서 기독교의 자취가 사라졌다고 섣불리 말할 수는 없다. 새외(塞外) 변강 지역의 여러 민족 중에는 더 많은 경교의 유적이 지금까지 남아있기 때문이다.

....

1) "大秦遙可說" "僧魯不求禪"
2) 가선상(賈善翔, 생몰연도 미상): 북송의 도사로 자는 홍거(鴻擧)이고 호는 봉구자(蓬丘子)이다. 봉주(蓬州) 사람으로 일찍이 소동파와 교유(交遊)했다고 한다. 철종 때 《유룡전(猶龍傳)》·《남화진경직음(南華眞經直音)》·《태상출가전도의(太上出家傳度儀)》를 저술하였는데, 모두 《정통도장(正統道藏)》에 수록되어있고, 그 외 《고도전(高道傳)》 10권이 있었으나 이미 실전되었다.
3) "寺廢基空在, 人歸地自閒."

하북성 방산(房山)의 십자사(十字寺)에는 요나라 목종 응력 10년(송 태조 건륭 원년, 960)에 새긴 〈삼분산숭성원비기(三盆山崇聖院碑記)와 지정 25년(1365) 황진(黃溍)[4]이 지은 〈칙사십자사비기(勅賜十字寺碑記)〉가 있고 십자가가 새겨진 두 개의 돌덩이가 있는데, 그 위에 시리아문자로 "그를 앙망하면 장차 그것으로서 바라는 바를 얻으리라"라는 내용이 새겨져 있다.

이 밖에 원대 혹은 원대보다 조금 이른 시기의 기독교 유적을 들면 대략 아래와 같다.

(1) 고창(高昌)에서 발견된 경교 벽화: 광서 31년(1905) 프랑스 중앙아시아 학술탐험대가 발견하였다.

(2) 돈황에서 발견된 경교 화상(畵像): 광서 32년(1906)부터 광서 34년(1908)년 사이에 스타인(Stein)이 발견하였다.

(3) 수원(綏遠) 오르도스[河套] 일대에서 출토된 십자패(十字牌): 민국 18년(1929) 8월 영국 성공회 선교사 스코트(Rev. P. M. Scott)가 최초로 발견하였다.

(4) 수원 석주자량(石柱子梁)에서 출토된 십자가가 새겨진 석비(石碑): 광서 16년(1890) 8월 발견되어 차하르[察哈爾] 숭례현(崇禮縣)에 있는 천주당으로 이전하였다.

··························

4) 황진(黃溍, 1277-1357): 원대의 저명한 사관(史官)·문학가·서예가·화가로 자는 진경(晋卿)이다. 절강성 의오(義烏) 사람으로 시강학사(侍講學士) 등을 지냈으며 만년에는 고향으로 돌아와 전원생활을 하였다. 류관(柳貫)·우집(虞集)·게해사(揭傒斯)와 더불어 원대 '유림사걸(儒林四杰)'로 불렸다. 문인인 송렴(宋濂)·왕위(王禕) 등도 세상에 이름을 날렸다. 저작으로는 《일손재고(日損齋稿)》 33권, 《의오현지(義烏縣志)》 7권 등이 있으며 현재 《금화황선생문집(金華黃先生文集)》 43권이 남아있다.

(5) 북경 교외 경마장 부근에서 출토된 십자가가 새겨진 비석 잔해: 독일인 에르빈 루셀(Rousselle)이 처음 발견해서 보인대학(輔仁大學)에 기증하였다.

(6) 양주(揚州)에 십자사가 있었다는 것이 《원전장(元典章)》 권36에 나오는데, 민국 18년 양주 동문 밖 강변의 이슬람 사원에서 경교의 십자가가 조각된 묘석 일부가 발견되었다. 민국 41년 1월 22일 양주성(城)을 철거할 때 또 묘비 하나가 발견되었고, 묘비 위에는 라틴어로 "IN NO-MINE DOMINI AMEN HIC JACET KATERINA DE VILJONIS QUAE OBIT ANNO DOMINI MILEXIMO GGG XXXX Ⅱ DE MENSE JUNII(주님의 이름으로 아멘, 여기에 비욘의 카테리나가 잠들다. 주후(A.D) 1342년 6월 사망)"라는 구절이 새겨져 있었다[1952년 4월 26일자 《로마관찰보(羅馬觀察報)》(*L`Ossevatore Romano*: 바티칸의 準 기관지 - 역자)에 보인다].

(7) 항주 야리가온사(也里可溫寺) 유지(遺址): 별도로 자세히 다룰 것이다.

(8) 명 숭정 17년(1644) 엠마누엘 디아즈(Emmanuel Diaz)가 지은 〈당경교비송정전(唐景敎碑頌正詮)〉에는 만력 47년(1619) 남안현(南安縣: 명대 복건성 천주부에 속한 현 - 역자) 서산(西山)에서 출토된 십자비가 후에 도원현(桃源縣)에 있는 성당으로 옮겨졌고, 또 숭정 11년(1638) 부활절 4일 후 인풍문(仁風門: 명대 천주성 동쪽에 있던 문 - 역자) 밖 3리쯤 떨어진 동호(東湖) 호반의 동선사(東禪寺) 부근에서 고(古) 십자석을 발견해 이후 성당으로 옮겼으며, 또 같은 해 수난절 하루 전에 다시 천주성 밖 수륙사(水陸寺)의 고 십자석을 성당으로 옮겼다고 적혀있다. 이 3개의 십자비석이 도대체 경교의 유물인지 아니면 원대 천주교 프란시스코 수도회의 유물인지는 고증할 수 없다. 광서 32년(1906) 천주교 선교사 세라핀 모야(Seraphin Moya)[5]가 다시 가슴과 머리 위에 십자가가 있는 천사상을 발견하였다. 1914년 12월 출판된 *T'oung Pao*는 이 소식을 전하면서

이미 선통 원년(1909)에 훼손되어 없어졌다고 하였다. 그러나 《회편》 제 2책 136쪽에는 민국 15년(1926) 늦가을까지도 관인포(寬仁舖) 부학가(府學街)에 있는 태괴궁(泰魁宮)에서 이 석상을 보았다고 적혀있다.

(9) 주질의 대진사: 별도로 자세히 다룰 것이다.

(10) 동북지역 안산(鞍山)에서 발견된 경교 유물: 민국 17년 2월 7일부터 7월 15일 사이에 남만철도회사(南滿鐵道會社) 소유의 묘포(苗圃)에 있던 옛 무덤에서 도질(陶質) 십자가 7개를 발굴하였는데, 그 중 1개만 조각을 맞춘 후에 그런대로 완전한 모습을 복원할 수 있었다. 동시에 인골 일곱 구가 있었고 나머지 물품 중에는 옛날 동전 2개가 있었으니, 하나는 '상부(祥符: 송 진종의 연호로 1008-1016년 - 역자)원보(元寶)'였고 다른 하나는 '함평(咸平: 송 진종의 연호로 998-1003년 - 역자)원보'였다.

제2절 원대의 기독교 관리기구 및 성당의 분포

원대에는 기독교 각 종파에 대해 대부분 자세히 구분하지 않고 십자교라 통칭하였으며 성당은 십자사(十字寺)로 불렸는데, 이는 모두 십자가를 공경했기 때문이다. 또 야리가온(也里可溫) 혹은 줄여서 '야리(也里)', '가온(可溫)', '아합(雅哈)'이라고도 하였다. 그 외 이로륵곤(伊嚕勒昆), 아

---

5) 세라핀 모야(Seraphin Moya, 任道遠, ?-1948): 스페인 출신의 신부로 일찍이 필리핀에서 선교활동을 하다 1902년 중국에 와서 천주 성내의 천주교 성당에서 근무하였으며 천주방언을 유창하게 구사했다고 한다. 1948년 사망 후 천주의 천주교 성당 북쪽에 묻혔다. 원서에는 P. Serafia Moya로 표기되어있다.

륵가온(阿勒可溫), 야리가온(耶里可溫), 야리아온(也里阿溫), 야리하온(也里河溫), 이리극온(伊哩克溫), 이리극돈(伊哩克敦) 등으로 표기한 경우도 있다. 한편《원사국어해(元史國語解)》[6]에서는 복을 누리는 사람[福分人]이라고 하였기 때문에 사에키 요시로는 야리가온을 당대의 '아은구리용(阿恩瞿利容, Evangelion: 반가운 소식이란 뜻으로 복음 또는 복음서를 말함 – 역자)'의 와음(訛音)이라고 여겨 '신도[徒衆]'로 해석하였다. 나는 이 단어를 '야리'와 '가온'으로 나눌 수 있다면 그것이 원래 두 단어에서 나온 것임을 알 수 있다고 생각한다. '야리'는 하느님이고 '가온'은 아들로 합치면 하느님의 아들이니, 지금 기독교도들이 하느님의 자녀라고 하는 것과 같다.《지순진강지(至順鎭江志)》권9의 〈대흥국사기(大興國寺記)〉에는 "야리가온은 교명(敎名)이다"고 적혀있다.

불교가 중국에 전해진 후 북제에서는 소원시(昭元寺) 숭허국(崇虛局)을 설치해 불교를 관리하게 하였다. 북주에서는 불교를 관리하는 자를 사적(司寂)이라 하고, 도교를 관리하는 자를 사현(司玄)이라 하였다. 당대에는 숭현서(崇玄署)가 도교를 관리하였고, 승려는 사부(祠部)의 관할로 귀속시켰다. 송대에는 불교와 도교를 모두 사부(祠部)로 귀속시켰다. 원대에는 예부가 여전히 불교와 도교의 일을 맡았지만, 또 특별히 선정원(宣政院)을 설치해 불교의 승도(僧徒)를 관할하게 하고 집현원(集賢院)은 도교의 각 종파를 관장하게 하였다. 그리고 숭복사(崇福司)를 설치해 경교를 관리하게 하였다. 선정원 장관은 종1품이었고, 집현원의 장관은 정2품일 때도 있었고 종2품일 때도 있었지만 2품 이하인 경우는 없었다. 숭복사의 장관은 처음에는 정2품이어서 불교와 도교 사이였지만, 후에

....

6)《원사국어해》라는 책은 찾을 수가 없으니, 아마도 건륭 46년 칙찬(勅撰)된 《흠정요금원삼사국어해(欽定遼金元三史國語解)》46권을 말하는 것 같다.

집현원 장관이 정2품, 숭복사 장관은 종2품으로 정해짐으로써 도교의 아래에 놓이게 되었다.

"숭복사는 품급이 2품으로 마아(馬兒)·합석(哈昔)·열반(列班)·야리가온·십자사의 제향(祭享) 업무를 관장한다. 지원 26년(1289) 설치하여 연우 2년(1315) 숭복원(崇福院)으로 고치고 천하의 야리가온 장교사(掌教司) 72소(所)를 아울러 살피게 해 모든 사무를 귀속시켰다. 연우 7년(1320) 다시 숭복사로 하였다" 이는 《원사》 권89 〈백관지〉에 나오는 기록이다. 마아는 묵이(默爾) 또는 마리(馬里)로 쓰기도 했으니, 시리아어 Mar의 음역으로 당대의 '마려(馬呂)'와 같다. 경교에서는 주교들에게만 Mar라는 명칭을 사용했는데, 이는 경교비에 나오는 '대덕(大德)'과 같다. 합석은 처음에는 근석(根錫) 또는 합석아(哈錫牙)라 표기했으니, 아마도 수도사라는 뜻의 시리아어 Kasis의 음역인 듯하다. 펠리오(Pelliot)는 성도(聖徒)라는 뜻의 시리아어 Hasia의 음역이며 '대덕'의 별칭이라고 주장했는데, 그럴 경우 마아와 중복된다. 열반은 이분(爾奔)이라고도 쓰며 법사(法師)라는 뜻의 시리아어 Rabban의 음역이다.

숭복사의 구성원은 아래와 같다.

사사(司使) 4인(종2품), 동지(同知) 2인(종3품),
부사(副使) 2인(종4품), 사승(司丞) 2인(종5품),
경력(經歷) 1인(종6품), 도사(都事) 1인(종7품),
조마(照磨) 1인(정8품), 영사(令史) 2인, 역사(譯史)·통사(通事)·지인(知印) 각 1인, 선사(宣使) 2인.

숭복사(崇福使)를 맡았던 인물 중 고증할 수 있는 사람으로는 원 중통 연간(1260-1264)의 애설(愛薛, Isaac)이 있다. 그는 불림(拂林) 사람으로 그의 장자 야리아(也里牙, Elija)는 진국공(秦國公)에 봉해졌고 역시 숭복사를 역임했다. 지정 18년(1358) 11월에는 마 문화탁(瑪 門和卓, Mar

Moses)이 재임한 것으로 되어있다.

이른바 72소의 장교사에 대해서는 《원전장》 권33에 대덕 8년(1304) "온주로(溫州路)에 장교사 아문(衙門)을 창설하고 민호(民戶)를 모집하여 본교(本敎)의 호적[戶計]으로 삼았다"고 하였고, 또 "근년 이래 각 로(路)마다 약삭빠르게 부역을 피하려는 무리들이 본교의 호적에 투신함으로 인해 마침내 각처에 아문을 재차 설치하였다"고 적혀있다. 여기서 '창설' 또는 '재차 설치'한 즉 새로 성립된 아문은 오늘날의 성당과 같다. 그렇다면 대덕연간과 연우연간(1297-1320) 중국에 총 72개의 기독교 성당이 있었음을 알 수 있다.

원대의 문헌 가운데 《지순진강지》만큼 경교의 사적을 상세히 기록한 것은 없다. 《지순진강지》 권3 〈호구류(戶口類)〉의 기록에 따르면, 지순연간(1330-1332) 진강의 야리가온 신도는 23호(錄事司 19, 丹徒縣 3, 金壇縣 1)로 구(口: 독립하여 한 가장의 생계를 꾸릴 수 있는 자) 106인(녹사사 92, 단도현 7, 금단현 7)과 구(驅: 남에게 붙어사는 자) 109인(녹사사 102, 금단현 7)을 합해 모두 215인이었다. 당시 진강의 교우호(僑寓戶)는 3,845호였는데, 야리가온 신도가 23호라면 대략 교호(僑戶) 167호 중 1호가 야리가온이었던 셈이다. 이른바 교호라는 것은 몽고와 위구르·무슬림[回回]·하서(河西)·거란·여진 및 한인(漢人: 여기서는 금나라에 살던 한족을 가리킴 - 역자)을 포함한 것이다. 또 구(口)와 구(驅)가 모두 13,503인이었으므로 대략 63명 중 1명이 야리가온 신도였던 것이다. 경교 성당의 소재지는 다음과 같다.

1.카슈가르[可失哈爾], 2.사마르칸트[撒馬爾干], 3.야르칸드[也里虔], 4.당고(唐古), 5.호탄[和闐], 6.투루판[吐魯番], 7.하미[哈密], 8.검주(儉州), 9.알말리크[阿力麻里], 10.일리[伊犂], 11.윤대(輪臺), 12.사주(沙州), 13.감주(甘州), 14.숙주(肅州), 15.난주(蘭州), 16.임조(臨洮), 17.양주(凉州), 18.

오르도스[鄂爾多斯: 동승(東勝), 석주자량(石柱子梁)], 19. 천덕(天德), 20. 정주(淨州), 21. 귀화성(歸化城), 22. 카라코룸[和林], 23. 영하(寧夏), 24. 영주(靈州), 25. 태원(太原), 26. 대동(大同), 27. 북경(北京), 28. 방산(房山), 29. 탁주(琢州), 30. 장로진(長蘆鎭), 31. 하간(河間), 32. 대명(大名), 33. 동평(東平), 34. 제남(齊南), 35. 임청(臨淸), 36. 익도(益都), 37. 양주(揚州: 십자사 2개소), 38. 서주(徐州), 39. 진강(鎭江: 십자사 7개소), 40. 낙양(洛陽), 41. 항주(杭州), 42. 온주(溫州), 43. 장안(長安), 44. 주질(盩厔), 45. 천주(泉州), 46. 복주(福州), 47. 광주(廣州), 48. 중경(重慶), 49. 성도(成都, 送仙橋 옆), 50. 곤명(昆明), 51. 안산(鞍山).

제3절 원대 기독교의 특권과 다른 종교와의 관계

《원야리가온고(元也里可溫考)》(陳垣의 대표작으로 1917년 초고가 완성됨 - 역자)의 제6장은 〈야리가온 군적(軍籍)의 정지(停止)〉이고, 제7장은 〈야리가온 요역의 면제〉, 제8장은 〈야리가온 조세의 감면〉이다. 하지만 이 3개 장 외에 가장 중요한 것은 《원사》권12 〈세조본기〉에 실린 지원 19년(1282) 4월 야리가온에게 승례(僧例)에 따라 양식을 지급하게 한 칙령이다. 이 식량 지급은 물론 선교사에게만 해당하는 것이었고 일반 신도들은 대상이 아니었다.

중통 3년(1262) 3월 야리가온의 호정(戶丁)은 무슬림[木速蠻, 즉 회교]·위구르[畏吾兒]·다니쉬맨드[答失蠻][7])와 마찬가지로 반드시 병역의 의무

---

7) 다니쉬맨드(Dānish-mand, 答失蠻): 원대 이슬람교 선교사를 부르던 호칭. 달

를 져야 했다. (그러나) 5년 후인 지원 4년(1267) 평양(平陽)과 태원 사람들에게 종군(從軍)을 명하는 조서를 내렸을 때, 야리가온은 군참(軍站)·승려·도사·다니쉬맨드·유학자와 함께 제외되었다. 지원 29년(1292) 7월 조령을 내려 승려·도사·유학자·다니쉬맨드와 더불어 야리가온의 군적을 정지시켰다.

조세 징수에 관해서는 《원야리가온고》의 서문에 매우 잘 요약되어있으니, 이를 옮기면 다음과 같다.

"원대에는 뭇 종교에 대한 조세 징수가 매우 일정하지 못했다. 대체로 태조와 태종 당시에는 누구를 막론하고 모두 납세해야 했으나, 정종과 헌종 시기에 이르면 뭇 종교의 사제들에 대한 전세(田稅)와 상세(商稅)를 모두 면제했다. 강남을 병탄한 이후 교도들 중 가정이 있는 자에게는 전처럼 지세를 거두었지만 가정이 없는 자는 면제해주었다. 중간에 다시 한 번 상세를 면제해주기로 정했지만 지세는 전처럼 징수했다. 무종 이후에는 전세와 상세를 막론하고 모두 일반인들과 동일하게 징세했으니, 이는 그 이전과 크게 다른 점이었다. 원대에는 뭇 종교가 융성하고 신도가 나날이 늘어났는데, 야리가온 신도는 유자의 무리처럼 단지 독서만 하지도, 불교와 도교처럼 속세를 벗어나 독립(獨立)하지도 않았다. 비록 몸은 교(敎)를 믿지만 그들은 여전히 농·공·상·관(官)에 종사했으며 교를 믿는다고 해서 그 직업에서 벗어나는 일은 일찍이 없었다. 그러므로 그 신도 수가 다른 종교에 비해 많았다. 조세의 면제는 국가의 수입에 미치는 영향이 매우 커서 부득불 구제(舊制)에 따라 징수한 경우도 있었지만, 전후의 조지(詔旨)를 보면 조심스레 조세 징수액을 증감하고 있음을 알 수 있다."

······················

실만(達失蠻) 또는 대석마(大石馬)로도 표기한다. 송대 문헌에는 타시만(打厮蠻)으로 번역되기도 하였다. 중앙아시아 이슬람교도들이 교사와 신학자를 부르던 존칭으로 페르시아어로 "지식이 있는 자"라는 뜻이다.

앞에서 온주로에 장교사 아문을 설치한 일을 언급하였는데, 《원전장》 권33에 관련 자료가 기록되어 있다. 아문 설치는 예부가 집현원의 보고를 받아 중서성에 전하고 다시 중서성이 강절행성에 전달한 것이었다. 집현 원은 도교를 관장하는 기관인데, 그들이 보고를 올린 까닭은 야리가온이 새로 성당을 설립하고 신도를 모으는 한편 다음과 같은 고소 사건이 있 었기 때문이다. "법록선생(法籙先生)[8]을 꼬드겨 관할을 침탈하려 한다. 축성처(祝聖處)와 기도처(祈禱處)에서는 필시 선생보다 윗자리에 앉으려 한다. 걸핏하면 경쟁하여 선생 등을 구타하니 매우 거북스럽다." 도교 측의 고소로 인해 야리가온과 도교간의 다툼이 사료로 남게 된 것이다. 도교 측 고발의 첫째 이유가 법록선생이 꼬드김을 당했다는 것이니, 도 교가 야리가온을 두려워했음을 알 수 있다. 조하(朝賀)의 서열에 대해 예부가 본래 정한 바에 따르면 야리가온은 화상(和尙)과 선생(先生: 도교 도사를 가리킴) 뒤에 위치하였다. 신흥종교라는 사실을 감안하면 이러한 지위는 더할 것도 못할 것도 없는 적절한 것이었다고 하겠다. 그런데 이 신흥종교가 마침내 선생의 윗자리에 오르고자 했으니(화상과 경쟁했 다는 이야기는 없다), 그 세력이 적어도 이미 도교에 대항할 정도가 되었 다는 것이다. 구타당했다는 것은 도교 측의 일방적인 주장일 뿐이다. 고 소장에는 또 많은 야리가온 신도들이 부역을 약삭빠르게 피한다는 이야 기도 있는데, 이 말은 더욱 근거가 없다. 원대의 각 종교는 모두 부역을 면제받았기 때문이다.

....

8) 법록(法籙)은 록(籙) 또는 보록(寶籙)이라고도 하는데, 일종의 도교 부서(符 書: 뒷날에 나타날 일을 미리 알아서 남모르게 적어 놓은 글)로 도교 입문의 징표 내지 도를 닦는 방법의 근거로 사용되었다. 법록선생이란 이를 관리하 는 도사를 가리키는 것 같다.

야리가온은 다른 종교와도 다툼이 있었던 것 같다. 《지원변위록(至元辨僞錄)》권3에 보면 "불교와 도교는 각기 서로 방해하지 않고 자신에게만 집중하고자 할 뿐 다른 종교를 막는 데에는 관심이 없다. 지금 선생들은 도교가 가장 높다 하고 수재(秀才)들은 유교가 제일이라 한다. 질설인(迭屑人)은 메시아[彌失訶]를 받들며 하늘에서 태어남을 받았다고 말한다. 달실만(達失蠻)은 허공을 향해 외치며 하늘이 주신 바에 감사한다. 자세히 근본을 생각해보면 모두 불교와 나란히 하기는 어렵다." 달실만은 즉 다니쉬맨드로 무슬림이다. 질설은 특이철(忒爾撤)이라고도 쓰는데, 이는 당대 경교비에 나오는 달사(達娑)와 같은 말인 듯하며 기독교도를 가리킨다. 《지원변위록》에서 비록 각 종교가 서로 경쟁한다고 했으나, 사실 질설은 늦게 중국에 왔고 외국 색채도 가장 짙었다. 그럼에도 감히 다른 종교와 우열을 다투었다는 것은 이미 그 세력이 업신여길 수 없을 만큼 커졌다는 말이다.

《지순진강지》권10 〈도관류(道觀類)〉의 '반야원(般若院)'조에 보면 "수토산(豎土山) 꼭대기에 있다. 지원 16년(1279) 본로(本路: 즉 鎭江路 – 역자)의 부(副) 다루가치인 마설리길사(馬薛里吉思, Mar Sargis - 역자)가 금산(金山) 땅에 가서 사원 2개를 세우니, 하나는 운산사(雲山寺)이고 다른 하나는 취명산사(聚明山寺)였다. 지대 4년(1311) 금하원(金下院)으로 바꾸고 지금의 이름을 하사하였다"고 되어있는데, 지금의 이름이란 반야원을 말한다. 지대 4년은 인종이 즉위한 해로 인종이 불교를 숭상했기 때문에 야리가온이 이러한 화를 당했던 것이다. 조맹부(趙孟頫)[9]가 황명을 받고

....

9) 조맹부(趙孟頫, 1254-1322): 절강성 호주(湖州) 사람으로 원대의 관리이자 화가 겸 서예가이다. 송 태조 조광윤의 11세손으로 원 세조 때 추천을 받아 집현직학사(集賢直學士)에 임명되었다. 시문과 서화에 능했고 특히 행서와

지은 비문에는 "야리가온이 멋대로 금산 땅에 십자사를 지었으니 그 십자를 헐어버려라"는 인종의 새서(璽書)와 "금산 땅의 외도(外道) 야리가온이 세력을 믿고 십자사를 세웠다"라는 옥지(玉旨)의 내용이 적혀있다. 《지순진강지》의 주석에는 "금산의 전지(田地)는 야리가온이 **빼앗은** 곳이다"라고 되어있다.

같은 책 권10에는 또 반앙소(潘昻霄)가 황명을 받고 지은 비문이 있는데, 거기에도 역시 "지원 16년 야리가온 마설리길사라는 자가 군수(郡守)가 되어 세력이 매우 컸다. 철위봉(掇危峯) 절경 꼭대기에 집을 짓고 그들의 교에 제사지내니, 이것이 은산사(銀山寺)이다. 자투리땅을 동료 신도들의 묘지로 삼았다"고 적혀있다. 이러한 기록은 모두 당시 야리가온이 전성기였음을 말해준다. 운산(雲山)과 취명(聚明) 두 사원이 세워진 해가 지원 21년(1284)[10]이니 헐릴 때까지 대략 27년의 시간이 지났다. 십자를 헐어버릴 때도 새서를 내려 이르기를 "금산의 야리가온은 자자손손 다툼을 일으키지 말라. 다툼을 일으키는 자는 무거운 죄로 다스릴 것이다"라 하였다. 《원야리가온고》에는 "당시 불교의 기세가 등등하여 사람을 핍박함이 심했다"고 적혀있는데, 실로 있었던 그대로를 표현한 것이다.

원대 온주의 기독교도들이 법록선생에게 개종을 권한 일로 인해 도교 측의 항의를 불러일으켰지만, 원대 기독교도 가운데 도교에 들어간 자도 있었다. 이를 간단히 소개하면 다음과 같다.

....

해서에 조예가 깊었다. 구양순·안진경·유공권(柳公權)과 더불어 '해서사대가(楷書四大家)'로 불린다. 대표작으로 〈천자문(千字文)〉·〈귀거래혜사(歸去來兮辭)〉·〈적벽부(赤壁賦)〉 등이 있으며 저서에 《상서주(尚書注)》·《송설재문집(松雪齋文集)》이 있다.
10) 바로 앞에서는 지원 16년 마설리길사가 세웠다고 되어있다.

먼저 마절(馬節)이란 사람인데, 옹구트부[雍古部][11] 출신으로 마조상(馬祖常)의 숙부이다. 마조상의 행적은 다음절에서 상세히 다루겠다. 마조상이 지은 〈예부상서마공신도비(禮部尙書馬公神道碑)〉는 《원문류》 권67에 수록되어있는데, 마절이 왕옥산(王屋山)에 들어가 도사가 되었음을 기술하고 있다. 왕옥산은 하남성 제원현(濟源縣) 서북쪽 100리에 위치해 있다. 마조상의 《석전선생문집(石田先生文集)》에 수록되어있는 〈도사에게 주는 시(贈道士詩)〉는 그 분량이 전체 문집의 14분의 1을 차지하지만, 벗과 화답을 주고받는 내용이 대부분이다.

조세연(趙世延) 역시 옹구트부 출신으로 증조부는 겸공(黯公, Teko-ah), 조부는 안축이(按竺邇, Andreas 혹은 Antonius), 부친은 흑재(黑梓, Ezechias 혹은 Hosea)이다. 다섯 아들을 두었는데, 그 중 제법 이름이 알려진 사람은 야준대(野峻臺, Hyacinthus)·차월로(次月魯, Julius)·백홀(伯忽, Paulus) 셋이다. 《회편》 제2책 268쪽에서는 숙철리(叔徹利)를 찰스(Charles)의 대음(對音)이라 보았는데, 이는 영문 독법으로 추정한 것으로 정말 그럴 듯하지만 잘못된 것이다. 내 생각에는 자차리아스(Zacharias)의 간역(簡譯)인 것 같다. 《회편》의 같은 쪽에서 안축이(按竺邇)는 안토니(Anthony)에 해당한다고 하였는데, 자못 그럴듯하나 옹구트부 사람들은 결코 영문 독법으로 한문 번역 이름을 짓지 않았을 것이기 때

----

11) 옹구트부[雍古部]: 요·금·원시기 음산산맥 북쪽지역을 본거지로 삼은 터키계 부족으로 '왕고(汪古)'로도 쓴다. 위구르제국(744-840)이 멸망하였을 때, 당나라 북쪽으로 남하한 위구르인의 후예라고 한다. 요·금 두 왕조에 복속하여 그 북쪽 변방의 방위를 맡았으며 북방의 흑타타르[黑韃靼]와 대비되어 백타타르[白韃靼]라 불렸다. 칭기즈칸에게 협력하여 몽골제국 건국에 공을 세웠으므로 역대 부족장은 원의 황녀와 결혼하고 왕의 칭호가 주어졌다. 처음에는 네스토리우스파를 신봉했으나 몬테코르비노의 전도에 의하여 가톨릭으로 개종하였다.

문에 안드레아스일 가능성이 크다.

《원사》〈조세연전〉에는 그가 어릴 때 부친을 잃어 외조부 출요갑(朮要甲)이 길렀는데, 출요갑이 조씨를 참칭하여 이 때문에 조씨가 되었다고 한다. 원정 원년(1295) 강남행어사대도사(江南行御史臺都事)에 제수되었으나 모친상을 당해 부임하지 않았다. 그 당시 부모상(丁憂)에 대한 제도가 아직 정해지지 않았지만, 조세연이 먼저 이를 시행하였던 것이다. 연우 원년(1314) 한인(漢人)을 정사에 참여시키고 유학자를 등용하라는 조서(詔書)에 따라 중앙의 대신이 조세연을 천거하자, 황제는 그가 옹구트부 출신으로 한인이 아니었지만 중서성 참지정사로 삼았다. 연우 3년 권신인 태사(太師) 우승상(右丞相) 첩목질아(帖木迭兒)를 탄핵하는 상주를 올렸고, 얼마 후 사천행성 평장정사에 제수되었다. 인종 사후 다시 승상이 된 첩목질아가 조세연을 모함하여 투옥시키고 그를 죽이고자 하였으나 결국 그렇게 하지 못했다. 첩목질아가 죽자 조세연은 석방되었다. 지순 원년(1330) 《경세대전(經世大典)》을 만들라는 조서가 내려져 조세연이 편찬을 총괄하게 되었다. 사서에 보면 그가 이해 가을 금릉(金陵)의 모산(茅山)에서 요양하였다고 되어있지만 실은 수도(修道)한 것이었다. 후지원 2년(1336) 성도(成都)로 돌아갔다. 6월 재물을 모아 문창제군(文昌帝君)의 사당을 세우니 《청하내전(淸河內傳)》 권9에 보인다. 조세연의 글로 전해지는 것은 〈남당서서(南唐書序)〉·〈모산지서(茅山志序)〉·〈천희사비(天禧寺碑)〉·〈영곡사종명(靈谷寺鐘銘)〉·〈종산숭희만수사비(鐘山崇禧萬壽寺碑)〉 및 《환우방비록(寰宇訪碑錄)》에 수록된 5종의 비문이 있다. 《원사》〈조세연전〉에서는 그의 문장이 변화무쌍하고 광대하다고 하였다. 조세연이 투옥되었을 때 자(字)가 선응(善應)인 딸 란(鸞)은 7살에 《주역》을 외우고 9살에는 《논어》·《맹자》·《소학》을 모두 외웠으며 13살부터 냄새나는 채소와 고기 먹기를 거부하며 북두성을 향해 3년

간 기도하였다고 하니, 이 역시 도교의 수도 방법이었다. 또 조세연이 그에게 점치는 법을 가르쳐 주자 여러 음양가의 책들에 두루 통달하게 되었다고 한다. 이상의 내용은 진려(陳旅)[12]의 《안아당집(安雅堂集)》 권11에 수록된 〈노군부인조씨묘지(魯郡夫人趙氏墓誌)〉에 보인다. 노군이라고 한 것은 조세연이 노국공(魯國公)이었기 때문이다. 《서사회요보유(書史會要補遺)》[13]에 따르면 (조세연의 딸 란은) 중서성 참지정사 허유임(許有壬)의 아내로 거문고와 서예에 능숙하고 서한을 잘 썼다고 되어 있는데, 이 역시 〈노군부인조씨묘지〉에 근거한 것이다.

제4절 원대 유명 기독교인의 행적과 유학(儒學)

마갑홀(馬押忽)은 계모(繼母) 장씨(長氏)와 서모(庶母) 여씨(呂氏)를 섬기면서 자식의 도리를 극진히 다하였다. 이는 《원사》 권197 〈효우전(孝友傳)〉 '곽전(郭全)조'에 보인다.

광혜사경(廣惠司卿) 섭지아(聶只兒)는 일찍이 원통 원년(1333) 상도(上

....

12) 진려(陳旅, 1288-1343): 원대의 문학가로 홍화(興化) 보전(莆田) 사람이다. 마조상과 우집(虞集)의 추천으로 중앙관이 되었고 조세연의 추천으로 국자조교(國子助敎)를 맡았다. 문장이 뛰어났고 서예에도 일가견이 있었다. 저서로 《안아당집》 13권이 있다.

13) 《서사회요보유(書史會要補遺)》: 명초 도종의(陶宗儀)가 상고시대부터 원대까지의 서예가 약 400여 명의 전기를 집록한 《서사회요》 9권을 지었는데, 그 《보유(補遺)》로 전 1권으로 되어있다. 그 외 명대 주모인(朱謀垔)이 편찬한 《서사회요속편(書史會要續編)》도 있다.

都)에서 순종 황제 누나의 부마인 강합랄찰경왕(剛哈剌咱慶王)의 이질(異疾)을 치료하였다. 이 일은 양우(楊瑀)의 《산거신화(山居新話)》[14]에 보인다. 광혜사는 아랍인 의원들이 소속된 곳이다. 하지만 섭지아는 본래 야리가온 신도라고 기록되어있다. 도종의(陶宗儀)의 《철경록(輟耕錄)》 권9 '기질(奇疾)'조에도 이 일이 기록되어있다.

마세덕(馬世德)은 자가 원신(元臣)인데, 부친 보록사(保祿賜, Paulus)는 순수한 기독교 신도 이름이다. 진사에 급제한 이래 응봉한림문자(應奉翰林文字)·추밀도사(樞密都事)·중서검교(中書檢校)·용전첨사(庸田僉事)·회남염방첨사(淮南廉訪僉事)를 역임했다. 그는 지정 13년(1353) 합비(合肥)성을 수축했는데, 여궐(余闕)[15]의 《청양집(靑陽集)》 권3에 〈합비수성기(合肥修城記)〉가 수록되어있다. 마세덕은 용전첨사를 맡고 있을 때 소주(蘇州)에 성을 쌓기도 했다. 황진(黃溍)의 《금화황선생문집(金華黃先生文集)》[16] 권43 〈마씨세보(馬氏世譜)〉에는 마세덕이 국자감생으로서 발탁되어 진사에 급제했고 감찰어사를 거쳐 중서검교로 전직했다고 되어

....

14) 《산거신화(山居新話)》: 저자 양우(1285-1361)는 원대 사람으로 자가 원성(元誠)이고 절강 항주 출신이다. 궁중의 서사전부(瑞司典簿)·중봉대부(中奉大夫)·절동도선위사(浙東道宣慰使)·도원수(都元帅)를 역임했다. 저자 서문에 따르면 양우가 늙어 관직을 그만두고 산중에 은퇴한 다음 지은 책으로 조정의 전장제도·풍습·명신언행(名臣言行)·자연경관 등에 대해 상세히 기록하고 있다.

15) 여궐(余闕, 1303-1358): 자는 정심(廷心)이고 현 안휘성 합비 출신으로 선조는 당올(唐兀)인이다. 원통 원년(1333) 진사 급제하여 지방관을 역임하다 지정 12년(1352) 회서선위부사(淮西宣慰副使) 겸 도원수부첨사(都元帅府僉事) 직을 대리하면서부터 5-6년 간 안경(安慶)을 지키기 위해 홍건군과 백여 차례 전투를 벌였다. 지정 18년 홍건군의 공격을 막다 성이 함락된 것을 알고 자살하였다. 저서로 《청양집(靑陽集)》 4권이 전해지고 있다.

16) 원서에는 《금화문집(金華文集)》으로 되어있으나 정식 명칭으로 바로잡았다.

있다. 마세덕은 또 시(詩)에 능하였다. 《원시선(元詩選)》〈계지정(癸之丁)〉에는 〈과영천사(過靈泉寺)〉 2절(絶)이, 〈계지기(癸之己)〉에는 〈번황배시상서원신공우영천사(潘煌陪侍尚書元臣公寓靈泉寺)〉가 실려 있는데, 동일인의 시로 알려져 있다. 상서란 형부상서를 가리킨다. 《원시선》에서는 〈계지계(癸之癸)〉에 수록된 〈호구(虎丘)〉란 제목의 시를 마세덕의 또 다른 작품으로 간주하고 있으나, 이는 착오이다.

마설리길사(馬薛里吉思)는 지원 15년(1278) 정월 25일 진강에 도착해 진강부로총관부(鎮江府路總管府) 호부회원대장군(虎符懷遠大將軍)이 되었는데, 8월 1일 다시 금패(金牌)를 내려 명위장군(明威將軍) 겸 부(副) 다루가치 직을 맡게 하였다. 일찍이 7곳의 사원을 지었고 해마다 사리팔(舍里八)을 바쳤다. 이는 《지순진강지》 권14와 권18에 보인다. 사원 건축과 사리팔 공납에 대해서는 따로 상세히 다루겠다.

안진형(安震亨)은 가의대부(嘉議大夫)로 지원 20년(1283) 7월 2일부터 지원 23년(1286) 2월 28일까지 진강부로의 총관 겸 부윤(府尹)을 맡았다. 이는 《지순진강지》 권14에 보인다.

활리길사(闊里吉思)는 지대 원년(1308) 소중대부(少中大夫)가 되어 지대 원년 8월 6일부터 황경 원년 12월 19일(1313년 1월 6일)까지 진강로총관부 다루가치 겸 관내권농사(管內勸農事) 직을 맡았다. 이는 《지순진강지》 권14와 권18에 보인다.

노합(魯合)은 활리길사의 아들로 조열대부(朝列大夫)이자 담주로(潭州路) 겸 양주(揚州)의 다루가치였다. 이는 《지순진강지》 권18에 보인다.

태평(太平)은 가의대부로 활리길사의 뒤를 이어 연우 3년(1316) 11월 2일까지 진강로총관부 다루가치 겸 관내권농사 직을 맡았다. 사민(士民)들이 그가 굳게 지킬 바를 특별히 정하여 일일이 법령에 따라 처리했다고 거사비(去思碑)[17]를 세워 그를 칭송하였다. 이 일은 《지순진강지》 권

14에 보인다. 《강희진강지(康熙鎭江志)》권33 〈명환전(明宦傳)〉에는 그가 월과(月課)를 균등히 하고 해상 조운(漕運) 관리의 부패를 혁파했으며 권세가들이 침점(侵占)했던 학전(學田)을 회복시켰다고 적혀있다.

마오랄감(馬奧剌憨)은 단도현(丹徒縣) 다루가치이자 충익교위(忠翊校尉)로 원정 2년(1296) 6월까지 직무를 역임했다. 이는 《지순진강지》권16에 보인다. 황진의 《금화문집》권43 〈마씨세보〉에는 오랄한(奧剌罕)이라 표기되어있고 그가 양자현(楊子縣) 다루가치였다고 적혀있다.

알라사(斡羅思)는 승무랑(承務郎)으로 천력 2년(1329) 8월까지 단도현 다루가치를 지냈다. 이는 《지순진강지》권16에 보인다.

안마리홀사(安馬里忽思)는 진강에 거주했으며 중헌대부(中憲大夫)로 동지광동도선위사사(同知廣東道宣慰使司) 부도원수(副都元帥)였다. 이는 《지순진강지》권18에 보인다. 《도광광동통지(道光廣東通志)》권17에는 그가 일찍이 남웅로(南雄路)의 다루가치를 지냈다고 적혀있다.

야리아(也里牙)는 안마리홀사의 아들이다. 부친의 음서(蔭敍)에 의해 충익교위로 남안로(南安路) 대수현(大庾縣) 다루가치, 소신교위(昭信校尉)로 동지담주로유양주사(同知潭州路瀏陽州事)를 맡았다. 이는 《지순진강지》권18에 보인다.

탑해(塔海)는 경구(京口)에 거주했으며 정의대부(正義大夫)로 동지광동도선위사사 부도원수였다. 이는 《지순진강지》권18에 보인다.

합랄(哈剌)은 자가 원태(元泰)로 진사에 급제하여 관직이 중정원사(中政院使)에 이르렀다. 일찍이 강절행성 좌승과 강남절서도(江南浙西道) 숙정렴방사(肅政廉訪司) 첨사(僉使)를 역임했다. 문장에 능했고 서체는 노정재(嶧正齋)[18]를 모범으로 삼았다. 이는 《만력항주부지(萬曆杭州府志)》

....

17) 지방관이 이직한 뒤 그의 선정(善政)을 사모하여 고을 주민들이 세운 비석.

권9와 도종의의 《서사회요보유》에 보인다.

강리불화(康里不花)는 자가 보수(普修)이고 관직이 해북렴방사(海北廉訪使)에 이르렀다. 고대의 전적(典籍)에 뜻을 두어 제자백가의 술수(術數)에 이르기까지 연구하거나 열람하지 않은 것이 없었고 서체는 이왕(二王: 王羲之와 王獻之 부자를 말함 – 역자)을 모범으로 삼았다. 이는 《서사회요》 권7에 보인다.

실렬문(失列門)은 대덕 11년(1307) 6월 25일 비서소감(秘書少監)이 되었는데, 원(元) 《비서감지(秘書監志)》[19] 권9 〈제명일(題名一)〉에 보인다.

아고(雅古)는 자가 정경(正卿)이고 진사 출신이다. 태정 원년(1324) 11월 26일 승사랑(承事郞)에서 저작랑(著作郞)으로 승진했다. 이는 원 《비서감지》 권10 〈제명이(題名二)〉에 보인다. 천력연간(1328-1329) 진사 급제자 명단을 살펴보면 그 이름이 어필로 아호(雅琥)라고 고쳐져 있다. 이는 《부여려시문집(傅與礪詩文集)》[20] 권2 〈억석행(憶昔行)〉의 주석에 보인다. 손원리(孫原理)의 《선원음(選元音)》 권9에 그의 시가 채록되어 있는데, (야리)가온인이라고 적혀있다. 조학전(曹學佺)의 《역대시선(歷代詩選)》 중 〈원시(元詩)〉 권7[21]에도 '(야리)가온 아호'라 적혀있다. 일찍

....

18) 노정재(嶩正齋, 1295-1345): 원명은 강리노노(康里嶩嶩)이고 강리부(康里部) 출신 몽고족으로 원대의 저명한 서예가이다. 자는 자산(子山)이고 호는 정재(正齋) 또는 서수(恕叟)이며 예부상서와 규장각 대학사를 지냈다. 그의 글씨는 조맹부(趙孟頫)와 더불어 유명하여 당시 '북노남조(北嶩南赵)'로 불리었다.

19) 《비서감지(秘書監志)》: 원대 학자 왕사점(王士点, ?-1359)이 저작좌랑 상기옹(商企翁)과 함께 편찬한 책으로 전 11권으로 되어있다.

20) 《부여려시문집(傅與礪詩文集)》: 원대 강서성 신유(新喩) 사람인 부약금(傅若金, 1303-1342)이 지은 책이다. 부약금의 자는 본래 여려(汝礪)였는데, 게혜사(揭傒斯)가 여려(與礪)로 고쳐주었다고 한다.

21) 조학전의 저작 중에 《역대시선(歷代詩選)》이란 책은 없고 대신 《석창십이대

이 규장각참사(奎章閣參事)를 맡았다. 그의 시문은 모두 유명한데, 호응린(胡應麟)은 《시수외편(詩藪外編)》 권6 〈논원시(論元詩)〉에서 아호가 지은 "매화 핀 길 가까이로 흰 눈 가득 내리고, 도엽도(桃葉渡)의 물길 평탄하니 도강하기 좋아라. 외마디 철 피리 가락 속에 달빛은 온 마을 비추고, 열 폭 돛단배는 바람 속에 만리 길 떠나는구나.[22]" 등의 구절을 매우 상찬하고 있다.

《원야리가온고》에서는 야리가온 인물의 맨 마지막에 작은 글씨로 애설(愛薛)이란 사람을 첨부하면서 그의 씨족·관직·봉작(封爵)·언행 등을 보면 그가 야리가온인이라 말하지 않을 수 없으며 또 야리가온 교도임이 분명하다고 적고 있지만, 사실 함부로 확정할 수 없는 일이었다. 최근 애설이 무슬림임이 증명되었는데, 이에 관한 글은 《회교논단(回敎論壇)》 5권 4기에 보인다.

《원서역인화화고(元西域人華化考)》 권2 〈유학편(儒學篇)〉에는 '기독교 세가의 유학(基督敎世家之儒學)'이라는 글이 있고, 권4 〈문학편〉에는 '기독교 세가의 중국 시인(基督敎世家之中國詩人)'이라는 글이 있는데, 여기서 그 요점을 발췌하면 다음과 같다.

마조상(馬祖常)은 자가 백용(伯庸)으로 《원사》 권143에 그 열전이 있다. 저술로는 《영종실록(英宗實錄)》·《황도대훈(皇圖大訓)》·《승화사략(承華事略)》·《열후금감(列后金鑑)》·《천추기략(千秋紀略)》·《장소(章疏)》 1권 및 《석전선생문집(石田先生文集)》이 있다. 《석전선생문집》은 지원 5년(1268) 황제의 명령으로 간행되었다. 소천작(蘇天爵)은 마조상의 시(詩)

시선(石倉十二代詩選)》 888권이 있는데, 그 중 원대 부분의 권7을 말하는 것 같다.

22) "梅花路近偏逢雪, 桃葉波平好渡江. 一聲鐵笛千家月, 十幅蒲帆萬里風."

가 수·당의 전통을 잇고 위로는 한·위시기까지 거슬러 올라간다고 평가했다. 문집 중에는 형제끼리 서로 화답한 작품도 많이 있으니, 집안 전체가 문장에 뛰어난 경우는 매우 드문 일이다. 양유정(楊維楨)23)의 《서호죽지집(西湖竹枝集)》에 그에 대한 간략한 전기가 있는데, '준의가온씨(浚儀可溫氏)'라 적고 있다. 준의란 개봉(開封)을 가리키며 가온이란 야리가온의 약칭이다. 마오랄감(馬奧剌憨, Abraham)이라고도 쓰는 재종조부[族祖]오랄한(奧剌罕)과 종백숙부[從諸父] 마세덕(馬世德)은 모두 앞에서 다루었다. 〈마씨세보〉에는 "마씨의 선조는 서역 네스토리우스교 귀족 출신이다"고 적혀있다.

마씨 중 처음 중국에 온 사람은 화록미사(和祿釆思, Horam Michael)로 요나라 도종 함옹연간(1065-1074)이었다. 4대손 마경상(馬慶祥)이 개봉으로 처음 이주하였는데, 그의 세례명은 습례길사(習禮吉思)로 활리길사(闊里吉思)라고도 쓰니 요즘 식으로 번역하면 조지(Geroge) 혹은 게오르기우스(Georgius)이다. 마조상의 유학(儒學)적 소양은 증조부인 월합내(月合乃, Joannes: 《원사》 권134에 그의 열전이 있다)로부터 비롯되어 부친인 마윤(馬潤)에 의해 완성되었다. 원각(袁桷)24)이 지은 《청용(거사)집(淸容(居士)集)》 권2에는 마조상 부친의 신도비인 〈창주로동지마군신도비(彰州路同知馬君神道碑)〉가 수록되어있는데, 월합내가 일찍이 "노비가 된 사인(士人)들을 위해 속전(贖錢)을 내었으며", "자손들은 더욱 유술(儒

---

23) 양유정(楊維楨, 1296-1370): 원말 명초의 저명한 시인·문학가 겸 서화가로 회계(會稽) 사람이다. 저서로 《서호죽지집》 외에 《동유자문집(東維子文集)》·《철애선생고악부(鐵崖先生古樂府)》 등이 있다.

24) 원각(袁桷, 1266-1327): 원대 경원(慶元) 은현(鄞縣) 사람으로 자는 백장(伯長)이고 호는 청용거사(淸容居士)이다. 학관(學官)과 서원의 산장(山長)을 지냈으며 명문장으로 이름을 떨쳤다.

術)을 업으로 삼고" "더욱 유학으로 자신을 정제(整齊)하였으며", 마윤은 또 해마다 제생(諸生)들을 이끌고 사마광(司馬光)의 제사를 지냈다고 적혀있다. 마윤이 지은 시집 《초은집(樵隱集)》은 현재 전해지지 않는다. 마윤에게는 양씨(楊氏)와 이씨(李氏) 2명의 처가, 마조상에게는 색씨(索氏)와 겁열씨(怯烈氏) 2명의 처가 있었다. 이들에 대한 제사는 풍속에 따라 부침이 있었다. 일찍이 회남(淮南)에 별장을 지어 석전산방(石田山房)이라 이름 붙이고 스스로 기념문장을 지어 노동하며 독서하겠다는 뜻을 표방하였는데, 이에 대해서는 《석전선생문집》의 부록에 보인다. 〈마씨세보〉에는 화록미사부터 마조상의 아들까지 모두 9대라고 되어있다. 마조상의 종백숙부 중에는 여전히 기독교도의 이름을 가진 이들이 있었으니, 예컨대 요하네스(Joannes)·야코부스(Jacobus)·파울루스(Paulus) 등이다. 마조상의 형제 일곱 중 기독교도의 이름을 가진 이는 하나도 없었다. 종형제 중 1명은 이름이 이삭(易朔)[25]으로 소천작이 쓴 〈석전산방집서(序)〉에 보인다. 그리고 그의 숙부인 마절(馬節)이 왕옥산(王屋山)에 들어가 도사가 되었음은 앞에서 이미 언급하였다.

원의 부마도위(駙馬都尉) 고당충헌왕(高唐忠獻王) 활리길사(闊里吉思)는 옹구트부의 족장으로 요즘 식으로 번역하면 조지(George)이다. 《원사》에 그의 열전이 있는데, 그의 형제자매 모두 기독교도의 이름을 갖고 있었고 부친 애불화(愛不花)와 백부 군불화(君不花)도 모두 신실한 기독교도였다고 기록되어있다. 아마도 마르코 폴로의 여행기에 기록된 조지 왕인 듯하다. 1305년(원 대덕 9년) 1월 8일 칸발리크(북경) 총대주교 몬테코르비노(Montecorvino)의 첫 번째 서신에서는 애초 원래 네스토리우스교 교도였다가 이후 로마 가톨릭으로 개종했으며, 또 그의 왕부(王府)에

....

25) 원서에는 로마자 표기가 없으나 이삭(Issac)을 가리키는 듯하다.

성당이 있었지만 그의 형제들은 여전히 네스토리우스파였다고 되어있다. 《원서역인화화고》에서 세습 신앙은 아니라고 하였지만 그의 부친과 백부, 형제자매들이 모두 기독교도임을 보면 꼭 그런 것만은 아닌 것 같다. 《원문류》 권23에 실린 염복(閻復)[26]의 〈부마고당충헌왕비(駙馬高唐忠獻王碑)〉에서는 그가 "유교를 받들고 도교를 중히 여김은 천성(天性)에서 나옴이니, 묘학(廟學)을 일으켜 세우고 경사(經史)를 모았으며 사저(私邸)에 만권당(萬卷堂)을 지었다. 의리(義理)를 잘 지켰지만 음양(陰陽) 술수(術數)에도 모두 관심을 지녔"으며, 또 그의 아우 아리팔대(阿里八觸)가 "유술(儒術)을 즐겼다"고 하였다. 《순치길안부지(順治吉安府志)》 권25 〈유행전(儒行傳)〉에는 영신(永新) 사람 오추(吳鄒)가 송말 전란 때 원수를 피해 산서(山西)로 이주한 후 장응진(張應珍)이라 개명하고 《주역》에 주를 달았는데, 정주(程朱: 程顥, 程頤, 朱熹를 말함 - 역자)를 모범으로 하면서도 부화뇌동하지 않았으니, 원의 부마도위 고당군왕(高唐君王) 활리길사가 일찍이 그를 따르면서 의문 나는 점을 물었다고 적혀있다.

원의 기독교도 시인 마윤은 《초은집》을 남겼고 그의 아들 마조상은 《석전선생문집》을 남겼으며 조카인 마세덕 역시 《원시선》에 시가 실려 있다고 앞에서 모두 언급하였다. 마씨 외에 자가 정경(正卿)인 아호(雅琥)를 들 수 있는데, 《원시선》 2집에 《정경집(正卿集)》이 수록되어있음도 앞에서 언급하였다. 《석전선생문집》 권9에 수록된 〈송아호참서지관정강시서(送雅琥參書之官靜江詩序)〉에서는 아호가 "문학과 슬기로움으로 황제에게 인정을 받았다"고 하였고, 구우(瞿佑)[27]도 《귀전시화(歸田詩話)》

....

26) 염복(閻復, 1236-1312): 원나라의 대신으로 자는 자정(子靖)이고 호는 정헌(靜軒) 또는 정산(靜山)이며 고당(高唐) 사람이다.

27) 구우(瞿佑, 1347 - 1433): 원말 명초의 문학가로 자는 종길(宗吉)이고 호는 존

하권에서 아호의 〈어구유엽시(御溝流葉詩)〉를 극찬하고 있다. 하지만 허유임(許有任)[28]은 《지정집(至正集)》 권73의 〈발아호소장선우백기사한(跋雅琥所藏鮮于伯機[29]詞翰)〉에서 "진(晉)나라 이후에도 서예가 있지만 끝내 진나라만 못하고 당나라 이후에도 시가 있지만 끝내 당나라만 못하다"고 하여 아호를 조롱하고 있다. 이는 아마도 아호가 선우백기의 서예 작품을 보고서 '진정한 17첩(帖)[30]'이라 감탄하고, 선우백기의 시를 읽은 후에 "소주(蘇州)를 앞질러 팽택(彭澤)의 경지에 들어섰다"[31]고 말한 것을 꼬집은 듯하다.

· ·

재(存齋)이다. 전당(錢塘) 사람으로 어려서부터 시재(詩才)를 인정받았다. 홍무 초 훈도(訓導)와 국자조교관(國子助敎官)을 거쳐 주왕부(周王府) 우장사(右長史)가 되었으나 영락연간 필화로 섬서성 보안(保安)에 유배되었다가 홍희 원년(1425) 복귀하였다. 문어(文語)소설 분야의 걸작 《전등신화(剪燈新話)》를 비롯하여 많은 저작을 남겼으나, 지금은 《귀전시화》외에 거의 전하는 것이 없다.

28) 허유임(許有任, 1286-1364): 원대의 문학가로 자는 가용(可用)이고 창덕(彰德) 탕음(湯陰) 사람이다. 연우 2년(1315) 진사 급제하여 집현대학사(集賢大學士)를 거쳐 중서좌승(中書左丞)에 이르렀다. 저서로 《지정집》81권과 《규당소고(圭塘小稿)》 등이 있다. 《지정집》은 허유임의 시사(詩詞)와 문장을 제자들이 모아놓은 것으로 그의 사후 수백 년이 지나 출판되었다.

29) 선우백기는 원대의 유명한 서예가 선우추(鮮于樞)로 백기는 그의 자(字)이다.

30) 17첩은 왕희지의 편지를 1권으로 모아 만든 법첩(法帖)을 말하며 왕희지 초서(草書)의 대표작으로 중요시되고 있다.

31) 여기서 소주는 소주자사를 지낸 백거이, 팽택은 팽택현령을 지낸 도연명을 가리킨다.

제5절 마르 사르기스(Mar Sargis)의 공적(功蹟)과 〈대흥국사기(大興國寺記)〉

원대의 기독교도로 신앙이 가장 돈독하고 교회에 공이 가장 큰 사람으로는 당연히 마설리길사를 들어야 할 것이다. 마설리길사의 행적을 가장 상세히 기록한 것은 역시 《지순진강지》 권9에 수록된 유학교수(儒學敎授) 양상(梁相)의 저술 〈대흥국사기〉이다. 협도항(夾道巷)에 위치한 대흥국사는 바로 마설리길사가 지원 18년(1281)에 세운 사원이다. 《원야리가온고》와 모울(Moule)이 저술한 《1550년 이전 중국의 기독교》(*Christians in China before the Year 1550*)에 모두 해설이 실려 있는데, 후자가 더욱 자세하다. 원대 기독교 사료에 있어 〈대흥국사기〉가 갖는 가치는 실로 당대의 〈경교비〉와 다를 바 없다.

건륭 60년(1795) 완원(阮元)은 《지순진강지》의 필사본을 얻어 도광 22년(1842) 이를 간행했다. 동치 12년(1873) 북경 동방정교회의 대목자(大牧者, Archimandarite) 팔라디우스(Palladius)가 가장 먼저 이 기록을 발견해 러시아어로 번역했다. 영역본은 그 2년 후 《중국기록자》(*The Chinese Recorder*) 108–112쪽에 발표되었다. 광서 21년(1895)과 23년(1897), 28년(1902)에 상해의 프랑스 선교사 앙리 아베르(Henri Havert)[32]가 발표한 《서안부(西安府)의 기독교 비(碑) 연구》(*La stèle chrétienne de Si-ngan-fou*)에서도 〈대흥국사기〉의 가장 중요한 부분을 인용하고 있다. 민국 4

----

32) 앙리 아베르(Henri Havret, 1848—1901): 프랑스 출신의 예수회 선교사로 그가 쓴 《서안부의 기독교 비 연구》 3책은 서양인의 선행연구 뿐 아니라 당대(唐代) 경교와 관련된 당·송시기 한적(漢籍) 기록과 경교비에 대한 명·청시기 학자들의 고증연구를 집대성한 해당 분야의 필독서로 꼽힌다.

년(1915) *T'oung Pao*, 627~686쪽에는 라이오넬 자일스(Lionel Giles)[33]와 모울의 영역본이 실려 있다.

마설리길사의 원래 표기는 Mar Sargis인데, 《(대진)경교삼위몽도찬》에는 '마살길사(摩薩吉思)', 마르코 폴로의 여행기에는 'Marsarchis'로 표기되어있다. 〈대흥국사기〉에는 "설미사현(薛迷思賢)은 중원(中原)의 서북쪽 십만 여리에 위치하고 있으며 야리가온이 교(敎)를 행하던 땅이다"라고 적혀있다.

'설미사현'의 현(賢)은 견(堅)을 잘못 쓴 것이다. 《원사》에는 설미사간(薛迷思干), 《대당서역기》에는 삽말건(颯秣建), 《장춘진인서유기》에는 야미사간(耶米斯干)으로 적혀있는데, 지금의 사마르칸트(Samarkand)이다. 십만 여리의 십은 연자(衍字)로 어쩌면 일만의 오기일 수도 있다.

"그가 말한 교(敎)가 무엇인지 내가 물었더니, '천지(天地) 사이에 12개의 십자사가 있다. 그 중 한 사원의 불전(佛殿)에 4개의 기둥이 있는데, 모두 거목(巨木)으로 높이가 40척에 달한다. 그 중 한 기둥은 1척 정도 공중에 떠있다[懸虛: 《원야리가온고》에서는 虛를 空으로 잘못 표기하고 있음]. 조사(祖師)이신 마르 엘리야(Mar Elijah)께서는 영험한 기적을 행하시어 천오백여세를 사셨'고 말했다. 지금의 마르 사르기스는 바로 그 교도이다."

이 기적은 마르코 폴로의 여행기에 보인다.[34] 《원야리가온고》에서는

....

33) 라이오넬 자일스(Lionel Giles, 1875 - 1958): 영국 빅토리아 시대의 학자 겸 번역가로 한학자인 앨런 허버트 자일스(Allen Herbert Giles)의 아들이다. 대영박물관에 근무하면서 중문도서 관리 책임을 맡았다. 《손자병법》과 《논어》 등을 영어로 번역하였고 《대영박물관장돈황한문사본주기목록(大英博物館藏敦煌漢文寫本注記目錄)》을 편찬하였다.

마르 엘리야가 마리아라고 설명하고 있지만 잘못된 것이다. 또 팔라디우스는 이를 예수라고 해석하였으나, 이 또한 합당하지 않다. Mar Elijah란 인물을 찾아보면 그리스력 1501년(서기 1190년) 4월 해당 지역에서 마침 총대주교(Patriarch) Mar Elijah가 서거하였음을 알 수 있다. 그렇다면 소위 '천오백여세'는 잘못된 것이 아니다. 《원야리가온고》에서는 천오백을 천삼백의 오자라 여겼는데 그렇지 않다. 마르코 폴로는 이 기적이 1243년 전후에 일어났다고 적었다.

> "교(敎)는 동방의 만주(萬主)를 예우하여 …… 그러므로 영원한 하늘[長生天]이라 불렀다."

〈경교비〉에도 "동방 예배는 살아서 영광의 길로 나아간다(東禮趣生樂之路)"는 문구가 있다. '영원한 하늘'은 몽고어로, 예컨대 황제의 조서에는 반드시 첫머리에 "영원한 하늘의 힘 안에서"라는 문구가 있다.

> "십자라는 것은 사람을 형상한 것으로 집에 걸어 놓거나 전(殿)에 그려 놓거나 머리에 쓰거나 가슴에 차는데, 사방과 상하는 이것으로 기준을 삼는다."

〈경교비〉에는 또 "십자를 펴시어 사방의 방위를 정하시고(判十字以定四方)"와 "십자의 인친 표로 사방을 조명하여 구애가 없도록 연합하시다(印持十字, 融四照以合無拘)"라는 문구도 있다.

....

34) 김호동의 역주본에는 공중에 떠 있는 기둥 이야기(164-165쪽)만 있고 마르
    엘리야 이야기는 보이지 않는다. 위의 인용문은 아마도 《지순진강지》에 나
    오는 내용인 듯하다.

"설미사현은 지명이고 야리가온은 교명(教名)이다. 공(公)의 조부 가리길사(可里吉思), 부친 멸리(滅里), 외조부 철필(撤必)은 태의(太醫)였다. 태조 황제가 처음으로 그 땅을 얻었을 때 태자 예케노얀(也可那延)이 병에 걸렸는데, 공의 외조부 사리팔(舍里八) 마리합석아(馬里哈昔牙)의 무리가 기도하여 비로소 낫게 되었다."

가리길사의 지금 표기는 조지(George)이다. 멸리는 어쩌면 마레스(Mares)일지 모르겠다. 철필은 《원야리가온고》에서 살필(撤必)로 잘못 적고 있다. 칭기스칸이 부하라와 사마르칸트를 함락시킨 것은 태조 15년(1220) 여름 혹은 16년 봄이었다. 예케노얀은 툴루이의 몽고 직함으로 《원사어해(元史語解)》에 따르면, 예케는 크다는 의미이고 노얀은 장관이란 뜻이다. 사리팔은 사아별(舍兒別)이라고도 쓴다. 원어인 세르베트(Sherbet)는 시종의 직책인데, 관명으로 쓸 경우에는 '적(赤)'자를 덧붙여 사리팔적(舍里八赤)으로 쓴다. 《원사어해》에 따르면 사아별은 지혜, 적은 관리란 뜻이다. 펠리오는 합석아가 시리아어 하시아(hasia)라고 보았는데, 이는 거룩하다는 뜻이다.

"황제의 사리팔적 겸 이곳의 야리가온을 다라한[答剌罕][35]으로 삼았다. 지원 5년(1268) 세조가 공(公)을 급히 역참을 통해 사리팔을 진상하라고 불러 많은 상을 내렸다. 사리팔은 여러 향과(香果)를 기름에 지져[煎] 만드는데 샘물과 꿀을 적당히 배합해 완성하였다. 사리팔적은 직함이다. 공은 대대로 그 제조법에 정통하였고 또 실제 효험이 있어 특별히 금패(金牌)를 내려 직무를 전담케 했다."

....

35) 다라한[答剌罕]: 돌궐족과 몽고족이 오랫동안 사용했던 관직명. 유연(柔然)인이 최초로 사용했고 당대(唐代)의 돌궐인은 달간(達干 , darqan)이라 불렀는데, '전통병마사(專統兵馬使)'라는 무관직이었다. 동·서 돌궐과 회흘도 사용하였으나 고창(高昌) 회흘 시기에 와서는 이름뿐인 세습 직함이 되었다.

다라한은 세습되는 명호(名號)로 훈척(勳戚)이 아니면 부여하지 않았다.

"9년(1272) 평장사 샤이드 아잘 알딘(Sayyid Ajall Omer Shams Al-Din, 賽典赤 瞻思丁)과 함께 운남에 갔고 12년(1275) 민절(閩浙)로 갔는데, 모두 사리팔을 만들기 위해서였다. 14년(1277) 황제로부터 선명호부회원대장군(宣明虎符懷遠大將軍) 진강로총관부(鎭江路總管府) 부(副) 다루가치를 제수 받았다. 비록 영화롭고 현달한 지위에 올랐으나 더욱 삼가 교(敎)를 믿으며 항상 교법(敎法)을 널리 퍼트릴 뜻을 가지고 있었다."

"하루는 꿈에 칠중(七重)의 하늘 문이 열리고 두 신(神)이 들어와 '너는 마땅히 사원 일곱 곳을 일으켜야 한다'라고 말하고는 흰 물건을 주면서 이를 기억하도록 하였다. 정신을 차리고 나서 느끼는 바가 있어 마침내 관직에서 물러나 사원을 세우는데 힘썼다. 먼저 철옹문(鐵甕門)에 있는 자신의 집에 팔세홀목랄대흥국사(八世忽木剌大興國寺)를 세웠다. 다음으로 서쪽 나루[西津]의 수토산(豎土山)에 있는 땅을 얻어 답석홀목랄설산사(答石忽木剌雪山寺)와 도타오아홀목랄취명산사(都打吾兒忽木剌聚明山寺)를 세웠다. 두 사원 아래에 야리가온의 의천(義阡: 義冢과 같은 의미로 연고가 없는 사람을 위해 만든 무덤을 가리킴 — 역자)이 처음 만들어졌다. 또 단도현(丹徒縣) 개사(開沙)에 타뢰홀목랄사독안사(打雷忽木剌四瀆安寺)를 세웠다. 등운문(登雲門) 외황산(外黃山)에 적렴해아홀목랄고안사(的廉海牙忽木剌高安寺)를 세웠다. 대흥국사 옆에 다시 마리결와리길사홀목랄감천사(馬里結瓦里吉思忽木剌甘泉寺)를 세웠다. 항주 천교문(薦橋門)에 양의홀목랄대보흥사(樣宜忽木剌大普興寺)를 세웠다. 이 일곱 사원은 공의 마음에서 나온 것이니, 공의 충군애국심은 스스로 드러나지 않지만 그가 세운 사원에서 볼 수 있을 뿐이다."

"마침내 관직에서 물러나 사원을 세우는데 힘썼다"고 한 것을 보면, 마르 사르기스가 결코 반앙소(潘昂霄)의 비문(《지순진강지》권10)에서 말한 것처럼 "군무(郡務)를 감독하니 세력이 매우 컸다. 철위봉(撥危峯)

절경 꼭대기에 집을 짓고 그들의 교에 제사"하지 않았으며, 조맹부의 비문(《지순진강지》 권10)에서 말한 대로 "야리가온이 세력을 믿고 십자사를 짓"지도 않았음을 알 수 있다. 그가 지은 첫 번째 교회당은 자신의 집을 기부해 만든 것일 뿐 아니라 야리가온의 세력에 기댄 것은 더욱 아니었다. 《통제조격(通制條格)》[36] 권29에는 원정 원년(1295) 7월 23일 중서성이 "야리가온 마석사(馬昔思: 思는 里의 오기가 분명함)걸사(乞思)가 강남에서 자기 힘으로 사원을 세웠습니다"고 상주한 내용이 실려 있다. 마석리걸사(馬昔里乞思)는 바로 마르 사르기스이고 자기 힘으로 사원을 세웠다고 하였으니 세력에 기댄 것이 아님을 알 수 있다. 팔세홀목랄대홍국사(八世忽木剌大興國寺)의 '팔세(八世)'는 머리라는 뜻의 bāshi의 음역인 듯하고 답석홀목랄설산사(答石忽木剌雪山寺)의 답석(答石)은 돌이라는 뜻의 tāsh의 음역인 것 같다. 홀목랄(忽木剌)은 시리아어 umra의 음역으로 사원이라는 뜻이다. 마리결와리길사(馬里結瓦里吉思)는 Mar Giwargis(Georgius)의 음역인 듯한데, 내 생각에는 마르 사르기스를 뜻하는 것이 아닌가 싶다. 모울은 '양의홀목랄(樣宜忽木剌)'이 '새로운 사원'이란 뜻 같다고 하였으나 그 이유는 설명하지 않았다. 내 생각에 '양의(樣宜)'는 '요한[約翰]'으로 《(대진경교)삼위몽도찬》에서 번역했던 '유한난(瑜罕難)'이 아닌가 싶다. 야리가온의 의천(義阡)에 관해서도 앞서 인용한 반앙소의 비문에 "자투리땅을 동료 신도들의 묘지로 삼았다"라는 구절이 있으므로 증명될 수가 있다. 전여성(田汝成)의 《서호유람지(西湖遊覽志)》 권16에는 "삼태부(三太傅) 사당은 천교(薦橋) 동쪽의 옛 십방사(十方寺)

....

36) 《통제조격(通制條格)》: 원나라 영종 지치 3년(1323)에 반포된 법령문서집 《대원통제(大元通制)》(88권) 중의 조격(條格) 부분을 가리킨다. 《대원통제》는 이미 실전되었고 현재는 명나라 때 필사본인 《통제조격》만이 남아있다.

터에 있으니 희춘교(熙春橋)의 서쪽편이다. 원의 승려 야리가온이 건립하였으나 폐허가 된 지 오래다. 가정 21년(1542) 이부시랑 사비(謝丕)가 사당을 지어 진(晉)의 증태부(贈太傅: 사후에 태부의 지위에 추증된 경우 – 역자) 사안(謝安)과 송의 증태부 사심보(謝深甫), 명의 증태부 사천(謝遷)을 모신 것이다"고 되어있다. 십방사는 십자사를 의도적으로 고쳐 부른 것이 분명하니, 십방(十方: 四方과 四隅와 上下를 가리키는 것으로 완벽한 입체적 공간을 의미함 – 역자)이 불교 용어이기 때문이다. 야리가온이 무슨 뜻인지 몰랐고 그곳이 사(寺)란 명칭을 사용하였기에 경솔하게 승려가 세웠다고 말한 것이다. 《순우임안지(淳祐臨安志)》[37] 권5 및 《함순임안지(咸淳臨安志)》[38] 권8에는 모두 "숭신문(崇新門)은 속칭 천교문(薦橋門)이라 한다"고 적혀있다. 《서호유람지》 권13에는 "청태문(淸泰門)은 성 동쪽에 있는데, 송나라 때 이름은 숭신문으로 속칭 천교문이라 하며 라사문(螺螄門)이라고도 한다"고 되어있다. 청대 나이지(羅以智)의 《신문잡배(新門雜配)》[39]에서는 "숭신문은 성 정동쪽에 있는데, 속칭 천교문이라고 부르며 명대에 이르러 청태문으로 이름을 바꿨다"고 하였으니, 지금의 항주 성두항(城頭巷)으로 과거 동쪽 성벽[東城牆]이 있던 곳이다.

....

37) 《순우임안지(淳祐臨安志)》: 순우연간(1241-1252) 시악(施鍔, 생몰연도 미상)이 《건도임안지(乾道臨安志)》의 뒤를 이어 편찬한 남송 수도 임안의 지방지이다. 본래 전 52권이었으나 현재 6권(권5-10)만 남아있다.

38) 《함순임안지(咸淳臨安志)》: 잠설우(潛說友, 1216-1288)가 함순연간(1265-1274) 편찬한 임안의 지방지로 전 93권이다. 잠설우의 자는 군고(君高)이고 처주(處州) 사람으로 남송 순우연간 진사에 급제하여 벼슬은 대리 호부상서에 이르렀다.

39) 나이지의 저술 중 동명의 책이 보이지 않는데, 혹 《신문산기(新門散記)》의 오기가 아닌지 모르겠다.

"완택(完澤, Öljei) 승상이 상주하여 공(公)이 착한 마음으로 사원 일곱 곳을 세웠다고 아뢰었다. 이에 (황제가) 그 보호와 유지를 명하는 새서(璽書)를 내리면서 강남의 관전(官田) 30경(頃)을 하사하고, 다시 절서(浙西)의 민전(民田) 34경을 더 두어서 영구히 일곱 사원의 소속으로 삼게 하였다. 공이 진강(鎮江)에 부임한 지 5년 동안 잇달아 토목사업을 일으켰으나 추호도 백성을 소란스럽게 하지 않았다. 가족 중 수계(受戒)한 자는 모두 야리가온이 되었다. 불국(佛國)의 마리합석아(馬里哈昔牙)·마아실리하(痳兒失理河) 필사홀팔(必思忽八)을 예로서 맞이하여 오묘한 교의를 밝혀 드러내고 경문(經文)을 받드니, 일곱 사원의 도장(道場)이 처음으로 크게 갖추어졌다. 또 자손들에게 명하기를 대대로 사리팔 제조를 돌아가며 관장하여 삼가 폐하지 말라 하였다. 조목조목 훈계하여 무궁토록 이어지길 꾀한듯하니, 공의 마음 씀을 더욱 잘 볼 수 있다. 이에 그 들은 바를 모아 기록한다."

'수계'란 수도하여 성직자가 되는 것이 아니라 세례 받는 것을 지칭함이 분명하므로 야리가온교를 믿은 한인(漢人)도 있었다는 의미이다. 불국은 서방(西方)과 같은 말이다. 펠리오는 마아실리하를 약마아실리하(若痳兒失理河)로 읽으면서 인명인 것 같다고 하였다. 필사홀팔 또는 하필사홀팔(河必思忽八)은 주교(主敎)란 뜻의 에피스코푸스(Episcopus)의 음역이 분명하다.

《지순진강지》 권9 〈본부기(本府記)〉에는 "감천사는 대흥국사 옆에 위치하고 있으며" "대광명사(大光明寺)는 단양관(丹陽館) 남쪽에 위치하고 있으니, 원정 원년(1295) 안마길사(安馬吉思)가 건립하였다"고 되어있다. 같은 권의 〈단도현기(丹徒縣記)〉에는 "대법흥사(大法興寺)는 통오문(通吳門) 밖 복전산(福田山)에 위치해 있다"고 하면서 "이 역시 야리가온의 사원이다." "사독안사(四瀆安寺)는 개사(開沙)에 있는데, 본로(路)의 부(副) 다루가치 마설리길사가 세웠다"는 주석이 달려있다.

제6절 천주교의 몸부림[挣扎]과 중서교류의 단절

원대의 천주교 사적(事蹟)은 대부분 이미 제7장의 플라노 카르피니·뤼브룩·몬테코르비노·오도릭·마리뇰리 및 천주 세 주교의 서신 또는 여행기 중에서 덧붙여 서술하였다.

로마교황청이 몬테코르비노의 사망 소식을 접한(원통 원년, 1333) 후, 교황 요한 22세는 즉시 파리대학 교수 니콜라(Nicolas de Botras)를 북경의 총대주교로 임명하였다. 니콜라 역시 프란시스코 수도회 수도사로 이듬해 사제 20명, 수도사 6명과 함께 동방으로 떠나 크리미아와 아르메니아를 거쳐 북방 노선을 취하여 아마리크(Amalick)에 이르렀지만 극진한 환영을 받는 바람에 더 이상 전진할 수가 없었다. 그 후로 이들 일행이 어떻게 되었는지 알 수가 없는데, 어쩌면 도중에 재난을 만나 비명횡사했을 수도 있다. 1369년(명 홍무 2년) 교황은 칸발리크 주교 코스마스(Cosmas)를 킵차크한국 살뢰성(撒雷城: 즉 Samarkand - 역자) 주교로 옮기고, 다음해 3월 11일 프라토(William de Prato: Guglielmo da Villanova로도 부름 - 역자)로 하여금 칸발리크 주교직을 대신하게 하니 교수 8명이 그와 동행하였다. 프라토는 일찍이 옥스퍼드대학에서 연구한 신학자였다. 교황의 칙서에 니콜라의 이름은 보이지 않으며 프라토 일행도 유럽을 떠난 후 그 소식이 감감하였다. 원대에 중국 교회는 처음부터 견고한 기반 없이 갑작스레 황제가 바뀔 때마다 커다란 변화를 겪어야 했으므로 자연 실패를 면할 수 없었다. 마리뇰리는 1342년(원 순제 지정 2년)[40] 북경에

....

40) 원서에는 1338년(원 순제 지원 4년)으로 되어있으나 오류가 분명하여 바로 잡았다.

도착했는데, 그의 여행기에 따르면 당시 북경에는 주교가 없었다고 한
다. 브레트슈나이더(Bretschneider)는 마리뇰리가 북경에 도착했을 때,
어쩌면 니콜라가 아직 여정 중이었을지도 모른다고 하였다. 《명사》 권
326 〈외국전7〉 '불름(拂菻)'조에 따르면 원말에 그 나라 사람 날고륜(捏古
倫)이 중국에 와서 장사를 하였는데, 원이 망하고 나서 돌아갈 수 없게
되었다. 태조가 (그 사정을 듣고) 홍무 4년(1371) 8월에 그를 소견하여
조서를 가지고 돌아가 그 군주에게 전하라 명하였다고 되어있다. 그 조
서에는 "짐은 신민의 추대로 황제의 자리에 올라 천하를 평정하고 칭호
를 대명(大明)으로 정하였으며, 홍무라고 건원(建元)한 지 이제 4년이 되
었노라. 모든 사이(四夷)와 여러 나라에 관원을 보내 효유(曉諭)하였는
데, 오직 그대 불름만이 서해(西海)를 사이에 두고 떨어져 있어서 아직
알리지 못하였노라. 지금 너희 나라의 백성 날고륜에게 조서를 가지고
가도록 하여 알리게 하노라"고 적혀있다. 히르트(Hirth)와 여타 학자들은
날고륜이 바로 실종된 니콜라 총대주교라고 여긴다.

교황이 니콜라를 북경 총대주교로 임명한 지 5년 후(1338, 순제 지원
4년), 원의 황제가 유럽으로 파견한 사절단도 아비뇽에 도착해 교황청과
정상 관계를 수립하고자 했다. 수행원은 모두 15명으로 안덕륵(安德勒)
이 대표였다. 사절단은 또 교도인 아란(阿蘭:《원사》에는 阿速으로 되어
있음)이라는 관원이 교황에게 올리는 서신을 휴대했는데, 북경 총대주교
직이 오랫동안 비어있고 로마에서 보낸 사절이 교황의 새서를 가지고
있지 않았으며 칸은 교회를 후대하고 있으나 교황청은 칸과 긴밀한 연계
를 맺지 못하고 있는 데에 대한 불만을 표하고 있다. 교황은 원 황제의
사절을 지극히 장엄한 의식으로 접견하는 한편 바로 답서와 예물을 준비
하여 답방 사절단을 파견하였다. 교황의 국서에는 마리뇰리의 이름이
사절단의 세 번째 단원으로 나열되어있으나, 마리뇰리의 여행기를 읽어

보면 마치 자신이 사절단의 대표인 것처럼 적혀있다.

마리뇰리가 유럽으로 돌아온 후 교황은 1354년(지정 14년) 선교사 1명을 선발해 주교직을 맡겼지만, 그 일을 맡은 자가 전혀 관심이 없었기 때문에 결국 아무런 결과도 얻지 못했다. 그러나 얼마 후 몽고제국이 붕괴해 사방에서 전쟁이 일어나고 도처에 전염병이 퍼져 중앙아시아의 수도사 중 3분의 2가 전염병에 걸려 사망하였고 결국 대다수의 성당과 수도원에는 인적이 끊기고 말았다. 이후 동서교류는 다시 암흑 속으로 빠져들었다.

원의 멸망 이후 서양에서는 거의 2세기 동안 중국을 언급하지 않았고, 《동방견문록》 역시 더 이상 사람들 입에 오르내리지 않게 되었다. 중국의 위치는 학자들의 마음속에서조차 불가사의한 느낌이 들게 되었다. 그리하여 15세기 말에 오면 마침내 중국이 카스피해 근처라고 하는 학자가 나타났고 인더스강과 갠지스강 사이에 있다고 하는 이도 있었으니, 중국에 대한 관념이 모호해졌음을 알 수가 있다.

제9장
원대의 이슬람교

제1절 원대 이슬람교의 분포 개황

원대에는 중앙아시아와의 교통이 가장 발달했고 무슬림의 중국 방문이 가장 많았기 때문에 이슬람교가 매우 발전했다. 원과 요·금에서는 페르시아어 Muslemen을 목속만(木速蠻), 목속아만(木速兒蠻), 모속로만(謀速魯蠻), 몰속로만(沒速魯蠻), 포속만(舖速滿), 보속완(普速完), 포속알(蒲速斡)로 표기했다. 원나라 사람이 아석란(阿昔蘭)이라 부르고, 《요사》에서 아살란(阿薩蘭) 내지 아사라(阿思懶)로 표기한 것은 바로 《송사》에 나오는 아사란(阿廝蘭)이다. 이는 사자(獅子)라는 뜻의 투르크어 Arslan의 음역으로 인명이지 교명(敎名)은 아니다.

원대에는 각종 종교에 대한 처우가 상당히 평등했다. 앞장에서 인용한 야리가온과 관련된 조령(詔令)과 조례는 각 종교에 모두 해당하므로 이슬람교에도 적용할 수 있는데, 다만 거론하는 순서만 야리가온을 먼저하고 다니쉬맨드를 나중에 하는 경우가 대부분이다. 다니쉬맨드를 먼저 거론한 경우는 한 차례만 발견된다.

그러나 사람 수는 야리가온이 이슬람교보다 훨씬 적었다. 진강은 야리가온이 가장 융성했던 지역이지만,《지순진강지(至順鎭江志)》권3 〈호구류(戶口類)〉를 보면 외래 거주자[僑寓] 호구 수는 무슬림[回回]이 모두 59호로 한인 다음으로 많았다. 야리가온은 겨우 23호로 무슬림 호구가 야리가온의 1.5배가 넘는다. 무슬림은 인구[口] 수에서도 모두 374명으로 두 번째로 많았다. 야리가온은 106명뿐이었으니 무슬림이 2.5배하고도 3명이 더 많았던 것이다. 구(軀)[1]로 따지면 무슬림은 한인과 몽고인 다음으로 많은 310명이었다. 야리가온은 109명으로 이 또한 무슬림이 2배 가까이 많았다.

마르코 폴로의 여행기에 따르면 감숙·산서·하북의 각 도시마다 사라센인이 있다고 하였으니, 이들은 모두 무슬림이었다. 라시드 앗딘(Rashid-al-Din)의 《집사(集史)》에 따르면 카라장(Karadjang, 즉 운남)의 백성은 모두 무슬림이었다고 한다. 지금 서북과 운남에서 이슬람교가 융성한 것은 아마도 대부분 당나라와 원나라 때의 유산인 듯하다.

먼저 원대 중국 각 성(省)의 유명한 이슬람교 밀집지역을 이야기해보자. 《이븐 바투타 여행기》에 보면 "중국의 각 도시에는 모두 무슬림의 거주지가 있어 이슬람 사원을 지어놓고 예배 장소로 사용하는데, 중국인도 무슬림을 존중한다. 이스람교가 아닌 이교(異敎)를 믿는 중국인은 돼지고기와 개고기를 먹으며 공공연히 시장에서 이를 팔기도 한다"고 나온다. 아마도 이븐 바투타가 무슬림이었기 때문에 돼지고기 파는 것을 이상하게 여겼던 것 같다. 물론 당시 중국인도 돼지고기를 먹지 않는 것을 이슬람교의 특징이라고 여겼으니, 예컨대 《통전(通典)》권193에는 《경행

....

1) 구구(軀口)의 준말로 사전적인 의미로는 송·원시기 여진족과 몽고족에 의해 포로가 되어 강제노역을 한 한인을 가리키지만, 여기서는 외래 거주자 이외의 사람 수를 가리키는 것 같다.

기(經行記)를 인용하여 "저들 아랍[大食]의 법은 …… 돼지·개·노새·말 등의 고기를 먹지 않는다"고 적혀있다. 《평주가담(萍洲可談)》권2에는 "요즘에 와서 번인(蕃人)들은 돼지고기만 먹지 않을 뿐이다"고 되어있다.

이븐 바투타는 또 "무슬림 상인으로 중국 각지에 와서 무역하는 자들은 이미 그 땅에 정착한 무슬림 상인의 집이나 여관에 자기 마음대로 투숙할 수 있었는데, 여객의 돈과 화물을 보관하는 상인의 자세가 매우 적절하고 신중하였다. …… 여객을 위해 대신 시첩(侍妾)을 구입해 살림을 차리고 동거할 수 있게도 하였다"2)고 적었으니, 원대 중국의 통상 항구에 무슬림 상인들이 분명 널리 퍼져있었음을 알 수 있다.

제2절 광주와 천주 등지의 이슬람교

《이븐 바투타 여행기》에는 광주3)에 대해 "도시의 한 구역에 무슬림들만이 거주하였는데, 대사원과 자위야[分寺]4)가 있고 보육원과 시장(市場)

....

2) 정수일의 번역본에는 "무슬림 상인이 중국에서 어떤 곳에 갈 때면 이미 정착한 무슬림 상인의 집이나 여인숙에 투숙하는 것이 좋다. 만일 상인 집에 투숙하기로 했다면 그의 돈은 일단 차입되어 주인 상인이 보관하며, 주인은 손님을 위해 그 돈을 적절하게 사용한다. …… 여인숙 주인이 하녀 같은 여인을 구입해서 여인숙에 따린 집에 동숙시키는데 ……"로 되어있다.(정수일 역주,《이븐 바투타 여행기》, 2책, 327쪽)
3) 정수일 번역본에는 광주가 아니라 천주에서 강을 따라 17일간이나 항해한 끝에 도착한 도기의 산지 하쉰 칼란시, 즉 쉬눗 쉰시의 상황으로 되어있고, 보육원 이야기는 없다.(정수일 역주,《이븐 바투타 여행기》, 2책, 330쪽)
4) 자위야[分寺]: 이슬람 수피교도의 수도장으로 유사한 시설인 리바트, 한카에

이 있었다. 그리고 법관[判官]과 샤이흐[敎士][5])도 각각 한 명씩 있었다'고 적혀있다. 법관[6])의 원명은 Qadi로 《원사》에서는 합적(哈的)이라 번역하였다. 이는 어쩌면 번장(蕃長)을 가리키는 것일 수 있다.

이븐 바투타는 또 다음과 같이 적고 있다.

> "중국의 여러 도시에는 모두 무슬림이 살고 있는데, 이들의 이익을 보호하는 샤이흐[長者]가 있으며 송사를 처리하고 그 시비곡직을 판결하는 법관이 있었다. 나는 씬자르(Sinjar) 출신 아우하드 엣딘(Auhad eddin)의 집에 기숙하였는데, 그는 부유하고 덕망 있는 인물로 나는 총 14일을 머물렀다. 법관과 여러 무슬림들이 모두 내가 있는 곳으로 선물을 보내왔으며 작은 배에서 연회를 베풀어 주었다. 배는 길이가 10골척(骨尺)이었고 가수들이 함께 탔는데 지극히 즐거웠다."[7])

광주의 회성사(懷聖寺)에는 원 지정 10년(1350) 8월 1일 당시의 주지

....

비해서 규모가 작은 시설을 가리킨다.
5) 샤이흐(Shaykh): 아랍어로 '노인' '늙은이' '장로'란 뜻인데, 종교적·행정적 전칭(全稱)으로 전의되었다. 즉 이슬람교에서 올라마('Olamā, 이슬람 종교학자)를 비롯해 종교적으로 권위와 신망이 있는 사람에 대한 존칭으로 사용된다.' 샤이흐 알 이슬람(Shaykh al-Islam)은 이슬람교 이맘(Imām) 중에서도 중망이 있는 이맘에 해당한다. 행정조직이나 집단의 장을 지칭하며 관직명으로도 사용된다고 한다.(정수일 역주, 《이븐 바투타 여행기》, 1책, 22쪽)
6) 법관(法官): 아랍어로 '까뒤(Qādī)'인데, 세속사회의 법관과는 달리 이슬람 사회의 사법관을 말한다. 8세기 우마이야조 시대부터 무슬림의 사회조직체 내에 등장한 까뒤는 이슬람 제도의 정착과 공고화, 이슬람교법의 수립과 집행 등 전반적인 이슬람 사회의 발전에 지대한 역할을 해왔다고 한다.(정수일 역주, 《이븐 바투타 여행기》, 1책, 36쪽)
7) 정수일의 번역서와 많은 차이를 보이는데, 예컨대 씬자르 이하가 "아우하둣딘 앗 싼자리의 집에 기숙하였다"고 되어있고, 배의 길이 이후는 보이지 않는다.(정수일 역주, 《이븐 바투타 여행기》, 2책, 330쪽)

(住持)인 합지합산(哈只哈散)이 세운 비석이 있다. 이 비석에는 지정 3년(1343) 계미년에 사원에 불이 나 "건물이 완전히 사라졌다"고 적혀있다. 또 이를 재건한 인물이 '강절행성 참지정사 승가눌원경(僧家訥元卿)'이며 재건 후 "건물은 널찍했고 넓은 건물 안은 주도면밀하게 갖추어졌다"고 하였다. 비문을 지은 사람은 '봉의대부(奉議大夫) 광동도선위사사(廣東道宣慰使司) 도원수부(都元帥府) 경력(經歷) 곽가(郭嘉)'인데, 무슬림이 아니어서 사원의 연혁에 대해 상세히 기술하지 않은 것 같다. 비석의 글씨를 쓴 사람은 '정의대부(政議大夫) 동지광동도선위사사(同知廣東道宣慰使司) 도원수(都元帥) 살적미실(撒的迷失)'이고, 전액(篆額: 비석의 상부에 쓴 篆字體의 題字 - 역자)을 쓴 사람은 바로 승가눌원경으로 그의 관직은 '중봉대부(中奉大夫) 강절등처행중서성(江浙等處行中書省) 참지정사'였다. 이에 관해서는 《도광남해지(道光南海志)》권29에 보인다.

천주의 청정사(清淨寺)도 원 지정연간(1341-1367)에 마을 사람[里人] 금아리(金阿里)가 중건하였다. 삼산(三山)의 오감(吳鑒)이 이를 기록했는데, 《민서(閩書)》권7 〈방역지(方域志)〉'영산(靈山)'조에 실려 있다. 오감은 자가 명지(明之)로 지정연간의 인물이며 저술로 《청원속지(清源續志)》[8] 20권이 있다. 일찍이 왕대연(汪大淵)의 《도이지략(島夷志略)》서문을 썼으니, 아마도 그 역시 외이(外夷)의 일에 관심이 있는 인물이었던 듯하다. 그는 다음과 같이 적고 있다.

"송 소흥 원년(1131) 납지복목자희노정(納只卜穆玆喜魯丁)이라는 사람이 살나위(撒那威)로부터 상선을 따라 천주(泟州: 泉州를 가리킴 - 역자)에 와서 천주의 남성(南城)에 이 사원을 창건하였는데, 은으로 된 등(燈)

8) 원서에는 《청원군지(清源郡志)》로 되어있으나 오류가 분명해 바로잡았다.

과 향로를 만들어 하늘에 바치고 토전(土田)과 가옥을 구입해 무리들에게 주었다. 이후 몰탑완리아합미(沒塔完里阿哈咪)가 사원을 맡지 않게 됨에 따라 사원이 허물어져도 보수되지 못했다. 지정 9년(1349) 민해(閩海) 헌첨(憲僉) 혁덕이(赫德爾)가 천주로 순시를 왔을 때, 섭사렴(攝思廉)과 하불로한정(夏不魯罕丁)이 사랄보정(舍剌甫丁)과 합제복(哈悌卜)에게 명해 무리를 이끌고 각기 헌첨[憲公任]에게 하소연하게 했다. 다루가치인 고창(高昌)의 설옥립(偰玉立)이 와서 옛 물품들을 찾아 복구시키기로 결정하니 무리들이 크게 기뻐했다. 이때 마을 사람 금아리가 자신의 재물로 그 사원을 새로 만들기를 원했다."

이 기록을 보면 광주와 천주에 있던 두 사원의 재건 연대가 서로 같다. 섭사렴은 교주(敎主)이고 몰탑완리는 주지를 맡은 인물이다. 하불로한정(Sheikh Burhan-uddin)과 사랄보정(Sherif-uddin)은 모두 《이븐 바투타 여행기》에 나온다. 만력(萬曆) 《천주부지(泉州府志)》 권24에서는 청정사에 대해 다음과 같이 적고 있다.

"하불로한정은 서양 사자예면(嗜啫例綿: 현 이란의 Kazerun을 가리킴 - 역자) 사람이다. 황경연간(1312-1313) 사신을 따라 천주(浧州)에 왔다. 상점 거리에 거주하면서 이슬람교를 닦았고 초빙되어 사원의 예배를 주관하였다. …… 송·원 교체기 때 사원이 허물어졌지만 보수되지 못했다. 지정 9년 하불로한정과 금아리가 자신의 재물을 내어 사원을 수리하고자 하였다. 사원의 옛 물건을 찾아 복구시키고 건물을 크게 새로 지으니, 부학[郡庠] 앞에 우뚝 솟은 수려한 층루(層樓)가 (부학) 동쪽의 웅장한 청룡 왼쪽 뿔보다 더욱 높았다."

《원서역인화화고(元西域人華化考)》 권2 〈유학편(儒學篇)〉의 제5장 '마니교 세가의 유학(摩尼敎世家之儒學)'에서는 고창(高昌) 설(偰)씨에 대해 다음과 같이 적고 있다. "설옥립은 연우 5년(1318) 진사로 지정연간에 천주로(泉州路)의 다루가치가 되었다. 《민서》 권53 〈문리지(文莅志)〉에 는 그가 '학교를 세우고 빈궁한 이들을 구휼했으며, 도지(圖志)를 연구하 고 옛이야기를 수집하였다. 삼산의 우공(寓公)[9] 오감을 초빙해 《청원속 지(淸源續志)》 20권을 만들어 군(郡)의 고사(故事)를 보충하게 했다'고 되 어있다." 또 같은 책 권6 〈예속편(禮俗篇)〉의 제4장 '서역인 거주지가 중 화의 풍속을 본받음(西域人居處效華俗)'에서는 설옥립의 〈강수거원지시 (絳守居園池詩)〉를 인용하고 있는데, 《원시선(元詩選)》에 수록된 설옥립 의 《세옥집(世玉集)》에 보인다. 이 (시를 지은) 때는 을유년(지정 5년, 1345) 가을로 (이 책에서) 유독 설옥립이 천주의 이슬람 사원 재건에 찬 조한 사실을 언급하지 않은 것은 아마도 우연히 빠뜨린 듯하다. 그렇지 않다면 이슬람교와 마니교의 이러한 인연을 저자(陳垣 - 역자)가 결코 내버 려두었을 리 없다.

천주의 청정사는 일찍이 원나라 말에 재건되었지만, 그 규모와 외관은 명 만력 무신년(1608)에 세워진 비문에서도 엿볼 수 있다.

"건물이 문묘(文廟)의 청룡 왼쪽 뿔 쪽에 우뚝 솟았는데, 상하(上下) 2층 이고 서쪽 면을 귀하게 여겼다. 거리에 접한 문을 남쪽에서 들어가면 섬돌이 세 겹의 동그라미 모양을 하고 있으니, 삼중천[天三]을 형상한 것이다. 좌우의 벽이 각각 6개이고 문은 모두 9개이다. 조각[追琢]은 모 두 구구수(九九數)로 하였으니, 구구(九九)의 푸른 하늘이란 뜻을 취한 것이다. 안쪽의 둥근 꼭대기는 하늘을 형상했는데, 위쪽이 망월대(望月 臺)이다. 아래쪽에 서로 우뚝 선 2개의 문 중앙에 네모난 공간이 있으니, 이는 땅의 네모난 모습을 취한 것이다. 문으로 들어가 서쪽 계단으로

....

9) 우공(寓公): 본래는 나라를 잃고 남의 나라에 몸을 의탁하고 있는 군주를 의미하는 용어지만 여기에서는 타지에서 벼슬살이 하는 인물을 가리킨다.

돌아 올라가면 하루(下樓)가 있고, 남쪽 계단으로 올라가면 상루(上樓)가 있다. 하루는 석벽(石壁)이며 문은 동쪽으로부터 들어오게 되어있다. 정서(正西)쪽에 있는 봉천단(奉天壇)의 둥근 내부는 태극(太極), 좌우의 두 문은 음양의 양의(兩儀), 서쪽의 네 문은 일월성신의 사상(四象), 남쪽의 여덟 문은 팔괘(八卦)를 형상한다. 북쪽은 문이 하나로 건원(乾元)을 형상했는데, 하늘이 자방(子方: 북방을 의미함 - 역자)에서 열렸기에 천문(天門)이라 한다. 기둥은 12개로 12달을 형상했다. 상루의 정동(正東)쪽에는 축성정(祝聖亭)이 있다. 그 남쪽에 탑이 있는데, 사방을 둘러싼 기둥이 마치 석성(石城)과 같고 24개의 창문을 설치해 24절기를 형상했다. 서쪽에는 천단(天壇)이 있는데, 적혀있는 것은 모두 경(經: 코란을 가리키는 듯함 - 역자)의 구절들이다. …… 성 안을 굽어 내려다보면 띠처럼 둘러진 긴 성벽과 하늘을 찌를 듯 솟아있는 쌍탑(雙塔), 사방으로 통하는 대로와 구불구불한 골목, 나는 듯한 용마루와 이어진 처마가 한 눈에 들어오며 건물의 보라색 기둥이 아래로 뻗어있다. 누각의 북쪽에는 당(堂)이 있으니, 군(郡)의 태수 만령(萬靈) 호공(胡公)이 명선당(明善堂)이란 편액을 썼다. 누각을 정점[正峯]으로 강물이 가로 지르며 경계를 짓고 바다의 밀물과 썰물이 통과하는데, 짧은 다리를 놓아 건넜다. 이전에는 교도들이 월재(月齋)와 일재(日齋) 때마다 누각에 올라 경을 외웠고 그것이 끝나면 물러나 명선당에서 휴식을 취했는데, 이곳이 사원에서 가장 조망이 좋은 곳이었기 때문이다."

이 비문의 내용을 보면 천주의 이슬람 사원은 서역과 중국의 건축양식이 혼재되어있었던 듯하며, 망월대와 탑이 있다고 하였은즉 광주 회성사의 광탑(光塔)과 마찬가지로 기풍(祈風)10) 행사도 지낼 수 있었다. 또 "성

....

10) 천주와 광주에서는 매년 음력 5월과 11월 무렵 지방관과 시박사의 관원들이 상선의 항해 중 바람이 순조롭기를 비는 의식을 행했는데 이를 기풍이라 한다.

안을 굽어 내려다보면" 운운한 것을 보면 지세가 높았으며, "바다의 밀물과 썰물이 통과"한다고 하였은즉 그 탑도 등대였음을 알 수 있다.

《이븐 바투타 여행기》는 천주를 떠난 이후의 행적을 다음과 같이 기록하고 있다.

"10일을 항해하여 깐잔푸(Kanjanfu: 헨리 율은 강서성 建昌府라고 고증한 반면 필립은 절강성 江山이라 여겼는데, 이는 잘못된 것이다. 강산은 府로 불린 적이 없기 때문이다)에 도착했다. 큰 도시로 규모가 장려(壯麗)하고 광활한 평야에 위치하고 있었다. 도시의 사방은 화원으로 둘러싸여 있었다. …… 내가 도착했을 때 법관과 이슬람 샤이흐 그리고 상인들이 악대를 이끌고 깃발과 악기를 들고서 맞이하였다. 그리고 준마를 주어 나에게 타도록 하였다. 그들은 내 앞에서 걸어갔고 오직 법관과 샤이흐만이 말을 타고 따라왔다. …… 셋째 구역은 무슬림의 거주지로 이곳의 샤이흐는 자히르 웃딘 꾸를라니(Zahir-uddin Kurlani)였다. 우리는 성안으로 들어간 후 바로 그의 집문 앞에서 말을 내려 그 집에 기숙했다."

제3절 항주와 영파(寧波) 등지의 이슬람교

이븐 바투타는 깐잔푸를 떠난 지 나흘 만에 바이완 꾸틀루(Baiwan Kutlu)[11]라는 작은 도시(헨리 율은 그 곳이 鄱陽이라고 고증하였다)에 도착했다고 썼다.

....

11) 정수일의 번역본에는 바이왐 꾸틀루(Baiwam Qutlû)로 표기되어있다.(정수일 역주, 《이븐 바투타 여행기》, 2책, 335쪽)

"이곳의 무슬림은 겨우 네 가족뿐인데, 모두 알 부스하리(Al Bushari)의 집에 의지하여 살고 있었다. 우리는 무슬림의 집에서 묵은 지 나흘째 되는 날 다시 배를 타고 길을 떠났다. 아침은 갑촌(甲村), 저녁은 을성(乙城)에서 밥을 먹으면서 17일을 항해한 끝에 행재(行在, 즉 항주)에 도착했다. 행재(Hansa)의 발음은 우리나라 여류 시인 엘 한싸(el Hansa)의 이름과 매우 비슷하다. …… 도시는 모두 6개의 구역으로 나누어져있었는데, 그에 관해서는 뒤에 자세히 이야기할 것이다. 내가 도착하자 행재의 법관 아프하르 엣딘(Afhar eddin)과 이슬람 샤이흐 및 이집트인 오트만 빈 아판(Ottman Bin Affan)의 자제들이 모두 와서 맞이하였다. 오트만의 맏아들은 이 지역 무슬림 중 가장 존귀한 사람이었다."12)

항주에는 이슬람 사원과 이슬람 고묘(古墓)가 있었는데, 모두 원대에 처음 만들어진 것이다. 원말 도종의(陶宗儀)가 쓴《철경록(輟耕錄)》권28〈회회를 비웃음(嘲回回)〉에는 "항주의 천교(薦橋) 옆머리에는 8칸의 높은 누각이 있으니 속칭 팔간루(八間樓)라 한다. 모두 부유한 무슬림들이 사는 곳이다." "취경원(聚景園)에는 무슬림의 공동묘지가 있다." "위구르[畏吾兒] 등에게는 의오사(義吾寺)가 있다"고 적혀있다.

항주의 원대 이슬람 사원에 대해서는《이븐 바투타 여행기》에서도 볼 수 있다.

"셋째 날 세 번째 구역[城]으로 들어갔는데, 이곳에 거주하는 자들은 모두 무슬림이었다. 이곳은 매우 아름다웠고 시장의 배치가 서방의 무슬림 국가와 마찬가지였으며 사원과 무앗진(Muezzin: 이슬람 사원에서 예배시간을 알리는 告辭를 송독하는 사람 – 역자)들이 있었다. 우리가 이 구역으로

....

12) 원서에는 인용 표시가 없지만 앞뒤 문맥상《이븐 바투타 여행기》내용과 대조하여 인용문으로 처리하였다. 정수일 번역본 2책 335-336쪽에 해당하는데, 인명 표기 등에 약간의 차이가 있다.

들어갈 때 무앗진이 교도들을 소집하여 정오 기도를 거행하는 소리를 들었다. 나는 이집트 출신 오트만 빈 아판의 후손 집에서 묵었다. …… 오트만은 일찍이 병원을 세웠고 …… 건물은 매우 화려했다. 그 밖에도 각종 자선 사업을 폈는데, 그 병원에 머무는 환자들이 매우 많았다. 오트만은 일찍이 이 구역에 자마 마스지드(Jama Masjid)라 불리는 이슬람 대사원을 세우는 한편 사원 유지를 위해 많은 돈을 기부했다. 이곳에 있는 무슬림들도 많았다."[13]

《철경록》에서 무슬림의 팔간루가 천교 옆에 있다고 했는데, 야리가온의 사원도 천교에 있었다. 《이븐 바투타 여행기》[14]에서는 유태교인과 기독교인들이 제2구역[市區]에 거주했다고 적었는데, 바로 천교 일대이다. 한편 이븐 바투타는 무슬림들이 제3구역에 있고 제3구역에 사는 이들은 모두 무슬림이라고 했으니, 천교에 있던 것은 아마도 부유한 무슬림 상인의 누각이지 사원은 아니었던 것 같다. 제3구역에 있었던 사원에 대한 자세한 내용은 아래에 나온다. 오트만은 원래 오토만(Ottoman)으로 썼다. 이밖에도 사원 하나가 더 있었는데, 《서호유람지(西湖遊覽志)》권18에 보면 "진교사(眞敎寺)는 문금방(文錦坊) 남쪽에 있다. 원 연우연간(1314-1320)에 무슬림 대사(大師) 아노정(阿老丁)이 세웠다. …… 사원은 기단 높이가 5-6척이고 빗장과 자물쇠가 매우 견고해 함부로 들어가는 자가 드물었다. 속칭 예배사(禮拜寺)라 부른다"고 되어있다. 이 문금방 남쪽의 진교사에 대해 《만력전당현지(萬曆錢塘縣志)》[15] 〈기제(紀制)〉

....

13) 이 단락은 정수일의 번역본 2책 337쪽에 나오는데, 내용 상 적지 않은 차이가 있다.
14) 원서에는 마르코 폴로의 여행기라고 되어있으나, 김호동 역주본에는 이런 구절이 없고 반면 정수일 역주의 《이븐 바투타 여행기》에 이 내용이 있어서 바로잡았다.

편에서는 "(항주성의) 서편 문금방 남쪽에 있는데, 군지(郡志)에는 예배사라고 되어있다. 무슬림 나라 사람들이 제사지내는 곳으로 시가 중심에 우뚝 솟아있다. 도로 가운데 비석이 있는데 무슨 연고인지 알 수 없다"고 하였다. 문금방 일대는 제3구역에 해당하는데,《철경록》에서 또 "상주보항(上珠寶巷)에 무슬림의 새로운 다리[新橋]가 있다"고 한 그 부근이었다.

《철경록》에 나오는 의오사의 경우《만력전당현지》〈기제〉편에는 외오사(畏吾寺)로 적혀있는데, "곡부교(曲埠橋) 서쪽에 있으니 바로 영수사(靈壽寺)로 원대에 세워졌다"고 되어있다.《서호유람지》권18에는 "영수사는 곡부교 동쪽에 있다. 원 지정 21년(1361) 절강행성 좌승상 달식첩목이(達識帖睦爾)가 세웠다. 그가 본디 외오(즉 위구르 – 역자) 세족이었던 까닭에 외오사라 불렀는데, 항간에서는 와전되어 의오사(義烏寺)라 부른다. 홍무 34년[16] 지금의 현판으로 바꾸었다"고 적혀있다. 후지타 토요하치(藤田豊八)는 〈송·원시기 해항으로서의 항주〉(《중국남해고대교통총고》에 수록됨)에서 이븐 바투타가 "이곳에는 태양을 숭배하는 투르크인들이 많이 거주하고 있다"고 한 기록에 의거하여 그들이 마니교도일 수 있으며 따라서 의오사도 마니교 사원일 수도 있다고 의심하였는데, 이 부분은 좀 더 고증할 필요가 있다.

《서호유람지》권18에 보면 또 이렇게 적혀있다.

"앞서 송 황실이 어가를 옮기매[徙蹕: 북송 멸망 후 임안의 남송 정권 성립을 의미함 – 역자] 서역인으로 중국에 안착한 자들 다수가 어가를 따라 남쪽

....

15)《만력전당현지(萬曆錢塘縣志)》: 병부주사 등을 지낸 우순희(虞淳熙, 1553-1621)가 편찬한 지방지로 만력 37년(1609)에 간행되었고 권(卷)이 나누어져 있지 않다.
16) 홍무연간은 총 31년뿐으로 34년은 24년의 오기가 아닌가 싶다.

으로 내려왔다. 원대에 귀부(歸附)한 자들도 종종 강소·절강·복건·광동 일대에 정착했는데, 항주에 특히 많았으니 색목종(色目種)이라 불렀다. 코가 우뚝하고 눈이 움푹하며 돼지고기를 먹지 않았다. 혼례와 장례가 중국과 서로 달랐으며, 경(經)을 외우고 경건히 지내며 청정(淸淨)함을 추구하였다. 추장(酋長)을 추대하여 통솔하게 했는데, 그를 만랄(滿剌)이라 불렀다. 경은 모두 외국문자[番書]로 되어있고 벽을 바라보고 엎드려 절한다[膜拜]. 불상을 세우지 않으며 단지 법호(法號)로 신을 찬송할 따름이다."

만랄은 아미르(Amir)[17]의 음역인 듯하다. "항주에 특히 많았"다는 구절은 매우 음미해볼 만한데, 대개 송 황실을 따라 남쪽으로 이주하였고 임안이 남송의 행재(行在)였던 만큼 그 수가 많았던 것은 당연하다고 하겠다.

《원전장(元典章)》권22 〈호부잡과(戶部雜課)〉에 보면 "…… 대덕 원년(1297) 5월 7일 업무 관련 보고 1건. 야속답아(也速答兒) 등 강절행성의 관원들이, 장차 아로와정(阿老瓦丁)·마합모(馬合謀)·역속복(亦速福) 등 알탈(斡脫)들이 매매할 것인지, 그냥 세금을 낼 것인지, 성지(聖旨)를 가지고 오면 그렇게 할 것인지?라고 말했다. 장차 새전(賽典) 등이 발적적아합(拔赤的兒哈)이 세금이라고 상주할 것이라 말했다. ……"라 적혀있다. 여기서 알탈은 유태인이고 아로와정 등은 이슬람교 인명이니, 아마

---

17) 아미르(Amir): 원래 아랍어에서 '명령자'란 뜻이었으나, 그것이 장(長)·수령·지휘자·총독·왕자·군주 등의 뜻으로 바뀌어 아랍-이슬람 세계뿐만 아니라 인근 지역에서도 일반적으로 쓰였다. 그 이유는 이슬람 초기 칼리파를 '아미르 알 무어미닌'(Amîr al-Mu'minîn, 신자들의 장)이라고 한데서 비롯되었다. 북방 유목민족 사이에서는 이 말이 몽고어의 '노얀'(noyan)이나 투르크어의 '벡'(beg)과 동의어로 쓰이기도 한다.(실크로드사전, 496쪽)

도 무슬림 출신으로 유태교를 받드는 자였던 것 같다.[18]

《철경록》에 수록된 〈회회를 비웃음〉이라는 글에는 다음과 같이 적혀 있다. 어느 날 무슬림이 아내를 얻자 구경꾼이 몰려들었고 심지어 처마를 부여잡고 창문으로 들어오는 자도 있어서 결국 누옥이 무너져 주인과 손님, 신랑 신부가 모두 죽었다. 고을 사람 왕곡매(王谷梅)가 장난삼아 하화문(下火文: 화장할 때 관에 불을 붙이고 외우는 글 – 역자)을 지었는데, 그 중 한 단락에 무슬림들의 이름을 집어넣어 "짓눌려 떨어진 기와가 부셔지고 떨어진 모래가 뭉개졌네. 신표가 꺾이고 날리는 나무가루가 솟구치네.[19]"라고 하였다.

《철경록》에 나오는 취경원의 무슬림 공동묘지에 대해 주밀(周密)의 《계신잡식속집(癸辛雜識續集)》 권상 '회회의 장례[回回送終]'조에는 "관(棺)은 당일로 취경원에 묻었다. 취경원은 무슬림이 관리하였다"고 되어있다. 명 영락연간(1403-1424) 사망한 정학년(丁鶴年)도 그곳에 매장되었다. 민국 13년(1924) 3월 항주성을 철거할 때 청파문(淸波門) 성터 아래에서 매우 많은 고묘를 발굴하였는데, 묘비 조각에는 아랍어와 페르시아어가 새겨져 있었다. 이후 비교적 큰 3개의 묘비를 인근 길목으로 옮겨 정자를

....

18) 원대 문헌에 나오는 '알탈'은 음사(音寫)가 분명한데, 그 원어가 무엇인지에 대해서는 여러 가지 설이 있다. '통로'나 '상인'이란 뜻의 돌궐어 'ortak'의 음사라는 주장이 가장 신빙성이 있다. '권주(勸酒)'라는 의미의 몽고어 'ötök'나 '막사' '궁전'이라는 의미의 거란-몽고어 'ordu'와 관련시키는 설도 있다. 또 음이 유사한 점을 들어 '유태'의 음사로 보기도 하는데, 이는 견강부회적인 해석으로 보인다. 왜냐하면 당시 유태인에 대해서는 '술홀(術忽)', '죽홀(竹忽)', '주오(主吾)', '주골(主鶻)' 등 페르시아어 'Juhad'에서 유래한 유사 지칭이 있고 유태인의 상역활동이 '알탈'의 이름으로 등장하는 사람들의 상역활동만큼 두드러지지 않았기 때문이다.(실크로드사전, 529쪽)

19) "壓落瓦(阿老瓦)碎兮倒落沙(倒刺沙)泥, 彆都釘(別都丁)折兮木屑飛(木契飛)揚."

세워 보존하였다. 세 묘비의 아랍어 비문에 따르면 아라비아의 선현인 복합제아(卜合提亞)와 그의 두 시종이 묻힌 곳이었음을 알 수 있다. 《우공(禹貢)》 5권 11기에 탁본 2장이 영인되어 실렸는데, 하나는 이슬람력 707년 11월 20일로 서기 1308년 5월 12일 즉 원 지대 원년에 만들어진 것이고, 다른 하나는 이슬람력 730년 10월 21일로 서기 1330년 8월 7일 즉 원 지순 원년에 만들어진 것이다. 이상의 자료에 따르면 취경원이 바로 청파문 밖에 있었음을 알 수 있다.

항주의 이슬람 묘지에 대해서는 완원(阮元)의 《양절금석지(兩浙金石志)》 권16에도 언급되어있는데, 그 내용을 요약하면 다음과 같다. 사랄보정의 묘비는 태정 원년(1324)에 만들어진 것으로 남병산(南屏山) 기슭에서 발견되었다. 비액(碑額)은 없고 위에 구름과 달의 형상이 새겨져 있었다. 묘비에 이르기를 "공은 백안(伯顔) 승상의 천거로 가흥 상해현의 다루가치로 임명되었고 수차례 자리를 옮겨 소흥(紹興)의 산음(山陰), 구주(衢州)의 상산(常山), 건강(建康)의 구용(句容)을 거쳤는데, 교화를 베푼 곳마다 은택이 백성에게 미쳤다. 급류용퇴(急流勇退: 관운이 아직 순조로울 때 관직에서 물러남을 가리킴 - 역자)해 항주의 풍락교(豊樂橋) 동쪽에 은거하며 동산과 연못을 만들고 꽃과 대나무를 심었으니, 속세를 떠나 피현(避賢: 유능한 후배들에게 길을 내준다는 뜻으로 관리들이 사직할 때 겸손히 하는 말 - 역자)한 행동이었다. 예의로서 자손을 가르치고 시와 술로서 벗들과 교제하였다. 부귀를 뜬구름처럼 보고 소요물외(逍遙物外: 바깥 사물의 구속 받지 않음 - 역자)의 뜻을 얻었으니,《주역》에서 말한 '진퇴존망을 아는 자'란 공을 두고 한 말이리라"고 하였다. 지치 3년(1323) 74세로 사망하였다. 아들 다섯이 있었는데, 큰 아들은 목팔랄사(木八剌沙)이고 작은 아들이 납속로정(納速魯丁)이다. 손자는 셋이 있었는데, 장손 아노정(阿老丁)은 전당(錢塘)의 서호(西湖) 남쪽 동산에 묻혔다. 완원은 《항주부지》에 근거해 문금방 남쪽의 진교사를 사랄보정의 장손 아노정이 세웠다고 하였으나, 이는 잘못된 것이다. 왜냐하면 《서호유람지》 권18에 진교사는 연우연간(1314-1320) 무슬림 대사 아노정이 세웠다고 되어있고, 사랄보정은 지치 3년(1323)에 사망했으므로 진교사는 적어도 그가 죽기 7, 8년 전에 세워진 것이기 때문이다. 아노정은 사랄보정의 장손으로 그 때 분명 서른이 채 안됐을 터이니 무슬림 대사로 불리지는 못했을 것이다. 하물며 조부와 부친이 모두 생존해 있는 상황에서 사원 창건을 자신의 이름으로 했을 리도 없었다. 따라서 진교사를 세운 이는 분명 동명이인이었을 것이다.

《지정사명속지(至正四明續志)》에는 사명(四明: 즉 영파)에 예배사 2곳이 있는데, 연우연간 이후에 세워졌다고 기록되어있다. 옹정 《영파부지(寧波府志)》[20] 권33 〈사관(寺觀)〉에는 영파의 이슬람 사원에 대해 "현의 서쪽 10리에 있으며 송 건륭 3년(962)에 세워졌고 이후 무너졌다. 명 홍무 20년(1387) 법당 5칸을 중건하였다"고 되어있다. 근래 출판된 《은현지(鄞縣志)》[21]에는 이 사원이 "송 원풍연간(1078-1085) 현의 동남쪽 귀퉁이에 있는 사자교(獅子橋) 북쪽에 처음 세워졌다. 원대에 다시 동남쪽 귀퉁이의 해운소(海運所) 남쪽에 세웠으니, 바로 지금 은현의 충허관(沖虛觀) 앞이다"고 적혀있다.

....

20) 옹정 《영파부지(寧波府志)》: 영파부 지부(知府)를 지낸 조병인(曹秉仁, 생몰연도 미상)이 만경(萬經)으로 하여금 편찬케 한 지방지로 옹정 11년(1733) 판각되었고 首1권을 포함하여 전 37권으로 되어있다.
21) 《은현지(鄞縣志)》: 청말 장서(張恕, 1790-1878)가 동치 13년(1874) 편찬한 필사본을 광서 3년(1877) 은현 지현(知縣) 대매(戴枚)가 판각한 지방지로 전 75권으로 되어있다.

제4절 양주·서안(西安)·곤명(昆明)의 이슬람교

당대 양주에는 무슬림이 매우 많았으니,《신당서》〈등경산전(鄧景山傳)〉에 보면 전신공(田神功)의 군대가 양주에 이르러 대식과 페르시아의 오랑캐 상인 수천 명을 죽였다고 기록되어있다. 이슬람 사원 역시 훼손되었을 것으로 생각되나 지금은 고증할 수가 없다. 현재의 이슬람 사원은 태평교(太平橋)에 있다. 《양주부지(揚州府志)》22)에는 "양주부 동쪽 태평교 북쪽에 있다. 송 덕우연간(1275) 서역인 보호정(補好丁)이 세웠다"고 적혀있다. 보호정은 보합정(普哈丁)으로도 번역하는데, 그의 묘는 대동문(大東門) 바깥의 운하 동쪽 기슭에 있으며 보통 회회분(回回墳)이라 부른다.

서안의 이슬람 사원으로는 화각항(化覺巷)의 청수사(淸修寺), 대학습항(大學習巷)의 청정사(淸淨寺), 소피원(小皮院)의 진교사(眞敎寺)가 가장 이른 시기에 건립된 것들이다. 청수사에는 당나라 왕홍(王鉷)23)의 비가 있지만, 그것이 명대의 위조품이라는 것을 최근 사람들이 이미 여러 차례 밝힌 바 있다.

대학습항의 본래 이름은 신흥방(新興坊)이며 그곳의 청정사에는 만력 계미년(1583) 9월에 세워진 중수비(重修碑)가 있다. 그 비석에는 "서역의 교(敎)는 당나라 때부터 중국에 들어왔다. 그 교도들의 교를 섬김은 지극

---

22)《양주부지(揚州府志)》: 강희연간 양주부 지부를 지낸 장만수(張萬壽, 생몰연도 미상)가 편찬한 지방지로 전 40권이다. 그 전에 《양주부지》는 명 성화연간 이래 이미 4차례나 편찬되었었다.

23) 왕홍(王鉷, ?-752): 태원군 기현(祁縣) 사람으로 당 현종 때의 총신(寵臣)이다.

히 정성스럽고 진실하였다. □□시기에 이르러 섬서(陝西) (장안성) 고루(鼓樓) 서북쪽 모퉁이에 청수사를 세우고 성(城) 내 그 교를 받드는 사람들을 그 안으로 모이게 하여 통역하며 예배를 지냈다. 그러나 □래(來) 빽빽이 늘어서있고 요란하게 많은 사람이 연달아 오고 감에 이를 수용할 수가 없었다. 원 세조 중통 4년(1263) 6월 장안 신흥방 거리 서편 남쪽에 이 사원을 개창하여 청정사라 명명하고 교도의 반을 나누어 이곳에서 축연(祝延: 원래는 장수를 축하한다는 뜻이지만 여기서는 예배드리는 일로 보임 - 역자)하게 했다. 대덕 정유년(대덕 원년, 1297) 섬서행중서성 평장정사 새전적오마아(賽典赤烏麻兒)가 이 교를 크게 숭상하여 (사원을) 증축하고 장식함에 이전에 비해 눈에 띄게 달라졌다"고 적혀있다. 이 비문은 유서(劉序)가 글을 짓고 유여기(劉汝麒)가 글씨를 썼다. 새전적오마아는 바로 새전적첨사정(賽典赤瞻思丁)24)이다.

곤명에는 2곳의 이슬람 사원이 있는데, 모두 원대에 새전적첨사정이 세운 것이다. 《속운남통지고(續雲南通志稿)》25)에는 "청진사 하나는 성(城) 남문 안쪽에 있고, 다른 하나는 어시가(魚市街)에 있다. 모두 원 평장정사 새전적첨사정이 세웠다"고 되어있다.

....

24) 새전적첨사정(賽典赤瞻思丁, Sayyid Shams al-Din, 1211-1279): 원대의 무슬림 정치가로 대덕 원년(1279) 상주국(上柱國) 함양왕(咸陽王)으로 추증되었다. 그의 풀 네임(full name)은 알 사이드 샴스 알딘 우마르(al-Sayyid Shams al-Din´Umar)이다. 사이드는 '존귀한 성인의 후예', 샴스 알딘은 '종교의 태양', 우마르는 '장수(長壽)'라는 뜻이라고 한다.

25) 《속운남통지고(續雲南通志稿)》: 왕문소(王文韶, 1830-1908)와 당형(唐炯, 1829-1909) 등이 편찬한 지방지로 광서 25-27년(1899-1901)에 완성되었으며 首6권을 포함해 전 200권으로 되어있다.

제5절 원대 무슬림과 중국문화

　함양왕(咸陽王) 새전적첨사정은 《원사》 권125에 그 열전이 있다. 열전을 보면 그는 "회회인으로 별암백이(別庵伯爾)[26]의 후예이다. 그 나라 말로 새전적은 중국어로 '귀족'이란 뜻이다. 지원 11년(1274) 운남행성 평장정사에 임명되었다. 운남의 풍속은 예의가 없어서 남녀가 왕왕 자신의 짝을 스스로 구하며 부모가 죽으면 불에 태우고 상례나 제례를 지내지 않았다. 메벼[秔稻]나 상마(桑麻)가 없었고 자제들은 글 읽는 것을 알지 못했다. 새전적이 배궤(拜跪)의 예절을 가르치고, 중매를 통해 혼인하는 것과 죽은 자가 있으면 관곽(棺槨)을 만들고 제례를 올리는 것을 가르쳤다. 백성에게 파종하는 것을 가르치고 저수지를 만들어 가뭄에 대비하였다. 공자묘와 명륜당을 세우고, 경사(經史)의 책을 구입하고 학전(學田)을 내리니, 이로부터 문풍(文風)이 차츰 일어났다"고 되어있다. 별암백이는 하늘의 사자라는 뜻으로 마호메트를 말한다. 유욱(劉郁)의 《서사기(西使記)》에는 벽안팔아(癖顔八兒)로 표기되어있다. 《원사》 같은 권에 그의 아들 홀신(忽辛) 열전이 있는데, "홀신은 대덕 9년(1305) 운남행성 우승(右丞)으로 자리를 옮겼다. 이전에 첨사정이 운남행성 평장정사였을 때 공자묘를 세워 학교로 삼고 전답 5경(頃)을 내어 제사와 교육의 비용에 충당하게 했다. 첨사정이 죽자 전답은 대덕사(大德寺)의 소유가 되었

....

26) 별암백이(別庵伯爾, Paighambar): 이슬람교의 호칭으로 파안배이(派安拜爾) 별암발이(別諳拔爾) 벽암팔이(擗奄八而) 등으로도 표기된다. 페르시아어를 음역한 것으로 이슬람교의 사자(使者) 또는 선지자를 가리키는 아랍어 알 루술(al-Rusul)과 같은 뜻이다.

는데, 홀신이 묘학(廟學)의 옛 문서를 살펴 그것을 빼앗아 돌려주었다. 다시 관할 군읍(郡邑)에 명을 내려 묘학을 두루 세우고 문학에 뛰어난 선비를 선발해 교관(敎官)을 삼도록 하니 문풍이 크게 일어났다"고 적혀 있다. 운남에 중국문화의 기반이 이식되는데 있어서 첨사정 부자가 세운 공은 실로 사라지지 않을 것이다!

첨사(瞻思)[27])의 자는 득지(得之)이고 경전에 정통했는데, 역학(易學)에 더욱 조예가 깊었다. 천문·지리·음률·산수(算數)·수리(水利) 및 외국 서적도 두루 섭렵했다. 그의 선조는 대식국 출신으로 부친 알직(斡直) 때부터 이미 유학을 배웠다. 첨사는 9살 때 하루에 옛 경전(經傳)을 천 자나 외웠다고 한다. 태정 3년(1326) 조서를 내려 유일(遺逸: 초야에 숨은 선비를 발탁함 - 역자)로 상도(上都)로 불러들였으나, 부모 봉양을 이유로 사양하고 돌아갔다. 천력 2년(1329)(《원서역인화화고》에서는 천력 3년으로 잘못 적고 있다. 천력연간은 2년뿐으로 3년이 없다) 부름을 받아 응봉한림문자(應奉翰林文字: 원대 한림원에 설치된 직위 중 하나 - 역자)가 되어 자신이 지은 《제왕심법(帝王心法)》을 황제께 바쳤다. 《경세대전(經世大典)》 편찬 과정에 참여하였지만 의견이 맞지 않아 그만두었다. 후지원 2년(1336) 섬서행대감찰어사(陝西行臺[28])監察御史), 후지원 3년에는 첨절서숙정렴방사사(僉浙西肅政廉訪司事)에 제수되었다. 지정 11년(1351) 74세로 사망하니 시호는 문효(文孝)이다. 그의 저술 중 남아있는 것은 《하방통의(河防通議)》 2권뿐이고, 《사서궐의(四書闕疑)》·《오경사문(五經思問)》·《기우음양소식도(奇偶陰陽消息圖)》·《서역이인전(西域異人傳)》·《금애종기(金哀宗

....

27) 첨사(瞻思, 1278-1351): 원대의 학자로 진정(眞定: 현 하북성 正定縣) 출신이다. 원래 아랍사람이고 왕사렴(王思廉)에게서 학문의 기초를 배웠다.
28) 원대에는 어사대를 행대로 약칭했다.

紀)》·《정대제신열전(正大諸臣列傳)》·《진양풍토기(鎭陽風土記)》·《속동양지(續東陽志)》·《서국통경(西國通經)》·《노장정예(老莊精詣)》·《심청요결(審聽要訣)》 및 문집 30권 등은 모두 산실되었다.

부박(溥博)은 자가 자연(子淵)이며 서역 아로(阿魯: 아르군의 오기로 보임 - 역자) 출신으로 시모씨전(詩毛氏箋)에 정통했다. 지정 22년(1362) 강절(江浙) 향시에서 일방(一榜)으로 합격했고 가흥(嘉興)의 교유(敎諭)를 맡게 되면서 이 지역에 거주하게 되었다. 이는 송렴(宋濂)의 《난파집(鑾坡集)》권7 〈서역포씨정성비문(西域浦氏定姓碑文)〉에 보인다. 그의 형은 이름이 도랄사(道剌沙)였는데, 부(溥)씨로 성을 고쳤고 자는 중연(仲淵)이었다. 조부 도오(道吾)는 동지온주로총관부사(同知溫州路總管府事)를 지냈다. 그 밖의 사적은 자세하지 않다.

욱실대(勗實戴)는 자가 사희(士希)로 하남 이천(伊川) 명고진(鳴皋鎭)의 회회포수군(回回砲手軍) 총관(總管)이었다. 가산을 털어 서원을 세우니 10년 만에 비로소 완성되었다. 그 아들 모안철목(慕顔鐵木)은 그 서원에 계고각(稽古閣)을 짓고 서적 만 권을 모았다. 연우연간(1314-1320) 대도(大都)에 왔을 때 집현학사(集賢學士) 진호(陳顥)가 이 일을 아뢰니, 칙명으로 이천서원(伊川書院)이라는 이름을 하사하였다. 또 한림학사 설우량(薛友諒)으로 하여금 이 일에 대한 비문을 짓게 하고 집현학사 조맹부(趙孟頫)로 하여금 비문을 쓰게 하였다. 욱실대 부자 역시 유학을 좋아한 무슬림이었다.

정학년(丁鶴年)의 증조부 아노정(阿老丁)은 동생 오마아(烏馬兒)와 더불어 원초의 거상(巨商)이었다. 조부 점사정(苫思丁)과 부친 직마녹정(職馬祿丁) 모두 일찍이 관직을 역임했다. 부친이 사망했을 때 정학년은 겨우 12살이었으나 참최(斬衰)를 3년간 입기로 결심하였으며, 17세에는 시·서·예 3경(經)의 공부를 마쳤다. 지정 12년(1352) 회병(淮兵)[29]이 무창

(武昌)을 습격하자 정학년은 모친을 모시고 진강(鎭江)으로 피란했다. 모친이 사망하자 항주[杭垣]에 잠시 살다가 다시 사명(四明)으로 갔다. 아이들을 가르치기도 하고 절에 기거하며 약(藥)을 팔아 자급자족하기도 했다. 절동(浙東)을 차지한 방국진(方國珍)[30]이 색목인을 가장 싫어했기 때문에 정학년은 다시 여기저기로 숨어 다녔다. 경전을 깊이 연구하고 역사를 폭넓게 알았으며 시문에 특히 능했다. 산수(算數)와 도교의 양생술[導引], 약재 처방[方藥]을 두루 익혔다. 정학년은 자신의 시에서 항상 선비로 자처하였으니, "부유(腐儒: 생각이 낡고 완고하여 쓸모없는 선비 – 역자)는 해동 한 쪽으로 재앙을 피했네", "천지에 영락한 한 부유"[31] 등의 구절이 있다. 《원서역인화화고》에서는 그가 모친을 위해 신주(神主)를 만들어 아침저녁으로 절하고 술과 고기로 제사상을 차렸으며 이장(移葬)하면서 관을 사용했다는 것 등을 들어 그가 이슬람교를 배신하고 유교로 개종했다고 보았다. 또 《명사》〈정학년전〉에 "만년에 부도(浮屠)의 법을 배웠다"라는 구절이 있고, 《예해주진(藝海珠塵)》본[32] 《정효자시집(丁孝子詩集)》 중에 승려와 서로 주고받은 작품이 매우 많을 뿐 아니라 《임랑비실(琳琅秘室)》본[33] 《정학년집》 제3권 전체가 《방외집(方外集)》[34]으로 교유한 승려가 31명이나 되고 자신의 처소에 '도선실(逃禪室)'이란 편액

....

29) 원말 장강 중상류 홍건군 수령 서수휘(徐壽輝, 1320-1360)의 부대를 가리킨다.
30) 방국진(方國珍, 1319-1374): 원말에 반란을 일으킨 군웅 중 하나로 절동 지역에 할거했다. 원에 대해 귀순과 반란을 반복했으며 훗날 명 태조에게 항복하였다.
31) "腐儒避地海東偏" "落魄乾坤一腐儒"
32) 청 건륭연간에 예부시랑을 지낸 오성란(吳省蘭, 생몰연도 미상)이 판각한 총서이다.
33) 청대의 장서가 호정(胡珽, 1822-1861)이 도광연간 집인(輯印)한 총서이다.
34) '방외'란 유가에서 도가나 불가를 일컫는 용어이다.

을 달았으며, 그의 사촌 형 아모정(雅謨丁)의 시에서 그가 "마음을 깨끗이 하고 도를 배웠다(淸心學道)"고 한 것 등을 보면 그가 다시 유학과 단절하고 불교로 들어간 것이 분명한데, 처음에는 목숨을 보전하기 위해 불교를 배웠으나 참선을 계속하여 마침내 높은 경지에 이르게 되었다고 하였다.

정학년의 누나 월아(月娥)는 《명사》〈열녀전〉의 맨 처음에 소개되어 있다. 오사도(烏斯道)의 《춘초재집(春草齋集)》35) 권7에 그녀의 전기가 있는데, 《명사》〈열녀전〉은 이를 저본으로 한 것이다. 도적들이 예장(豫章: 지금의 강소성 南昌 일대를 가리킴 - 역자) 지역을 함락시키자 (월아가) 여인 9명과 함께 물에 빠져 죽으니, 부로(父老)들이 그녀들을 위해 십절묘(十節墓)를 만들어 주었다고 한다. 그녀의 전기에 "학년은 경사(經史)에 뛰어나고 품행이 방정했다. 어릴 적 글 읽을 때마다 모두 월아가 가르쳐주었다"고 적혀있으니, 월아 역시 중국 학문에 조예가 깊은 인물이었음을 알 수 있다.

살도랄(薩都剌)은 자가 천석(天錫)으로 양유정(楊維楨)의 《서호죽지집(西湖竹枝集)》에서는 그를 다니쉬맨드씨(氏)라 했는데, 《원전장》에 의하면 다니쉬맨드는 무슬림 수행자라고 한다. 또 도종의의 《서사회요(書史會要)》에서는 위구르인이라 했으니, 모두 그가 서역의 무슬림이었음을 증명해준다. 살도랄의 족보에 따르면 그의 동생 이름은 랄홀정(剌忽丁)으로 이는 완전한 무슬림 인명이다. 살도랄은 시로 이름을 떨쳤는데, 혹자는 그의 시가 웅장하고 거침이 없으며 격앙되어있지만 옛사람으로부터 한 자도 구하지 않았다고 하였으며, 혹자는 맑되 경박하지 않으며

----

35) 《춘초재집(春草齋集)》: 홍무 초년 석룡현(石龍縣) 지현을 지낸 오사도(생몰연도 미상)가 쓴 문집이다. 전 10권에 부록 1권으로 되어있다.

우아하되 꾸미지 않았다고 평했다. 그의 《안문집(鴈門集)》36)이 세상에 널리 전해지고 있다.

대량(戴良)37)은 일찍이 정학년을 위해 《학년음고(鶴年吟稿)》 서문을 썼다. 여기서 그는 서역 시인 12명38)을 열거했는데, 그 가운데 노지도(魯至道)라는 자는 일찍이 담주로총관(潭州路總管)을 역임했다. 대량의 본명은 백독로정(伯篤魯丁)이고 진사출신이다. 지정 원년(1341) 4월 예부 시랑에서 비서태감(秘書太監)으로 자리를 옮겼고, 순제 지원 3년(1337)에는 영남광서도숙정렴방부사(嶺南廣西道肅政廉訪副使)에 임명되기도 했다.

《원시선》에 실린 무슬림 시인으로는 이밖에 다음과 같은 인물들이 있다. 철마로정(哲馬魯丁)은 자가 사로(師魯)이고 진강의 유학교수(儒學敎授)39)였다. 별리사(別里沙)는 자가 언성(彦誠)으로 《서호죽지집》에는 별라사(別羅沙)로 표기되어있다. 《원시선》에서는 별리사와 별라사가 다른 인물이라고 착각하였다. 장기사(仉機沙)는 자가 대용(大用)이다. 《원시선》에 실리지 못한 인물로 매려(買閭)가 있는데, 자가 겸선(兼善)이다. 뇌량(賴良)은 《대아집(大雅集)》40)에 그의 시 10편을 수록하면서 회계(會

....

36) 《안문집(鴈門集)》: 안문에 대대로 살았던 살도랄(薩都剌, 1272?-1355)의 시집으로 전 3권이다.

37) 대량(戴良, 1317-1383): 원대의 저명한 시인으로 절강 포강현(浦江縣) 사람이다. 저서로 《구령산방집(九靈山房集)》 등이 있다.

38) 즉 관운석(貫云石)·마백용(馬伯庸)·살천석(薩天錫)·여정심(余廷心)·고언경(高彦敬)·기자산(巎子山)·달겸선(達兼善)·아정경(雅正卿)·섭공고(聶公古)·알극장(斡克莊)·노지도(魯至道)·성정규(成廷圭)를 가리킨다.

39) 유학교수(儒學敎授): 원대의 관명으로 각 로(路), 부(府) 및 상중(上中) 주(州)에 설치되어있었다.

40) 《대아집(大雅集)》: 원대 사람 뇌량이 원말의 시를 모아놓은 책으로 전 8권이

稽)인이라 하였지만, 《어선원시(御選元詩)》[41]에서는 서역인이라고 하였다. 왕봉(王逢)의 《오계집(梧溪集)》 권4에 수록된 〈증매려교수서(贈買閭教授序)〉에서도 매려가 서역인이라 하였다.

원대 무슬림으로서 경서에 정통하고 유학을 숭상하고 시문에 능통했던 사람 중에 입신처세를 위해 중국 풍속을 완전히 모방한 자들이 매우 많았을 것이다. 그러나 대부분의 경우 그들이 서역인이라는 것만 알뿐 무슬림이라고 확실히 적시할 수는 없다. 이에 대해 여기서는 일단 넘어가고 본편 11장 8절에서 따로 구체적으로 설명토록 하겠다.

....

다. 책 앞에 지정 신축년(1361) 양유정(楊維楨)이 쓴 서문과 지정 임인년 (1362) 전내(錢鼐)가 쓴 서문이, 책 뒤에는 왕봉(王逢)의 서문이 붙어있다.
41) 《어선원시(御選元詩)》: 청 강희제의 칙명으로 편찬된 《어선송금원명사조시(御選宋金元明四朝詩)》(1709년, 전 317권)의 원대 부분(전 81권)을 말한다.

제10장
원대의 기타 외래 종교

제1절 유태교

개봉(開封)의 일사락업교(一賜樂業敎) 즉 유태교의 청진사에는 4개의 비가 있다. 명 홍치 2년(1489)의 〈중건청진사기(重建淸眞寺記)〉에는 유태교가 송대로부터 유래되었다고 적혀있다. 명 정덕 7년(1512)의 〈존숭도경사기(尊崇道經寺記)〉에는 유태교가 한대로부터 유래되었다고, 청 강희 2년(1663)의 〈중건청진사기〉에는 주대로부터 전해졌다고 되어있다. 강희 18년(1679)의 비문 역시 한대부터 중국에 들어왔다고 기록하고 있으나, 비문이 이미 희미해져서 대부분 식별이 불가능하다. 강희 2년 비문에서 주대로부터 전해졌다고 한 것은 아마도 홍치 2년 비문에 2번 나오는 "상고해보니 주나라였다"라는 구절과 정덕 7년 비문의 "헤아려보니 주나라이다"라는 구절 때문이지 확실한 소견이 있었던 것은 아닌 듯하다. 게다가 강희 2년 비문은 유태교도가 아닌 유창(劉昌)이 지은 것이기 때문에 더욱 그 말에 분명한 근거가 있는 것도 아니었다.

내가 볼 때 유태인이 한대 혹은 한대 이전에 이미 중국에 들어왔다는 사실이 불가능한 것은 아니지만, 명·청시기 개봉의 유태교 사원을 위해 지은 비문에서 그 연원을 한대 혹은 주대까지 거슬러 올라간 것은 전혀 그 연관성을 찾을 수 없다. 여기서 근대 학자들의 관련 주장을 나누어 소개하면 아래와 같다.

- 주대에 중국에 들어왔다는 주장: 고빌(Gaubil).
- 후한 명제 시기 중국에 들어왔다는 주장: 브로티에(P. Brotier)[1]·코르디에(Cordier).
- 서기 40년(후한 광무제 건무 16년) 중국에 들어왔다는 주장: 라쿠프리(Lacouperie).
- 서기 70년(후한 명제 영평 13년) 중국에 들어왔다는 주장: 제롬 토바르(Jérôme Tobar).[2]
- 서기 초기에 중국에 들어왔다는 주장: 윌리엄 화이트(William C. White).[3]

중국에 유태인이 있었다고 볼 수 있는 가장 믿을 만한 자료는 9세기 아랍 여행가 아부 자이드 하산(Abu Zaid Hassan)의 기록이다. 이에 따르면 이슬람력 264년(당 희종 건부 5년, 878)[4] 황소(黃巢)가 광주를 함락시

....

1) 다니엘 브로티에(Père Daniel Brotier, 1876-1936): 1887년 블르와(Blois) 신학교에 입학하여 1892년 사제서품을 받은 뒤 블르와에서 사제직을 수행하였다. 이후 퐁르브와(Pontlevoy)에서 신학교 교수직을 맡았고 선교의 소명을 받아 성령포교회에 입회, 수련을 거친 후 주요 보직을 역임하였다.

2) 제롬 토바르(Jérôme Tobar, 1855-1917): 스페인 부르고스(Burgos)에서 태어났으며 예수회 소속으로 중국에서 선교활동을 하면서 중국 문헌을 프랑스어로 번역하는 데 많은 기여를 했다. 《중국 문헌에 나타난 중국에서의 지진 목록》·《개봉부의 유대인 현황》 등의 저술이 있다.

3) 윌리엄 화이트(William C. White, 1854-1937): 제7일 안식일 예수재림교회(Seventh-day Adventist Church)의 창립자인 제임스 화이트(James S. White)와 엘런 화이트(Ellen G. White)의 아들로 제7일 안식일 예수재림교회의 목사와 지도자로 잘 알려져 있다.

키고 12만에서 20만에 이르는 외국인을 살해했을 때, 그 안에 회교도·유태인·기독교도 및 조로아스터교도가 있었다고 한다. 따라서 당대에 유태인이 이미 중국에 들어와 있었다는 것은 거의 의심의 여지가 없다.

펠리오(Pelliot)와 샤반느(Chavannes)는 모두 유태인이 송대에 들어왔다는 설을 주장했는데, 그 근거로 든 것이 모두 홍치 2년의 비문이었다. 샤반느의 견해는 1904년 *T'oung Pao*, 482-483쪽에, 펠리오의 주장은 1906년 《극동 프랑스학교 교간》(*Bulletin de l'Ecole Française d'Extrême-Orient*), 263-264쪽 및 414쪽에 나온다. 홍치 2년의 비문에는 다음과 같이 적혀있다.

> "아! 교리가 전해지고 주고받음이 예로부터였다! 천축으로부터 나와 명을 받들고 중국에 오니, 그 가운데 이(李)·엄(俺)·애(艾)·고(高)·목(穆)·조(趙)·금(金)·주(周)·장(張)·석(石)·황(黃)·이(李)·섭(聶)·금(金)·장(張)·좌(左)·백(白) 등 17성(姓)[5]이 있었다. 이들이 서양포(西洋布)를 송나라에 진공하자 황제가 '우리 중국으로 귀부해 조상의 유풍을 지키며 변량(汴梁)에서 머물도록 하라'고 말하였다. 송 효종 융흥 원년 계미년(1163) 열미오사달(列微五思達)이 그 교(敎)를 관장하고 엄도랄(俺都剌)이 처음으로 그곳에 사원을 지었다."

1930년 4월 *The American Journal of Semitic Languages and Literatures* 제46권 제3호의 191-192쪽에 재 수록된 라우퍼(Laufer)의 "A Chinese Hebrew Manuscript"[6]에서는 송대에 중국은 아직 면화를 심지 않았기 때

---

4) 건부 5년(878)은 이슬람력으로 256년이고, 황소가 광주를 함락시킨 것은 건부 6년(879) 9월의 일이다.

5) 이(李)와 금(金)·장(張)은 중복해서 나오는데, 저자의 오기인지 원 비문에 그렇게 적혀있는지 알 수 없다.

문에 면포를 매우 귀하게 여겼고 유태인이 중국에 온 것은 면화를 판매하기 위한 것이었으며, 그들이 진공했다는 서양의 베가 바로 면포라고 하였다. 이는 매우 설득력 있는 주장이지만, 홍치 2년 비문 중의 "천축으로부터 나와"라는 구절만을 가지고 유태인이 인도로부터 온 게 확실하다고 단정한 것은 옛날 중국에서 '천축'이란 명칭이 사실 서방 전체를 가리키는 용어이며 그런 까닭에 정덕 7년 비문에도 "시조 아탐(阿躭)은 본디 천축 서역 출신이다"는 구절이 있음을 알지 못했기 때문이다. 또 강희 2년 비문에서 "(유태)교는 천축에서 일어났다"고 하였는데, 만약 천축이 인도를 가리킨다면 불교와 혼동될 수 있을 뿐 아니라 유태교도들도 인도에서 나오지 않았음은 물론이다. 따라서 유태인이 처음 중국에 들어왔을 때 해로를 따라 오다가 일찍이 인도를 거쳤을 가능성은 매우 크지만, 비문에 나오는 천축이라는 지명을 그 증거로 삼을 수는 없다.

오직 중국 사서(史書)에서만 유태인의 사적(事蹟)이 원대로부터 시작되었다고 기록하고 있다.

《원사》권33 〈문종본기〉에는 "천력 2년(1329) 3월 정축일 승려·도사·야리가온·출홀(朮忽)·다니쉬맨드[合失蠻: 원문 그대로 표기했음)로 장사하는 자는 옛 규정대로 세금을 내게 하였다"고 적혀있다.

《원사》권40 〈순제본기〉에는 "지원 6년(1340) 감찰어사 세도이(世圖爾)가 다니쉬맨드·회회·주오인(主吾人) 등이 사촌끼리 결혼하는 것을 마땅히 금지해야 한다고 말했다"고 되어있다.

《원사》권43 〈순제본기〉에는 "지정 14년(1354) 각처의 부유한 회회와 출홀을 모집, 경사로 보내 종군하게 하였다"고 기록되어있다.

....

6) 정식 논문명은 "A Chinese-Hebrew Manuscript, a New Source for the History of the Chinese Jews"이다.

《원전장(元典章)》 권57에는 '출홀회회(朮忽回回) 등'이라는 말이 나오는데, 양우(楊瑀)의 《산거신화(山居新話)》에 보면 "항주 사당국(沙糖局)의 당관(糖官)은 모두 주골(主鶻)과 회회의 부유한 상인들이다"라는 구절이 있다. 주오와 주골은 모두 출홀의 다른 음역이다. 루돌프 뢰벤탈(Rudolf Löwenthal)이 쓴 〈중국의 유태인 명칭고(名稱考)〉("The No-menclature of Jews in China", *Collectanea Commissionis Synodalis*, 1944, Vol.XVII, pp.361-363)에는 죽홀(竹忽), 주회(朱灰), 주혁(珠赫), 주홀(珠忽), 주어(主語), 출홀특(朮忽特), 주호득(朱乎得), 축호(祝虎), 축호덕(祝虎德), 축호득(祝乎得), 주호대(朱乎大), 주골(主鶻), 제호득(諸呼得) 등 유태인을 가리키는 다른 음역들이 열거되어있다. 라우퍼는 앞서 인용한 글에서 《원사》에 나오는 '출홀'은 신(新) 페르시아어 'Djuhūd' 혹은 'Djahūd'의 음역이며, 중세 페르시아어로는 'Yahut'인데 히브리어의 'Yehudi'나 아랍어 'Yahud'와 같은 뜻이다. Y대신 J를 사용한 것이 신 페르시아어의 특징으로 중국인이 들었던 것이 신 페르시아어였기 때문에 '출(朮)'로 음역한 것이라고 하였다.

원대 중국의 유태교 사적(事績)으로 언급할만한 것은 홍치 2년 비문에 기록되어있는 "원 지원 16년 기묘년(1279) 오사달(五思達)이 청진사의 옛 사원을 중건했다. 토시자가(土市字街) 동남쪽에 있었는데, 둘레가 35장이다"는 등의 내용뿐이다. 강희 2년 비문에서는 이 일을 지정 16년으로 잘못 기록하고 있고, 정덕 7년 비문은 맞게 기록하고 있다. 오사달은 페르시아어 Oustad의 음역으로 스승이란 뜻이다.

지정 2년(1342) 교황이 천마(天馬)를 보내며 파견한 사자(使者) 마리뇰리(Marignoli)는 일찍이 대도(大都)에서 유태인과 논쟁을 벌인 바 있었다.

마르코 폴로의 《동방견문록》 제2권 제79장[7]에는 "대칸이 나얀(乃顏)을 격퇴한 후 사라센인과 우상 숭배자, 유태인, 신을 믿지 않는 자들이 모두 기독교도를 비웃었다"[8]고 적혀있다. 또 제79중(重)장[9])에서는 다음과 같이 적고 있다.

"쿠빌라이 대칸이 칸발리크에 머무른 지 3개월이 되었는데, 이때는 마침 예수의 부활절이었다. 대칸은 모든 기독교도를 궁으로 불러들여 각자 4복음서를 휴대한 채 향을 사르고 예배하게 하였다. 대칸은 《성경》을 들어 입맞춤하고 대신들에게도 이를 따라 하도록 시켰다. 성탄절과 부활절 예배는 모두 대칸이 친히 예를 행했다. 그러나 사라센인과 유태인, 우상 숭배자들의 축일에도 대칸은 역시 친히 예를 행했다. 이에 대해 묻는 자가 있자 대칸은 '세계에는 4명의 성인이 있어 모두 사람들의 숭배를 받고 있다. 기독교도는 예수그리스도를 성인으로 여기고, 사라센인은 마호메트를 성인으로 여기고, 유태인은 모세를 성인으로 여기고, 우상교도 들은 석가모니를 성인으로 여기는데, 나는 4명 모두를 받들고 있는 것이다. 분명 4명 중 가장 성스러운 분이 계셔서 하늘에 있는 그의 영혼이 나를 도와주실 지도 모른다'고 답했다."

《이븐 바투타 여행기》에서는 항주를 기록하면서 "둘째 날 성문을 통해 제2구역[城]으로 들어갔는데, 문 이름이 유태문이었고 부근에는 유태인 과 기독교도, 터키인 거주자가 매우 많았다"고 하였다.

....

7) 김호동의 역주본에서는 제80장에 나오는 구절(225~226쪽)인데, 내용상 약간 의 차이가 있다.
8) 1287년 쿠빌라이에 맞서 반란을 일으킨 옷치긴 가문의 나얀칸은 기독교도로 알려져 있었다.
9) 원서에 나오는 '第七十九(重)章'의 (重)이 무슨 의미인지 분명하지 않으나, 김 호동의 역주본에서는 제81장에 나오는 문단(226~227쪽)으로 내용상 적지 않 은 차이가 있다.

제2절 마니교

원대에 마니교는 이미 그다지 발전하지 못했다.《민서(閩書)》권7 〈방역지(方域志)〉에 실린 '천주부진강현화표산기(泉州府晉江縣華表山記)'에는 원대 마니교의 유적에 대해 다음과 같이 적혀있다.

"산 뒤쪽 기슭에 초가집 암자가 있는데, 원대의 유물로 마니불(摩尼佛)에게 축원하던 곳이다. 마니불의 이름은 미마니광불(未摩尼光佛: 未는 末의 오기임)로 소린국(蘇隣國) 사람이니, 여러 부처 중 하나로 구지대명사(具智大明使)라고도 불린다. 노자가 서쪽의 유사(流沙)로 들어간 지 500년여 년이 지난 한나라 헌제 건안 무자년(208)에 몸을 나훈(捺暈)으로 변신시켰다. 국왕 발제(拔帝)의 황후가 나훈을 달게 먹고 마침내 잉태하여 출산일에 이르러 가슴 쪽으로 출산하였다. 나훈이란 금원(禁苑)의 석류로, 이는 자두나무에 올랐다(攀李樹)는 이야기나 왼쪽 옆구리에서 나왔다(出左脇)는 이야기와 상응한다. 명교(明敎)라 이름하고 의복은 흰색을 숭상했으며 아침에는 해에 절하고 저녁에는 달에 절하였다고 한다. 법성(法性)을 분명히 파악하면 결국 광명(廣明)이란 사실을 알게 된다고 한다. 너의 성(性)이 나의 몸이 되고 나의 몸이 너의 성이 된다고 하였으니, 대체로 불가와 도가를 합해 하나로 한 것이다. 사라센[大食]·비잔틴[拂菻]·토화라[火羅]·페르시아 등의 나라에 전파되었다. 마니는 진 무제 태시 병술년(266)에 페르시아에서 입적했는데, 상수(上首)인 모도(慕闍)가 그의 가르침을 이어받았다. 모도는 당 고종연간에 중국에 이 교를 전하였다. 무측천(武則天) 때(684-705)에 이르러 모도의 수제자 밀오몰사불다탄(密烏沒斯拂多誕)이 다시 무측천을 알현하니, 불승들이 시샘하여 헐뜯고 비난하게 되었다. 무측천은 마니교의 설(說)을 좋아하여 (그에게) 머무르면서 마니교의 경전을 가르치게 하였다. 개원연간(713-741) 대운광명사(大雲光明寺)를 지어 봉헌하였다. 그는 자기 나라의 시조(始

祖)에 선의(先意)와 이수(夷數)라 불리는 두 성인이 있는데, 우리 중국으로 말하자면 반고(盤古)와 같은 자라고 말했다. 말마니광불의 말씀은 광대하다. 그 경전은 7부(部)가 있으니, 《화호경(化胡經)》에서는 노자가 서쪽으로 유사에 들어가 소린국에 의탁하여 살았던 일을 말하고 있다. 회창연간(841-846) 승려들을 도태시켰는데(당 무종 회창연간의 폐불사건을 가리킴 - 역자), 명교도 그 안에 포함되었다. 호록법사(呼祿法師)라는 자가 복당(福唐: 복주 소속의 縣 - 역자)으로 들어와 삼산(三山)과 벗하며 천주(泉郡)에서 노닐다가 죽어 천주의 북산(北山) 아래 묻혔다. 지도연간(995-997) 회안(懷安)의 사대부 이정유(李廷裕)가 경성(즉 변량 - 역자)의 점치는 거리[卜肆]에서 명교의 불상을 얻어 5만전에 파니, 그 상서로운 모습이 마침내 복건 지역에 전해졌다. (송) 진종(998-1022) 때 복건의 사대부 임세장(林世長)이 명교의 경전을 얻어 진상하여 복주문학(福州文學) 지위에 제수되었다. 명[皇朝] 태조께서 천하를 평정하여 삼교(三敎: 유교·불교·도교를 가리킴 - 역자)로 백성을 교화하셨고 또 그 교문(敎門)이 국호(國號)와 비슷한 것을 싫어해 그 교도들을 배척하고 사원을 훼파하셨다. 호부상서 욱신(郁新)과 예부상서 양륭(楊隆)이 상주하여 만류하니, 이 때문에 더 이상 문제 삼지 않으셨다. 지금 백성들 사이에 그 교의 방술을 익힌 자가 부적술을 행하며 사씨법(師氏法)이라 명명하고 있으나 그다지 주목을 받지 못한다고 한다. 암자 뒤에는 만석봉(萬石峰)과 옥천(玉泉), 백 계단의 운제(雲梯), 여러 제각(題刻: 문자나 사물의 형상을 새긴 것 - 역자)이 있다."

본서 제2편의 당·송시기 마니교를 설명한 부분을 읽어보면, 《민서》에서 비록 '마니불'이라고 칭하였지만 실제로는 마니교를 가리킨 것임을 알 수 있다. "명교라 이름하고" "의복은 흰색을 숭상하였으며"라고 한 부분이나 교가 행해진 지역을 보면 마니교임이 더욱 분명하다. 대부분 송나라와 명나라 때의 일을 기록하고 있지만, 명초에 금지되었다가 다행히 존속된 일이라든지 암자가 원대의 유물이라 한 것을 보면 마니교가 분명

원대에 성행했으리라는 것을 알 수 있다.

《불조통기(佛祖統紀)》 중에는 마니교와 관련된 사료가 꽤 많이 있다. 그 책 말미의 '사마사당(事魔邪黨)'조에는 다음과 같은 종감(宗鑑)10)의 말이 인용되어있다. "양저(良渚: 종감을 가리킴 - 역자)가 '이 셋(마니교, 白蓮敎, 白雲敎를 가리킴)은 모두 불교의 이름을 빌려 어리석은 속인들을 속이고 있으니 오행(五行)에 요사한 기운이 있음과 같다'고 말하였는데, 지금도 마니교가 여전히 삼산(三山)에서 백성들을 선동하고 있다." 지경(志磬)11)이 《불조통기》를 지은 것은 칭기즈칸이 중국을 정복해 원조를 세운 바로 그 해이고12), 삼산은 복주에 위치하고 있으니 원초 복건 남부와 북부 지역 모두에 마니교가 아직 남아있었음이 분명하다.

《원사》〈형법지〉에도 "무릇 흰 옷의 좋은 벗이란 명목으로 무리를 모아 결사(結社)하는 행위를 금지한다"는 규정이 있는 것을 보면, 원나라 때 분명 마니(흰 옷)가 있었기 때문에 금지령이 나온 것임을 알 수 있다.

뿐만 아니라 《홍무실록(洪武實錄)》(《摩尼敎流行中國考》에서 재인용)에는 홍무 3년(1370)의 다음과 같은 조서가 실려 있다.

"그 승려와 도사들이 재궁(齋宮)을 짓고 제단을 설치하면서 주장(奏章)으로 상표(上表)하거나 청사(青祠)에 투탁(投託)하는 행위와 천지신명을 빚거나 그리는 행위를 불허해야 합니다. 그리고 백련사(白蓮社)13),

....

10) 종감(宗鑑, 생몰연도 미상): 송대의 저명한 승려로 양저(良渚: 강소성 太湖 유역)에 거주하였다. 저서로 《사기》의 체제를 모방한 《석문정통(釋門正統)》 8권이 있다.
11) 지경(志磬, 생몰연도 미상): 남송대의 승려로 종감(宗鑑)의 《석문정통》을 수정 보충하여 《불조통기》 54권을 완성했다.
12) 칭기즈칸의 손자 쿠빌라이가 원조를 세운 1271년에 《불조통기》가 간행된 것을 말한 듯하다.

명존교(明尊敎), 백운종(白雲宗)14), 무당과 박수[巫覡], 점술[扶鸞], 성물
에 비는 행위[禱聖], 부적을 그리는 행위[書符], 물에 대고 비는[呪水] 뭇
사술(邪術)을 더불어 금지해야 합니다. 이리하면 좌도(左道)가 거의 일
어나지 못해 백성들이 미혹되는 일이 없을 것입니다'라고 하니, 황제가
조서를 내려 이를 따랐다."

여기 나오는 명존교가 바로 마니교이니 마니교 경전에 보인다. 홍무
7년(1374) 또 《대명률집해부례(大明律集解附例)》를 반포했는데, 권11의
〈소금좌도난정지술(所禁左道亂正之術)〉 항목에도 명존교가 나온다. 다
만 여기서는 '존명(尊明)'으로 잘못 인쇄되었고 주석에도 똑같이 잘못 표
기되어있지만 '모니존명교(牟尼尊明敎)'로 적혀있으니, 그것이 마니교를
가리키는 것임을 더 확실히 알 수 있다. 게다가 법조문에 특히 "야간에
모였다가 새벽에 흩어진다"는 언급이 나오는데, 이 또한 마니교의 특징
중 하나이다. 송대에 마니교가 있었고 명초에도 마니교가 있었으니 원대
에만 유독 없었을 리가 없다.

《원서역인화화고(元西域人華化考)》 권2 〈유학편〉 제5절 '마니교 세가

....

13) 백련사(白蓮社): 동진의 명승 혜원(慧遠)이 384년 여산(廬山)에 동림사(東林
寺)를 세우고 402년에 조직한 서방왕생의 정토신앙을 내용으로 하는 염불수
행 결사이다.
14) 백운종(白雲宗): 송·원시기 민간불교의 한 종파로 채식을 주장하여 백운채
(白雲菜) 또는 십지채(十地菜)라고도 부른다. 북송 말 낙양 보응사(寶應寺)의
승려 청각(淸覺)이 항주 백운암(白雲庵)에 자리 잡고 개창한 종파이다. 극단
적으로 선종(禪宗)을 공격하였으므로 선종의 격렬한 반격을 받고 사교(邪敎)
로 판정되어 청각은 광동성[恩州]로 추방되었다. 그가 죽은 후 제자 혜능(慧
能)이 유골을 여항남산(餘杭南山)에 장사지낸 후 그곳에 보안사(普安寺, 후에
普寧寺로 개칭)를 건립하였고, 그 후 이 절을 중심으로 절강 지방이 백운종
의 근거지가 되었다.

의 유학'에서는 고창(高昌) 설씨(偰氏)가 대대로 마니교 가문이었음을 증명하고 있다. 그리고 연우 2년(1315)부터 지정 8년(1348)까지 34년 동안 그 가문에서 9명이 진사에 합격하였으니, 그 명단은 다음과 같다.

설철독(偰哲篤, 연우 2년)·설옥립(偰玉立, 연우 5년)·설조오(偰朝吾, 지치 원년)·설직견(偰直堅, 태정 원년)·선저(善著, 태정 4년)·설열호 (偰列箎, 지순 원년)·설백료손(偰百僚遜, 지정 5년)·정종(正宗, 지정 5년)·아아사란(阿兒思蘭, 지정 8년).

설철독부터 설열호까지 6명은 형제이고 설백료손은 설철독의 아들, 정종과 아아사란은 선저의 아들이다. 설옥립은 지정연간 천주로(泉州路) 다루가치가 되었는데, 《민서》권53 〈문리지(文莅志)〉에는 그가 학교를 세우고 빈궁한 이들을 구휼했으며, 도지(圖志)를 연구하고 옛이야기를 수집하였다. 삼산의 오감(吳鑒)을 초빙해 《청원속지》20권을 만들어 군 (郡)의 고사(故事)를 보충하게 하니, 군의 사람들이 모두 문학에 힘썼다고 적혀있다(본서 제3편 9장 2절을 참고). 《원시선(元詩選)》에 그의 《세옥집》이 보이는데, 설철독의 시가 덧붙여져 있다. 훗날 설손(偰遜)으로 개명한 설백료손은 《근사재일고(近思齋逸稿)》를 남겼으니, 《천경당서목 (千頃堂書目)》15) 권28에 보인다. 원대의 과거에서 몽고인과 색목인의 합격이 비교적 쉽긴 하였지만, 과거 시험의 제1장(場)에서는 경문(經問) 5 조(條)가 모두 주희(朱熹)가 주를 단 《사서(四書)》에서 출제되었다. 제2

---

15) 《천경당서목(千頃堂書目)》: 명대의 역사가 겸 장서가였던 황우직(黃虞稷, 1626-1692)이 편찬한 도서목록으로 4부 분류법에 따라 명대와 송·요·금·원시기 저작의 저자 정보(爵位·字號·科第 등)를 담고 있다. 《명사》나 기타 전기 자료에 없는 내용이 많아서 명대 역사와 고적의 판본을 연구하는데 중요한 공구서로 평가받고 있다.

장은 책문(策問) 1도(道)로 시무(時務)를 출제하는데, 최소 500자 이상 사리가 분명하고 전아한 문장으로 작성한 자만을 선발하였으니, 설옥립과 설철독 외 나머지 설씨 7명도 틀림없이 사리가 분명하고 문장이 전아했음을 알 수 있다.

제3절 조로아스터교

조로아스터교가 송대에 자못 성행했음은 이미 제2편에서 자세히 다루었다. 소설과 비슷한 전기(傳奇)문학에서도 일찍이 조로아스터교를 소재로 삼은 것을 보면 그 보급이 어느 정도였는지 짐작할 수 있다. 송대 소백온(邵伯溫)16)의 《소씨문견전록(邵氏聞見前錄)》 권7에는 범질(范質)이라는 사람이 현묘(祆廟) 뒷문에서 흙 인형으로 된 키 작은 귀신을 보았는데, 마치 전에 찻집에서 본 사람과 닮았다는 이야기가 나온다. 또 송대 동유(董逌)17)의 《광천화발(廣川畫跋)》 권4의 〈서상언보현신상(書常彦輔祆神象)〉에는 원우 8년(1093) 7월 상언보가 개보사(開寶寺) 문수원(文殊

....

16) 소백온(邵伯溫, 1055-1134): 송대 낙양 사람으로 자는 자문(子文)이다. 소옹(邵雍)의 아들로 벼슬은 노주장자현위(潞州長子縣尉)·지과주(知果州)·성도로형옥(成都路刑獄)·이로전운부사(利路轉運副使) 등을 역임했다. 저서로《역학변혹(易學辨惑)》·《관물내외편해(觀物內外篇解)》 등이 있다.
17) 동유(董逌, 생몰연도 미상): 북송의 장서가 겸 서화 감정가. 산동 동평(東平) 사람으로 자는 언원(彦遠)이다. 정강연간(1126-1127)에 사업(司業)을 거쳐 휘유각(徽猷閣)대제(待制)를 지냈다. 저서로《광천화발》 6권 외에 《광천장서지(廣川藏書志)》 26권, 《광천서발(廣川書跋)》 10권, 《광천시고(廣川詩故)》 40권이 있다.

院)에서 한열증(寒熱症)이 걸렸으나 밤에 현신묘(祆神廟)에 기도하여 다음날 낫게 되었고, 이에 그 사원의 뜰에서 현신에게 제사하고 현신의 화상(畫像)을 만들어 가지고 돌아와 받들어 모셨다는 이야기가 나온다.

원대에는 현묘가 희곡의 흔한 소재로 사용되었다. 예컨대 왕실보(王實甫)[18]의 잡극 《서상기(西廂記)》[19] 제2본(本) 〈최앵앵이 밤에 거문고 소리를 듣다(崔鶯鶯夜聽琴)〉 중 제3절(折)에는 "불등등(不鄧鄧)이 현묘에 불을 밝혔다"는 구절이 있다(통용되는 金聖嘆본 第7折 〈賴婚〉의 第8節에는 赤騰騰으로 되어있음). 원곡(元曲) 《쟁보은(爭報恩)》[20] 제1절(折)에는 "나는 오늘밤 그 현묘를 불살랐다"라는 구절이 보이며, 《천녀이혼(倩女離魂)》[21] 제4절(折)에는 "현묘가 바지직 탁탁 활활 타오르기를 기다렸다"는 구절이 보인다. 원대 사람 이직부(李直夫)[22]에게도 《화소현묘(火燒祆廟)》

....

18) 왕실보(王實甫, 약1260 - 1316): 원대의 저명한 희곡작가로 이름은 덕신(德信)이고 대도(大都) 사람이다. 저서로 잡극 14본이 있었으나, 현재는 《서상기》 외에 《여춘당(麗春堂)》와 《파요기(破窰記)》만 남아있다.

19) 《서상기(西廂記)》: 원래 이름은 《최앵앵대월서상기(崔鶯鶯待月西廂記)》로 《북서상(北西廂)》으로도 불린다. 5막으로 된 장편극으로 최앵앵이란 미인과 장군서(張君瑞)라는 청년의 곡절 있는 정사(情事)를 각색한 것이다.

20) 《쟁보은(爭報恩)》: 원대 무명씨의 작품으로 《삼호하산(三虎下山)》이라고도 불리며 원제목은 《쟁보은삼호하산(爭報恩三虎下山)》이다.

21) 《천녀이혼(倩女離魂)》: 원제목은 《미청쇄천녀이혼(迷青瑣倩女離魂)》이다. 원대의 잡극 작가 정광조(鄭光祖, 생몰연도 미상)의 대표작으로 남녀의 사랑을 다룬 연애 희비극이다.

22) 이직부(李直夫, 생몰연도 미상): 원나라 여진(女眞) 사람으로 희곡 작가이다. 본성이 포찰(蒲察)이어서 세인들은 포찰이오(蒲察李五)라 불렸다. 그가 지은 잡극 중 현재 파악된 것은 12종이다. 이중 현재까지 전해지는 것은 《호두패(虎頭牌)》 1종이고, 《백도기자(伯道棄子)》는 단지 곡사(曲詞)의 잔편만 남아 있다. 이 밖에 《파식부(怕媳婦)》와 《권장부(勸丈夫)》가 있다.

라는 제목의 희곡이 있다. 이러한 풍조는 명대에 와서도 마찬가지였다. 명나라 희곡《홍불기(紅拂記)》23) 제14척(齣)에는 "합람교(合籃橋)의 물만이 현묘의 불길이 번지는 것을 막을 수 있다"라는 구절이 있다.

명대 팽대익(彭大翼)24)이 지은《산당사고(山堂肆考)》권39〈공주(公主)〉조에 있는 '현묘에 행차하다(幸祅廟)'에서는 다음과 같이 기록하고 있다.

> "《촉지(蜀志)》에 보면 옛적에 촉 황제가 공주를 낳고 나서 유모 진씨(陳氏)에게 젖을 먹여 기르게 하니, 진씨가 어린 아들을 데리고 공주와 함께 궁중 안에서 살았다. 약 10여 년 후 궁중의 금기를 어겨서 궁에서 쫓겨나 살기를 여섯 해가 지났는데, 그 아들이 공주를 사모해 병이 극심해졌다. 진씨가 입궁해 근심하는 낯빛을 보이자 공주가 그 연유를 물으니 은밀히 사실대로 대답하였다. 공주는 결국 현묘에 행차한다는 것을 구실삼아 아들과 만나기로 약속하였다. 공주가 현묘에 들어섰을 때 아들은 깊은 잠에 빠져있어서 공주는 마침내 어릴 적 가지고 놀던 옥가락지를 빼 아들의 품에 넣어주고 가버렸다. 아들이 깨어서 그것을 보고 자신을 책망하는 기운이 불로 변해 현묘를 태웠다고 되어있다. 살피건대 현묘는 오랑캐 신의 묘이다."

명말 민우오(閔遇五)가 지은《오극전의(五劇箋疑)》에서는《산당사고》의《촉지》를 재인용하면서《서상기》의 "현묘에 불을 밝혔다"는 구절을

....

23) 《홍불기(紅拂記)》: 명나라 작가 장봉익(張鳳翼, 1527-1613)의 희곡으로 당나라 두광정(杜光庭)의 전기소설《규염객전(虬髥客傳)》의 홍불 고사를 극화한 작품이다.

24) 팽대익(彭大翼, 1552-1643): 명나라 여사(呂四) 사람으로 자는 운거(雲擧) 또는 일학(一鶴)이고 제생(諸生)이었다. 저서로 만력연간 편찬한 대형 유서(類書)《산당사고》240권이 있다.

주석으로 달고 있다. 그 외 진계유(陳繼儒)는 《홍불기》에 대한 〈석의(釋義)〉를 썼는데, 여기서도 《촉지》의 글을 인용하고 있다. 진계유의 〈석의〉는 《난홍실회각전기(暖紅室匯刻傳奇)》[25]본 《홍불기》에 보이는데, 다만 현(祆)자를 모두 매(袄)자로 잘못 쓰고 있다.

---

25) 원서에는 난홍실(暖紅室) 《전기휘각(傳奇彙刻)》으로 되어있으나 오류가 분명해 바로잡았다. 《난홍실회각전극(暖紅室匯刻傳劇)》이라고도 부른다. 유세형(劉世珩, 1874-1926)이 편집한 곤곡(昆曲) 극본(劇本) 총집(總集)으로 청말 선통연간부터 1923년까지 차례로 간행되었다.

제11장
원대의 중서 학술 교류

제1절 서역 천문기기와 역법의 중국 전래

원대 이전 중국에 들어온 서역문화는 모두 페르시아 즉 이란 계열의 것들이었으나, 원대 이후로는 아랍 색채의 이슬람문화가 이른바 서역문화를 대표하였다. 몽고인은 학문과 기예를 갖추고 중국에 온 이슬람교도를 '색목'인 중에서도 특히 중시하였다. 수도에 회회국자학(回回國子學)을 세워서 아랍어를 전문적으로 가르쳤다는 사실은, 아랍문화가 중국에서 확대 발전되었음을 설명해주는 가장 좋은 예이다. 아랍문화 가운데가장 주의해서 볼 부분은 천문·역법·지리·포술(砲術) 등이다.

원은 천문대와 회회천문대를 각기 설치했는데, 이는 이슬람의 천문학이 단독으로 하나의 계통을 이루었음을 보여준다. 지원 4년(1267) 페르시아인 찰마로정(札馬魯丁)이 각종 천문기기를 제작하고 《만년력(萬年曆)》을 만들자 세조가 곧 이를 반포 시행하였다. 《원사》〈역지(曆志)〉에는 이에 관해 상세히 기술되어있지 않으나, 〈천문지〉에는 그 혼천의[儀象]에 대해 매우 구체적으로 기술되어있다. 그 내용을 보면 다음과 같다.

"찰독합랄길(咱禿哈剌吉)은 중국어로 '혼천의(混天儀: 渾으로도 씀)'라고 한다. 동(銅)으로 제작하였는데, 단환(單環)을 평평하게 설치하고 주천도(周天度)를 새겼으며 12개의 별자리를 그려서 지면(地面)과 수평이되게 하였다. 옆에 쌍환(雙環)을 세우고 평환(平環)의 자오처(子午處)와연결하였다. 그 반을 지하로 들어가게 하여 천도(天度)를 나누었다. 내부의 제2쌍환에도 주천도를 새겨 들쭉날쭉 만나게 하여 옆과 연결시켰다. 쌍환은 지평과 36도를 이루도록 함으로써 남북극으로 삼아 선회가 가능하도록 하였다. 이것으로 천체(天體)의 운행을 본떠 해가 지나는 길로삼았다. 내부의 제3, 4환도 모두 제2환과 연결하여 남북극과 24도를 이루어 움직일 수 있게 하였다. 3개의 환이 돌아갈 수 있도록 각각 동방정(銅方釘)으로 마주 연결하고 전부 구멍을 냄으로써 형소(衡簫)를 통해 우러러 보는 것을 대신하게 하였다."

"찰독삭팔태(咱禿朔八台)는 중국어로 '궤도를 일주하는 해와 달과 별을관측하는 기기[測驗周天星曜之器]'라 한다. 바깥 둘레는 원형의 담이고동쪽 면은 문을 열어놓았다. 중간에 소대(小臺)가 있는데 높이 7척 5촌의동표(銅表)가 있고, 위에는 기축(機軸)을 설치하였는데 길이 5척 5촌의동척(銅尺)을 매달아놓았다. 뒤편에 측정할 수 있는 가는 관[簫] 2개가있는데 그 길이는 동척과 같았다. 가는 관 아래에는 횡척(橫尺)을 두고그 위에 도수(度數)를 새겨서 천체 간의 거리를 재도록 하였다. 아래로개도(開圖)의 원근(遠近)에 따라 좌우(左右)로 돌려서 두루 엿볼 수 있고 고저(高低)를 조정하여 두루 측정할 수 있도록 하였다."

"노합마역묘요지(魯哈麻亦澀凹只)는 중국어로 '춘추분구영당(春秋分晷影堂)'이라 한다. 방 2칸을 만든 다음 용마루 위에 동서로 가로 틈을 만들고 이 틈 사이로 햇빛이 비스듬히 통하도록 하였다. 방 중간에는 대(臺)가 있는데, 햇빛이 비추는 것과 같이 남쪽은 높고 북쪽은 낮았으며 위로솟구친 모양이었다. 대 위에 동(銅)으로 만든 반환(半環)을 설치하여 천도 180을 새겨서 땅 위의 반천(半天)과 수평이 되게 하였다. 그것에 끝이뾰족한 동척을 비스듬히 붙였는데, 길이는 6척 폭은 1촌 6분이었다. 한쪽은 반환의 중심에, 다른 한쪽은 반환의 윗면에 연결함으로써 왕래하면서 움직이는 것을 살피고 (틈을 따라) 방으로 새어 들어오는 해 그림자를 몸을 기울여 바라볼 수 있게 하였다. 이로써 도수를 조사해 춘분과 추분을 정하였다."

"노합마역목사탑여(魯哈麻亦木思塔餘)는 중국어로 '동하지구영당(冬夏至晷影堂)'이라 한다. 방 5칸을 만들어 그 아래에 깊이 2장 2척의 구덩이를 파고, 용마루 위는 남북으로 하나의 틈을 열어 해 그림자가 곧바로 통하도록 하였다. 틈을 따라 벽(壁)을 세우고 그 위에 길이 1장 6촌의 동척을 달아두었다. 벽 위에는 천도 반원형[半規]을 그려놓아 동척이 왕래하면서 움직이는 것을 살필 수 있게 하였다. (틈을 따라) 집안으로 새어 들어오는 해 그림자를 바라보고 동지와 하지를 정하였다."

"고래역살마(苦來亦撒麻)는 중국어로 '혼천도(渾天圖)'라 한다. 동(銅)으로 환(丸) 모양을 만들었는데, 그 배[腹]에 태양이 운행하는 궤도의 도수를 비스듬히 새기고 그 위에 28수(宿)의 형상을 새겼다. 밖에는 동으로 만든 단환(單環)을 평평하게 설치하고 주천도를 새겼으며, 12개의 별자리를 나열하여 지면과 수평이 되게 하였다. 측면에는 단환 2개를 세우고 하나는 평환의 자오처에 연결하여 동정(銅丁)으로 남북극을 상징하였으며, 다른 하나는 평환의 묘유처(卯酉處)에 연결하고 모두 천도를 새겼다. 즉 혼천의이지만 돌리면서 관측할 수 없는 것이었다."

"고래역아아자(苦來亦阿兒子)는 중국어로 '지리지(地理志)'라 한다. 나무로 원구(圓毬) 모양을 만들었는데, 그 70%는 물이므로 녹색으로 표시하고 30%는 땅이므로 백색으로 표시하였다. 강과 호수 및 바다를 그렸는데, 조리(條理)가 일관하여 계통이 있었다. 그 안에 작은 모눈을 그려넣어 영토의 넓이와 거리의 원근을 계산하게 하였다."

"올속도아랄부정(兀速都兒剌不定)은 중국어로 '밤낮의 시각을 측정하는 기기[晝夜時刻之器]'라 한다. 동(銅)으로 둥근 거울처럼 만든 것으로 걸수가 있었다. 그 앞면에 12개 별자리와 밤낮의 시각을 새기고 거기에 구리 막대[銅條]를 연결하여 그 안에서 빙빙 돌 수 있게 하였다. 구리 막대 양단(兩端)은 각각 그 끝을 구부려 2개의 구멍을 만들어 마주보도록 하였다. 낮에는 해 그림자를 보고 밤에는 별을 살펴서 시각을 정하고 길흉을 점쳤다. 뒷면에는 경편(鏡片) 3면을 끼워 넣고 그림 7개를 새겨서 동서남북을 분별토록 하였다. 해 그림자의 길고 짧음이 서로 다르며 별자리의 향배(向背) 또한 차이가 있기에 그 그림을 각기 달리하여 천지의 변화를 그려내고자 하였다."

　찰마노정이 《만년력》을 만든 것은 지원 4년(1267)으로 야율초재가 서역의 역법을 연구하여 《마답파력(麻答把曆)》[1]을 만들었던 태조 13년(1218)보다 50년이나 뒤의 일이었다.

　원초에는 금의 《대명력(大明曆)》을 이어받아 사용하였으나 점차 시간의 오차가 나타났다. 태조 15년(1220) 서정(西征)에 오를 때 태조를 수행했던 야율초재가 《서정경오원력(西征庚午元曆)》[2]을 올렸지만 반포 사용되지는 못했다. 《서정경오원력》에 대해서는 《원사》 권56과 권57에 실려 있는데, 그 내용은 《대명력》과 대동소이하다. 야율초재는 서역과 중원 간의 거리가 멀기 때문에 이차법(里差法)[3]에 따라 증감해야 한다고 여겼으니, 그 결과 동서 간에 더 이상 오차가 없게 되었다. 《담연거사문집(湛然居士文集)》 권8의 〈진서정경오원력표(進西征庚午元曆表)〉에는 "역법을 견주어보니 차이가 있음을 깨닫고 분수도 모른 채 개작(改作)하였다"고 되어있다. 이른바 "역법을 견주어보니 차이가 있음을 깨달았다"는 것은

....

1) 《마답파력(麻答把曆)》: '마'는 이슬람교의 선지자 '무함마드'의 어두음자이고 '답파'는 아랍어로 '역서'란 뜻이다.(실크로드사전, 391-392쪽)
2) 《서정경오원력(西征庚午元曆)》: 야율초재가 1220년 5월부터 1221년 10월까지 호라즘의 수도 사마르칸트에 머물면서 그곳 천문대의 의기(儀器)를 사용하여 천문을 관측하고 이슬람 역법의 지구 경도(經度) 개념을 받아들여 만든 역법이다.(실크로드사전, 391쪽)
3) 이차법(里差法): 야율초재는 같은 현상이 일어나더라도 지역에 따라 그 시각이 같지 않고 시간차가 생기는 것을 알고 이를 역법에 도입한 것이다. 이차(里差)란 경도차를 의미한다.

경진년(즉 태조 15년) 5월 15일 사마르칸트에서 월식을 관찰한 일을 말한다. 《원사》〈본기〉권3에는 "태조 15년 경진 여름 5월에 사마르칸트[尋斯干] 성을 함락시켰다"고 기록되어있다. 야율초재의 《(서정)경오원력》은 사실 금나라 조지미(趙知微)[4]가 중수(重修)한 《대명력》을 본 따 만든 것이지만, 그가 창안한 이차법은 《대명력》에 없던 것이었다. 《(서정)경오원력》의 '보월이술(步月離術)'에는 "이차(里差)를 가감(加減)하면 음력 삭현망(朔弦望)(1일, 7·8일, 22·23일, 15일 - 역자)의 입전(入轉) 및 여수(餘數)[5]를 정확히 얻을 수 있다"고 했고, 또 "사마르칸트성을 기준으로 삼아 서로 떨어진 거리의 이수(里數)를 놓고 4,359를 곱하여 앞자리 수를 빌려서 뺀[退位] 만(萬)의 만분의 일을 이차(里差)라 하는데, (이로서) 삭현망을 경과한 소여(小餘: 역법에 하루가 차지 않고 남은 일수 - 역자)를 가감한다. 차거나 부족하여 대여(大餘: 역법에 60일이 차지 않고 남은 일수 - 역자)를 진퇴(進退)하면 삭현망일 및 여수에 적중하게 되니 동쪽은 더하고 서쪽은 뺀다"고 되어있다. 이차법은 사실 후대의 경도와 위도의 선구라 할 수 있다. 《철경록(輟耕錄)》권9 《마답파력》에 보면 "야율 문정왕(文正王: 야율초재의 시호 - 역자)은 역법과 점복, 내산(內算), 음률, 유학과 불학, 이국(異國)의 서적에 통달하지 않은 것이 없었다. 일찍이 서역 역법의 오성(五星)[6]이 중국보다 꼼꼼해서 이에 《마답파력》을 만들었다고 했는데, 아마도 회홀

4) 조지미(趙知微, 생몰연도 미상): 금대의 천문학자로 주로 정륭에서 대정연간 (1156-1189) 활동하였다는 것 외에 출신이나 행적에 관해서는 잘 알려져 있지 않다.
5) 원서에는 여현(餘縣)으로 되어있는데 오기인 듯하다.
6) 오성(五星): 오행(五行)의 정(正)이라고 일컫는 다섯 별. 곧, 목성(木星) = 세성(歲星), 화성(火星) = 형혹성(熒惑星), 금성(金星) = 태백성(太白星), 수성(水星) = 신성(辰星), 토성(土星) = 진성(鎭星).

(回鶻) 역법의 이름인 것 같다"고 하였다. 도종의(陶宗儀)의 이 해설은 사실 《원문류(元文類)》에 실린 송자정(宋子貞)의 〈야율초재신도비〉[7]에 근거한 것이다. 회흘에서는 역법을 '마답파'라 불렀고 청나라에서는 이슬 람력을 '토반(土盤)'이라고 했다. 《명회전(明會典)》과 명대 사람 황성증(黃省曾)의 《서양조공전록(西洋朝貢典錄)》에는 '토판(土板)'이라 되어있는데, '토반'이나 '토판' 그리고 '답파'가 어쩌면 같은 이름일 수 있다.

야율초재는 그 부친으로부터 천문학을 배웠으니, 《을미력(乙未曆)》은 바로 그의 부친이 만든 것이다. 《원사》 〈야율초재전〉에는 "(태조 15년) 서역의 역인(曆人)이 5월 보름날 밤에 월식이 있을 것이라고 상주하자, 초재가 그렇지 않을 것이라고 하였는데 결국 월식이 없었다. 다음해 10월 초재가 월식이 있을 것이라고 말하자, 서역인이 그렇지 않을 것이라고 하였으나 그 때가 되자 과연 달의 10분의 8을 삼키는 월식이 있었다"고 적혀있다. 이를 보면 야율초재가 정말로 아랍 천문가과 함께 사마르칸트에서 적어도 1년 반 동안 천문을 관찰해 연구하고 변론했음을 알 수 있다. 이를 통해 양측이 서로 천문역법 지식을 교환했음은 거의 의심할 여지가 없다.

서정(徐霆)[8]의 《흑달사략(黑韃事略)》에 보면 "내가 연경(燕京) 선덕주(宣德州)에 있을 때 인쇄하여 책으로 펴낸 역서를 보았다. 그것에 대해 묻자 이랄초재(移剌楚材)가 스스로 계산하여 인쇄 발간한 것으로 오랑캐 군주[韃主]도 모르는 것이라고 하였다"고 나온다. 왕국유(王國維)는 이에

---

7) 원명은 〈중서령야율공신도비(中書令耶律公神道碑)〉이다.
8) 서정(徐霆, 생몰연도 미상): 남송대 사람으로 자는 장유(長孺)이고 영가(永嘉) 사람이다. 저서로 《북정일기(北征日記)》가 있으나 실전되었고 현재 《흑달사략》이 남아있다.

대해 "《원사》〈태종본기〉에는 태종 7년 을미년(1235) 중서성에서 《대명력》을 계감(契勘: 사안을 조사하고 심의해 결정하는 것 – 역자)할 것을 청하자이를 따랐다고 되어있다. 서정이 선덕주에 온 것은 병신년(1236) 봄과여름 사이이니, 그가 보았던 역서는 당연히 중서성이 계감해 발행한 판본일 것"이라고 주석을 달았다. 야율초재가 《(서정)경오(원)력》을 진상한때부터 《대명력》 계감 때까지 15년이 지났으므로 야율초재가 그 15년동안 스스로 계산하여 인쇄하는 것도 충분히 가능한 일이었다고 생각한다.

원대 사람 왕사점(王士點)[9]과 상기옹(商企翁)이 함께 편찬한 《비서감지(秘書監志)》 권7에 보면 지원 10년(1273) 사천대(司天臺)에서 사용한이슬람 서적이 모두 23종으로, 그 중 천문역법과 관련된 서적은 다음과같다. 맥자사적(麥者思的)의 《조사천의식(造司天儀式)》[10], 해아척(海牙剔)의 《궁력법단수(窮歷法段數)》와 《적척제가력(積尺諸家曆)》[11], 속와리가와걸필(速瓦里可瓦乞必)의 《성찬(星纂)》, 살나적아랄특(撒那的阿剌式)의 《조혼의향루(造渾儀香漏)》[12], 살비나(撒非那)의 《제반법도찬요(諸般

---

9) 왕사점(王士點, ?-1359): 원대 학자로 자는 계지(繼志)이고 동평(東平) 사람이다. 벼슬은 저작랑을 거쳐 사천염방부사(四川廉訪副使)에 이르렀다.

10) 《조사천의식(造司天儀式)》: 그리스 천문학자 프톨레마이오스의 명저 《행성체계(行星體系)》 혹은 《천문전집(天文全集)》(*Almagest*)의 아랍어 초역본(抄譯本)으로 아랍어 서명은 《마제스트 적요(摘要)》(*Khulāsatu'l Majist*)이다.(실크로드사전, 211쪽)

11) 《적척제가력(積尺諸家曆)》: 페르시아 천문표(al-Zijah)인데, 1272년에 완성된유명한 《일칸천문표》(*al-zijah al-ilkhāni*)로 추정된다. 서명에 '제가력'이라고한 것은 그리스·아랍·페르시아·중국의 천문학 연구 성과를 두루 망라하였기 때문이다.(실크로드사전, 211쪽)

12) 원서에는 조혼천의향루(造渾天儀香漏)로 되어있으나 《비서감지》 원문에는조혼의향루(造渾儀香漏)로 되어있어 바로잡았다.

法度纂要)》, 흑아리(黑牙里)13)의 《조향루병제반기교(造香漏并諸般機巧)》, 올속랄팔정굴륵(兀14)速剌八丁窟勒)의 《소혼천도(小渾天圖)》 등이다. 그 밖에 점성술 및 연단술에 속하는 서적으로는 아감(阿堪)의 《결단제반재복(訣斷諸般災福)》, 남목립(藍木立)의 《점복법도(占卜法度)》, 마탑합립(麻塔合立)15)의 《재복정의(災福正義)》, 역걸석아(亦乞昔兒)의 《소단로화(燒丹爐火)》, 밀아(密阿)의 《변인풍수(辨認風水)》, 복랄산(福剌散)의 《상서(相書)》 등이 있다. 그 외 책의 성격을 확실히 알 수 없는 것들이 있는데, 예컨대 《자와희랄별인보구(者瓦希剌別認寶具)》와 애립(艾立)의 《시(詩)》16) 등이다. 이상의 서적들이 아랍으로부터 전해진 것임은 당연히 의심의 여지가 없다.

천문관측 기기로는 아랄적살밀랄(阿剌的殺密剌)의 '측태양구영(測太陽晷影)', 아독로(牙17)禿魯)의 '소혼의(小渾儀)', 박아가아(拍兒可兒)의 '담정방원척(潭定方圓尺)' 등이 있다.

....

13) 원서에는 흑아흑(黑牙黑)으로 되어있으나 《비서감지》 원문에는 흑아리(黑牙里)로 되어있어 바로잡았다.
14) 원서에는 원(元)으로 되어있으나 《비서감지》 원문에는 올(兀)로 되어있어 바로잡았다.
15) 원서에는 마탑합정(麻塔合正)으로 되어있으나 《비서감지》 원문에는 마탑합립(麻塔合立)로 되어있어 바로잡았다.
16) 원서에는 사애입시(虵艾立詩)로 되어있으나 《비서감지》 원문에는 애입시(艾立詩)로 되어있어 바로잡았다.
17) 원서에는 방(方)으로 되어있으나 《비서감지》 원문에는 아(牙)로 되어있어 바로잡았다.

제2절 그리스 기하학의 중국 유입 기원

명 만력 33년(1605) 마테오 리치가 구두로 전수하고 서광계가 받아적은 유클리드(Euclides)의 《기하원본(幾何原本)》[18]은 마테오 리치의 스승인 클라비우스(Clavius)가 지은 *Euclidis Elementorum* Libri ⅩⅤ(1517년 출판)[19]에 의거해 번역한 것으로 앞부분 6권만 번역했다.

마테오 리치와 서광계의 번역은 사실 유클리드 기하학의 두 번째 중국 전래이다. 그 첫 번째 전래는 바로 원대에 있었는데, 마테오 리치와 서광계가 이를 몰랐고 오늘날에도 이 사실을 알고 있는 사람이 드물다.

앞서 인용한 왕사점과 상기옹의 《비서감지》 권7에서는 이슬람 서적으로 사천대에 적합하다고 보이는 책 195부 가운데 가장 먼저 '올홀렬적(兀忽列的)'의 《사벽산법단수(四擘算法段數)》 15부'를 언급하고 있다. 서목(書目)은 지원 10년(1273) 11월 초7일 태보(太保)와 대사농(大司農)[20]이 찬록(纂錄)한 것이다. 원대의 음역 중 통상 '홀(忽)'자는 '활(闊)'자를 대신하는 것이니, 올홀렬적은 곧 올활렬적(兀闊列的)이며 이것이 유클리드의 음역임은 의심의 여지가 없다. '사벽(四擘)' 두 글자는 무슨 뜻인지 확실하지 않다. 15부 또한 후대의 《기하원본》 15권[21]과 부합한다. '산법단수

....

18) 《기하원본(幾何原本)》: 유클리드의 명저 《기하원리》의 한역본으로, 그 대본은 독일 수학자 클라비우스의 주석본 *Euclidis Elementorum* 15권이다.

19) 클라비우스(Christophorus Clavius, 1538-1612)의 출생연도를 감안하면 1517년 출판은 불가능하므로 오기가 분명하다. 현재 남아있는 판본 중 1572년과 1574년이 가장 오래된 것으로 나온다.

20) 원서에는 태사(太司)로 되어있으나 오기여서 바로잡았다. 서목을 만든 사람은 태보(太保) 유병충(劉秉忠)과 대사농(大司農) 패나봉(孛羅奉)이었다.

21) 청말 이선란(李善蘭)과 영국 선교사 알렉산더 와일리(Alexander Wylie)의 협

(算法段數)'란 아마도 기하학(Geometria)의 번역인 것 같다.

송·원시기 산학(算學) 중에 '연단(演段)'이라 불리는 것이 있다. 남송 말 양휘(楊輝)[22]가 지은 《상해구장산법(詳解九章算法)》의 〈구고생변십삼도(句股生變十三圖)〉에서는 "구고현(句股弦)[23]을 합하는 것을 '화(和)'라 하고 빼는 것을 '교(較)'라 하며, 저울질하는 것을 '변(變)'이라 하고 '단(段)'이라고도 한다. 제곱[自乘]을 '적(積)'이라 하고 '멱(冪)'이라고도 한다. 유용하면 취하고 유용하지 않으면 취하지 않는다"고 하였다. 구고현을 합치면 9단(段)이 되므로 고에서 구를 뺀 2단과 현에서 고를 뺀 4단 및 고와 구를 합치고 현을 뺀 3단을 더한 것과 같다. 즉 (구고현의 꼭지점을 A, B, C(=90°)라 하고 구(BC)를 a, 고(CA)를 b, 현(AB)를 c로 하여 계산법을 기술하면) $a + b + c = 2(b - a) + 4(c - b) + 3[(a + b) - c]$가 된다. 구고현은 직각 삼각형이다. "평구(平矩)는 먹줄을 바로잡고, 언구(偃矩)는 높은 곳을 바라볼 수 있고, 복구(覆矩)는 깊은 곳을 측정하고, 현구(弦矩)는 넓은 곳을 볼 수 있고, 와구(臥矩)는 먼 곳을 알 수 있고, 환구(環矩)는 둥근 것을 측정하기 위한 것이고, 합구(合矩)는 모난 것을 측정하기 위한 것이다"고 했으니, 기하학의 의미가 있다. 송대의 산학서

....

력 하에 나머지 9권이 번역되어 15권 모두 완역된 것을 말한다.

22) 양휘(楊輝, 생몰연도 미상): 남송의 걸출한 수학자 겸 수학교육자로 자는 겸광(謙光)이고 전당(錢塘) 사람이다. 저서로 《상해구장산법》 12권(1261) 외에 《일용산법(日用算法)》 2권(1262), 《승제통변본말(乘除通變本末)》 3권(1274), 《전무비류승제첩법(田畝比類乘除捷法)》 2권(1275), 《속고적기산법(續古摘奇算法)》 2권(1275) 등이 있는데, 그 중 뒤에 열거한 3책을 묶어 《양휘산법(楊輝算法)》이라 부른다. 진구소(秦九韶)·이치(李治)·주세걸(朱世杰)과 더불어 '송원수학사대가(宋元數學四大家)'로 병칭된다.

23) 구고현(句股弦): 직각 부등변 삼각형의 세변으로 직각을 낀 두변의 짧은 것을 구(句), 긴 것을 고(股), 직각과 마주한 것을 현(弦)이라 한다.

인 《익고집(益古集)》의 〈방원이보(方圓移補)〉나 이치(李治)24)의 《익고연단(益古演段)》25)은 명제에 따라 풀이를 하고 있는데, (이는 기하학에서) 정리(定理)를 증명하는 것과 같다. 당시 《기하원본》은 어쩌면 단지 책 이름만 번역되었는지도 모르지만, 책 내용에 기하 도형(圖形)이 있어서 '산법단수'란 이름을 붙인 듯하다.

도손(D'Ohsson)의 《몽고사》에서는 라시드 앗딘(Rashid-al-Din)의 《집사(集史)》를 인용해 이렇게 적고 있다. "칭기즈칸의 후예 제왕(諸王) 가운데 몽케칸이 비교적 학식을 갖추고 있었다. 그는 유클리드의 기하 도식에 대한 해설을 조금 알고 있었다. 그는 일찍이 천문대를 짓고자 하였는데, 진작부터 나시룻딘 뚜시(Nasiruddīn Tusi)26)의 명성을 듣고 훌라구의 페르시아 서정 때 무라히다(Mulahida)를 평정한 후 이 저명한 천문학자를 동방으로 맞이하고자 하였다. 그러나 몽케칸은 이때 마침 중국 남부를 침공하고 있었으므로 훌라구는 그를 머물게 하여 자신을 위해 봉사하게 하고자 했다."

이에 따르면 몽케칸 즉 원 헌종27)이 이미 유클리드의 책을 입수해 보

....

24) 이치(李治, 1192-1279): 금·원시기의 수학자 겸 시인으로 자는 인경(仁卿)이고 진정(眞定) 난성(欒城) 사람이다. 저서로 《익고연단》 3권(1259년) 외에 《측원해경(測圓海鏡)》 12권(1248), 《경재집(敬齋集)》, 《범설(泛說)》 40권, 《경벽서총삭(壁書叢削)》 12권 등이 있다.

25) 《익고연단(益古演段)》: 이치가 지은 수학책으로 '익고'는 장주(蔣周)의 《익고집(益古集)》, '연단'은 장주의 산서(算書)를 가리키니 《익고집》 중의 조단법(條段法)을 말한다.

26) 나시룻딘 뚜시(Nasiruddīn Tusi, 1201~1274): 이슬람 지성사에서 가장 영향력 있는 학자 중 한명으로 철학·신학·수학·천문학 등에 두루 이름을 떨쳤다. 지구 공전설을 주장하고 새로운 천체관측기구를 개발했으며 훌라구의 후원을 받아 유명한 마라게(Maragh) 천문대를 완성시켰다. 수학 방면에서는 구면삼각법(球面三角法)을 개척했고 삼각법을 수학의 새로운 분야로 취급했다.

앉다는 것이니, 그 당시 유클리드 기하학이 중국에 들어왔음은 실로 의심의 여지가 없다.

또 아랍의 하룬 알 라시드(Harun al Rashid)[28] 칼리프시대(786-809)에 마타르(Matar)는 유클리드 《기하원본》의 앞부분 6권을 번역했고, 알 마문(Al-Ma'mun) 칼리프시대(813-833)에 이르면 2번째 번역본이 완성되었으며, 얼마 후 다시 2가지 완역본이 나왔다. 이 시기 아랍어로 번역된 그리스의 명저 19종 중 유클리드의 《기하원본》은 4차례나 번역되었으니, 아랍인이 이 책을 얼마나 중시했는지를 알 수 있다. 이 번역본들은 모두 원대 이전에 나왔으므로 원대에 아랍인이 중국으로 오면서 마침내 이 책들을 가지고 왔던 것이다.

나시룻딘 뚜시는 몽고 헌종 6년(1256) 원에 항복하고 2년 후 페르시아에서 천문대를 지었는데, 이를 통해 관측한 성과를 가지고 《일칸력[伊兒汗曆]》을 만들었다. 나시룻딘 뚜시는 지원 11년(1274) 6월 25일 바그다드에서 사망했으니, 《비서감지》에 수록된 사천대의 이슬람 서적 목록이 작성된 지 바로 1년 후이다. 나시룻딘 뚜시도 유클리드의 《기하원본》 전체를 번역했고 원 헌종이 일찍이 그의 이름을 들었다고 하니, 원대 중국에 전래된 유클리드의 《기하원본》 즉 '올홀열(兀忽列)의 사벽산법단수(四擘算法段數)'는 아마도 나시룻딘 뚜시의 번역본이었던 것 같다. 이에 관해서는 《동방잡지》 제39권 제13호에 실린 〈원대 유클리드 기하원본의 중국 수입설(歐幾里得幾何原本元代輸入中國說)〉[29]을 참고하라.

....

27) 원서에는 원 세조로 되어있으나 명백한 오류여서 바로잡았다.
28) 원서에는 Harûn Ar-Baschid로 되어있으나 오류여서 바로잡았다.
29) 필자는 엄돈걸(嚴敦傑)이고 간기는 1943년 9월이다.

제3절 회회국자학(回回國子學)과 외국어 전수(傳授)

《원사》〈석로전(釋老傳)〉에 따르면 세조 지원 6년(1269) 이전에는 모두 한자 해서[漢楷]와 위구르문자를 사용했는데, 지원 6년 새로운 몽고문자를 반포하여 모든 새서(璽書)의 반포와 시달은 신 문자를 병용하되 이전대로 각국 문자를 첨부하게 하였다고 되어있다. 《원사》〈선거지(選擧志)〉에 보면 지원 26년(1289) 상서성에서 역사체비(亦思替非)문자를 사용함이 마땅하니 그 자학(字學)에 능통한 한림원의 익복적합로정(益福的哈魯丁)에게 학사(學士) 직을 내려주고 한인의 입학제도에 따라 모든 공경대부와 부유한 백성의 자제로 하여금 날마다 익히도록 해야 한다고 진언하자, 황제가 그 의견을 받아들여 그해 8월 처음으로 회회국자학을 설치하고 인종 연우 원년(1314) 4월에는 다시 회회국자감(國子監)을 설치했다고 되어있다. 황진(黃溍)의 《금화황선생문집(金華黃先生文集)》 권8 〈한림국사원제명기(翰林國史院題名記)〉에 따르면 이전에는 몽고 신 문자와 역사체비를 한림원에서 함께 교습하였지만, 지금은 회회학사(回回學士)도 없어져 대제(待制)[30]로 하여금 역사체비를 겸하여 관장하게 하고 있다고 적혀있다. 즉 원초에는 한자와 위구르문자만 사용하다가 지원 6년 처음으로 몽고 신 문자를 반포했으며, 지원 8년 각 로(路)에 교수(敎授)를 설치하여 민간의 준수(俊秀)한 자를 뽑아 생원으로 삼고 이들이 시험에 합격하면 관직을 제수하였다. 또 지원 26년 서역 여러 나라와의 교류가 날로 왕성해지자 회회국자학을 창설하고 역사체비문자를 필수과

---

30) 대제(待制): 원대 한림원에 설치된 관직 중 하나로 학사(學士)와 직학사(直學士) 아래에 해당하는 직위이다.

목으로 두었다. 문종(1330) 이후 원의 세력이 크게 쇠퇴하고 서북 삼번
(三藩: 차가타이한국·일한국·킵차크한국을 가리킴 - 역자)에 대한 통제력이 점
차 감소하면서, 마침내 역사체비문자의 사용이 드물어진 까닭에 대제로
하여금 그 일을 겸하게 하였고 회회학사의 직책도 마침내 사라지게 되었
음을 알 수 있다. 원대의 조령(詔令)문서 등은 비록 몽고 신 문자를 위주
로 하였지만 중국에서는 한자를 첨부하게 하였고, 파미르 이동의 서역
각국은 위구르문자를 첨부하게 하였으며, 파미르 이서의 각국은 역사체
비문자를 첨부하게 했다. 역사체비는 역사체(亦思替)로도 표기하였다. 《원
전장(元典章)》〈이부(吏部)1〉에 보면 정7품 교관(敎官)으로 교습역사체
문자박사(敎習亦思替文字博士)라는 직책이 있는데, '소그드[栗特]'의 이역
(異譯)이 아닌가 한다. 소그드어는 당대 이전 중앙아시아에서 널리 쓰였
지만, 이슬람 흥기 이후에는 소그드어 대신 페르시아어가 널리 쓰이게
되었다. 한편 역사체비는 페르시아의 옛 도시 이름이기도 하지만 회회국
자학에서 페르시아어도 가르쳤는지는 알 수 없다. 익복적합로정은 회회
국자학의 최초 교관(執敎) 중 한 명이니, 외국어의 중국 전파와 그의 관계
를 미루어 짐작할 수 있다. 《원서역인화화고(元西域人華化考)》 권5에서
는 익복적합로정이 오백도랄(烏伯都剌)의 부친이고, 오백도랄은 시인 겸
화가인 고극공(高克恭)[31]의 사위이므로 고극공도 서역인일 것이라고 단

....

31) 고극공(高克恭, 1248-1310): 자는 언경(彦敬), 호는 방산(房山)으로 연경(燕京)
    에서 살았으며 형부상서를 지냈다. 미불(米芾)·미우인(米友仁) 부자에게 사
    사하여 미법산수(米法山水) 양식을 정비하였고, 동원(董源)·거연(巨然) 등과
    금나라 화가 왕정균(王庭筠)에게 배워 묵죽(墨竹)도 잘 그렸다. 황공망(黃公
    望)·오진(吳鎭)·예찬(倪瓚)·왕몽(王蒙) 등 원말 4대가, 원체(院體) 산수화풍
    을 계승한 손군택(孫君澤), 장식화풍의 전선(錢選) 등과 어깨를 나란히 하지만
    유작은 적다. 고연휘(高然暉)와 동일인물이라는 설도 있으나 확실치 않다.

정하고 있다.

제4절 서방 의학과 예술의 동방 유입 개략

1. 의학

원대 아랍으로부터 전래된 것 중에는 의학도 있었으니, 《비서감지》에 《특필의경(忒畢醫經)》이 기록되어있다. 《원사》 권12 〈세조본기〉에 따르면 지원 19년(1282) 9월 양정벽(楊庭璧)이 해외의 남번(南番)을 초무하고 구람국(俱藍國)에 머물고 있을 때, 야리가온 교주 올찰아별리마(兀咱兒撤里馬)도 사신을 보내 표문을 올리고 칠보(七寶)로 된 항패(項牌) 1개와 약물(藥物) 2병을 진상했다고 한다. 《원사》 권210 〈외이전(外夷傳)3〉 '마팔아등국'조에서도 이 사실을 기록하고 있는데, 별리마(撤里馬)를 살리마(撤里馬)로 표기하고 있다. 또 권131 〈역흑미실전(亦黑迷失傳)〉에서는 지원 12년(1275) 다시 팔라패(八羅孛)를 사신으로 보내니, 그 나라 국사(國師)와 함께 명약을 가지고 와 바쳤다고 하였다. 《원야리가온고(元也里可溫考)》에서는 '약물'과 '명약'이 예수 무덤의 성유(聖油) 같은 것이라고 하였지만 꼭 그렇다고는 할 수 없다.

본편 8장 4절에서 무슬림 의사가 광혜사에 소속되어있음과 광혜사경 섭지아(聶只兒)가 황제 누나의 부마를 위해 병을 치료한 일이 양우(楊瑀)의 《산거신화(山居新話)》 권1과 도종의의 《철경록》 권9에 나온다는 것을 이미 언급한 바 있다. 광혜사의 임무는 "어용(御用)의 회회 약물과 약방문을 처방하고 조제하여 여러 숙위 병사와 경사의 빈궁한 이들을 치료"

하는 것이었다.

《철경록》권22 〈서역기술(西域奇術)〉에 보면 다음과 같이 적혀있다.

"임자소(任子昭)가 말하길 '이전에 도성 밑에서 살 때 이웃집 아이가 두
통을 앓아 고통을 참을 수 없을 정도였다. 회회 의관(醫官)이 칼로 이마
위를 갈라 작은 게를 한 마리 꺼냈는데, 마치 돌처럼 단단하고 딱딱한
것이 여전히 살아 움직이다가 한참 만에 죽었다. 아이의 통증도 빠르게
멎었다. 그 때 그 게를 얻어 와서 지금까지 보관하고 있다'고 하였고,
하설쇠(夏雪簑)가 말하길 '일찍이 평강(平江)의 창문(閶門)에서 한 과객
을 보았는데, 그가 타고 있던 말의 배가 부어 땅에 닿을 정도였다. 마침
객잔에 있던 늙은 회회인이 그것을 보고는 말의 왼쪽 허벅지 안쪽을 갈
라 무엇인지 모를 작은 덩어리를 빼내자, 그 말이 바로 달릴 수 있게
되어 과객이 타고 떠나갔다'고 하였으니, 서역에 기이한 재주가 많음을
어찌 믿지 않을 수 있겠는가!"

이를 보면 원대에 무슬림 의사의 수가 분명 적지 않았음을 알 수 있다.
또 중국에 들어온 무슬림 상당수가 약품 판매에 종사했으니, 그러한
풍속은 지금까지도 남아있다. 원의 태의원 밑에는 회회약방원(回回藥方
院)과 회회약물국(回回藥物局)이 있었는데, 국립북경도서관 선본실(善本
室)에는 《회회약방(回回藥方)》36권[32]이 소장되어있다. 대량(戴良)은 《구

....

32) 《회회약방(回回藥方)》: 현존 잔본은 목록 하(下)와 권12·30·34뿐이다. 이
잔본에서 권12와 권19에서 권36까지 모두 19권의 내용을 대략 파악할 수
있다. 이 19권에만 44문(門) 3,965가지 약방이 소개되어있으며, 그 약방에
포함된 약물은 천여 종에 달한다. 이슬람 의약을 집성한 이 책은 아랍어로
쓰인 원본의 페르시아어 역본을 다시 한역(漢譯)한 것인데, 그 연대에 관해
서는 원말과 명초 두 가지 설이 있다. 일부 학자들은 원대 이후 한의(漢醫)가
13파로 분류되고, 또 점차 환약을 쓰게 된 것은 이 책을 비롯한 아랍의학의

령산방집(九靈山房集)》권19 〈고사전(高士傳)〉에서 정학년(丁鶴年)은 서역인으로 산수(算數)와 도인술(導引術) 및 약물제조에 관해 두루 익히지 않은 것이 없어서 사명(四明)에서 약을 팔기도 하며 생활했다고 하였다.

대덕 8년(1305) 몬테코르비노(Montecorvino) 주교가 쓴 편지(관련 내용은 아래에 상세히 나온다)에는 2년 전 롬바르디아(Lombardia)[33]의 외과의사가 북경에 와서 교황을 비방했다는 기술이 있으니, 이를 보면 원대에 유럽 의사 중 중국에 온 사람도 있었음을 알 수 있다.

《철경록》권15의 '목내이(木乃伊)'조에는 다음과 같이 적혀있다.

"회회의 전지(田地)에 살았던 78세 노인이 스스로 제 몸을 바쳐 뭇사람을 구하고자 하였다. 전혀 음식을 먹지 않고 다만 몸을 씻고 꿀만 먹었을 뿐인데, 1달이 지나자 소변이 모두 꿀이었다. 죽은 후 그 나라 사람이 석관에 염습하면서 꿀을 가득 채워 넣었다. 관 뚜껑에 날짜(歲月)를 새기고 묻은 다음 100년이 지난 후 열어보니 꿀 약이 되어있었다. 팔다리를 다친 사람이 (그것을) 조금만 먹으면 병이 즉시 나았다. 비록 그 안에서 꿀을 많이 얻지 못했지만 세상 사람들은 그를 밀인(蜜人)이라 불렀으니, 그 나라 말로 목내이(木乃伊)라 한다."

이는 이집트의 미라(mirra)를 만드는 방법으로 원말 중국인들이 이미 그에 대해 대략 들은 바가 있었던 것이다.

....

영향을 받았기 때문이라고 주장한다. 이 책에는 이븐 시나(Ibn Sina, 980-1037)를 비롯한 아랍 의학자들과 함께 고대 그리스·로마 의학자 14명이 거론되고 있는 점으로 미루어 아랍의학이 고대 그리스·로마의학에서 자양분을 섭취한 것이 분명하다.(실크로드사전, 951쪽)

33) 롬바르디아(Lombardia): 이탈리아 북부에 위치한 주로 주도는 밀라노이며 북쪽은 스위스에 접해 있다. 영어로는 Lombardy, 프랑스어로는 Lombardie로 쓴다.

2. 건축

원대 중국에 전래된 이슬람 건축은 꽤 많았다. 예컨대 광주의 회성사
탑(懷聖寺塔)은 지정 10년(1350) 세워졌는데 곽가(郭嘉)가 이에 대해 기
록했고, 천주의 청정사(淸淨寺)는 그보다 1년 앞서 지어졌는데 오감(吳
鑒)이 기록한 내용이 《민서(閩書)》 권7에 보인다. 항주에는 연우연간
(1314-1320) 세워진 진교사(眞敎寺)가 있으니 《서호유람지(西湖遊覽志)》
권18에 보인다. 사명의 예배사 2곳은 연우연간 이후에 지어졌는데 《지정
사명속지(至正四明續志)》 권10에 나온다. 대략 이 건물들은 원대 이슬람
건축을 대표할 만한 것이지만 대부분 기록이 상세하지 않고, 천주 청정
사만이 명대 비문의 도움으로 그 형태와 양식에 대해 조금 알 수 있을
뿐이다. 원대 네스토리우스파 기독교 건축으로는 진강의 야리가온 사원
8곳, 항주에 야리가온 사원 1곳이 있었으니, 지원 18년(1281) 이후 세워
진 것으로 이에 대해서는 《지순진강지(至順鎭江志)》 권9와 《서호유람지》
권16에 보인다. 감주(甘州)의 십자사는 《원사》 권38, 양주의 십자사는
《원전장》 권36에 보인다. 원대 마니교의 대표적인 건축으로는 천주 화표
산(華表山)의 초암(草庵)이 있으니 《민서》 권7에 나온다.

원대의 서양 건축은 몇 개의 천주당뿐인데, 서양문헌을 통해 그에 관
한 대략적인 내용을 알 수가 있다.

1305년 양력 1월 8일(음력 대덕 8년 12월 13일) 칸발리크(북경)의 몬테
코르비노 주교가 발송한 2번째 편지에는 "제가 수도 칸발리크에 성당
하나를 세웠으니 6년 전에 이미 준공되었습니다. 또 종탑 하나를 증설해
3개의 종을 설치했습니다. …… 조지(闊里吉思) 왕이 재산을 기부해 성당
하나를 건축했는데, 그 웅장하고 장려한 모습이 왕공(王公)의 처소와 다
를 바 없습니다. …… 이곳과는 20일 거리에 있습니다"고 적혀있다.

대덕 10년(1306) 오순주일에 쓴 몬테코르비노의 3번째 편지에는 "1305년 저는 대칸의 궁전 문 앞에 다시 새 성당 하나를 지었습니다. 이 성당은 대칸의 궁전과 불과 도로 하나 떨어져 있을 뿐입니다. …… 성당에는 200명이 앉을 수 있습니다. 성당의 주위는 담으로 둘렀습니다. 겨울이 가깝기 때문에 성당의 완공은 불가능합니다. …… 붉은 십자가가 지붕 꼭대기에 우뚝 솟아있습니다. …… 첫 번째 성당과 두 번째 성당은 모두 성내(城內)에 있으며 서로 2리 반 떨어져 있습니다"고 적혀있다.

1326년 양력 1월(음력 태정 2년 11월 27일 - 12월 27일) 천주 주교 안드레아스(Andreas)가 남긴 편지에는 "아르메니아(Armenia) 출신의 부유한 부인이 이 도시에 지은 성당은 그 웅장하고 화려함이 이 일대에서 으뜸입니다. 총대주교(몬테코르비노를 가리킴)께서 이곳을 주교좌(主敎座)성당(주교를 두고 있는 교구 전체의 母聖堂이며 교구 통할의 중심이 되는 성당 - 역자)으로 정했습니다. …… 저는 또 근처의 작은 숲 속에 아름다운 성당 하나를 지었습니다. …… 우리가 살고 있는 성(省) 내의 성당이나 수도원은 그 화려함이 적절하여 우리가 지은 것 보다 지나침이 없습니다"고 적혀있다. 이상 북경과 천주의 성당을 예로 들었는데, 이를 보면 원대에 전래된 서양 건축의 규모가 분명 아주 작지 않았음을 알 수 있다.

3. 음악

원대에는 이슬람 악기가 중국(티베트와 몽고 포함)에 들어왔다. 《원사》권71의 '연회 악기(宴樂之器)' 중에는 화불사(火不思)·호금(胡琴)[34]·흥

----

34) 호금(胡琴):《원사》권71〈예악지5〉에 의하면 그 생김새는 화불사와 비슷하지만 굽은 목[卷頸]에 용머리[龍首]를 하고 있으며 현이 2줄이다. 활[弓]로 그

릉생(興隆笙) 세 악기가 언급되어있다. 화불사의 원래 이름은 쿠부즈(qubuz)로 현(絃)이 3줄[35]인 이슬람 악기이며 호금과 생김새가 비슷하다. 흥륭생은 중통연간(1260-1263) 이슬람 국가에서 진공한 것으로 매우 중시되었는데, 그 모양과 작동방식에 대해 아래와 같이 묘사하고 있다.

"흥륭생은 녹나무[楠木]로 만드는데, 모양이 협병(夾屛)처럼 생겨서 위쪽은 뾰쪽하고 앞쪽은 평평하다. 가는 금실로 비파나무·장미꽃·공작새·대나무·운무를 새겨 넣었다. 양옆 측면에는 꽃무늬 나무판이 세워져있고 그 꽃무늬가 뒷면의 3분의 1을 차지한다. 가운데는 빈 궤(櫃)로 생황(笙簧)[36]의 포(匏)와 같다. 위쪽에 자죽(紫竹)으로 만든 관(管) 90개를 세우고 관 끝을 목련포(木蓮苞)로 단단히 막았다. 궤 밖으로 작은 막대기 15개를 노출시켜 그 위에 작은 관을 세우고 관 끝을 동행엽(銅杏葉)으로 꽉 막았다. 아래에 있는 좌대는 사자상[獅象]이 에워 쌓고 있다. 좌대 위의 궤 앞에는 꽃무늬 나무판 하나를 세웠는데 조각은 뒷면과 같다. 꽃무늬 나무판 사이로 2개의 가죽 바람구멍이 나있고 사용할 때는 좌대 앞에 붉은 칠을 한 작은 가(架)를 설치한다. 바람구멍에 바람주머니를 묶었는데, 주머니 모습은 비파(琵琶)처럼 생겼다. 주머니에는 붉은 칠로 여러 가지 꽃이 그려져 있으며 손잡이가 있다. 한 사람이 작은 관을 누르고 다른 한 사람이 바람주머니를 두들기면 황(簧: 생이나 피리 등 목관악기의 부리에 끼워 그 진동으로 소리를 내는 얇고 갸름한 조각 - 역자)이 스스로 곡조에 따라 소리를 내니, 중통연간 이슬람 국가에서 진상한 것이다.

....

것을 타는데, 활의 현은 말총[馬尾]으로 만든다고 되어있다.

35) 《원사》〈예악지5〉에 의하면 화불사는 비파처럼 생겼는데, 곧은 목[直頸]에 품(品, fret: 현악기에서 현의 분할 사용을 쉽게 하기 위한 장치)이 없고 작은 몸통[小槽]의 둥근 배[圓腹]는 술통을 반으로 자른[半瓶槽] 모습을 하고 있으며 표면에 가죽을 붙여 4현을 걸었다고 한다.

36) 생황(笙簧): 큰 대로 판통에 많은 죽관(竹管)을 둥글게 돌려 세우고, 주전자 귀때 비슷한 부리로 불게 되어있는 관악기이다.

황은 대나무로 만드는데, 소리는 나지만 음률은 없었다. 옥신악원(玉宸
樂院)[37] 판관(判官) 정수(鄭秀)가 음률을 고증하여 청탁(淸濁)을 나눠서
요즘 같은 양식으로 증보하고 개선하였다."

이상의 묘사에 따르면 흥륭생은 사실 풍금의 전신으로 중세 유럽에서
성행했던 오르가눔(organum: 오르간의 라틴 원어 - 역자)이다. 다만 그 모양
과 작동방식은 개조를 거친 것이며, 중국에 들여온 자도 유럽인이 아니
라 '이슬람 국가' 사람이었다. 그리고 흥륭생과 대략 비슷하지만 다른 종
류로 전정생(殿庭笙)이라 부르는 악기가 《원사》의 흥륭생에 대한 설명
뒤에 덧붙여져 있다.

"그 중 궁전에 있는 것은 납작한 머리[盾頭] 양쪽에 나무로 조각한 공작
2마리가 서 있고 공작의 진짜 깃털로 장식했으며 안에는 기계를 설치했
다. 연주 때마다 악공 3명 중 1명이 바람주머니를 두들기고, 1명이 음률
을 살피며, 1명이 그 기계를 움직이면 공작이 박자에 맞춰 날면서 춤을
춘다. 전정생 10개는 연우연간(1314-1320) 추가로 제작된 것으로 공작을
설치하지 않았다."

도종의의 《철경록》 권5에도 다음과 같은 기록이 있다.

"흥륭생은 대명전(大明殿) 아래에 있다. 여러 개의 관을 부드러운 가죽
[柔韋]에 꽂은 모양이 큰 포(匏: 포는 8음의 하나로 박으로 만든 笙이나 竽과

37) 옥신악원(玉宸樂院): 원대 궁중의 연악을 담당하던 기구로 그 연혁은 다음과
   같다. 지원 8년(1271) 설립된 옥신원은 20년(1283) 의봉사(儀鳳司)로 개편되
   어 선휘원(宣徽院)에 예속되었다가 25년(1288) 예부로 귀속되었다. 대덕 11
   년(1307) 옥신악원으로 승격되었으나 지대 4년(1311) 다시 의봉사로 개편되
   었다.

같은 악기 – 역자)처럼 생겨서 2개의 가죽주머니가 붙은 옹기북[土鼓二韋
橐]이라 하는데, 그 관을 누르면 황(簧)이 소리를 낸다. 악기를 매다는
틀[簴] 머리에는 2마리 공작이 설치되어있어 흥륭생이 소리를 내면 기계
가 작동하여 소리에 맞춰 춤을 춘다. 매번 연회가 있는 날, 이 흥륭생이
소리를 내면 여러 악기가 모두 연주를 시작하고 흥륭생이 그치면 음악도
끝이 난다.”

　　이상의 기록을 보면 원말에도 여전히 이 풍금이 있었을 뿐 아니라 전
래된 지 약 50년 만에 중국에서 이를 모방해 제작할 수 있었음을 알 수
있으니 참으로 놀라운 일이다! 다만 도종의의 《철경록》에서는 흥륭생과
전정생을 같은 악기로 잘못 알고 있다. 《원사》에는 흥륭생과 전정생이
함께 기록되어 있는데, 하나는 공작 장식이 있고 하나는 공작 장식이
없으니 그 구별이 매우 분명하다. 《철경록》에서는 그 이름을 흥륭생(공
작이 없는)이라 불렀으나 도종의가 실제로 본 것은 전정생(공작이 있는)
이던 것이다.38) 왕위(王褘)39)가 지은 〈흥륭생송서(興隆笙訟序)〉에도 다
음과 같이 적혀있다.

　　“…… 흥륭생이란 것이 있으니, 사실은 황상께서 직접 만드신 것이다.

....

38) 이 부분은 저자가 오독을 한 것 같다. 《원사》를 보면 공작이 있는 것이 흥륭
　　생, 없는 것이 전정생으로 분명하게 적혀있다. 《철경록》에서 소개한 악기는
　　공작이 있는 것이므로 도종의가 본 것은 흥륭생이 맞다.
39) 왕위(王褘, 1322~1373): 원말 명초의 문인으로 절강성 의오(義烏) 출신이다.
　　유관(柳貫)과 황진(黃溍)에게 배워 문장으로 이름을 날렸으나 원말 정세가
　　혼란하자 청암산(靑巖山)에 은거했다. 명 건국 후 《원사》 편찬사업에 총재로
　　참여했고, 책이 완성되자 한림대제(翰林待制)로 발탁되었다. 저서로 《대사
　　기속편(大事記續編)》·《중수혁상신서(重修革象新書)》·《왕충문공집(王忠文
　　公集)》이 있다.

혹자는 '서역에서 헌상한 것을 천자께서 줄이고 늘이신 것이다'고 말한다. 그 생김새는 90개의 관(管)을 15줄로 나열하여 줄마다 세로로 나열된 6개의 관을 아래 있는 궤 안에 꽂고 궤 뒷면에서 풀무를 두드린다. 궤 바닥에서 관의 꼭대기까지 높이가 약 5척이고 봉황의 형상을 판에 아로새겼으며, 금가루로 그린 그림을 3면에 둘렀는데 너비가 약 3척이고 장식을 덧붙였다. 무릇 큰 조회(朝會) 때 궁전 계단 사이에 진열하여 여러 악기와 함께 연주하였다. 항상 악공 2명이 동원되었으니, 1명은 관을 누르고 다른 1명은 풀무를 두드려 바람이 이르도록 하여 소리가 나서 여러 음(音)이 어우러지게 되면 음악 연주가 완성된다."

처음에는 황제에게 아부하려고 "황상께서 직접 만드신 것"이라고 하였으나, 사람들의 손가락질이 두려워 곧이어 "천자께서 줄이고 늘이신" 것이라 말하고 있다. 그러나 이 글을 읽어보면 큰 조회가 아니면 사용하지 않았다고 하니, 이 악기를 얼마나 중요시하였음을 알 수 있다.

원나라 때 중국에 온 선교사들이 남긴 서신이나 여행기 중에서는 자주 교회의 찬송가가 언급되고 있다. 반 덴 빈가트(Van den Wyngaert)가 지은 《중국 프란시스코 수도회지(Sinica Franciscana)》 제1책 240, 246, 248, 259, 268, 529쪽에는 프란시스코 수도회 선교사들이 몽고를 여행하던 중 대칸의 궁전에서 그리고 대도(지금의 북경)에서 영성체 음악을 들었다고 적혀있다.

대도(칸발리크) 총대주교 몬테코르비노가 1305년 1월 8일에 쓴 편지(1306년 2월 13일, 즉 대덕 10년 음력 1월 30일 별도의 편지 1통을 써 다시 보충하고 있다) 중에 다음과 같은 구절이 보인다.

"우리는 성당 안에서 찬송하며 미사를 올리는데 라틴어 전례문에 따라 의식을 거행합니다. 대칸은 궁중에 있는 자신의 침실에서 우리의 찬송 소리를 들을 수 있습니다. …… 저는 아이들을 나누어 2개의 성가대를 만들었습니다. …… 그들은 서양의 수도원과 마찬가지로 매주 마다 배창(背唱)[40]을 합니다. …… 대칸은 그들의 찬송을 매우 즐거워합니다. 저는 매 시간마다 반드시 종을 울리는데, 제가 미사를 올릴 때에 이들 천진난만한 아이들이 찬송을 부릅니다. 다만 우리는 악보가 전혀 없기 때문에 자유 찬송을 할 수밖에 없습니다."

몬테코르비노는 일찍이 프란시스코 수도회장에게 악보가 있는 대경(對經)[41]·그레고리안 성가[陞階經]·구약 시편 150편[聖詠]을 보내줘서 아동 성가대가 필사할 수 있게 해줄 것을 요청했다. 또 몬테코르비노는 고당왕(高唐王) 게오르기우스[闊里吉思]와 함께 라틴어 성무일도서(Breviary, 日課經) 전부를 타타르문자(몽고문자를 말하는 것 같음)로 번역하여 전국 어디서나 찬송할 수 있게끔 하려고 계획하였다. 이에 관해서는 《중국 프란시스코 수도회지》 제1책, CVIII 및 347, 348, 350, 353쪽을 참고하라.

위에서 내가 '자유 찬송'이라 번역한 단어는 몬테코르비노의 라틴어 편지 원문에 'Secundum usum'으로 표기되어있는데, 앙리 베르나르(Henry Bernard)는 1935년 북경에서 출판된 프랑스어 잡지 《북경 가톨릭 단신(Bulletin Catholique de Pekin)》 40쪽에서 이는 일종의 낭송(朗誦)으로 지금 중국 각지의 천주교 신도들이 높은 소리로 부르고 외우는 전례문[經文]과 같은 것이라고 보고 있다. 모울(Moule)의 《1550년 이전 중국의 기독교》(Christians in China before the Year 1550) 173쪽에서는 이 부분을

....

40) 천주교 미사에서 볼 수 있는 성당 뒤편에서 성가대가 노래 부르는 것을 가리키는지 아니면 암기해 부르는 찬송을 의미하는지 확실치 않다.
41) 안티폰(antiphon) 즉 교송(交誦)으로 추정되는데, 응답송 또는 응답시라고도 불리는 가톨릭 찬송으로 사제의 독창에 뒤이어 합창대나 신도들이 따라 부르는 단성성가를 가리킨다.

"그러나 우리는 기억에 의지해 배창(背唱)을 하였으니 우리에게 악보가 없었기 때문입니다"라고 번역하고 있다. 1306년 2월 13일 몬테코르비노는 별도의 서신에서 다시 한 번 'Secundum usum'을 언급하고 있는데, 여기서도 나는 "우리는 장중하게 자유 찬송을 불렀으니 우리에게 악보가 없었기 때문입니다"라고 여전히 '자유'로 번역했다. 그러나 클레몽(P. Clemont)은 1930년 《북경 가톨릭 단신》 350~351쪽에서 이 부분을 "우리는 할 수 있는 바를 다하여 합창을 했으니 우리에게 악보가 있는 성무일도서가 배급되지 않았기 때문입니다"라고 번역하고 있는데, '합창'이란 번역은 매우 적절치 않은 듯하다.

《신원사》〈악지(樂志)〉에는 타타르 음악(즉 몽고 음악)의 악곡으로 〈항리(伉里)〉·〈마흑모당당(馬黑某堂堂)〉·〈청천당당(淸泉堂堂)〉 같은 이슬람 악곡이 있다고 기록되어있는데, 이는 《속문헌통고》〈이부악(夷部樂)〉에도 보인다.

《원사》〈백관지(百官志)〉에는 "상화서(常和署)의 애초 이름은 관구사(管勾司)로 직급은 정9품이고 이슬람 악사들을 관리하였다. 황경 원년(1312) 처음 설치되고 연우 3년(1316) 종6품으로 승급하였다. 서령(署令) 1인, 서승(署丞) 2인, 관구(管勾) 2인, 교사(敎師) 2인, 제공(提控) 2인을 두었다"고 되어있다. 이를 보면 원대 이슬람 악사들이 정부로부터 정식 초빙되었을 뿐 아니라 관리되고 있었음을 알 수 있다.

4. 회화

1306년 2월에 쓴 몬테코르비노의 3번째 편지에 보면 "생도들에게 신약과 구약《성경》을 쉽게 가르치기 위해 제가 특별히 6폭의 그림을 제작했습니다"고 적혀있다. 이 그림들이 중국화였는지 서양화였는지는 알 수 없지만 그림 내용이 《성경》 속의 이야기임은 분명하다.

　　그러나 서양화가 중국에 전래된 것은 이보다 훨씬 이전이었다. 후량 말제 정명 2년(916)에 아부 자이드 하산(Abu Zaid Hassan)은 다른 사람이 본 중국의 상황을 다음과 같이 기록하고 있다. 즉 이븐 와흐브(Ibn Wahab)가 중국 황제를 알현했을 때 황제가 커다란 상자 안에 있는 작은 상자에 각국의 성인(聖人) 초상화를 보관하고 있었는데, 그 중에는 마호메트의 초상, 홍수가 세상을 멸망시키는 그림, 노아가 방주에 탄 그림, 나귀를 탄 예수가 제자와 함께 있는 그림이 있었고 마호메트와 그의 제자들이 낙타를 탄 그림도 있었다고 하였다. 이른바 예수가 나귀를 탄 그림이란 아마도 예수가 수난 전에 나귀를 탄 채 제자들을 데리고 예루살렘성에 들어갔을 때, 민중들이 길 양쪽에서 환호하던 장면을 가리키는 듯하다. 이것이 어쩌면 서양화가 중국에 들어온 효시일지도 모르겠다.

제5절 중국 주판의 유럽 전파 검토

　　사찰미(謝察微)는 《산경(算經)》 3권을 남겼는데, 《(신)당서》 〈예문지〉에 보인다. 《송사》 〈예문지〉에는 사찰미의 《발몽산경(發蒙算經)》 3권이 기록되어있고 《태평어람》에서 일찍이 이 책을 인용하였으니, 그 책이 송대까지는 전해졌음을 알 수 있다. 《설부(說郛)》와 《당송총서(唐宋叢書)》에는 이 책의 집본(輯本)이 실려 있는데, 그 중 주판[算盤] 항목에 "중(中)은 주판의 가운데, 상(上)은 척량(脊梁)의 위쪽 왼편, 하(下)는 척량의 아래쪽 오른편, 척(脊)은 주판 안의 가로대 격목(隔木)을 가리킨다"고 적혀있는 것을 보면 당대에 이미 주판이 있었음을 짐작할 수 있다.

명대 사람 정대위(程大位)[42]의 《산법통종(算法統宗)》[43] 권17 〈산경원통(算經源統)〉에는 "원풍·소흥·순희 이래 간행된 산서(算書)로는 《반주집(盤珠集)》과 《주반집(走盤集)》이 있다"고 적혀있다. 원풍연간은 1078년부터이고 순희연간은 1189년까지이니 두 책은 이 100여 년 사이에 간행된 것이 분명하다.

원대 사람 유인(劉因)[44]의 《정수선생문집(靜修先生文集)》 권11 〈산반시(算盤詩)〉에서는 "옹기 장수처럼 망상에 빠져 춤추지 않고 일하여, 마침내 떡 파는 사람마냥 노래하지 않을 수 있게 되었도다. 산가지 잡고 주렴 가리고자 하였으니, 그 간의 쓰라린 고통 얼마나 컸으리요?[45]"라고 읊고 있다. 유인의 자는 몽길(夢吉)로 《원사》 권171에 그 열전이 있다. 송 순우 8년(1248)에 출생해 지원 29년(1292)에 사망했다.[46] 《정수선생문

....

42) 정대위(程大位, 1533-1606): 자는 여사(汝思)이고 호는 빈거(賓渠)이며 안휘성 휴녕현(休寧縣) 사람으로 《산법통종》의 저자이다.

43) 《산법통종(算法統宗)》: 본 명칭은 《신편직지산법통종(新編直指算法統宗)》이며 전 17권으로 1593년 간행되었다. 명대에는 송·원시기의 천원술(天元術)도 망실되어 수학 연구는 쇠퇴했지만 서민 수학이 융성해져 다수의 초등 수학책이 출판되었는데, 그 대표적인 것이 이 책이다. 중국의 주판셈에 관하여 설명한 것이 특색이며 이슬람 수학에 의한 계산법을 소개하고 있는 점도 특기할 만하다.

44) 유인(劉因, 1249-1293): 원나라 보정(保定) 사람으로 호가 정수(靜修)이다. 지원 19년(1282) 학행(學行)으로 천거되어 승덕랑(承德郞)과 우찬선대부(右贊善大夫)를 지냈다. 얼마 뒤 모친의 병환으로 사직하고 귀향했다. 조복(趙復)에게 정주(程朱)의 이학을 배웠으나 육구연(陸九淵)의 학설도 수용했다. 허형(許衡)·오징(吳澄)과 더불어 원나라 3대 학자로 불린다. 저서에 《사서정요(四書精要)》·《역계사설(易繫辭說)》·《사서어록(四書語錄)》 등이 있었지만 모두 없어지고 《정수선생문집》 22권만 전한다.

45) "不作甕商舞, 休停餠氏歌, 執籌仍蔽簏, 辛苦欲如何?"

46) 그 출생 및 사망 연도가 일반 인물정보와 1년씩 차이가 나는데, 혹 음력을

집》권11에 실린 시 중 1편은 기묘년 즉 지원 16년(1279)에 지은 것인데, 같은 권에 실린 시들이 모두 같은 해에 만들어졌다고 가정하면 '산반시' 역시 지원 16년의 작품일 것이다. 이해는 바로 (남)송이 망한 위왕(衛王) 조병(趙昺) 상흥 2년이니, 순희 말년으로부터 이미 90년이 지난 때이다.

이전에는 지원 11년(1274) 양휘가 지은 《승제통변본말(乘除通變本末)》[47]에 귀제가결(歸除歌訣)[48]이 실려 있으므로 당연히 그가 주산(珠算)을 확립한 자라고 여겼는데, 양휘의 책이 유인의 '산반시'에 비해 5년 더 빠르긴 하지만 양휘의 책에는 주판이라는 명칭이 없을 뿐더러 그 셈법[口訣]은 사실 주산(籌算)[49]을 위해 설정된 것이었다.

유인의 시에 나오는 '병씨가(餠氏歌)'가 어떤 의미인지 확실히 알 수 없으나, 절강 가흥지방[嘉屬] 사투리로 주산 놓는 법을 '첩탑병(疊塌餠)'이라 하므로 어쩌면 그것이 덧셈 구결이 아닌가 싶다. 시의 제목을 산반(算盤)이라 하였지만, "산가지 잡고 주렴 가리고자 하였으니"라는 구절이 있는 것을 보면 당시 실제로 주산과 산가지가 병용되었음을 증명한다.

《원곡선(元曲選)》[50]에는 무명씨의 잡극 《방거사가 내세의 빚을 잘못

....

양력으로 환산한 때문인지는 확인하지 못했다.

47) 원서에는 《승제통변산실(乘除通變算實)》로 되어있으나 오류가 분명해 바로 잡았다.

48) 귀제가결(歸除歌訣): 주산에서 나눗셈을 하는 방법 중 하나로 구귀가(九歸歌)를 응용하여 셈하는 구결(口訣)이다.

49) 주산(籌算): 중국 고대 계산법의 하나로 숫자가 새겨진 산대[竹籌]를 이용해 수를 계산하는 것이다. 주책(籌策)이라고도 부르는데, 대략 춘추시대에 시작되었고 명대에 와서야 주산(珠算)으로 대체되었다고 본다.

50) 《원곡선(元曲選)》: 명대의 희곡이론가 장무순(臧懋循, 1550-1620)이 원곡 작품 100종을 선별 교정하여 1615년 펴낸 책으로 《원인백종곡(元人百種曲)》이라고도 한다.

빌려주다(龐居士誤放來生債)》란 작품이 실려 있는데, "…… 사람들이 이 집은 만경(萬頃)의 논밭이 있으면서도 하루 고작 곡식 3되만 먹고 있다고 손가락질 한다. (하지만) 눈을 부릅뜨고 그 시장[利面]에 가서 나의 입고 먹는 것을 해결했으며 한가롭게 주판을 튀기면서 나의 세월을 보냈다"[51]고 되어있다.

이 잡극의 작가가 누구인지 확실치 않아서 그 제작 연대를 알기 어렵지만 원대에 만들어진 것은 분명해 보인다.

송대에 주판이 있었다는 것은 신빙성이 매우 높으며 원대에 주판이 있었다는 것은 더욱 의심의 여지가 없다. 최근 사람(曾問吾를 가리킴 – 역자)이 지은《중국경영서역사(中國經營西域史)》상편 제5장에서는 원대에 주판이 몽고인을 통해 동유럽으로 전해졌다고 하는데, 가능성이 매우 높은 이야기이다.

제6절 중국이 이슬람 예술에 미친 영향

이집트의 라키 모하메드 하산(Raky Mohammed Hassan)은《중국과 이슬람 예술》이란 책을 저술했는데, 이 절에서는 그 책의 제3장 내용을 발췌했다.

이슬람 예술이 중국의 영향을 받은 것은 당나라 때부터이므로 본문역시 당대로 거슬러 올라가 약술하도록 하겠다. 이는 시간상의 설명이고

....

51) "(二煞) …… 咱人这家有万顷田, 也则是日食的三升儿粟. 博个甚睁着眼去那利面 上克了我的衣食, 闲着子去那算盘里拨了我的岁数."

만약 공간을 기준으로 한다면, 여기서 말하는 이슬람 예술은 중동·근동·아프리카 서북부 및 고대 이슬람 국가에서 보이는 것들을 포함한다.

중국 예술이 이슬람 예술에 끼친 영향으로 가장 이른 것은 도기(陶器) 분야이다. 서기 9세기 이슬람교의 유명한 도시 사마라(Samarra: 지금의 이라크 국경 안에 있음)52)에서는 중국의 도기를 모방하여 제작할 수 있었으니, 그 사실은 이 도시의 폐허에서 출토된 도기 파편들로 알 수 있다. 무슬림들이 처음 이집트에 들어갔을 때 카이로 남쪽에 세운 푸스타트(Fustat)53)는 지금 이미 폐허가 되었지만, 여기서도 중국 도기와 그것을 모방해 만든 도기들이 발굴되었다. 이집트인이 중국 도기를 모방하기 시작한 것은 파티마(Fatima)왕조부터로 당시 모방한 것은 바로 유명한 송자(宋瓷)인데, 그 가장 유명한 도기 가문은 사아드(Saad)였다. 남송 순우 10년 즉 몽고 정종 5년(1250) 맘루크(Mamluk)왕조가 이집트를 통치하기 시작할 때에도 이집트에서는 아직 중국 자기를 모방하는 분위기가 남아있었지만 애석하게도 그 후로 계속 이어지지 못했다.

페르시아인이 중국 도기를 모방한 사실은 알 브리우니(Al-briuni)의

....

52) 사마라(Samarra): 현 이라크의 수도 바그다드 북방 110여㎞의 티그리스강 좌안에 위치해 있으며 압바스왕조 초기(836-889)의 수도였다.
53) 푸스타트(Fustat): 642년 이슬람 제2대 칼리파 오마르(Omar)의 군대가 진주한 후, 정통 칼리파시대를 이은 우마이야조 아랍제국시대에 이르기까지 줄곧 이집트의 행정중심지이자 북아프리카에 대한 전진기지였다. 868년 이집트의 툴룬왕조(Tulunids)가 압바스조 이슬람제국으로부터 이탈하여 독립하면서 푸스타트를 수도로 삼았다. 905년 툴룬왕조가 멸망하고 파티마왕조가 흥기해 카이로에 정착함으로써 푸스타트의 정치적 지위는 격하되었고, 1168년 카이로를 십자군의 진공으로부터 방어한다는 이유로 이 도시를 불태운 이후 장기간 폐허로 방치되었다. 그러나 20세기 초 발굴을 통해 중세 해로를 통한 동서간의 도자기 교류를 실증해주는 대표적 유적지로 밝혀졌다.(실크로드사전, 844-845쪽)

저작《보물을 알고 있는 군중(認識珠寶的群衆)》 중에 보인다. 알 브리우니는 송 경력 7년(1047) 사망했는데, 알 리이(Al-ryy)성에 사는 자신의 친구 집에 많은 중국 도기가 있다고 언급하고 있다. 알 리이성은 이미 폐허가 되었는데, 지금의 테헤란에서 약 5마일 정도 떨어진 곳에 있었으며 고대 그리스인이 아프로이우스(Afroyus)라고 불렀던 곳이다.

페르시아가 모방해 만든 자기는 매우 정교해서 종종 진위를 가리기 어려웠다. 8-10세기가 그 전성기였고 갈색, 황색, 녹색이 대부분이었다. 무슬림들은 또한 백자로 된 쟁반과 연꽃 모양 그릇도 모방하여 만들었다.

중국 예술이 이슬람 예술에 미친 영향 가운데 다음으로 거론할 것은 비단(絲綢)이다. 원나라 때 페르시아인은 이미 정교하고 아름다운 능금(綾錦)을 모방 제작해 외국에 수출할 수 있었다. 이탈리아 페로나(Ferouna)[54]성에 있는 옛 무덤에서 일찍이 중국 화훼와 아랍문자가 수놓아진 약간의 능주(綾綢)가 발견되기도 하였다.

몽고시대 페르시아 화가들이 중국화를 매우 흡사하게 모방했다는 것은 그들이 받은 영향이 심대했음을 보여준다.

원대 근동의 무슬림 화가들이 그린 인물화는 주로 몽고인의 용모를 가지고 있었다. 동물의 형상을 그리는 것은 본래 이슬람교의 커다란 금기사항이었지만, 중국화와 접촉한 이후 페르시아인은 이 장벽을 돌파하였다. 이슬람교에서는 당초 마호메트의 초상이 없었는데, 마호메트 상의 출현은 아마도 불교와 마니교 및 기독교의 영향을 받은 것으로 보인다. 중국 황궁에 마호메트의 초상이 있었다고 한 이븐 와흐브의 말이 페르시

----

54) 원서에 '費路那(Ferouna)城'으로 되어있으나 이탈리아의 지명 중 Ferouna라는 이름의 도시를 찾을 수가 없다. 혹 발음이 비슷한 베로나(Verona)의 오기가 아닌지 의심된다.

아 화가들에게 매우 큰 계시를 준 것이 분명하다.

무슬림 화가들은 원대와 명초에 중국 회화의 영향을 받은 후 동물과 화훼를 점차 정밀하게 진짜처럼 묘사하기 시작했고, 경직되고 무딘 화풍을 생동감 있게 변화시킴으로써 이전의 자연과 과학에 부합되지 못했던 현상을 일소하였다.

14세기 이후 근동과 중동의 무슬림 화가들은 중국을 모방해 연꽃·부평초·갈대 등과 같은 물속의 화초를 그리기 시작했다.

이슬람 세계에서 초상화가 출현한 것도 몽고시대에 시작되었으니, 아마도 이전에는 공식적으로 게시하여 엄히 금지했던 듯하다. 한편 몽고는 중국의 영향을 받은 것이었다.

원대 페르시아 화가들은 또한 이미 중국의 수묵화를 모방했고, 그 당시 인도의 무슬림 화가들도 중국의 영향을 받았다.

고대 무슬림 예술가들은 여백의 미에 대해 알지 못해 종종 모든 여백을 완전히 채워버렸으나 중국 예술과 접촉한 후부터 단순한 꾸밈 혹은 한 가지 색깔만 사용해도 최상의 예술작품이 될 수 있음을 알게 되었다. 그 후로 아무 그림도 그리지 않은 예술품이 나타나게 되었다.

페르시아 화가들은 또 중국 회화 중에서 다소 상상적이거나 상상에 가까운 이를테면 용(龍)·봉(鳳)·기린(麒麟)과 같은 소재를 얻었다. 원 지치 2년(1322) 아부 사이드(Abu Saiyd)가 지은 파라민(Faramin) 대사원의 문에는 용이 그려져 있다. 또 페르시아인은 서적의 필사본 겉면 네 둘레에 용을 그리는 경우가 많았다. 바그다드의 성문 중에는 송 순희 7년(1180)에 세워진 '사악함을 내쫓는 문[驅邪門]'이 있는데, 보경 원년 즉 몽고 태조 20년(1225) 문의 아치 위에 조각상을 양각할 때 용도 포함되었다. 이밖에도 페르시아의 그림 가운데 중국의 영향을 받아 용으로 여백을 채운 것이 유난히 많다.

페르시아의 양탄자에는 수렵도나 짐승 그림을 짜놓은 것이 많은데, 중국의 영향을 받았음은 의심의 여지가 없다. 그 외에 여러 빛깔의 구름을 짜놓은 것도 있다.

페르시아 화가들이 중국으로부터 얻은 소재로는 이밖에 구름과 번개로 대표되는 중국식 하늘 풍경, 곡선으로 바꾼 태극도, 금 쟁반과 사과(平安을 의미함), 선도(仙桃: 長壽를 의미함), 날아가는 기러기 등도 있었다. 수많은 직선과 곡선 및 단속(斷續)적인 선으로 구성되거나 혹은 열쇠구멍 비슷한 기하 도안(아라베스크를 의미하는 듯함 - 역자)은 원대 중기 이미 여러 이슬람 사원에서 보편적으로 나타나는 모습이었다.

서기 13세기부터 14세기까지 이슬람 국가의 건축물 중에 성행한 방형 혹은 장방형의 '쿠파(Kūfah) 서체'는 페르시아 예술가들이 중국의 도장 형식과 전서체를 모방해 만든 것이다.

몽고가 서정할 당시 페르시아 일대의 인물 그림과 도기 및 모든 복장(服裝) 그림도 모두 중국을 답습한 것이었다. 중국식 모자나 보좌(寶座)는 도처에서 볼 수 있다. 티무르시대 페르시아인은 이미 중국으로부터 집 문(門)과 서적 표지에 도료로 아름다운 그림을 그려 넣는 것을 배우기 시작했다.

페르시아화의 인물 배치 또한 분명 중국의 영향을 받은 것이지만, 이는 명말 청초의 일이었다. 아랍 가옥이 중국식 지붕을 채택한 것은 더욱 늦은 일로 청 강희연간에 이르러서였다.

제7절 원곡(元曲)과 인도 및 이슬람의 관계

원대의 잡극은 12과(科)로 구분되니, '신선도화(神仙道化)'·'임천구학(林泉邱壑)'·'피포병홀(披袍秉笏)'·'충신열사(忠臣烈士)'·'효의염절(孝義廉節)'·'질간매참(叱奸罵讒)'·'축신고자(逐臣孤子)'·'발도간봉(撥刀趕棒)'·'풍화설월(風花雪月)'·'비환이합(悲歡離合)'·'연화분대(煙花粉黛)'·'신두귀면(神頭鬼面)'이다. 첫 번째 '신선도화'는 도교를 소재로 했고, 마지막 '신두귀면'은 불교를 소재로 한 것이다. 그러나 분과(分科)하기 쉽지 않은 것이 대부분인데, 예컨대 '풍화설월'은 다른 과에서도 볼 수 있으며, '비환이합'은 더욱 그러해서 각종 잡극에서 일상적으로 보인다. 따라서 다른 과에 불교 소재가 섞여있는 것도 당연한 일이다. 불교를 주제로 한 잡극으로는 정정옥(鄭廷玉)[55]의 《포대화상인자기(布袋和尙忍字記)》와 오창령(吳昌齡)[56]의 《당삼장서천취경(唐三藏西天取經)》이 있다.

남북곡(南北曲)의 곡조를 빌려 제불(諸佛)의 명칭을 찬송한 전문적인 책으로 《제불세존여래보살존자명칭가곡(諸佛世尊如來菩薩尊者名稱歌曲)》[57]

---

55) 정정옥(鄭廷玉, 생몰연도 미상): 원대의 희곡 작가로 창덕(彰德) 사람이다. 지금까지 알려진 그가 지은 잡극은 23종인데, 현존하는 것은 《포대화상인자기》 외에 《간전노매원가채주(看錢奴買冤家債主)》·《포대제지감후정화(包待制智勘后庭花)》·《초소왕소자하선(楚昭王疏者下船)》·《송상황어단금봉차(宋上皇御斷金鳳釵)》 등이 있다. 일설에는 《최부군단원가채주(崔府君斷冤家債主)》도 그의 작품이라고 한다.
56) 오창령(吳昌齡, 생몰연도 미상): 원대의 잡극 작가로 대동(大同) 사람이다. 지금까지 알려진 그가 지은 잡극은 모두 11종인데, 남아있는 것은 《장천사단풍화설월(張天師斷風花雪月)》과 《동파몽(東坡夢)》뿐이고 《당삼장서천취경》은 단지 곡사 2절(折)만 남아있다.

(《諸佛世尊如來菩薩尊者神僧名經》이라고도 부름)이 있는데, 번곡(番曲) 백 수십 수[章]가 수록되어있다. 도종의의 《철경록》에 보면 일찍이 그 목록을 기록하면서 타타르 악곡과 회회 악곡으로 구분하고 있으나 원래의 가사를 인용해 예증하지는 않고 있다. 이 경(經)은 또 속명(俗名)을 모두 법명(法名)으로 바꾸었으니, 예컨대 '접련화(蝶戀花)'는 '구령상지곡(具靈相之曲)', '임강선(臨江仙)'은 '회자광지곡(回慈光之曲)', '수선자(水仙子)'는 '광선세지곡(光善世之曲)', '청강인(淸江引)'은 '증도융지곡(證圖融之曲)', '주운비(駐雲飛)'는 '귀삼보지곡(歸三寶之曲)', '안아락대득승령(雁兒落帶得勝令)'은 '승묘명구장엄지곡(勝妙明具莊嚴之曲)' 등이 그러하다. 목록 중에 모든 법호(法號)와 속명을 대조해놓아서 조사하기에 매우 편리하다. 이 경은 명초에 채록되었기 때문에 그 안에 보존된 악곡은 자연히 원대의 작품이 대다수이다.

중국 원대의 잡극 형식이 완성되기 수백 년 전 인도에는 이미 매우 잘 갖춰진 형식의 희극이 존재했으니, 서기 5세기 칼리다사(Kalidasa)의 《샤쿤탈라(Sakuntala)》가 가장 유명하다. 샤쿤탈은 공작이란 뜻이니, 샤쿤탈라를 번역하면 공작녀(孔雀女)가 된다. 중국에서는 이를 "무승왕(無勝王)이 사냥을 나갔다 좋은 인연을 맺고 공작녀가 금반지를 다시 찾다(無勝王出獵締良緣, 孔雀女重圓金環記)58)"로 번역한 것이 있는데, 그 내용

....

57) 《제불세존여래보살존자명칭가곡(諸佛世尊如來菩薩尊者名稱歌曲)》: 명 성조가 영락 15년(1417) 흠정(欽定)한 불교 가곡집으로 전 51권에 4,338수가 수록되어있다. 그 곡조의 출처는 당사(唐詞)·송사(宋詞)·남북곡 및 북방민족 가곡 외에 역대 악승(樂僧)의 창작 가곡 등 매우 다양하다.
58) 《샤쿤탈라》의 대략적인 줄거리는 이러하다. 브르족의 왕 도프샨타는 사냥을 나갔다가 숲 속에서 샤쿤탈라를 만나 사랑을 나누게 된다. 그는 돌아온다는 약속과 함께 샤쿤탈라에게 반지를 남기고 떠난다. 샤쿤탈라는 이후 왕이 그녀를 잊어버리는 저주를 받게 되고 반지도 잃어버리고 만다. 그러나 몇

과 분위기가 중국의 후대 전기(傳奇) 희극 내용과 매우 비슷하다.

근래 어떤 학자는 중국에서 꼭두각시[傀儡]를 속칭 곽독(郭禿)라 하는데, 이는 산스크리트어로 우령(優伶: 잡극 등 중국 전통극 배우 - 역자)을 의미하는 '나타(哪吒: Nalakūbara - 역자)'일지 모른다고 했다. 곽(郭)과 나(哪)는 첩운(疊韻: 운이 같다는 의미 - 역자)이고, 독(禿)과 타(吒)는 쌍성(雙聲: 글자의 성모가 같다는 의미 - 역자)이라는 것이다. 옛사람이 나타를 배아(俳兒)로 번역했는데, 배아는 바로 연극쟁이[戲子]이다. 《악부잡록》의 '괴뢰'조에서는 곽독이 가무(歌舞)를 이끄는 자이며 반드시 배아의 우두머리라고 하였지만, 배아와 똑같은 연극쟁이일 뿐이다.

인도연극[梵劇]에는 3가지 요소가 있으니 음악과 춤 그리고 대사이다. 이러한 형식은 굽타왕조 때인 319년 즉 진 원제 태흥 2년에 시작되었다. 논자들이 말하기를 인도연극의 형식이 완성된 것은 대승불교의 발전과 직접적인 관계가 있으며 현장법사와 같은 시기였다고 한다. 육조시대 이후 중국과 인도의 교류가 빈번해지고 불경의 전파와 번역이 발달한 것을 본다면 중국희극이 인도의 영향을 받았음은 또한 필연적인 추세라 하겠다.

원곡과 인도 및 불교의 관계는 대략 위에 기술한 것과 같고, 이제 다시 원곡과 이슬람의 관계에 대해 말해보도록 하자.

원대 무슬림 출신 중국희곡 작가로 《원서역인화화고》에서는 관운석(貫雲石)·마구고(馬九皐)·쇄비복초(瑣非復初)·불홀목(不忽木) 4명만 들

....

년 후 물고기 뱃속에서 잃어버린 반지가 나타나고 물고기를 잡은 어부가 반지를 왕에게 바치자 기억을 찾은 왕이 샤쿤탈라와 재회해 행복하게 산다는 내용이다. 중국 측 번역 제목에서 重圓은 잃어버린 것을 다시 찾다는 뜻이고 金環은 물론 반지를 의미한다.

고 있는데, 빠진 이가 있어 여기서 4명을 더 보충하도록 하겠다. 《철경록》
권11 '금비랄육(金鎞剌肉)'조에 보면 "목팔랄(木八剌)은 자(字)가 서영(西
瑛)으로 서역인이다. 신체가 장대한 까닭에 사람들이 모두 거인 서영[長
西瑛]이라 불렀다. 하루는 막 아내와 밥을 먹고 있는데, 아내가 작은 금비
랄육을 입에 가져가려 하는 순간 문 밖에 손님이 왔다. 서영이 나가 손님
을 맞이하니 아내가 미처 씹지 못했다"고 나온다. 이를 보면 그가 서역인
임을 알 수 있으니, 원래 《조야신성태평악부(朝野新聲太平樂府)》[59]에 아
리서영(阿里西瑛)이란 이름으로 그의 부친 아리요경(阿里耀卿)과 함께
나온다.

《사림적염(詞林摘艷)》[60]에는 남초방(藍楚芳: 蘭楚芳이라고도 함)의 희
곡 30수가 실려 있는데, 이 사람 역시 무슬림 출신의 중국희곡 작가이다.
《속록귀부(續錄鬼簿)》[61]에 보면 "서역인으로 강서원수(江西元帥)를 지내
며 많은 공적을 쌓았다. 용모가 매우 준수했으며 재주와 창작력이 있고
영민하고 슬기가 많았다. 유정신(劉廷信)[62]과 함께 무창(武昌)에 있으면

....

59) 《조야신성태평악부(朝野新聲太平樂府)》: 원대 산곡(散曲) 작가 양조영(楊朝
英, 생몰연도 미상)이 편찬한 책으로 전 9권이다. 양조영은 청성(青城) 사람
으로 호는 담재(澹齋)이고 관운석(貫雲石)과 친분이 두터웠다. 산곡은 소령
(小令) 27수가 현존하는데, 개인의 한적한 정취를 묘사한 것이 대부분이며
애정을 노래한 작품도 있다.

60) 《사림적염(詞林摘艷)》: 명대 장록(張祿, 생몰연도 미상)이 편집한 원·명시기
산곡과 희곡 선집(選集)이다.

61) 《속록귀부(續錄鬼簿)》: 종사성(鍾嗣成, 1279?-1360?)의 《녹귀부(錄鬼簿)》와
동일한 체례로 원·명시기 극작가 및 그 작품을 기록한 책으로 전 1권이며
작자는 미상이다.

62) 유정신(劉廷信, 생몰연도 미상): 원명은 정옥(廷玉)이며 원대의 산곡 작가로
익도(益都) 사람이다. 그가 지은 산곡 중 현재 소령 39수와 투수(套數) 7수가
남아있는데, 《사림적염》·《태평악부(太平樂府)》·《성세신성(盛世新聲)》·《악

서 악장(樂章)을 계속 화답하였으니, 많은 사람이 그들을 당대의 원진(元稹)과 백거이(白居易)에 견주었다. 당시 유파석(劉婆惜)이란 이름난 가희(歌姬)가 있었는데, 연회 중에 회(膾)를 썰자 이를 보고 남초방이 즉석에서 매화락(梅花落)을 부르며 '황금빛 칼[金刀]⁶³)로 살찐 비단잉어 가늘게 썰고 그것에 하물며 섬세한 양파⁶⁴)까지 더 하는구나⁶⁵)'라고 하자, 유파석이 이를 받아 '식초⁶⁶)를 조금만 더한다면 그 맛이 더욱 좋아지나니, 나는 정말 이 집 맛을 좋아한다네⁶⁷)'라고 답하였으니 참으로 보기 드문 재자가인(才子佳人)이었도다"고 적혀있다.

　원대 무슬림 출신 희곡작가로 또 길성보(吉誠甫)가 있었다. 원대 사람 호존선(胡存善)이 편집한 《유취명현악부군옥(類聚名賢樂府羣玉)》⁶⁸) 권1과 권3에는 임칙명(任則明)과 종추재(鍾醜齋)의 〈서역 길성보를 노래하다(詠西域吉誠甫)〉라는 작품이 있다. 임칙명은 "털로 만든 긴 옷은 헐렁하고 양 소매는 바람과 연기처럼 가볍구나. 서역에서 와서 중원을 두루

<hr />

부군주(樂府群珠)》 등에 수록되어있다.

63) 금도(金刀)는 유파석을 가리키기도 하니, 유(劉)를 파자(破字)하면 묘(卯)·금(金)·도(刀)가 나온다.

64) 원문의 옥총(玉蔥)은 양파를 의미하지만, 동시에 미인의 희고 가느다란 손가락을 가리키기도 함으로 유파석의 요염한 자태를 넌지시 암시한 것 같다.

65) "金刀細, 錦鯉肥, 更那堪玉蔥纖細."

66) 식초[醋]는 비슷한 발음 초(楚), 즉 초방을 가리킨 것으로 남초방과 같이 있어 음식의 풍미가 더 좋아졌다고 말한 것 같다.

67) "得些醋成風味美, 誠當俺這家滋味."

68) 《유취명현악부군옥(類聚名賢樂府羣玉)》: 원대 산곡 가운데 소령만을 전문적으로 편집한 책으로 《원인소령칠백수(元人小令七百首)》라고도 부른다. 전 5권인데 현재는 작가 21명의 627수(일설에는 작가 24명의 551수라고도 함)만 남아있다. 원대의 일반 선집과 달리 곡조로 분류하지 않고 작가별로 작품을 모아놓고 있다.

여행했네. 화려한 글귀와 시의 여운은 채색 구름 꽃 떨어지듯 둥근 달 아래 술동이 같구나. 지금 악부의 음률에 정통한 장원은 신선처럼 수많은 옛 사림(詞林)을 기억하네. 명불허전이로다! 장강 삼협 솟아오르는 샘물, 그 소리 음악처럼 천상에 전해지네[69]"라 하였고, 종추재는 "이원(梨園: 궁정에서 가무 기예인이 교습하던 곳 - 역자)의 문성(文星: 혜성처럼 명성을 떨친 문인이라는 뜻 - 역자) 하나, 서역에서 온 인재 중국에서 이름을 떨치는구나. 가슴 속에 천성(天城)을 담고 유려한 화술 황하를 기울이니, 연회 자리에 널리 환영받는구나. 높은 학문 파도처럼 파란을 일으키고 지은 사곡(詞曲) 전쟁터의 수많은 병사처럼 많구나. 그 음운은 천체 관측기구처럼 정확하고 운각은 수레에 단 방울처럼 배합되니, 음악은 영경(英莖: 帝嚳과 顓頊이 지은 五英과 六莖 - 역자)을 연주하는 것 같구나[70]"라 하였으니, 그를 높이 받듦이 지극하다고 하겠다.

원대에는 무슬림 출신 사녀(士女)도 희곡의 연출에 참여했다. 원대 사람 설사어은(雪蓑漁隱)의 《청루집(靑樓集)》[71]에 보면 "미리합(米里合)은 무슬림 희곡배역[旦色]으로 노래하는 소리가 맑고 예쁜 것이 신묘한 경지에 이르렀다. 생김새는 비록 아름답지 않으나 잡극의 첩단(貼旦)[72]을 도

....

69) "毳袍寬, 兩袖風烟; 來自西州, 遊遍中原. 錦句詩餘 彩雲花下, 璧月尊前: 今樂府 知音壯元, 古詞林飽記神仙. 名不虛傳, 三峽飛泉, 萬籟号天."

70) "是梨園一點文星, 西土儲英, 中夏揚名. 胸次天城, 口角河傾, 席上風生. 吞學海 波瀾萬頃, 戰詞壇甲冑千兵. 律按璣衡, 聲應和鈴, 樂奏英莖."

71) 《청루집(靑樓集)》: 원 지정 15년(1355) 하정지(夏庭芝, 약 1300-1375)가 대도 ·금릉·무창 등지의 가기(歌妓)와 예인(藝人) 110여 명의 사적을 기록한 책으로 1권으로 되어있다. 하정지는 자가 백화(伯和) 또는 백화(百和)이고 호는 설사(雪蓑) 또는 설사어은, 설사조은(雪蓑釣隱)이다.

72) 첩단(貼旦): 희곡배역 중 하나로 시골처녀나 가난한 여인, 시첩이나 하녀 역을 주로 맡으며 간혹 부인이나 부잣집 딸 같은 역도 맡는다.

맡았다. 나는 일찍이 그녀를 본적이 있는데 (연기하는 것이) 명불허전이
었다"고 되어있다.

원곡 중에는 가끔 무슬림 인물을 주인공으로 하는 잡극도 있었다. 오창
령은 《낭자회회상황화(浪子回回賞黃花)》라는 희곡을 썼는데, 아쉽게도
사라진지 오래이지만 그 제목이 종사성(鍾嗣成)의 《녹귀부(錄鬼簿)》[73]
상권에 보인다. 명대 사람의 작품 중에서도 이러한 곡명을 사용한 것이
있었다. 주헌왕(周憲王)[74]의 《성재악부(誠齋樂府)》[75]에 실린 《유분춘수
지향낭원(劉盼春守志香囊怨)》에는 "(여주인공이 말한다) 아! 풍류[風月]
로멘스[傳奇] 하나 있도다. (여주인공이 노래한다) 《상황화회회낭자(賞黃
花回回浪子)》라는 곡을 공연합니다"라는 구절이 있는데, 이는 《사마타실
곡총(奢摩他室曲叢)》[76]에도 보인다. 《철경록》 권25 '원본명목(院本[77]名

73) 《녹귀부(錄鬼簿)》: 원대의 잡극과 산곡 작가 100여 명의 전기와 작품 목록을
   집록한 책으로 전 2권이며 지순 원년(1330)에 쓴 자서(自序)가 있다.
74) 주헌왕(周憲王, 1379-1439): 명 태조의 손자이며 주정왕(周定王)의 맏아들로
   본명은 주유돈(朱有燉)이다. 호는 성재(誠齋), 전양옹(全陽翁), 노광생(老狂
   生)이며 시호가 헌(憲)이어서 주헌왕이라 불렸다. 많은 잡극과 산곡을 창작
   했으며 현재 31종의 잡극이 《성재악부》에 전하고 있다. 그밖에 《성재신록
   (誠齋新錄)》·《성재집(誠齋集)》·《성재유고(誠齋遺稿)》·《성재사(誠齋詞)》 등
   의 시문집이 있다.
75) 《성재악부(誠齋樂府)》: 중국 최초의 희곡별집으로 《성재잡극(誠齋雜劇)》 또
   는 《명주헌왕악부삼종(明周憲王樂府三種)》으로도 불린다.
76) 《사마타실곡총(奢摩他室曲叢)》: 근대의 저명한 희곡가 오매(吳梅, 1884-1939)
   가 자신이 20여 년간 구입·수장(收藏)한 전기(傳奇)·잡극·산곡 600여 종
   가운데 152종을 정선(精選)·교정하여 펴낸 악곡 총서이다. 사마타실은 소주
   쌍림항(雙林巷)에 있는 그의 장서실 이름이다.
77) 원본(院本): 당나라 때에는 연극의 상연자인 관기(官妓)의 수용소를 행원(行
   院)이라 했고 원본이란 행원에서 쓰인 각본이란 뜻이다. 흔히 금나라에서
   행해지던 연극의 한 장르 또는 그 희곡을 가리키는데, 이는 북송의 잡극을

目)'조에 열거된 제잡대소원본(諸雜大小院本)에는 《회회이화원(回回梨花院)》이란 작품명이 보인다.

《녹귀부》 상권에는 또 우백연(于伯淵)이 지은 《정향회회귀풍월(丁香回回鬼風月)》이란 작품이 보이지만, 이 역시 산일된 지 오래이다. 그러나 이런 풍류에 빠진 무슬림 공자 이야기는 앞서 인용한 《성재악부》의 다음 구절에서도 보인다. "《이아선화주곡강지(李亞仙花酒曲江池)》[78]란 희곡 중에 —— (무대 밖에서 노래한다) 저들은 금전과 재물이라면 가족도 돌아보지 않는다. 어찌 총명한 독서인을 동정하겠는가? 지금 저 건파(虔婆)[79]는 양가죽을 쓴 이리와 같으니, 돈이 있다고 한다면 그대가 몸에 냄새나는 회회인이든 누린내 나는 오만(烏蠻)인이든 함께 이불을 덮고 자게 할 것이지만, 돈이 없다면 그대가 비록 잘생긴 공자이든 좋은 집안 아들이든 간에 그들 혼자서 잠자게 할 것이다. ……"

"《유분춘수지향낭원》 중에 —— (여주인공이 노래한다) 그대(虔婆를 가리킴)는 돈을 친척으로 여겨서 돈 몇 푼 있는 사람을 보면 마치 이전부터 아는 사람처럼 대하는구려. 돈이 그대의 자매이고 돈이 그대의 동서

....

계승한 것이라고 한다. 훗날의 원곡도 원본에서 유래하고 개혁된 것이다.
78) 《이아선화주곡강지(李亞仙花酒曲江池)》: 원대 석군보(石君寶, 1191-1276)가 지은 잡극으로 기녀 이아선과 정원화(鄭元和)의 사랑 이야기이다. 그 줄거리는 대략 정원화가 기루에 돈을 다 써버리고 내쫓겨서 길거리에서 남들 장례 행렬에 만가(輓歌)를 부르며 생활하고 있었는데, 정원화의 아버지가 집안 망신이라 여겨 나무 몽둥이로 그를 때려죽이려 하자 이아선이 그를 위험에서 구해내어 그의 과거 공부를 돕는다는 내용이다. 이 잡극의 재료는 당대 백행간(白行簡)의 전기소설 《이왜전(李娃傳)》에서 가져온 것으로 그 사상성과 예술성이 원작에 비해 뛰어나다고 평가된다. 후대에 연출된 《수유기(繡襦記)》에 직접적인 영향을 미쳤다고 한다.
79) 건파(虔婆): 청루(青樓)나 기원(妓院)에서 한량과 기녀를 연결시켜주는 중매인으로 보통 나이든 여성이었다.

[姒娌]이네. …… 만약 돈이 없으면 아무리 잘생기고 총명해도 그대에게 소용없지만, 돈이 있다면 오만인이거나 회회인인게 무슨 상관이랴.”

오창령이 쓴 잡극이라 알려져 있는 《당삼장서천취경》(이 작품은 사실 원말 楊景賢의 작품임) 중 ‘시골 처녀의 연설(村姑演說)’ 단락에도 무슬림 배역이 나온다. “(시골처녀가 설날 민속놀이[祉火를 말한다) 처녀가 노래 한다. …… (〈천발도[川撥棹〉)80)) 더욱 가소롭구나. ── (기분이) 좋아서 내가 미소 지으며 중원 나무[漢木] 하나를 다리 두개로 조각하고 있을 때, 회회인 몇 명이 깃발을 들고 춤을 추면서 입속으로 뭐라고 중얼거리는 것을 보았는데, 귀신 모습을 하고 있었지만 사람이 많아서 나는 자세히 볼 수 없었다.”

《집성곡보(集成曲譜)》81) 〈진집(振集)〉 권1에는 잡극 《당삼장(唐三藏)》 가운데 한 절(折)이 있는데, 첫 부분인 ‘회회무(回回舞)’에 “회회 회회는 재계하는 날 음식을 먹지 않고, 나는 나는 하면서 할머니를 부르네. (너무 배가 고파) 눈은 눈은 안으로 움푹 들어갔고, 코는 코는 뾰족 튀어나왔네82)”라고 나온다. 여기에서 “나는 나는(我的我的)”은 “배고파 배고파(餓的餓的)”의 오기이다. 문장 전체는 매우 길다. 이 단락은 현장법사가 인도로 불경을 구하러 가는 도중에 이슬람 국가를 지나는 광경을 묘사한 것이다. 현장이 어떤 무슬림 아이에게 길을 묻자 무슬림 아이가 늙은 무슬림을 불러 그를 접대하게 하였는데, 무슬림 어른이 현장을 보자마자

----

80) 〈천발도(川撥棹)〉: 원대 시인 왕철(王哲)의 작품 중 하나이나 여기서는 곡조의 종류를 표시한 것 같다.
81) 《집성곡보(集成曲譜)》: 왕계렬(王季烈, 1873-1952)과 유부량(劉富梁, 생몰연도 미상)이 고정(考訂)하여 1925년 상무인서관에서 출판한 책으로 금(金)·성(聲)·옥(玉)·진(振) 4집(集)에 32책으로 되어있다.
82) “回回回回把淸齋, 我的我的叫奶奶, 眼睛眼睛凹進去, 鼻子鼻子凸出來.”

절을 올리는 장면이다. 극 중에 "늙은 회회가 부처를 부르러 남쪽 누각[南樓]로 갔다"고 한 부분은 무슬림이 부처에게 공양한다는 송·원대 문인의 잘못된 관념을 따른 것이다. 이는 명·청대 사람들이 천주교도도 부처를 공경하여 염불한다고 말한 것과 마찬가지이다. 또 극 중에 이슬람교에서 《코란》 외우는 소리를 흉내 내어 '아라호흡파적라(阿囉呼吸吧的囉)' 및 "남무승가야(南無僧伽耶), 남무탑라마야(南無嗒喇摩耶), 시덕아(厮德兒), 시덕아(厮德兒), 승가덕아(僧伽德兒), 필사력(嗶嗟力), 남무오덕아홍래득(南無烏德兒哄來得)" 등의 구절을 사용하고 있다. 또 안부를 물을 때는 '살란살란적개모니(薩蘭薩蘭[83]的個牟尼)'라고 했는데, 이들 모두 반드시 근거가 있는 것은 아니었다. 자칭 달사만(闥獅蠻)라고 한 것은 바로 《원사》에 나오는 다니쉬맨드[答失蠻]이다. (이상의 내용을 통해) 잡극 전체의 일부를 엿볼 수 있다.

원대 무명씨의 잡극 《십탐자대료연안부(十探子大鬧延安府)》 제2절(折)에는 "(회회 관원이 말한다) 제기랄! 저 놈의 방적(龐勣) …… 너는 내가 회회인이어서 한족의 도리를 알지 못한다고 말하지 마라. 나는 관리로서 정승들을 조화되게 하고 음양을 고르게 해야 하는데, 내가 너와 이런 얘기나 하고 있다니 …… 나는 관리로서 보국안민(輔國安民)해야 하거늘 누가 너에게 백성을 해치고 오로지 돈과 재물을 요구하라 했느냐!"라는 단락이 있는데, 《고본원명잡극(孤本元明雜劇)》[84] 제10책에 보인다. 위 잡극의 〈천관(穿關)〉 중에 나오는 '회회의 오뚝 솟은 코와 구레나룻(回回

83) 살란(薩蘭)은 샬롬(Shalom)의 음역인 듯하다.
84) 《고본원명잡극(孤本元明雜劇)》: 희곡학자인 왕계렬(王季烈)이 교정하여 상해 함분루(涵芬樓)에서 1939년에 출판한 원명잡극선집으로 판각본 6종과 필사본 138종을 수록하고 있다.

鼻髩)'이라는 구절은 분장한 배우의 모습을 표현한 것이다.

원곡 중에는 또 무슬림에게 노예로 팔리거나 노예로 내몰린 한인들이 등장하는 장면이 있다. 예컨대 《원곡선》〈병집(丙集)〉에 실린 무한신(武漢臣)의 《이소란풍월옥호춘(李素蘭風月玉壺春)》 제2절에는 "(남자 주인공[正末]이 노래한다. —— 성대한 황제의 은혜여) 아! 맞아 죽은 원앙새와 갈라놓은 난새와 봉새를 눈으로 본 우리 옥호생(玉壺生)과 소란녀(素蘭女)가 당신 류청낭(柳青娘)을 고발하려고 한다. (노부인卜兒: 즉 류청낭 - 역재이 말한다) 내가 장차 너희를 회회·달달(達達)·로로(虜虜)에게 팔아버릴 것이다(여주인공의 슬픈 모습)"란 단락이 있다.

《원곡선》〈기집(己集)〉에 실린 양현(楊顯)의 《정공목풍설혹한정(鄭孔目風雪酷寒亭)》 제3절에는 "(남자 주인공이 張保로 분장하여 무대 올라 말한다) 왔다. …… 나는 강서(江西) 사람으로 성은 장(張)이요 이름은 보(保)이다. 전란으로 인해 쫓기다 포로가 되어 회회 마합마사선(馬哈麻沙宣)의 관아로 끌려와서 지금까지 줄곧 주인의 노예가 되었다. …… 나의 주인에게 감사한다. 여러 해 동안 내가 노예로 고생하는 걸 보고는 노예 신분에서 벗어나는 문서를 나에게 주었으니. ……"라는 단락이 있다.

《성재악부》에 실린 잡극 《표자화상자환속(豹子和尙自還俗)》에는 "이 사원은 외롭고 처량하여 향불이 없지만, 저 마을 주점에는 의식(衣食)이 갖추어져 있지. …… 소유(小劉)는 살찐 양고기를 도살해 파는데, 일관초(一貫鈔)[85]에 머리와 발을 다 살 수 있다네. …… 마회회(馬回回)가 구운 떡은 크기가 어마어마하고, 황만자(黃蠻子)가 익힌 채소는 맛이 기가 막히는구나. 하선고(何仙姑)가 보는 관상은 거울 보듯 하고, 양대저(楊大姐)의 점괘는 가장 뛰어나다네"라는 단락이 있다.

....

85) 일관초(一貫鈔): 명초에 사용되었던 권면(券面)이 가장 큰 지폐를 가리킨다.

이상은 모두 원곡 중에 삽입된 무슬림 인물로 여기서는 간단히 몇 가지 사례만을 들었을 뿐이다.

제8절 원대에 동래한 서역인의 중국화

원대 공문서 상에서 색목인으로 분류된 사람들을 세간에서는 서역인이라 불렀다. 여기서 서역의 범위는 대략 파미르고원 이서(以西)와 소아시아 및 동유럽까지도 모두 포함한다. 몽고 군대는 먼저 서역을 정벌하고 나서 중원으로 내려왔으므로 몽고군을 따라 중국에 온 색목인이 매우 많았다. 《원서역인화화고》에서는 모두 132명을 수록하고 있는데, 그들을 구분하여 소개하면 다음과 같다.

유학편(儒學篇) 30명: 고지요(高智耀)·염희헌(廉希憲)·불홀목(不忽木)·노노(嶩嶩)·경동(慶童)·사반(沙班)·태불화(泰不華)·회회(回回)·백안사성(伯顏師聖)·흔도(欣都)·야속답아적(也速答兒赤)·정희원(丁希元)·가현옹(家鉉翁)·마조상(馬祖常)·활리길사(闊里吉思)·첨사정(瞻思丁)·홀신(忽辛)·첨사(瞻思)·부박(溥博)·욱실대(勖實戴)·아로혼살리(阿魯渾薩里)·설철독(偰哲篤)·설옥립(偰玉立)·설조오(偰朝吾)·설직견(偰直堅)·선저(善著)·설열호(偰列箎)·설백료손(偰百僚遜)·정종(正宗)·아아사란(阿兒思蘭).

불로편(佛老篇) 8명: 관운석(貫雲石)·내현(迺賢)·마시헌(馬時憲)·역도홀립(亦都忽立)·랄마당(剌馬當)·정학년(丁鶴年)·마절(馬節)·조세연(趙世延).

문학편(文學篇) 44명: 여궐(余闕)·섭고백(聶古柏)·알옥윤도(斡玉倫徒)

· 삼보주(三寶柱) · 장웅비(張雄飛) · 앙길(昂吉) · 완택(完澤) · 백안자중(伯顔子中) · 설초오(薛超吾) · 혁천정(郝天挺) · 신문방(辛文房) · 마언휘(馬彦翬) · 아리(阿里) · 마윤(馬潤) · 마세덕(馬世德) · 아호(雅琥) · 별도로사(別都魯沙) · 살도랄(薩都剌) · 길아모정(吉雅謨丁) · 노지도(魯至道) · 철마로정(哲馬魯丁) · 별리사(別里沙) · 장기사(仉機沙) · 매려(買閭) · 맹방(孟昉) · 관운석(貫雲石) · 첨사(瞻思) · 역조정(亦祖丁) · 찰한(察罕) · 마구고(馬九皋) · 쇄비복초(瑣非復初) · 불홀목(不忽木) · 난초방(蘭楚芳) · 목중역(沐仲易) · 호백공(虎伯恭) · 호백검(虎伯儉) · 호백양(虎伯讓) · 정야부(丁野夫) · 새경초(賽景初) · 전자인(全子仁) · 월경휘(月景輝) · 금원소(金元素) · 금문석(金文石) · 금무석(金武石). 그 외 7명은 이미 앞에 나왔다.

미술편(美術篇) 16명: 염희공(廉希恭) · 성희명(盛熙明) · 아니가(阿尼哥) · 알옥윤도(斡玉倫都) · 도동(道童) · 사랄반(沙剌班) · 달식첩목아(達識帖木兒) · 백안불화적근(伯顔不花的斤) · 강리불화(康里不花) · 영승(榮僧) · 희산(喜山) · 변로(邊魯) · 조란(趙鸞) · 백안불화(伯顔不花) · 고극공(高克恭) · 야흑질아(也黑迭兒). 그 외 16명은 이미 앞에 나왔다.

예속편(禮俗篇) 29명: 노고납정(魯古訥丁) · 사적행지(沙的行之) · 목살비(木撒飛) · 옥원정(玉元鼎) · 합랄사(合剌思) · 미소윤(米少尹) · 교사영(敫思永) · 찰마로정(札馬魯丁) · 겁리목정(怯里木丁) · 배주(拜住) · 유군정(劉君定) · 이공민(李公敏) · 조영(趙榮) · 개림(凱霖) · 별적인(別的因) · 마경상(馬慶祥) · 마합마(馬合麻) · 마합모(馬合謨) · 장려(張閭) · 마계자(馬季子) · 알타홀도로(斡朶忽都魯) · 수중(守中) · 전보신(錢寶臣) · 답리마(答里麻) · 설공원(偰公遠) · 중례(仲禮) · 살덕미실(薩德彌實) · 사랄보정(舍剌甫丁) · 답언수(答彦修). 그 외 12명은 이미 앞에 나왔다.

여학편(女學篇) 5명: 관운석(貫雲石)의 딸 · 월윤석호독(月倫石護篤) · 정월아(丁月娥) · 철현(鐵鉉)의 두 딸. 그 외 조란(趙鸞)은 이미 앞에 나왔

다.[86]

출신 부족별로 나누면 다음 표와 같다.

당올(唐兀) 8명	외오아(畏吾兒) 11명	회홀(回鶻) 2명	고창(高昌) 17명
북정(北庭) 1명	구자(龜玆) 2명	내만(乃蠻) 2명	합로(合魯) 2명
합랄로(哈剌魯) 2명	옹고(雍古) 8명	알단(斡端) 1명	우전(于闐) 1명
서역(西域) 23명	회회(回回) 20명	회흘(回紇) 3명	답실만(答失蠻) 3명
대식(大食) 2명	아로혼(阿魯渾) 2명	판륵흘성(板勒紇城) 1명	강리(康里) 5명
백아오씨(伯牙吾氏)[87] 1명	야리가온(也里可溫) 8명	타로별족(朶魯別族) 1명	니파라국(尼波羅國) 1명
색목 6명			

위 표에서 서역 위쪽은 파미르 이동 지역으로 모두 56명[88]이고, 서역부터 그 아래쪽은 파미르 이서와 그 밖의 지역으로 모두 76명이다. 이 중에는 한 지역이 2개의 명칭으로 표기(예컨대 斡端은 곧 于闐임)되거나 한 부족이 여러 차례 번역된 경우(예컨대 回回와 回紇)도 있지만, 모든 명칭 표기는 당사자 스스로 밝힌 바에 따라 열거한 것이다.

....

86) "앞에 나왔다"는 말은 유학편·불노편·문학편 등에 이름이 이미 한차례 열거되었다는 뜻으로 조란은 미술편에 그 이름이 보인다. 각 편에 열거된 사람 수를 합하면 132명이 맞지만, 그 중에는 같은 이름(예컨대 瞻思·貫雲石 등)이 중복해서 나오는 경우가 있어 혼란스럽다.
87) 伯牙吾에 대한 로마자 표기는 검색 못했으나 伯牙吾惕은 Baya'ut로 표기하고 있다.
88) 세어보면 모두 57명이 되는데, 이럴 경우 전체 인원 132명을 초과하게 된다.

제12장
명초 서방·남양과의 육해(陸海) 교류

제1절 명초 사마르칸트 일대(一帶)와의 왕래

《명사》권332〈서역전〉에 따르면 원말 부마(駙馬)였던 티무르[帖木兒][1]가 사마르칸트에서 왕이 되었는데, 홍무연간 태조가 서역과 통하고자 여러 번 사신을 파견하여 초유했지만 온 사람이 없었다. 홍무 20년(1387) 4월(9월의 오기임 - 역자) 티무르가 처음으로 사신을 파견하여 명조에 와서 토산물을 조공하였고, 25년(1392년)에 다시 입공하였다. 그 나라의 무슬림들이 말을 몰고 양주(涼州)에 와서 호시(互市)하고자 하였지만 허락하

....

1) 티무르(Timur, 帖木兒, 1336-1405): 몽고계 바르라스 부(部) 소속의 귀족으로 1370년 서(西) 차가타이한국이 쇠퇴해지는 틈을 타서 트랜스옥시아나를 통일하고 사마르칸트에 수도를 둔 티무르왕조를 열었다. 몽고제국의 재건을 기치로 전(全) 이란, 코카서스, 동(東) 이라크, 킵차크한국을 병합하고 북인도에 침입하였으며 오스만 투르크를 앙카라 전투에서 격파하여 중앙아시아로부터 서아시아에 이르는 대제국을 건설하였다. 그는 세계제국의 지배자로서 중국의 신흥 왕조인 명조를 타도하기 위해 감행한 원정 도중 오트라르의 진중에서 병사하였다.(《명사 외국전 역주》4책, 369-370쪽)

지 않았다. 원나라 때부터 감숙성에서 살고 있던 무슬림 1,200여 명을 모두 (사마르칸트로) 돌려보냈다고 되어있다.

홍무 27년(1394년) 8월 티무르가 말 200마리를 바쳤는데, 함께 올린 표문(表文: 謝恩·축하·청원 등의 목적으로 황제에게 올리는 외교문서의 일종 – 역자)에서 "황제의 은혜로운 보살핌과 위로 덕분에 두 나라 사이의 참(站)과 역(驛)이 서로 통하고 도로는 막힘이 없습니다"라고 한 것으로 보아 그 때까지 교통이 아직 순조롭고 편리했던 것 같다. (이에) 다음해 급사중(給事中) 부안(傅安)[2] 등에게 답방토록 명하였다.

영락제가 등극한 후 그 나라에 사신을 보내 칙유(勅諭)를 내렸으나, 부안 등은 영락 5년(1407) 6월에서야 귀국하게 되었다. 그래서 곧바로 다시 출사케 하여 영락 7년 돌아왔는데, (티무르왕조는) 2번 모두 사신을 딸려 보냈다. (영락) 13년(1415)에는 이달(李達: 李暹?)과 진성(陳誠) 등의 귀국 편에 사신을 보내 입공하였다. 이들 입공 사신이 돌아갈 때 진성이 다시 명을 받아 환관 노안(魯安)과 함께 사절로 갔고, 그들이 돌아올 때 또 그 쪽 사신이 따라서 들어왔다. (영락) 18년(1420) 진성은 다시 명을 받아 환관 곽경(郭敬)과 함께 사절로 갔다. 성화 원년(1465) 이전 명의 사절이 간 해는 선덕 7년(1432), 10년(1435), 천순 원년(1457), 7년(1463)이고, 저쪽 나라에서 사신을 파견한 해는 선덕 5년과 정통 4년

....

2) 부안(傅安, ?-1429): 하남성 태강인(太康人)으로 1395년 유유(劉惟)·요신(姚臣)과 함께 티무르왕조에 파견되었다. 하미·투루판·이리발리크·서 투르키스탄을 거쳐 사마르칸트에 도착하였으나, 때마침 명나라 원정을 준비하던 티무르에게 구류되어 10여 년간 돌아오지 못하다가 티무르가 죽은 뒤인 1407년 여름에 경사로 돌아왔다. 이후에도 별실팔리(別失八里, Bishbalik) 등으로 사행을 다녀왔으니, 급사중으로 재임하던 32년 중 21년을 중앙아시아에서 지냈다고 한다.(《명사 외국전 역주》 4책, 374쪽; 실크로드사전, 314-315쪽)

(1439)(혹 정통 2년이라고도 함)이다.

　여러 사신이 도착한 곳은 사마르칸트 외에 사록해아(沙鹿海牙, Shah-rokia)³⁾·달실간(達失干: 즉 塔什干)⁴⁾·새란(賽蘭: 賽藍으로도 씀)⁵⁾·양이(養夷: 즉 養吉干, Yanghikand)⁶⁾·갈석(渴石, Kash: 즉 수·당 때의 史國)⁷⁾·질리미(迭里米: 즉 忒耳米, Termed)⁸⁾·복화아(卜花兒: 즉 不花剌 또는 布哈拉, Bokhra)⁹⁾·엄도회(俺都淮: Andhui 또는 Andkud)¹⁰⁾·팔답흑상

....

3) 사록해아(沙鹿海牙): 서역의 지명으로 샤흐루히야(Shahrokhia)라고도 하는데, 티무르제국의 속지였다.

4) 달실간(達失干): 타시켄트(Tachkent)의 음역이다. 서역의 고국(古國)으로 소무구성의 하나인 석국(石國)을 가리킨다. 《위서》〈서역전〉에서는 자석(者石), 《수서》〈서역전〉부터 석국으로 불렀다. 현 우즈베키스탄의 수도 타시켄트 일대이다.(《명사 외국전 역주》 4책, 395쪽)

5) 새란(賽蘭): 사이람(Sairam)의 음역으로 중앙아시아의 고성(古城) 가운데 하나로 중앙아시아에서 중국으로 가는 상업로 상의 대표적 도시였다. 현 카자흐스탄 남카자흐스탄주의 주도인 쉼켄트(Shymkent)이다.

6) 양이(養夷): Yangi의 음역으로 탈라스 강변에 있는데, 탈라스의 서북, 사이람의 동북 방면에 위치하고 있다.

7) 갈석(渴石): Kesh의 음역이다. 서역의 고국으로 소무구성의 하나인 사국을 가리킨다. 갈석은 《위략》〈서융전〉, 사국은 《수서》〈서역전〉에 처음 나온다. 《대당서역기》에서는 갈상나국(羯霜那國, Kusana)으로 원대에는 가석(可石)으로 불렀다.(《명사 외국전 역주》 4책, 397쪽)

8) 질리미(迭里米): Termez의 음역으로 현 우즈베키스탄과 아프가니스탄의 변경지역인 아무강 북안에 위치하였다. 《대당서역기》에서는 달밀국(呾蜜國)으로 《신당서》에서는 달만(怛滿)으로 《원사》에서는 특이미로 불렀다.(《명사 외국전 역주》 4책, 398쪽)

9) 복화아(卜花兒): Bukhara의 음역으로 현 우즈베키스탄 서남부에 위치한 부하라(Buxara)지역에 해당한다. 당대에는 포갈(捕喝) 혹은 안국(安國)으로 불렸는데, 소무구성의 하나였다.(《명사 외국전 역주》 4책, 398쪽)

10) 엄도회(俺都淮): 아프가니스탄 북부에 위치한 Andkhoy(Andkhui) 일대를 가리킨다.

(八答黑商: 즉 巴達哈傷 또는 達克山, Badakshan)[11]·엄적간(俺的干: Andekan = Andedjan)[12] 등이다.

제2절 명초 페르시아 부근 일대와의 왕래

《명사》권332 (〈서역전〉내의) '합렬전(哈烈傳)'을 보면 합렬[13]은 혹로(黑魯)라고도 부르는데, 사마르칸트 서남쪽 3천리 거리에 있었다. 원의 부마 티무르는 사마르칸트의 왕이 되고나서 바로 그의 아들에게 합렬을 통치하라고 명령을 내렸다. 합렬은 곧 아프가니스탄의 수도인 헤라트(Herat)이다. (명나라 건국 후) 사마르칸트는 이미 입공하였지만 합렬은 길이 멀어서 입공하지 않았다. 홍무 25년(1392) 관리를 파견하여 합렬의 왕에게 조서를 내리고 물건을 하사하였는데도 여전히 입공하지 않았다. 28년(1395) 부안과 곽기(郭驥) 등이 병사 1,500명을 거느리고 갔지만 사마르칸트에서 억류당했다. (홍무) 30년(1397) 다시 진덕문(陳德文)[14] 등

....

11) 팔답흑상(八答黑商): 바닥샨(Badakhshan)의 음역으로 현 아프가니스탄 동북 지방의 파달극산(巴達克山)을 가리킨다. 《명사》에는 파단사(把丹沙)라고도 표기되어있다.(《명사 외국전 역주》4책, 424-425쪽)
12) 엄적간(俺的干): 인디잔(Andijan)을 가리킨다.
13) 합렬(哈烈): 흑로, 해리(海里), 합리(哈利), 합랄(哈喇), 합리(哈里), 흑루(黑婁)로도 불리는데, 지금의 아프가니스탄 서부의 하리(Hari)강 유역에 위치한 헤라트(Herat)에 있던 옛 나라이다. 티무르 사후 그의 아들 샤루흐(Shahruh Bahadur)가 즉위하여 헤라트를 수도로 삼았다.(《명사 외국전 역주》4책, 413쪽)
14) 진덕문(陳德文, ?-1414): 일명 영중(瑩中)이라고도 하는데, 자는 문석(文石)

을 파견하여 가게 했다. 성조(영락제)가 등극하자마자 관리를 파견하여 새서(璽書: 황제의 璽印을 찍은 문서 - 역자)와 비단을 가지고 갔지만 여전히 복명(復命)하지 않았다. 영락 5년(1407) 부안 등이 돌아왔고, 곧이어 진덕문 등도 같은 해에 돌아왔다. 6년 다시 부안 등을 파견하여 가게 하니 합렬에서 처음으로 사신을 파견해 부안 등을 따라 들어와 조공하였다. 그 후 양국 간 왕래한 사절은 대략 아래와 같다.

중국에서 파견한 해는 영락 7년(1409)·8년·11년·16년, 선덕 7년(1432), 천순 7년(1463)이다.

합렬에서 파견한 해는 영락 8년(1410)·13년·15년·16년·18년·20년, 선덕 2년(1427), 정통 2년(1437)·3년이다.

《명사》'합렬전'에 보면 "인종(仁宗)이 먼 곳을 경략하는데 힘쓰지 않은 이후로 선종(宣宗)도 이를 계승하여 오랫동안 아주 먼 곳[絶域]에 사신을 파견하지 않았기 때문에 그 나라에서 오는 조공사절도 드물었다. …… 영종(英宗)은 나이가 어렸고 대신들은 국가의 휴식에 힘써 외번(外蕃)과의 관계 유지를 위해 중국을 힘들게 하려들지 않았다. 따라서 먼 곳에서 와서 통상하거나 조공하는 자가 매우 적었다. 천순 원년(1457)에 이르러 서역과의 교류를 다시 논의하였으나 대신들 가운데 감히 진언하는 이가 없었고, 오직 충의위(忠義衛)의 관리 장소(張昭)가 이에 항의하는 상소를 올려 절실히 간언함으로써 마침내 그 일이 중지되었다"고 되어있다.

....

이다. 광동성 보창(保昌) 사람으로 홍무연간 문학으로 천거되어 태주부 통판(通判)에 제수되었고 계속 승진하여 북평안찰사(北平按察使)가 되었다. 홍무 30년(1397) 서역의 사마르칸트 등지에 출사하여 12년을 머물며 여러 나라를 편력하면서 각지의 풍속을 모아 시가(詩歌)를 만들었다. 후에 《서역지》를 수찬함에 있어 그의 글에 많이 의지하였다고 한다.(《명사 외국전 역주》 4책, 414쪽)

영락 11년(1413) 실랄사(失剌思, Shiraz)[15]가 사신을 파견하여 토산물을 진공하였고, 그 이후로 13년·17년·21년, 선덕 2년(1427)에 조공하러 왔다.

영락 17년(1419) 역사불한(亦思弗罕, Isfahan)[16]이 와서 조공하였다.

영락연간 걸력마아(乞力麻兒, Kerman: 페르시아만 연해에 있음)[17]이 와서 조공하였다.

선덕 6년(1431) 토래사(討來思, Tauris)[18]가 입공하였다.

명초에 서역으로 출사한 사람 중 진성(陳誠)[19]이 그 횟수가 가장 많았고 그 행적도 가장 넓었다. 왕항(汪沆)은 《소면재독서일찰(小眠齋讀書日札)》에서 진성이 이섬(李暹)[20]과 함께 《서역행정기(西域行程記)》를 지었

....

15) 실랄사(失剌思): 석라자(石羅子)라고도 하며 현 이란 서남부에 위치한 시라즈(Shiraz) 일대에 해당한다. 페르시아 사산(Sasan)왕조 시기인 2세기부터 문헌에 처음 등장하는데, 7세기 아랍인이 사산왕조를 무너뜨리고 이슬람교가 들어오면서 또 하나의 큰 도시인 이스타흐르(Istakhr)의 몰락과 함께 실랄사는 빠르게 이슬람교의 중심 도시로 발전했다.(《명사 외국전 역주》 4책, 431쪽)
16) 역사불한(亦思弗罕): 이란의 이스파한(Isfahan) 일대를 가리킨다. 이란 중부의 옛 도읍이며 상공업 중심 도시이다. 옛 이름은 아스파다나(Aspadana)이다.(《명사 외국전 역주》 4책, 436쪽)
17) 걸력마아(乞力麻兒): 키르만(Kirman)을 가리킨다.
18) 토래사(討來思): 타브리즈(Tabriz)를 가리킨다. 첩필력사(帖必力思)라고도 하는데, 현 이란 서북지역에 위치하였다.(《명사 외국전 역주》 4책, 445쪽)
19) 진성(陳誠, 1365-1457): 강서성 길수(吉水) 사람으로 홍무연간 안남에 사신으로 다녀왔고 이부원외랑을 지냈다. 영락연간 5차에 걸쳐 서역의 티무르제국과 막북의 달단(韃靼) 등으로 출사했는데, 특히 합리(哈里) 등 17개국을 편력하고 그 산천·성곽·풍속과 물산을 《서역행정기》와 《서역번국지》 등으로 정리하여 황제에게 헌상하였다. 그 공로로 이부랑중에 발탁되었고 이후 광동참의(廣東參議)와 우통정(右通政) 등을 역임하였다.
20) 이섬(李暹, 1376-1445): 섬서성 장안 사람으로 영락연간 호부주사에 제수되어 진성과 함께 사행원으로 뽑혀 환관 이달(李達)을 수행하여 13년간에 걸쳐

다고 했는데, 《서역행정기》의 〈서(序)〉에서 간략하게 이달(李達)[21]이라는 자가 진성과 함께 서역에 출사했다고 기록하고 있어서 혹자는 이달이 이섬의 오기라고 의심하지만 이는 잘못된 것이다. 이 책은 대략 오늘날의 보고서와 비슷한 것이었다. 상부(上部)는 《서역행정기》이고, 하부(下部)는 《서역번국지(西域番國志)》이다. 전자는 서역에 출사한 여정과 거리를 기술한 것이고, 후자는 경유한 각 나라의 풍토와 습속을 기록한 것이다. 그 원본은 《명실록》 편찬 때 의거하는 바가 되었고, 《명사》의 각 전(傳)도 그 중에서 자료를 취한 경우가 많았다. 그런데 《야획편(野獲編)》[22]과 《명산장(名山藏)》[23]의 서역에 관한 부분은 또 《명실록》의 내용에 근거한 것이었다. 지금까지 가장 널리 보급된 《학해류편(學海類編)》[24]

....

서역에 5차례 다녀왔다. 이후 호부랑중에 임명되었고 정통연간에는 우통정을 거쳐 통정사(通政使)가 되고, 호부좌시랑에 올라 다시 섬서 변방의 둔종(屯種)을 관리하는 임무를 수행하였다고 한다.(《명사 외국전 역주》 4책, 417쪽)

21) 이달(李達, 생몰연도 미상): 봉양(鳳陽) 정원(定遠) 출신이다. 영락 초 도지휘사로서 조주(洮州)에 진수(鎭守)했으며, 영락 7년(1409)에는 군대를 거느리고 서녕(西寧)을 공격하였다. 도독첨사(都督僉事)로까지 승진하였다. 정통연간(1436-1449) 치사(致仕)하였다고 한다.(《명사 외국전 역주》 4책, 377쪽)

22) 《야획편(野獲編)》: 가흥(嘉興) 사람 심덕부(沈德符, 1578-1642)의 필기(筆記)로 명나라의 법률과 풍속을 정리했다. 저자가 아버지를 따라 경성에 와서 성(城) 중의 많은 사람과 왕래한 뒤 구양수(歐陽修)의 《귀전록(歸田錄)》 체례를 모방하여 기록하였다가 귀향한 후에 편찬하였다. 만력 이전의 조정(朝廷) 문서와 역사적 사실, 그리고 항간의 자질구레한 이야기 등을 매우 상세하게 적고 있다. 《만력야획편(萬曆野獲編)》이라고도 부른다.

23) 《명산장(名山藏)》: 명나라 진강(晉江) 사람 하교원(何喬遠)이 명 가정연간 이전 역대의 유사(遺事)를 기록한 기전체 사서이다.

24) 《학해류편(學海類編)》: 청대에 만들어진 대형 총서(叢書)로 450종 810권의 책을 수록하고 있다. 민국 9년(1920) 상해 함분루(涵芬樓)에서 청 도광11년(1836) 육안(六安) 조씨(晁氏) 목활자배인본(木活字排印本)에 의거하여 영인

본 《사서역기(使西域記)》는 문장이 매우 간략한데, 대략 《야획편》을 바탕으로 다시 만들어진 것으로 그 본래의 모습이 아니다. 《명사고(明史稿)》 권128 〈열전23〉 '부안전'에 첨부되어있는 '진성전'을 보면 "진성은 번번이 서역의 산천과 성곽을 그리고 서역의 풍속과 물산을 기록하여 《서역기(西域記)》를 완성했다"고 되어있다. 그러므로 《서역행정기》에는 응당 그림이 있어야 맞다. 《천경당서목(千頃堂書目)》 권8과 《배경루장서제발기(拜經樓藏書題跋記)》25) 권2에서는 모두 이 책이 3권이라고 하였으나, 《명사》 〈예문지〉 권2와 《국사경적지(國史經籍志)》26) 권3에는 모두 2권으로 되어있다. 아마도 원서는 《서역행정기》 1권과 《서역번국지》 1권으로 총 2권인데, 이 책에 대한 제발(題跋)을 모아서 1권으로 만들어 총 3권이 된 것 같다. 명나라 필사본과 《학해류편》본(책명이 《사서역기》로 되어있음), 《예포수기속집(藝圃搜奇續集)》본, 《총서거요(叢書擧要)》본이 있다.

진성의 자는 자로(子魯)이고 길수(吉水) 사람이다. 홍무 27년(1394) 진사가 되었고 영락연간(1403~1424) 서역에 출사하여 헤라트[哈烈] · 사마르칸트[撒馬爾干] · 안드호이[俺都淮] · 바닥샨[八答商] · 테르메즈[失迭里迷]27) · 샤흐루히야[沙鹿海牙] · 사이람[賽藍] · 케쉬[渴石] · 마합마(馬哈麻) · 화

....

(影印)한 판본에 따르면 조용(曹溶, 1631-1685)이 편집하고 도월(陶樾)이 증정(增訂)한 것으로 되어있다. 사부분류법(四部分類法)에 따라 경익(經翼) · 사참(史參) · 자류(子類) · 집여(集餘) 4부분으로 나누어져 있다.

25) 《배경루장서제발기(拜經樓藏書題跋記)》: 청나라 절강성 해녕(海寧) 사람 오수양(吳壽暘, 1771-1835)이 장서가였던 부친 오건(吳騫)이 세운 배경루에 소장된 귀중본에 대한 오건과 다수의 저명한 판본 · 교감학자의 연구성과를 모은 책이다.

26) 《국사경적지(國史經籍志)》: 명나라 강녕(江寧) 사람 초횡(焦竑, 1541-1620)이 지은 경전목록집으로 전 6권이다.

27) 테르메즈(Termez): 아무다리야 북안에 있는 우즈베키스탄의 고도(古都)로 이

주(火州)[28] · 유성(柳城)[29] · 투루판[土魯番] · 롭 노르[鹽澤] · 하미[哈密] · 타슈켄트[達失干] · 부하라[卜花兒干] 등 총 16개국을 거쳤다.[30] 《사서역기》의 〈서략(敍略)〉에는 17개국이라고 되어있는데, 투루판 다음의 한 조항에 빠져있는 몇 글자가 아마도 국명인 듯하다.

진성에게는 별도로 《진죽산문집(陳竹山文集)》이라는 4권짜리 시문집이 있는데, 《사고전서총목제요》 권175 《집부》 〈별집류(別集類)〉에 이 책에 관한 기록이 있다. 내외(內外) 2편(篇)으로 나누어져 있고 내편은 모두 출사했을 때 지은 문장 10여 편과 시 130여 수만 실려 있다. 외편은 모두 당시에 그가 남에게 선사한 시문과 자기 선조의 여러 사정을 적은 것이다.

....

전에는 지금의 테르메즈시에서 북쪽으로 몇 ㎞ 떨어진 곳에 있었다. 강을 사이에 두고 건너편은 아프가니스탄 땅이어서 아무다리야의 도하지이면서 번화한 국제무역도시였다.(실크로드사전, 805쪽)

28) 화주(火州): 합랄(哈剌)이라고도 한다. 투루판에서 동으로 약 30리 거리에 위치한다. 합랄은 한대 거사전왕(車師前王) 지역이고 수대에는 고창국(高昌國)이었는데, 당 태종이 고창을 멸하고 서주(西州)라 칭하였다. 송대에는 회흘이 이곳에 거주하면서 공물을 바쳤으며 원대에는 화주라 부르고 다루가치를 설치한 바 있다. 농목생활을 위주로 했으며 어계는 돌궐어족에 속한다.(《명사 외국전 역주》 4책, 399쪽)

29) 유성(柳城): 노진(魯陳) 또는 유진성(柳陳城)이라고도 한다. 후한 때 유중(柳中) 지역으로 서역 장사(長史)가 다스렸던 곳이다. 당대에 유중현을 설치했다. 서쪽으로 화주와 70리 떨어져 있고 동쪽으로 하미와 1,000리 떨어져 있다.(《명사 외국전 역주》 4책, 104쪽) 현 신강위구르자치구 선선현(鄯善縣) 서남쪽의 룩친[魯克沁] 일대이다.

30) 저자가 어떤 자료에 근거한지 모르겠지만, 《명사》 권332 〈서역전4〉에 보면 진성이 중간에 총 17개국을 거친 것으로 되어있다. 저자가 열거한 것 중 마합마(馬哈麻, Muhammad)는 없고 별실팔리(別失八里, Bishbalik)와 양이(養夷, Yangi) 2개가 더 포함되어있다. 인명인 마합마가 국명으로 들어간 것은 잘못으로 보인다.

제3절 명초 중국인과 외국인의 혼혈과 동화

원나라 때 중국에 들어와 살던 외국인 가운데 중국 풍습에 물들어 한화(漢化)된 자도 물론 많지만 동화되지 않은 자가 분명 더 많았다. 이에 명나라 초 강제로 동화시키는 법령이 만들어졌다. 《명률집해(明律集解)》[31] 권6에 보면 "무릇 몽고인과 색목인이 중국인과 혼인하는 것을 허용한다(단 반드시 상방이 서로 원해야만 함). 같은 종족끼리 서로 결혼하면 안 되고, 위반하는 자는 장(杖) 80대에 처하고 남녀 모두 관노비로 삼는다. 중국인 중에 회회인이나 흠찰(欽察)인과의 결혼을 원치 않는 자가 있다면, 자기들끼리 서로 결혼하는 것을 허용하여 처벌하지 않는다"고 되어 있다.

편찬자의 설명[纂註]에 따르면 "몽고인은 달자(達子)이고, 색목인은 회회이며, 흠찰도 회회의 별종이다. 회회인은 곱슬머리에 코가 크며, 흠찰인은 노란 머리에 푸른 눈으로 그 모습이 추하고 이상하기 때문에 혼인을 원하지 않는 자가 있다. …… 무릇 같은 종족끼리의 결혼을 금지한 까닭은 그 종족이 갈수록 증식되는 것을 염려한 때문이고, 같은 종족끼리의 결혼을 허용한 까닭은 또한 그 종족이 멸종되는 것을 불쌍히 여겼기 때문이다. 법률 자체는 엄격하지만 그 취지는 관대한 것이므로 이족(異族)을 지배함에 있어 매우 면밀했음을 알 수 있다. 만약 회회인과 흠찰인 중에 중국인이 혼인을 원치 않는 자가 있다면 자기들끼리 결혼하는 것을 금하지 않은 것이다"고 하였다.

....

31) 《명률집해(明律集解)》: 명 홍무연간에 형부상서 유유겸(劉惟謙)이 황제의 명령으로 편찬한 법률서로 《대명률집해》를 줄여서 지칭한 말이다.

홍무 원년(1368) 호복(胡服)·호어(胡語)·호성(胡姓)을 일체 금지하라는 조서를 내렸다. 하지만 3년(1370) 4월 갑자(甲子)일에 내린 조서에서는 "하늘이 나으신 이 백성들의 족속과 성씨는 각자의 근본과 뿌리[本原]가 있다. …… 몽고인과 제색(諸色)인들도 모두 나의 백성이니, 만약 재능이 있다면 똑같이 뽑아서 쓰라고 일찍이 조서를 내린 적이 있다. 근자에 이들 가운데 입사(入仕) 후 성명(姓名)을 바꾸는 경우가 많다고 들었다. 내 생각에 이런 상태로 대대로 이어져 오랜 세월이 지나면 그 자손들이 자신의 근본과 뿌리를 잘 모르게 될 터이니, 씨족을 소중히 여기라고 한 선왕의 도가 아닐 것이다. 중서성에서 이러한 점을 알려 깨우쳐 주도록 하라. 만약 이미 성을 바꾼 경우에는 다시 원래대로 고치는 것을 허용한다"고 하였다.

홍무 9년(1376) 윤 9월 병오일, 회안부(淮安府) 해주유학(海州儒學) 학정(學正) 증병정(曾秉正)이 몽고인과 색목인은 마땅히 원래의 성(姓)을 사용토록 해야 한다고 진언하였다.

영락 원년(1403) 9월 병자일, "황제가 병부상서 유준(劉儁)에게 '각 위(衛)에 소속된 타타르[韃靼]인 중에는 이름이 같은 자가 많으니 마땅히 성을 내려서 서로 구분토록 하라'고 명했다. 이에 병부에서 홍무연간의 전례에 따라 감합(勘合)를 만들어 비치하고 성씨를 내려 주기를 청하자, 황제가 이를 허락했다"는 내용이 《일지록집해(日知錄集解)》 권23에 나온다.

제4절 명초 남양 각지에 대한 정책

명 태조는 황위에 오르자마자 여러 방법을 동원하여 남양에서의 중국의 정치적 권리를 보전하고 강화하고자 하였다. 첫 번째 방법은 바로 사신을 파견하여 선위(宣慰)하는 것이었다. 즉 홍무 2년(1369) 오용(吳 用)과 안종로(顔宗魯)를 조와(爪哇)에, 유숙면(劉叔勉)을 서양쇄리(西洋 瑣里, Chola)32)에 사신으로 보냈다. 3년에는 조술(曺述)을 삼불제(三佛 齊, Palembang)에, 장경지(張敬之)와 심질(沈秩)을 발니(浡泥, Borneo)33) 에, 탑해첩목아(塔海帖木兒)를 쇄리(瑣里)에 사신으로 파견했다. 5년(?) 에는 상극경(常克敬)을 조와에 사신으로 보냈다. 성조가 즉위한 후, 영락 원년(1403) 환관 윤경(尹慶)34)을 만랄가(滿剌加, Malacca)35) · 고리(古里,

....

32) 서양쇄리(西洋瑣里): 《고금도서집성》과 《수역주자록(殊域周咨錄)》에 따르면 서양국이라고도 칭했고, 쇄리와 같은 나라이지만 서로 다른 2개의 나라일 수도 있다고 하였다. 풍승균은 이 나라를 Cola, Chola로 표기하였는데, Chola는 주나왕국(朱羅王國)으로 지금 인도 동해안의 Thanjavur에 위치한 나 라였다. 한편 양윤중(楊允中)은 뉴질랜드 북섬 코로만델(Coromandel)에 있 던 나라라 하였는데, 좀 더 확인해 볼 필요가 있을 것 같다.(《명사 외국전 역주》 2책, 418쪽)

33) 발니(浡泥): 현재의 브루네이를 말하며 말레이인이 세운 나라이다. 당대에는 파리(婆利), 《송사》에는 발니(浡尼), 원대에는 발니(渤泥), 명대에는 대개 문 래(文萊)라 기재하였다. 중국과의 접촉은 태평흥국 2년(977) 송나라에 사절 을 보내면서 시작되었다. 영락 3년(1405) 발니의 왕이 왕후와 자제를 이끌고 직접 중국을 방문한 결과, 책봉을 받고 3년 1공을 허락받았다.(《명사 외국전 역주》 2책, 418쪽)

34) 윤경(尹慶): 영락연간의 태감으로 정화의 남해원정이 있기 이전 2차에 걸쳐 동남아 여러 나라에 출사하였다. 1차는 영락 원년(1403) 10월부터 만랄가 · 소문답랄 · 조와 · 서양고리 · 가지를 방문했고, 2차는 영락 3년 9월부터 만랄 가와 소문답랄을 방문했다. 후에 중국에서는 윤경의 사행을 기념하기 위해 남사군도에 있는 일군의 초(礁)를 윤경군초라 명명하였다.(《명사 외국전 역 주》 2책, 494쪽)

35) 만랄가(滿剌加): 말라카왕국을 일컫는다. 펠렘방의 왕자인 파라메스와라 (Parameswara)가 1400년경 건설했다. 1414년 파라메스와라는 이슬람교로

Calicut)36)·가지(柯枝, Cochin)37) 등에, 문량보(聞良輔)와 영선(寧善)을 서양쇄리·소문답랍(蘇門答臘)38)에 사신으로 파견했다. 이상의 내용은《명사》권324와 권325의〈외국전〉과 엄종간(嚴從簡)의《수역주자록(殊域周咨錄)》권8〈조와〉조에 의거한 것이다.

············

개종하고 자신의 이름을 라자 이스칸다르 샤(Raja Iskandar Shah)로 개명했으며, 중국과 우호관계를 유지하면서 1470년경 말레이반도 전역과 수마트라 중동부 지역을 장악하여 최고의 전성기를 구가하였으나 이후 점차 쇠락하다 1511년 포르투갈의 아퐁소 지 알부케르케(Afonso de Albuquerque)에 의해 멸망되었다.(《명사 외국전 역주》2책, 493-494쪽)

36) 고리(古里): 송대에는 남비국(南毗國, Namburi), 원대의《도이지략(島夷志略)》에는 고리불(古里佛), 명대의《영애승람(瀛涯勝覽)》에는 고리(古里),《수역주자록》에는 서양고리국으로 되어있다. 이 나라의 영토는 대략 지금의 인도 서남쪽 Kozhikode 일대이다. 원래 이름은 Kallikot였는데, 고리는 그것을 줄여서 음역한 것이다. 후에 유럽인들이 Calicut이라 불렀다. 고리와 중국과의 관계는 당대부터 시작되었고, 명대의 고리 군주는 1405-1419년 사이에 남경과 북경에 외교사절을 구준히 파견하였다.(《명사 외국전 역주》2책, 503쪽)

37) 가지(柯枝): 고반반(古盤盤)국이라 칭하기도 하며 국정(國貞)으로도 불렸다. 현재 인도 서남부 케랄라(kerala) 지역의 코친(Cochin) 일대이며 주요한 항구였다. 15세기 초부터 중국과 교류하였다.(《명사 외국전 역주》2책, 582쪽)

38) 소문답랍(蘇門答臘): 소문답랄(蘇門答剌)이라고도 하며 지금의 수마트라(Sumatra)를 가리킨다. 5세기 경 이 섬 남부의 점비(占碑, Jambi)와 거항(巨港, Palembang) 사이에 간타리(干陀利, Kantoli)국이 세워졌지만, 7세기 중엽 실리불서(室利佛逝, Srivijaya)왕국이 흥기하여 수마트라, 말레이반도, 보루네오 서부에 걸쳐 패권을 장악했다. 10세기 초 삼불제로 개칭했고 중국과 통교하였다. 11세기 말 조와의 침략으로 천도하였으나 결국 1397년 마지파힛(Majapahit)에게 멸망당했다. 이후 이곳에 소문답랍국이 들어서는데, 13세기에 세워진 수문달나(須文達那)국이 개칭한 나라라고 하지만 확실치 않다. 소문달랍은 명초부터 중국과 통교를 계속 이어왔으나 16세기 말 내란으로 인해 수마트라 북쪽에서 강자로 부상한 아제(亞齊, Aceh)국에 의해 멸망당했다.(《명사 외국전 역주》2책, 424-425쪽)

사신들은 도착하는 곳마다 원나라[前朝]가 내려준 인수(印綬)와 조책(詔冊)을 회수하고 새 왕조의 것을 하사함과 동시에 《대통력(大統曆)》39)을 교부함으로써 그들이 정삭(正朔)을 받들어 명의 번국(藩國)이 되고 이후 반드시 때에 맞춰 조공할 것을 표명하게 하였다. 《수역주자록》 권8에는 홍무 2년 조와 국왕에게 보낸 조서가 실려 있는데, 그 내용은 다음과 같다.

"중국의 정통을 오랑캐에게 백여 년 동안 빼앗긴 결과 강상(綱常)이 무너지고 위아래의 구별을 하지 못하게 되었다. 내가 이 때문에 병사를 일으켜 토벌하길 거의 20년 만에 해내(海內)가 다 평정되었다. 짐이 천명을 받들어 중국을 다스리게 된 소식을 멀고 가까운 곳에서 듣지 못했을까 염려하여 특별히 사람을 보내 그대에게 이 사실을 알리도록 하였다. 《대통력(大統曆)》 1질을 주어서 보내니, 그대가 정삭의 소재(所在)를 안다면 반드시 천도(天道)처럼 받들 수 있을 것이다. 만약 조와의 백성들이 생업에 충실 한다면 그대 또한 영원토록 왕의 자리를 보전하고 그 복이 자손에까지 미칠 것이다. 힘써 이를 실천토록 하라! 게을리 하지 말라!"

《명사》 권324 '조와전'에는 "홍무 2년 태조가 사신을 보내 즉위한 사실을 그 나라에 알렸다. …… 3년 사막을 평정한 뒤 조서를 반포하였다.40) …… 9월 조와국 석리팔달랄포(昔里八達剌蒲)왕이 사신을 보내 금박을 한 표문[金葉表]를 받들고 입조하여 토산물을 바치니, 예에 따라 연회를

．．．．．．．．．．．．．．．．．．．．．．．．．．．．

39) 《대통력(大統曆)》: 명 태조 홍무 17년(1384)을 역원(曆元)으로 한 명나라의 역법(曆法)으로 누각박사(漏刻博士) 원통(元統)이 만들었다.
40) 홍무 2년 북경 일대를 점령한 명군은 몽고의 잔존세력을 차례로 격파하며 북으로 압박해나갔는데, 홍무 3년 5월 응창(應昌)에 이르러 원나라 군주의 손자인 매적리팔랄(買的里八刺) 및 그 후비의 보책(寶冊) 등을 획득하고 원 순제가 이미 죽었다는 소식을 보고함에 사막 평정의 조서를 내리게 되었다.

베풀고 하사품을 주었다. 5년 (조와국 왕이) 다시 사신을 보내어 명나라 사신 상극경을 따라 입조하여 공물을 바치고 원나라가 주었던 칙서 3통을 올렸다"고 적혀있다.

그러나 명 태조가 바랐던 것은 단지 명의상의 통치권 승인이지 침략이 아니었다. 그런 까닭에 일찍이 홍무 2년에 열거한 정벌하지 않을 15개 오랑캐 나라 대부분이 남양에 있었다. 그 15개 나라는 조선·일본·대류구(大琉球)41)·소류구·안남·진랍·섬라(暹羅)42)·점성(占城)·소문답랍·서양·조와·시형(諡亨)·백화(白花)43)·삼불제·발니였다. 아울러 명 태조는 자손들이 준수해야 할 바를 다음과 같이 지시하였다.

....

41) 대류구(大琉球): 유구를 가리킨다. 명대의 관서(官書)에서 대류구는 현재의 오키나와(沖繩) 즉 과거의 유구를 지칭하고, 소류구(小琉球)는 대만(臺灣)의 별칭으로 사용되었다.

42) 섬라(暹羅): 인도차이나반도 중앙부에 타이족에 의해 건립된 나라로 현 태국의 고칭(古稱)이며 영문으로는 Siam이라고 한다. 운남 남부에서 남하한 타이족은 몽고의 침략을 피해 1238년 캄보디아 서북 변경지대인 수코타이(Sukhothai)를 빼앗아 수코타이왕국을 세웠는데, 중국인은 이를 섬국(暹國)이라 불렀다. 14세기 중엽 아유타야(Ayutthaya)왕국이 수코타이를 대신하여 이 지역의 패권을 차지하였고 이후 중국을 비롯한 주변 국가와 통교하면서 14세기 말까지 동남아시아 최대 세력으로 발전하였다. 15세기 이슬람세력의 진출, 16세기 버마의 침공 등으로 쇠퇴한 뒤, 1767년 버마의 신뷰신(Hsin-byushin)에 의해 멸망당하였다(《명사 외국전 역주》 2책, 414쪽). 섬라라는 명칭은 《명사》에 처음 나온다.

43) 백화(白花): 백화(百花)라고도 불리는데, 그 위치는 확실치 않다. 자바섬 서부 북가랑안(北加浪岸, Pekalongan)과 가랍황(加拉璜, Krawan) 일대에 있었다고도 하고, 자바섬 서쪽의 파사사란(巴査査蘭, Pajajaran)왕국으로 도어무물(都於茂物, Bogor) 부근에 있었다고도 한다.(《명사 외국전 역주》 2책, 455-456쪽)

"사방(四方)의 여러 오랑캐는 모두 산과 바다로 막혀있고 한쪽에 치우쳐 있어서 그 땅을 얻어도 물자를 징발하기 어렵고 그 백성을 얻어도 부리기 어렵다. 만약 그들이 스스로 능력을 헤아리지 않고 나의 변경을 어지럽힌 다면 그들에게 불행한 일이 될 것이다. 그들은 이미 중국의 근심이 아닌데 우리가 병사를 일으켜 경솔하게 침범하는 것도 불길한 일이다. 나는 후세 자손들이 중국의 부강함을 믿고 일시의 전공(戰功)을 탐내 이유 없이 전쟁을 일으켜 인명에 손상을 입힐까 두려우니, 그렇게 해서는 안 된다는 것을 반드시 기억하라. 단지 호융(胡戎)은 우리의 서북 변경과 서로 매우 가깝고 여러 세대에 걸쳐 전쟁을 하였으므로 반드시 (훌륭한) 장수를 선발 하고 병사를 훈련시켜 수시로 삼가 대비해야 할 것이다."

이 내용은 《황명조훈(皇明祖訓)》[44] 〈잠계장(箴戒章)〉에 보인다.

제5절 명초 해외무역 정책의 변화

명 태조가 비록 해외에 군대를 동원하지 못하도록 그 자손들에게 훈계 하였지만, 각국과의 통상 관계는 여전히 원대와 마찬가지로 유지되길 원 하였다. 그래서 각국의 조공사절도 전례에 따라 왕래할 때 상품을 가지 고 다니는 것을 허용하였다.

《명태조실록(明太祖實錄)》[45] 권20에는 "오(吳) 원년(1367)[46] 12월 경

....

44) 《황명조훈(皇明祖訓)》: 명 태조 주원장이 황권(皇權)을 공고히 하기 위해 후 세 자손들에 대한 훈계를 모아놓은 책으로 홍무 6년(1373) 완성되었다. 처음 이름은 《조훈록(祖訓錄)》이었으나 홍무 28년(1395) 새롭게 편정(編定)하면 서 《황명조훈》으로 개명하였다.

오일, 시박제거사(市舶提擧司)47)를 설치하고 절동안찰사(浙東按察使) 진영(陳寧)48) 등을 제거로 삼았다"고 되어있다. 하지만 권49에는 "홍무 3년 2월 갑술일, 태창(太倉)과 황도(黃渡)의 시박사를 철폐하고, 이후 태창에 오는 외국 선박[番舶]들은 군위(軍衛)의 담당관으로 하여금 그 상품을 모두 봉(封)하여 남경[京師]으로 보내도록 하였다"고 되어있으며, 권93에는 "홍무 7년 9월 신미일, 복건의 천주, 절강의 명주, 광동의 광주 세 시박사를 철폐하였다"고 적혀있다.

이에 이르러 전국의 가장 중요한 시박사가 이미 완전히 철폐됨으로써 대외 공개무역은 마침내 단절되고 말았다.

홍무 7년(1374)에 세 시박사를 철폐한 것은 사실 왜구 창궐로 인해

....

45) 원서에는 《명조실록(明祖實錄)》으로 되어있으나 오기가 분명하여 바로잡았다. 《명태조실록》의 정식 명칭은 《태조고황제실록(太祖高皇帝實錄)》이다.
46) 주원장이 한림아(韓林兒)의 사망(1366년) 이후 명 건국(1368년) 이전인 1367년에 오왕(吳王)의 신분으로 사용했던 기년(紀年)이다.
47) 시박제거사(市舶提擧司): 무역세의 징수, 무역품 판매허가증의 교부, 번박(番舶)의 송영(送迎) 등을 맡아보았다. 관명으로서의 시박사는 당나라 개원연간(713-741)에 나타나지만, 제도로서 실질적인 정비가 있었던 것은 남해무역이 크게 발전한 송나라 이후였으며, 광주를 비롯하여 천주·온주·명주·항주·수주(秀州)·밀주(密州) 등지에 증설되었다. 장관도 처음에는 소재지의 주지사(州知事)나 전운사(轉運使)를 겸임했으나 진귀한 사치품을 다루는 남해무역은 정부수입을 위해서도 그 중요성을 더하게 되었으므로, 1102년 남해무역을 전담하는 제거시박사가 설치되었고 원나라에도 그 사무가 인계되었다.
48) 진영(陳寧, ?-1380): 원말 진강(鎭江)에서 관리로 일하다가 주원장에게 발탁되었다. 광덕지부(廣德知府) 등을 역임하면서 조세로 고통 받는 백성들을 위해 직접 주원장에게 상주하기도 하였다. 후에 추밀원도사(樞密院都事)·절동안찰사·중서참의(中書參議) 등을 역임하였다. 1년간 감옥에 갇히기도 하였지만 주원장이 직접 사면하고 태창시박제거(太倉市舶提擧)에 임명하였다. 후에 호유용(胡惟庸) 사건에 연루되어 주살되었다.

간민(奸民)들이 사사로이 왜구와 통하거나 외이(外夷)들을 통제하기 어렵게 되는 것을 막기 위해서였다. 《명사》권324 '섬라전'에는 이와 함께 태조가 중서성과 예부에 유지를 내려 먼 나라의 입공(入貢)을 중단시키면서 "점성·안남·서양쇄리·조와·발니·삼불제·섬라·곡(斛)·진랍과 같은 먼 나라들은 그 간 입공이 이미 빈번하여 노고와 비용이 매우 심하니, 앞으로 다시 입공할 필요가 없음을 이들 나라에 이첩(移牒)하여 알리도록 하라"고 말한 내용이 기록되어있다. 그러나 남양의 여러 나라는 이익을 도모할 수 있었기 때문에 입공을 계속하였다.

홍무 14년(1381) 왜구가 여전히 조금도 줄어들 기미가 보이지 않자, 다시 한 번 연해에 사는 백성들이 해외 여러 나라와 사사로이 교역하는 것을 금지한 명령이 《명태조실록》권139에 보인다. 《황명세법록(皇明世法錄)》[49]에 수록되어있는 이 금령의 내용은 다음과 같다.

"무릇 연해 항구에서 해외로 나가는 배는 번호표[號票]가 찍힌 허가증[文引]이 있는 경우에만 출항을 허가한다. 만약 간사한 지역 유지나 군민(軍民)들이 제멋대로 돛대가 세 개[三桅] 이상인 규정을 어긴 큰 배를 건조하여 금지된 물품을 싣고 출항해 번국(番國)에 가서 무역하거나, 몰래 해적과 작당하여 함께 무리를 결성해 그 향도가 되어 양민을 겁략(劫掠)하는 자가 있으면, 그 주범[正犯]은 모반죄를 다스리는 법률에 따라 참형에 처한 후 효수하여 군중에게 보이고 전 가족을 변경의 위소(衛所)에 보내 충군(充軍)[50]시킨다. 규정을 벗어난 해선(海船)을 건조하여 오랑캐

....

49)《황명세법록(皇明世法錄)》: 명말 장주(長洲: 현 강소성 蘇州市) 출신의 학자 진인석(陳仁錫, 1581-1636)이 명 태조부터 신종 만력연간까지의 조장전고(朝章典故)를 모은 책으로 전 92권이다. 《대명회전(大明會典)》등 여러 정서(政書)에서 자료를 광범위하게 수집한데다 《명사》이전에 편찬되었기에 명대의 전장제도를 연구하는데 중요한 사료로 평가받고 있다.

[夷人]에게 팔아서 이익을 도모한 자는 금지 무기 수출로 군사기밀을 누설한 죄를 다스리는 법률에 따라 그 우두머리는 참형에 처하고 이에 가담한 자는 변경의 위소에 보내 충군시킨다. 만약 단지 큰 배를 해외에 나가는 사람에게 빌려주어 오랑캐의 상품을 나누어 갖는다든지, 비록 큰 배를 건조하지는 않았지만 해외에 나가는 사람과 작당하여 오랑캐의 상품을 구매하거나 해외에 나간 사람이 상품을 구입하여 오기를 기다려 사사로이 구입한 소목(蘇木), 후추 1천근 이상을 판매한 자는 모두 변경의 위소에 보내 충군시키고 오랑캐 상품은 모두 몰수하여 정부에 귀속시킨다."

그러나 이러한 금령에도 불구하고 생계에 쫓겨 위험을 무릅쓰고 해외로 나가는 연해 백성들이 그 전보다 더욱 많아졌으니, 아마도 금령이 엄하면 엄할수록 남는 이익도 더 많아졌기 때문인 것 같다. 《명태조실록》권205에는 홍무 23년(1390) 재차 호부로 하여금 외번(外蕃)과의 교통(交通)을 엄격히 금지시킬 것을 명하는 조서가 실려 있는데, 거기서 "중국의 금은·동전·비단[段疋]·무기[兵器]는 전대(前代) 이래로 번국으로의 수출을 허가하지 않았다. 지금 양광(兩廣)·절강·복건의 어리석은 백성들이 무지하여 종종 외번과 교통하여 사사로이 무역하고 있으니 엄격히 이를 금지시키도록 하라"고 하였다. 그리고 연해의 군민과 관리들 중 만약 사사로이 서로 교역하는 자가 있으면 모두 법에 따라 다스리도록 하였다.

《명태조실록》권231에 보면 홍무 27년(1394) 민간에서 번국의 향(香)과 상품을 사용하지 못하게 함으로써 외국 상품의 판로를 차단토록 다시 명령을 내리고 있는데, 그 내용은 다음과 같다.

....

50) 충군(充軍): 죄를 지은 벼슬아치를 군역(軍役)에 복무(服務)시키거나 죄를 지은 평민을 천역군(賤役軍)에 편입시키는 형벌의 한 가지이다.

"이전에 황제께서 해외의 여러 오랑캐가 속임수가 많다고 여겨 그들과의 왕래를 끊고 오직 유구·진랍·섬라에게만 입공을 허락하였다. 그러나 여전히 연해에 사는 사람들이 종종 사사로이 여러 번국에 가서 향과 상품을 무역함으로 인하여 만이(蠻夷)가 도적이 되도록 유혹하고 있다. 이에 예부에 명하여 이를 엄히 금절(禁絶)토록 한다. 감히 사사로이 여러 번국에 가서 호시(互市)하는 자가 있으면 반드시 중죄로 다스리도록 한다. 앞으로 모든 번국의 향과 화물의 매매를 금지하고 현재 소유하고 있는 물량은 3개월 내에 판매 완료토록 한다. 민간의 기도와 제사에는 소나무[松]·측백나무[柏]·단풍나무[楓]·복숭아나무[桃]로 만든 향만을 사용토록 하고 이를 어긴 자는 처벌한다. 양광 지역에서 생산되는 향목(香木)의 경우 그 지역 주민[土人]이 자가(自家) 사용하는 것은 허용하나 영남산맥을 넘어 판매하는 것은 금지한다. 왜냐하면 그것이 번국 향과 뒤섞여 시중에서 거래될 것을 우려하기 때문이다."

《명태조실록》권252에는 홍무 30년(1397) 백성들이 제멋대로 해외에 나가 외국과 무역할 수 없도록 또 다시 금지한 기록이 있다. 홍무 7년 이래 20여 년에 걸친 폐관(閉關)정책으로 남양 각국과 중국과의 정치관계는 점차 소원해졌으니, 《명사》권324 '삼불제전'에 보면 다음과 같은 기록이 있다.

"30년 예부의 관원이 여러 번국[諸番]들이 오랫동안 공물을 보내지 않는다고 상주하여 보고하였다. 이에 홍무제는 '홍무 초에는 여러 번국의 조공사절이 끊이지 않았다. 근자에는 안남·점성·진랍·섬라·조와·대류구·삼불제·발니·팽형(彭亨)[51]·백화(百花)·소문답랄·서양 등 30국에

....

51) 팽형(彭亨): 역대 각종 사서에서 파봉(婆鳳), 붕형(朋亨), 붕풍(朋豊), 봉풍(蓬豊), 분형(溢亨), 팽항(彭杭), 팽방(彭坊), 방항(邦項) 등의 별칭으로 기재되어 있는데, 현재 말레이시아 파항(Pahang)주 일대에 있었던 나라로 추정된다.

달했다. 호유용(胡惟庸)이 반란을 일으키자, 삼불제가 간첩을 보내 우리 사신을 속여 자기네 땅에 이르게 하였다. 조와 국왕이 이 소식을 듣고 사람을 보내어 (삼불제를) 경계하고 타일러서 예절을 갖춰 (사신을) 조정으로 송환하도록 하였다. 이로부터 무역이 막히고 여러 나라와의 의사소통도 이루어지지 않게 되었다. 오직 안남·점성·진랍·섬라·대류구의 조공만이 예전과 같았다'고 말했다."

명 태조는 홍무 31년 윤5월에 붕어하고 혜제(惠帝)가 황위를 이었는데, 특별히 이룬 행적이 없었다. 그러나 혜제의 해외 망명[出亡]은 중국의 남양 경영 부흥을 촉진시켰다. 정효(鄭曉)[52]는 《황명사이고(皇明四夷考)》[53] 서문에서 "태조[高皇]께서 무엇 때문에 해외에 사절을 보냈던 것인가? 왕조가 바뀌었기 때문이었다. 성조께서 왜 서양에 큰 배를 보내는 수고를 마다하지 않았던 것인가? 정화(鄭和)[54]의 항해와 호영(胡濙)[55]의 반서(頒

....

(《명사 외국전 역주》 2책, 424쪽)

52) 정효(鄭曉, 1499-1566): 절강성 해염(海鹽) 출신으로 1523년 진사가 되었다. 날마다 옛 문서를 읽으며 천하의 요충지와 군사적인 허실, 강약의 상황에 대해 익혀 통주(通州)와 해문(海門) 등지의 왜구를 제어하는 공을 세웠다. 조정의 중직을 맡았으나 엄숭(嚴嵩)과의 알력으로 파직되어 귀향했다. 경술(經術)에 밝았고 장고(掌故)를 잘 알았다. 저서로 《사서강의(四書講義)》·《우공설(禹公說)》·《우공도설(禹公圖說)》 등이 있다.

53) 《황명사이고(皇明四夷考)》: 1564년에 정효가 저술한 책으로 《오학편(吾學篇)》의 일부분이다. 명대 주변 이족(夷族)에 대해서 서술하였는데, 청대에 금서로 지정되었기 때문에 그 판본은 매우 희귀하다.

54) 정화(鄭和, 1371-1433): 운남성 곤명(昆明)의 무슬림 마씨(馬氏)의 차남으로 태어나 11세 때 명군에 생포되어 연왕(燕王, 즉 이후 성조 영락제가 됨)에게 환관으로 보내졌다. '정난(靖難)의 변' 때 공을 세워 태감으로 발탁되었고 정(鄭)씨 성을 하사받았다. 영락제의 명을 받고 28년간(1405-1433) 7차례에 걸쳐 대선단을 이끌고 남해 일원 총 18만 5천km를 누볐다. 1433년 제7차 원정을 마치고 귀국하던 도중 객사한 것으로 전해지고 있다.(해상실크로드

書)는 국가적 큰 의혹사건이다"고 하였다. 《명사》권304 〈정화전〉에는 "성조는 혜제가 해외로 도망했다고 의심하여 그 종적을 좇고자 하였다. 게다가 이역(異域)에 무위(武威)를 과시해 중국의 부강함을 드러내고자 영락 3년(1405) 6월 정화와 그의 동료 왕경홍(王景弘)56) 등에게 서양에 사절로 가도록 명하였다"고 되어있다. 《명사》권167 〈호영전〉에도 "건문제(建文帝)가 바다를 건너갔다는 이야기를 전해 듣고 영락제가 환관 정화 등에게 배를 타고 서양에 가도록 몇 차례 나누어 보냈다"고 적혀있다. 그러면 여기서 성조가 등극한 이후 해외와 교통한 경과에 대해 한 번 살펴보기로 하자.

건문 4년(1402) 6월 영락제는 남경에 입성하여 제위에 올랐는데, 《명성조실록(明成祖實錄)》권10상에 보면 등극하면서 내린 조서에서 거듭 번국과의 통상을 금지하고 있다. 즉 "연해의 군민들이 근자 이래로 종종 사사로이 번국에 가서 외국과 교통하고 있으니 앞으로 이를 허용하지 않는다. 담당 관서에서는 홍무연간의 사례를 그대로 준수하여 이를 금지하고 위반할 경우 치죄하라"고 적혀있다.

그러나 당시 명나라 백성들이 남양으로 발전하는 것은 이미 막을 수

....

사전, 275-276쪽)
55) 호영(胡濚, 1375-1463): 무진(武進: 현 강소성 常州市) 사람으로 건문 2년 (1400) 진사가 되어 병과급사중에 제수되었다. 영락 원년(1403) 호부도급사 중으로 승진하여 황명을 받고서 건문제의 행방을 찾았고, 영락 6년 예부좌시 랑에 올라서도 계속 임행(臨行)하였다. 선덕 원년(1426) 예부상서에 오르고 선종 사후 고명대신이 되었다.(《명사 외국전 역주》3책, 828쪽)
56) 왕경홍(王景弘, 생몰연도 미상): 복건성 장평(漳平) 사람으로 홍무연간 궁에 들어와 환관이 되었다. 정화와 여러 차례 항해를 떠났는데, 사서에는 1, 2, 3, 4, 7차 원정에 함께하였다고 전한다. 제7차 원정 중 정화가 인도에서 병사 하자 사람들을 이끌고 회군하여 1433년 남경에 이르렀다고 한다.

없는 추세여서 비록 추상과 같은 황제의 명령일지라도 효과가 없었다. 이에 영락제는 기존의 금지정책을 통제정책으로 바꾸고 시박사를 회복 시켰다. 백성들의 출국과 입국은 반드시 특별 허가를 받도록 하고 화물 은 반드시 납세를 하도록 하면, 국가는 장차 앉아서 호시의 이득을 거둘 수 있다고 보았다. 그러나 백성들은 종종 정부의 허가증을 받으려 들지 않았으니, 대개 이미 오랫동안 자유무역에 익숙해져 있었고 중국의 해안 선이 매우 길어서 허가 없이 출항하는 것을 정부가 완벽하게 막을 수도 없었기 때문이다. 《명성조실록》 권23에 보면 "원년 8월 정사일, 황제께서 해외 번국의 조공사절이 교역하고자 가져온 화물은 반드시 정부에서 이 를 전문적으로 관리해야 한다고 생각하셨다. 이에 마침내 이부에 명하여 홍무 초의 제도에 따라 절강·복건·광동에 시박제거사를 설치하고 포정 사(布政司)57)의 지휘를 받도록 하였다. 사(司)마다 종5품 제거사 1명과 종6품 부제거사 2명, 종9품 이목(吏目) 1명을 두게 하였다"고 되어있다. 이윽고 환관으로 하여금 이를 지휘 감독토록 하였다.

《명사》 권75 〈직관지4〉에 따르면 시박제거사의 직무는 "해외 여러 번 국의 조공무역 업무를 관장하고 조공사절단의 표문(表文)과 감합(勘合) 의 진위를 판별하는 것과 번국과의 (사적인) 교통을 금하고 밀수를 단속 하고 교역을 공평히 하며 그 출입을 막아서 신중히 통괄하는 것"으로 무역 외에 정치사절의 문건을 검사하여 확인하는 책임도 겸하고 있었다.

영락 원년(1403)에 이미 시박사를 설치하였음에도 민간에서 몰래 해 외로 나가는 것을 여전히 염려하여 다음해 정월 민간의 선박을 개조하여 먼 바다로 항해할 수 없도록 하는 새로운 명령을 내렸다. 《명성조실록》

....

57) 포정사(布政司): 승선포정사사(承宣布政使司)의 약칭으로 명초에 설치되었다. 한 성(省)의 민정을 처리하는 기구로 포정사(布政使)가 기구를 주관하였다.

권27에는 "때때로 복건 연해 주민들이 몰래 해선(海船)을 타고 나가 외국과 교통함으로 인하여 도적이 되었다고 지방정부[郡縣]에서 보고해왔다. 이에 마침내 민간의 해선 건조를 금하고 원래 있던 해선은 모두 평두선(平頭船: 뱃머리가 평평한 선박 - 역자)으로 개조토록 하며 소재지 관원이 해선의 출입을 막도록 명하였다"고 기록되어있다.

그럼에도 번국과 사사로이 무역하는 폐단은 여전히 근절되지 않았다. 《명태조실록》 권70에 보면 "홍무 4년(1371) 12월 을미일, 황제께서 대도독부(大都督府) 관리에게 '짐은 해로로 외국과 교통할 수 있다고 여겼기 때문에 일찍이 그 왕래를 금하였다. 그런데 최근 복건 흥화위(興化衛)의 지휘(指揮)[58] 이흥(李興)과 이춘(李春)이 몰래 사람을 해외에 보내 장사를 한다고 들었으니, 다른 연해의 군위(軍衛)에서 어찌 그와 같은 행위가 없다고 하겠는가?'라는 유지를 내리셨다"고 되어있다.

명 정부는 멀리서 오는 상인을 초치하고 그들에 대한 관리를 편리하게 하기 위해서 영락 3년(1405) 복건·절강·광동의 세 시박사에 역(驛)을 설치하였다. 복건의 천주역은 내원(來遠)이라 명명하여 유구, 절강의 영파역은 안원(安遠)이라 명명하여 일본, 광동의 광주역은 회원(懷遠)이라 명명하여 점성·섬라·서양 여러 나라와 교통하도록 하였다. 그 중에서도 회원역은 중서교통을 연결하는데 있어서 가장 중요한 역할을 하였으니, 《천하군국이병서(天下郡國利病書)》[59] 권120에 따르면 "영락 4년 8월 광주

....

58) 지휘(指揮): 위(衛)를 관장하는 지휘사(指揮使)의 약칭으로 정3품직이며 1위는 5,600명의 병사를 단위로 편성되었다.
59) 《천하군국이병서(天下郡國利病書)》: 명말 청초 고염무(顧炎武,1613-1682)가 편찬한 지방지로 전 120권이다. 명이 망한 후 고염무는 각지를 유랑하였는데, 이 책은 그 후에 작성한 것이다. 현재 쉽게 볼 수 없는 명대의 지방지에서 자료를 취했으므로 명대의 사회·경제제도를 연구하는데 필독서가 되고

성 현자보(蜆子步)에 120개의 방을 갖춘 회원역을 설치하여 번인이 머물도록 하고 시박소(市舶所) 제거사의 관할 하에 두었다"고 하였다.

영락 6년(1408) 교지와 운남의 시박제거사를 증설하여 제거와 부제거 각 1명을 두었다는 사실이 《명성조실록》 권75에 나온다. 《명사》 권81 〈식화지〉의 '시박(市舶)'에도 그 일이 기록되어있을 뿐 아니라 서남 여러 나라의 조공사절을 맞기 위한 것이었다고 분명히 밝히고 있다.

당시 수입 물품에 대해서는 일정한 세칙(稅則)이 있었으니, 《명태조실록》 권45에는 입공하는 사절이 "가지고 온 번국의 화물 가운데 중국과 무역하고자 하는 물품은 그 60%를 징발하여 그 가격을 지급하는 대신 세금을 면제해 주었다"고 적혀있다. 그러나 특별히 징세를 면제함으로써 번국 상인들을 초치하고자 한 경우도 있었으니, 《명사》 권324 '삼불제'조에 보면 홍무 4년(1371) "삼불제국의 무역선이 천주에 이르자 호부에서 마땅히 징세해야 한다고 아뢰었지만, (홍무제가) 징수하지 말라고 명하였다"고 되어있다.

영락 원년(1403) 해금(解禁) 이후부터 정부의 수입이 크게 증가하고 민간의 이득도 풍부해짐에 따라 무역을 확대하기 위해 정화를 남양 각국에 파견할 계획이 세워지게 되었다(상세한 내용은 다음 장에서 설명함). 명대 사람의 저작 중에 그 당시 해외무역의 이점(利點)을 언급한 것으로 《수역주자록》이 있는데, 권9 〈불랑기(佛郎機)〉조에는 "영락 이후 사신을 사방으로 보내 해외 번국을 초유함에 입공과 봉헌[貢獻]이 번갈아 이르러 전대에 없었던 기이한 화물과 중요한 보물이 부고(府庫)에 가득 찼다. 빈민들 가운데 정부의 지시에 따라 번국의 화물을 널리 구매하여 부자가 된 경우가 많았고 정부의 재정도 충족해졌다"고 기록되어있다.

....
있다.

같은 책 권8 〈섬라〉조에 보면 "오랑캐에서 나는[夷中] 여러 종류의 화물[百貨]은 모두 중국에 없어서는 안 되는 것들로 오랑캐는 반드시 팔고자 하였고 중국은 반드시 이를 얻고자 하였다"고 되어있다. 그러므로 사실상 해금을 해제하지 않으면 안 되는 그런 상황이었다.

태창에 있는 유가항(劉家港: 현 강소성 太倉市 동쪽 瀏河鎮 - 역자)은 정화가 서양으로 떠난 출발지이고 명초 대외교통의 중요한 항구였다. 《홍치태창주지(弘治太倉州志)》 권9 〈잡지(雜志)〉에는 원자영(袁子英)이 시박관(市舶官)을 떠나보내는 시가 실려 있는데, 이를 통해 당시의 성황을 가히 상상해볼 수가 있다. 그 시를 옮기면 다음과 같다.

"여러 오랑캐의 나라는 남해 남쪽에 있는데, 섬에 사는 사람들이라 오랑캐 옷을 입고 오랑캐 말을 하지. 문양 새긴 발에 뭉치 같은 상투에 금고리 꿴 이빨, 사납기 짐승 같으니 어찌 교화시키리. 만 섬[斛]을 실을 수 있는 큰 배들이 돛대 빽빽하게 여름 가을 사이 남쪽에서 올라오는데, 상아·서각·물총새 깃·구슬·조개에 소합향원(蘇合香元)·유향·심향(沈香)까지 다양하네. 세 변방이 혼란해 군사 일으키니 험준한 장애 넘어 헤쳐 가느라 백성들은 편치 않으나, 중신(重臣)들이 장군이 되어 군대 이끌고 진군하니 먼 곳 오랑캐 정의를 사모하여 잇달아 조공하네. 흉악한 적을 꾸짖고 큰 물고기 몰아내니 바다는 물결일지 않아 안정된 듯하고, 동쪽의 태창은 오(吳)의 중요한 항구로서 민월(閩越)을 옆에 끼고 만형(蠻荊)을 눌렀지. 장사하는 오랑캐들 귀중한 폐백을 바치고 세관은 외국상인에게 10분의 1 세금을 부과하네."[60]

....

60) "諸番之國南海陰, 島居卉服侏離音; 雕足椎髻金鬘齦, 獷鷙如獸那可馴? 巨艘萬斛檣林林, 夏秋之間來自南, 象犀翠羽珠貝金, 蘇合薰陸及水沈. 三邊擾攘興甲兵, 梯航梗阻民弗寧; 重臣分閫號令申, 殊方慕義相附親. 呵叱鯨鱷驅鯤鯨, 海不揚波如砥平; 斐東太倉吳要津, 襟帶閩粵控蠻荊; 賈胡夷蜑貢賚琛, 關譏互市十一征."

328 제3편: 몽·원과 명

제13장
정화(鄭和)의 서양(西洋) 항해

제1절 정화의 서양 항해에 대한 기록과 연구

'정화의 서양 항해[鄭和下西洋]'는 속칭인데, '삼보(三寶, 三保라고도 함) 태감(太監)의 서양 항해'라고도 한다. '서양'이란 오늘날의 남양(南洋)으로 그 일부는 인도양에 속한다. 옛적에는 남해, 해남 혹은 서남해라고 불렀다. 송대 사람 주거비(周去非)가 《영외대답(嶺外代答)》을 저술하면서 처음으로 정남(正南), 동남, 서남의 여러 나라를 구분하였다. 원대에 《도이지략(島夷志略)》이 출판되면서 처음으로 동양과 서양이라는 이름이 나왔는데, 명대에 이르러 널리 사용되었다. 동양과 서양의 경계는 파라주(婆羅洲)로 《명사》 권323 '파라주전'에는 "파라는 문래(文萊, Brunei)라고도 하며 동양의 끝이자 서양이 시작되는 곳이다"고 되어있다. 명말에는 유럽 혹은 포르투갈을 대서양(大西洋)으로, 인도 또는 고아(Goa)를 소서양(小西洋)으로 지칭하기도 하였다.

정화의 항해에 대한 기록은 《명사》 권304 〈정화전〉과 권324부터 수록된 진랍·섬라·삼불제(이상은 《명사》 권324, 〈외국전5〉 - 역자)·발니·만랄가·소문답랄·서양쇄리(이상은 《명사》 권325, 〈외국전6〉 - 역자)·고리·가

지·방갈랄·불름(이상은 《명사》 권326, 〈외국전7〉 - 역자) 등의 열전에 보인
다. 그 외 《명실록》·《대명회전(大明會典)》1)·《대명일통지(大明一統志)》2)
·《속(문헌)통고》와 엄종간(嚴從簡)의 《수역주자록(殊域周咨錄)》, 진인석
(陳仁錫)의 《황명세법록(皇明世法錄)》, 모서징(茅瑞徵)의 《황명상서록(皇
明象胥錄)》3), 정효(鄭曉)의 《오학편(吾學編)》4), 나왈경(羅曰褧)의 《함빈
록(咸賓錄)》5), 하교원(何喬遠)의 《민서(閩書)》와 《명산장(名山藏)》, 귀유

....

1) 《대명회전(大明會典)》: 전 180권. 명나라의 법령을 집대성한 종합적인 행정
   법전으로 서박(徐薄, 생몰연도 미상) 등이 칙령을 받아 편찬한 뒤 정덕 4년
   (1509) 이동양(李東陽, 1447-1516) 등의 수정을 거쳐 11년에 간행되었는데,
   《정덕회전(正德會典)》이라고 약칭한다. 만력 15년(1587) 신시행(申時行,
   1535-1614) 등이 개수하여 《중수대명회전(重修大明會典)》228권, 수(首) 2권
   으로 간행하니, 이를 속칭 《만력회전(萬曆會典)》이라 부른다.
2) 《대명일통지(大明一統志)》: 전 90권. 이현(李賢, 1408-1466) 등이 칙령을 받
   아 편찬한 지지(地志)로 천순 5년(1461) 완성되었다. 《대원일통지(大元一統
   志)》를 본떠 중국 전역과 조공국의 지리를 기술한 총지(總志)이며 각종 지도
   를 게재한 다음, 풍속과 산천 등 20항목으로 나누어 설명하고 있다.
3) 《황명상서록(皇明象胥錄)》: 전 8권. 명말 귀안(歸安: 현 절강성 吳興) 사람
   모서징(생몰연도 미상)이 역대 사첩(史牒)과 견문에 근거하여 만력연간에 이
   르는 명대의 변경과 외국과의 통사(通使)에 대해 기록한 책으로 숭정 2년
   (1629) 간행되었다.
4) 《오학편(吾學編)》: 홍무연간에서 정덕연간까지의 명나라 역사를 기록한 기
   전체 사서로 전 69권이다. 역대 정사(正史)의 체제를 모방하면서 약간의 변
   통을 가하였는데, 기(記)·전(傳)·표(表)·술(述)·고(考) 등 14편(篇)으로 구
   성되어있다. 현재 융경 원년(1567) 초각본(初刻本)이 남아있다.
5) 《함빈록(咸賓錄)》: 명말 강서성 예장(豫章: 현 南昌市) 사람인 나왈경(생몰연
   도 미상)이 쓴 지리자료집으로 전 8권이다. 〈북로지(北虜志)〉 1권, 〈동이지
   (東夷志)〉 1권, 〈서이지(西夷志)〉 3권, 〈남이지(南夷志)〉 3권으로 되어있으며
   현존하는 가장 오래된 만력 19년 각본(刻本)이 현재 북경도서관에 소장되어
   있다.

광(歸有光)의 《진천집(震川集)》6), 육용(陸容)의 《숙원잡기(菽園雜記)》7)
등에도 관련 기록이 있다.

정화 본인이 남긴 기록은 없으나 그를 수행한 이들 중에 세 사람이
저술을 남겼는데, 이를 아래에서 간략히 언급해 보도록 하겠다.

(1) 마환(馬歡)의 《영애승람(瀛涯勝覽)》

이 책은 《기록휘편(紀錄彙編)》8)·《승조유사(勝朝遺事)》9)·《국조전고
(國朝典故)》10)의 세 원본이 있고, 《보안당비급(寶顔堂秘笈)》11)·《속설부
(續說郛)》12)·《광백천학해(廣百川學海)》13)·《천하명산승개기(天下名山勝

....

6) 《진천집(震川集)》: 명 가정연간 유명한 산문가 귀유광(1507-1571)의 문집으
   로 정집(正集) 30권, 별집(別集) 10권 부록 1권으로 되어있다.
7) 《숙원잡기(菽園雜記)》: 명대 태창(太倉) 사람 육용(1436-1494)의 대표작품으
   로 전 15권이다. 명대 조야(朝野) 장고(掌故)에 관한 사료필기로 정사(正史)
   와 서로 비교하고 보완할 수 있는 내용이 많이 들어있다고 평가된다.
8) 《기록휘편(紀錄彙編)》: 명대 오정(烏程) 사람 심절보(沈節甫, 1532-1601)가 명
   가정연간 이전 여러 사람의 잡기(雜記)를 모아 편찬한 책으로 전 216권이다.
9) 《승조유사(勝朝遺事)》: 청대 사람 오미광(吳彌光, 생몰연도 미상)이 편집한
   책으로 도광 22년(1842) 초향서옥(楚香書屋)에서 출판되었다. 초편(初編) 6
   권과 이편(二編) 8권으로 되어있다.
10) 《국조전고(國朝典故)》: 명대 남창(南昌) 사람 등사룡(鄧士龍, 생몰연도 미상)
    이 편집한 사료총서(史料叢書)로 전 110권이다. 현재 북경대학 도서관에 만
    력연간 각본이 남아있다.
11) 《보안당비급(寶顔堂秘笈)》: 명대 화정(華亭: 현 상해시) 사람 진계유(陳繼儒,
    1558-1639)가 당·송·원·명의 서적 229종을 모아 편집한 총서로 만력연간
    각본이 남아있다.
12) 《속설부(續說郛)》: 명대 요안(姚安) 사람 도정(陶珽, 1576-1635)이 도종의의
    《설부》를 증보(增補)하여 만든 책으로 전 120권이다.
13) 《광백천학해(廣百川學海)》: 명말 산동성 익도(益都) 사람 풍가빈(馮可賓, 생

概記)》14) · 《(고금)도서집성》·《장승시문집(張昇詩文集)》 부간(附刊) 등의 개정본이 있다. 《기록휘편》에는 장승의 개정본도 수록되어있다. 이 밖에 《포경루장서지(抱經樓藏書志)》15) 권19에 명나라 필사본인 《삼보정이집 (三寶征彝集)》이 수록되어있는데, 이는 《영애승람》의 다른 이름으로 《기록휘편》본에 없는 전후(前後) 서문이 모두 남아있다. 다만 이 책의 존재 여부는 더 조사해야 할 필요가 있다. 마환은 제3차·5차·7차 항해에 참 가했으며 곽숭례(郭崇禮)16)와 더불어 '천방교(天方敎: 즉 이슬람교. 천방은 '땅의 중심'이란 뜻으로 메카를 가리킴 – 역자)의 기이하고 걸출한 인물[奇邁之 士]'로 불리었다.

(2) 비신(費信)의 《성사승람(星槎勝覽)》

이 책은 《도이지략》에서 베낀 부분이 매우 많다. 천일각(天一閣)본의 서문에 따르면 그 전집(前集)은 직접 경험한 바를 기록한 것으로 "친히 보고 날마다 알게 된 것을 모았"으며, 후집(後集)은 전해들은 바를 기록 한 것으로 "전해들은 것 가운데 믿을 만한 내용을 수록하였다"고 한다. 비신의 동향 사람인 귀유광과 주복준(周復俊)17) 등은 모두 이 책의 원본

몰연도 미상)이 송대 사람 좌규(左圭)가 편찬한 《백천학해(百川學海)》의 체 례를 따라 편찬한 총서이다.

14) 《천하명산승개기(天下名山勝槪記)》: 전 48권으로 명대의 각본이 남아있다.

15) 《포경루장서지(抱經樓藏書志)》: 청말 절강성 자계(慈溪) 사람 심덕수(沈德壽, 1854-1925)가 지은 책으로 전 64권이다.

16) 곽숭례(郭崇禮, 생몰연도 미상): 명대 무슬림 항해가로 항주 인화(仁和) 출신 의 회족이다. 아랍어에 능통하여 정화 함대의 통역으로 선발되어 3차례 항 해에 참가하였다. 《영애승람》의 저술과 출판에 큰 공헌을 한 것으로 알려져 있다.

을 얻어 보았고 귀유광은 이 책의 필사본을 만들기도 했다. 귀유광의
필사본은 천일각에서 구득하여 소장하고 있다. 이 밖에 《고금설해(古今
說海)》·《기록휘편》·《학해류편(學海類編)》·《차월산방휘초(借月山房彙
鈔)》[18]·《일백명가서(一百名家書)》·《격치총서(格致叢書)》[19]·《국조전고》
·《역대소사(歷代小史)》·《택고재총초(澤古齋叢鈔)》·《손민당총서(遜敏堂
叢書)》[20] 등의 판본과 천일각 필사본의 영인본, 중산대학(中山大學)의 천
일각본 복각본, 록힐(Rockhill)의 교정본 등이 있는데, 천일각본의 상태가
비교적 양호하다. 비신 역시 정화의 수행원 중 한 명으로 제2차·3차·
4차·7차 항해에 참가했다. 자는 공효(公曉)이고 자칭 곤산인(崑山人)이
라 했으며 그 형의 본적은 태창위(太倉衛)라고 했다.

<hr />

17) 주복준(周復俊, 1496-1574): 명대 강소성 곤산(崑山) 사람으로 공부주사(工部
主事)와 남경태복시경(南京太僕寺卿) 등을 역임하였고 저서로 《경림집(涇林
集)》 8권이 있다.
18) 《차월산방휘초(借月山房彙鈔)》: 청대 사람 장해붕(張海鵬, 생몰연도 미상)이
명·청대 사람의 저작 137종을 모아 편집한 총서이다.
19) 《격치총서(格致叢書)》: 명대의 문학가이자 장서가인 호문환(胡文煥, 생몰연
도 미상)이 편집 출판한 총서로 《사고전서총목》에 따르면 181종 600여 권으
로 되어있다고 하는데, 현재는 168종만 남아있다.
20) 《손민당총서(遜敏堂叢書)》: 청대 강서성 출신의 출판가 황질모(黃秩模, 생몰
연도 미상)가 자서(子書) 100여 종을 모아 편집한 책으로 함풍 원년(1851)에
쓴 서문이 있다.

(3) 공진(鞏珍)의 《서양번국지(西洋番國志)》

이 책은 《사고전서》에 그 서목(書目)이 기록되어있고 《술고당서목(述古堂書目)》[21]에서도 발견된다. 전증(錢曾)의 《독서민구기(讀書敏求記)》[22]에는 "사건의 서술이 상세하며 문장이 풍부하고 우아하다"라는 말과 함께 그 일부가 인용되어있다. 팽원서(彭元瑞)[23]가 쓴 발문은 《지성도재독서발(知聖道齋讀書跋)》[24]에 실려 있다. 공진은 정화의 제7차 출정 때 막료로 임명되어 총 20여 국을 순방하고 귀국 후 바로 이 책을 저술하였다. 본적은 응천부(應天府: 지금의 남경 - 역자)이다.

이상 수행원들이 기록한 3책 외에 별도로 명대 사람이 저술한 책 세 가지가 있는데, 정화의 원정과 시간적으로 큰 차이가 없어 참고할 만한 가치가 매우 크다.

....

21) 《술고당서목(述古堂書目)》: 청대의 장서가이자 판본학자인 전증(錢曾, 1629-1701)이 편찬한 장서총목(藏書總目)으로 전 3권이다.
22) 《독서민구기(讀書敏求記)》: 전증이 자신의 장서에 써넣은 제사(題辭)와 발문(跋文)을 모아서 엮은 해제(解題)로 전 4권이다. 고적(古籍) 판본 연구에 중요한 참고자료를 제공하였다고 평가된다.
23) 팽원서(彭元瑞, 1731-1803): 청대 강서성 남창(南昌) 사람으로 《사고전서》 편찬 시 부총재(副總裁)를 지냈으며 관직은 협판대학사(協辦大學士)에 이르렀다.
24) 《지성도재독서발(知聖道齋讀書跋)》: 팽원서의 개인 독서록으로 상·하 2권이다. 원제는 《지성도재독서발미(知聖道齋讀書跋尾)》로 가경연간 《은여당경진고(恩餘堂經進稿)》의 부록으로 간행된 것을 청말에 장수강(章壽康, 1850-1906)이 중각(重刻)하면서 《지성도재독서발》로 개명하여 《식훈당총서(式訓堂叢書)》에 포함시켰다.

(1) 황성증(黃省曾)의 《서양조공전록(西洋朝貢典錄)》

황성증은 자가 면지(勉之)이고 오현(吳縣) 사람으로 명 가정 10년 신묘년(1531) 거인 출신이다. 이 책은 모두 3권인데, 명 정덕 15년(1520)에 쓴 서문에서 스스로 이르기를 "통역하는 사람들의 이야기를 모으고 '성사(星槎)' · '영애(瀛涯)' · '침위(鍼位)' 같은 책들을 하나로 요약하였다"고 하였다. '성사'는 《성사승람》이고 '영애'는 《영애승람》인데 '침위'는 어떤 책인지 확실하지 않다. 아마도 청초에 나온 필사본 《침위편(針位篇)》이 바로 이 책인 듯하다. 또한 책 속에 "영락 19년 성지를 받들어 삼보신관(三寶信官) 자(字)가 불정(佛鼎)인 양민(楊敏)과 정화 · 이개(李愷) 등 3사람이 방갈랄(榜葛剌: 현 인도 뱅골 지역 - 역자) 등의 번방(番邦)으로 가서 36개국을 돌며 공무를 처리했다. 영락 23년 오구양(烏龜洋)을 지나다 갑자기 거센 풍랑이 ……"라는 구절이 있고, 책에서 《항해훈교(航海訓敎)》를 인용할 때마다 항상 침위를 언급하고 있는 것을 보면 《침위편》이 어쩌면 《항해훈교》의 일부일지도 모른다. 《차월산방휘초》 · 《택고재총초》 · 《지해(指海)》 · 《월아당총서(粵雅堂叢書)》[25] · 《별하재총서(別下齋叢書)》[26] 등의 판본이 있다.

---

25) 《월아당총서(粵雅堂叢書)》: 청말 오숭요(伍崇曜, 1810-1863)가 자금을 제공하고 담영(譚瑩, 1800-1871)이 교감 편정(編訂)한 책으로 1850년에서 1875년 사이에 광주에서 간행되었다. 위(魏)나라부터 청대에 이르는 저작 185종 1,347권을 3편(編) 30집(集)으로 묶은 종합성 대형 총서이다.

26) 《별하재총서(別下齋叢書)》: 전 90권. 청대의 저명한 장서가 장광후(蔣光煦, 1813-1860)가 편집한 총서이다.

(2) 모원의(茅元儀)의 《무비지(武備志)》[27] 권240 중의 해도(海圖)

《무비지》권240 〈점탁재(占度載)〉의 〈탁(度)52〉 '항해'에 다음과 같은 서문[小引]이 있다. "모원의[茅子]가 말했다. '…… 명나라가 동쪽에서 일어난 까닭에 영락제[文皇帝] 사절단의 몇 십만 리일지도 모를 항해는 실로 하늘이 열어주는 것이지 억지로 할 수 없는 것이었다. 그럼에도 환관 정화는 황제의 명을 욕되게 하지 않았다. 그 지도에 그려진 거리와 국토는 상세하고 속임이 없어서 이것을 수록해 후대에 밝히고 그 무공을 기록하고자 하였다.'" 해도 첫 쪽의 제목이 〈보선창(寶船廠)에서 배를 띄워 용강관(龍江關)을 통해 바다로 나아가 곧장 외국제번(外國諸番)에 이르는 지도〉라고 되어있으니, 이것이 정화의 항해도임은 의심의 여지가 없다. 해도는 또한 태창 입구에서부터 침위 및 암초[礁]와 모래섬[沙] 등의 위치를 기록하고 아울러 시간별 거리를 계산해놓고 있다.

(3) 나무등(羅懋登)의 《삼보태감하서양기(三寶太監下西洋記)》

이 책은 소설로 《서양조공전록》보다 20여 년 먼저 나왔다. 작가가 마환과 비신의 원저를 읽었기 때문에 이 책에 나오는 자료는 고증에 보탬

....

27) 《무비지(武備志)》: 명말의 병학가(兵學家) 모원의(1594-1640)가 저술한 병서로 고금의 주요 병서 2,000여 종을 참고해 천계 원년(1621)에 완성했다. 총 240권 200여 만 자에 이르며 〈병결평(兵訣評)〉 18권, 〈전략고(戰略考)〉 33권, 〈진련제(陣練制)〉 41권, 〈군자승(軍資乘)〉 55권, 〈점탁재(占度載)〉 93권 등 다섯 부분으로 구성되어있다. 〈병결평〉은 주요 병서의 인용과 요약, 〈전략고〉는 역대 전투 사례, 〈진련제〉는 각종 진법과 훈련법, 〈군자승〉은 각종 무기·군함·공성무기·군수문제, 〈점탁재〉는 천문기상과 군사관련 지리 문제 등을 다루고 있다.

이 될 만하다.

　다만 최근 두 가지 매우 중요한 자료가 새로 발견되었다. 하나는 누동(婁東: 즉 태창 - 역자) 유가항(劉家港) 천비궁(天妃宮)에 있던 석각(石刻) 〈통번사적기(通蕃事迹記)〉이다. 이 석각은 《사고전서진본(珍本)》[28]에 수록된 명 가정연간 전곡(錢穀)이 펴낸 《오도문수속집(吳都文粹續集)》[29] 권28에 보이는데, 민국 24년(1935) 11월 출판된 《국풍(國風)》 제7권 제4호에 처음으로 발표되었다. 고염무(顧炎武)의 《천하군국이병서(天下郡國利病書)》 권19에도 비문(碑文)이 실려 있는데, 두 책의 비문 내용이 서로 차이가 있다. 고염무의 책에서는 신비하고 기이한 이야기들이 모두 삭제되어있다.

　다른 하나는 장락현(長樂縣) 남산(南山) 삼봉탑사(三峯塔寺)의 〈천비지신령응기(天妃之神靈應記)〉(碑額에는 '天妃靈應之記'라고 적혀있음)로 민국 20년(1931) 장락현 현장(縣長) 오정분(吳鼎芬)이 오래된 담장에서 파내 장락 현청[縣府]로 옮겼다. 민국 24년 전원(專員) 왕백추(王伯秋)[30]가 탁본을 떠 해내(海內) 학자들에게 알렸고, 민국 26년 12월 출판된 《복건문화(福建文化)》 제26책에 그 비문의 내용이 발표되었다.

....

28) 《사고전서진본(珍本)》: 정식 명칭은 《사고전서진본초집(珍本初集)》으로 1935년 상무인서관에서 문연각(文淵閣)에 보관 중인 《사고전서》 중 231종을 선별하여 영인 출판한 것이다.

29) 《오도문수속집(吳都文粹續集)》: 전 56권, 《보유(補遺)》 1권. 명대 소주(蘇州) 사람 전곡(錢穀, 1508-1572)이 송대 정호신(鄭虎臣, 1219-1276)의 《오도문수(吳都文粹)》를 모방하여 편찬한 속집이다.

30) 왕백추(王伯秋, 1883-1944): 호남성 상향(湘鄉) 출신으로 손문의 사위이다. 1934년 8월 복건성 제1구(區) 행정독찰전원(行政督察專員) 겸 장락현장에 임명되었다.

장락현의 비석은 '선덕 6년 신해년(1431) 중동(仲冬) 길일'에 세워졌다. 비석을 세운 사람은 '정사태감(正使太監) 정화와 왕경홍, 부사태감(副使太監) 이흥(李興)·주량(朱良)·주만(周滿)·홍보(洪保)·양진(楊眞)·장달(張達)·오충(吳忠), 도지휘(都指揮) 주진(朱眞)·왕형(王衡), 정일사(正一寺) 주지 양일초(楊一初)'였다.

처음으로 정화의 서양 항해를 전문적으로 연구한 사람은 아마도 영국의 외교관 마이어스(W. F. Mayers)인 것 같다. 마이어스는 〈15세기 중국의 인도양 탐험〉("Chinese explorations of Indian Ocean during the fifteenth century")이라는 제목의 글을 Chinese Review 제3책(1874-75)과 제4책(1875-76)에 발표했다. 다음은 그로에네벨트(W. P. Groeneveldt)가 1877년 간행한 《말레이제도와 말라카 연구》(Notes on the Malay Archipelago and Malacca. Compiled by Chinese sources)이며, 이후 연구를 이어간 이들로는 필립(Philip)·슈레겔(Schlegel)·록힐(Rockhill)·뒤벤닥(Duyvendak)이 있으며, 펠리오(Pelliot)의 《정화의 서양 항해고(鄭和下西洋考)》(민국 24년 풍승균의 번역본 제목)가 가장 상세하다. 《정화의 서양 항해고》의 원제는 〈15세기 초 중국인의 위대한 해상여행〉("Les grands voyages maritimes chinois au début du XVe siècle")으로 T'oung Pao Second Series, vol.30(1933)의 230-452쪽에 실렸다. 이 글은 원래 뒤벤닥의 《다시 검토한 마환의 책》(Ma Huan réexamined)(1933년 암스테르담에서 출판)에 대한 서평으로 222쪽31)에 달한다. 펠리오는 또 〈정화와 그의 여행기에 대한 보충 주석〉("Notes additionnelles sur Tcheng Huo et sur ses voyages")을 써서 T'oung Pao Second Series, Vol. 31(1935)의 273-314쪽32)에 실었는데, 《명실록》의 내용을 축약 인용하고 있지만 완전하지는

....

31) 원서에는 202쪽으로 되어있으나 오류가 분명해서 바로잡았다.

않다. 그리고 또 〈정화를 다시 논함〉("Encore à propos des voyages de Tcheng Huo")이라는 글을 *T'oung Pao* Second Series, Vol. 32(1936)의 210-222쪽[33]에 실었는데, 이 글은 풍승균(馮承鈞)이 번역해 《중국학보(中國學報)》 1권 4기(민국 33년)에 수록했다. 다만 펠리오는 장락현과 누동의 두 비문을 보지 못했으므로 뒤벤닥이 다시 〈15세기 초 중국 해상원정의 확실한 연대 고찰〉("The true dates of the Chinese maritime expeditions in the early fifteenth century")을 써서 *T'oung Pao* Second Series, Vol. 34(1938)의 341-412쪽[34]에 실었다. 이들 연구는 학술계의 큰 업적이라 할만하다.

일본인 가운데 최초로 정화에 대해 연구한 사람은 아리타카 이와오(有高巖)[35]인 듯하다. 그가 쓴 〈정화의 남해 경략(鄭和の南海經略)〉은 다이쇼(大正) 6년과 7년(민국 6, 7년) 《역사와 지리(歷史と地理)》 제1권 제2, 4, 5호에 실렸다. 그 후 야마모토 타츠로(山本達郞)의 〈정화의 서정(鄭和の西征)〉 상·하편이 쇼와(昭和) 9년(민국 23년) 《동양학보(東洋學報)》 제21권 제3, 4호에 게재되었고, 무한대학(武漢大學)의 《문철계간(文哲季刊)》 제4권 제2기에 그 번역문이 실렸다. 또 쿠와타 로쿠로(桑田六郞)의 〈명실록에 보이는 명초의 남양(明實錄より見たる明初の南洋)〉이 쇼와 12년(민국 26년) 《대북제대문정학부사학과연구연보(臺北帝大文政學部史

....

32) 원서에는 3-4쪽으로 되어있으나 오류가 분명해서 바로잡았다.
33) 원서에는 4쪽으로 되어있으나 오류가 분명해서 바로잡았다.
34) 원서에는 5쪽으로 되어있으나 오기가 분명해서 바로잡았다.
35) 아리타카 이와오(有高巖, 1884-1968): 후쿠오카(福岡) 출신의 동양사학자로 원사(元史)를 전공했다. 교토대학 사학과를 졸업하고 도쿄문리과(東京文理科)대학(현 筑波대학) 교수, 릿쇼(立正)대학 문학부 교수를 지냈다. 저서로는 《개관동양사(概觀東洋通史)》(同文書院, 1939)와 《중국고대의 법률사상(中國古代の法律思想)》(文化選書, 1948) 등이 있다.

學科研究年報)》제4집에 수록되었으며, 이시다 미키노스케(石田幹之助)
의 〈정화의 원정과 그 기록(鄭和の遠征とその記錄)〉은 쇼와 18년(민국
32년) 6월 《남방(南方)》제5권 제6집에 실렸다.

　중국 측 연구자는 이루 헤아리기 어려울 정도로 많다. 민국 18년(1929)
4월 《소설월보(小說月報)》제20권 제1호에 실린 〈삼보태감의 서양 항해
에 관한 몇 가지 자료(關於三寶太監下西洋的幾種資料)〉(向達 著 - 역자)에
서는 마환과 비신 등의 저서 판본을 상세히 고찰하고 있을 뿐 아니라
《전역(滇繹)》36)에 수록된 마씨묘지명(馬氏墓誌銘)37)에 대해서도 이미 언
급하고 있다. 민국 24년 풍승균의 《정화의 서양 항해고》(상무인서관 - 역
자)와 《영애승람교주(瀛涯勝覽校註)》(상무인서관 - 역자)가 출판되었고, 민
국 25년에는 《청화학보(淸華學報)》제11권 제1기에 〈16세기 이전의 중국
과 남양(十六世紀前之中國與南洋)〉(吳唅 著 - 역자)이라는 글이 실렸다. 민
국 24년과 26년에는 누동과 장락현의 두 비문이 발표되었다. 민국 26년
풍승균이 저술한 《중국남양교통사》제10장 〈정화의 서양 항해(鄭和之下
西洋)〉에서는 이미 위의 두 비문을 이용하고 있다. 민국 27년에는 풍승균
의 《성사승람교주(星槎勝覽校註)》(상무인서관 - 역자)가 출판되었다. 이밖
에도 풍승균은 《서양조공전록교주(西洋朝貢典錄校註)》를 써서 상해 개명
서점(開明書店)에 넘겼으나 출판되지 못했고, 《교명초본영애승람(校明抄
本瀛涯勝覽)》도 간행되지 못했다. 민국 30년 중경(重慶) 청년출판사(靑年
出版社)에서 《정화남정기(鄭和南征記)》(束世澄 著 - 역자)를 간행했는데, 편

....

36) 《전역(滇繹)》: 전 4권. 청말 운남 출신 원가곡(袁嘉谷, 1872-1937)이 각종 운
　　남 관련 자료를 집록(輯錄) 고증하고 역대의 걸출한 인물을 기술한 책으로
　　1928년 출판되었다.
37) 마씨묘지명(馬氏墓誌銘): 운남성 진녕현(晉寧縣)에 있는 정화의 아버지 마합
　　지(馬哈只)의 묘지명을 말한다.

저(編著) 작업은 그런대로 괜찮았으나 아쉽게도 오식(誤植)이 너무 많아 끝까지 읽기가 어렵다. 민국 37년에는 《정화유사휘편(鄭和遺事彙編)》(鄭鶴聲 編, 상해, 중화서국 – 역자)이 출판되었다.

제2절 정화의 가문과 항해 이전의 준비

정화는 운남성 곤양주(昆陽州) 사람으로 그 선조는 서역인으로 원나라 초 운남으로 이주했다. 영락제 때 정(鄭)이라는 성을 하사받았다. 증조부는 배안(拜顏)인데 혹 바얀(伯顏)이 아닌지 의심스럽다. 증조모는 마씨(馬氏)로 조부는 어머니의 성을 따랐고 합지(哈只)라 불렸는데, 이슬람교의 '사존(師尊, Hadji)'이었다. 혹자는 일찍이 성지 메카를 순례한 자를 합지라 부른다고 하였다. 조모는 온씨(溫氏)이고 아버지 역시 합지라 불렸으며 어머니도 온씨였다. 형의 이름은 문명(文銘)이고 여자 형제는 4명이며 대대로 무슬림이었다. 그의 할아버지와 아버지 모두 일찍이 항해한 경험이 있었으니, 정화의 모험정신과 해상지식은 자신이 자란 가정환경 속에서 배양된 것 분명하다. 원가곡(袁嘉穀)의 《전역》 권3에는 영락 3년(1405) 단오일에 세워진 이지강(李至剛)이 쓴 〈곤양(昆陽)마공(馬公)묘지명〉이 수록되어있는데, "정화는 어려서부터 재지(材志)가 있었으니 당금 황제를 섬기면서 정씨 성을 하사받고 환관태감이 되었다. 공정하고 근면하였으며 명민(明敏)하고 겸공(謙恭) 근밀(謹密)하며 힘든 일을 피하지 않아 진신(縉紳)들이 모두 칭찬하였다"고 적혀있다. 명나라 사람은 그를 '삼보태감(三寶太監)'이라 불렀는데, '삼보'란 불(佛)·법(法)·승(僧)을 말한다. 보(寶)는 와전되어 보(保)로 적기도 한다. 이는 당시 자주 보이는 인명으로 정화와 동시대 인물 중에도 내관삼보(內官三保)·양삼보(楊三保)·왕삼보(王三保) 등이 있었으니, 정화 한 사람만의 전용 명칭은 아니었다.

정화는 대략 홍무 15년(1382) 부우덕(傅友德)[38]과 목영(沐英)[39]이 운남을 평정했을 때, 10세가량의 나이로 거세를 당하고 입궁하게 되었다. 아마도 명나라 초 변경의 여러 장수들이 자주 포로로 잡힌 어린 아이를 거세하여 시위(侍衛)로 삼는 습관이 있었기 때문인 듯하다. 엽성(葉盛)의 《수동일기(水東日記)》[40]에 기록된 교지(交阯) 사람 진무(陳蕪), 《명사》 〈금영전(金英傳)〉에 기록된 교지 사람 범홍(范弘)과 완랑(阮浪) 등이 모두 이 경우에 해당된다. 이에 관해서는 심덕부(沈德符)의 《야획편보유(野獲編補遺)》 〈엄유동(閹幼童)〉조를 참고하라. 묘지명에 따르면 그의 아버지 마합지(馬哈只)가 홍무 15년 7월에 죽었다고 함으로 둘째아들인 정화는 홍무 6년 혹은 7년(1373-74)에 태어난 것이 분명하다. 그의 맨 마지막 항해는 선덕 6년(1431)이고 얼마 지나지 않아 늙어 죽었다고 한다. 그런데 선덕 10년 9월 영종이 "왕진(王振)으로 하여금 사례감(司禮監)을 맡게 하였"고 사례감은 원래 정화의 관직이었으니, 만약 왕진이 정화 사후에

....

38) 부우덕(傅友德, ?-1394): 명조의 개국공신으로 여러 차례의 북원(北元) 정벌에서 큰 무공을 세웠을 뿐 아니라 사천·귀주·운남을 평정하여 태자태부에 봉해졌다.

39) 목영(沐英, 1344-1392): 명초의 무장으로 어려서 부친을 여의고 명 태조 주원장의 양자로 자랐다. 18세부터 벼슬하여 여러 차례 전공을 쌓았고 민정(民政)에도 뜻을 두어 공적이 많았다. 1377년 토번(吐蕃)을 토벌하여 서평후(西平侯)에 책봉되었고, 1381년 운남 토벌에 나선 이래 10여 년간 운남에 머물며 만족(蠻族)을 평정하고 산업개발에 힘쓰다가 그곳에서 병사하였다.

40) 《수동일기(水東日記)》: 강소성 곤산(昆山) 사람 엽성(1420-1474)이 명대 전기의 전장제도를 기술한 책으로 전 40권이다.

그 자리를 바로 이어받았다고 한다면 정화는 선덕 10년(1435) 가을[41] 약 63세의 나이로 사망한 것이 된다. 정화 본인은 불교를 신봉하여 보살 계를 받기도 했다. 《불설마이지천경(佛說摩利支天經)》 뒤에 실려 있는 영 락 원년(1403) 요광효(姚廣孝)[42]가 쓴 제기(題記)에는 "지금 보살계를 받 은 제자 정화는 법명이 복선(福善)으로 재물을 시주하여 장인들에게 이 경전을 간행케 하여 유통시키니, 후일 그가 받을 좋은 보답은 말로 이루 다할 수 없을 것이다. 하루는 불공을 드리고 향기를 품고 내가 있는 곳을 지나다 제(題)를 써줄 것을 청하였기에 이로써 답하고자 한다. 영락 원년 계미년 가을 8월 23일 승록사(僧錄司) 우선세(右善世) 사문 도연(道衍)"이 라고 적혀있다. 펠리오는 《정화의 서양 항해고》에서 이 보살계를 받은 정화가 바로 대항해를 한 정화와 동일 인물이라고 보았다. 《명사》〈정화 전〉에는 정화가 북경에 있는 번저(藩邸)에서 연왕(燕王)을 섬겼고, 연왕 이 기병(起兵)할 때부터 공이 있었다고 기록되어있다.

정화가 출발하기 2년 전부터 명 정부는 큰 해선을 만들었는데, 서양에 가서 보물을 취하는 용도로 삼았기에 보선(寶船)이라 불렀다. 《명성조실 록》 권27에는 "영락 2년 정월 계해일 장차 서양 여러 나라에 사신으로 보내고자 복건에 명하여 해선 5척을 만들게 했"고, 권71에는 "5년 9월 을묘일 도지휘사(都指揮使) 왕호(汪浩)에게 해운선 249척을 개조하여 서 양 여러 나라에 사신 보낼 준비를 하도록 명하였"으며, 권75에는 "영락 6년 정월 정묘일 공부(工部)로 하여금 보선 48척을 건조하도록 했다"고

41) 원서에는 겨울[冬]으로 되어있으나 문맥상 가을로 번역하는 것이 맞는 것 같다.
42) 요광효(姚廣孝, 1335-1418): 강소성 소주 사람으로 명 태조에게 발탁된 후 연왕(燕王) 주체(朱棣)를 보좌하는 참모로서 정난지역(靖難之役)의 주요 기획자 였다. 젊어서 출가하여 유불도와 병법에 밝았으며 법명은 도연(道衍)이다.

적혀있다. 또 권215에는 "17년 8월 기묘일 보선 41척을 만들었"으며, 권
228에는 "영락 18년 8월 처음으로 대통관제거사(大通關提擧司: 배를 만드
는 것을 총지휘하는 별도의 관청 – 역자)를 설치하고 남경용강제거사(南京龍
江提擧司)와 같은 관직을 두어 주함(舟艦)을 만들기 시작했다"고 되어있
다. 조선소는 보선창(寶船廠)이라고 불렀으니, 명 가정연간 이소상(李昭
祥)이 지은《용강선창지(龍江船廠志)》에서는 홍무 초년에 만들어졌다고
하였다. 보선창에는 방공지휘청(幫工指揮廳)·봉창(蓬廠)·세목작(細木作)
·유칠작(油漆作)·염작방(艦作房)·철작방(鐵作房)·봉작방(蓬作房)·색작
방(索作房)·남작방(艦作房)·간료포사(看料舖舍) 등이 있었다. 홍무·영
락연간 그곳에서 일한 사람은 400여 호에 달했는데, 이를 4개의 상(廂)으
로 나누고 상은 10갑(甲)으로 다시 나누어 갑장(甲長)이 10호씩을 거느리
도록 했다. 가정 20년(1541) 때 여전히 245호가 있었다.《무비지》에 첨부
된 지도에서 보선창의 위치를 대략 알 수 있다.《삼보태감하서양기》에서
는 "하신하(下新河) 삼차구(三叉口)의 초혜협(草鞋峽)이란 곳은 지형이
광활하여 보선을 만들던 관창(官廠)이 있었던 곳 같다"고 하였다. 고기원
(顧起元)의《객좌췌어(客座贅語)》[43] 권1〈보선창〉조에 보면 큰 배는 길
이가 44장 4척(약 138m – 역자)이고 넓이는 18장(약 56m – 역자)이었으며,
중간 배는 길이가 37장이고 넓이가 15장이었다고 기록되어있다.《명사》
〈정화전〉에 따르면 제1차 출정한 인원수가 27,800여 명에 큰 배가 62척
이라 하였으니, 1척당 평균 500명 정도 승선한 셈이다.

....

43)《객좌췌어(客座贅語)》: 전 10권. 명말의 관리로 강녕(江寧: 현 남경시) 출신
　인 고기원(1565-1628)이 만력 45년(1617) 완성한 남경 지역에 관한 사료필기
　이다.

제3절 제1차 출사와 역대 출사 일자

정화가 최초로 황제의 출사 명령을 받은 것은 영락 3년(1405) 6월 15일 이지만, 보선이 유가하(劉家河)를 출항한 시기는 가을 이후가 분명하다 고 《전문기(前聞記)》[44]에 나온다. 한편 《명사》〈정화전〉에는 다음과 같 이 적혀있다.

"6월 정화와 그의 동료 왕경홍 등에게 사졸 27,800여 명을 거느리고 많은 금폐(金幣)를 싣고서 서양에 사절로 가도록 명하였다. 이를 위해 길이 44장에 넓이 18장인 큰 배 62척을 건조하였다. 소주 유가하에서 배를 띄워 복건에 이른 뒤, 다시 복건의 오호문(五虎門)에서 돛을 올리고 제일 먼저 점성(占城)에 이르렀다. 그 후 차례에 따라 여러 번국을 두루 거치 면서 황제의 조서를 선포하고 그 군장들에게 하사품을 내려주었다. 만약 복종하지 않으면 무력으로 다스렸다. 5년(1407) 9월 정화 등이 귀국할 때 여러 나라 사신들이 그를 따라 함께 와서 조공하였다. 정화가 포로로 잡은 구항(舊港, Palembang)의 추장을 헌상하니, 황제가 크게 기뻐하며 정화 일행에게 작위와 상을 차등 하사하였다. 구항은 이전의 삼불제국으 로 그 추장 진조의(陳祖義)[45]가 상인과 여행객을 노략질함에 정화가 불

---

44) 《전문기(前聞記)》에 관해서는 본편 15장 4절을 참고.
45) 진조의(陳祖義): 해적집단의 수령으로 조적(祖籍)은 광동 조주(潮州)이다. 홍 무연간 집안 식구 모두가 남양으로 이주하였다. 진조의는 말라카에서 10여 년 동안 해적활동을 하였는데, 전성기 때 해적 수가 1만 명이 넘었고 전선(戰 船)은 100여 척이었다고 한다. 일본·대만·남해·인도양 등에서 횡행하자, 명 태조가 현상금 50만 량을 걸고 그를 체포하려 하기도 했다. 후에 그는 삼불제의 발림방국(渤林邦國)으로 달아나 국왕 밑에서 대장(大將) 노릇을 하 다가 국왕이 죽은 뒤 스스로 왕이 되었다. 영락 5년 정화에게 거짓으로 항복 했다가 그 음모를 파악한 정화에게 포로로 잡혀 중국으로 끌려와서 각국

러 타이르자, 진조의가 거짓 항복하고 몰래 정화를 급습하려 모의를 하
였다. 정화가 그의 무리를 크게 물리치고 진조의를 사로잡아 포로로 바
치니 남경 시내에서 사형에 처하였다"

〈남산사비(南山寺碑)〉에는 단지 "(영락) 5년에 돌아왔다"고만 되어있
고 몇 월인지는 적혀있지 않다.《명성조실록》권71에는 "영락 5년 9월
임자(초2일) 태감 정화가 서양 여러 나라에 사신으로 갔다가 돌아왔"는
데, "적당(賊黨) 50여 명을 죽이고 전선 10척을 불태웠으며 전선 7척과
위조된 동인(銅印) 2개를 획득하"였으며 "소문답랄·고리·만랄가·소갈
란(小葛蘭, Quilon)46)·아로(阿魯, Aru)47) 등의 국왕이 비자아만흑철(比
者牙滿黑鐵) 등을 사신으로 보내 내조하여 방물을 바쳤다"고 되어있다.
《명성조실록》권56에 보면 진조의의 거짓 항복은 (정화의) 원정군이
남양에 갔을 때 일어난 일이었으니, "영락 4년 7월 임자일 구항의 두목
(頭目) 진조의가 아들 사량(士良)을, 양도명(梁道明)48)이 조카 관정(觀政)

····························

사자들 앞에서 처형당하고 효수되었다.(《명사 외국전 역주》, 2책, 458~459쪽)
46) 소갈란(小葛蘭):《도이지략》에는 소패남(小貝喃),《제번지(諸蕃志)》에는 고
림(故臨)이라 기재되어있다. 송대부터 서아시아에 이르는 중계항으로 알려
져 중국 배가 많이 출입하였고, 서아시아에서는 마선(馬船)으로 불리는 다우
(dhow)선이 아라비아해를 넘어 입항하였다. 명초에도 이 지역은 인도양의
국제 항구도시로 크게 역할을 하였다.(《명사 외국전 역주》, 2책, 598쪽)
47) 아로(阿魯): 사서에 啞魯, 亞路, 亞魯, 啞路 등으로 기재되어있는데, 수마트라
섬 북동부에 있는 델리(Deli)하 유역과 메단(Medan) 일대에 있던 옛 나라이
다(《명사 외국전 역주》, 2책, 537쪽). 현재 수마트라 북부에 있는 불라완
(Belawan) 항구이다.
48) 양도명(梁道明, 생몰연도 미상): 광동성 남해현 출신으로 삼불제에 건너가
거주하였다. 홍무연간 삼불제가 조와에게 멸망당할 때 양도명은 현지 복건
과 광동 출신 중국인들에 의해 새 삼불제 왕으로 추대되었으니, 바로 구항왕
(舊港王)이다. 양도명은 약 10년 동안 조와와 항쟁하면서 그 일대에 웅거하

을 보내 내조하고자 하니 초폐(鈔幣)를 차등 하사하였다"고 되어있다. 영락 4년 7월이면 정화가 출국한지 1년이 지난 귀국하기 1년여 전으로 가는 도중이었던 것 같다. 그들이 몰래 정화를 급습하려 모의한 것은 돌아오는 도중의 일이었다.

양도명과 진조의는 둘 다 현지 화교 중의 우두머리였던 것 같다. 《명성조실록》권38에는 "영락 3년 정월 무오일 행인(行人: 국외로 가는 사신과 빈객의 접대를 맡은 벼슬 – 역자) 담승수(譚勝受)와 천호(千戶) 양신(楊信) 등을 구항으로 파견하여 달아난 백성[逃民] 양도명 등을 초무(招撫)케 하였다"고 되어있다. 이는 정화가 출발하기 반년여 전에 이미 양도명을 초무하러 간 사람이 있었다는 말이다(그 이전에도 초무하러 간적이 한 차례 더 있었는데, 자세한 내용은 아래에 나온다). 그리고 정화가 출항한지 한두 달 후 양도명이 중국에 와서 조공을 하였다는 사실이 《명성조실록》권48에 실려 있다. 즉 "3년 11월 갑인일 행인 담승수 등이 구항에 사신으로 갔다가 돌아왔는데, (구항의) 두목 양도명과 정백가(鄭伯可) 등이 내조하여 말을 비롯한 특산물을 바쳤다. 양도명 등에게 습의(襲衣)와 초(鈔) 150정(錠), 문기(文綺: 화려한 무늬가 있는 비단 – 역자) 20표리(表裏), 견(絹) 70필을 하사하였다."

《명사》권324 '삼불제전'에는 양도명에 대해 다음과 같이 적혀있다.

"광주의 남해(南海)현 사람으로 장기간 그 나라에 거주하였다. 복건과 광동의 군민(軍民)들로 바다로 나가 그를 따른 자가 수천 가(家)였는데, 양도명을 우두머리로 추대하여 그 지역에서 웅거하였다. 마침 지휘(指揮) 손현(孫鉉)이 해외로 출사하였다가 그의 아들을 만나 그를 데리고

....

였다. 영락 3년 행인 담승수를 따라 입조하여 방물을 바쳤지만, 그 후 명조와의 관계가 지속되지 못했다.(《명사 외국전 역주》, 2책, 457쪽)

함께 돌아왔다. 영락 3년 성조는 행인 담승수가 양도명과 동향 출신임으로 해서 (그에게) 천호 양신 등과 함께 칙서를 가지고 가서 (양도명을) 불러오도록 하였다. 양도명 및 그 일당 정백가가 (사신을) 따라 입조하여 방물을 바치고 하사품을 받아 돌아갔다."

　손현이 언제 출사했는지 알 수 없지만 《명사》에서 그 일을 영락 3년 앞에 기록한 것으로 보아, 양도명을 대하는 영락제의 태도가 처음부터 진조의와 달랐음을 짐작할 수 있다.

　《명사》 '삼불제전'에는 정화를 납치하려는 진조의의 음모를 보고한 자가 시진경(施進卿)[49]이라고 기록되어있다. 《명성조실록》 권71에 보면 "영락 5년 9월 무오일 구항의 두목 시진경이 사위 구언성(邱彦誠)을 보내 조공하자, 구항 선위사사(宣慰使司)를 설치하여 시진경을 선위로 삼고 인고(印誥)[50]·관대(冠帶)·문기(文綺)·사라(紗羅: 엷고 가벼운 비단 - 역자)

....

49) 시진경(施進卿, ?-1423): 광동 출신으로 명초 구항의 통치자가 된 인물이다. 홍무 30년(1397) 조와가 삼불제를 멸망시키자 양도명이 삼불제의 새 국왕이 되어 조와에 대항하였다. 영락 3년 양도명이 명조에 입조할 때 시진경을 남겨 군민을 지휘토록 하였다. 영락 5년 정화가 진조의의 습격을 받았을 때, 시진경의 협조로 진조의를 사로잡아 압송하였다. 그 해 시진경이 사위를 파견하여 조공하자 영락제가 시진경을 구항선위사로 삼았다. 시진경 사후 차녀 시이저(施二姐)가 즉위했는데, 아들 시제손(施濟孫)과 왕위를 다투게 되었다. 시제손이 사자를 파견해 책봉을 청하자 영락제가 그로 하여금 구항 선위사를 계승토록 하였으나, 이후 정화가 현지 사정을 파악한 후 시이저를 구항의 수령으로 승인하였다. 시이저의 통치는 1440년까지 이어지지만 그 뒤 결국 조와에 귀속되어 삼불제는 최종적으로 멸망하게 되었다.(《명사 외국전 역주》, 2책, 459쪽)
50) 인고(印誥): 관인(官印)과 책봉조서(冊封詔書)를 가리킨다. 명이 다른 나라에 수여하는 인장은 금인(金印)과 도금은인(鍍金銀印)이 있었는데, 금인은 조선과 일본에만 주었고 유구·안남·점성·조와에는 도금은인을 주었다.(《명사

를 하사하였다"고 되어있다.

정화는 제1차 출사 때 일찍이 고리에 가서 국왕을 책봉했던 것 같다. 하교원의 《명산장》〈왕향기(王享記)〉 권3에서는 "영락 원년 추장 마나필 가랄만(馬那必加剌滿)이 사절을 보내 조공하였고, 3년 다시 조공하니 조서를 내려 국왕으로 봉하였다. 정화가 번국으로 항해할 때 고리로부터 시작하였으니, 그곳이 서양 여러 번국이 모이는 곳이기 때문이다"고 하였다. 《영애승람》과 《삼보태감하서양기》에 따르면 정화는 또 고리에 "비정(碑庭)을 세웠"는데, 그 비문에 "이곳은 중국으로부터 십만 여리나 떨어져있지만, 백성과 문물 모두 왕화(王化)되어 화락(和樂)하기가 중국이나 마찬가지로다. 영원무궁토록 천지가 잘 다스려질 것이리라[51]"고 적혀 있다고 한다.

《명성조실록》 권71에는 "영락 5년(1407) 9월 계유일 조와(爪哇)국의 서왕(西王) 도마판(都馬板, Vikramavardana)이 사신 아열가은(亞列加恩) 등을 보내 내조하여 사죄하였다. 그 전에 조와국 서왕이 동왕(東王) 브레 비라부미(Bhre Virabhumi)와 서로 싸워 마침내 동왕을 멸망시켰다. 당시 조정에서 여러 번국에 보낸 사신 정화가 동왕의 치소(治所)를 지나다 관군(官軍)을 이끌고 상륙하여 무역을 하던 차에 서왕의 병사에 의해 죽은 자가 170명이었다. 서왕이 이를 듣고 두려워 이때 이르러 사람을 보내 사죄한 것이었다. 황금 6만 냥을 내어 죽은 자들에게 보상하라고 시켰다"고 되어있다. 같은 책 권86에는 "6년 12월 경진일 조와국 서왕이 사신을 보내 황금 2만 냥을 바치며 사죄하였다"고 적혀있다.

정화가 출사한 연대는 제2차 이후로 《명사》〈성조본기〉 등과 〈남산사

....

  외국전 역주》, 2책, 583-584쪽)
51) "此去中國, 十萬餘程, 民物咸若, 熙皞同情, 永爾萬世, 地平天成."

비)의 기록이 서로 다른데, 이를 표로 열거하면 아래와 같다.

비기(碑記) 차수	구설(舊說) 차수	조서를 받은 일자	출발 일자	중국 항구를 떠난 일자	귀경(歸京) 일자	구설 출처
1	1	영락 3년 6월 15일		같은 해 (10-12월)	5년 9월 2일	《명사》
2		영락 5년 9월 13일		같은 해 늦겨울 혹은 다음해 초봄	(7년 여름)	
3	2	영락 6년 9월 28일	7년 9월	7년 12월	9년 6월 16일	《실록》
4	3	영락 10년 11월 15일		11년	13년 7월 8일	《실록》
5	4	영락 14년 12월 10일		(15년 가을에서 겨울)	17년 7월 17일	《명사》
6	5	영락 19년 정월 30일	같은 해 가을		20년 8월 18일	《명사》
	6	영락 22년 정월 16일			(22년) (8월 초 이전)	《명사》
7	7	선덕 5년 6월 9일	같은 해 윤12월 6일	6년 12월 9일	8년 7월 6일	《실록》

위 표에 대해 보충 설명을 하면 다음과 같다.

제2차 출사 때 귀경 일자를 영락 7년 여름으로 설정한 까닭은 그 해 2월 초1일 정화가 아직 실론섬의 갈레(Galle)[52)]에서 불사(佛事)를 드리며

....

52) 갈레(Galle): 현 스리랑카 남서해안의 도시이다. 이 지명은 '바위'를 뜻하는 신할리어 갈라(gala)에서 나온 것이며 콜롬보 남동쪽 약 100km 지점에 위치한다. 16세기 초 포르투갈에 점거되어 실론섬의 주요 항구가 되었고 1640년 대에 포르투갈 대신 들어선 네덜란드인에 의해 요새화되어 수도로 만들어졌

비석을 하나 세우고 있었기 때문이다.

　제3차 출정은 《성사승람》에 따르면 영락 7년 가을 황명을 받은 것으로 되어있으나, 이는 출발 일자와 서로 혼동한 착오이다.

　제5차 귀경 일자는 진학(陳鶴)의 《명기(明紀)》[53] 권10에 보인다.

　제7차 출항 일자와 귀경 일자는 모두 《전문기》에 보인다.

제4절　제2차에서 제4차까지의 출사 과정

　정화의 제2차 출사에 대해 〈남산사비〉에서는 "영락 5년(1407) 수군을 통솔하여 조와·고리·가지·섬라 등 나라로 가니, 각국의 왕들이 진기한 보물과 진기한 조류[珍禽], 기이한 짐승[異獸]을 바쳤다. 영락 7년이 되어서 돌아왔다"고 하였다. 한편 《명사》 〈성조본기〉에는 "5년 9월 계해(13일) 정화가 다시 서양으로 출사하였다"고 되어있으나, 〈정화전〉에는 6년 9월이라 적혀있다. 자료에 따르면 정화가 제1차 출사하고 귀경한 날이 5년 9월 초2일인데, 3일 후에 바로 영락제가 배를 대규모로 건조하라는 명령을 내리고 있다. 《명성조실록》 권71에 보면 "(5년) 9월 을묘(초5일) 도지휘사 왕호에게 해운선 249척을 서둘러 건조하여 서양 여러 나라에 사신 보낼 준비를 하도록 명하였다"고 되어있다. 아마도 제1차 출사의

....

으나, 1656년부터 스리랑카의 행정 수도는 콜롬보로 이전되었다.

53) 《명기(明紀)》: 청대 강소성 원화(元和) 사람 진학(생몰연도 미상)이 지은 편년체 명대사로 전 60권이다. 진학은 가경 원년(1769) 진사 급제하여 공부주사를 지냈는데, 《명기》 제58권까지 직접 편집하다 죽었고 손자인 진극가(陳克家)가 그 나머지를 완성했다고 한다.

성적이 매우 뛰어났기 때문에 영락제가 이렇게 흥분하였던 것 같다. 그 8일 뒤에 제2차 출사 명령이 있었지만 조서를 받았다고 바로 출발해야만 하는 것은 아니었다. 2번의 출사 사이의 간격이 겨우 10일에 불과하니, 이처럼 짧은 휴식만으로는 일반 사람들이 견뎌낼 수 없을 뿐더러 더더욱 이처럼 빠른 시간 내에 배를 건조할 수도 없었다. 그러므로 출발은 분명 그해 늦겨울이나 다음해 초봄이었을 것이다. 영락 7년 2월 초1일 석란산 (錫蘭山: 현재의 스리랑카 - 역자)에 비석을 세워 보시(布施)하고 입불(立佛) 한 일 등을 기록하였다. 보시한 물품으로는 금 1,000전(錢), 은 5,000전, 여러 색(色)의 저사(紵絲)54) 50필, 직금저사보번(織金紵絲寶幡)55) 4쌍 [對], 고동향로(古銅香爐) 5개, 고동화병(古銅花瓶) 5쌍, 황동촉(黃銅燭) 5 쌍, 황동등잔(黃銅燈盞) 5개, 주홍칠금향합(硃紅漆金香盒) 5개, 금연화(金 蓮花) 5쌍, 향유(香油) 2,500근(觔), 양초[臘燭] 20쌍, 단향(檀香) 10주(炷) 가 있었다. 비문은 한문(漢文)과 타밀[格米爾]어 및 페르시아어로 돌에 새겨져 있는데 1911년에 발견되었다.

제3차 출사는 바로 〈정화전〉에 나오는 제2차 출사이다. 《명실록》을 보면 이번에 이른 곳은 고리·만랄가·소문답랍·아로·가이륵(加異勒, Cail)56)·조와·섬라·점성·가지·아발파단(阿撥把丹)57)·소가란(小柯蘭, Quilon)58)·남무리·감파리(甘巴里, Koyampali)59) 등 여러 나라였다. 《정

....

54) 저사(紵絲): 중국에서 생산되는 사(紗)의 하나로 사모(紗帽)를 싸서 만드는데 쓴다.
55) 보번(寶幡): 사찰에서 거는 좁고 긴 깃발을 말한다.
56) 가이륵(加異勒): 현 인도 남단의 동해안에 위치한 카일(Cail)을 가리킨다.
57) 아발파단(阿撥把丹): 현 인도 서북해안의 아마다바드(Ahmadabad)를 가리킨 다고도 하며, 일설에는 인도 남쪽의 파타나푸르(Pattanapur)라고도 한다.
58) 소가란(小柯蘭): 즉 소갈란(小葛蘭)으로 지금의 쿠이론(Quilon)을 가리킨다. 인도 남서부 케랄라주의 주도인 트리반룸의 북서쪽 아라비아해에 접한 항구

화가보(鄭和家譜)》⁶⁰⁾에 실려 있는 제2차 출사 때의 두 칙서는 모두 위작이다. 〈남산사비〉에 따르면 이번 출사 때 석란 왕 아열고내아(亞烈苦奈兒, Alagakkonara: Alogkkonarai로도 표기함 - 역자)를 사로잡아 9년 귀국하여 황제에게 바쳤는데, 오래지않아 사면을 받아 자기나라로 돌아갔다고 되어있다. 《명성조실록》 권116에도 보인다.

《성사승람》의 저자 비신은 제3차 출사 때 수행하였는데, 이 책에서도 영락 7년(1409)에 출발한 것으로 기록되어있다. 그러므로 《명실록》과 《명사》에 기록된 제2차가 바로 비에 기록된 제3차인 것이니 나머지는 미루어 짐작할 수 있다. 그 연대가 다른 까닭은 관서(官書)에 기록된 것은 조서를 받은 해이고, 〈남산사비〉는 장락(長樂: 현 복건성 복주시 - 역자)에서 출발한 해를 기록했기 때문이다.

제3차 원정을 위해 영락제는 일찍이 크게 연회를 베풀어 그들을 위로하였다. 《명실록》 권116에는 황제가 인견(引見)한 사람이 745명이었고 초(鈔)⁶¹⁾ 5,150정(錠)을 하사하였다고 기록되어있다. 또 환관 조유선(趙惟善)과 예부낭중 이지강(李至剛)을 파견하여 태창에서 관군을 위로하는

....

도시이다.

59) 감파리(甘巴里): 현 인도 남부의 해안도시 케이프 코마린(Cape Comarin)이다.

60) 《정화가보(鄭和家譜)》: 1936년 운남성 신흥주(新興州) 사람 이홍상(李鴻祥, 1879-1963)이 정화의 후손 집에서 발견한 책으로 청말 한림원 편수를 지낸 원가곡(袁嘉谷, 1872-1937)에게 보여주자, 원가곡이 이를 다시 회족 출신 이사후(李士厚, 1909-1985)에게 건네주었고 이사후가 이를 연구하여 《정화가보고석(鄭和家譜考釋)》(雲南, 崇文印書館, 1937)을 펴냈다.

61) 초(鈔): 명대에 유통되었던 지폐를 말한다. 금나라와 원나라에는 교초(交鈔)라 했으며 명대에는 보초(寶鈔)라 불렀다. 홍무 8년(1375) 대명보초(大明寶鈔)를 발행했으며, 보초제거사(寶鈔提擧司)를 호부(戶部) 아래에 두어 그 발행과 보관을 담당하도록 하였다.

연회를 베풀었으니, 《명실록》 권117에 보면 관군 1인당 초 10정, 총 20만 정을 주었다고 되어있다. 그렇다면 이번 출정에도 2만 명이 동원되었다는 말이다. 《성사승람》에 따르면 12월에 출발하여 영락 9년(1411) 6월 16일 귀경하였고, 수행한 관병이 27,000여 명이었으며 동원된 선박은 48척이었다고 한다.

제4차 출사는 바로 관서에 기록된 제3차 출사이다. 《명사》〈성조본기〉에서는 영락 10년(1412) 11월 병진일이라 하였고, 《명실록》 권134에서는 11월 병신일이라 하였는데, 그해 11월에는 병진이 없기 때문에 병신(15일)이 맞다. 출항한 날짜는 대략 다음해 겨울쯤인 것 같은데, 왜냐하면 다음해 4월에 정화가 아직 섬서성에 있었기 때문이다. 귀경 일자는 영락 13년 7월 초8일이었다.

《명실록》에 따르면 이번 출사 때 방문한 나라는 만랄가·조와·점성·소문답랍·아로·가지·고리·남발리(南渤利, Lambri)·팽형(彭亨, Pahang)·급란단(急蘭丹, Kelantan)62)·가이륵·홀로모사(忽魯謨斯, Ormuz)63)·비랄(比剌, Brawa?)64)·유산(溜山, Maldives)65)·손랄(孫剌, Sunda?)66)이었다.

....

62) 급란단(急蘭丹): 현재 말레이시아 북부에 있는 켈란탄(Kelantan)주이다.
63) 홀로모사(忽魯謨斯): 현 이란 남부의 호르무즈(Hormuz)해협을 가리키는데, 14세기 호르무즈항은 현 이란 케슘(Qeshm)섬 동쪽의 호르무즈섬에 있었다.(《명사 외국전 역주》, 2책, 445쪽)
64) 비랄(比剌): 현 아프리카의 탄자니아와 모잠비크를 합친 지역에 있던 고대 Sofala국 내의 지역 명칭이다. 16세기 이전 모잠비크의 주요 항구도시였다.(《명사 외국전 역주》, 2책, 630쪽)
65) 유산(溜山): 인도양의 몰디브(Maldive)군도와 라카디브(Laccadive)군도를 가리킨다. 《도이지략》에는 북류(北溜)라 기재되어있다. 인도와 서아시아, 아프리카 동해안을 잇는 바다의 교차로로 인도양 항로의 요충이었다.(《명사 외국전 역주》, 2책, 585쪽)
66) 손랄(孫剌): 현 아프리카의 탄자니아와 모잠비크를 합친 지역에 있던 고대

《명실록》과 〈남산사비〉 모두 이번 원정 때 소문답랍의 가짜 왕 소간랄
(蘇幹剌, Sekander)[67]을 사로잡았다고 기록하고 있는데, 이에 대해서는
마환의 《영애승람》이 가장 상세하다. 〈남산사비〉에서는 간(幹)자를 알
(斡)자로 잘못 적고 있다.

《명성조실록》 권168·169·170·182에 기록된 영락 13년과 14년에 입
공한 국가 중에는 마림(痲林, Melinde)[68]·목골도속(木骨都束, Moge-
doxu)[69]·불랄와(不剌哇, Brawa)[70] 등도 있는데, 이들 모두 아프리카 동
안에 있는 나라로 정화의 무리가 일찍이 그곳에 이르렀던 것 같다.

제4차 출사를 앞두고 정화는 특별히 서안(西安)에 가서 아랍어에 능통
한 사람을 물색하였다. 서안의 대학습항(大學習巷: 원래 이름은 新興坊)
청정사(淸淨寺)에는 〈만력중수비기(萬曆重修碑記)〉가 있는데, 거기에 다
음과 같이 적혀있다.

"우리 국조(國朝) 영락 11년 4월 태감 정화가 황제의 명으로 서역 천방국
(天方國)에 사신으로 가게 되었을 때, 섬서성에서 출발하려 하면서 국어

....
Sofala국 내의 지역 명칭이다. 16세기 이전 모잠비크의 주요 항구도시였다.
(《명사 외국전 역주》, 2책, 630쪽)
67) 소간랄(蘇幹剌): 《수역주자록》에는 소건랄(蘇乾剌)로 표기되어있고 풍승균
의 교주본에는 영문으로 Sekandar로 표기되어있다.(《명사 외국전 역주》, 2
책, 516쪽)
68) 마림(痲林): 마랄(痲剌)로도 표기하는데, 현 케냐의 마린디(Malindi)를 가리
킨다. 영락연간 그 나라 왕이 사절단을 이끌고 중국을 방문하였다가 복주(福
州)에서 사망하였다.(《명사 외국전 역주》, 2책, 585쪽)
69) 목골도속(木骨都束): 현 소말리아의 수도 모가디슈(Mogadishu) 일대에 있었
던 옛 나라 이름이다.(《명사 외국전 역주》, 2책, 585쪽)
70) 불랄와(不剌哇): 현재 소말리아 동남쪽에 위치한 브라바(Brava) 항구 일대에
있던 옛 나라 이름이다.

를 통역하여 신사(信使)를 보좌할 수 있는 사람을 구한 결과 본사(本寺)의 장교(掌教) 합삼(哈三)을 얻었다. 이에 이를 조정에게 보고하고 함께 출사하였다. 마침내 위덕(威德)을 널리 알리니 서역 오랑캐[西夷]들이 두려워 떨게 되었다. 돌아올 때 바다의 풍랑이 심하여 거의 침몰할 지경에 처했는데, 합삼이 하늘에 호소하고 간절히 교종(教宗) 마호메트[馬聖人]에게 묵도(默禱)함에 이윽고 바람과 파도가 잠잠해져 안전하게 바다를 건널 수 있었다. 이에 (정화가) 청정사를 중수하겠다는 큰 맹세를 하였다."

마환 역시 통역을 할 수 있었기 때문에 명을 받고 동행했던 것이다. 《영애승람》 서문에는 "영락 11년 계사, 태종 문(文)황제께서 정사(正使) 태감 정화에게 보선을 거느리고 서양 여러 번국에 가서 칙서를 전하고 상을 내리라고 명하셨다. 나는 번국의 서문(書文)을 번역하는 직책으로 사절단의 말석에 끼이게 되었다"고 적혀있다. 마환은 이번 출사에 대한 기행시(紀行詩)도 지었다.

《오학편》 권68과 《명산장》 〈왕향기(王享記)〉 권3 '석란(錫蘭)'조에 보면 다음과 같이 기록되어있다. 지난번 원정 때 포로로 잡혀 온 석란 왕 아열고내아를 영락제가 석방하면서 예부로 하여금 그 무리 중 현명한 자를 뽑아서 그 나라의 왕위를 계승하게 하라고 명하였다. 예부에서 포로로 잡힌 석란국 사람에게 물어보니 모두 야파내내(耶巴乃奈)를 추천하였다. 이에 정화가 제4차 출사하여 바로 그를 왕으로 책봉하니, 불랄갈마 파홀 랄차(不剌葛麻 巴忽 剌查, Parakkama Bahu Raja)라 불렀다.[71]

....

71) 명대 문헌에 등장하는 석란 왕은 모두 3명으로 영락 10년(1412) 책봉된 야파내나(耶巴乃那), 선덕 8년(1433) 명조에 내조하였다는 불랄갈마파홀랄비(不剌葛麻巴忽剌批), 천순 3년(1459)에 사신을 파견했다는 갈력생하랄석리파(葛力生夏剌昔利把)이다. 이들에 대해서는 2가지 견해가 있는데, 하나는 이 3명이 동일인물이라는 것이고, 다른 하나는 야파내나는 귀국 후 즉위하지 못했

제5절 제5차에서 제7차까지의 출사 및 마지막 출사의 노정

정화의 제5차 출사에 대해《명사》〈성조본기〉에는 영락 14년 12월 정묘(초10일) 출발해서 17년 7월 경신(17일) 귀환한 것으로 되어있으나, 〈남산사비〉에는 영락 15년 출발한 것으로 되어있고 귀환한 해는 적혀있지 않다.

영락 15년(1417) 5월 정화 일행은 일찍이 천주에 도착하여 이슬람교 선현의 묘소를 참배하고 비석을 세웠던 것 같다. 민국 17년(1928)《지학잡지(地學雜誌)》제1기에 실린 그 비문에는 "번국으로 출사하던 정화가 천주를 경유하면서 참배한 것을 기록한 비. 흠차총병(欽差總兵) 태감 정화가 서양의 홀로모사 등에 공무를 보러 가면서 영락 15년 5월 16일 이곳에서 예배를 올려 성령의 비호를 빌었다. 진무(鎭撫) 포화일(蒲和日)이 이를 기록하여 세우다"라고 적혀있다. 펠리오는 이 비석의 진위에 대해 강한 의문을 표했다. 즉 영락 15년에 정화가 천주를 경유한 것은 가능한 일이지만, 만약 비문의 내용이 확실하다면 비를 세운 포화일은 포수경의 후손일 가능성이 높다. 그런데 쿠와바라 지츠조(桑原隲藏)의《포수경의 사적》에 인용된 일부 자료에서는 당시 포씨가 이미 천주를 떠나 여기저기 떠돌아다니고[流亡] 있었다고 하였으니, 이 비석의 내용은 사실이 아니라는 것이다.

....

고 왕위를 불랄갈마파홀랄비가 차지하여 1460년 혹은 1462년까지 계속 재위했다는 것이다. 불랄갈마파홀랄비는 Parakramabahu의 음차로 Parakramabahu 6세 또는 Dedigama Parakramabahu로 불리는 인물이다.(《명사 외국전 역주》, 2책, 602쪽)

이 번 출사에는 마환과 비신 둘 다 수행하지 않았고 승려 승혜(勝慧)가 따라갔으니, 영락 18년(1420) 간행된 〈태상설천비구고영험경후제기(太上說天妃救苦靈驗經後題記)〉에 보인다.

《명성조실록》권183에 따르면 이번 출사 때 방문한 나라는 고리·조와·만랄가·점성·석란산·목골도속·유산·남발리(喃渤利)·불랄와·아단(阿丹, Aden)[72]·소문답랄·마림·날살(剌撒)[73]·홀로모사·가지·남무리·사리만니(沙里灣泥, Jurfattan: 펠리오의 주장)[74]·팽형·구항 등인데, 남발리는 곧 남무리이므로 중복 열거된 것이다. 가지의 국왕에게 관인(官印)과 책봉조서를 하사하고 그 나라에 있는 산을 진국산(鎭國山)으로 봉하면서 영락제가 친히 비문을 지어 하사하였다. 그 비문은 《명사》 '가지전'에 보인다.

제6차 출사에 대해 《명사》〈성조본기〉에는 영락 19년(1421) 정월 계사(30일)에 출발하였고 출항은 대략 2월 말이라 되어있으며, 〈남산사비〉에도 영락 19년으로 적혀있다. 귀국 시기는 《명사》에는 영락 20년 8월, 《명성조실록》에는 8월 18일로 되어있는데, 〈남산사비〉에는 그 연도가 적혀있지 않다. 풍승균은 《중국남양교통사》에서 "이번에는 황명을 받자마자 바로 출발했으니, 봄철의 동북계절풍이 곧 그치려하여 오래 기다릴 수

....

72) 아단(阿丹): 아라비아반도 남단의 아덴만에 면해 있는 현 예멘공화국의 항구 도시에 있던 나라이다.
73) 날살(剌撒): 현 소말리아 서북부 Zeila 일대에 있던 옛 나라로 추정하기도 하는데, 최근에는 날살이 아라비아어의 Ra's의 음역으로 '산 허리'를 의미하므로 아라비아반도 남단 혹은 남예멘 Mukalla 부근의 Lasa촌(村)을 가리킨다는 주장이 설득력을 갖는다.(《명사 외국전 역주》, 2책, 585쪽)
74) 사리만니(沙里灣泥): 어느 지역이었는지에 대해 일치된 견해가 없고 인도 남단 동해안에 위치했던 나라라는 설과 아프리카 동부라는 설, 인도 북부라는 설이 있다.(《명사 외국전 역주》, 2책, 586쪽)

없었기 때문인 듯하다'고 보았다. 다만 《독서민구기》의 '서양번국지'조에는 "영락 19년 10월 16일 환관 정화·공화복화(孔和卜花)·당관보(唐觀保)에게 '지금 환관 홍보(洪保) 등을 파견하여 귀국하는 각 번국 사신에게 적절히 상(賞)을 내리도록 하였으니 전례에 따라 이를 지급하라'는 조칙을 내렸다'고 되어있다. 여기 나오는 홍보는 아마도 나중에 출발한 자로 제7차 출사 때도 이러한 사례가 있다(상세한 내용은 아래에 나옴). 그런데 《영락실록(永樂實錄)》[75] 권119에는 영락 19년 정월 계사일 번국으로 가는 선박 건조를 중단하라는 명령(이에 대해서는 다음 절에 나옴) 아래에 다음과 같이 적혀있다.

"황제께서 문무 군신(群臣)에게 칙서를 내려 '요사이 하늘이 경계를 내리어 봉천(奉天) 등 세 전각이 불에 타니, 짐의 마음이 조심스럽고 두려워서 침식이 편치 못하다. 바야흐로 행실의 잘못을 반성하면서 이른 아침부터 밤늦게까지 허둥대고 있다. 그러던 차에 예부에서 짐의 생일을 맞아 이들 16개 나라의 사신이 귀국할 때, 초폐(鈔幣)와 표리(表裏)를 하사하고 아울러 태감 정화 등에게 칙서와 금기(錦綺: 여러 색으로 무늬를 넣어 짠 비단 - 역자)·사라(紗羅)·능견(綾絹: 꽃무늬가 있는 비단 - 역자) 등을 주어 이들 사신과 함께 가서 여러 국왕에게 하사할 것을 청하였다'"

자료에 따르면 세 전각이 불탄 것은 4월 초8일이었다. 제6차 출사의 조서는 정월에 받았지만 출발은 4월 8일 이후에 한 것이 분명하다. 아마도 사관(史官)이 보충 기록을 통해 출발 지연의 사유가 외국사절의 귀국

<hr/>

75) 원서에 《명성조실록》과 《영락실록》 또는 《태종영락실록》이 함께 나오는데, 그 연도와 권수를 비교해보면 《(태종)영락실록》이 현재 유통되고 있는 《명실록》 중 130권본 《태종문황제실록(太宗文皇帝實錄)》임이 분명하다. 저자가 참고 인용한 《명성조실록》은 권수가 다른 판본인 듯하다.

일정에 맞추고자 한 때문이지 화재로 인해 출사가 중단되지 않았음을 밝히고자 한 것 같다.

이번 출사에서도 아프리카 동부 및 아라비아반도 연안의 조법아(祖法兒, Djofar)[76]와 아단을 방문하였고, 귀국할 때 소록(蘇祿, Sulu)국 등의 사신이 따라서 왔다.

제7차 출사에 대해 《명사》〈본기〉에는 기록이 없고, 〈정화전〉에 "선덕 5년(1430) 6월 황제가 제위에 오른 지 시간이 꽤 지났으나 멀리 있는 여러 번국 중에 아직 조공을 오지 않은 나라가 있어, 이에 정화와 왕경홍 등이 다시 명을 받아 홀로모사 등 17개국을 방문하고 돌아왔다"고 되어 있다. 〈남산사비〉에는 "선덕 6년 예전처럼 수군을 이끌고 여러 번국에 가서 칙서를 전하고 상을 내렸다. 이 항구에 정박하여 삭풍을 기다렸다 출항하였다"고 적혀있다.

이해 9월 선종은 남경수비(南京守備)에게 조칙을 내려 원정을 미리 준비하도록 시켰다. 《독서민구기》에서는 《서양번국지》를 인용하여 "선덕 5년 5월 초4일 남경수비태감 양경(楊慶)·나지(羅智)·당관보와 대사(大使) 원성(袁誠)에게 '지금 태감 정화에게 서양으로 가서 공무를 수행하라고 명하였다. 해당 관(關)은 원래 남경에 지급되어 입고(入庫)된 각 아문의 모든 정(正) 전량(錢糧)을 확보하여 크고 작은 해선(海船)에 상사(賞賜)하고 이전에 서양으로 가는 관원이 구입했던 물건과 배에서 필요로

....

76) 조법아(祖法兒): Zufar 또는 Djofar의 음역으로(《명사 외국전 역주》, 2책, 614 쪽) 현 오만 남부 고원지대에 위치한 도파르(Dhofar)를 가리킨다. 서쪽으로 예멘, 남쪽으로 인도양, 북쪽으로 루브아 칼리(아라비아반도 남부의 사막지대)와 접해있다. 이 도시에서 생산되는 진귀한 향료인 유향은 고대부터 지중해와 중동 지역에서 거래되는 대표적인 무역상품이었다.(실크로드사전, 113 쪽)

하는 물건은 칙서가 도착하는 즉시 수량에 맞게 지급토록 하라'는 칙서를 내렸다. ……"고 하였다.

《명선종실록》권67 선덕 5년 6월 무인(초9일)조에는 다음과 같이 기록되어있다.

"태감 정화 등을 파견하여 조서를 지니고 여러 번국에 가서 효유토록 하였다. 조서에서 '짐이 삼가 천명을 받아 태조 고(高)황제, 성조 문(文)황제, 인종 소(昭)황제의 대통을 이어 만방에 군림하게 되었다. 조종(祖宗)의 지극한 어짐을 체득하여 만물에 무사태평을 두루 미치고자, 이미 천하에 대사면을 내리고 선덕이라 기원(紀元)하여 다 함께 유신(維新)하고자 하였다. 너희 여러 번국들은 멀리 해외에 있어서 아직 이러한 사실을 듣지 못했을 것이다. 이에 특별히 정화와 왕경홍 등을 파견하여 조서를 지니고 가서 효유토록 하니, 각기 천도(天道)를 삼가 따라 백성들을 구제하여 수용함으로써 태평성세의 복을 함께 누리도록 하라. 무릇 사절이 경유하는 홀로모사·석란산·고리·만랄가·가지·복랄와(卜剌哇: 不剌哇의 다른 표기로 보임 - 역자)·목골도속·남발리·소문답랄·날살·유산·아로·감파리·아단·좌법아(佐法兒)·죽보(竹步)[77]·가이륵 등 20개국의 군장과 구항의 선무사 등에게 모두 채폐(綵幣)를 차등 지급하노라'고 말했다"

이번 출사의 상세한 내용 및 관서(官書)와 비기(碑記)의 출발 시기가 각각 선덕 5년과 6년으로 다른 까닭에 대해서는 축윤명(祝允明)의《전문기》를 읽으면 바로 명백하게 이해할 수 있다. 대개 조서를 받고 용만(龍灣)과 유가항을 출발한 것은 선덕 5년이지만, 장락항에서 출항한 것은 6년이었으니 〈남산사비〉는 장락에 있을 때를 가리킨 것이다.《전문기》

....

77) 죽보(竹步): Jobo 또는 Jubb의 음역으로 현 소말리아의 Giumbo를 가리킨다.(《명사 외국전 역주》, 2책, 618쪽)

에는 다음과 같이 적혀있다(일정을 분명하게 드러내기 위해 원문을 월별로 나누어 배열하였다).

"선덕 5년(1430) 윤12월 6일 용만을 출항, 10일 서산(徐山)에 도착해 사냥하고, 20일 부자문(附子門)을 출발하여 21일 유가항에 도착했다.
(선덕) 6년 2월 26일 장락항에 도착했다.
11월 12일 복두산(福斗山)에 도착했다.
12월 9일 오호문(五虎門)을 출발하여 16일을 항해한 끝에 24일 점성에 도착했다.
(선덕) 7년 정월 11일 출항하여 25일을 항해하였다.
2월 6일 조와의 소로마익(蘇魯馬益, Surabaya:《영애승람》'조와'조에서는 소로마익 번(番)의 이름을 소아파아(蘇兒把牙)로 적고 있다)에 도착했다.
6월 16일 출항하여 11일을 항해한 끝에 27일 구항에 도착했다.
7월 1일 출항하여 7일을 항해한 끝에 8일 만랄가에 도착했다.
8월 8일 출항하여 10일을 항해한 끝에 18일에 소문답랄에 도착했다.
10월 10일 출항하여 26일(비문에는 36일로 잘못 적혀있음)을 항해하였다.
11월 6일 석란산 별라리(別羅里)[78]에 도착했다. 10일 출항하여 9일을 항해한 끝에 18일 고리국에 도착했다. 22일 출항하여 35일을 항해하였다.
12월 25일 홀로모사(비문에는 忽 다음에 衍字인 乙이 적혀있음)에 도착했다.
(선덕) 8년 2월 18일 출항하여 귀국길에 올랐다. 23일을 항해하였다.
3월 11일 고리에 도착했다. 20일 대선단(大綜)의 배들이 출항하여 귀국길에 올라 17일을 항해하였다.

....

78) 별라리(別羅里): 석란산과 가지의 경계 지역으로 지금의 Beruwala이다. 중세 유럽 여행가들은 Pervilis라고 불렀다. 풍승균은 이 지역에 대해 두 가지 설, 즉 Galle와 Colombo 사이의 Bellingamme이라는 주장과 Colombo나 그 부근이라는 주장이 있다고 하였다.(《명사 외국전 역주》, 2책, 617쪽)

4월 6일 소문답랄에 도착했다. 12일 출항하여 9일을 항해한 끝에 20일 만랄가에 도착했다.

5월 10일 곤륜양(崑崙洋)으로 돌아와 23일 적감(赤坎)에 도착했고 26일 에는 점성에 도착했다.

6월 1일 출항하여 2일을 항해한 끝에 3일 외라산(外羅山)에 도착했다. 9일 남오산(南澳山)이 보였고 10일 저녁 멀리 망랑회산(望郞回山)이 보 였다. 6월(이 두 글자는 衍字임) 14일 기두양(崎頭洋)에 도착했다. 15일 완설서(碗碟嶼)에 도착했고 20일 대소적(大小赤)을 지나 21일 태창에 진 입하였다.

7월 6일 경사에 도착했고 11일 관(關)에서 옷과 보초(寶鈔)를 포상의 의 미로 하사하였다."

일정 중에 주목할 만한 것은 용만에서 출항하여 오호문에 이르러 큰 바다로 나가기까지 무려 1년 3일이나 걸렸다는 점이다. 이는 분명 선박 을 수리하고 양식을 구매하는데 원정에 참가한 사람이 워낙 많아서 시간 도 오래 걸렸기 때문으로 보인다.

뿐만 아니라 홍희 원년(1425) 일찍이 보선 건조를 중지시켰기 때문에 선박 수리와 건조 및 반사품(頒賜品)과 화물 구매에 비교적 긴 시간의 준비가 필수적이었다. 《전문기》에 따르면 이번 출사에 참가한 사람 수와 배 이름은 다음과 같다.

"사람 수는 관교(官校), 기군(旗軍), 화장(火長), 타공(舵工), 반정수(班 碇手), 통사(通事), 판사(辦事), 서산수(書算手), 의사, 철묘(鐵錨)·목념 (木艌)·탑방(搭枋) 등 장인, 수수(水手), 민소인(民艄人) 등 총 27,550명 이었다. 배 이름은 청화(淸和)·혜강(惠康)·장녕(長寧)·안제(安濟)·청 원(淸遠) 같은 부류 외에 1호, 2호 등의 번호를 붙인 배도 있었다. 배의 종류로는 대팔로(大八櫓)와 이팔로(二八櫓)의 구분이 있었다."

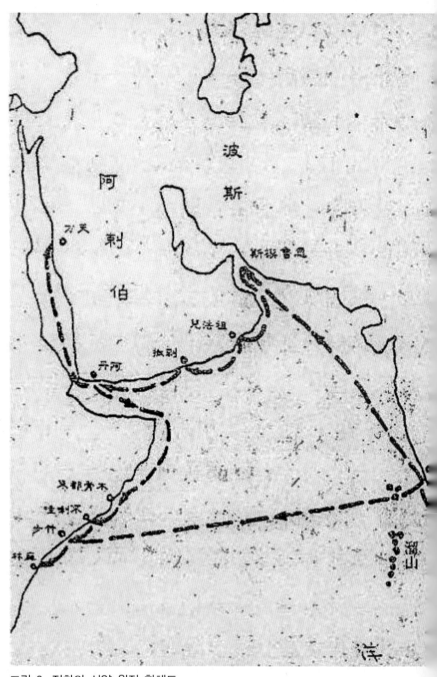

그림 2. 정화의 서양 원정 항해도

제6절 구항(舊港) 출사와 소선단[分艅]의 항로

정화의 제7차 출사 이전인 영락 22년(1424) 한 차례 원정이 더 있었지만, 〈남산사비〉에는 보이지 않고 《명사》 〈정화전〉과 《영락실록》 권128에 관련 기록이 보인다. 《영락실록》에는 "정월 갑진(27일) 구항의 옛 선위사 시진경의 아들 제손(濟孫)이 사신 구언성을 보내 아버지의 관직을 세습하기를 청하고 아울러 구(舊) 인장이 불에 타 훼손되었다고 말했다. 황제께서 제손에게 선위사를 세습하라고 명하시고, 사모(紗帽: 중국의 문인과 관료가 썼던 烏紗帽를 말함 - 역자)와 은화(銀花)·금대(金帶)·금직문기(金織文綺: 金絲로 무늬를 짜 넣은 두꺼운 비단 - 역자)·습의(襲衣: 황제가 신하에게 내리는 服裝 - 역자)·은인(銀印)을 하사하시며 환관 정화에게 가서 전해주라고 하셨다"고 되어있다. 《명사》 〈정화전〉에는 "영락 22년 정월 구항의 추장 시제손(施濟孫)이 선위사 직을 세습하기를 청하자, 정화가 칙서와 인장을 가지고 가서 하사하고 돌아오니 성조가 이미 붕어한 후였다. 홍희 원년(1425) 2월 인종이 정화에게 번국에 갔던 군인들을 데리고 남경을 수비토록 하니, 남경수비 직이 설치된 것은 정화로부터 시작되었다"고 적혀있다. 성조는 영락 22년 7월 신묘일에 붕어하였으므로 이번에 정화가 갔다 오는데 반년밖에 걸리지 않았고, 〈정화전〉의 내용을 보면 그 일정이 구항 외에는 미치지 않았기 때문에 〈남산사비〉에서는 이를 출사 범위 내에 포함시키지 않은 것 같다. 또 남경수비에 처음 임명된 사람은 《명사》 권8 〈인종본기〉와 권146 〈이준전(李濬傳)〉에 모두 이륭(李隆)이라 되어있지 정화가 아니었다. 이에 대해 풍승균은 《중국남양교통사》에서 주저하며 결론을 내리지 못하고 "이 일은 실록을 검토하지 않으면 판단할 수 없다"고 하면서 "내가 채록한 《명실록》은 영락 15년까지여서 그 이후는 아직 대조 검토를 기다려야 한다"고 주를 달았다. 하지만 《명인종실록》 홍희 원년 12월 무신일에 보면 "태감 정화에게 번국에 갔던 관군을 거느리고 남경을 지키도록 명하였다. 안으로는 환관 왕경홍·주복화(朱卜花)·당관보와 협력하여 일을 처리하고, 밖으로 일이 생기면 양성백(襄成伯) 이륭·부마도위 목흔(沐昕)과 합당하게 상의한 후에 시행하라"고 되어있다. 따라서 본래 여러 사람이 함께 남경수비 직을 맡았음을 알 수 있으니 더 이상 의심할 필요가 없다.

《영애승람》에는 시진경 사후 그 "자리를 아들에게 물려주지 않고 딸인 시이저(施二姐)를 세워 왕으로 삼았다"고 되어있다. 마환이 직접 들은 것이니 그 자체로 더욱 믿을 만한 내용인데, 아마도 표문에서는 아들이라 칭했지만 실제로는 딸에게 물려준 것으로 보인다.

정화의 출사는 또 '대선단 보선'과 '소선단'으로 나뉜다. '대선단'의 항로는 《전문기》의 기록에 따르면, 용만 장락항 - 소아파아 - 구항 혹은 발림방(渤淋邦) - 만랄가 - 소문답랍 서북 모퉁이에 있는 아제(啞齊) - 석란 - 고리. 귀로는 고리 - 아제 -만랄가 - 점성 등이었다.

'소선단'의 노선은 매우 많았으니, 그 출발지가 대략 다섯 군데였다.

(1) 점성의 신주(新州: 현 베트남 꾸이년[歸仁])에서 출발

  (갑) 발니도(渤泥島) 문래(文萊, Brunei)로 가는 항로

  (을) 섬라로 가는 항로

  (병) 조와의 소아파아에 이르는 항로: 가리마타(假里馬打, Kari-
      mata)와 마엽옹(麻葉甕, Billiton)[79] 사이를 지나는데, 대선단

---

79) 마엽옹(麻葉甕): 현 인도네시아 수마트라섬 동쪽에 있는 벨리퉁(Belitung, 영어로는 Billiton)섬을 포괄하고 있는 방카(Banka)섬을 말한다.(《명사 외국전 역주》, 1책, 331쪽)

이 갔던 항로이기도 하다.

(2) 소문답랍섬 서북의 소문답랍항에서 출발

　(갑) 방갈랄(榜葛剌: 현 Bengal 지역 – 역자)에 이르는 항로

　(을) 석란에 이르는 항로: 두 항로 모두 남무리와 취람서(翠藍嶼, Nicobar)를 거치는데, 아제에서 길이 나누어진다. 대선단은 석란에 이르는 항로를 따랐다.

(3) 석란도의 별라리(別羅里: 현 콜롬보 부근)에서 출발

　(갑) 유산(溜山)군도에 이르는 항로: 아프리카의 불랄와(不剌哇)로 통할 수 있다.

　(을) 소갈란(小葛蘭)에 이르는 항로: 대선단은 이 항로를 따랐다.

(4) 소갈란에서 출발

　(갑) 아프리카 목골도속에 이르는 항로

　(을) 가지에 이르는 항로: 대선단은 이 항로를 따라 고리에 이르렀다.

(5) 고리에서 출발

　(갑) 홀로모사섬에 이르는 항로

　(을) 조법아·날살(剌撒: 현재 어느 지역인지 알 수 없음)·아단에 이르는 항로.

제7절 출사 과정의 곡절과 출사의 성과

정화의 26년에 걸친 해외 출사는 중간에 몇 차례 우여곡절을 겪기도 했다. 영락 19년(1421) 제6차 출사의 조서가 반포된 지 3개월 뒤 새로 지은 봉천전(奉天殿)·화개전(華蓋殿)·근신전(謹身殿)에 돌연 화재가 발

생하자 번국으로의 출사를 중지하라는 황제의 명령이 내려졌다. 《명성조
실록》권236에는 다음과 같은 당시 반포된 세 가지 금령이 기록되어있다.

1. 번국으로 가는 모든 물건 구입과 동전 주조 및 사향(麝香)·생동(生
   銅)·황사(荒絲) 등의 구입을 잠시 중지한다.

2. 번국으로 가는 보선 및 서쪽과 북쪽 지역에서의 말 구입 등을 잠시
   중지한다.

3. 번국으로 가는 배를 수리하거나 건조하는 것을 잠시 중지하여 군민
   (軍民)을 힘들게 노역시키지 않도록 한다(내가 근거로 한 《태종영
   락실록》권120에는 제3항의 내용이 없지만, 같은 책 권119의 영락
   19년 정월 계사조에 보인다).

《영락실록》권120 영락 19년 4월 갑신조에 보면 "한림원 시독(侍讀)
이시면(李時勉), 시강(侍講) 추집(鄒緝) 등이 …… 또 말하길 '해마다 사방
의 만이(蠻夷)에서 조공 오는 사신이 길에서 서로 만날 정도로 많아서
실로 중국을 힘들게 하고 있습니다'"고 적혀있고, 그 아래에 위에서 인용
한 앞 두 항목의 금령이 기록되어있다. 금령의 조서는 을사일 즉 13일에
반포되었으니 화재가 난지 5일 후였다.

인종이 출사를 정지시켰고, 선종도 즉위 초 원정 보낼 뜻이 없었기에
《선덕실록》권16 선덕 원년(1426) 4월 병인조에 보면 대외원정을 불허한
태조 황제의 조훈(祖訓)을 시신(侍臣)들 앞에서 언급하고 있다. 이는 아
마도 교지(交趾)를 특별히 지칭해서 한 말인 것 같다. 이어 다음과 같이
적혀있다.

　　"임신일 …… 사례감(司禮監)에 명하여 태감 정화에게 유지를 전해 함부
　　로 상사(賞賜)를 청하지 말라고 하였다. 이에 앞서 공부랑중(工部郎中)
　　풍춘(馮春)을 남경으로 보내 궁전을 수리토록 하고 공장(工匠)들에게 각

각 상을 하사하였다. 이때에 이르러 풍춘이 돌아와 남경의 국사(國師) 등이 절을 세울 때 일했던 공장[寺宇工匠: 원문에는 寺工匠宇로 잘못 표기되어있음]들에게도 마땅히 상을 내려야 한다고 상주하였다. 황제께 서 사례감 관원에게 '불사의 승려[佛寺僧: 원문에는 佛僧寺로 잘못 표기 되어있음]가 스스로 세운 것인데 어찌 조정과 관계가 있는 일인가? 풍춘 의 상주는 분명 정화 등이 사주한 것이니 풍춘을 책망할 것이 아니라 정화에게 사람을 보내 예법을 삼가 지키고 조정을 엿보지 말라고 알리도 록 하라. 이치에 맞지 않는 일은 일체 함부로 진정(陳情)해서는 안 된다' 고 유지를 내렸다."

영락 22년(1424) 출사 후 성조가 붕어하자 반대자들도 그 기회를 틈타 진언하였다. 예컨대 《수역주자록》에 보면 유대하(劉大夏)가 "삼보태감의 서양 원정은 그 소비한 전량(錢糧)이 수천만에 달하고 사망한 군민만 해 도 만 명을 헤아립니다. 설령 기이한 보물을 얻어 돌아온다 한들 나라에 무슨 이익이 되겠습니까? 이 특별히 잘못된 정책은 대신들이 마땅히 절 실하게 간언해야 하는 것입니다"고 상주한 글이 실려 있다. 인종은 즉위 당일(8월 15일) 조서를 내려 "서양의 여러 번국으로 가는 보선은 모두 정지시켜라. 만약 이미 복건이나 태창 등지에 가서 정박한 배들은 모두 남경으로 돌아오도록 하라. …… 여러 곳에서 수리하거나 건조하고 있는 번국으로 가는 선박들은 모두 중단토록 하라"고 하였다.

그러나 선덕 5년 번국 조공사절의 왕래가 오랫동안 단절되어 결국 정 화를 재차 해외로 보내야했다. 하지만 그것이 마지막 원정이었다.

정화의 원정은 정치와 경제면에서 성과가 있었다. 정치적으로 제1차, 2차, 3차 원정에서는 단지 인도 서해안 고리까지 도달했지만, 3차 원정에 서 석란 왕(즉 Serendib왕 - 역자)을 생포함으로써 해양과 인도 일대에 그 위엄을 과시하였다. 제4차 원정 이후부터는 항해한 거리가 더 멀어졌다.

영락 5년에는 구항의 두목 진조의를 생포했으며, 8년에는 석란 왕 아열고내아를 생포했다. 11년에는 소문답랄의 가짜 왕 소간랄을 생포했으니실로 정화의 최대 전공(戰功)이었다. 그리고 만랄가의 독립을 도와 섬라의 구속에서 벗어나게 하고 소문답랄을 위해 내란을 평정하는 등 약소민족을 도운 공이 특별하였다.

정화의 족적이 이른 곳은 인도차이나반도로부터 시작해 말레이반도, 수마트라, 자바, 보르네오, 인도, 아라비아반도, 페르시아만을 거쳐 아프리카 동쪽 해안까지인데, 열 중 아홉은 명의 조공국이 되었다.

정화의 명성과 위엄이 얼마나 컸는지는 후세의 숭배와 각지에 남아있는 전설을 통해 엿볼 수가 있으니, 여기서 한 두 개의 예만 들면 다음과같다.

정화의 사적은 이미 명나라 때 중국 내에서 무대에 오르고 있었다. 《독서민구기》에 보면 "무릇 삼보의 서양 항해는 구불구불한 골목길에서조차 아주 널리 전해졌으니, 궁중의 희극이나 저자거리의 평화(評話)[80]에서도 가공의 내용이 모두 대중적으로 유전되어 역사[丹靑]가 되었다"고적혀있다. 지금도 복건의 장락에는 삼보암(三寶岩)이라는 지명이 있다.

남양 일대에서는 6월 30일 정화가 삼보롱(三寶瓏: 현 인도네시아 자바섬북부의 Semarang시 - 역자)에 상륙했다고 전해지는데, 지금 삼보롱에는 삼보동(洞)이 있으며 그 안에 삼보공묘(公廟)가 있어 정화를 모시고 있다. 매년 이날 자바의 화교들은 필히 이곳에 와서 참배를 한다. 수마트라와태국에도 모두 삼보묘가 있었다고 《명사》 '섬라전'에 나온다. 태국에는삼보사탑(寺塔)도 있었으니 진윤형(陳倫烱)[81]의 〈남양기(南洋記)〉에 보

....

80) 평화(評話): 민간 예능의 하나로서 그 지방의 방언으로 한 사람이 창(唱) 없이 이야기 하는 것으로 북방에서는 평서(評書)라고 한다.

인다. 남양의 화교들은 또 사당을 세워 '대백공(大伯公)'을 모셨는데, 각지에서 모시는 '대백공'의 수는 1, 2인에서 3, 5인까지 각각 다르지만 모두 정화를 첫 번째로 놓았다. '대백'이란 개척자에 대한 존칭이다. 말라카에는 삼보산(山)·삼보성(城)·삼보정(井)이 있고, 자바에는 삼보돈(墩)과 삼보정이 있으며, 태국에는 삼보항(港)이 있다. 《명산장》과 《동서양고(東西洋考)》 그리고 유정섭(俞正燮)의 《계사류고(癸巳類稿)》[82] 등에는 정화가 일찍이 대만(臺灣)에 이른 적이 있다고 하거나 대만의 존재를 알았다고 적혀있다. 왕사정(王士禎)의 《향조필기(香祖筆記)》[83]에서는 대만에 삼보강(薑)이 있으니, 삼보태감이 심은 것이라고 하였다. 윤사량(尹士俍)의 《대만지략(臺灣志略)》에는 "명나라 태감 왕삼보(王三保)가 배를 타고 대만에 이르렀다. 그가 물속에 약을 넣고 원주민[土番]에게 병자를 물속에 넣게 하여 목욕을 시키고 나니 병이 나았다"고 되어있다. 《동서양고》 권5에는 동번(東番)이 약속을 지키지 않자 정화가 집집마다 동(銅)으로 만든 방울을 주어서 목에 걸게 하였다고 적혀있다. 원서에서 동번을 '계롱담수(鷄籠淡水)'의 별칭이라고 하였으니 바로 지금의 대만이다. 이상의 내용을 통해 정화에 관한 전설이 얼마나 널리 퍼져있었는지를 알 수 있다.

정화의 대 원정이 가져온 경제적 성과를 구체적으로 말하기는 매우

---

81) 진윤형(陳倫炯, ?-1747): 청대 동안(同安) 고포(高浦) 사람으로 해양과 외국에 대해 특별한 흥미를 갖고 오랜 세월 관찰하고 연구하여 《해국견문록(海國見聞錄)》을 남겼는데, 〈남양기〉는 그 중 일부이다.

82) 《계사유고(癸巳類稿)》: 청대 안휘 황산(黃山) 사람 유정섭(1775-1840)이 경사(經史)·제자(諸子)·의리(醫理)·여지(輿地)·도범(道梵)·방언(方言) 등에 대해 고정(考訂)한 성과를 묶은 책으로 도광 13년(1833) 계사년에 출판되었다.

83) 《향조필기(香祖筆記)》: 청초의 걸출한 시인 왕사정(1634-1711)이 강희41-43년 사이에 지은 필기 모음집으로 전 12권이다.

어렵다. 《명회전》과 《명사》에 기록된 각국의 공물 및 《영애승람》에 수록된 교역 물자에 근거해 분류하여 헤아려보면, 당시 수입된 외국 물품과 수출된 국내 물품이 어떤 것인지 볼 수 있으며 이를 통해 정화의 서양 항해가 민생에게 끼친 영향이 어느 정도인지도 알 수 있다. 수입된 물품을 정리하면 아래와 같다.

- 오금류(五金類) 17종
- 향류(香類) 29종
- 진보류(珍寶類) 23종
- 동물류(動物類) 21종
- 포류(布類) 51종
- 용품류(用品類) 8종(금속품은 포함하지 않음)
- 약품류(藥品類) 22종(향류는 포함하지 않음)
- 안료류(顔料類) 8종
- 식품류(食品類) 3종(외국소금[番鹽]·설탕·후추)
- 목료류(木料類) 3종

그 밖에 《명회전》에 기록되어있는 말라카에서 바친 흑인노예[黑小廝]와 《명사》와 《명회전》에 적혀있는 파항(Pahang)에서 바친 번노(番奴) 및 《명사》에 보이는 브루네이에서 바친 흑인노예는 모두 특수한 공물이다. 위에 열거한 물품을 살펴보면 포류가 가장 많고 약품과 향류의 합계가 포류와 같은데, 대개 모두 일용필수품들이다. 동물류 중에 무소 뿔[犀角]이나 영양의 뿔[羚羊角]과 같은 것은 약품류로도 분류할 수 있다. 이를 통해 정화가 민생의 수요에 대해 상당히 주의하였음을 알 수 있다.

중국이 남해를 이용해 무역한 물품에 대해서는 《영애승람》·《성사승람》·《동서양고》 등의 책에도 기록이 남아있으니, 청화자기(靑花磁器)·

사향·소주(燒珠)·청자반완(靑磁盤碗)·장뇌·귤(橘)·우산(雨繖)·호사(湖絲)·금·은·철정(鐵鼎)·철요(鐵銚) 등이었다. 《황명세법록》에 기재된 외국으로 밀수출되거나 해외로 나간 품목 중에는 동전(銅錢)·단필(段疋)·주견(紬絹)·사면(絲棉)과 같은 것이 있는데, 이들 모두 정부의 주요 수출품이었음이 분명하다.

　그 당시 중국과 남양 간의 무역상황에 관해서는 《영애승람》의 기록이 가장 상세한데, 여기서 정리해 인용하면 다음과 같다.

　　고리(古里): "그 나라의 대두목(大頭目) 2명이 중국 조정으로부터 관직을 받았다. 보선이 그 곳에 도착하면 전적으로 2명에 의지하여 주로 물건을 매매하는데, 왕이 두목과 철지(哲地)[84]를 보냈다. 미납기(未訥几, Waligi Chitti?)가 관부(官府)에서 통계를 낸 다음 거간(牙人)이 와서 모이면, 배를 통솔하는 대인(大人)이 값을 매길 날짜를 의논하여 선택하였다. 그 날이 되어 가져 간 비단(錦綺) 등의 물건을 먼저 하나씩 흥정해서 가격이 결정되면 그 금액을 적은 계약서를 쓰고 서로 보관하였다. 이어 그 두목과 철지는 바로 환관 대인과 두 손을 서로 잡아당겼다. 그 거간은 몇 월 며칠 여럿이서 박수를 한번 쳐서 이미 결정되었으니, 비싸거나 저렴해도 다시는 후회하지 않는다고 말했다. 그런 후에 철지와 부호(富戶)가 비로소 보석·진주·산호 등의 물건을 가지고 와서 보여주면서 가격 흥정을 하는데, 하루에 결정될 수 있는 것이 아니라 빠르면 한 달 늦으면 두세 달이 걸렸다. 만약 가격 흥정이 끝나고 다른 주인의 진주 등을 매입할 경우 그 가격이 얼마라고 하면 원 중개인 두목 미납기가 모시와 생사 얼마를 지불할지 계산하여 원래 흥정했던 화물과 견주어 교환하였는데,

．．．．．．．．．．．．．．．．．．．．．．．．．．．．

84) 철지(哲地): Chettiar(또는 Chitti)의 음역으로 주로 무역에 종사했다(《명사 외국전 역주》, 2책, 597쪽). 고리국에는 회회(回回)·남비(南毗)·철지·혁령(革令)·목과(木瓜) 등 다섯 계급이 있는데, 대부분 무슬림이며 국왕은 남비 출신으로 불교를 믿었고 국사를 관장하는 대 두목은 이슬람교를 신봉했다.

조금도 변경하는 일이 없었다."

유산(溜山): "중국의 보선 한두 척이 그곳에도 도착하여 용연향(龍涎香)과 야자 등을 수매하였다."

조법아국(祖法兒國): "중국 보선이 그곳에 도착하여 황제의 조서를 읽고 상을 하사하고 나면, 그 나라 왕이 두목을 보내 그 나라 사람들에게 모두 유향·혈갈(血碣)[85]·노회(蘆薈)[86]·몰약·안식향·소합유(蘇合油)[87]·목별자(木別子) 등을 가지고 와서 모시·생사·자기 등과 교환하라고 두루 알렸다."

아단국(阿丹國): "소선단 환관 주□(周□)가 보선 여러 척을 이끌고 그곳에 도착하자, 그 나라 왕이 도착 소식을 듣고 곧바로 대소(大小) 두목을 이끌고 해안가로 나와 조칙(詔勅)과 하사품을 영접하였다. 왕부에 이르러 예를 행하는데 매우 공손하여 감복케 하였다. 조서를 다 읽고 나서 바로 그 나라사람들에게 진귀한 보물을 가져와야만 판매와 교역을 허락한다고 알렸다. 그들에게서 무게가 2전(錢) 정도 나가는 커다란 묘정석(貓睛石)과 여러 색깔의 아고(雅姑, Yagut) 등 특이한 보석, 커다란 진주와 높이가 2척이나 되는 산호수(珊瑚樹) 몇 그루를 구입할 수 있었다.

....

85) 혈갈(血碣): 기린갈(麒麟竭) 혹은 해랍(海蠟)이라 부르며 용혈수(龍血樹)의 과실과 줄기에서 얻는 수액을 말하는데, 항균작용과 지혈에 효험이 있다고 알려져 있다. 용혈수는 아프리카나 동남아시아에서 자라는 것으로 관목(灌木)과 교목(喬木)의 두 종류가 있다.(《명사 외국전 역주》, 1책, 338쪽)

86) 노회(蘆薈, aloe): 백합과(百合科, Liliaceae)의 다년생 초목 잎에서 흘러내리는 액즙을 건조시켜 만든 향료나 약재로 해열과 통변(通便), 구충(驅蟲) 등에 효과가 있다. 원산지는 아프리카의 소말리아인데, 소코트라(Socotra)섬에서 나는 노회의 품질이 가장 좋다. 전한 때 장건의 서역 사행 후 페르시아인에 의해 중국에 전해졌다.(《해상실크로드사전》, 50쪽)

87) 소합유(蘇合油): 소합(蘇合), 소합향(蘇合香)이라고도 한다. 안남 등 남방제국과 대식(大食)국에서 생산되었는데, 나무의 즙을 쪄서 만들었고 의약용으로 사용했던 것으로 보인다. 풍승균은 소합향유는 곧 Storax이고 대진(大秦)국에서 나오며 희랍어로는 Sturaz라 하였다.(《명사 외국전 역주》, 2책, 512쪽)

또 산호주(珊瑚珠) 5상자와 금박(金珀)·장미로(薔薇露)·기린·사자·꽃사슴[花福鹿]·표범[金錢豹]·타조[駝鷄]·흰 비둘기[白鳩] 등을 사서 돌아왔다."

가지국(柯枝國): "세 번째 서열의 사람을 철지(哲地)라 부르는데, 돈이 많은 부호였다. 오로지 보석·진주·향화(香貨) 등을 수매하여 중국 보석선(寶石船: 石은 衍字임)이나 다른 나라 선박이 와서 매입하기를 기다렸다."

섬라(暹羅): "이 나라의 서북쪽 2백 여리에 상수(上水)라 불리는 시진(市鎭)이 있었다. …… 중국 보선이 섬라에 도착하면 역시 작은 배를 이용해 그곳에 가서 장사를 하였다."

만랄가(滿剌加): "대개 중국 보선이 그곳에 도착하면 성벽처럼 목책을 세우고 4개의 문과 경고루(更鼓樓)를 설치하여 밤에는 방울을 들고 순찰을 돌았다. 안쪽에 다시 작은 성처럼 이중 목책을 세웠는데, 대개 금고와 창고 같은 시설을 만들어 모든 돈과 양식을 그 안에 정돈해 놓았다. 여러 나라에 갔던 (중국) 선박이 이곳으로 돌아와 모두 모이면 외국 상품을 정리하여 배안에 적재하고 남풍이 바른 방향으로 불 때를 기다려 5월 중순에 바다로 나가 귀환하였다."

이를 보면 만랄가가 실제로 그 당시 중국과 남양 무역의 요충지였음을 알 수 있다.

제8절 정화 이전의 선구자와 그 보좌 인물

정화 이전에 윤경은 이미 2차례 남양에 출사한 바 있었다. 《명사》 권 325 '만랄가전'에 보면 다음과 같은 기록이 있다.

"영락 원년(1403) 10월 환관[中官] 윤경을 그 곳에 사신으로 보내어 직금문기(織金文綺)와 쇄금장만(鎖禁帳幔)[88] 등 여러 물건을 하사했다. …… 윤경이 도착하여 (황제의) 크고 훌륭한 덕과 초무(招撫)의 뜻을 공표하였다. 그 추장 배리미소랄(拜里迷蘇剌, Paramésvara)은 크게 기뻐하며 윤경의 귀국 편에 사신을 딸려 보내 입조하여 방물을 바쳤는데, 3년 (1405) 9월 경사에 이르렀다. 황제는 이를 가상히 여겨 (배리미소랄을) 만랄가 국왕에 봉하고 고인(誥印)·채폐(綵幣)[89]·습의(襲衣)·황개(黃蓋)를 하사하였으며, 다시 윤경에게 (이 나라에) 가도록 했다. 그 나라 사신이 (자기 나라) 왕은 중국의 인의(仁義)를 사모하여 중국의 여러 군 (郡)과 마찬가지로 해마다 공물을 바치길 원한다고 말하며 그 곳의 산을 일국(一國)의 진(鎭)으로 봉해 줄 것을 청하였다. 황제가 이를 허락하고 비문(碑文)을 지어 산 위에 새기도록 하였는데, 그 비문 말미의 시에서 '서남의 대해(大海)를 통해 중국과 통교하나니, 그 모습 하늘에서 땅에 비 내리듯 영원히 동일할지니라. 해와 달에 씻기어 나라의 풍광 조화롭고, 바닷 기슭 언덕에 피어난 꽃과 나무 아름답도다. 금은보석이 푸르고 붉은 광택을 발하노니, 나라 안 백성들의 풍속 또한 화목하도다. 국왕이 선의(善義)를 좋아하고 화하(華夏)를 조종(祖宗)으로 받들고자 하여, 내군(內郡)과 같이 중화의 풍속을 따르기를 원하는구나. 나가고 들어올 때마다 의장(儀仗)과 장산(帳傘)이 장중하고, 의례와 복식의 예가 경건하도다. 그대의 귀복하는 충성을 비석에 새겨 표창하고, 그대 나라 서산(西山)을 진산(鎭山)으로 영원히 봉하노라. 산신(山神)과 해신(海神)이 화합하여 모두 뒤따르고, 선황(先皇)이 이곳 하늘에 오르내리시리라. 훗날에도 오랫동안 흥륭(興隆)하는 지를 살필지니, 너희 자손 후대까지 만복이 가득 찰리로다[90]'고 하였다. 윤경 등이 다시 이르자, 그 나라 왕이

....

88) 쇄금장만(鎖禁帳幔): 쇄금은 금으로 고리를 이은 줄을 의미하고 장만은 장막을 가리키므로 금으로 만든 고리 장식이 달린 장막을 말한다.

89) 채폐(綵幣): 彩幣라고도 하는데, 綵는 무늬 있는 비단이고 幣는 견직(絹織)의 백(帛)을 말하는 것이므로 무늬가 있는 견직물을 말한다.

90) "西南巨海中國通, 輸天灌地億載同. 洗日浴月光景融, 兩岸露石花木濃. 金花寶鈿

더욱 기뻐하며 융숭한 예우로 접대하였다. 5년(1407) 9월 사신을 보내 입공하였다. 이듬해(1408) 정화가 그 나라로 출사하였다."

윤경과 다른 이들은 그 후에도 다시 조와와 소문답랄 등지로 출사하였다. 《명사》권325 '소문답랄전'에는 다음과 같이 적혀있다.

"영락 2년(1404)[91] 부사 문량보와 행인 영선을 보내 그 추장에게 직금문기·융금(絨錦: 부드럽고 가는 털이 있는 견직물 - 역자)·사라를 하사하여 위로하였다. 환관 윤경을 조와에 사신으로 보냈을 때에도 가는 길에 다시 그 나라에 들리도록 했다. 3년 정화가 서양으로 갈 때에도 다시 하사품을 내렸다. 정화가 아직 도착하기 전에 그 추장 재노리아필정(宰奴里阿必丁, Zaynual-Abidin)은 이미 윤경의 귀국 편에 사신을 딸려 보내 입조하여 방물을 바쳤다. (황제는) 조서를 내려 (그 추장을) 소문답랄 국왕에 봉하고 인고·채폐·습의를 하사하였다. 마침내 해마다 입조하여 공물을 바쳤고 성조시대가 끝날 때까지 끊이질 않았다."

《명사》권326 '고리전'에는 "영락 원년 환관 윤경에 명하여 황제의 조서를 받들고 그 나라로 가서 안무(按撫) 효유케 하고 채폐를 하사토록 하였다. 그 추장 사미적희(沙米的喜: Samuthiri의 음역 - 역자)는 사신을 보내 윤경을 따라 입조하여 방물을 바쳤다. 3년 남경에 도착하자, (사미적희를) 국왕에 봉하고 인고 및 문기(文綺) 등의 여러 물품을 내려주니 마침내 매년 입공하였다. 정화도 여러 차례 그 나라에 출사하였다"고 기록

生青紅, 有國於此民俗雍. 王好善意思朝宗, 願比內郡依華風. 出入導從張蓋重, 儀文錫襲禮虔恭. 大書貞石表爾忠, 爾國西山永鎭封. 山居海伯翕扈從, 皇考陟降在彼穹. 復天監視之彌隆, 爾衆子孫萬福崇."

91) 《명사》권324 '조와전'에는 영락 원년에 문량보와 영선을 파견했다고 되어있고, 《명성조실록》에도 원년 8월의 일로 기록하고 있다.

되어있다.

《명사》 권326 '가지전'에는 "영락 원년 환관 윤경을 보내 조서를 가지고 그 나라에 가서 안무 효유하고 쇄금장만·직금문기·채백(綵帛: 채색한 비단 - 역자) 및 화개(華蓋: 군왕의 수레나 가마에 사용하는 의장용 덮개 - 역자) 등을 하사케 하였다. 6년 다시 정화에게 그 나라에 출사토록 하였다"고 되어있다.

《명사》 권324 '조와전'에는 다음과 같이 기록되어있다.

"영락 원년 부사 문량보와 행인 영선을 보내어 그 왕에게 융금·직금문기·사라 등을 하사하였다. 사신이 출발한 뒤 조와국의 서왕(西王) 도마판(都馬板, Tumapĕl)이 사신을 보내 입조하여 (즉위를) 축하하자, (영락제는) 다시 환관 마빈(馬彬) 등에게 명하여 도금한 은인(銀印)을 하사하였다. 서왕이 사신을 보내어 하사한 인장에 감사하면서 방물을 바쳤다. 그러자 동왕(東王) 패령달합(孛令達哈) 역시 사신을 보내 입공하면서 인장을 청하니, (영락제는) 관원을 보내어 하사토록 하였다. 이로부터 두 왕이 함께 공물을 바쳤다. 3년 환관 정화를 보내 그 나라에 출사토록 하였다."

우동(尤侗)[92]의 《외국전(外國傳)》에는 쇄리와 서양쇄리 두 나라의 열전이 있는데, 이는 잘못된 구분이지만 《명사》 권325에서 그대로 따르고 있다. 《명사》 '서양쇄리전'에는 "영락 원년 부사 문량보와 행인 영선에게 그 나라에 사신으로 가도록 명하고 융금·문기·사라 등을 하사하였다.

....

92) 우동(尤侗, 1618-1704): 명말 청초의 저명한 시인 겸 희곡가로 강희 18년 (1679) 박학홍유(博學鴻儒)로 천거되어 한림원 검토를 제수받고 《명사》 편찬에 참여하여 열전 300여 편과 〈예문지〉 5권을 저술하였다. 그 중 일부가 청대에 《명사외국전》이란 이름으로 출판되었는데, 여기서 말하는 《외국전》은 바로 이 책을 가리키는 것 같다.

그 후 다시 환관 마빈에게 명하여 사신으로 가도록 했으며 전과 같이 하사품을 내렸다. 그 나라 왕은 즉시 사신을 보내 조공을 바쳤다"고 적혀 있다.

이상 《명사》에서는 여섯 나라로 나누어 출사의 행적을 기록했지만, 사실 출사한 자는 동일한 사람들이었다. 정사 윤경과 부사 문량보는 영락 원년 10월 출사의 명을 받고 3년 9월 경사로 돌아왔다. 수행원으로는 행인 영선이 있었다. 3년 9월 다시 명을 받고 출사하니 정화와 동행이었다. 마빈은 조와의 서왕이 입공하면서 인장을 청했기 때문에 추가로 파견된 사람이었다. 윤경 일행은 대략 영락 원년 말 혹은 다음해 초에 만랄가에 이르렀다. 영락 2년 조와와 소문답랄 및 서양쇄리에 도착하여 문량보와 영선이 그 나라들을 초무할 때, 윤경은 바로 소문답랄에서 행로를 나누어 가지와 고리로 직항했던 것 같다. 3년 초봄에 이들은 다시 합류하여 회항하였다. 고리·소문답랄·만랄가 모두 사신을 보내 윤경을 따라와 입공하였다.

정화가 그 위업을 달성할 수 있었던 까닭은 자신을 보좌한 인물로부터 도움을 얻었기 때문이다. 그 중 일찍이 단독으로 정사와 부사에 임명된 사람은 다음과 같다.

- 양민(楊敏): 영락 16년(1420) 섬라 사신을 호위하여 귀국하였고, 그 왕에게 보빙(報聘)하였다.
- 왕경홍(王景弘): 선덕 5년(1430) 정화와 함께 출사하였고, 9년 다시 소문답랄에 출사하였다.
- 왕귀통(王貴通): 영락 5년(1407) 칙서와 은폐(銀幣)를 가지고 출사하여 점성 왕에게 하사하였다.
- 이흥(李興): 정화 이전인 영락 원년(1403) 일찍이 섬라에 출사하였다.
- 홍보(洪保): 영락 10년(1412) 섬라에 출사하였다.

이들 외에 이개(李愷)·주량(朱良)·주만(周滿)·양진(楊眞)·장달(張達)·오충(吳忠) 등도 있었으니 총 11명이다.

제9절 정화와 동 시대의 해외 사절망(使節網)

정화의 7차례 출사 기간 중에도 해외로 출사한 또 다른 사람들이 있었으니, 명초에서 명 중엽까지 중국이 아라비아반도 동쪽 바다와 육지에서 영도자가 될 수 있었던 까닭이 정화 한 사람의 공이 아님을 알 수 있다. 따라서 5백년 후인 오늘날 정화 한 사람만 사람들의 칭송과 존경을 받아서는 안 될 것이다.

제1차 출사 기간 중인 영락 원년(1403) 9월 환관 윤경이 만랄가로 출사하였고, 같은 해 행인 담승수와 천호 양신이 삼불제로 출사했으며, 같은 해 파라(婆羅)와 여송(呂宋)93)에 사신을 파견한 바 있었다. 이 사실은《명사》'만랄가'·'삼불제'·'파라'·'여송' 등의 열전에서 찾아볼 수 있다.

제2차 출사 기간 중인 영락 6년(1408) 환관 오빈(吳賓)이 조와로 출사하였고, 같은 해 8월 환관 장원(張原)으로 하여금 조난당한 섬라의 조공

....

93) 여송(呂宋): 필리핀제도 북부에 위치한 루손(Luzon)섬을 중국식으로 표기한 것으로 필리핀의 옛 이름이기도 하다. 필리핀제도 중 가장 큰 섬으로 수도 마닐라가 자리하고 있다. 송대부터 중국과 교역하기 시작했고 14세기경 이슬람교가 유입되어 무슬림으로 개종한 모로족이 세력을 잡고 있었으나, 1571년 스페인 항해가 미겔 로페스 데 레가스피(Miguel López de Legazpi)가 마닐라에 식민지를 개척하면서 350년간 스페인의 극동기지로 이용되었다. (해상실크로드사전, 229-230쪽)

사절단을 본국으로 귀환시키면서 그 왕에게 폐백(幣帛)을 하사하도록 하였으며, 같은 해 환관 장겸(張謙)과 행인 주항(周航)이 발니로 출사해 영락 8년에 귀환한 바 있었으니, 각각《명사》해당 열전에서 볼 수 있다.

제3차 출사 기간 중인 영락 7년(1409) 이후 장원이 다시 섬라로 출사했고, 9년에 장겸과 주항 등이 재차 발니로 출사하였다. 영락 10년 환관 감천(甘泉)이 만랄가로 출사했고, 홍보는 섬라로 출사하였으며, 방갈랄과 치납복아(治納僕兒)에 사신을 파견한 바 있으니,《명사》해당 인물 열전에 나온다.

제4차 출사 기간 중인 영락 11년 오빈이 조와로 출사했음을《동서양고》에서 찾아 볼 수 있다. 13년 환관 후현(侯顯)이 방갈랄로 출사했고, 14년에는 환관 곽문(郭文)이 섬라 왕의 장례에 조문하러 갔으며, 별도로 관원을 보내 그의 아들을 왕으로 봉하였으니,《명사》'방갈랄전'과 '섬라전'에 보인다.

제5차 출사 기간 중인 영락 15년 장겸이 고마랄랑(古麻剌朗, Min-danao)에 출사하였고, 16년 환관 임귀(林貴)와 행인 예준(倪俊)이 점성의 왕손(王孫)을 호송하여 귀국시켰다. 17년 양민(楊敏)이 섬라 사신을 호송하여 귀국시켰고, 18년 후현이 다시 방갈랄로 출사하였으니,《명사》해당 인물 열전에서 볼 수 있다.

제7차 출사 이전인 선덕 원년 행인 황원창(黃原昌)이 점성에 가서 정삭(正朔)을 반포하였지만, 그 왕이 공손하지 않아서 그 왕이 사례로 준 금폐(金幣)를 물리치고 돌아왔다는 사실이《명사》'점성전'에 보인다.

제14장
명초 중국에 관한 유럽인의 기록

제1절 명초 유럽과 중국 간의 교통 단절

14세기 중엽 이전 중국에 대한 유럽의 지식은 날로 증가하였지만, 원 제국이 분열되어 중국과 유럽 간의 교통이 다시 단절되면서 로마교황청이 파견한 마지막 선교사들도 대부분 행적이 불분명해졌다. 대체로 명 태조 즉위 후 중국과 서방의 육상 연결은 겨우 사마르칸트 일대에 달했을 뿐이고 아랍 등의 나라와는 해로에 의지하여 관계를 맺어왔다. 그 당시 중앙아시아와 서아시아의 이슬람 국가들이 점차 강성해지면서 유럽 각국과 동방의 왕래를 수시로 방해하였고 결국 왕래가 단절되고 말았다.

원 순제 지정 4년(1349) 유럽에서 흑사병이 발생하여 매우 광범위하게 만연됨으로써 동서양의 통상은 일찌감치 중단되어졌다. 오직 선교사업만이 여전히 진행되었지만, 애석하게도 상황이 예전만큼 그렇게 순조롭지 못했다. 중앙아시아에서의 몽고 세력은 이미 쇠락해갔으며, 원 제국의 분열은 이슬람족의 교란과도 무관하지 않았다.

홍무 2년(1369) 로마교황청은 여전히 북경 주교 한 사람을 임명하지만 이후 다시 그 명령을 거두어들였다.

다음해 또 프란시스코 수도회 수도사 60명이 중국 선교를 위해 파견되었지만 모두 행방이 묘연하였다.

북경(즉 Khambalik) 주교의 명단은 명초까지 끊임없이 이어지만, 실제로 부임할 수 있었는지는 사실 의문이다. 영락 8년(1410)에 오면 중국 선교 임무는 이미 술타니야(Soltaniyeh)1) 총주교에게 위탁되었다. 성화 19년(1483) 술타니야의 마지막 주교를 서품한 해를 끝으로 북경에는 더 이상 주교가 주재하지 않게 되었다.

경태 4년(1453) 이슬람 국가의 군대는 콘스탄티노플을 함락시켰고, 성화 11년(1475) 흑해 부근 제노바인의 마지막 식민지였던 카파(Kaffa)를 점령했다. 성화 16년(1480)에는 이탈리아 본토까지 침략하였다. 이 대제국의 영토는 대서양 연안의 모로코 해안으로부터 동쪽으로 아프리카 북반부(이집트 포함)를 포괄하고 팔레스타인과 시리아까지 그 판도에 편입시켰으며 지중해의 발칸반도도 점유하였다. 유럽이 받은 위협은 물론 극히 엄중하였고 중앙아시아에서의 이슬람교도의 실력도 충분히 놀랄 정도에 이르렀다. 원대에 일시 성황을 이루었던 유럽과 중국 간의 교통은 이때가 되면 거의 부흥할 희망조차 없게 된다.

....

1) 술타니야(Soltaniyeh): 원서에는 Sultanyeh로 표기되어있으나 오기로 보여 바로잡았다. 현재 이란 서북부에 위치한 술타니야시는 14세기에 이란을 통치한 몽고민족이 세운 일한국의 수도였으며, 한때 다뉴브강에서 북중국에 이르는 동서교역을 이어주는 중요한 상업도시 중의 하나였다

제2절 스페인 사절 클라비호(Clavijo)의 여행기

명초(즉 14세기 중엽 이후) 중국과 유럽 간의 교류는 비록 이미 단절되었지만, 이후 약 한 세기 반 동안 즉 15세기말까지 (서양의) 시인과 문인들은 간혹 저술 속에서 거란[契丹]이란 이름으로 중국에 대한 묘사를 하곤 하였다. 또 일찍이 티무르(Timur)제국으로 출사한 스페인과 독일의 사절들은 전해들은 중국 사물(事物)을 유럽인에게 소개하기도 했는데, 그 중에는 동방을 여행했던 사람들로부터 얻어들은 것도 있었다. 이와 같은 중국에 관한 지식은 당시의 지도에서도 볼 수 있다. 여기서는 먼저 클라비호(Ruy Gonzalez de Clavijo)에 대해 서술하겠다.

클라비호는 스페인 왕(카스티야의 엔리케 3세를 말함 - 역자)의 명령을 받고 티무르에 답례 방문을 간 사람이다. 영락 원년(1403) 사마르칸트에 도착해 2년 동안 체류하다 영락 3년 귀국하여 출사 기록을 남겼다. 클라비호의 티무르 방문은 대략 다음과 같은 시대적 배경 하에서 이루어 진 것이었다. 당시 오스만 투르크의 발흥으로 동로마제국은 그 아시아의 영토를 이미 모두 빼앗겼을 뿐 아니라 사방으로 포위되고 에게해의 섬들도 점령당함으로써 수륙 교통이 모두 단절된 상태였다. 홍무 29년(1396) 오스만 투르크가 독일과 프랑스 양국의 지원부대를 격파하고 콘스탄티노플을 포위하면서 동로마제국의 위기는 극에 달했다. 당시 오스만 투르크의 술탄이었던 바자제트(Bajazet: 즉 Bayezid - 역자) 1세는 서유럽의 여러 나라에 위세를 떨쳤을 뿐 아니라 이집트·수단과 우호관계를 맺고 티무르를 협공하고자 했다. 티무르는 이 소식을 듣고 인도 서쪽을 돌아 먼저 경내의 반란을 평정한 다음 다시 시리아로 진입하여 이집트 군대를 격파하고 다마스쿠스를 차지하였다. 이어 군대를 소아시아로 이동시켜

오스만 투르크의 배후를 치자, 이에 바자제트 1세는 콘스탄티노플의 포위를 풀고 30만 대군을 이끌고 티무르의 20만 대군과 앙고라(Angora)에서 전투(Battle of Ankara라고도 함 - 역자)를 벌였다. 그러나 패전하여 포로로 붙잡혀 사마르칸트에 수감되어있던 중 수치심과 분노로 사망하니, 이때가 1402년 즉 명 혜제 건문 4년이었다.

오스만 투르크의 세력이 쇠락하고 나서 티무르는 마침내 소아시아 전토를 평정했지만 끝내 유럽으로 진입하지는 못하였다. 이것이 클라비호의 출사 때 유럽과 아시아 접경지대의 대체적인 상황이었다.

그 당시 유럽의 군주들은 대부분 사절을 파견해 전황을 관찰하였는데, 스페인도 그 중 한 나라였다. 티무르는 유럽의 사절들을 모두 우대하였을 뿐 아니라 사신을 파견해 이들을 호송 귀국시켰다. 클라비호의 답례 방문도 귀국하는 티무르의 사신(이름은 Muhammed al-Kazi - 역자)과 함께 동행 한 것이었다. 영락 원년(1403) 페르시아를 거쳐 콘스탄티노플에 이르렀고 영락 2년 사마르칸트에 도달했는데[2], 마침 중국 사신도 도착해 있었다. 이런 연유로 클라비호는 중국의 사정을 충분히 전해들을 수 있

....

2) 클라비호는 1403년 5월 21일 카디스(Cadiz)에서 출항하여 마조르카(Majorca)·시칠리아·로도스(Rhodos)섬을 지나 지중해를 통과해 콘스탄티노플에 도착한 다음 흑해 해안을 따라 트라브존(Trabzon)으로 항해하였고 이후 육로를 이용해 아르메니아·이란·투르크메니스탄을 거쳐 우즈베키스탄으로 갔다. 본래의 의도는 현재의 조지아(Georgia)에 있는 티무르를 만나는 것이었으나 악천후와 난파로 인해 콘스탄티노플로 돌아가서 1403-1404년의 겨울을 보내야 했다. 그 후 콘스탄티노플을 떠나 흑해를 가로질러 수개월 간 티무르의 군대를 쫓았으나 따라잡지 못하고 결국 티무르의 수도인 사마르칸트에 도착한 것은 1404년 9월 8일이었다. 페르시아를 거쳐 콘스탄티노플에 이르렀다는 말은 페르시아를 거쳐 우즈베키스탄까지 갔다가 콘스탄티노플로 되돌아 온 사실을 축약해서 설명한 것으로 보인다.

었고, 거기에다 자신이 직접 목격한 것을 더하여 《티무르 대제의 역사》(*Historia del Gran Tamorlan e itinerario y enarracion del viage, y relacion de la Embaxada* ……)를 편찬하였다. 이 책은 중국에 관한 기록이 많지 않지만 티무르의 서침(西侵) 계획과 관할지역 내의 중요 사건들에 대해 모두 상세히 기재하고 있다. 그래서 중앙아시아와 서아시아 역사 연구자들은 이 책을 매우 중요시한다. 예컨대 영토 내의 역참제도, 사마르칸트의 웅장하고 화려한 건축물들, 이 지역으로 모여든 학자와 미술가 및 기술자들, 티무르의 궁전, 티무르 본인과 그 자식 세대의 자기절제, 질서를 유지하는 엄격한 규율과 중형(重刑) 등에 대한 기록이 모두 확실하며 상세하다. 1404년(영락 2년)말, (클라비호는) 귀국하던 중 티무르가 동쪽으로 가는 도중에 사망했으며 내홍이 발발했다는 소식을 전해 들었다.

제3절 베니스(Venice)가 파견한 페르시아 주재 사절의 여행기

명초에는 또 티무르의 군대에서 다년간 복무했던 독일인 요한 실트베르거(Johann Schiltberger)가 있었다. 그의 족적은 일찍이 차가타이한국에까지 이르렀으며, 1427년(명 선종 선덕 2년) 독일로 귀국해 여행기를 저술했다. 중국에 관한 간단한 언급은 아마도 티무르 궁정에서 친히 보고 들은 것들로, 예컨대 명조에 대한 티무르의 태도와 출정 기도 등과 같은 내용이다. 독일 학자 노이만(Neumann)이 이를 간행했고, 브런(P. Bruun) 교수가 영어로 번역한 바 있다.

앙고라 전투에서 오스만 투르크가 비록 패했지만 나라의 기초는 전혀 동요되지 않았다. 반세기 후 또 다시 발흥해 1453년(명 경종 경태 4년) 콘스탄티노플을 함락시킴으로써 동로마제국은 결국 멸망하고 말았다.

베니스 공화국은 평소 지중해 연안의 여러 나라와 패권을 다투며 성장하였다. 티무르가 실패할 당시 일찍이 페르시아와 동맹을 맺고 사절을 보내 타브리즈(Tabriz)에 주재하게 하였으니, 바르바로(Josapfat Barbaro)·제노(Cat. Zeno)·콘타리니(Ambresio Contarini) 등이 바로 그들이다. 이들은 모두 여행기를 남겼는데, 그 안에 중국에 관해 전해들은 내용도 섞여 있다. 그 중에서도 바르바로의 저서가 비교적 가치가 있다. 바르바로는 학식이 깊고 넓었으며 사절로 임명되기 전인 1436년(명 영종 정통 원년)에서 1452년(명 경종 경태 3년)까지 남러시아와 페르시아에서 무역을 하였으니, 그의 여행기 중의 주요 부분은 바로 이 시기에 속한다. 이 책은 직접 보고 들은 것을 기술한 외에 자주 문헌을 광범위하게 인용하여 옛 지명을 고증하고 있지만, 그 방법이 정밀하지 못하여 도리어 견강부회한 곳이 많다. 1436년 바르바로는 흑해 북쪽 해안의 타나(Tana)항을 지날 때 우연히 한 타타르인(당시 유럽인이 지칭한 타타르인은 그 범위가 매우 넓어서 몽고인·만주인·한인 외에 기타 중국 부근 민족 중 어느 것을 가리키는지 확정할 수 없다)을 만난 적이 있었는데, 중국에 관한 사정은 모두 이 사람으로부터 전해들은 것이었다. 1480년(명 헌종 성화 16년) 바르바로는 페르시아 출사기를 저술하면서 중국에 대해 들었던 일들을 이 책에 기록해 넣었다.

제4절 니콜로 콘티(Nicolo Conti)의 동방 각국 여행기

니콜로 콘티는 베니스의 상인으로 학문적 소양이 깊었을 뿐 아니라 동방의 언어에도 능통했다. 콘티는 아마도 유럽인으로 인도 내지(內地)를 여행하고 갠지스강을 항해한 최초의 인물이었던 것 같으니, 그 때는 1430년(선덕 5년) 전후였다. 1483년(정통 3년) 포지오 브라치올리니(Poggio Bracciolini)가 콘티의 구술을 라틴어로 기록하여 그의 저서《운명변화론》(De varietate fortunae) 제4권에 수록하였다.

콘티는 자신이 중국에 갔었는지에 대해 분명하게 말하지 않았지만, 그 책에는 중국만을 기술한 한 절(節)이 있다. 헨리 율(Henry Yule)은 그 내용에 근거해 분명히 중국에 갔었다고 여겼지만, 코르디에(Cordier)는 그렇게 생각하지 않았다. 코르디에는 만약 콘티가 직접 중국에 갔었다면 마르코 폴로가 사용했던 옛 지명을 그대로 쓰지 않고 당연히 당시의 새로운 지명을 사용했을 것이라고 주장하였다. 반면《회편》의 편자는 콘티가 일찍이 복건과 광동 일대에 도달했을 수도 있지만, 중국의 새로운 지명을 사용하지 않은 것은 혹 언어가 통하지 않았거나 그와 동행했던 자들 모두 아랍이나 페르시아 사람이었기 때문에 몽고인의 옛 명칭을 그대로 사용했을 것이라고 추론하였다.

갠지스강과 이라와디(Irrawaddy)강 유역에 대한 콘티의 기록은 매우 상세하여 베니스 사람 프라 마우로(Fra Mauro)가 이에 근거해 세계지도를 그렸는데, 지금까지 베니스 대공작의 저택에 보존되어있다. 포르투갈에서 봉직한 독일인 마르틴 베하임(Martin Behaim)이 만든 지구의(地球儀)와 그가 그린 세계지도에 나오는 동방의 여러 지역은 실제로 사실과 상상이 반반씩 섞여있다고 말할 수 있다.

그 외에 티무르의 아들 샤 루흐(Shah Rukh, 1377-1447)왕은 일찍이 명나라에 사신을 파견하였는데, 그 수행원 중 1명인 화가 가이아수딘(Khwaia Ghaiassuddin)이 저술한 견문기는 압둘 라자크(Abdur Razzak)의 《샤 루흐 역사》 안에 수록되어있다.

제15장
명대 중엽 동서 교통과 화교의 개척

제1절 동남아시아 각국과의 관계

역사 연구의 편리를 위해 본서에서는 명대를 다음과 같이 구분하고자
한다.

- **명 초엽**: 명 태조 홍무 원년부터 건문·영락·홍희·선덕·정통·경태
  ·천순에 이르는 97년(1368-1464).
- **명 중엽**: 성화·홍치·정덕·가정연간 등을 포괄하는 102년(1465-
  1566).
- **명 말엽**: 융경으로부터 만력·태창·천계·숭정을 거쳐 홍광·융무·
  영력에 이르는 96년(1567-1662).

위의 시기구분은 대체로 균등하다고 할 수 있지만, 명말의 중서교통에
관한 사실(史實)은 본편의 범위에 속하지 않기 때문에 간혹 언급만 할
것이다. 정화가 마지막으로 출사하고 귀환한 것은 선덕 8년(1433)으로
아직 명초에 속한다. 본장에서 서술할 것은 명초 시기의 후반 30년과
명 중엽 전(全) 시기를 위주로 하였다. 그 가운데 앞선 두 장에서 언급하
지 않은 나라들은 모두 명초의 사적이지만 여기서 언급하겠다.

1. 진랍(眞臘, Chenla)

《명사》권324 '진랍전'에 따르면 홍무 3년(1370)·16년(2차례)·19년·20년, 영락 원년(1403)·3년(2차례) 모두 진랍에 사절을 보냈다고 기록되어있다. 홍무 3년 사신 곽징(郭徵)이 다녀왔으며, 16년의 첫 번째 사절은 감합(勘合)과 문서를 가지고 가서 (앞으로 진랍에서 중국에 오는) 사절의 진위를 증명할 수 있게 하였고, 두 번째 사절은 직금문기 32벌과 비기(碑器: 碑는 磁의 오기임 - 역자) 1만 9천개를 가지고 가서 하사하였다. 19년에 사행을 간 사람은 행인 유민(劉敏)과 당경(唐敬)이었고, 영락 원년에는 행인 장빈흥(蔣賓興)과 왕추(王樞)가 출사하였다. 3년의 첫 번째 사신 왕자(王孜)는 가서 그 나라 왕의 제사를 지냈고, 두 번째 사신 필진(畢進)과 왕종(王琮)은 그의 후계자를 왕으로 책봉하였다. 진랍에서 조공하러 온 사신은 홍무 4년·6년·12년·13년·16년·20년(2차례)·21년·22년(3차례)·23년 그리고 영락 2년·3년(2차례)·6년·12년·15년·17년에 있었다. 선덕(1426년) 이전까지 계산해 보면 중국이 사신을 파견한 것은 8번이고 진랍이 사신을 보내 온 것은 19번이었다. 열전에는 "선덕·경태연간(1426-1456)에도 사신을 보내 입공하였지만, 그 후부터는 상례적으로 오지 않았다. …… 번인(番人)이 당인(唐人)을 살해하면 사형에 처하고 당인이 번인을 살해하면 벌금형이었는데, 만약 돈이 없으면 몸을 팔아서 속죄해야 했다. 당인이란 여러 번인들이 화인(華人)을 부르는 호칭으로 대개 해외 각국이 모두 그러하였다"고 적혀있다.

2. 팽형(彭亨, Pahang)

《명사》권325 '팽형전'의 기록에 의하면 홍무 11년(1378)과 영락 9년

(1411)·12년에 단독 입공하였고, 14년에는 고리(古里)·조와(爪哇) 등과 함께 입공하였다. 영락 10년 정화가 그 나라에 사행했으며, 영락 14년 이후 "다시 정화에게 명하여 그들에게 보답하도록 했다"고 한다.

3. 급란단(急蘭丹, Kelantan)

《명사》 권326 '급란단전'에 따르면 영락 9년(1411) 사신을 보내와 조공하였다. 이에 10년 정화에게 칙서를 가지고 가서 그 왕을 표창하도록 명하면서 금기(錦綺)·사라(紗羅)·채백(綵帛)을 주었다고 되어있다.

4. 만랄가(滿刺加, Malaka)

《명사》 권325에 '만랄가전'이 있다. 정화의 원정 이후 선덕 8년(1433) 그 나라 왕이 처자와 신하를 이끌고 내조하였다. 정통 10년(1445)에는 사신을 보내 그 나라 백성을 복종시킬 수 있도록 호국(護國) 칙서와 망복(蟒服)[1]·산개(傘蓋)[2] 등을 하사해줄 것을 청하였다. 아울러 왕이 친히 황제를 뵙고자 하는데, 수행인원이 많으므로 멀리서 오는데 편하도록 큰 배 1척을 하사해주기를 청하였다. 황제는 이를 모두 허락하였다. 경태 6년(1455) 말과 방물을 바치면서 왕으로 봉해주기를 청하자, 이에 급사 중 왕휘(王暉)에게 조서를 내려 사신으로 가도록 했다. 얼마 안 되어 다

....

1) 망복(蟒服): 용의 무늬가 있는 명대의 관복으로 곤룡포에 있는 무늬보다 용의 사지에 있는 발톱 수가 하나 적고 망복에 있는 용의 수도 관품에 따라 달랐다.
2) 산개(傘蓋): 긴 손잡이가 있는 우산형태의 의장물(儀仗物)로 산면(傘面) 바깥에 수술이 달려있다.

시 입공하였다. 천순 3년(1459) 왕자가 사신을 보내 입공하자 진가유(陳嘉猷) 등을 보내어 책봉하였다. 성화 10년(1474) 진준(陳峻)이 점성(占城) 왕을 책봉하고자 하였으나 마침 안남의 군대가 점성을 점거하여 들어갈 수 없게 되자, 행선지를 바꿔 만랄가로 가서 그 왕에게 입공할 것을 알리니 곧바로 사신을 보내왔다. 17년 9월 만랄가의 조공사절이 왔을 때 마침 안남의 사절도 조공하러 왔다. 안남은 일찍이 성화 5년(1469) 표류하여 그 나라 경내에 들어온 만랄가 조공사신을 죽인 바 있었기 때문에 (황제는) 그 왕에게 책임을 묻는 칙서를 내렸다. 아울러 만랄가에게도 유지를 내려 만약 안남이 또 다시 침범한다면 즉시 군대를 정비하여 전쟁에 나서라고 했다. 이윽고 임영(林榮)과 황건형(黃乾亨)을 보내 그 왕자를 왕으로 봉하고자 하였으나 두 사람이 (가는 도중에) 익사하여 다시 장성(張晟)과 좌보(左輔)를 보냈는데, 장성이 광동에서 죽자 다시 또 한 사람을 파견하였다. 정덕 3년(1508) 다시 입공하였다. 세종이 황위를 계승했을 때(1521), 포르투갈[佛郎機]이 그 곳을 침략하였다. 그 왕 소단마말(蘇端媽末, Mahmud Shah)이 탈출하여 사신을 보내 국난(國難)을 알렸다. (이에 세종이) 칙서를 내려 포르투갈을 꾸짖고 섬라 등 여러 나라의 왕들에게 구원해줄 것을 명하였지만, 끝내 응해 오는 자가 없어 만랄가는 결국 멸망하였다. 이상은 모두《명사》에서 절록한 내용으로《명사》'만랄가전'에는 바로 이어서 "그 때 불랑기도 사신을 보내 조공하고 책봉을 청하였는데, (그 사신이) 광동에 이르자 수신(守臣)이 그 나라는 본디 〈왕회(王會)〉[3]에 배열되어있지 않아서 그 사신을 붙잡아두었다고 아뢰었다. 이

....

3) 〈왕회(王會)〉: 왕회는《일주서》〈왕회해〉편에서 비롯된 것으로 주나라 때 제후와 사이(四夷) 혹은 주나라 천자에게 조공하는 번속국의 왕들의 모임[聚會]을 말하며, 〈왕회〉에는 이들 나라에 대한 명칭이 나열되어있다. 명대에도

에 유지를 내려 (사신에게) 그 방물의 가치만큼 주어 돌려보내도록 명하였다. 그 후 마육갑(馬六甲)으로 명칭을 바꾸었다"고 적혀있다. 만랄가와 마육갑은 단지 음역을 달리했을 뿐이지 명칭을 바꾼 것은 아니었다.

《명사》의 이 열전에는 또 그 나라 사람의 "신체는 검푸른데 간간이 흰 사람이 있으니 당인 출신이다"고 적혀있다. 그 외 정덕 3년 조공사절이 데리고 온 화교에 대해 다음과 같이 서술하고 있다.

> "그들의 통역을 맡은 아유(亞劉)는 본래 강서성 만안(萬安) 사람으로 이름은 소명거(蕭明擧)인데 죄를 짓고 그 나라로 도망친 자이다. 대통사(大通事)⁴⁾ 왕영(王永)과 서반(序班)⁵⁾ 장자(張字)에게 뇌물을 주고 발니(浡泥)로 가서 보물을 찾자고 모의한 바 있었다. 그리고 예부의 관리인 후영(侯永) 등도 뇌물을 받고 가짜 증명[符印]⁶⁾을 만들어 주어 역참제도

....

명조로부터 왕에 책봉되어 조공하는 번속국을 기록하였거니와 본문에서의 〈왕회〉는 명에 조공하는 나라의 명칭을 나열한 책자로 보인다.

4) 대통사(大通事): 명·청시기 회동관(會同館)에서 통역을 맡은 이를 통사 혹은 서반이라 불렀는데, 대통사는 이들 중 우두머리를 일컫는다.

5) 서반(序班): 명대 조정 의례(儀禮)의 시반(侍班), 제반(齊班), 규의(糾儀)와 전찬(傳贊) 등의 일을 맡은 종9품관이다. 홍로시(鴻臚寺)의 속관으로 사의(司儀)와 사빈(司賓) 양부서(兩府署)에 각기 50명을 두었으나, 가정 36년(1557) 8명을 없앴다가 만력 11년(1583) 다시 6명을 두었다(《명사》 권74 〈직관지 3〉, '홍로시'조). 그런가 하면 한림원 소속의 사이관(四夷館)에도 서반을 두어 조공국에서 올린 표문을 번역하고 번역을 배우는 학생을 양성하였으며, 회동관에도 통사서반을 두어 통역 일을 맡도록 했는데, 본문에 나오는 장자(張字)는 회동관의 통사서반이었다. 특히 명대 회동관 통사서반에는 해당 언어를 잘하는 그 나라 출신을 등용하는 경우가 많았다. 예컨대 조선어 통사서반의 경우 거의가 조선출신의 동녕위(東寧衛) 사람이었다.(정혜중, 〈명청중국과 조선사행의 지적 교류〉, 《동양사학연구》111, 2010, 54-55쪽)

6) 부인(符印): 부절(符節)과 인신(印信) 등 증빙문서를 총칭하며 부신(符信)이라고도 한다. 목편(木片)이나 죽편(竹片)에 글을 쓰고 증인(證印)을 찍은 후

[郵傳]를 어지럽혔다. 광동으로 돌아온 소명거는 단아지(端亞智)의 무리와 언쟁을 벌이다 결국 동료인 팽만춘(彭萬春) 등과 함께 이들을 겁살(劫殺)하고 그들의 재물을 모두 빼앗았다. 일이 발각되어 경사로 붙잡혀 들어와 소명거는 능지(凌遲)를 당하고 팽만춘 등은 참수되었다. 왕영은 사형을 면했지만 쌀 3백석 납입의 벌을 받고 장자·후영과 함께 변방으로 충군(充軍)되었다."

5. 유불(柔佛, Johore)[7]

《명사》 권325에 있는 열전에는 "정화가 서양을 편력할 때 유불이란 (나라) 이름이 없었다. …… 다른 나라와 장사하는 중국인 대부분이 이곳에 와서 무역하였는데, 때때로 초청을 받아 이 나라에 온 경우도 있었다"고 되어있다.

6. 방갈랄(榜葛剌, Bangala)

《명사》 권326에 이 나라에 관한 열전이 있다. 그 나라에서 사절을 보내 온 것은 영락 6년(1408)·7년(2차례)·10년·12년 그리고 정통 3년

·····························

에 두 쪽으로 나누어 각기 보관하였다가 후일 서로 맞추어 증거로 삼았다.
7) 유불(柔佛): 말레이어로 Johor라고 하며 말레이시아 남부에 있던 나라인데, 서쪽으로 말라카·수마트라와 서로 마주하고 있다. 1511년 말라카가 포르투갈에 점령된 후 Mahmud Shah가 유불의 Bintan섬으로 도망하여 유불왕조를 세우고 말라카를 수복하고자 하였으나, 1526년 포르투갈 함대의 공격을 받고 수마트라의 Kampar로 이동하여 1528년 세상을 떠났다. 그 후 그의 장자 Sultan Alauddin Riayat Shah 2세가 계승하여 Johor Lama에 수도를 정하고 유불왕국을 이어나갔다.(《명사 외국전 역주》, 2책, 534쪽)

(1438)과 4년이고 "그 후로 다시는 오지 않았다." 영락 7년에 온 사절은 230여 명의 수행원을 데리고 왔다. 10년에는 조공사절이 남경에 도착하기 전에 관원을 파견해 진강(鎭江)에서 연회를 베풀었다. 《명사》에는 또 다음과 같이 적혀있다.

"의복(醫卜)·음양(陰陽)·각종 수공업[百工]·기예(技藝)가 모두 중국과 같으니, 아마도 이전 왕조 때 그곳으로 유입된 것 같다. 그 나라 왕은 명나라[天朝]를 공경하여 사신이 왔다는 소식을 들으면, 관리를 보내 의례에 사용할 물품을 준비하게 하고 많은 말과 사람을 이끌고 와서 영접하였다. …… 왕은 절하면서 조서를 맞이했는데 머리를 조아리고 손을 이마에 갖다 대었다. 조서가 낭독되고 (명 황제의) 하사품이 전달되면 궁전에 융담(毯毯: 낙타나 양의 털로 만든 깔개 – 역자)을 깔고 조정 사신에게 연회를 베풀었다. 술을 마시지 않았고 장미로(薔薇露)8)와 향밀수(香蜜水)를 마셨다. 사신에게 금으로 만든 투구[金盔]·금계요(金繫腰)·금병(金瓶)·금분(金盆)을 주었는데, 부사(副使)에게는 전부 은으로 만든 것이었고 수행원에게도 모두 증정하였다."

7. 쇄리(瑣里, Chola)

《명사》 권324에는 쇄리와 서양쇄리의 열전이 나누어져 있으나 실제로는 한 나라였다. 이 둘을 합해서 절록하면 다음과 같다. 홍무 2년(1369) 사신 유숙면(劉叔勉)이 즉위 조서를 가지고 그 나라로 가서 효유하였다. 3년 사신 탑해첩목아(塔海帖木兒)가 가서 그 나라를 안무(按撫)하고 효유하였다. 그 나라 왕은 유숙면의 귀국 편에 사신을 딸려 보내 방물을 헌상

----

8) 장미로(薔薇露): 장미수라고도 하며 장미꽃을 증류하거나 장미유를 물에 녹여서 얻는 액체이다.

하였다. 5년 다시 사신을 보내 그 나라 지도를 헌상하였다. 황제가 중서성의 신하들을 둘러보며 "서양의 여러 나라는 본디 원번(遠番)으로 바다를 건너오는데 기일을 맞추기도 어렵다고 한다. 그들의 조공이 희소하든 빈번하든 관계없이 오는 것은 박해도 가는 것은 후하게 해야(厚往薄來) 옳을 것이다"고 말하였다. 성조 즉위 후에도 조서를 내렸다. 영락연간의 사절 왕래에 대해서는 이미 앞에서 상세히 설명하였다.

8. 가이륵(加異勒, Cail)

《명사》 권326에 이 나라의 열전이 있는데, 영락 6년(1408)과 10년 그리고 선덕 5년(1430)에 정화가 그 나라로 출사하였다. 조공사절이 온 것은 영락 9년과 10년(3차례) 그리고 선덕 8년이었다.

9. 석란산(錫蘭山, Ceylon)

《명사》 권326에 열전이 있다. 정화의 원정 이후인 선덕 8년(1433)과 10년(만랄가 사신과 함께 왔음) 그리고 천순 3년(1459)에 입공하였고 "그후로는 더 이상 오지 않았다."

10. 고리(古里, Calicut)

《명사》 권326에 열전이 있다. 선덕 8년(1433)에 이 나라에서 보낸 사신(정화의 마지막 출사 때 따라 온 자)은 오랫동안 북경[都下]에 머물렀는데, "정통 원년(1436) 겨우 조와의 선박에 태워서 서쪽으로 돌아가게 하였다. 이때부터 다시 오지 않았다."

11. 가지(柯枝, Cochin)

《명사》권326에 열전이 있다. 선덕 8년 중국에 파견된 사절을 정통 원년⁹⁾에 이르러 조와의 조공 선박에 태워 귀국시켰다.

제2절 남양군도 각국과의 관계

1. 조와(爪哇, Java, 옛 闍婆)

《영애승람(瀛涯勝覽)》〈조와〉조에는 다음과 같이 기록되어있다.

"중국의 역대(歷代) 동전(銅錢)이 유통 사용되고 있다. 두판번(杜板番)
은 도반(賭班, Tuban)이라 부르는데 지명이다. 이곳에는 약 천여 가구가
있으며 2명의 두목이 통치하고 있다. 많은 중국의 광동과 장주(漳州) 사
람들이 이곳으로 흘러들어와 거주하고 있다. ⋯⋯ 도반에서 동쪽으로 반
나절 정도 가면 새로 조성된 마을[新村]에 도달하니, 번명(番名)으로 그
레식(Geresik)이라 한다. 원래는 모래사장이었는데, 아마도 중국 사람이
이곳에 와서 새로 거주함으로 인해 마침내 신촌이라 불리게 된 것 같다.
지금의 촌장은 광동 사람이다. 대략 천여 가구가 있으며 각지의 번인(番
人)들이 이곳에 와서 장사를 한다. ⋯⋯ 신촌에서 남쪽으로 20여 리를
항해하면 소로마익(蘇魯馬益)에 도착하니, 번명으로는 수라바야(Sura-
baya)라 한다. ⋯⋯ 역시 촌장이 있어 번인 천여 가구를 다스리는데, 그
중에는 중국인도 있다. ⋯⋯ 이 나라에는 3종류의 사람이 있다. 하나는

---

9) 원서에는 정통 3년으로 되어있으나 《명사》를 확인한바 정통 원년이어서 바
로잡았다.

무슬림[回回人]이고, 또 하나는 당인(唐人)으로 모두 광동·장주·천주 등지에서 이곳으로 도망 와 살고 있는 사람들이다. 이들은 먹는 음식도 깨끗하고 맛있으며 대부분 이슬람교의 계율을 받아 일상생활에서 이를 지키고 있다. 다른 하나는 토인인데, …… 장사와 교역을 할 때 중국의 역대 동전을 사용한다. …… 이 나라 사람들은 중국의 청화자기를 가장 좋아하고 사향(麝香)·소금저사(銷金紵絲)·효주(燒珠) 등도 동전을 이용하여 사고판다. 국왕은 항상 두목을 보내 선박에 방물을 적재하여 중국에 진공(進貢)하였다."

《명사》 권324 '조와전'에는 다음과 같이 적혀있다. 영락 6년(1408)[10] 이후 "매년 1번씩 공물을 바쳤는데, 간혹 2년에 1번 또는 1년에 여러 번 공물을 바치기도 하였다. 환관 오빈과 정화가 앞뒤로 그 나라로 출사했다." 13년과 16년에도 입공하였다. "이로부터 (조와국의) 조공사절은 대체로 해마다 1번씩 이르렀다." 정통 원년(1436)에 입조하였다. 윤 6월 선덕연간에 조공 온 11개 국(고리·소문답랄·석란산·가지·천방·가이륵·아단·홀로모사·조법아·감파리·진랍)의 사신들을 귀국시키면서 조와의 사신 곽신(郭信)과 함께 돌아가도록 명하였다. "(정통) 5년 (조와의) 사신이 돌아가다 풍랑을 만나 56명이 익사하고 83명이 살아남아 다시 광동으로 돌아왔다. (황제는) 담당 관청에게 명하여 식량을 지급하고 편주(便舟)[11]를 기다렸다가 승선하여 돌아가도록 하였다. 8년 광동 참정(參政) 장염(張琰)[12]이 '조와의 조공이 빈번하여 (그들에게 하사품으로)

....

10) 원서에는 선덕 6년(1408)으로 되어있으나 《명사》를 확인한바 영락 6년(1408)이어서 바로잡았다.
11) 《명영종실록》 권70 정통 5년 8월 기묘조에 보면 '본국사선(本國使船)'이라 되어있다. 즉 자기 나라 조공사절단이 탄 선박의 귀로에 편승하여 돌아가도록 하였다는 의미이다.

지급하는데 비용이 많이 들고 번거롭습니다. 중국을 피폐케 하면서 먼 나라 사람을 접대하는 것은 (좋은) 계책이 아닙니다'고 아뢰자, 황제가 이를 받아들였다. 조와국 사신이 돌아갈 때 '해외의 여러 나라는 모두 3년에 1번씩 공물을 바치니, 왕도 마땅히 군민(軍民)을 보살펴 (다른 나라와) 마찬가지로 이 제도를 준수토록 하라'는 칙서를 내렸다." 정통 11년(1446) 다시 3차례 입공하였으나 그 후로 점차 줄어들었다. 경태 3년(1452) · 천순 6년(1460) · 성화 원년(1465) · 홍치 12년(1499)에도 입공하였다. "이 이후로 조공사절은 거의 오지 않았다. …… 사람은 3종류가 있으니, 그 곳에 흘러들어가 사는 화인(華人)의 복식(服食)은 화려하고 깨끗하였다. …… 그 나라에 신촌이라는 곳이 있는데, 가장 부유하다고 불리며 중화와 여러 번국의 상선이 폭주(輻輳)해 보화가 차고 넘쳤다. 그 촌장은 광동 사람으로 영락 9년(1411) 직접 사신을 파견하여 표문을 올리고 방물을 바쳤다."

2. 구항(舊港, Palembang, 옛 三佛齊)

《영애승람》에는 "…… (이) 나라 사람 대부분은 광동 · 장주 · 천주에서 도망쳐 이곳에 와 거주하는 자들이다. 사람들은 매우 부유하고 토지는 아주 비옥하다. …… 과거 홍무연간에 광동 사람 진조의(陳祖義) 등이 온 가족을 데리고 이곳으로 도피하여 우두머리가 되었는데, 매우 난폭하여 지나가는 객인의 선박이 있으면 번번이 그 재물을 약탈했다"고 적혀

....

12) 장염(張琰, 생몰연도 미상): 명 선덕연간부터 광동 우참정으로 근무했는데, 청렴하고 신중한 처신으로 신망을 받았다. 《명일통지(明一統志)》 권79 〈광동포정사(廣東布政司)〉를 참고하라.

있다. 그리고 바로 이어서 정화가 진조의를 생포하는 과정 등이 서술되어있다. 또 "시중의 교역 역시 중국 동전을 사용하며 포백(布帛)을 병용하기도 한다. (그) 국왕도 매번 방물을 조정에 바쳤는데, 지금까지 계속되고 있다"고 하였다.

《명사》 권324 '삼불제전'에서는 영락 22년(1424) 입공 이후의 일을 다음과 같이 기록하고 있다.

> "그 후 조공이 점차 드물어졌다. 가정 말에 광동의 대도(大盜) 장련(張璉)[13]이 반란을 일으켰는데, 관군이 이를 진압하여 사로잡았다고 보고하였다. 만력 5년(1577) 상인으로 구항에 이른 자가 장련이 많은 상점을 개설하여 번박(番舶)의 우두머리가 되었고 장주와 천주 출신의 많은 사람들이 그에게 의지하고 있음을 보고는 마치 중국의 시박관(市舶官)과 같다고 말했다 한다."

3. 소문답랄(蘇門答剌, Sumatra)

《명사》 권325에 있는 열전에는 대략 다음과 같이 적혀있다. 정화의 출사 이후인 선덕 9년(1434) (그 나라 사절이) 입공하자 왕경홍(王景弘)을 재차 그 나라로 출사시켰다. 그러자 그 왕은 동생을 보내 입조하였다. 10년에는 왕이 연로하여 그 아들을 국왕으로 책봉하였다. "이로부터 조

....

13) 장련(張璉, ?-1563): 명조 중기 민란의 수령. 가정 37년(1558) 조정의 부패를 이기지 못해 정팔(鄭八) 등의 반란군에 투신하였으며 정팔 사후 반란군의 수령이 되었다. 10여 만의 반란군을 규합할 정도로 세력을 확충하여 광동·복건·강서·절강 등지에서 활동했으나 가정 41년(1562) 명 정부군에 패하여 해외로 도피하였다. 이후 해상세력과 연합하여 삼불제·팔렘방·말라카 등을 점유하고 명에 계속 저항하였는데, 해외 화교와 이민자 등의 상당수가 그에게 의부(依附)할 정도로 독자적 세력을 구축하였다.

공사절은 점차 드물어졌다. 성화 22년(1486) 그 나라 사신이 광동에 이르렀지만 담당 관원이 감합에 인장이 찍혀있지 않은 것을 확인하고는 바로 창고에 그 표문을 넣어두고 그 사신을 되돌려 보냈다. 이와는 별도로 번인(番人)을 보내 공물을 경사로 운반해 갔지만 하사품이 적었다.[14] 그 후로부터 조공사절이 오지 않았다. …… 중국인이 (그곳에) 가면 먼 지역이어서 가격이 높아 다른 나라에 비해 이익을 배로 남길 수 있었다.”

4. 아로(阿魯, Aru)

《명사》 권325의 열전에는 “선덕 5년(1430) 정화가 여러 번국에 사행했을 때 (그 나라에) 역시 하사품을 내렸다. 그 후로 조공사절이 오지 않았다”고 되어있다.

5. 소길단(蘇吉丹, Pekalongan)

《명사》 권324의 열전에는 “중국인은 거의 가지 않았다”고 적혀있다.

6. 마엽옹(麻葉甕, Billiton)

《명사》 권323에 있는 열전에는 다음과 같이 기록되어있다.

....

14)《명헌종실록》 권279 성화 22년 6월 경자조에 보면 광동포정사가 근탕(斤蕩) 등 3명에게 공물을 경사로 가져가도록 했다고 되어있다. 《수역주자록》 권9 〈소문답랄〉조에 따르면 성화 22년에 사신으로 온 인물은 마력마(馬力麻)이며 해상(海商)을 하는 자인데, 소문답랄의 사신을 가장하여 사적으로 무역을 했다고 되어있다.

"교란산(交欄山:《원사》에는 句欄山으로 되어있음)은 매우 높고 넓으며 대나무와 나무가 많다. 원나라 때 사필(史弼)과 고흥(高興)이 조와를 토벌할 당시, 풍랑을 만나 이 산 아래에 다다랐다. 배가 많이 부서졌기 때문에 산에 올라 나무를 베어 다시 배를 건조하여 마침내 조와를 격파하였다. 그 가운데 병이 든 병졸 100여 명이 (그곳에) 머물러 돌아가지 않고 요양했는데, 이후 (그 후손들이) 날로 번성했기 때문에 이곳에 중국인들이 많다. 또한 갈복(葛卜)[15]과 속아미낭(速兒米囊)[16]이라는 두 나라가 있는데, 영락 3년(1405년) 사신을 보내 조서를 가지고 가서 물품을 하사하고 초무하고 효유하였지만, 결국 (조공사절이) 오지 않았다."

7. 발니(浡尼, Brunei, 즉 婆羅)

《명사》 권325의 열전에 보면 다음과 같이 적혀있다.

"(영락) 13년(1415)부터 홍희 원년(1425)까지 4차례 입공하였지만, 그 후로 조공사절은 점차 적어졌다. 가정 9년(1530) 급사중 왕희문(王希文)[17]

....

15) 갈복(葛卜): 조여괄의 《제번지》에 등장하는 감비(監箆)와 동일지역으로 추정되는 곳이다. 감비는 수마트라섬 해안에 있던 캄페(Kampe) 지역을 말하는데, 현 수마트라섬 북부 메단(Medan) 부근의 델리(Deli) 지역에 있었다.(《명사 외국전 역주》, 1책, 333쪽)

16) 속아미낭(速兒米囊): Menanabwa의 음역으로 현재 수마트라섬 서쪽 중앙부에 위치한 파당(Padang) 지역이다. 여기서는 속아미낭이라고 표기되어있지만, 《명성조실록》 권38 영락 3년 10월 정묘조에 "遣使賚詔撫諭番速兒 · 米囊葛卜 · 呂宋 · 㕭葉甕 · 南巫里 · 婆羅六國"이라고 쓰여 있는 것으로 보아 갈복과 속아미낭은 번속아와 미낭갈복을 잘못 표기한 것이라고 주장하기도 한다. 번속아 역시 수마트라 서쪽 해안에 위치해 있던 곳이다.(《명사 외국전 역주》, 1책, 333쪽)

17) 왕희문(王希文, 1492~1565): 명대의 관료로 광동 동완현(東莞縣) 출신이다. 가정 8년(1529) 진사에 급제해 급사중을 제수 받았으나 매사 직언하는 성격

이 '섬라·점성·유구·조와·발니 다섯 나라가 와서 공물을 바쳤는데, 모두 동완(東莞)을 거쳐 왔습니다. (그러나) 후에는 개인적으로 상인을 데리고 왔기 때문에 대부분 이들의 진공을 거절하였습니다. 정덕연간(1506-1521)에 불랑기가 함부로 들어와 해악을 끼쳐서 모든 진공을 차단하였지만, 몇 년이 지나지 않아 갑자기 (이들의 진공을 회복시키자는) 논의가 다시 있음으로써 (조정의) 위엄이 이미 매우 손상되어 버렸습니다'라고 아뢰었다. 이 주장(奏章)이 도찰원(都察院)에 교부되고 나서 모두 옛 제도를 준수하길 요청함에 따라 거짓으로 사칭하는 것을 허용하지 않았다."

그 바로 뒤에는 대략 다음과 같이 적혀있다. 만력연간(1573-1619) 여왕이 옹립되었다. 장주 사람으로 성이 장(張)씨인 자가 그 나라의 나독(那督)이 되었는데, 중국어로 존귀한 관리라는 뜻이다. 그의 딸이 마음의 병을 얻어 아버지가 반역을 도모하려 한다고 거짓으로 알리자 나독이 자살하였다. 백성들이 그 억울함을 호소하자 여왕은 그 딸을 목매어 죽이고 그 아들에게 관직을 주었다. "그 후로 비록 조공은 다시 재개되지 않았지만 상인들의 왕래는 끊이지 않았다. …… 많은 중국인들이 그 지역으로 흘러들어가 살았다. 가정 말년(1566) 복건과 광동의 해적 잔당이 도망하여 이곳에 이르니 2천여 명에 달하였다."

《명사》 권323에는 '파라전'도 있는데, 발니와 같은 나라로 다음과 같이 기록되어있다.

"만력 때 (이 나라) 왕이 된 자는 복건 사람이었다. 혹자는 정화가 파라국에 사행했을 때 어떤 복건 사람이 따라 갔다가 그 곳에 남아 살았고, 그 후예들이 마침내 그 나라를 점령하여 왕이 되었다고 하였다. 그 왕궁 옆에는 중국어로 된 비석이 있었다. 왕은 전서체 문자가 새겨진 금인(金

....

으로 시세를 따르지 못해 일찍 관직에서 물러났다.

印) 하나를 가지고 있었다. (도장) 위쪽은 동물 형상으로 되어있는데, 영
락연간(1403-1424)에 하사한 것이라고 전해진다. 백성들은 혼인을 할 때
반드시 이 도장을 등 뒤에 찍어주기를 간청하였으니, 이를 영광으로 여겼
다. 이후 불랑기가 갑자기 군대를 보내 공격하였다. 왕은 백성을 이끌고
산 계곡으로 달아나 약수(藥水)를 방류하였고 (그것이) 흘러내려 무수한
(불랑기) 사람을 독살시킨 끝에 (자신의) 나라로 되돌아 올 수 있었다."

8. 소록(蘇祿, Sulu)

《명사》 권325에 열전이 있다. 영락 15년(1417) 그 나라의 동왕(東王)과
서왕(西王)이 모두 조공하러오니 이들을 함께 국왕에 봉하였다. 동왕이
덕주(德州: 산동성 제남부 소속 - 역자)에서 죽자 제사를 지내게 하고 묘에
이르는 길에 비석을 세워주었으며 공정(恭定)이란 시호를 내렸다. 그리
고 사신을 보내 그 장자를 동왕으로 책봉하였다. (영락) 18년 서왕이 사
절을 보내 입공하였다. 19년 동왕의 어머니가 왕의 숙부를 보내 내조하
였다. 21년 동왕의 비(妃)가 그 나라로 돌아갈 때 후하게 하사하여 보냈
다. "이듬해(1424)에 입공하였지만 그 후로는 다시 오지 않았다. …… 그
지역 사람들은 진주를 중국인과 교역했는데, 큰 것은 수십 배의 이익을
남겼다. 상선이 돌아갈 때마다 다시 오게 하기 위해 몇 사람을 인질로
붙잡아 두었다."

제3절 중앙아시아·서아시아 각국과의 관계

1. 살마이간(撒馬爾干18), Samarkand)

《명사》 권332 〈서역전〉의 관련 내용을 정리하면 다음과 같다. "성화연간(1465-1487) 그 나라의 쇄노단(鎖魯檀)19) 아흑마(阿黑麻)20)가 3차례 입공하였다." 19년(1483) 역사불한(亦思不罕)21)의 추장과 함께 와서 사자 2마리를 바쳤다. (그들이) 돌아 갈 때 위락(韋洛)과 해빈(海賓)에게 호송하여 귀국시키도록 했는데, 광동에서 양가집 아녀자를 사들여 처첩으로 삼자 위락이 그 죄를 해빈에게 돌렸고 해빈은 연루되어 재판에 넘겨졌다. 그 사신이 말라카에 이르러 다시 사자[狻猊]를 사서 헌상하려 했지만, 포정사 진선(陳選)이 힘써 불가함을 아뢰어 이에 그만 두었다. 홍

....

18) 《명사》 〈서역전〉에는 살마아한(撒馬兒罕)으로 표기되어있다.

19) 쇄노단(鎖魯檀): 아랍어 술탄(Sultan)의 음역으로, 여러 한문 사서에는 '산단(算端)', '속단(速檀)', '소이탄(蘇爾坦)', '소륵탄(素勒坦)', '속로단(速魯檀)' 등으로 다양하게 표기되어있다. 현재는 '소단(蘇丹)'으로 통용되고 있다.(《명사 외국전 역주》, 4책, 380쪽)

20) 아흑마(阿黑麻, ?-1504): 술탄 아마드(Ahmad)의 음역으로 아력(阿力), 즉 유누스 칸(Yunus Khan)의 둘째 아들이다. 유누스 칸이 죽자, 형 마합목(馬哈木)은 부친을 이어 모굴리스탄(Moghulistan)을 통치하였고, 그는 성화 14년(1478) 투루판의 칸이 되어 통치하였다. 성화 18년(1482) 하미가 투루판에서 떨어져 나와 명조에 의부(依附)하자 홍치 원년(1488) 하미를 공격하였다. 홍치 17년(1504) 사망하였고 아들 만수르[滿速兒]가 그 자리를 이었다.(《명사 외국전 역주》, 4책, 381쪽)

21) 《명사》 〈서역전〉에는 역사한(亦思罕)으로 표기되어있는데, 현 이란의 이스파한(Isfahan)을 가리킨다.

치 2년(1489) 그 나라 사신이 말라카로부터 광동에 이르러 사자와 앵무새 등 여러 공물을 바쳤다. "예부의 관원이 '바닷길은 본디 개통(開通)해서는 안 되지만 단절시킴이 지나치게 심해도 안 되니, 청컨대 그 사신에게 조금 음식을 보내어 위로하고 비단(綺帛)을 적당히 내어 그 왕에게 하사해주시길 바랍니다'고 아뢰니, 황제가 이를 승낙하였다." 3년 다시 사자와 다른 맹수를 바치자 황제가 (이를) 거절하지 않는 대신 한두 명만 경사에 오도록 하고 맹수 1마리 당 매일 양 1마리를 먹이로 주도록 하였다. 16년과 17년 다시 조공하러 왔고[22], 정덕연간(1506-1521)에도 여전히 자주 이르렀다. "가정 2년(1523) 조공사절이 다시 이르렀다. 예부의 관원이 '각국 사신이 오는 도중에 (시간이) 지연되어 해를 넘기는 경우, 경사에 이미 와있는 사신이 함께 상(賞)을 받기를 기다려서 광록시(光祿寺)와 우전(郵傳: 驛傳 즉 驛站을 가리킴 - 역자)의 공급 비용이 셀 수 없이 많이 드니 마땅히 기한을 제시해야 할 것입니다'고 아뢰었다. 이어서 금해야 할 규정 몇 가지 사항을 열거하여 올리니, (황제가) 이를 따랐다. 12년(1533) 천방(天方)·토로번(土魯番)과 함께 입공하였는데, 왕을 칭하는 자가 100여 명에 달하였다. 예부의 관원 하언(夏言) 등이 그 잘못됨을 논하였다. …… 황제는 그 의견을 받아들여 나라마다 1통의 칙서만을 지급하고, 또 힐문과 질책을 더하여 한 나라에 2명의 왕이 있을 수 없는 도리를 보여주었다. 그러나 여러 번(番)에서 끝내 이를 따르지 않고, 15년에 입공함이 다시 예전과 같았다. 감숙순무 조재(趙載)가 '각국에서 왕을 칭하는 자가 150여 명에 이르는데, 모두 우리 조정으로부터 봉작(封爵)을 받은 자가 아니니 마땅히 개정(改正)토록 하고, 또한 조공사절의

....

22) 《명사》〈서역전〉에는 "이후 12년에 이르러 비로소 (다시) 입공하였다. 이듬해에 다시 이르렀다"고 되어있다.

사람 수를 확정해야 할 것입니다. 통사는 마땅히 한인을 쓰고 색목인만을 기용하지 말아야 합니다. 그럼으로써 소통에 틈이 생기는 일이 없도록 해야 할 것입니다'고 상주하였다. 예부에서 의논하여 이를 따랐다. 26년(1547) 입공하니 감숙순무 양박(楊博)이 조공에 관한 규정을 다시 제정토록 하자고 청했고, 예부의 관원도 다시 몇 가지 일을 항목별로 나누어 시행하였다. 그 후에도 입공하였는데, 만력연간에 이르도록 끊임이 없었다. 대개 번인은 장사를 잘 하여 중국과의 교역을 탐하였는데, 입경(入境)한 후에는 일체의 음식과 교통비용을 모두 담당 관원에게 받아가니, 비록 5년 1공(貢)으로 정했지만 (그들은) 줄곧 준수하려 하지 않았고 조정[天朝]도 이를 꾸짖을 수가 없었다."

15세기 이후 사마르칸트와 중국의 교류에 대한 이슬람 작가의 기록이 보이지 않는 것을 보면, 상인들이 국가의 명의를 사칭했던 것이 분명하다. 국왕이라 칭한 경우가 많다고 하였는데, 아마도 가짜 황제였을 것이다. 16세기 벤투 데 고에스(Bento de Goes)의 《중국방문기(訪契丹記)》에 따르면, 서역의 대상(隊商)에게는 가짜 황제를 추대하는 습속이 있으며 그 신민(臣民)을 구금하여 채찍으로 때릴 수 있었다고 한다.

2. 합렬(哈烈, Herat)

《명사》 같은 권에 "가정 26년(1547) 감숙순무 양박이 '서역에서 입공하는 사람이 많으니 마땅히 제한해야 합니다'고 아뢰었다. …… 황제는 이를 허락하였다. 그러나 이 때 합렬은 이미 오랫동안 (조공사절을) 보내오지 않았고 이후 조공은 결국 끊어졌다"고 기록되어있다.

3. 실랄사(失剌思, Shiraz)

《명사》 같은 권에 다음과 같이 적혀있다. "성화 19년(1483) 흑루(黑婁: 합렬 즉 헤라트를 지칭함 - 역자)·살마아한(撒馬兒罕)·파단사(把丹沙: Bada-khshan의 음역 - 역자) 등 여러 나라와 함께 사자를 바치니, 조서를 내려 많은 상을 내려주었다." 홍치 5년(1492) 그 추장이 이웃나라 역불랄인(亦不剌因)의 추장과 함께 사신을 보내 하미[哈密]의 충순왕(忠順王) 섬파(陝巴)[23]에게 재물을 하사하여 혼사가 이루어지도록 도와줄 것을 청하였다. 조정에서 이를 의논하여 섬파에게 후하게 하사품을 내리고 아울러 두 나라에게도 하사하였다. "가정 3년(1524) 근방의 32개 부족과 함께 사신을 파견하여 말과 특산물을 바쳤다. 그 사신들이 각기 망의(蟒衣)[24]·슬란(膝襴)[25]·자기(磁器)·포백(布帛)을 청하니, 천자는 거절할 수 없어 (실정을) 헤아려 나누어주었다. 이로부터 조공사절 역시 오지 않았다."

....

23) 섬파(陝巴): 삼바(Samba)의 음역이다. 탈탈(脫脫, Toqto)의 근속질손(近屬姪孫)이며 안정왕(安定王)의 조카로 홍치 5년(1492) 충순왕에 봉해졌다. 그러나 이듬해 4월 투루판 아흑마(阿黑麻)의 야습을 받고 붙잡혀가 5년 동안 포로생활을 했다. 이후 홍치 10년(1497) 석방되어 하미의 국사를 다시 맡았다. 그렇지만 음주를 좋아하고 재화를 탐하는 등의 이유로 인심을 잃어 결국 홍치 17년(1504) 봄 귀족들이 정변을 일으키자 고욕(苦峪)으로 피했다가 다음해 세상을 떠났다.(《명사 외국전 역주》, 4책, 433쪽)
24) 망의(蟒衣): 관원의 예복을 가리킨다. 예복 위에 이무기 모양의 수를 놓기 때문에 망의라고 부르는데, 망포(蟒袍), 화의(花衣), 망복(蟒服)이라고도 한다.
25) 슬란(膝襴): 무릎 부분에 무늬를 직조하여 만든 내리닫이 옷으로 명대에는 제복(制服)의 일종이었다.

4. 천방(天方)26)

《명사》 같은 권의 기록에 의하면, 성화 23년(1487) 아력(阿力: Ali의 음역 - 역자)이 40여 년간 중국에 머물고 있는 형 납적(納的)를 찾기 위해 오는 편에 입경해 진공하고자 했는데, 광동시박사의 환관 위권(韋眷)에게 착취를 당하였다. (아력이) 경사에 이르러 호소하였지만 위권 역시 궁내의 권귀(權貴)에게 사적으로 부탁하였기 때문에, 황제는 아력을 간첩이라 여겨 질책하고 내쫓아 돌려보내도록 하니 이에 소리 내어 울며 떠나갔다. 홍치 3년(1490) (그 나라) 왕이 사신을 보내 사마르칸트·투루판과 함께 입공하였다. 정덕 초(1506) 황제가 감숙의 수신(守臣)에게 사신과 통역을 잘 가려 뽑아 직접 여러 번국에 가서 천방의 좋은 말을 구해 오라고 명하였다. 13년(1518) (그 나라) 왕이 사신을 보내 말과 기타 물건들을 바쳤다. 가정 4년(1525) 다시 사신을 보내 말과 낙타 등 방물을 바쳤다. 당시 진공한 옥석(玉石)이 모두 조악한데 반해, 사신이 사적으로 가져온 물건은 모두 훌륭하였다. 다음해 그 나라의 8왕이 사신을 보내 옥석을 바쳤는데, 주객랑중(主客郎中) 진구천(陳九川)이 그 중에서 조악

....

26) 천방(天方): 메카(Mecca)를 가리킨다. 메카는 아랍어로 마카 알-무카르라마
(Makkah al-Mukkarama)라고 하는데, '고결한 도시'라는 뜻이다. 메카는 고
대부터 인도양과 지중해 연안 및 메소포타미아와 홍해 연안으로 통하는 통
상로가 발달하여 이후 무역중계지로 번창하였다. 메카가 중국 사서에 처음
등장한 것은 남송 때인데, 주거비의 《영외대답》에서는 마가국(麻嘉國)이라
표기하였다. 《송회요》에서는 마가(摩迦), 《제번지》에서는 마가(麻嘉), 《명사》
에서는 묵가(默伽)라고도 칭하였다. 정화가 남양 원정을 할 때 부하 마환
등이 자기 등을 가지고 천방국에 이르러 사자와 타조를 구매하고 아울러
《천방도(天方圖)》 1책을 그려서 귀국했다. 천방 즉 메카에서도 대신을 보내
방물을 가지고 마환 등을 따라 입조하였다.(《명사 외국전 역주》, 4책, 446-
447쪽)

한 것을 돌려보냈다가 옥석을 착복했다고 무고를 당해 결국 변경지역으로 수자리를 가게 되었다. 11년(1532) 사신을 보내 투루판·사마르칸트·하미 등 여러 나라와 함께 입공하였는데, 왕이라 칭한 자가 37명에 달했다. "정덕 말년 간악한 번인(番人)과 교활한 서리(胥吏)가 서로 작당하여 사리(私利)를 꾀하자, 남은 물건을 교역할 때 중개상인[市儈]으로 하여금 가격을 평가토록 하고 관부에서 견초(絹紗)를 지급하는 규정이 처음으로 생겼다. 이에 이르러 천방 및 토로번의 사신이 장부에 등기하고 남은 옥석과 좌도(銼刀: 手工으로 물건을 깎는 도구 - 역자) 등 여러 물건을 공물에 준하여 상을 지급해 줄 것을 고집스럽게 요구하였다. 예부의 관원이 어쩔 수 없이 정덕연간의 사례를 따를 것을 청하니, 황제가 이를 허락하였다. 번국의 사신은 대부분 상인이어서 올 때 마다 항상 많은 재화를 가지고 와서 중국과 교역하였다. …… 이 해의 조공사절은 모두 교활하고 사나웠다. 이미 중국의 사정을 숙지하고 있었을 뿐 아니라 변경의 관리가 착취하는 것에 원한을 품고 여러 차례 호소하였지만, 예부의 관원은 오히려 불문에 부쳤다. …… 17년(1538) 다시 입공하였다. …… 22년(1543) 살마아한·토로번·합밀·노미(魯迷)[27] 등 여러 나라와 함께 말과 방물을 공물로 바쳤다. 그 후로는 5~6년에 1번씩 진공하였는데, 만력연간에 이르기까지 끊이지 않았다."

---

27) 노미(魯迷): 루미(Rumi)의 음역이다. 소아시아 즉 오스만제국을 가리킨다. 명 가정 3년(1524)부터 33년(1554)사이 5차례 사절을 중국에 파견한 바 있었다.(《명사 외국전 역주》, 4책, 466쪽)

5. 묵덕나(默德那, Medina)[28]

《황명세법록(皇明世法錄)》 권81에는 다음과 같이 적혀있다.

"묵덕나는 회회(回回)의 조국이며 그 땅은 천방과 접해있다. …… 홍무 원년 태사원(太史院)을 사천감(司天監)으로 개편하고 다시 회회사천감(回回司天監)을 설치하였다. 2년에는 원나라 때의 회회 역관(曆官) 정아흑(鄭阿黑) 등 11명을 불러 경사에 와서 역법(曆法)을 의논하고 천상(天象)을 점치도록 한 다음 차등을 두어 녹봉을 지급하고 의복을 하사하였다. 선덕연간 (그 나라) 국왕이 사신을 보내 천방국과 함께 조공하였다. 정덕연간 회회인 우영(于永)이 비방(秘方)을 바쳐 황제의 총애를 받아 금의위(錦衣衛) 도지휘동지(都指揮同知)로 임명되었다. 그리고 어마감(御馬監) 서해자(西海子)에는 호랑이를 사육하는 회회족 3명을 배치하였다. 가정제가 등극했을 때(1521) 급사중 정일붕(鄭一鵬)이 상소하여 그들을 배척하자 함께 감주(甘州)로 돌려보냈다."

6. 아단(阿丹, Aden)

《서양조공전록(西洋朝貢典錄)》 권하에 다음과 같은 기록이 있다.

"국초(國初)에 흠천감 외에 회회사천감을 설치하고 회회인을 채용하여 대대로 관직을 맡겼다. 본국의 《토판력(土板曆)》을 겸용한 계산법으로

....

28) 묵덕나(默德那): 메디나(Medina)의 음역이다. 메디나는 '예언자의 도시'라는 의미로 아랍어로는 알마디나(al-Madinah)라고 한다. 사우디아라비아 헤자즈 지방에 있는 내륙 도시로 이슬람교의 성지로 유명하다. 622년 무함마드가 메카로부터 이곳으로 헤지라한 후 이슬람의 정치와 교단 활동의 중심이 되었다. 무함마드의 사후에도 4대 칼리프인 알리가 이라크의 쿠파로 수도를 옮길 때까지 이슬람 국가의 수도로 기능했다.(《명사 외국전 역주》, 4책, 461쪽)

(일식과 월식 시각 등을) 예측하도록 했다. 이에 성왕(聖王)의 통치기간에는 좋은 것 하나라도 누락하지 않음을 알았다. 일찍이 그 이야기를 들은 장로(長老)가 말하길 '월식은 《회회력》으로 추산하지 않는다면 어찌 이처럼 오류가 없을 수 있겠는가! 지금 아단인이 추산해 낸 사계절[春秋候]은 더욱 기이하다'고 하였다."

《명사》 권326 〈외국전〉에는 선덕 5년(1430) 아단의 왕이 사신을 보내 입공하니, "8년 경사에 도착하여 정통 원년(1436)에서야 돌아갔다. 그 후로 명조[天朝]는 더 이상 사신을 파견하지 않았고, 먼 나래[遠番]의 조공사절들도 오지 않았다"고 적혀있다.

제4절 중국인이 저술한 서방 관련 서적

1. 《해어(海語)》

황충(黃衷) 지음. 황충의 자는 자화(子和)이고 별호(別號)는 철교병수(鐵橋病叟)이며 남해(南海) 사람으로 홍치 9년(1496) 진사가 되었다. 정덕 초년 호부(원외랑)으로 승진하여 병부우시랑까지 올랐으며 80세에 세상을 떠났다. 저서로는 《구주문집(榘洲文集)》 10권, 《시집(詩集)》 10권, 《주의(奏議)》 10권 등이 있고 모두 간행되었다. 그 중 중서교통사와 관련된 저서가 바로 《해어》 3권인데, 《야시원장서목(也是園藏書目)》 권3과 《강운루서목(絳雲樓書目)》 권1에는 모두 1권으로 적혀있다. 《천일각서목(天一閣書目)》에서도 1권이라고 하였다. 필사본과 《보안당비급(寶顔堂祕笈)》본·《사고전서》본·오난수각본(吳蘭修刻本)29)·《학진토원(學津討原)》본·

《영남유서(嶺南遺書)》본 등이 있다. 가정 15년(1536)에 쓴 자서에서 "나는 은거해 살면서 거의 밖에 나가지 않는 산골에 사는 늙은이이나 해외에 나갔던 사람[海客]들이 때때로 지나다 나를 찾아와 해국(海國)에 관한 일들을 이야기하면 이를 기록하였다"고 하였다. 또 만력 12년(1584) 황희석(黃希錫)이 쓴 발문에서 "우연히 한 번국의 승려가 왕을 따라 입공하였다가 도중에 오양(吾羊)을 지나가게 되었는데, 황충[公]이 그를 초대하여 예로서 대접하면서 통역으로 하여금 그에게 문의토록 하였다. (그곳의) 풍속은 어떠하고 물산은 어떠하며 …… 당시의 일로서 검증하고 자신의 생각으로 판단하여 드디어 붓을 들어 그것들을 기록해 책으로 만들었다"고 한 것을 보면 전해들은 것을 모아서 만든 책인 듯하다. 책의 내용은 4부류로 나뉘는데, 권1은 풍속으로 시암과 말라카 2항목이 있고, 권2는 물산으로 모두 29개 항목이 있으며, 권3은 외도(畏途) 5개 항목과 물괴(物怪) 8개 항목이 있다. 그 외 그의 족자(族子)인 황학준(黃學準)이 첨가한 주석이 달려있다.

2. 《전문기(前聞記)》

축윤명(祝允明) 지음. 축윤명의 자는 희철(希哲)이고 호는 지산(枝山)이다. 지지생(指枝生)이라고도 부르는데, 장주(長洲) 사람으로 정통 4년(1439)에 진사가 되었으며[30] 가정 5년(1526) 67세로 사망하였다. 그가

---

29) 청대의 장서가 오난수(吳蘭修, 1789-1839)가 펴낸 《영남총서(嶺南叢書)》본을 가리키는 것 같다.

30) 축윤명은 천순 4년(1460)생으로 홍치 5년(1492) 거인이 되었지만, 진사에 급제하지 못한 것으로 되어있다. 정통 4년은 그의 출생 이전이므로 오기가 분명하다.

저술한 《전문기》는 《기록휘편(紀錄彙編)》본과 《국조전고(國朝典故)》본이 있다. 정화의 서양 항해에 관한 많은 기록은 《영애승람》에서 끌어다 모은 것인데, 《영애일람(瀛涯一覽)》이라 표기하고 있어서 별도로 근거로 삼은 자료가 있는지 알 수가 없다. 정화의 마지막 원정의 여정과 인원수 등이 특히 상세하게 기록되어있다. 《사고전서총목제요》 권143에서는 "대략 야사(野史) 중에서 따로 취합하여 한 책으로 만든 것으로 그 순서를 약간 변경했을 뿐이다"고 평가하였다. 축윤명은 또 일찍이 《서양조공전록》의 서문을 썼는데, 《축지산집(祝枝山集)》에 수록되어있다. 그 외에 기타 저술도 많다.

3. 《사서일기(使西日記)》

도목(都穆) 지음. 도목의 자는 현경(玄敬)이며 오현(吳縣) 사람이다. 홍치 12년(1499)에 진사가 되었고 가정 4년(1525) 사망하니 향년 67세였다(축윤명보다 1년 먼저 태어나 1년 먼저 사망함). 저서로는 《사서일기》 1권이 있는데, 《천일각서목》 권말에 보이며 《사고전서총목제요》 권64에도 저록(著錄)되어있다. 기타 저술도 여러 종류가 있다.

4. 《황명사이고(皇明四夷考)》

정효(鄭曉) 지음. 정효의 자는 질보(窒甫)이며 해염(海鹽) 사람으로 홍치 12년(1499) 태어나 가정 45년(1566)에 사망하였다. 이 책은 모두 2권으로 《오학편(吾學編)》본은 청대에 금서여서 《금서총목(禁書總目)》에서 찾아 볼 수 있다. 상권에는 안남·올량합(兀良哈: 여진의 한 부족 - 역자)·조선·유구·여진·삼불제·점성·일본·진랍·섬라·소문답랄·조와 등이

소개되어있으며, 하권에는 고리·발니·만랄가·방갈랄·석란산·소록·
가지·조법아·유산·남니리(南泥里: 南巫里의 별칭이 아닌가함 - 역자)·이벌
(梨伐)·합밀·적근몽고(赤斤蒙古)31)·안정(安定)32)·아단(阿端)33)·곡선
(曲先)34)·한동(罕東)35)·살마이한(撒馬爾罕)·천방·질리미·갈석·양이·

31) 적근몽고(赤斤蒙古): 지금의 감숙성 옥문시(玉門市) 적금진(赤金鎭) 지역으
로 전국시대에는 월지의 땅이었고 진대 말기와 한대에는 흉노의 지역이었
다.(《명사 외국전 역주》, 4책, 219쪽)

32) 안정(安定): 감주(甘州)에서 서남으로 1,500리 거리에 위치해 있었다. 한대에
는 야강(婼羌)이라 했는데, 당대에는 토번의 영지였으며 원대에는 종실인
복연첩목아(卜烟帖木兒)를 영왕(寧王)으로 삼아 이곳을 진수(鎭守)하도록 했
다. 홍무 8년 복연첩목아가 명에 조공하자 위(衛)를 설치하고 그를 안정왕에
봉하였다. 이 지역은 본래 살리외올아(撒里畏兀兒)라고 불렀는데, 동으로 한
동(罕東), 북으로는 사주(沙州), 남으로는 서번(西番)에 인접해있다.(《명사
외국전 역주》, 4책, 219쪽)

33) 아단(阿端): 살리외올아 지역으로 홍무 8년 위(衛)를 설치하였다. 후에 타아
지파(朶兒只巴)에게 정복되면서 위를 폐지하였다. 영락 4년 추장 소설홀로찰
(小薛忽魯札) 등이 내조하여 다시 위를 설치하고 관원을 두게 하였으며 소설
홀로찰을 지휘첨사(指揮僉事)에 임명하였다(《명사 외국전 역주》, 4책, 200-
201쪽). 원서에서는 안정과 아단을 하나로 묶어서 표기하고 있다.

34) 곡선(曲先): 곡선위(衛)를 일컫는데, 동쪽으로 안정위에 접해 있고 숙주(肅
州) 서남쪽에 위치해 있다. 고대에는 서융, 한대에는 서강(西羌), 당대에는
토번이라 불렸으며, 원대에 이곳에 곡선답림원수부(曲先答林元帥府)가 설치
되었다. 명 홍무연간 살리외올아 지역을 나누어 위를 설치했으나 곧 안정위
에 병합되었다. 영락 4년 다시 위를 설치하여 치약왕회(治藥王淮: 지금의 朶
斯庫勒湖 서남 지역)로 옮겼으며 이후 줄곧 명조에 입공했으나 정덕 7년 청
해몽고의 역불랄(亦不刺) 등이 이 지역을 유린하여 결국 폐(廢)해졌다.(《명
사 외국전 역주》, 4책, 107쪽)

35) 한동(罕東): 명대 관서칠위(關西七衛)의 하나로 적근몽고의 남쪽, 가욕관의
서남에 위치하며 한대 돈황군 지역이다. 홍무 30년(1397) 이 지역 추장 쇄남
길랄사(鎖南吉剌思)가 사신을 보내 입공함으로 명은 이곳에 한동위를 설치
하고 그에게 지휘첨사를 제수하였다.(《명사 외국전 역주》, 4책, 50쪽)

달실간·복화아·토로번·흑루·염택·합렬·묵덕나·엄도회·팔랄흑(八
剌黑)·우전·화주·별실팔리·노진(魯陳: 본편 12장 2절의 柳城을 참고할 것 -
역자)·사록해아·새람·합실합력(哈失哈力)·역력파력(亦力把力)·아단
(阿丹)·백갈규(白葛逹: 逹자는 達자의 오기로 보이는데, 백갈달은 Baghdad의 음
역임 - 역자)·가와(阿哇: 呵자는 阿자의 오기로 보임 - 역자)36)·쇄리·서양쇄
리·팽형·백화·파라·아로·소갈란·불름·고리반졸(古里班卒)37)·여송·
합묘리(合猫里)38)·설리(碟里)39)·타회(打回)40)·일라하치(日羅夏治)41)·

....

36) 아와(阿哇): 인도 서부의 Ahmedabad 또는 미얀마의 Ava를 가리킨다고도 한
   다.(《명사 외국전 역주》, 2책, 636쪽)
37) 고리반졸(古里班卒): 이 나라에 대해서는 여러 견해가 있는데, 우선 반졸(班
   卒)은 수마트라섬 서북부의 바루스(Barus) 일대에 있었던 고대 왕국 파로사
   국(婆魯師國)이라는 것이다. 다른 의견은 반졸은 말레이어 Panchor의 음역
   으로 말레이반도 남쪽의 조호르(Johor)강의 Panchor를 가리킨다고 한다. 하
   지만 말레이반도 서남의 Muar강의 Panchor를 가리킨다고도 하며 수마트라
   섬 동안의 Rangsang섬에도 Panchor섬이 있다고도 한다. 이들을 종합하면
   수마트라 부근에 있던 나라로 볼 수 있다.(《명사 외국전 역주》, 2책, 634쪽)
38) 합묘리(合猫里): 현 필리핀 루손섬 남부에 있는 비콜(Bicol)반도 북부의 카마
   리네스(Camarines)를 지칭한다고 한다. 다만 합묘리가 묘리무(猫里務)와 동
   일한 지역인지 여부에 대해 의견이 나뉘는데, 장섭의 《동서양고》에 의거해
   두 곳이 동일한 나라였다고 주장하는 사람도 있고, 묘리무는 루손섬과 민도
   로(Mindoro)섬 사이에 있는 마린두케(Marinduque)섬이라고 주장하는 사람
   도 있다고 한다.(《명사 외국전 역주》, 1책, 317~318쪽)
39) 설리(碟里): 《명사》 권324 〈외국전5〉에 보면 "조와와 가깝다. 영락 3년 (설리
   국 왕이) 사신을 조와의 사신에 딸려 보내어 입공하였다"고 되어있다.
40) 타회(打回): 영락 3년 명조에 입공하였는데, 인도 서안의 Diu 또는 미얀마의
   Tavoy를 가리킨다고도 한다.(《명사 외국전 역주》, 2책, 636쪽)
41) 일라하치(日羅夏治): 《명사》 권324 〈외국전5〉에 보면 "조와와 가깝다. 영락
   3년 (일라하치국 왕이) 사신을 조와의 사신에 딸려 보내어 입공하였다"고
   되어있다.

홀로모사·감파리·마림·고마랄(古麻剌)42)·소납박아(沼納樸兒)43)·역
이륵(力異勒: 力자는 加자의 오기로 보임 - 역자)·흑갈달(黑葛達)44)·민진성
(敏眞誠)45)·팔답흑상·람방(覽邦)46)·대랄찰(大剌札)·토래사·흘역마아
(吃力馬兒: Kirman을 가리킴 - 역자)·실랄사·납실자한(納失者罕)47)·담파
(淡巴)48)·백송호아(白松虎兒)49)·답아밀(答兒密)50)·아속(阿速)51)·사합

....

42) 고마랄(古麻剌): 《명사》 권323 〈외국전4〉에 나오는 고마랄랑(古麻剌朗)이 아
    닌가 한다. 고마랄랑은 현 루손섬 서해안 팡아시안주 북부에 있는 작은 섬인
    카바르류안(Cabarruyan)이라는 설과 민다나오섬 잠보앙가 델 쉬르
    (Zamboanga del Sur)의 중심도시 파가디안(Pagadian)을 가리킨다는 설이 있
    다.(《명사 외국전 역주》, 1책, 334쪽)
43) 소납박아(沼納樸兒): Vengipuram의 음역이다. 인도 동해안에 위치한 나라로
    불국(佛國)으로 불리기도 하였다.(《명사 외국전 역주》, 2책, 613쪽)
44) 흑갈달(黑葛達): 《명사》 권326 〈외국전7〉에 보면 '백갈달(白葛達)'과 '블름(拂
    菻)'조 사이에 나오는데, "선덕연간 조공해 왔다. …… 불교를 숭상하고 ……"
    고 되어있다.
45) 민진성(敏眞誠): 《명사》 권332 〈서역전4〉에 보면 '납실자한(納失者罕)'조 다
    음에 "영락연간 내조하여 공물을 바쳤다. 그 나라는 땅이 넓고 높은 산이
    많다"고 나온다.
46) 람방(覽邦): 사서에 欖邦, 覽旁, 哪彭, 覽房, 攬邦, 覽傍 등으로도 기재되어있
    는데, 현 수마트라섬 남부 Lampung에 있던 옛 나라 이름이다.(《명사 외국전
    역주》, 2책, 530쪽)
47) 납실자한(納失者罕): 《명사》 권332 〈서역전4〉에 보면 '답아밀(答兒密)'조 다
    음에 "동으로 실랄사(失剌思)과의 거리가 며칠 걸리는 노정이었는데, 모두
    배로 왕래하였다. …… 영락연간에 사신을 보내어 입공하였다. 사신이 돌아
    갈 때 하북을 경유해 관중(關中)을 거쳐 감숙에 이르렀다"고 되어있다.
48) 담파(淡巴): 그 위치는 확실치 않지만 지금의 파담도(巴淡島) 즉 수마트라
    동쪽, 싱가포르의 남쪽에 있는 리아우(Riau)군도에 속한 Batam에 있었던 나
    라로 짐작된다.(《명사 외국전 역주》, 2책, 531쪽)
49) 백송호아(白松虎兒): 옛 이름이 속마라아(速麻里兒)로 Baisongqur를 음역한
    것으로 추정된다.(《명사 외국전 역주》, 4책, 438쪽)

로(沙哈魯)52) · 서번(西番)53) · 달단 등이 나와 있다.

　가정연간 이후의 저술은 본편의 범위 내에 속하지 않음으로 여기서는
생략하도록 하겠다.

．．．．．．．．．．．．．．．．．．．．．．．．
50) 답아밀(答兒密): Termez의 음역으로 현 투르크메니스탄 남부의 아무다리아
　　연변에 위치하였다.(《명사 외국전 역주》, 4책, 438쪽)
51) 아속(阿速): 카프카스 산지에 위치한 아스(As)를 가리키는데, 현재의 오세티
　　아(Ossetia)에 해당한다.(《명사 외국전 역주》, 4책, 445쪽)
52) 사합로(沙哈魯):《명사》권332〈서역전4〉에 따르면 아속의 서쪽 바다 섬 안
　　에 있으며, 영락연간에 77명을 보내 내조하여 공물을 바쳤다고 한다. 원서에
　　서는 아속과 사합로를 하나로 묶어서 표기하고 있다.
53) 서번(西番): 명대 이후 감숙 · 사천 · 운남 지역의 소수민족이나 캄(Kham) 지
　　역의 티베트인을 가리키는 호칭이다.

제16장
명대 중엽 유럽인의 동방진출

제1절 유럽의 동방 신항로 발견

명 태조 건국 후 중국과 유럽의 교통이 비록 백수십년 간 단절되었지만, 동방의 상품은 여전히 중세 이래의 교통로를 따라 유럽으로 운송될 수 있었다. 그 루트는 다음 4가지였다.

(1) 해로로 인도에 이른 다음 그 해안을 따라 페르시아만에 이르러 그대로 티그리스강으로 진입하거나, 육로로 강을 따라 올라가 바그다드에 도착한 연후에 유프라테스강과 티그리스강 사이의 골짜기 사이로 들어가 곧장 안티오크(Antioch)에 이르고 오란테스(Orantes)를 경유해 지중해 동안(東岸)에 도달하는 길.

(2) 인도로부터 페르시아만·티그리스강·메소포타미아·아르메니아·소아시아를 경유하여 흑해 동남해안의 트레비존(Trebizond)에서 바다를 건너 콘스탄티노플에 이르는 길.

(3) 인도에서 아덴에 도착해서 홍해로 들어가 육로로 사막을 건너고 나일강을 통해 카이로에 이른 다음 200여리의 운하를 통과하여 알렉산드

리아 항구에 도달하는 길.

(4) 중앙아시아의 사마르칸트·부하라·카스피해 북안·흑해 북안을
거쳐 바다를 건너 콘스탄티노플에 이르는 길.

그러나 동로마제국 멸망 후 위의 4가지 루트 모두 터키인에 의해 가로
막혀 버렸고, 유럽과 동방의 무역도 완전히 터키인에 의해 독점되었기
때문에 부득불 다른 항로를 찾아야만 했다.

대체로 유럽문명은 중세의 발전을 거치면서 동방의 사치품에 대한 수
요가 날로 절실해졌고 이로 인해 중세시대에 이미 유럽과 아랍의 통상은
매우 빈번하였는데, 베니스와 제노바 상인의 경우 더욱 그러했다.

다음으로는 십자군 원정과 예루살렘 성지순례, 서아시아를 다녀온 모
험가와 여행자들이 말하거나 기술한 동방의 부원(富源)과 놀랍고 신기한
이야기들, 또 그들이 동방으로부터 가져온 실크·향료·진주 및 그 밖의
사치품들이 마침내 동방으로 진출하려는 유럽인의 마음을 자극하였다.
이제 유럽에서는 더 이상 이탈리아인만이 아니라 스페인·포르투갈·프
랑스·영국인까지도 이 대열에 적극 참여하고자 했다.

새로운 항로를 찾고자 했던 또 다른 원인은 아랍인이 이탈리아인의
시장을 침탈했기 때문이다. 아랍인의 운송은 낙타에만 의존하였기에 오
랜 운송시간이 필요했을 뿐 아니라 비용도 매우 높았다. 게다가 운송의
여정 또한 안전하지 못해서 화물의 도착은 종종 약속된 기한을 지킬 수
가 없었다. 반면 동방의 상품에 대한 유럽인의 수요는 끊임없이 증가했
기 때문에 아랍인의 중개를 거치지 않고 어떻게 해서든 스스로 해결책을
모색하지 않을 수 없었다.

동시에 아랍으로부터 유럽에 전해진 천문학·지리학·항해술에 대한
지식은 매우 빠른 속도로 진보하였으며 나침반·천문관측기기·분도기
(分度器: 각도를 계산하거나 측정하는 제도용구 - 역자) 등의 응용 또한 더욱

개선되었다. 이에 따라 지중해 연안의 유럽 각국은 앞 다퉈 항해를 장려하였고, 그 가운데 가장 먼저 성과를 거둔 나라가 포르투갈이며 그 다음이 스페인이었다. 그 이후로 지중해를 중심으로 한 유럽 역사에 일대 변화가 일어나 이베리아반도의 신흥 왕국이 드디어 베니스와 제노바의 해상패권을 대신 차지하게 되었다. 그 뒤를 이은 북미대륙의 발견과 동인도 항로의 개척은 세계의 역사마저 급변시켰으니, 중서교통사의 새로운 페이지가 이로부터 열리기 시작했다.

제2절 바스코 다가마(Vasco da Gama)의 인도 직항(直航) 성공

포르투갈은 유럽의 서남쪽 끝에 위치해있어 새 항로를 찾는데 가장 적합한 민족이었다. 포르투갈인은 일찍이 지브롤터(Gibraltar)해협을 건너 이슬람 무어인(Moors)과 전쟁을 했을 뿐 아니라 아프리카 서북부 대서양 연해지대를 정복하고 있었다. 당시 포르투갈인은 아프리카 대륙에 대해 아는 바가 많지 않았지만, 그곳이 분명 광활하고 매우 위험할 것이라고 생각했기에 감히 그 내륙 깊이 들어가려 하지 않았다. 그러나 해안 서쪽을 따라 내려가 그 남단을 돌아서 동쪽으로 항해할 생각을 항상 갖고 있었고, 그렇게 하면 틀림없이 인도와 중국에 곧바로 도달할 것이라는 꿈을 꾸었다.

이 꿈의 실현을 재촉한 이가 바로 이른바 항해가 헨리 왕(Henry the Navigator)[1]이었으니, 그 때는 1394년(홍무 27년)에서 1460년(영종 천순

....

1) 항해가 헨리 왕(Henry the Navigator, 1394~1460): 포르투갈 아비스(Aviz)왕가의 왕자로 항해왕 엔리케(Infante Dom Henrique)로 널리 알려져 있다. 포

4년)까지였다. 헨리 왕은 국내에 항해 인재를 훈련시키는 학교를 세우고 가장 경험 많은 이탈리아 선원과 가장 연구가 많은 지리학자를 초빙하여 교편을 잡게 했다. 1460년 헨리 왕이 서거했을 때, 포르투갈인은 아프리카 대서양 연안의 겨우 절반 정도까지 진출했을 뿐이었다.

1486년(헌종 성화 22년) 바르톨로뮤 디아스(Bartholomew Diaz)가 비로소 아프리카 남단에 도달하였는데, 폭풍을 만났기 때문에 그곳을 '폭풍의 곶(Cape of Storms)'이라 명명했다. 그는 주앙(John) 2세에 이를 보고했고, 주앙 2세는 그곳을 '희망봉(Cape of Good Hope)'으로 개명하라는 조서를 내렸다.

1497년(효종 홍치 10년) 주앙 2세가 서거하고 아들 엠마누엘(Emmanuel) 2세가 왕위를 계승하였다. 이 해에 또 한 명의 포르투갈 탐험가 바스코 다가마²⁾는 희망봉을 돌아서 동쪽으로 항해하다 아프리카 동해안에서 아랍 도선사³⁾의 안내를 받고 인도양을 횡단하여 이듬해 인도의 말라바르(Malabar)에 도착했다. 그는 자신이 상륙한 지점인 캘리컷(Calicut)에 석주(石柱)를 세워 기념하고 1499년(홍치 12년) 리스본으로 돌아와 복명하였는데, 그가 동방에서 가져온 화물의 가치는 대략 항해 비용의 60배에 달했다. 이때는 정화가 마지막 원정을 한 지 이미 70년이 지난 후였다.

....

르투갈의 아프리카 이슬람 세력 공략에 많은 공을 세웠으며 1418년 이후 아프리카 서해안에 많은 탐험선을 보내 항로 개척에 힘썼다. 그의 노력은 훗날 인도 항로 발견의 기초를 마련하였다고 평가받는다.

2) 바스코 다가마(Vasco da Gama, 1469-1524): 포르투갈 남부 항구도시 시네스(Sines) 출신의 항해가이자 장교로 국왕의 명을 받아 1497년 대포로 무장한 120톤급 범선 4척(승선인원 160명)을 이끌고 리스본을 떠나 아프리카 남단 희망봉을 돌아 인도에 이르는 항로를 개척하였다. 그 후 두 차례(1502-1503, 1524) 더 인도를 방문했는데, 1524년 인도 코친에서 병사하였다.

3) 1498년 4월 도착한 케냐의 말린디(Malindi)에서 만난 아랍 항해가 이븐 마지드(Ibn Mājid)를 지칭한다.

이때부터 포르투갈의 배들은 항상 희망봉을 경유 동쪽으로 항해하여 향료·실크·진주 등의 화물을 구입하였고, 가톨릭 선교사들도 잇달아 인도에 이르렀다. 1510년(무종 정덕 5년)에는 마침내 인도 서해안의 고아(Goa)를 빼앗아 근거지로 삼고 더 나아가 인도 동해안과 실론(Ceylon)섬을 침략하였다. 이듬해 말라카(Malacca)를 점령하고 인도총독을 두어 무역과 식민지 개척 업무를 담당하게 했다. 교회 역시 총주교를 두고 동방의 선교임무를 총괄하게 하였다. 그 당시 말라카는 중국·인도·남미 및 남양 여러 섬의 물자가 한데 모이는 곳으로 사실상 세계 무역중심이었다.

제3절 콜럼버스(Columbus)의 중국 항해 시도

포르투갈은 지리적으로 대양(大洋)의 흡인력을 마주하고 뒤로는 강한 이웃 국가의 압박을 받음으로 인해 해외 진출의 염원이 스페인에 비해 더욱 절박했다. 뿐만 아니라 침입한 이슬람교도들을 800년간의 전쟁을 통해 마침내 축출한 이후, 항상 군함을 파견해 대서양을 순시하면서 그들의 재침을 막고자 했다.

그러나 스페인 역시 십자군 원정에 참가했던 연유로 그 인민들은 오랫동안 고향을 떠나있는 고통에 익숙해져 있었다. 그런 까닭에 15세기 말 유럽인의 마음속에 거란(중국)이 이미 멀고 생소한 지명이 되었을 때, 스페인만이 그 소재를 찾고자 했고 그 결과 뜻밖에 아메리카 신대륙을 발견하게 되었다.

포르투갈이 아프리카 남단을 지나 동쪽으로 항해하고자 했을 때, 제노바의 항해가 크리스토퍼 콜럼버스(Christopher Columbus)[4]도 지구가 둥

글다고 믿어서 서쪽으로 항해하면 반드시 곧장 인도와 중국에 도달할 수 있을 뿐 아니라 그 노선도 비교적 간편하고 빠르다고 생각했다. 처음에 포르투갈 국왕에게 요청했지만 왕이 힘이 미치지 못한다는 이유로 거절하자, 이에 스페인 국왕 페르난도(Fernando)와 이사벨(Isabel)왕후에게 지원을 부탁했다. 왕후가 자금 지원을 허락하자, 콜럼버스는 드디어 1492년(홍치 5년) 8월 중국 황제에게 보내는 소개장을 지닌 채 88명을 이끌고 3척의 배를 타고 출항하였다. 그 결과 같은 해 10월 12일 서인도 군도에 도착했다.

콜럼버스의 항해는 사실 그의 친구인 토스카넬리(Paolo dal Pozzo Toscanelli)의 지도와 그 서신에 힘입은 것이었다. 토스카넬리는 플로렌스(Florence) 사람으로 철학과 의학 및 천문학에 정통하여 한동안 그 명성이 자자해서 아주 먼 곳에서도 편지를 보내 의문스럽고 어려운 것을 묻는 사람들이 많았는데, 콜럼버스도 그 중 한 사람이었다. 토스카넬리가 콜럼버스에게 보낸 지도는 이미 사라졌으나, 그의 서신에 근거해 다시 제작한 것이 남아있다.[5]

토스카넬리는 애초 리스본 주교좌성당의 사제(Canonicus) 페르난 마르틴스(Fernan Martins)에게 서신을 보냈는데, 그 부본(副本)을 다시 콜럼버스에게 보낸 것이었다. 그 서신의 내용은 다음과 같다.

....

4) 원서에는 Cristobal Colombo로 표기되어있으나 오류로 보인다. 스페인어로는 Cristobal Colon, 이태리어로는 Cristoforo Colombo, 포르투갈어로는 Cristóväo Colombo, 영어로는 Christopher Columbus이다.
5) 19세기 독일의 지리학자 콘라트 크레치머(Konrad Kretschmer)와 영국의 지도제작자 존 조지 바솔로뮤(John George Bartholomew), 독일의 지리학자 헤르만 바그너(Hermann Wagner) 등이 복원한 지도를 가리키는 것 같다.

"지도에 또 여러 섬들을 그려 넣은 것은 풍랑을 만나 표류하여 섬에 도달했을 때, 자신이 있는 곳이 어디인지 알 수 있게 하기 위해서입니다. 표류하여 어떤 섬에 이르렀을 때, 어쩌면 토착인의 도움을 받아 목적지의 상황에 대해 어느 정도 알 수도 있을 것입니다. 여러 섬에는 상인들만 거주하고 있습니다. 각지의 상인들이 상품을 운송 판매하는데, 전 세계를 통틀어 헤아려 보아도 자동(刺桐: 천주) 한 항구에 미치지 못합니다. 매년 후추를 실은 큰 배 100척이 자동에 이르며 기타 향료를 실은 선박은 헤아릴 수 없을 정도입니다. 그 나라의 인구는 매우 많고 부유함은 필적할 만한 데가 없습니다. 행정구역과 도시는 셀 수 없을 만큼 많은데, 모두 대칸[大汗, Gran Can]에게 예속되어있습니다. 대칸이란 라틴어로 소위 '모든 왕 중의 왕(Rex regum)'이란 뜻이고 도성은 거란(契丹)에 있습니다. 200년 전 그 선조들은 일찍이 기독교인과 교류하고자 교황에게 사신을 보내 학자를 파견해서 그 나라를 교화시켜 줄 것을 요청하였습니다. 교황이 사람을 보냈지만 가는 길에 방해를 받아 도중에 돌아오기도 했습니다. 유제니우스(Eugenius) 교황 때(1431-1447: 선종 선덕 6년에서 영종 정통 12년)에도 교황청에 사신을 보냈는데, 제가 일찍이 만난 적이 있습니다. 그와 직접 담화를 나누면서 그 나라 강의 길이와 폭 그리고 강안(江岸) 도시의 숫자에 대해 질문하였습니다. 그의 답에 따르면 '강안의 도시는 200여 곳이 있고 각 도시에는 모두 대리석으로 만든 다리가 있으며 다리 앞부분은 석주로 장식하였다'고 합니다. 그 나라 사람들은 기독교에 대해 매우 관용적입니다. 라틴 사람들이 온갖 방법을 강구하여 그곳에 가려는 것은 금·은·진주와 향료 외에도 그 곳에 있는 모든 것들이 부자로 만들어 줄 수 있을 뿐 아니라 그 나라의 학자·철학자·천문가 등과 지식을 교환할 수 있으며 정치의 방법, 전쟁의 기술도 그 나라 사람으로부터 배울 수 있기 때문입니다."

이 서신은 1474년(헌종 성화 4년) 6월 24일에 쓰여 졌다. 페르난 마르틴스가 포르투갈 왕(Alfonso 5세를 말함 - 역자)의 절친한 친구였으므로 서신 중에 아울러 "특별히 항해도 1폭을 제작하여 포르투갈 왕에게 바치며"

"이후 포르투갈 왕께서 하문하고 싶은 것이 있으시면 알고 있는 바를 모두 말씀드리길 원합니다"고 밝히고 있다.

또 1통의 서신은 날짜가 없는데, 아마도 콜럼버스가 초록할 때 빠뜨린 것으로 짐작된다. 후세 사람이 그의 일기를 검토한 결과, 대략 위의 서신과 동일한 시기에 쓰인 것으로 보인다. 그 내용 일부를 번역하면 다음과 같다.

> "리스본에서 서쪽으로 직항하면 행재(行在, Quinsay: 항주를 가리킴)에 도달할 수 있는데, 도시가 아름답고 인구가 밀집되어 있습니다. 지도상에 표시된 두 도시 사이의 거리는 26방격(方格)이며, 매 방격은 250마일입니다. 행재의 주위는 100마일이고 성 안에는 10개의 다리가 있습니다. 행재는 하늘의 성[天城]이란 의미입니다. 이전에 이곳에 왔던 사람들은 일찍이 여러 가지 기이한 일과 교묘한 재주에 관해 기록을 남겼습니다. 그 풍요로움은 세계 최고입니다. 리스본에서 행재까지의 여정은 약 지구의 1/3에 해당합니다. 행재의 성(城)은 만지(Mangi, 蠻子)에 있고 거란(契丹)과 멀리 떨어져있지 않은데, 왕은 거란에 거주하고 있습니다."(이상 대부분은 마르코 폴로의 《동방견문록》에서 절록한 것임)

토스카넬리의 2통의 서신을 보았을 때, 콜럼버스가 가고자 했던 곳이 사실 중국이었음을 알 수 있다. 서신중에는 분명 일본도 언급하고 있을 뿐 아니라 황금이 많이 생산되는 곳이라고 하였지만, 중국만큼 중요하게 다루고 있지 않다. 게다가 콜럼버스가 그 여정을 기록한 책의 서문을 읽어본다면, 그 항해의 목적지가 실제로 중국임을 더욱 분명히 알 수 있다. 이 책의 내용 대부분은 스페인 왕후를 찬양하고 자신을 알아준 은혜에 보답하겠다는 내용으로 채워져 있는데, 그 일부를 옮기면 다음과 같다.

"신(臣)은 일찍이 폐하께 인도(중세시대 유럽의 모험가 대부분이 중국을 인도라 불렀음)에 대칸이 있다고 말씀드렸는데, 우리나라 말로는 소위 '모든 왕 중의 왕'이라고 합니다. 대칸과 그 조상들은 여러 번 로마에 사신을 보내 우리 교회의 학자들이 자신의 나라를 방문하여 그 백성들을 교화시켜줄 것을 요청하였습니다. 성부(聖父)이신 교황께서 아직 그 요청에 응하지 못하심에 따라 수많은 우상숭배자들이 사악한 주장을 믿고 성스런 가르침[聖敎: 즉 가톨릭 - 역재의 은혜를 입지 못하고 있습니다. …… 올해 1월 왕의 군대가 개선하고 전국이 평안해짐에, 신 크리스토퍼 콜럼버스에게 명하여 인도(즉 중국)에 가서 대칸을 알현하고 여러 도시를 방문하여 그 나라의 풍속을 파악함으로써 이후 그들을 가톨릭으로 개종시킬 방법을 마련하라고 하셨습니다. 또 신에게 오래된 옛 길을 따라 육로로 동방으로 가지 말고, 반드시 이전 사람들이 알지 못했거나 가본 적이 없는 서쪽 방향의 새로운 길로 가도록 명하셨습니다."

제4절 중국에 처음 도착한 포르투갈 선박

포르투갈 상선이 중국 해안에 출현한 것은 정덕 9년(1514)의 일이다. 다음해 포르투갈은 호르무즈를 점령하여 이슬람 국가의 상선이 페르시아만 이동(以東)으로 항해하는 것을 막았고, 그 결과 포르투갈의 동방무역은 더욱 공고해졌다. 그러나 같은 시기 해외에서 새로운 땅과 새로운 항로를 찾고 있던 스페인의 동정도 알지 않으면 안 된다.

콜럼버스가 신대륙을 발견한 이후, 또 다시 1493년(홍치 6년)·1498년(홍치 11년)·1502년(홍치 15년) 3차례 아메리카 대륙으로 건너감에 따라 항해 지리와 민족 등에 대한 유럽인의 지식도 점점 더 풍부해졌다. 스페인의 탐험가 발보아(Balboa)[6]는 파나마해협을 넘은 후 다시 일망무제(一

望無際)의 대양을 발견하였고, 이에 중국으로 항해하고자 하는 유럽인의 마음은 더욱 절실해졌다.

1519년(정덕 14년) 9월 포르투갈의 항해가 페르디난드 마젤란(Ferdinand Magellan)은 스페인에서 오래된 선박 5척을 이끌고 출항하였다. 그 중 가장 큰 배가 겨우 100톤 정도였고 작은 배는 75톤에 불과했다. 대서양에서 서남쪽으로 항해하여 5주가 넘어 남미대륙의 최남단을 지났는데, 자신의 이름을 따서 마젤란해협이라 이름 붙였다. 그 후 다시 태평양을 건너 약 33개월을 항해한 끝에 1521년(정덕 16년) 마젤란은 필리핀에서 토인에게 피살되었고 부하 대부분도 살해당했다. 겨우 살아남은 18명은 잔존한 85톤급 선박 1척을 타고 1522년(세종 가정 원년) 9월 6일 인도양과 희망봉을 지나 스페인으로 귀환하였으니, 이것이 최초의 세계 일주였다.

스페인 왕 카를로스(Charles) 1세는 왕세자 필립(Philip)의 이름을 따서 마젤란이 도착했던 군도를 필리핀이라고 명명하였다. 카를로스 1세의 시대(재위 1516~1556 - 역자)가 끝날 때까지 스페인 함대는 3번 필리핀에 이르렀는데, 스페인 배가 처음 중국에 도달한 것은 늦어도 명 만력 3년(1575) 이전임이 분명하다.

이제 포르투갈 선박이 처음 중국에 온 경과를 되돌아보기로 하자.

....

6) 바스코 누녜스 데 발보아(Vasco Núñez de Balboa, 1475-1519): 스페인의 탐험가이자 식민지 통치자로 1512년 파나마의 다리엔(Darién) 총독에 부임하였다. 1513년 파나마 지협(地峽)을 횡단해 유럽인으로서는 처음으로 산미겔(San Miguel)만에서 태평양을 보았다고 전한다. 하지만 당시 눈앞에 펼쳐진 이 넓은 바다가 태평양이라는 사실은 알지 못했다. 태평양이란 이름은 몇 년 후인 1519-1522년 마젤란이 세계 일주를 하면서 풍파가 심한 남미 마젤란해협을 벗어나 서항하다 만난 바다가 매우 평온하여 붙인 것이다.(해양실크로드사전, 142쪽)

바스코 다가마는 인도에 백색 중국인이 있으며 무슬림들은 항상 비이슬람교도와 천주교도를 동일시한다고 오래전부터 들었기 때문에 "중국인은 모두 천주교를 믿으며 황제도 천주교도이다"(《아주학보》(*Le Journal asiatique*) 1918년 제2책에 실린 Gabriel Ferrand의 글 406쪽에서 재인용)고 확신하였다. 1511년(정덕 6년) 포르투갈의 저명한 항해가이자 해군사령관인 알폰소 지 알부케르크(Alfonso de Albuquerque)는 말라카를 점령한[7] 후에서야 비로소 중국의 종교 상황을 탐문할 수 있었다. 예컨대 "중국인은 모두 천주교 신자인가? 만약 천주교를 믿지 않는다면 어떤 종교를 믿고 있는가? 어떤 신을 숭배하는가?" 다음해 8월 30일 알부케르크는 다시 무역 계획 하나를 세웠는데, 인도 말라바르 해안의 후추를 중국으로 운송하고 실크와 황금 및 대황(大黃)을 가지고 돌아오는 것이었다. 그러나 그 계획은 정덕 9년(1514)에 이르러서야 실행되었던 것 같다.(Schurhammer, *Qullen*, p.31, 32, 38)

　　《명사》 권325 '불랑기전(佛郎機傳)'에는 포르투갈 선박이 입공을 요청했다고(포르투갈 측 기록에는 조약 체결을 요구했다고 되어있음) 적혀있는데, 그 내용은 다음과 같다.

> "불랑기는 만랄가에 가깝다. 정덕연간(1506~1521)에 만랄가의 영토를 점거하고 그 나라 왕을 쫓아냈다. (정덕) 13년(1518) (불랑기가) 사신 가필단말(加必丹末) 등을 보내 방물을 바치고 책봉을 청함에 처음으로 그 나라의 이름을 알게 되었다. 조서를 내려 방물의 가치만큼 주어 돌려보

---

7) 강석영·최용수, 《스페인·포르투갈사》(대한교과서, 2005), 481쪽에 따르면 포르투갈인은 1509년 수마트라와 말라카섬에 이르렀고, 1511년 당시 인도 총독이던 알폰수 드 알부케르크가 말라카를 정복하여 극동 진출을 위한 전진기지로 삼았다고 한다.

내도록 했다. (그런데) 그 사람들은 오래 머물며 떠나지 않고 길가는 사람을 협박하고 심지어 어린 아이를 빼앗아 잡아먹기에 이르렀다. 얼마 안 되어 진수(鎭守)환관(中貴)[8]에게 뇌물을 주고 입경(入京)을 허락받았다.[9] 무종(재위 1505-1521 - 역자)이 남순(南巡)할 때, 그 나라(불랑기) 사신의 화자(火者) 아삼(亞三)[10]이 강빈(江彬)[11]의 도움으로 황제 옆에서 시중을 들게 되었다. 황제는 때때로 (아삼에게) 그들의 말을 배워 장난을 쳤다. 그들은 회원역(懷遠驛)[12]에 머물면서 더욱 노략질을 일삼고 양민을 사들이며 집을 짓고 채(寨)를 세워 오랫동안 거주하고자 했다. …… 아삼은 황제의 시중을 들면서 매우 교만해져서 어가(御駕)를 수행하여

8) 진수는 진을 지키는 책임자라는 뜻으로 명대 무관직의 하나인데, 홍희 원년 (1425) 왕안(王安)이 감숙성의 진수가 됨으로써 최초로 환관이 진수에 임명되었다. 이후 정통연간(1436-1449) 각성의 여러 진에 환관이 두루 임명되었고, 진수환관 또는 진수태감이라는 명칭은 이로부터 나왔다. 이후 가정 8년 (1529)에 혁파되었다.(《명사 외국전 역주》, 2책, 544쪽)

9) 정덕 15년(1520) 1월 토메 피레스(Tomé Pires) 사절단은 광주에서 북상하여 5월 남경에 이르고, 정덕 16년 1월 북경에 도착하여 회동관에 머물렀다.(《명사 외국전 역주》, 2책, 544쪽)

10) 아삼(亞三):《수역주자록》에는 "有火者亞三, 本華人也, 從投被國久, 至南京, 性頗詰慧"라고 되어있다. 그의 적관(籍貫)은 알 수 없는데, 고응상(顧應祥)의 《정허재석음록(靜虛齋惜陰錄)》권12〈잡론3〉에는 강서 부양(浮梁) 출신으로 나온다. 그는 중국인이었으나 포르투갈어를 할 줄 알았기 때문에 토메 피레스의 통역을 맡았다고 한다.(《명사 외국전 역주》, 2책, 544쪽)

11) 강빈(江彬, ?-1522): 하북성 선부(宣府) 출신으로 울주위지휘첨사(蔚州衛指揮僉事)를 거쳐 선부·대동(大同)·요동(遼東)·연수(延綏) 4진(鎭)의 통수(統帥)가 되었고, 정덕 6년(1511) 변병(邊兵)을 이끌고 기내(畿內) 각지의 난을 토벌함으로써 황제의 총애를 받아 국성(國姓)인 주씨(朱氏) 성을 하사받았다. 무종에게 북변을 순행하고 남정(南征)하도록 권하였을 뿐 아니라 음락에 빠지도록 하였다. 정덕 16년(1521) 무종이 죽자 황태후의 명에 의해 체포되어 책형(磔刑)에 처해졌다.(《명사 외국전 역주》, 2책, 544쪽)

12) 회원역(懷遠驛): 본서 제3편 12장 5절을 참조.

도성에 들어와 회동관에 머물렀다. 제독주사(提督主事)[13] 양작(梁焯)[14]을 보고도 무릎을 꿇어 절을 하지 않자 양작이 노하여 그에게 매질하였다. …… 다음해 무종이 서거하자 아삼은 사법기관에 보내졌다. 자신(아삼)은 본래 중국인으로 번인에게 이용되었노라고 말했지만 곧 형벌을 받아 죽임을 당했으며, 그 나라의 조공은 끊어졌다.”

명나라 사람은 포르투갈과 스페인 사람을 처음에는 모두 불랑기(佛郎機)라고 불렀으나, 나중에는 '포도려가(葡都麗家)'와 '간계랍(干係蠟)'으로 구분하게 되었다. 그런데 후대 사람들은 종종 불랑기가 프랑스라고 잘못 인식하고 있다. 불랑기는 서양어 Franks의 음역으로 지금은 '프랑크[法蘭克]'로 번역하니, 바로 당나라 사람들이 불름(拂菻)이라고 번역한 그 나라이다. 본래 북유럽 민족 중 하나로 일찍이 남하해 지금의 프랑스 서부에 대제국을 건설한 바 있다. 그러므로 프랑스란 이름의 내력이 비록 불랑기와 관계가 있지만, 명나라 사람이 말한 불랑기는 사실 프랑스를 지칭하는 것이 아니었다. 하지만 이런 오해 때문에 불랑기는 결국 불랑기(拂郎機), 불랑서(弗郎西), 법랑서(法郎西), 불란제(拂蘭祭), 화란서(和蘭西), 발란서(勃蘭西), 법란서(法蘭西) 등 여러 다른 표기들이 생겨났다. 중세 시기 아랍인은 유럽인을 불랑기로 칭하였는데, 포르투갈인이 동방으로 왔을 때 간혹 아랍의 이슬람 상인을 통역으로 삼음에 따라 중국인도 마

---

13) 제독주사(提督主事): 제독회동관주사(提督會同館主事)를 말하며, 그 품계는 정6품이다. 예부주객청리사(禮部主客清吏司)에서 회동관을 관리하기 위해 명 홍치연간에 설치했으나 이후 폐지와 설치를 반복하였다.(《명사 외국전 역주》, 2책, 547쪽)

14) 양작(梁焯, 생몰연도 미상):《광동통지(廣東通誌)》에 그의 자는 일부(日孚)이고 남해인이며 곽도(霍韜, 1487-1540)와 같이 진사가 되었다는 기록이 있다.(《명사 외국전 역주》, 2책, 547쪽)

침내 그들을 불랑기라 부르게 되었던 것 같다.

포르투갈이 말라카와 가깝다는 이야기는 억측에 불과하다. 포르투갈
이 말라카를 획득한 것은 1511년 8월이었다. 포르투갈 사신이 중국에
온 연도에 대해서는 아래 3가지 설이 있다.

정덕 12년(1517)설은 《동서양고(東西洋考)》·《주해도편(籌海圖編)》[15]·
《천하군국이병서(天下郡國利病書)》·《영해여도(嶺海興圖)》 등에 보인다.

정덕 13년(1518)설은 《명산장(名山藏)》·《헌징록(獻徵錄)》·《황명상서
록(皇明象胥錄)》, 김조광(金祖光)이 편수한 《광동통지(廣東通志)》, 학옥
린(郝玉麟)이 편수한 《광동통지》 및 《명사》 등에 보인다.

정덕 14년(1519)설은 《수역주자록(殊域周咨錄)》에 나온다.

《동서양고》 권5 〈동양열국고(東洋列國考)〉의 '여송(呂宋)'조에서는 《광
동통지》를 인용하여 "불랑기는 평소 중국과 왕래하지 않았는데, 정덕 12
년 큰 선박을 타고 갑자기 광주만 입구에 이르렀다. 그 총성이 천둥소리
와 같았고 진공(進貢)을 명분으로 삼았다. 순무가 조사해본 바 《회전(會
典)》[16]에 조공 왔던 전례가 없어서 받아들이지 않았다. 이에 포르투갈

....

15) 《주해도편(籌海圖編)》: 왜구에 대한 해상방어책을 강구하기 위해 저술된 책
으로 다량의 해도(海圖)와 방책이 서술되어있으며 전(前) 7권과 후(後) 6권으
로 구성되어있다. 보통 호종헌(胡宗憲)이 편찬한 것으로 알려져 있지만 일부
학자들은 주요 편찬자가 정약증(鄭若曾, 1503-?)이라고 말한다. 정약증은 가
정 중기 호종헌의 막료가 되었는데, 그 이전에 이 책 전 7권의 일부를 이미
작성하였고, 막료가 된 후 전 7권 대부분의 내용과 후 6권을 완성시켰다.
다만 호종헌이 다른 막료로 하여금 이 작업을 보조토록 하고 최후의 간행작
업을 하였으며 후 6권의 편찬에 자신의 생각을 제공하였기에 주요 편찬자가
아니라고 할 수는 없다. 가정 41년(1562) 판본에는 정약증이 집의(輯議)한
것으로, 만력 10년(1582) 전후 호종헌의 손자 호정(胡灯)이 간행한 판본에는
호종헌이 집의하고 정약증이 편차(編次)한 것으로 되어있다.
16) 여기서는 명 홍치연간 기본 행정법규에 적용사례·변경사례를 추가하여 만

선박은 동완(東莞) 남쪽으로 물러나 정박하면서 집을 짓고 목책을 세워 화총(火銃)에 의지하여 스스로를 지켰다"고 하였다.

호종헌(胡宗憲)17)의 《주해도편》 권13 〈경략(經略)3〉 '병기(兵器)' 중의 불랑기도설(佛郎機圖說)에는 다음과 같이 적혀있다.

"형부상서 고응상(顧應祥)이 '불랑기는 나라 이름이지 총 이름이 아니다. 정덕 정축년(정덕 12년, 1517) 내가 광동첨사로 부임해 해도(海道)의 업무를 관장하고 있을 때, 갑자기 먼 바다에 배 2척이 나타나 곧바로 광주성 회원역에 이르러 불랑기국에서 진공하러 왔으며 그 선주(船主)의 이름은 가필단(加必丹)이라고 하였다. 그 사람들의 모습은 모두 코가 높고 눈이 깊었으며 흰 천으로 머리를 두른 것이 마치 무슬림의 차림새 같았다. 곧바로 총독 서헌공(西軒公) 진금(陳金)에게 그들이 광주에 왔음을 보고하였다. 그들은 예절을 알지 못했으므로 광효사(光孝寺)에서 3일 간 예절을 익히도록 한 후 만나보았다. 《대명회전》을 찾아보니 이 나라의 입공 사례가 없어 이를 근거로 보고하였는데, 조정에서 입공을 허락하여 이들을 경사로 보냈다. 당시 무종께서 남순 중이어서 그들은 회동관에 1년 가까이 머물렀다. 당금 황제(세종을 가리킴)께서 등극하신 후, 그 불공(不恭)함을 이유로 통사(通事)를 법에 따라 극형에 처하고 그들을 광동으로 압송해서 출국시키도록 하였다. 그들은 광동에 오랫동안 머물렀고 불서(佛書) 읽기를 좋아했다'고 말했다."

....

든, 정덕연간에 교정·간행된 《회전》을 말하는 것 같다.

17) 호종헌(胡宗憲, 1512-1565): 직예(直隷) 적계(績溪: 현 안휘성 적계) 사람으로 가정 17년(1538) 진사에 합격하여 가정 26년 여요현(餘姚縣) 지현이 되었다. 이후 각종 어사(御史) 직무를 수행하였고 가정 35년 왜구를 평정하는데 공헌하였다. 이후 우도어사(右都御史)에 오르고 태자태보(太子太保)가 더해졌다. 가정 41년 엄숭(嚴嵩)과 관계가 밀접하다하여 혁직(革職)되고 가정 45년 옥사하였으나 만력 초년 복권되었다.

고염무(顧炎武)의 《천하군국이병서》 권120 〈해외제이(海外諸夷)〉에는 다음과 같이 기록되어있다. "광동순무 임부(林富)[18]가 상주하여 '정덕 12년에 이르러 불랑기 오랑캐가 갑자기 동완현의 경계 안으로 들어왔는데, 당시 포정사 오정거(吳廷擧)가 그들의 조공을 허가하고 이를 황제께 보고하였습니다. 이는 기존의 국법[成憲]을 살피지 못한 과실입니다'고 말했다."

요우(姚虞)[19]의 《영해여도》에는 "그 불랑기국은 이전에 조공 온 적이 없었다. 정덕 12년 서해(西海)로부터 갑자기 동완현 경계에 들어왔다. 수신(守臣)이 그들의 조공을 허용하였으나, 그 후 지방을 약탈함에 축출되었고 지금까지 다시 오지 않았다"고 되어있다(《명사》의 '불랑기', '여송', '화란', '意大里亞'전의 주석에 근거해 인용하였음).

하교원(何喬遠)의 《명산장》 〈왕향기(王享記)〉 '만랄가'편(篇)에는 "정덕 13년 국왕 술탄 마하메트(Sultan Mahamet)가 불랑기의 우두머리에 의해 축출되고 (불랑기가) 그 지역을 점거하였다. 사신 30명이 광동으로부터 입공하고자 하였는데, 당시 광동 좌포정사(左布政使) 겸 해도부사

....

18) 임부(林富, 생몰연도 미상): 복건성 보전(莆田)사람으로 홍치 15년(1502) 진사로 남경대리평사를 지냈는데, 환관 유근(劉瑾)을 거스르다가 투옥되었다. 유근이 주살되고서 광동·광서포정사와 양광(兩廣)순무 등을 지냈다. 관직이 병부우시랑 겸 우첨도어사(右僉都御史)에 이르렀으며 귀향을 청하여 66세로 사망하였다.

19) 요우(姚虞, 생몰연도 미상): 방지학자(方志學者)로 포미촌(埔尾村: 현 복건성 莆田市) 사람이다. 가정 11년(1532) 진사가 되어 남경도감찰어사(南京道監察御史) 등을 지냈다. 《영해여도》는 그가 광동 순안어사(巡按御史)를 지낼 때 지은 책으로 당시의 요새(要塞)·무비(武備)·병마(兵馬)·전량(錢糧) 등에 대해 상세히 기록하고 있는데, 독특한 체례의 실용가치가 비교적 높은 지방지로 평가되고 있다.

(海道副使)였던 오정거가 논의 끝에 이를 허락하였다"고 적혀있다.

초횡(焦竑)의 《헌징록》권120에는 "불랑기는 만랄가에 가까운 교활하고 난폭한 섬나라 오랑캐인데, 전대(前代)와 국초(國初)에는 중국과 왕래하지 않았다. 정덕 13년 그 추장이 (만랄가) 국왕을 시해하고 필가단말(必加丹末) 등 30명을 보내 입공하고 책봉 받기를 청하였다"고 되어있다.

엄종간(嚴從簡)의 《수역주자록》권9에는 "본조(本朝) 정덕 14년 불랑기의 대추장이 (만랄가) 국왕을 시해하고 필가단말 등 30인을 보내 입공하고 책봉 받기를 청하였다"고 적혀있다.

그런데 포르투갈인의 기록에 따르면 포르투갈 사신이 중국에 온 것은 실제 정덕 12년이며, 말라카 장관이 고아총독의 동의를 얻은 후 파견한 함장 페르낭 피레스 지 안드라데(Fernão Pires de Andrade)와 사신 토메 피레스(Tomé Pires)가 둔문(屯門) 해안에 도착한 것은 이 해 8월 15일이었다고 한다. 후지타 토요하치(藤田豊八)는 《중국남해고대교통총고》에 번역 수록된 〈포르투갈인의 마카오 점령에 대한 고찰(葡萄牙人佔據澳門考)〉[20]에서 진금은 정덕 12년 광동총독 직을 떠났고 오정거 역시 같은 해 호남으로 자리를 옮겼기 때문에 포르투갈 사신이 온 것은 정덕 12년이며, 13년에 온 것은 말라카의 사신 즉 《명산장》에서 말한 술탄 마하메트의 사신이라고 단정하였다. 이는 매우 옳은 견해라고 생각된다.

《명사》에 나오는 가필단말(《헌징록》과 《수역주자록》에는 필가단말로 잘못 적고 있음)은 포르투갈어 Capitão Môr의 음역으로 선주(船主)라는 뜻인데, 《명사》에서는 잘못 알고 사신의 이름이라 여겼다.

《명사》에서는 또 "그 사신의 화자(火者) 아삼" 운운하였는데, 《원사》와

····························

20) 원제는 〈葡萄牙人澳門占據に至るまでの諸問題〉이고 藤田豊八著, 池内宏編, 《東西交涉史の硏究: 南海篇》, 荻原星文館, 1943에 수록되어있다.

《명사》에서 '화자'(Khoja) 두 글자가 인명의 앞뒤에 붙어있는 것을 자주 볼 수 있다. 《원사》권120 〈찰팔아화자전(札八兒火者傳)〉에서 "화자는 그 관직 이름이다"고 한 것을 보면, 화자 아삼은 포르투갈인이 고용한 통역원으로 무슬림이였기에 '화자'란 명칭을 사용한 것으로 짐작된다.

"불서 읽기를 좋아한다"고 말한 것은 그들이 가톨릭 《성경》을 읽고 암송한 것을 가리킨다. 토메 피레스는 실제로 경건한 가톨릭 신자였다.

내가 앞에서 포르투갈 배가 중국 해안에 출현한 것은 정덕 9년이며 정덕 12년에 이르러 중국에 사신을 파견했다고 말했는데, 이 3-4년 동안 동방으로 온 포르투갈의 배가 분명히 더 있었다.

정덕 9년(1514) 중국에 온 사람은 조르즈 알바레스(Jorge Alvarez)로 둔문에 도착하였다.

정덕 10년에서 11년(1515-1516)사이 중국에 온 이는 라파엘 페레스트렐로(Rafael Perestrello)였다.

명나라 사람들은 처음 온 서양인의 외모와 신체에 대해 매우 특이하게 느꼈다. "높은 코와 깊은 눈, 흰 천으로 머리를 두른 것이 무슬림의 차림새와 같았다"는 고응상의 묘사 외에도, 《명사》'불랑기전'에서는 "키가 크고 코가 높으며, 눈은 고양이 안구와 같고 입은 매의 부리와 같으며, 곱슬머리에 붉은 수염"이라고 하였고, '화란전'에서는 "눈이 깊고 코가 크며, 머리와 눈썹과 수염 모두 붉고, 발의 길이는 1척 2촌이며, 그 장대한 용모가 보통 사람의 배이다"고 하였다. 원양(袁襄)의 〈관노미소공사자가(觀魯迷所貢獅子歌)〉에서는 "종놈의 푸른 구레나룻 깊은 눈동자, 용맹스런 뭉치모양의 상투에 거친 갓끈 늘어뜨렸네[21]"라고 하였고, 장치도(張治道)의 〈관진공사자가(觀進貢獅子歌)〉에서는 "코 높은 오랑캐 눈은

---

21) "奚奴綠鬢深眼睛, 戟手魋髻垂胡纓."

주먹 같고, 비단 옷 수놓은 바지 입은 채 붉은 난간 앞에 있네[22]"라 하였으니, 때는 가정 3년(1524)이었다. 《명사》 '노미국전(魯迷國傳)'에서 노미는 "중국과의 거리가 매우 멀다"고 했는데, 로마(Rome)의 이역(異譯)이 아닌가 한다.

고응상은 불랑기가 총 이름이 아니라고 설명하면서도 총의 생김새에 대해 일찍이 다음과 같이 기록하였다. "그 총은 쇠로 만들었는데, 길이는 5-6척이고 커다란 배에 긴 목을 한 모습이다. 배에 긴 구멍이 나 있고, 5개의 작은 총에 번갈아 화약을 담아서 배 속에 넣어 발사한다. 총의 겉은 나무를 이용해 쇠로 만든 테를 둘러싸서 균열을 방지하였다."

---

22) "高鼻番人眼如拳, 錦衣繡袴赤檻前."

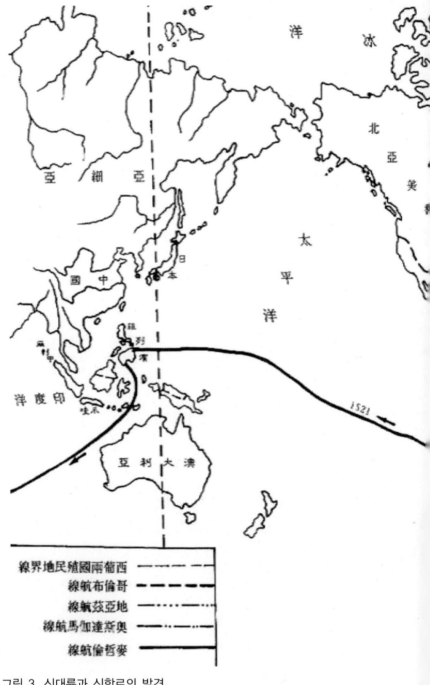

그림 3. 신대륙과 신항로의 발견

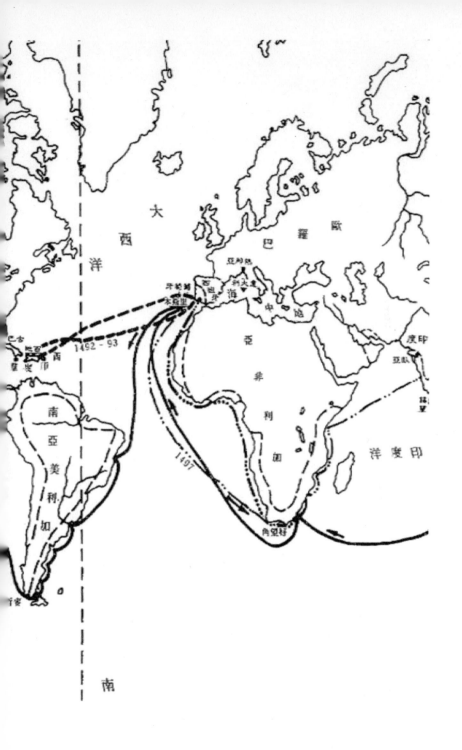

大
西
洋

歐
羅
巴

亞세漁

亞得里海

里斯本

地中海

亞非利加

南
亞
美
利
加

印度

亞臥
里

印度洋

角望好

1492 - 93

1497

南

제17장
가정연간 중국 연해지역에서의 서양인 활동

제1절 포르투갈인의 광동(廣東) 연해 침범

중국과 포르투갈의 초기 접촉에 관한 중국 측 기록은 대략 위에서 인용한 바와 같다. 여기서 포르투갈 측 자료를 제시하면 아래와 같다.

(1) 주앙 지 바로스(João de Barros)의 《아시아》(Asia).

(2) 디오고 지 쿠토(Diogo de Couto)가 저술한 《아시아》속편.

(3) 페르낭 로페스 지 카스타네다(Fernão Lopes de Castanheda)의 《포르투갈인의 인도 발견과 정복의 역사》(Historia do Descobrimento e Conquista India pelos Portuguezes).

(4) 마노엘 지 파리아 이 소사(Manoel de Faria e Sousa)의 《포르투갈의 아시아》(Asia Portugueza).

(5) 가스파르 다 크루스(Gaspar da Cruz)[1]의 《중국지(中國志)》(Tra-

....

1) 가스파르 다 크루스(Gaspar da Cruz, ?-1570): 포르투갈 천주교 선교사로 1548년 도미니크회 선교단(총 12명)의 일원으로 인도 고아에 도착했다. 인도

ctado da China)

(6) 페르낭 멘데스 핀투(Fernão Mendes Pinto)의 《원유기(遠遊記)》
     (*Peregrinacão*)

피레스(Pires)와 안드라데(Andrade)가 처음 중국에 왔을 때 "그 방물의
가치만큼 주어 돌려보내도록 명하였다"고 《명사》에 적혀있지만, (포르투
갈은) 이미 그 목적을 달성한 것 같다. 포르투갈 측 기록에는 피레스가
적극적으로 선교하였으며 안드라데는 대단히 겸손하고 온화했다고 되어
있는데, 이 두 사람이 광효사에서 3일 동안 의례를 배웠다고 한 고응상
(顧應祥)의 기록을 보면 포악하고 오만한 무리는 아니었던 것 같다. 그러
나 《명사》에는 바로 이어서 그들이 "길가는 사람을 협박하고 심지어 어
린 아이를 빼앗아 잡아먹기에 이르렀다"고 쓰여 있다. 이는 아마도 정덕
13년(1518) 안드라데의 동생 시망 지 안드라데(Simão de Andrade)가 뒤
따라 중국에 와서 둔문(屯門)에 멋대로 목책 울타리를 쌓았을 뿐 아니라
재물을 약탈하고 자녀를 빼앗는 일을 벌였기 때문으로 보인다. 이로써
포르투갈인에 대한 중국인의 태도가 마침내 변하여 정덕 15년(1520) 어
사(御史) 하오(何熬)가 그들을 몰아낼 것을 요청하는 상소를 올리게 되었
던 것이다.

곽도(霍韜)²⁾는 《문민공전집(文敏公全集)》 권10(하) 〈양광사의(兩廣事

....

서해안 일대에 이어 말라카와 캄보디아에서 선교활동을 벌였으며, 1556년
겨울 중국 광주에 도착해 몇 주간 머문 후 동남해안 일대를 몇 달간 둘러보
았다. 광주를 떠나 해로로 호르무즈에 들러 얼마간 체류하다가 1569년 귀향
해 이듬해 2월 흑사병으로 사망하였다. 사망 후 그가 저술한 《중국지》가
고향에서 출간되었는데, 중국에 머문 지 얼마 안 되었지만 중국에 관한 방대
한 양의 지식이 담겨 있다.(해상실크로드사전, 54-55쪽)
 2) 곽도(霍韜, 1487-1540): 광동 남해(南海) 사람으로 병부주사와 예부상서 등을
    역임했다. 자는 위선(渭先), 호는 올애(兀厓) 또는 위애(渭厓)이며 시호는 문

宜)〉에서 다음과 같이 말했다.

"만약 비왜(備倭: 備倭都指揮使를 지칭한 것 같음 - 역자) 이하 관리들의
현명한지 여부를 알고자 한다면, 번이(番夷)의 입경(入境)에 대해 대처
하는 것을 보면 그 대략을 알 수 있다. 동남지역의 오랑캐들은 모두 광동
을 통해 입공하면서 무역을 하는데, 서로 이익이 되는 장사이기 때문에
중국이 그것을 막아서 스스로 곤란하게 해서는 안 된다. 오직 불랑기
오랑캐는 흉포한 도적떼이기 때문에 막지 않을 수 없다. 그렇다고 불랑
기를 막으려고 다른 오랑캐도 함께 막는 것은 좋은 방책이 아니다. 지금
의 방책은 다른 오랑캐들이 오는 것은 받아들이고 불랑기는 배척하는
것이니, 만약 물러나지 않으면 용맹한 병사로서 이를 막고 반드시 주살
함을 보여야 한다. 그렇게 한다면 그 득실과 현명함의 여부를 거의 분별
할 수 있을 것이다."

곽도는 가정 19년(1540)에 죽었는데, 이 글은 가정 초년에 쓰인 것으로
당시 중국인이 포르투갈인을 얼마나 경계했는지를 볼 수가 있다.

가정 원년(1522) 중국과 포르투갈 간에 첫 번째 전쟁이 발생하였다.
《명산장(名山藏)》에는 "세종이 즉위하자 불랑기가 다시 사신의 의복과
양식을 지원하는 비용으로 대겠다는 명목으로 자신들이 가져온 물건을
관례에 따라 추분해줄 것을 요청하였지만 조서를 내려 다시 거절하였다.
이에 소세리(疎世利)[3] 등 1천여 명의 무리가 파서국(巴西國)을 격파하고
신회현(新會縣) 서초만(西草灣)으로 들어와 노략질을 하였다. 지휘(指揮)[4]

....

민(文敏)이다. 저서로 《시경해(詩經解)》·《상산학변(象山學辨)》·《정주훈석
(程朱訓釋)》·《서한필평(西漢筆評)》·《위애집(渭厓集)》등이 있다.
3) 소세리(疎世利): 장천택(張天澤)의 고증에 의하면 그의 본명은 Syseiro라고
한다.(《명사 외국전 역주》, 2책, 548쪽)
4) 지휘(指揮): 명대의 군직(軍職) 중 하나로 위소(衛所)의 최고장관인 지휘사

가영(柯榮)과 백호(百戶)5) 왕응은(王應恩)이 바다를 가로막아 그들을 제압하고 별도로(別都盧)와 소세리 등 42인을 생포하고 35명을 참수하였다. 나머지 적(賊)들이 다시 와서 접전하였으나 왕응은이 그들을 죽였다"고 되어있다. 《명실록》 가정 2년 3월조에 기록된 내용은 더 상세하니, 나머지 적 말아정보사다멸아(末兒丁甫思多滅兒) 등이 배 3척을 몰고 와 접전을 벌였다고 적혀있다.

별도로는 명나라 때 백다록(伯多祿)으로 번역되었고 지금은 피득(彼得, Peter)으로 번역되니 즉 페드로 오멩(Pedro Homem)이다. 소세리는 자세히 알 수 없다. '말아정보사다멸아'는 한 사람으로 바로 마르틴 알폰소 지 멜루 코치뉴(Martin Alfonso de Mello Coutinho)인데, 정덕 16년 (1521) 포르투갈 왕의 명령을 받아 리스본에서 둔문까지 곧바로 항해해 와서 중국과 우호 관계를 맺은 사람이다. 파서(巴西)는 Pacem(Pasummah)의 음역으로 수마트라섬 서북쪽에 있었다.6)

제2절 포르투갈인의 절강 연해 침범

포르투갈인이 절강 지역을 침략해 소요를 일으킨 사건은 왜구와 연합

(指揮使: 정3품), 부장관인 지휘동지(指揮同知: 종3품), 지휘첨사(指揮僉事: 정4품) 등이 모두 이에 해당한다.
5) 백호(百戶): 소(所)를 관할하는 천호(千戶)의 속관으로 100명 정도의 병사를 통솔하는 정6품직이다.
6) 《명사 외국전 역주》, 2책, 548쪽에 따르면 Pacem은 지금의 수마트라섬 동북 안에 있는 Passier라고 한다.

하여 공동으로 행한 짓으로 중국과 포르투갈 양측 모두 그 사실을 기록하고 있다. 중국 문헌으로는 가정연간 일본으로 출사했던 정순공(鄭舜功)이 지은 《일본일감(日本一鑑)》[7] 〈궁하설해(窮河說海)〉 권6의 '해시(海市)'조가 상세하다.

"절강 해상의 밀수상[私商]은 복건의 등료(鄧獠)로부터 시작되었다. (그는) 당초 안찰사(按察使) 감옥에 죄수로 갇혀있다 가정 병술년(가정 5년, 1526) 탈옥하여 바다로 도망쳤다. (그 후) 번이(番夷)를 유인하여 절강 해상의 쌍서항(雙嶼港)에서 밀매매를 했으며, 오문(澳門) 사람 노황사(盧黃四) 등과 투합해 암암리에 밀무역을 하였다. 가정 경자년(가정 19년, 1540)에는 그 뒤를 이어 허일(許一: 이름은 松)·허이(許二: 이름은 楠)·허삼(許三: 이름은 棟)·허사(許四: 이름은 梓) 등이 불랑기 오랑캐를 끌어들여(이 오랑캐는 정덕연간 광동에 와서 무역을 하다가 태도가 불손해 海道副使 王金 즉 汪鋐에 의해 쫓겨난 후 만랄가국을 점거하여 주둔하고 있었는데, 허일 형제가 마침내 만랄가에서 그들을 불러들인 것임) 절강 해상에서 끊임없이 왕래하며 쌍서와 대모(大茅) 등 항구에서 밀무역을 함에 따라 이로부터 동남 지역에 분쟁 발단의 문이 열리게 되었다. 가정 임인년(가정 21년, 1542) 영파지부(寧波知府) 조고(曹誥)는 번선(番船)과 왕래함으로써 해적을 불러들인다고 여기고 번인과의 왕래를 돕는 자들을 매번 두루 체포하자, 영파[鄞鄕]의 사대부들도 이 때문에 시름을 덜게 되었다. 지부 조고는 '오늘도 번인과 왕래한다고 하고 내일도 번인과 왕래한다고 하니, 온 땅에 피가 흘러넘쳐야 바야흐로 왕래가 멈출 것이다'고 말했다. 이듬해인 계묘년(22년, 1543) 등료 등이 복건 연

---

7) 《일본일감(日本一鑑)》: 전 9권. 명 중엽 신안(新安: 현 徽州) 사람 정순공(생몰 연도 미상)이 가정 34년(1555) 일본에 출사하였을 때 관찰한 일본인의 풍속과 자신이 경험한 일들을 기록한 책으로 가정 44년 정식으로 완성되었다. 가정연간 중국·일본·유구·대만에 관한 중요한 내용을 기록한 일차사료이다.

해 지역에서 노략질을 하니 절강 연해의 해적들도 발흥하였다. 해도부사 장일후(張一厚)가 허일과 허이 등이 번인과 왕래함으로 인해 해적을 불러들여 해당 지역에 피해를 준다고 여기고 군대를 통솔하여 그들을 체포하고자 했다. 허일와 허이 등이 이에 저항하여 뜻을 이루자 마침내 불랑기와 함께 쌍서항에 정박하였다. 그 동업자 왕직(王直: 이름은 五峰)은 을사년(24년, 1545) 일본에 가서 무역하면서, 처음으로 박다진(博多津)·왜조(倭助)·재문(才門) 3인을 쌍서에 와서 무역하도록 유인하였다. 다음해 다시 그 땅에 와서 널리 활동하니, 직예(直隷: 남경 일대를 말하는 듯함 - 역자)와 절강의 왜환(倭患)이 처음으로 발생하였다. 병오년(25년, 1546) 허이와 허사는 허일과 허삼이 사고로 인해 빚진 번인의 화물을 갚지 않고 오히려 간사한 무리들을 이용해 직예와 소(蘇)·송(松) 등지에서 양민을 꾀어 물건을 수매하여 항구에 이르렀다. 허이와 허사는 암암리에 번인을 부추겨 이를 약탈하게 하고 겉으로는 피해자들을 달래며 물건 값을 배상해 주겠다고 하였다. 때문에 피해자들은 허이와 허사의 모략을 알지 못하고 오히려 번인의 약탈을 원망하였다. 자기 자본이 있는 자는 포기하고 그곳을 떠났지만, 자본을 빌린 자는 (빌린 돈을) 상환할 수 없어 감히 돌아가지 못하고 허사를 따라 일본으로 가서 대가를 받아 돌아가려고 생각했다. 배가 경박진(京泊津)[8]에 도착한 후, 속임을 당한 사람들이 하나 둘씩 번인이 재물을 약탈한 사실을 도주(島主)에게 고하였다. (이에) 도주는 '번상(番商)'이 중국과 무역하면서 감히 중국인의 재물을 약탈하였으니, 지금 우리나라와의 무역에서도 노략질할 생각을 품지 않을 리 없다'고 말하고 즉시 번인들을 죽여 버렸다. 그리고는

....

8) 경박진(京泊津): '경박(京泊)'은 '교토마리' 즉 교토나 오사카로 가기 위해 머물던 정박지라는 뜻으로 '진(津)'은 나루라는 의미에서 덧붙인 것이다. 현 규슈(九州) 카고시마(鹿兒島)현 사쓰마센다이(薩摩川內)시에 해당하는데, 원문 바로 뒤에 도주(島主)라고 하였은즉 규슈 본섬에서 서쪽으로 약 40㎞ 떨어진 동중국해상에 떠있는 고시키지마(甑島)열도를 가리키는 것이 아닌가 한다. 현재 '京泊'은 나가사키(長崎)의 지명으로 훨씬 더 유명하기에 혼동하기 쉽다.

땔감과 낟알[薪粒] 등을 허사에게 주고 중국인들을 돌려보내도록 하였다. 허사는 애초 번이의 화물을 빚진 데다 번이 상인마저 잃은 상황에서 감히 쌍서로 돌아갈 수 없다고 스스로 판단하고, 도리어 심문(沈門)·임전(林剪)·허료(許獠) 등과 선단을 합쳐 해안가의 민가를 약탈하였다. (한편) 허이는 형제인 허일과 허삼이 죽고 허사가 돌아오지 않아 번인에게 빚진 재화를 갚을 수 없게 되자, 결국 주료(朱獠)와 이광두(李光頭) 등과 함께 번인을 유인하여 복건과 절강 지방을 노략질하였다. 다음해인 정미년(26년, 1547)에는 호림(胡霖) 등이 왜인을 유인해 쌍서에 와서 교역하게 하였다. 임전은 팽형국(彭亨國)에 가서 해적들을 유인하여 허이와 허사 등과 선단을 합쳐 복건과 절강 지역을 약탈하니 변방에 소동이 일어났다. 순안절강(巡按浙江)감찰어사 양구택(楊九澤)이 조정에 이 사실을 알리자, (황제가) 도어사(都御史) 주환(朱紈)에게 군대를 동원하여 허이·허사 등을 토벌해 복건과 절강 지역을 안정시키도록 명하였다. 다음해인 무신년(27년, 1548) 과도관(科道官)9)이 다투어 상주문을 올리자, 군문(軍門: 명대 총독과 순무를 가리키던 칭호 - 역자)에서 현상 수배 끝에 허이를 체포하였고 허사는 서양(西洋)으로 도주하였으며 쌍서항은 폐쇄되었다."

《명사》〈주환전(朱紈傳)〉에는 "애초 명나라 태조[明祖]가 제도를 정하여 한 조각의 판자도 바다에 띄울 수 없도록 하였으나, 태평스런 시대가 계속되자 간사한 이들이 함부로 출입하면서 왜인과 불랑기 등 여러 나라 사람을 끌어들여 교역을 하였다. 복건 사람 이광두(李光頭)와 흡현(歙縣) 사람 허동(許棟)이 영파(寧波)의 쌍서를 점거해 주인 행세를 하면서 교역의 계약을 주관하였는데, 세력가가 그들을 보호하였다"고 적혀있다. 《수역주자록(殊域周咨錄)》 권2에도 같은 기록이 있다.

....

9) 과도관(科道官): 명·청시기 육과급사중(六科給事中)과 도찰원(都察院)의 관찰어사에 대한 총칭이다.

포르투갈인이 절강의 쌍서에서 활동했다는 흔적은 아래 열거한 서적에서도 찾아 볼 수 있다.

왕명학(王鳴鶴)의 《등단필구(登壇必究)》[10] 권29 〈화기(火器)〉에는 "조총(鳥銃)은 서번(西番)에서 전래되었는데, 그 정교함의 이치를 알지 못했다. 무신년(가정 27년, 1548) 노당(盧鏜)이 쌍서를 격파하고 총 잘 만드는 자를 생포하여 그 제작의 핵심 부분을 전수토록 하였다. (그런 연후에) 마헌(馬憲)에게 총기(銃器)를 만들게 하고 이괴(李槐)에게 화약을 만들도록 하니 비로소 매우 정밀해졌다고 한다"고 적혀있다.

유대유(俞大猷)의 《정기당집(正氣堂集)》[11] 권7 〈논해세의지배방의밀서(論海勢宜知海防宜密書)〉에서는 "무역 선박에 대한 개방은 오직 광동에서만 행해졌는데, 대개 광동이 서남쪽에 있는 안남·점성·섬라·불랑기 등 여러 번국과 멀지 않기 때문이었다. …… 수년전 휘주(徽州)와 절강 등지의 무리들이 서남 제번(諸番)을 끌어들여 절강의 쌍서항 등지에 와서 교역을 함으로써 광동시박사의 세금을 탈루하였다. (그들은) 화물을 다 팔고 떠날 때에 매번 멋대로 노략질을 하였다. 그래서 군문(軍門) 주환은 날이 갈수록 문제가 심각해진다고 염려하여 교역을 금지하고 그들을 체포하였다. 이로부터 서남 제번의 선박들은 다시 광동시박사로 돌아왔고 더 이상 절강의 근심이 되지 않았다"고 기록하였다.

....

10) 《등단필구(登壇必究)》: 전 40권. 명말 산양(山陽: 현 강소성 淮安) 사람인 왕명학(생몰연도 미상)이 편찬한 군사저작으로 만력 27년(1599) 간행되어있다. 《무경총요(武經總要)》·《무비지(武備志)》와 더불어 송·명시기 3대 병서(兵書)로 불린다.

11) 《정기당집(正氣堂集)》: 전 32권. 진강(晉江: 현 복건성 泉州) 출신으로 왜구 토벌에 큰 공을 세운 유대유(1503 - 1579)가 쓴 각종 글을 후대 사람이 모아서 만든 문집이다.

등종(鄧鍾)의 《주해중편(籌海重編)》12)에는 다음과 같이 적혀있다.

"정약증(鄭若曾)이 말하길 …… 조공 선박은 왕법(王法)이 허락한 바이고 시박사가 관할하는 것으로 공적인 무역인 반면, 해상(海商)은 왕법이 허락하지 않은 바이고 시박사를 거치지 않는 것이니 사적인 무역이다. 일본은 원래 무역선[商舶]이 없었으므로 무역선이란 곧 서양이 원래 조공하던 배이다. 여러 오랑캐가 화물을 싣고 광동의 비공식 항구[私澳]에 정박해도 관에 세금을 내야 무역할 수 있었다. 얼마 지나지 않아 세금 징수를 피하고 육로 운송을 절감하기 위해 복건 사람들이 그들을 해창(海倉)과 월항(月港)에 정박하도록 인도하였고, 절강 사람들은 그들을 쌍서에 정박하도록 인도하였다. 매년 여름의 막바지에 왔다가 겨울을 앞두고 떠나니 조공 선박과 서로 뒤섞일 수 있겠는가? …… 갑신년(가정 3년) 흉작 때부터 쌍서의 화물이 적체되었는데, 마침 일본 조공사절이 도착하자 해상들은 마침내 (사절을 따라온 일본 상인에게) 상품을 구입하면서 그 편에 (적체된) 화물을 판매하고 왜인을 고용하여 스스로 방어하니, 중국 관사(官司)에서 이를 금지했지만 소용이 없었다. (이리하여) 서양 선박은 원래대로 비공식 항구로 돌아가고 일본[東洋] 선박은 바다에 널리 퍼져있게 됨으로써 기존의 무역선이 모두 해적선으로 변해버렸다."

여기서 말하는 "무역선이란 곧 서양이 원래 조공하던 배이다"와 '서양 선박'은 모두 포르투갈 배를 가리킨다.

왕세정(王世貞)은 《엄주사료(弇州史料)》13) 권3에 수록된 〈호광안찰부

---

12) 《주해중편(籌海重編)》: 전 12권. 양광총제(兩廣總制) 소언(蕭彦, 생몰연도 미상)이 그의 막료 등종에게 가정연간 정약증이 지은 《주해도편(籌海圖編)》을 새롭게 편집토록 하여 만든 책이다. 임진왜란(1592년) 발발 초기 명나라 사람의 왜환(倭患)에 대한 인식과 방어책 등을 파악하는데 중요한 자료로 평가되고 있다.

13) 《엄주사료(弇州史料)》: 전 30권. 명말 사람 동복표(董復表)가 형부상서를 지

사심밀전(湖廣按察副使沈密傳)〉에서 "선박의 객주[舶客] 허동과 왕직 등이 쌍서를 비롯한 여러 항구에서 만 명의 무리를 거느리고 있었는데, 지방 신사들이 그들과 통상하는 것을 이롭게 여겨 몰래 그들과 왕래하였다"고 적었다.

《천하군국이병서(天下郡國利病書)》영인(影印) 원고본 제11책 〈절강(浙江)상(上)〉에는 "(가정) 19년 복건에 잡혀있던 죄수 이칠(李七)과 허일 등 100여명이 탈옥하여 바다로 달아났다. 휘주 흡현의 간사한 백성 왕직(즉 王武峰)·서유학(徐惟學: 즉 徐碧海)·엽종만(葉宗滿)·사화(謝和)·방정조(方廷助) 등을 처벌하려 하자, 서양과 왜귀[番倭]를 끌어들여 확구(霸衢)의 쌍오(雙澳)에 모여 출몰함으로써 큰 골칫거리가 되었다"고 적혀있다.

나머지 쌍서의 대외 밀무역에 관한 사료 중에는 왜인에 대해서만 언급하고 포르투갈에 대해서는 언급하지 않은 것들도 여러 종류가 있는데, 여기서는 생략하도록 하겠다.

위에서 인용한 중국 자료의 기록에 따르면, 포르투갈인과 왜인이 쌍서와 대모에서 활약한 기간은 가정 5년에서 27년((1526-1548)까지 전후 23년이나 된다. 팽형국은 현재의 파항으로 말레이반도에 위치해 있었는데, 그곳에서 유인해온 해적 무리는 포르투갈인이 아니라 포르투갈인이 거느리고 온 말레이인이었다. 쌍서에 포르투갈인이 있었으므로 여기서 획득한 서양 조총은 분명 포르투갈에서 만든 것이고, 생포한 조총 제작자도 틀림없이 포르투갈인이었을 것이다. 《엄주사료》에서 선박의 객주가 쌍서를 비롯한 여러 항구에서 만 명의 무리를 거느리고 있었다고 한 것

....

낸 문장가 왕세정(1526-1590: 호가 弇州山人임)의 여러 원고와 문집 등의 자료를 집록하여 만든 책이다. 그 외 《엄주사료후집(弇州史料後集)》100권도 있다.

을 보아, 그 사람 수가 많았음을 알 수 있다. 또 여기서 '쌍서를 비롯한 여러 항구'라 하였고 《정기당집》에서는 '쌍서항 등지'라고 하였으며 《일본일감》에서도 '쌍서와 대모 등 항구'라고 하였은즉, 이 2곳 외에 다른 작은 항구에도 포르투갈인과 왜인이 와서 교역했음이 분명하다. 《명사》 〈난적전(亂賊傳)〉 중 '왕직'조에는 "이보다 앞서 휘주 사람 허이가 쌍서에 거주했는데, 해적 중 가장 강하다고 불리었다. 또 진사반(陳思盼)이 횡항 (橫港)에 거주하면서 허이와 서로 의지하였다"고 되어있다. 진사반이 허 이와 서로 의지하는 사이인 이상, 허이와 포르투갈인이 서로 결탁한 상 황에서 진사반이 어찌 포르투갈인과 전혀 관계가 없을 수 있었겠는가? 그렇다면 횡항에도 일찍이 포르투갈인이 거쳐 갔음이 분명하다. 다만 쌍서가 실질적으로 그 중 가장 주요한 항구였다.

포르투갈인이 절강 해상에서의 사건을 기록한 것으로는 다 크루스의 《중국지》와 멘데스 핀투의 《원유기》가 있다.

《중국지》에는 대략 다음과 같이 적혀있다. 중국은 백성들이 바다로 나가는 것을 허용하지 않았으며 위반한 자는 엄벌에 처하였다. 그 결과 중국인 항해자는 국외에 거주하는 교민만 남게 되었다. 말라카와 기타 지역에 무리지어 생활하는 화교들은 모두 이로 말미암아 생겨난 것인데, 이들 무고한 화교들은 중국 연해지역으로 항해하거나 혹은 그 지역을 지나가는 포르투갈인에게 기꺼이 모든 협조를 제공해주었으며 아울러 여러 가지 필요한 지식도 전수해 주었다. 국내에 있는 화교의 친척이나 친구들은 외국물건을 매매하여 관세를 납부할 필요가 있을 때 포르투갈 친구의 이름을 빌렸다. 둔문에서 무역이 금지된 후에는 바로 포르투갈인 에게 Liampo로 갈 것을 권유하였다. 바닷가에 위치한 그곳에는 도시가 많지 않고 작은 시장만 있어서 모두 즐겨 외국인에게 물자를 공급하였 다. 그들은 또 포르투갈 상인과 본지 상인 사이의 중개인이 되었을 뿐 아니라 수시로 중국 관리에게 뇌물을 주어 암묵적인 허락을 얻어내었다. 조정과 지방의 고관들은 이를 알지 못했다. 포르투갈인은 믿는 데가 있어 두려워하지 않고 마침내 Chincheu와 광동 부근의 여러 섬에 가서 통상을 하게 되었다. 모든 것이 뜻한 대로 이루어졌고 부족한 게 있다면 본국에서처럼 행정권을 갖고 있지 못하다는 것뿐이었다. 시간이 오래 지나 포르투갈인과 화교 동업자들이 점점 약탈과 살인을 저지르고 제멋대로 행동하는 것을 조정과 지방 고관이 알게 되자, 함대를 보내 복건에서부터 소탕해 들어가 연해의 해적과 Liampao에서 사건을 일으킨 자들을 축출하고자 했다. 중국과 포르투갈 상인은 모두 해적으로 간주되었다. 함대는 폭풍으로 인해 결국 Liampao까지 도달하지 못한 채 Chincheu에 이르러 포르투갈 배를 보자마자 공격을 가했다. 포르투갈인은 물건을 구매하기 위해서 일단 반격을 했지만 지원군이 없기 때문에 결국 퇴각하기로 하였다. 중국 함대의 지휘관이 이 소식을 듣고 한 밤중에 사람들을 보내 포르투갈 상인에게 만약 약간의 비용을 지불한다면 예전대로 무역을 허락할 수 있다고 알려주었다. 포르투갈 상인은 이에 후한 뇌물을 보냈고, 이때부터 중국과 포르투갈의 교역은 아무런 장애 없이 순조로이 진행되었으니, 때는 1548년(가정 27년)이었다.

다 크루스는 포르투갈 국적의 도미니크 수도회 수도사로 1556년(가정 35년) 인도에서 중국으로 와 광주로 들어가려 했지만 성공하지 못하고 이 해 9월 인도로 돌아갔다. 《일본일감》에 기록된 쌍서항이 폐쇄된 해로부터 8년밖에 지나지 않은 때였다.

핀투 역시 포르투갈인이다. 이전 사람들은 모두 그의 《원유기》를 야사[稗史野乘]로 간주했는데, 최근 연구자가 날로 많아지면서 그 내용 대부분이 진실되며 믿을 만하다고 인정하기 시작했다. 그는 대략 1509년에서 1511년(정덕 4년에서 6년) 사이에 태어났으며 유년시절부터 먼 바다로 항해할 뜻을 가지고 있었다. 1537년(가정 16년) 고국을 떠나 해외로 나갔다. 1552년(가정 31년)에는 말라카, 1554년에는 인도 고아에 있었으며 1556년 7월초에는 일본에 있다 11월에 떠났다. 1558년 귀국하였는데, 나라 사람들이 모두 그를 멸시하였다. 그는 자신이 들었던 아주 많은 신기한 일들을 회고하여 마침내 《원유기》의 초고를 만들었으나, 문장이 서툴러서 다른 사람에게 부탁해 윤색하였다. 이 책이 채 발행되기 전인 1583년 핀투는 세상을 떠났다. 그가 중국에 있었던 연대는 고증할 수 없지만, 대략 1556년(가정 35년) 이전으로 다 크루스보다 몇 년 이른 것으로 보인다. 그리고 절강 해상에서의 사건은 그가 직접 경험한 것이기 때문에 더욱 소중하다. 안타깝게도 그의 친필 원고는 프란시스코 지 안드라다(Francisco de Andrada)가 그를 대신해 정리하면서 대대적으로 삭제하고 고치거나 첨가 보충한 곳이 적지 않다. 때문에 문구가 매우 유창하고 화려하며 간결한 매력이 있지만, 원서의 가치는 이미 크게 퇴색되었다. 아마도 교정자가 지리와 인물에 대해 전혀 알지 못했음이 분명하다.

핀투는 다음과 같이 기술하고 있다.

"우리는 Liampo의 여러 항구에 도착했다. 항구는 서로 마주보는 2개의 작은 섬으로 구성되어있는데, 당시 포르투갈인이 무역하던 곳과 3리(里, league: 약 9마일) 정도 떨어져있었다. 이들은 일찍이 그 지역에 천여 채의 관사(館舍)를 짓고, 시장(市長)·심판관[承審員]·의원(議員)·사법관 그리고 기타 7-8종의 고문 혹은 재판원이 통치를 맡고 있었다. 서기관은 판결이 끝날 때마다 반드시 아래에 있는 군중에게 '나 모모(某某), Liampo 법원의 문서관리원 겸 서기장은 우리 황제 폐하의 명을 받들어……'라고 선언하였다. 모든 가옥은 금화 3, 4천 두캣(ducats)을 들여 비로소 완성된 것들이었다. 그러나 우리가 저지른 죄악으로 인해 이 크고 작은 건물들은 중국인에 의해 전부 불타 버렸다. …… 현지 주민과 연해 뱃사공들은 모두 이 2섬 사이를 Liampo의 문호라고 불렀다. 그곳에는 운하가 하나 있는데, 그 폭은 아르크뷔즈(arquebuse: 옛 소총 이름) 사정거리의 2배 이상이나 넓었고, 깊이는 40.5m(본래의 단위를 미터로 환산하여 계산한 것임)에 이르렀다. 해안의 여덟 곳은 배가 정박하기에 가장 적합하였다. 또 풍경이 아름다운 작은 골짜기가 있어 그 물맛이 단데, 높은 산에서 흘러내려온 것이었다. 냇물이 흘러 지나는 곳에는 소나무·측백나무·떡갈나무 등이 아주 **빽빽**한 작은 숲이 형성되어있었다. 이전에 안토니우 지 파리아(Antonio de Faria)가 머문 곳이 바로 이 2섬 사이였던 것 같다. …… 중국정부의 Chaem모(某)는 현지 순무(巡撫, ?)로 Haitau(海道)에게 출정을 명하니 범선 300척과 (노를 사용하는) 작은 배 80척에 총 6만 명의 병력이 동원되었는데, 이 모두가 17일 내에 집결된 것이었다. 해도는 우리나라 함대사령관에 해당한다. 이 대규모의 함대는 오로지 이들 불행한 포르투갈 식민자를 습격하기 위해 파견되었다. 사태의 경과는 포르투갈인이 예상했던 것과 전혀 달랐다. 나 자신도 나의 기술에 분명히 빠진 부분이 있음을 인정하지 않을 수 없다. 이는 실로 나의 학력 부족 때문이지만, 설령 예민한 두뇌를 가졌더라도 당시의 상황을 충분히 상상할 수가 없기 때문이다. 여기서 내가 목격한 것을 간략히 서술하면 다음과 같다. 이번 사태는 하늘이 내린 무서운 징계로 거의 5시간이나 지속되었다. 사나운 적들은 Liampo 일대를 하나도 남김없이 쑥대밭으로 만들었다. 그들의 눈에 띠는 것은 모두 파괴되고 불타 없어졌다. 그 밖에도 기독교인 1만 2천명이 살해되었는데, 그 중 포르투갈 국적의 800명은 모두 35척의 작은 배와 42척의 거함 안에서 불타죽었다. 금괴, 후추, 단향(檀香), 정향(丁香), 육두구 깍지[莢]와 열매[子] 및 기타 화물의 손실이 2백만 금(金)이었다. 이런 갖가지 재난은 모두 한 탐욕스럽고 비열한 포르투갈인의 망동에서 비롯된 것이었다. …… 때는 1542년(가정 21년)이었다."[이상은 민국 25년 북경 북당인서관에서 출판한 샤리농(Charignon)의 프랑스어 주석본 《페르낭 멘데스 핀투의 모험 여행에 대하여》(*Apropos des voyages aventureux de Fernand-Mendez Pinto*)에 의거해 번역한 것이다.]

중국 측 기록에 의하면 절강 해상에서 포르투갈의 가장 큰 근거지는 쌍서인데, 포르투갈 측 기록에는 Liampao 혹은 Liampo라고 되어있다. 이전의 동서양 학자 중 어떤 이는 Liampo가 바로 영파(寧波)라고 하였고, 어떤 이는 진해(鎮海)에 있다고 여겼다. 또 다른 이는 진해와 영파 사이에 있었다고 주장했으며, 혹자는 정해(定海)와 영파 사이에 있었다고 믿었다. 샤리농은 더 나아가 그것이 전백(電白) 혹은 랑백교(浪白滘)의 대음이라 여겼다.

1598년(만력 26년) 훌시우스(Hulsius)의 세계지도에서는 Cape Liampo 라고 이름붙이고 Kapiant의 위치 즉 방콕[盤谷]의 남쪽에다 표시하고 있다. 또 하문(厦門)에다 표시한 것도 있으며, 1623년 출판된 한 지도에서는 지금의 상해에 위치시키면서 중국과 일본 간의 최단거리에 있는 곳이라고 하였다. 1587년과 1590년(만력 15년과 18년)에 출판된 메르카토르(Mercator)[14]의 지도와 1602년(만력 30년) 출판된 데브리(Debry) 지도에서는 Liompo 혹은 Liampo를 영파에 위치시켰다. 이보다 더 이른 것으로 1563년(가정 42년) 라마시오(Ramasio)의 지도에는 Nimpo라고 표기되어 있고, 1567년(융경 원년)의 지구의(地球儀)와 1594년(만력 22년)의 지도에도 Nimpo라고 되어있는데, 이들 모두 Liampo의 잘못된 표기로 생각되어 채택하지 않았다. 1656년(명 영력 10년, 청 순치 13년) 이후 Liampo로 표기한 것은 극히 적으니, 1706년(강희 45년)에 나온 한 지도에서만 2가

....

14) 메르카토르(Gehrardus Mercator, 1512-1594): 네덜란드의 지리학자. 루뱅 대학에서 지리학을 전공하고 복심장형세계도(複心臟形世界圖, 1539)와 더불어 지구의(地球儀, 1541)·천구의(天球儀, 1551)를 만들었다. 또한 1569년 이른바 '메르카토르의 투영법'으로 전통적인 프톨레마이오스의 지도제작법에서 탈피한 18폭의 대형 세계지도(132×198㎝)를 제작하였다. 그 후 다시 유럽지도를 첨가해 107폭의 《지도첩》(Atlas Sive Cosmographicae)을 만들었다. 이 책명으로 인해 '아틀라스'는 지도첩을 지칭하는 보통명사가 되었다.(해양실크로드, 118쪽)

지 표기가 모두 사용되고 있다.

후지타 모토하루(藤田元春)가 쓴 〈원화항해기 항로의 연구(元和航海記 航路の研究)〉는 《오가와박사 화갑기념 사학지리학논총(小川博士還曆記 念史學地理學論叢)》(石橋五郎編纂, 弘文堂, 1930 - 역자)에 수록되어있는데, 그 부록으로 1599년(만력 27년) 기스베르츠(Evert Gysbertsz)가 만든 고해도 (古海圖)가 실려 있다. 이 해도에는 2곳이 Liampo로 표기되어있으니, 하 나는 영파에 있는 용강빈(甬江濱)이고 다른 하나는 쌍서로 C. de Liampo 로 되어있다. 애석하게도 후지타 모토하루는 논문에서 C. de Liampo 1곳 만 기록하면서 본래 쌍서인 그 곳을 영파로 잘못 파악하고 있다. 아마도 고증을 거치지 않은 상황에서 광주와 광주만(廣州灣)을 혼동해서 안 되 듯이 Liampo도 이름은 하나지만 2곳을 가리킨다고는 상상하지 못했던 것 같다. 1648년(명 영력 2년, 청 순치 5년)에 나온 블라우(Joannes Blaeu)의 세계지도[15]는 현재 대영박물관에 소장되어있는데, 위더(F. C. Wieder)가 편찬한 《기념비적 지도》(Monumenta Cartographica)에 수록되 어있다. 여기서도 기스베르츠의 해도와 마찬가지로 Liampo와 C. de Liampo를 2곳에다 열거하고 있다.

포르투갈인이 Liampo라고 부른 데에는 대략 3가지 의미가 있었다. 하 나는 절강성을 가리키는데, 포르투갈인이 강소성을 남경이라 지칭한 것

....

15) 요안 블라우(Joan Blaeu, 1596-1673)의 세계지도: 17세기 네덜란드의 지도출 판사인 블라우가(家)에서 펴낸 세계지도. 그 초대 사장 빌렘 얀스존 블라우 (Willem Janszoon Blaeu)는 새로운 인쇄법을 발명해 대규모 인쇄공장을 차 리고 1634년 《신(新)지도첩》(지도 161폭)을 출간하였고, 이어 1662년 인쇄소 를 승계한 요안(Joannes)은 동생 코르넬리스(Cornelis)의 도움을 얻어 12권의 《대(大)지도첩》을 간행하였는데, 당시 최대 규모의 지도첩이었다(실크로드 사전, 325쪽). 원서에 나오는 출판년도와 차이가 있는데, 저자가 말한 세계지 도가 구체적으로 어떤 것인지 확인하지 못했다.

과 같은 경우이다. 또 하나는 영파를 지칭하고, 마지막 하나는 포르투갈인이 무역하던 절강 연해의 몇 곳을 가리키는데, 그 중 가장 유명한 것이 쌍서이다. 핀투는 그 곳을 Liampo의 여러 항구[諸港]라고 불렀으니, 그 이름이 몇 개의 항구를 묶어서 부른 호칭임을 알 수 있다. 게다가《명사》〈주환전〉에서는 '영파의 쌍서'라고 하였으니, 외국인이 쌍서를 Liampo(영파)라고 부른 것은 더욱 이상할 게 없다. 핀투도 "항구는 서로 마주보는 2개의 작은 섬으로 구성되어있다"고 했기에, 나는 일찍이 이를 '쌍서'의 해석이라고 여겼다. 그러나 2개의 섬이 서로 마주보고 있는 것은 바다에서 흔히 있는 일이기 때문에 '쌍서'라는 명칭 또한 자주 볼 수 있다.《무비지(武備志)》권240에 첨부된 〈정화하서양도(鄭和下西洋圖)〉를 보면 빈랑서(檳榔嶼) 부근에도 '단서(單嶼)'와 '쌍서'가 나란히 표기되어있고,《동서양고(東西洋考)》권9의 〈주사고(舟師考)〉에도 보인다.《무비지》부도(附圖)의 '곽거천호소(郭巨千戶所)' 해면에 2개의 '쌍서문(雙嶼門)'이 나열되어있는데, 육지와 가까운 것은 패도도(孛渡島) 동북쪽에, 해안으로부터 비교적 멀리 떨어져 있는 것은 대마산(大磨山)과 다른 한 섬 사이에 있다.《주해도편(籌海圖編)》에서는 '확구(霍衢)의 쌍서항(雙嶼港)'이라고 불렀으며,《천하군국이병서》에서는 '확구의 쌍오(雙澳)'라고 불렀다. 따라서 쌍오가 쌍서이며 확구 해면에 있었음을 분명 알 수 있으니, 바로《무비지》의 부도에 나오는 쌍서문의 하나이다. 그 서쪽으로 가는 침로(針路)에 대한 설명에서 "6시간을 항해해 배가 대마산에 있을 때 을진침(乙辰針)을 사용하여 4시간을 가면 배가 소마산(小磨山)에 있게 된다. 기두(崎頭)와 승라서(昇羅嶼)를 돌아서 정미침(丁未針)을 사용하여 2시간을 가면 배가 쌍서항에 닿게 된다"고 하였다. 한편 동쪽으로 오는 침로에서는 "임자침(壬子針)을 사용하여 4시간을 항해하면 배가 효순양(孝順洋)을 지나 쌍서항에 있게 된다. 계축침(癸丑針)을 사용하여 2시간을 가서 배가 승라서에 있을 때 묘주문(廟州門) 안을 지나 기두를 돌아서, 신무침(辛戌針)을 사용하여 2시간을 가면 대마산에 있게 된다"고 하였으니, 쌍서항은 대마산에서 멀지 않은 곳에 있음을 알 수 있다. 《일본일감》〈부해도경(桴海圖經)〉권1에서는 《사해지남(四海指南)》에 기재된 중국에서 일본으로 가는 3가지 항로를 인용하고 있는데, 3노선 모두 반드시 쌍서를 경유해야만 했다. 즉 "태창 유가하진(劉家河津)에서 출발하여 …… 오송강(吳松江) …… 보산(寶山) …… 남회취(南匯嘴) …… 다산(茶山) …… 대칠산(大七山)·소칠산(小七山) …… 곽산(霍山) …… 모산(茅山) …… 묘주문(廟州門) …… 승라서에 도착한다. 정미침(丁未針)을 사용하여 기두산(崎頭山) 방향으로 가면, 산 둘레의 해수가 급해서 4장이 넘는 파도가 치고 쌍서항을 지날 때도 물살이 급하다. …… 효순양 …… 난초양(亂礁洋) ……. 하나는 탄산(灘山)에서 출발하여 대모산(大帽山)·소기만(筲箕灣)·란강(鑾江)·양장오(糧長澳)·쌍서항·효순·난초양 등을 거치는 것이다. …… 또 다른 하나는 탄산에서 허산(許山)·양산(羊山)·담수문(淡水門)·하마초(蝦蟆礁)·화염두(火焰頭)·왕양항(王洋港) 즉 양두동(兩頭洞)·기두양(崎頭洋)·쌍서항·난초양·구산(韮山)을 거쳐서 가는 길이다."

《일본일감》〈궁하화해(窮河話海)〉에 '대모(大茅)'라 표기된 항구는 같은 책 〈부해도경〉에는 '대모(大帽)'로, 《무비지》의 부도에는 '대마(大磨)'로 적혀있다. 현재 발행되는 지도에는 대부분 '대묘(大猫)'로 되어있다.

《무비지》는 천계 원년(1621) 모원의(茅元儀)가 편찬했다. 그의 조부 모곤(茅坤)이 서문을 쓴[16] 《주해도편》에 〈연해형세도(沿海形勢圖)〉가 첨부

....

16) 원서에는 모곤(1512-1601)이 지은[著] 것으로 나오나, 《주해도편》은 정약증(鄭若曾)과 소방(邵芳)이 지도를 그리고 해설한 것을 호종헌(胡宗憲)이 직접 편집·감수한 책이며, 모곤은 이 책의 서문을 썼을 뿐이다.

되어있는 것으로 보아 모원의의 지도는 아마도 그의 조부로부터 얻은 것이며 그런 까닭에 《주해도편》의 내용이 《무비지》에도 실려 있는 것 같다. 모곤은 만력 29년(1601) 사망하였는데, 나이가 이미 90세였다. 만 약 그가 50세에 지도를 만들었다고 가정하면 가정 40년(1561)에 해당하니, 쌍서가 평정된 시기와 그리 멀지 않다.

이제 중국 문헌을 통해 쌍서에서 일본인과 포르투갈인이 축출된 내용을 더 살펴보기로 하자.

《명사》〈주환전〉에는 앞의 인용문에 이어 다음과 같이 기록되어있다.

> "(이러한 간사한 무리)는 장주와 천주 출신이 많았는데, 간혹 서로 혼인 관계를 맺기도 하였다. 바다를 건넌다는 명목으로 쌍돛대의 큰 배를 만 들어 금지 물품을 운송하였지만, 장수와 관리들은 이에 대해 감히 따져 묻지 못하였다. 그 중 어떤 자는 그들(일본인과 포르투갈인)에게 빚을 졌는데, 허동 등이 그들을 유인하여 침탈하였다. 빚을 진 자들은 관원을 윽박질러 허동을 체포하게 하였으나, 군대의 출동 시기가 누설되어 허동 이 달아나 버렸다. 빚진 자들은 훗날 빚을 상환할 것을 약속했다. 하지만 약속한 시일이 되어도 빚을 갚지 못하자 왜구들은 크게 원망하고 더욱 허동 등과 협력하게 되었다. …… 다음해(가정 27년) 쌍서로 진격하고자 부사(副使) 가교(柯喬)와 도지휘(都指揮) 여수(黎秀)가 각각 장주·천주 ·복녕(福寧: 현 복건성 동북부 寧德지구 - 역자)에 주둔한 채 도적들의 퇴 로를 막고, 도사(都司) 노당으로 하여금 복청(福淸: 현 복건성 복주시의 일부 - 역자)의 병사를 이끌고 해문(海門)으로부터 진입하도록 하였다. …… 여름 4월 노당은 구산양(九山洋)에서 도적들과 조우하여 일본인 계 천(稽天)을 포로로 잡았는데, 허동 역시 사로잡혔다. 허동의 일당 왕직 등은 남은 무리를 거두어 달아났다. 노당은 쌍서에 요새를 구축한 후 돌아왔다."

이 열전의 앞 단락에서는 포르투갈인과 일본인을 함께 언급하고 있는데 반해, 뒤 단락에서는 포르투갈인이 언급되어있지 않지만 그 안에 포함시켜 서술한 것이 분명하다.

주환은 쌍서에서 포르투갈과 일본의 불법 상인들을 완전히 소탕하기 전에 서양 선박 1척을 먼저 포획한 바 있었다. 이에 관해서는 그의 《벽여잡집(甓餘雜集)》 권2에 실린 〈오랑캐 도적을 처벌하여 제도와 형법을 밝히고 환란을 없애는 일을 논함(議處夷賊以明典刑以消禍患事)〉라는 상소문에 가장 상세히 나온다. 이에 따르면 쌍서에서 도적을 격파하고 6, 70명을 붙잡았는데, 그 중에 장주와 남경 사람이 각 1명, 영파 사람 3명이 있었다. 장주 사람 1명은 참수되고 1명은 익사했으며 그 나머지는 달아나 흩어졌다. 또 '흑인 오랑캐[黑鬼番]' 3명을 포획하였는데, 자백에 의하면 그 중 1명의 이름은 사리마랄(沙里馬剌)이고 말라카인으로 별자리를 잘 보아서 '포르투갈 오랑캐'에 의해 고용되어 매년 은 8량을 받았다고 한다. 다른 1명의 이름은 법리수(法哩須)이며 합미수(哈眉須: 에티오피아를 가리키는 듯함)인으로 10살 때 '포르투갈 오랑캐'에게 팔려갔다고 한다. 또 1명은 이름이 마리정우(嘛哩丁牛)이며 가부리(咖呋哩: 咖哩呋의 오기임) 즉 실론의 갈레(Galle)인으로 역시 어려서 '포르투갈 오랑캐'에게 팔려갔다고 한다. 그 선박에는 모두 포르투갈인 10명, 장주와 영파의 어른과 아이 70여 명이 있었는데, 후추와 은으로 쌀·포·비단을 교환하였다고 한다. 같은 책 권2의 〈원흉을 잡아 참수하고 그 은신처를 소탕해 바닷길을 안정시킨 승전보(捷報擒斬元兇蕩平巢穴以靖海道事)〉에는 "……입항하여 순시하면서 쌍서의 도적들이 세운 천비궁(天妃宮) 10여 칸, 숙소 20여 칸, 버리고 간 크고 작은 배 27척을 모두 불태워 다 없애버렸다"고 적혀있다.

다 크루스를 비롯해 《일본일감》, 《등단필구》, 《명사》 〈주환전〉에서는 쌍서가 평정된 해를 가정 27년(1548)이라고 정확히 기록하였으나, 핀투의 기록은 이보다 6년이 이르고 《천하군국이병서》는 8년이나 이르니 둘 다 잘못된 것이다.

제3절 포르투갈인의 복건(福建) 연해 침범

제2절에서 인용한 다 크루스의 저서에 나오는 Chincheu를 요즘 사람들은 대부분 장주(漳州)로 번역한다. 《명사》 〈주환전〉에는 "(가정) 26년 (1547)에 이르러 주환이 순무가 되어 번인과의 통상을 엄금하자, 이익을 얻지 못한 그 사람들이 모두 장주의 월항(月港)과 오서(浯嶼)를 침범해 들어왔는데, 부사 가교 등이 이를 막아 물리쳤다. 28년에 또 조안(詔安)을 침범하자, 관군이 주마계(走馬溪)[17]까지 추격하여 도적의 우두머리 이광두 등 96명을 생포하였으나 나머지는 도주하였다. 주환은 전권을 행사하여 그들을 참수하였다"고 되어있다. 월항은 지금의 해징현(海澄縣)이고, 주마계는 조안현에 속한 동산진(銅山鎭) 남쪽에 있었다. 27년 5월 주환은 오서에 현(縣)을 설치할 것을 요청하는 글에서 다음과 같이 말하고 있다.

> "월항 지역은 부성(府城)에서 40리 떨어져 있는데, 산을 등지고 바다를 베고 있는 형세로 거주민이 수만호에 달하며 진귀한 특산물을 집집마다 저장하고 있습니다. 또 동쪽으로 일본에 도달할 수 있으며 서쪽으로는 섬구(暹球: 즉 현재의 태국 - 역자)와 접하고 남쪽으로는 불랑기와 팽형

---

17) 원서에는 추마계(追馬溪)로 적혀있으나 앞뒤 내용과 자료검색을 통해 바로 잡았다.

등 여러 나라와 통하여 그 주민들은 수놓은 옷을 입고 진주를 달고 다니지 않는 사람이 없을 정도로 부유합니다. (하지만) 그 풍속은 사납고 거칠어서 마을에 머물 때는 싸우는 것을 자랑하고 밖으로 나가면 겁탈하길 좋아하니, 마치 불랑기나 일본 등 여러 오랑캐와 같습니다. 완기보(阮其寶)와 이대용(李大用) 등의 도적들은 이익이 될 만한 것이 있으면 자신의 집에 은닉하고 아내와 딸을 방임하고도 부끄러운 줄 모릅니다. 대체 이것이 어디서 온 풍속이란 말입니까!'

포르투갈인이 처음 장주에 온 것은 가정 23년(1544)이었다. 이런 까닭에 가정 27년 동안(同安)의 임희원(林希元)이 〈옹견우 별가에게 보내는 편지(與翁見愚別駕書)〉(《林次崖先生文集》권5에 수록됨)에서 "불랑기가 온 것은 올해로 5년째이다"고 했던 것이다. 이는 포르투갈인이 쌍서에서 쫓겨나기 3년 전에 이미 이곳에 왔다는 말이다.

주환의《벽여잡집》권4 〈복건 해상에서의 승전 소식에 대한 여섯 번째 보고(六報閩海捷音事)〉를 보면, 가정 28년(1549) 2월 20일 복건도지휘사(都指揮司) 군정장인서(軍政掌印署)의 도지휘첨사 노당과 복건안찰사(按察司)의 순시해도부사(巡視海道副使) 가교 등이 주마계에서 "이왕선(夷王船) 2척, 초선(哨船) 1척, 팔라호선(叭喇唬船) 4척을 포위했습니다. 도적 오랑캐들이 대적해내지 못하여 총과 칼, 화살과 돌을 물에 빠뜨렸고 서로 이어둔 배가 흔들려 수없이 침몰되었을 뿐 아니라 불랑기국 왕 3명도 생포되었습니다. 1명은 왜왕(矮王)으로 이름을 심문해보니 랑사라적필렬(浪沙囉的嗶咧)이며 마육갑(馬六甲)국의 왕자이고, 1명은 소왕(小王)으로 이름은 불남파이자(佛南波二者)이며 만라갑(滿喇甲)국의 왕손이었습니다. 또 1명은 이왕(二王)으로 이름은 올량팔렬(兀亮咧咧)이며 마육갑 국왕의 동생이었습니다. 백인 오랑캐는 아필우(鵝必牛) …… 등 모두 16명이고 흑인 오랑캐는 귀역석(鬼亦石) …… 등 모두 46명인데, 각기 희고 검은 다른 모습이고 신체가 장대했습니다. 도적의 우두머리는 라달(喇噠)이고, 도적들이 대총(大總) 또는 천호(千戶) 등의 명칭을 부여한 이광두의 이름은 이귀(李貴)이며 …… 모두 112명이었습니다. 그 외 오랑캐 도적의 부인 합적리(哈的哩) 등 29명과 참획한 오랑캐 도적의 수급 33개를 더하면, 총 239명을 사로잡거나 참수하였습니다. …… 앞서 언급한 도적 오랑캐 중 이미 떠난 자는 멀리 달아나 버렸고 남은 자는 하나도 없으니, 죽은 자는 바다에 빠졌고 살아남은 자는 모두 붙잡혔습니다. 이제 모든 복건 해상의 방어가 천리 밖까지 깨끗이 숙청되었습니다"고 적혀있다.

《명실록》 (28년 7월)에는 다음과 같이 기록되어있다. "당초 주환은 오서를 다스리면서 체포한 도적들에 대해 먼저 보고한 다음 곧이어 상주문을 올렸다. 거기서 '오랑캐의 환란은 대개 바다에 인접한 주민들이 전후로 이들을 끌어들였기 때문이니, 장서(長嶼)의 라달과 임공(林恭) 등과 같은 자가 이에 해당합니다. (又) 대담서(大擔嶼)의 요광서(姚光瑞)처럼 (이들과) 왕래하며 필요한 것을 제공해 준 자는 무려 110여명에 달합니다. 이제 이런 간사한 백성이 생겨나는 것을 막고자 한다면, 반드시 발본색원하여 영원히 화근을 없애야 합니다'라고 말했다."

팔라호(叭喇唬)는 말레이시아와 자바에서 프라우(Prau)로 부르는 배라는 뜻을 가진 단어의 음역이 분명하며 보통 말레이 선박을 지칭한다. 이왕선은 포르투갈 배를 가리킨다. 라달은 포르투갈어 콤프라도르(Comprador)의 약칭 같은데, 지금은 매판(買辦)이라 부른다.

다 크루스의 기록에는 대략 다음과 같이 적혀있다. 이듬해인 1549년 (가정 28년) 중국 함대의 경계가 더욱 삼엄해졌다. 하지만 중국 연해에는 많은 섬들이 별이나 바둑돌처럼 펼쳐져있어 포르투갈인의 밀무역을 근절할 수가 없었다. 포르투갈인 중에 물건을 다 팔지 못하거나 구매하고

자 하는 물건을 확보하지 못한 자가 있어, 2척의 배(《벽여잡집》의 내용과 일치함)와 30명을 잔류시켜 남은 물건을 판매하도록 하였다. 중국인은 이에 온갖 방법으로 포르투갈인을 화나게 하여 산으로 유인한 후, 그 배를 빼앗아 달아날 길이 없도록 만들어 결국 모두를 붙잡았다. 중국 관리는 그 공적을 과장하기 위해 4명(《벽여잡집》에는 3명으로 나옴)을 말라카 왕이라 칭하고 그 이름을 큰 깃발에 써서 각 도시로 들고 다니며 사람들에게 회람시켰다. 또한 포르투갈인과 협력한 중국인을 모조리 죽여 이 기밀을 누설하지 못하게 하였다. 피살자의 친척과 친구들은 크게 분노하였고, 이에 흠차대신이 직접 와서 조사 처리하게 되었다. 그러나 언어가 통하지 않고 통사(通事)도 뇌물을 받았을 뿐 아니라 다른 곤란함이 있었음에도, 이 간사한 속임수는 결국 폭로되어 대다수의 포르투갈인이 모두 석방되었다.

당시 주환 등은 통상을 반대하는 입장이었고 절강과 복건의 지방 신사들은 개방을 주장하였으니, 《명산장》에서 이에 관한 내용을 찾아 볼 수 있다.

"이 때 장주의 월항으로 통상하러 온 불랑기 오랑캐가 있었다. 장주의 주민들은 주환의 엄격한 금지령이 두려워 감히 그들과 통상하지 못하고 잡아서 내쫓으려 했다. 오랑캐가 화가 나서 격투를 벌리자 장주 사람들이 그들을 붙잡았다. 주환은 노당과 해도부사 가교에게 오랑캐의 우두머리나 따르는 자를 막론하고 그 중에 우리 백성이 있을지라도 모두 죽이라고 하여 그 중 96명을 몰살시켰다. 그리고는 오랑캐가 장주의 경계 안에 들어와 노략질을 해서 관군이 주마계까지 추격하여 사로잡은 자들이라고 속였다. 일찍이 주환이 (통상을) 엄격히 금지하자, 절강 지역의 몇몇 세력가들은 기뻐하지 않았다. 이 사건 이전에 이미 순무 직을 순시(巡視)로 바꿔서 주환의 권한을 약화시킴으로써 절강 사람의 원망을 풀어주자고 언관(言官)이 요청한 바가 있었다. 이때 이르러 어사 진구덕

(陳九德)이 마음대로 사람을 과도하게 죽인 주환을 탄핵하자, 조서를 내려 주환을 파직하고 노당과 가교를 강등시킴과 동시에 급사중 두여정(杜汝楨)을 파견하여 심문토록 하였다. 심문 결과, 만랄가 오랑캐가 와서 교역을 한 것이지 불랑기가 노략질한 것이 아니며 마음대로 사람을 과도하게 죽인 것이 진실로 어사의 말과 같음이 밝혀졌다. 노당과 가교에게는 사형 판결을 내려 감옥에 가두고, 주환은 체포하여 경사로 압송하여 심문하라는 조서가 내려졌다. 주환은 이에 놀라 약을 먹고 자살하였다."

임희원 역시 통상을 주장한 사람이었는데, 〈옹견우 별가에게 보내는 편지〉에서 다음과 같이 말하고 있다.

"불랑기가 온 것은 모두 그 나라의 후추, 소목, 상아, 소유(蘇油), 침향(沈香)·속향(束香)·단향(檀香)·유향(乳香) 등의 물건을 가지고 변방지역 백성과 교역하기 위해서이며 그 값도 싼 편이다. 그들의 일용 음식인 쌀·밀가루·돼지·닭과 같은 것들은 우리 백성들로부터 구입하였는데, 그 값이 모두 일반의 곱절이었기 때문에 이 지역 백성들은 기꺼이 그들과 교역하려 했다. 또 그들은 우리 변방지역을 무력으로 침범해 우리 백성을 살육하거나 재물을 약탈한 적이 없었다. 게다가 그들이 처음 왔을 때 해적이 자신의 물건을 빼앗을까 염려하여 우리를 위해 해적을 쫓아내주기도 했다. 그 때문에 해적들은 그들이 두려워 감히 함부로 하지 못했다. 강도 임전이 해상에서 횡행할 때 관부조차 제어할 수 없었는데, 저들이 우리를 위해 제거하니 20년 해구(海寇)가 하루아침에 다 없어졌다."

위의 내용에 따르면 포르투갈은 도적질을 한 적이 없을 뿐 아니라 우리를 위해 해적을 막았으며, 우리 백성을 해친 적이 없을 뿐 아니라 오히려 이롭게 해준 것이 된다. 임전은 파항에 가서 도적떼를 유인했다고 《일본일감》에 기록된 바로 그 사람이다.

《명실록》에서는 복건과 절강 일대의 해구사건에 대한 공정한 결론을 다음과 같이 내리고 있다.

"해상에서 벌어진 사건을 살펴보면 당초 내지의 간상(奸商) 왕직과 서해
(徐海) 등이 자주 중국 화물을 마음대로 내다가 번객(番客)들과 교역하
면서 시작되었는데, 모두 여요(餘姚: 현 절강성 영파시의 일부 - 역자)의
사씨(謝氏)가 주도한 것이었다. 시간이 오래 지나면서 사씨는 몹시 대금
을 억제하고자 했으나, 여러 간상들은 물건 청구에 급급하였다. 사씨는
빚이 많으면 상환할 수 없을 것이라 생각하여 그들을 말로써 협박하며
'내가 장차 관에 출두하여 너희를 고발하겠다'고 하였다. 여러 간상들은
원망스러우면서도 두려워서 도당과 번객을 규합해 한밤중에 사씨를 습
격하여 그의 집을 불태우고 남녀 여러 명을 살해한 뒤 크게 노략질하고
떠났다. 현관(縣官)이 당황하여 상급 관청에 왜구가 들어와 노략질했다
고 보고하였다. 순무 주환은 명령을 내려 도적을 급히 체포하게 하고
해안 주민에게 평소 번인과 내통한 자가 있으면 모두 자수하거나 서로
고발하도록 명하였다. 이에 민심은 흉흉해졌고 서로가 서로를 고발하여
죄를 면하려는 일이 벌어졌다. 혹자는 선량한 이를 무고했으며, 여러 간
상들은 관의 수배가 두려워 마침내 도이(島夷) 혹은 해상의 거도(巨盜)
와 결탁하여 가는 곳마다 조수를 이용해 해안에 올라 약탈하고는 번번이
왜구가 한 짓이라고 둘러댔지만, 사실 진짜 왜구는 거의 없었다."

제4절 낭백오(浪白澳)·호경(濠鏡) 등지의 침범과 점거

《명사》 '불랑기전'에는 "주환이 죽은 후 해금(海禁)이 다시 느슨해지자
마침내 불랑기가 해상에서 거리낌 없이 종횡무진하게 되었다. 그리고
향산오(香山澳)와 호경에 와 무역하는 자들은 심지어 집을 짓고 성을 쌓
기에 이르렀는데, 그 해변에 웅거한 모습이 마치 하나의 나라와 같았다.

장수와 관리 중 불초한 자들은 오히려 이를 외지[外府]로 여겼다"고 되어
있다.

《엄주사료후집(弇州史料後集)》 권25에는 다음과 같이 적혀있다.

"공(公: 주환)이 살아있을 때 늘 이렇게 탄식하였다. '나는 가난해서 뇌물
을 바치지 못하니 옥살이를 견딜 수 없고, 치질을 앓아서 옥살이를 견딜
수 없으며, 자존심이 강하여 남의 욕을 참지 못하니 옥살이를 견딜 수
없다. 비록 천자께서 나를 죽이지 않고자 하셔도 대신들이 나를 죽이려
할 것이다. 대신들이 설사 나를 죽이지 않는다 해도 이월(二粤) 사람들이
반드시 나를 죽이려 할 것이다. 나의 죽음은 내 스스로 결정하지 다른
이에게 맡기지 않겠다.' 이에 자신의 묘지명[生誌] 기초(起草)하고는 비
분강개하여 독을 마시고 죽으니, 향년 겨우 58세였다. 공이 죄를 뒤집어
쓴 후로 그 관직 또한 없어져 설치되지 않자, 조정과 지방 모두 손사래
치며 해금에 관한 일을 감히 말하지 못했다."

《일본일감》 '해시(海市)'조에서는 다음과 같이 기록하고 있다.

"갑인년(가정 33년) 불랑기 오랑캐의 배가 광동 해상에 와서 정박하였다.
그 가운데 주란(周鸞)이라는 자가 스스로 객강(客綱)이라 부르면서 번이
(番夷)와 함께 다른 나라 이름을 사칭하여 해도(海道)에게 거짓 보고하
고 외국상인의 예에 따라 추분(抽分)하니, 부사(副使) 왕백(汪柏)이 교역
을 허가하였다. 매번 작은 배로 번이를 유인해 함께 번화(番貨)를 싣고
광동 성(城) 아래에 와 교역하였고 성 안에 들어와 무역한 적도 있었다.
…… 을묘년(가정 34년) 불랑기국 오랑캐가 왜이(倭夷)를 유인하여 광동
해상에 와서 교역하였는데, 주란 등이 왜이를 불랑기인으로 변장시켜 함
께 광동의 매마가(賣麻街)에 와 교역하면서 꾸물대며 오랫동안 있다가
돌아갔다. 이때부터 불랑기 오랑캐들은 해마다 왜이들을 유인해 광동에
와서 교역하게 되었다. 간사한 백성 중 중한 죄를 지은 자들은 오랑캐

섬[夷島]로 이주하여 상점을 열고 그 곳에 깊게 뿌리를 내린 다음, 교역을 명목으로 도적의 기량을 이용해 물때에 맞춰 내지에 드나드니 동남 해상에 (번거로운) 일이 많아졌다."

후지타 토요하치(藤田豊八)는 주란의 주는 Sousa의 음역이고 란은 Leonel의 음역이니 주란은 바로 레오넬 지 소사(Leonel de Sousa)이며, 그 사람이 가필단말(加必丹末, Capitam Moor)이었기 때문에 객강이라고 불렀지 않았나 의심했지만, 이는 분명 억측이다. 포르투갈인의 저서에서는 《일본일감》에 나오는 '광동 해상'을 낭백오(浪白澳, Lampacao)라 부르고 있다. 중국 문헌 예컨대 방상붕(龐尙鵬)[18]의 《백가정적고(百可亭摘稿)》 권1 〈변방 해상의 영구적 치안 보장을 삼가 논하기 위해 올리는 상소(陳末議以保海隅萬世治安疏)〉에서는 "예전에는 모두 낭백오 등지에 정박했지만, 큰 바다와 약간 떨어져있고 기후와 풍토가 매우 나빠서 오랫동안 머물러있기 어려웠습니다. 오(澳)의 수관(守官)이 임의로 막사를 세워 머무를 수 있게 했지만, 선박이 바다로 나가면 곧 철거하였습니다. 최근 몇 년이래 호경오(壕鏡澳)로 들어오기 시작하여 교역의 편의를 위해 집을 지었는데, 한 해가 되지 않아 수백 군데가 생겨났고 지금은 거의 천여 군데 이상 형성되어있습니다. …… 현재 짓고 있는 집이 또 얼마나 되는지 알지 못하며 오랑캐 무리는 거의 만 명에 가깝습니다"고 하였다. 또 곽상빈(郭尙賓)의 《곽급간소고(郭給諫疏稿)》 권1에 실린 만력 40년(1612) 6월 27일 상소에는 "조사해보니 오랑캐는 원래 낭백(浪白)의 외양(外洋)

....

18) 방상붕(龐尙鵬, 1524-1580): 남해(南海) 출신으로 만력연간 복건순무로 재직하면서 일조편법(一條鞭法)을 시행하고 양회(兩淮)의 염법(鹽法)을 정리한 것으로 유명하다. 저서로 《백가정적고》 16권 외에 《주의(奏議)》 10권 등이 있다.

에서 교역을 했었는데, 후에 일을 담당한 관리가 호경에 그들이 들어오는 것을 허가하였습니다"고 되어있다.

낭백오로부터 오문(澳門, Macao)로 이주한 것은 포르투갈인의 기록에 의하면 가정 36년(1557)의 일이다.

오문은 향산현(香山縣)에 속하기 때문에 향산오(香山澳)라고도 부른다. 그 본래의 명칭은 호경오(蠔鏡澳)가 분명한데, 호(蠔)자는 호(濠)로 쓰기도 한다. 위에서 인용한 방상붕의 상소문에서는 "옹맥(雍麥)에서 호경오까지 하루 정도가 걸린다. 산이 대치하고 있는 모습이 마치 돈대[臺]와 같아서 남북대(南北臺)라 부르니 바로 오문이다"고 하였다. 《오문기략(澳門記略)》[19]에 실려 있는 지도[圖]에는 '낭마각(娘馬角)'이라 표시되어 있는데, 아마도 유럽인이 Macao라 부르게 된 기원인 듯하다. 일본 서적 중에는 아마항(阿媽港)이라 적혀있기도 하다.

마카오에 처음 온 포르투갈인은 힘을 믿고 제멋대로 육지에 오른 자들이었다. 유대유의 《정기당집》에 수록된 〈오랑캐 상인이 공적을 믿고 제멋대로 굴지 못하도록 논함(論商夷不得恃功恣橫)〉이라는 글에서는 "오랑캐 상인들이 강경한 방법으로 집을 짓고 마을을 이루었음에도 오문의 관리들이 이를 안일하게 방치한지 이미 하루 이틀이 아니었다"고 하였다. 방상붕의 상소문에서도 "최근 몇 년이래 호경오로 들어오기 시작하여 교역의 편의를 위해 집을 지었다"고 하였으니, 최근 몇 년이란 분명 가정 40년(1561) 전후를 가리킨다. 만력 30년(1602) 곽비(郭斐) 등이 편찬한 《광동통지(廣東通志)》 권69 〈오문〉조에는 "가정 32년 호경에 도착

....

19) 《오문기략(澳門記略)》: 전 2권. 청나라 사람 인광임(印光任, 1691-1758)과 장여림(張汝霖)이 함께 편찬한 책이며 〈형세편(形勢篇)〉·〈관수편(官守篇)〉·〈오번편(澳番篇)〉으로 구성되어있다.

한 오랑캐 선박이 풍랑에 부딪혀 배에 균열이 생기고 조공물품이 물에 젖었다는 핑계로 육지에서 물품을 말릴 수 있기를 원하였다. 해도부사 왕백이 뇌물을 받고 그것을 허락하였다. (처음에는) 막사 수십 칸에 불과했으나, 이후 이익을 쫓는 공상인(工商人)들이 점차 벽돌과 기와, 나무와 돌 등을 운반해 집을 짓기 시작하면서 마치 마을처럼 변해버렸다. 이로부터 여러 오(澳)는 모두 메워졌고 호(濠)는 선박들의 정박지가 되었다"고 적혀있다.

위의 글에서는 포르투갈인이 낭백오에 도착한 해를 마카오에 도착한 해로, 또 가정 33년을 32년으로 오인한 것 같다.

가정 43년(1564) 자림(柘林: 광동성 潮州시 饒平縣 남단 – 역자)의 수졸(戍卒)들이 배를 타고 반란을 일으켜 광주를 침범하였을 때, 마카오의 포르투갈 선박을 빌려 이를 평정하였다. 《유대유집(兪大猷集)》[20] 권15에 있는 〈병선을 모아 반란군을 공격하다(集兵船以攻叛兵)〉라는 글은 대사마(大司馬) 독부(督府) 오계방(吳桂芳)[21]에게 보낸 서신이다. 여기서 그는 "반란군 토벌은 반드시 일거에 격파할 계획이 있어야 하는데, 열흘 이후에야 그 준비가 완료될 수 있습니다. 향산오의 배는 이전부터 익히 친숙하기에 빌려오고 아울러 임굉중(林宏仲)의 배 몇 척을 이용하면 될 것입

----

20) 《유대유집(兪大猷集)》이라는 책은 존재하지 않는데, 명말 척계광과 함께 왜구 토벌에 큰 공을 세운 유대유의 글을 사후 후인들이 모아서 만든 《정기당집(正氣堂集)》(전 32권)을 말하는 것 같다.
21) 오계방(吳桂芳, 1521-1578): 강서 신건(新建) 사람으로 왜구 토벌에 공이 있어 병부우시랑과 공부상서를 역임하였다. 명·청시기 대사마는 병부상서의 별칭으로 사용되었고 독부는 군 지휘관의 사무실을 말한다. 따라서 여기서는 유대유가 당시 병부우시랑으로 양광(兩廣)의 군무(軍務)를 지휘 감독했던 오계방의 직위를 지칭한 것으로 보인다.

니다. 반란 진압이 성공한 다음 오랑캐 두목에게 큰 상을 내리되 조공하는 일은 결코 허락하지 않는다고 이미 명확히 알렸습니다"고 하였다. 향산오의 배는 포르투갈 배를 가리키는 것으로 원서에는 오선(澳船)으로도 표기하였는데, 이후 청나라 사람들도 여전히 습관적으로 이렇게 사용하였다. 조공하는 일을 허락하지 않았다고 한 것으로 보아 포르투갈인이 아마도 배를 제공하는 조건으로 입공을 요구하였음을 알 수 있다.

이후 포르투갈인은 결국 교만해져 함부로 행동하였고, 그 때문에 유대유가 다시 〈오랑캐 상인이 공적을 믿고 제멋대로 굴지 못하도록 논함〉이란 글에서 포르투갈인을 섬멸할 계획을 오계방에게 헌책했지만 실행되지 못하였던 것 같다. 그 글에서 "관병(官兵)으로 오랑캐 상인을 제압하고 오랑캐 상인으로 반란군을 제압하는 핵심은 그들을 어떻게 거느려 부릴 수 있는지에 달려있을 뿐입니다. …… 이들이 사용하는 병기는 연검(軟劍)뿐이어서 수상전투에서 우리 군대의 칼을 대적하기에 부족하고 육상전투에서는 긴 창으로 그들을 확실히 제압할 수 있습니다. 다만 (저들의) 조총이 매우 정밀하고 대포가 매우 위력적이지만, 군령을 엄히 하여 죽음을 무릅쓰고 진격한다면 저들 스스로 무너질 것입니다"고 하였다.

가정 44년(1565) 방상붕은 상소를 올려 당시 마카오의 상황을 다음과 같이 묘사하고 있다.

"이전에 오랑캐들이 입공할 때 함께 가지고 온 화물은 관례에 따라 실물 관세를 징수[抽盤]하였습니다. 그 나머지 번상들이 개인적 가지고 온 화물은 수오관(守澳官)이 그 실태를 검사하여 해도(海道)에게 신고하고 순무·순안어새[撫按]아문에 아뢴 다음, 비로소 오문에 들어오게 하였습니다. 담당 관리가 화물을 봉적(封籍)하고 그 20%를 징수한 후에 무역을 허가하였습니다. 통역은 대부분 장주·천주·영파·소흥 및 동완(東筦)·신회(新會) 출신들이 맡았는데, 그들은 머리를 위로 묶고 귀걸이를 하였으며 오랑캐의 의복과 목소리를 모방하였습니다. 매년 여름과 가을 사이 오랑캐 선박이 바람을 타고 이르렀는데, 오가는 것이 2, 3척 정도에 불과했지만 근래에는 20여척 혹은 그 배로 증가하였습니다. …… 거처를 지었는데 …… 지금은 거의 1000구역[區] 이상이나 됩니다. 날마다 중국인과 서로 필요한 물자를 교환하여 해마다 많은 이익을 꾀할 수 있어 그 소득이 이루 헤아릴 수 없었기 때문에 거국적으로 노인과 아이까지 데리고 다시 서로 잇달아 몰려오고 있습니다. 지금 그들이 지은 집이 또 얼마나 되는지는 알 수 없지만, 오랑캐 무리는 거의 1만 명에 달합니다. 괴이한 생김새와 이상한 복장이 산과 바다에 가득 찼으며 칼끝이 햇빛에 번쩍거리고 대포소리는 하늘을 진동시킵니다. 사이가 좋을 땐 사람이지만 화가 나면 짐승이 되는 것은 평소 그들의 본성이 그렇기 때문입니다. 간사한 자들이 그들을 유도해 주민을 능멸하고 관리를 멸시함이 점점 내버려 둘 수 없는 지경입니다. …… 그 대책으로 오문으로 진입하는 좁은 수로를 돌로 채워 막아 오랑캐 선박의 잠행(潛行)을 두절시킴으로써 향산(香山)의 문호를 견고히 해야 한다고 주장하는 이가 있으니 진실로 옳은 말입니다. 그러나 돌을 굴려서 바다를 메우는 일은 그 비용이 엄청나서 당장 마련할 방법이 없으니 언제까지 기다려 거행하겠습니까? 혹자는 불을 질러 그 거주지를 태워서 그 도당을 해산시키는 일이 힘들지 않고 비교적 쉽게 할 수 있는 방법이라고 주장합니다. 그러나 과거에도 일찍이 그렇게 시도해 보았지만, 별 효과를 보지 못하고 예측하지 못한 사태에 거의 빠질 뻔 했습니다. 오히려 그때부터 오랑캐들은 항상 칼을 노출해 가지고 다니면서 우리의 동정을 살피게 되었으니, 이 이미 써 먹은 계략을 다시 사용할 수 있겠습니까? 또 어떤 이는 오문 이북과 옹맥 이남의 산길 험한 요충지에 관성(關城)을 설치하고 부(府)의 좌관(佐官) 1명을 증원하여 그곳에 주재하게 하되, 그에게 중대한 권한을 위임하고 수시로 조사 관찰하게 하여 중국인이 마음대로 진입하거나 오랑캐가 마음대로 나가지 못하게 하면서 오랑캐 가운데 실물관세를 납부하여 관표(官票)를 지닌 자에게만 교역을 허가함으로써 평온하게 지내자고 주장하는데, 이 역시 한 가지 방법입니다. 그러나 관성을 설치하더라도 그 형세가

고립되고 지원이 부족하면 혹 예측 못할 변고가 발생하는 경우 도리어 사납고 거친 자들의 근거지가 되기 십상이니, 어찌 그 출입을 제어할 수 있겠습니까? …… 어리석은 신의 생각은 순시해도부사(巡視海道副使)를 향산으로 옮겨 주둔케 하여 인근 지역을 제압하고 작은 곳까지 자세히 살피며 조정의 은덕과 위세를 분명하게 천명하되, 후하게 상을 내려 그들로 하여금 집을 철거하고 선박을 따라 왕래하면서 각각 정해진 곳에 정박하도록 하자는 것입니다. …… 통역 중에서 영민 자를 골라 특별히 우대하고 그로 하여금 구변(口辯)을 발휘하여 (저들이) 화복(禍福)을 깨우치도록 유세케 함으로써 은연중에 그 교만하고 사나운 기세를 꺾도록 해야 합니다. …… 오랑캐와의 통상에 관한 엄격한 법령을 다시 선포하여 사사로이 오랑캐 물건을 매입하는 간사한 자와 오랑캐 배에서 일하는 해안 주민 그리고 사람을 약탈하여 매매하거나 무기를 함부로 파는 자는 모두 정해진 법에 따라 그 죄를 다스리도록 해야 합니다."

이상은 가정 말년 마카오의 상황과 이를 제지하기 위해 중국인들이 도모하고자 했던 방법이었지만, 이미 때는 늦어버렸다.

제5절 천주교 선교사의 중국 방문 재개

명대 천주교 역사의 첫 페이지는 해외에 나간 중국인의 신교(信敎)와 외국 선교사의 화교에 대한 선교에서 시작되었다고 보아야 할 것이다. 이들 최초로 교리를 받아들인 화교는 고아·말라카·안남·마닐라 등지에 흩어져 있었고, 중국 영내에서 가장 먼저 천주교를 믿은 사람은 연해지역의 섬 주민이었다. 오늘날 교회에서 전해지고 있는 일부 경문(經文)과 명사(名詞)들은 모두 해외에서 처음 만들어졌을 뿐 아니라 일본인과 공동으로 만든 것도 있다. 이는 마테오 리치가 중국에 오기 약 60여 년 전의 일이었다.

《주해도편》에서는 고응상의 말(앞에 나옴)을 인용하여 불랑기에서 입공하러 온 자가 "불경 읽기를 좋아한다"고 하였으니, 그 사람 역시 선교에 열성적이었던 것 같다.

그 당시 중국에 온 포르투갈인 중에는 불법행위를 한 자가 많았기 때문에 선교에 매우 곤란함을 느꼈다. 그래서 핀투가 스스로 "지옥을 두려워 하지마라. 하나님의 인자함은 끝이 없으니 신앙만 있으면 충분하다"고 말했던 것이다.

앙리 베르나르(Henry Bernard)의 《16세기 중국에서의 천주교 선교지(天主教十六世紀在華傳教誌)》(*Aux Portes de la Chine, les Missionaires du XVI siecle*)라는 저서가 있는데, 본절에서는 그 중 가정연간(1522~1566)의 사실(史實)을 절록함으로써 이 책의 내용을 드러내보이고자 한다(출처는 모두 원저에서 찾아 볼 수 있다).

포르투갈 상인을 따라서 처음 온 선교사는 세례를 주고 입교시키는데 있어 엉성할 수밖에 없었다. 고아와 말라카 및 중국의 여러 항구에서 입교한 자들은 왕왕 선교사의 말을 대략만 알아들을 수 있었을 뿐이었다. 게다가 대부분 교민(僑民)이어서 세례를 받은 후 번번이 다른 곳으로 가버리기도 했다. 포르투갈인이 자리를 잡은 섬에서 세례 받은 사람은 또한 포르투갈의 통치 하에 들어갔기 때문에 대부분 마노엘 페르난데스(Manoel Fernandez), 두아르테 바르보사(Duarte Barbosa), 프란시스코 알바레스(Francisco Alvarez) 등과 같은 서양이름으로 개명하였고 때로는 복식(服飾)도 강제로 바꿔야만 했다.

핀투는 우연히 포르투갈인 바스코 칼보(Vasco Calvo)와 그의 중국인 부인과 자녀를 만난 적이 있다고 적었는데, 그들은 〈주기도문[天主經]〉

·〈성모송[聖母經]〉·〈신경(信經)〉·〈살베 레지나[又聖母經]〉 등을 암송할
수 있었다고 한다. 핀투는 또 이들 중국어 경본(經本)과 〈천주십계(天主十
戒)〉 및 기타 일부 경문(經文)도 있음을 보았다고 한다. 쌍서에서 재난을
당한 1,200명의 교우(敎友) 중 포르투갈인은 100명뿐이었고, 쌍서에는 '원
죄 없으신 성모마리아(Immaculate Conception)' 대성당과 6, 7곳의 작은
성당 외에 '성 야곱(St. Jacob)'이라는 작은 성당도 있었다고 한다.

포르투갈인은 말라카에서 일부 중국인에게 천주교를 믿도록 선교하였다.
가정 21년(1542) 양력(이하 같음) 5월 6일 예수회 선교사 성 프란시스
코 하비에르(St. Francisco Xavier)[22]는 고아에 도착하여 중국으로 가는
무역상은 많지만 선교사는 적다는 사실을 들었다. 25년(1546) 1월 말라
카에서 중국으로 후추를 팔러 가는 상인이 매우 많은 것을 목격하였고,
아울러 어떤 이가 중국에 아직 신약과 구약《성경》을 가지고 있는 신도
가 있을지도 모른다고 알려주었다.

(가정) 28년(1549) 5월 31일 하비에르는 말라카에서 중국 배를 타고
일본으로 갔다. 그는 일본에 있을 때 "중국은 일본과 마주보고 있는데,
걸출하고 해박한 선비가 많고 학술을 중시해서 공부하는 것[讀書]을 영광
으로 여긴다. 나라 안에는 학식을 쌓은 선비들이 모두 높은 직책을 갖고
큰 권력도 장악하고 있다. 일본은 중국을 그들의 학술문화의 근원지로

....

22) 성 프란시스코 하비에르(St. Francisco Xavier, 方濟各, 1506~1552): 예수회의
설립자 중 한 명. 스페인 북부 나바라왕국 귀족가문 출생으로 파리대학에서
공부하였고, 1534년 로욜라(Loyola)와 함께 예수회를 설립했다. 인도 고아를
거쳐 말레이반도에서 선교하고 일본 가고시마(鹿兒島)에 상륙하여 일본 최
초로 기독교를 전파하였다. 이후 1552년 다시 중국에 선교하려 광주 앞바다
에 있는 상천도(上川島)에 도착하여 광주 진입을 시도하다 열병으로 죽었다.
사후 천주교 성자로 시성(諡聖)되었고 상천도는 천주교 성지가 되었다.

자신들과 전혀 다른 곳이라고 추앙하며 의지하고 있다"고 기록하였다. 30년(1551) 말 하비에르는 중국에 가기로 결심하고 12월 광동 마카오 밖의 상천도(上川島)[23]에 도착한 다음, 바로 고아로 가서 조공사절을 따라 경사로 들어갈 수 있기를 기대했지만 이루어지지 못했다. 다음해 8월 다시 상천도에 도착하였고 같은 해 10월 22일 편지 1통을 남겼는데, 그 편지에 이미 한 중국인이 배를 구해서 그를 광주로 보내주겠다고 했으며 거기서 섬라의 조공사절과 함께 경사로 들어갈 수 있기를 희망한다고 적었다. 하지만 12월 2일 밤, 하비에르는 상천도에서 죽고 말았다. 옆에서 시중들던 사람은 중국인 교우 1명뿐이었으니, 이름은 '안토니(Antony)'였다. 1887년 플로렌스에서 출판된 《인도 서신 모음》(*Selectae Indiarum epistolae*) 154-160쪽에서는 이 사람을 "고아의 학교 학생 중에서 품행이 가장 좋은 자"로 묘사하고 있다.

가정 34년(1555) 7월 20일 포르투갈 사제 멜키오르 누네스 바레토(Melchior Nunez Barreto)는 상천도에 가서 하비에르의 묘에 참배하고 8월 3일 낭백오에 초옥(草屋) 몇 칸을 지어 선교소를 세웠다. 이 해 12월 이전에 2차례 광주로 가서 포르투갈인 3명과 중국인 교우 3명을 감옥에서 구해내려고 했지만 성공하지 못했다. 바레토가 남긴 편지에는 중국에 관한 언급이 매우 많은데, 가정 32년(1554) 4통, 34년 1통, 37년 2통, 40년 1통이 있다.

마카오 교회의 진정한 개창자는 그레고리우스 곤살레스(Gregorio Gonzalez)로 가정 32년(1553) 혹은 다음해에 이미 교우 7명과 내지에 거주하였

....

23) 상천도(上川島): 광동성 태산(台山)에 속한 섬. 남중국해에 위치한 중국 남쪽 해안의 섬으로 광동성에서 가장 크다. 16세기경 포르투갈인이 가장 먼저 기지를 설립한 곳이나, 1557년 마카오를 점령한 이후 이 기지를 포기했다.

다고 한다.

가정 42년(1563) 7월 26일 페레스(Fr. Perez) 사제와 또 다른 1명의 사제 그리고 수도사 1명이 마카오에 도착했지만, 중국인이 입국을 허락하지 않았다. 혹자는 이 해 마카오에 이미 예수회 선교사 8명이 있었고 인구는 약 5,000명까지 증가했는데, 그 중 포르투갈인은 900명으로 모두 교우였으며 같은 해 부활절 전 일주일 동안 종교의식 퍼레이드도 거행되었다고 기록하고 있다.

가정 44년(1565) 11월 21일 페레스는 광주로 들어가 중국 관청에 중국어와 포르투갈어로 된 문서 각 1부를 올려 내지에 거주할 수 있도록 요청했지만 허락되지 않았다.

융경 원년(1567) 멜키오르 카르네이루(Melchior Carneiro)는 중국과 일본의 초대 주교로 임명되어 같은 해 마카오에 와서 부임하였다.

그러나 (상술한 선교사들의 활동에도 불구하고) 근 400년 이래 중서문화교류 및 중국 천주교의 기초를 다진 것은 실로 마테오 리치의 중국방문에서 시작되었다. 이 하나의 신기원이 시작된 후의 역사는 마땅히 이 책 제4편에서 별도로 서술함으로써 독자의 질정을 구하고자 한다.

(부록) 명대의 사이관(四夷館)

명 조정은 번이(番夷)에서 올린 외국문서를 번역하기 위해 특별히 사이관을 설치하였다. 청은 그 제도를 그대로 계승하면서 이름을 사역관(四譯館)으로 바꾸었다. 명 가정 원년(1522) 왕준(汪俊)이 지은 〈한림원 사이관제명기(翰林院四夷館題名記)〉 석각(石刻)에는 "(사이)관의 설립과 변천 및 관직의 설치에 대해서는 세월이 많이 지나 고증할 수가 없다. 이미 잃어버린 상태에서 우리가 지금 도모하지 않으면 후손들이 어찌 알 수 있겠는가?"라 적혀있고, 22년(1543) 곽감(郭鋆)이 편찬한《관칙(館則)》에서도 "(사이)관의 문헌이 인멸된 지 오래되어 직무 이행에 관한 규정을 살피기 어렵고 업무를 바로잡을 방법도 없다"고 하였다.

만력 8년(1580) 왕종재(王宗載)가 사이관의 업무를 지휘 감독하면서 《사이관고(四夷館考)》를 저술하였다. 나진옥(羅振玉)이 그 명나라 필사본을 구해 동방학회(東方學會) 명의로 출판하면서 왕준이 지은 책이라고 하였는데, 잘못된 고증이다.

《만력중수대명회전(萬曆重修大明會典)》권23 〈한림원〉조에서는 사이관의 건치연혁에 대해 다음과 같이 기록하고 있다.

> "무릇 사방 번이(番夷)의 문자를 번역하기 위해 영락 5년 사이관을 설치하였다. 그 안에 달단(韃靼)·여진(女眞)·서번(西番)·서천(西天)·회회(回回)·백이(百夷)·고창(高昌)·면전(緬甸) 등 8개의 관(館)을 두어 국자감 학생을 선발하여 번역을 익히도록 하였다. …… 정덕 6년(1511) 팔백관(八百館)을 증설하였고, 만력 7년(1576)에는 섬라관(暹羅館)을 증설하였다."

영락 5년(1407)에 사이관을 설치한 일은《명실록》에서도 찾아 볼 수 있다. 이 해 3월 계유조에 보면 "사이가 조공하러 오는데, 언어와 문자가 통하지 않아서 예부로 하여금 국자감 학생 장례(蔣禮) 등 38명을 선발하여 한림원에 예속시켜 번역을 익히도록 하였다. 이들에게 매월 쌀 1석을 지급하고 과거시험이 열리면 여전히 응시할 수 있도록 하였다. 제시된 문장을 번역하게 하여 합격하면 진사출신에 준하는 대우를 하도록 하였다. 장안문(長安門) 좌측 문밖에 (사이)관을 두어 거처하게 하였다"고 기록되어있다.

《명실록》에 따르면 홍무 15년(1382) 정월 병술일 "한림원 시강 화원결

(火原潔) 등에게 명하여 《화이역어(華夷譯語)》를 편찬토록 하였다. 황제
께서는 전대의 원나라는 본래 문자가 없어 명령을 반포할 때 고창(高昌)
문자를 차용해 몽고문자로 삼아서 천하의 말을 통하게 하였다고 여겼다.
이에 화원결과 편수(編修) 마사역흑(馬沙亦黑, Shaikh Muhammad - 역자) 등
으로 하여금 중국말(華言)로 그 나라 언어를 번역하게 하였다. 무릇 천문
·지리·인사(人事)·물류(物類)·복식(服食)·기용(器用) 등 기재되지 않
은 것이 없었다. 다시 《원비사(元秘史)》를 참고로 삼아 그 글자를 잇거나
끊고, 그 발음소리를 잘 어울리도록 하여 완성되자 조서를 내려 간행케
하였다. 이로부터 사신들이 북방 사막지대를 왕복할 때 모두 그 곳 사정
에 통달할 수 있었다"고 되어있다. 이 책(《화이역어》)은 각국에 소장되어
있는 판본이 매우 많은데, 그 내용에 서로 차이가 있다.

　　《대명회전》 권221에는 사이관에서 역자관(譯字官)을 양성하는 규정이
기록되어있는데, 요약하면 다음과 같다. 국자감 학생만을 입관시켜 학습
토록하고 매월 쌀 1석을 지급하였다. 관리가 되는 시험을 쳐서 1년 안에
통과한 자에게는 관대(冠帶)[24]를 수여하고 통과하지 못하면 퇴출시켰다.
정통 원년(1436) 시험에서 1등한 자에게 관대를 주던 것을 고쳐 먼저
역자관으로 삼고 1년 뒤 다시 합격하면 관직을 주도록 하였다. 홍치 3년
(1490) 자제(子弟)들이 다른 관직으로 나가는 것을 허가하지 않고, 3년
후 합격하면 매월 쌀 1석을 지급하였다. 다시 3년 안에 시험에 합격하면
관대를 주고 역자관으로 삼았다. 또 3년 안에 시험에 합격하면 서반(序
班)[25]의 직무를 수여하였다. 초시(初試)에 합격하지 못하면 재시험을 허

....

24) 관대(冠帶): 관리가 입는 의복에 대한 총칭으로 관리가 쓰는 관면(冠冕)과
　　허리에 두르는 신대(紳帶)를 뜻한다. 관리의 지위와 신분에 따라 그 색과
　　모양, 문양 등을 달리하였다.

용하되 3번 시험에 불합격하면 퇴출되어 일반백성이 되었다. 홍치 8년 (1495) 자제 중에 과거응시를 원하는 자가 있으면 순천부(順天府)에 가서 응시할 수 있도록 하였다. 가정 원년(1522) 3년을 공부해서 시험에 불합격하면 바로 퇴출되어 일반백성이 되는 규정을 고쳐, 6년 동안 합격하지 못하면 관대를 수여하고 9년 동안 합격하지 못하면 마땅히 얻어야 할 직함을 수여하되, 모두 고향으로 돌아가 편히 살 수 있도록 하여 번잡한 요역(徭役)을 면할 수 있게 하였다. 자질이 있고 나이가 젊어서 아직 양성할 소지가 있는 자는 한림원의 평가를 듣고 재시험을 허용하였다. 가정 21년(1542) 초시에서 번역에 정통하여 합격한 자에게는 관례에 따라 식량을 주고 업무를 익히도록 하였다. 번역에 미숙한 자들 가운데 그 자질과 나이가 아직 독려할만한 자는 일단 사이관으로 보내 학습하게 하되 식량을 지급하지 않았다. 만 3년을 기다려 재시험을 실시하여 그 번역에 오류가 있거나, 학습에 성과가 없거나, 시험이 두려워 피하거나, 시험장에 나오지 않거나, 추천을 받지 못했거나, 애초 뇌물을 주어 연줄을 댄 자들은 모두 퇴출시켜 일반백성이 되게 하였다.

가정 45년(1566) 정월 이부상서 서계(徐階)가 "번역을 익히는 학생이 오랫동안 부족하니, 청컨대 관례를 살피시어 그들을 선발하고 양성하여 외교업무[使事]에 임할 수 있도록 대비해야 할 것입니다"고 상주를 올렸다. 이 글은 《세경당집(世經堂集)》[26] 권7에 수록되어있는데, 이에 따르면 당시 "달단관과 여진관에만 역자관이 있는데 모두 합해야 겨우 4명뿐이고, 회회관·서번관·고창관·팔백관에는 비록 한두 명의 교사가 있지만

25) 서반(序班): 명·청시기 설치되었던 문관 관직명으로 종9품직이었다. 주로 홍려시(鴻臚寺)나 회동관(會同館) 등의 기층관원으로 배치되었다.
26) 《세경당집(世經堂集)》: 서계(1503-1583)의 문집으로 전 26권이다.

배우는 학생은 단 1명도 없습니다. 백이관와 서천관은 교사가 병으로 죽은 지 오래고 면전관의 교사와 학생은 모두 끊어진지 오래입니다. 그 남아있는 교사도 모두 정덕 초년에 선발된 자들로 나이가 아주 많아 정신과 체력이 쇠퇴해 있"는 상황이었다.

이러한 현상은 만력연간에 이르러 더욱 악화되었다. 왕세정의《사부고(四部稿)》[27] 권232에 실린 〈외국서여오권(外國書旅槼卷)〉 발문(跋文)에는 다음과 같이 적혀있다.

"사이관 …… 가정연간(1522~1566) 이전에는 여러 외국서적을 매우 많이 구매하였지만, 학자들이 그 번잡함을 꺼려하여 수시로 그 서적을 몰래 가지고 나가서 훼손하였다. 지금은 오직 달단관만 학습을 그만두지 않고 있는데, 그 글자는 대부분 가로로 쓰여 있으며 올바르게 읽을 수 있다. 나머지 여러 외국서적은 원본[母籍]이 대부분 없어지고, 어떤 것은 중간에 한두 장만 남아있어 대략 수십 자를 알아 볼 수 있을 뿐이다. 외국인이 오면 통사에게 뇌물을 주어 일을 처리했다. 사람들이 그 뜻을 물어보면 따로 말을 만들어 번역했는데, 그 정황의 개략만 놓치지 않을 뿐 사실은 본래의 글자가 아니었다. 답신도 외국 글자를 거짓으로 만들어 우리 측 사람을 속이려고만 했지, 외국인의 비웃음거리가 되는 것은 걱정하지 않았다."

명말 전증(錢曾)의《독서민구기(讀書敏求記)》권2에는 왕종재가 쓴《사이관고》의 내용을 수록하고 있는데, "사이관 …… 나중이 되면 학습은 이미 중단되고 서적과 기록은 검증할 것이 남아있지 않았다. 이곳은 거

---

27) 《사부고(四部稿)》: 정식 명칭은《엄주산인사부고(弇州山人四部稿)》로 전 174권이고《속고(續稿)》207권이 있다. 사부(四部)란 〈부부(賦部)〉·〈시부(詩部)〉·〈문부(文部)〉·〈설부(說部)〉를 말한다. 여기서 권232라고 한 것을 보면《속고》를 포함한 권수인 것 같다.

의 말을 사고파는 시장[馬肆]이 되고 말았다"고 적혀있다. 왕종재가 이 책의 서문을 쓴 해가 만력 8년(1580)이므로 위의 말은 바로 그 당시 사이관의 쇠락한 정황을 묘사한 것이었다. 이상의 내용은 간다 키이치로(神田喜一郎)가 쓴 〈명의 사이관에 대하여(明の四夷館に就いて)〉라는 논문에서 많은 자료를 취하였다. 이 논문은 원래 쇼와 2년(1927) 10월《사림(史林)》제12권 제4호에 게재되었으며, 쇼와 23년 간행된《동양학설림(東洋學說林)》(神田喜一郎著, 弘文堂 - 역자)에 수록되어있다.

| 저자 소개 |

방호(方豪, 1910-1980)

중국의 역사학자이자 신부(神父). 자는 걸인(杰人)이고 절강성 항주(杭州) 태생으로 영파(寧波) 성 바오로 신학원에서 공부한 뒤 선교활동을 하면서 중국역사를 연구하였다. 절강대학과 복단대학 교수 및 단과대 학장 등을 지냈고, 1949년부터 대만대학 역사학과 교수로 재직하면서 청사(淸史)편찬위원회 위원, 대만 중국역사학회 이사장, 중앙연구원 원사 등을 역임하였다. 주요 저서로《송사(宋史)》,《중외문화교통사논총(中外文化交通史論叢)》,《중국천주교사논총(中國天主敎史論叢)》,《방호육십자정고(方豪六十自定稿)》등이 있다.

| 역자 소개 |

손준식

현 중앙대학교 역사학과 교수. 대만국립정치대학 역사연구소 문학박사. 중국근현대사와 대만사 전공. 저서로는『식민주의와 언어』(아름나무, 2007, 공저),『식민지·점령지하 협력자 집단과 논리 비교』(선인, 2008, 공저),『대만을 보는 눈』(창비, 2012, 공저),『한중관계의 역사와 현실』(한울, 2013, 공저),『중국근현대사 강의』(한울, 2019, 공저) 등이 있고, 역서로는
『대만 : 아름다운 섬 슬픈 역사』(신구문화사, 2003),『중국군 포로의 6.25전쟁 참전기』(국방부 군사편찬연구소, 2009),『중국근현대 영토문제 연구』(국방부 군사편찬연구소, 2012) 등이 있다.

유진희

현 한세대학교 중국어학과 교수. 대만 국립정치대학 중문연구소 문학박사. 청대 궁정희곡 전공. 저서로는『이지 차이니즈 300』(동양북스, 2019), 역서로는『第四度屬靈世界』(臺灣以斯拉出版社, 2004),『早晨眼淚』(臺灣以斯拉出版社, 2007),『傳遞幸福的郵差』(臺灣以斯拉出版社, 2011),『開啓摩西五經的亮光』(臺灣以斯拉出版社, 2014) 등이 있다.

한 국 연 구 재 단
학술명저번역총서
[동 양 편]　622

중서교통사 中西交通史 ❸

초판 인쇄　2021년　7월　30일
초판 발행　2021년　8월　15일

저　　자 Ｉ 방호(方豪)
역　　자 Ｉ 손준식·유진희
펴 낸 이 Ｉ 하운근
펴 낸 곳 Ｉ 學古房

주　　소 Ｉ 경기도 고양시 덕양구 통일로 140 삼송테크노밸리 A동 B224
전　　화 Ｉ (02)353-9908 편집부(02)356-9903
팩　　스 Ｉ (02)6959-8234
홈페이지 Ｉ http://hakgobang.co.kr/
전자우편 Ｉ hakgobang@naver.com, hakgobang@chol.com
등록번호 Ｉ 제311-1994-000001호

ISBN　　979-11-6586-403-3　94910
　　　　978-89-6071-287-4 (세트)

값 : 39,000원

이 책은 2011년도 정부재원(교육과학기술부 인문사회기초연구사업비)으로 한국연구재단의 지원을 받
아 연구되었음(NRF-2011-421-A00008).
This work was supported by National Research Foundation of Korea Grant funded by the Korean
Government(NRF-2011-421-A00008).